环境化学

第三版

◎ 孙红文　戴树桂　主编

Environmental
Chemistry

中国教育出版传媒集团
高等教育出版社·北京

内容提要

本书入选绿色环保新兴领域"十四五"高等教育教材。本书第一版为面向21世纪课程教材,于2000年荣获教育部科技进步二等奖;第二版为"十二五"普通高等教育本科国家级规划教材。

本书共8章,包括绪论、大气环境化学、水环境化学、土壤环境化学、生物体内污染物的运动过程及毒性、典型污染物在环境各圈层中的转归与效应、受污染环境的修复、环境污染物的净化技术。以阐述污染物在大气、水、岩石、生物各圈层环境介质中迁移转化过程所涉及的污染化学问题及其效应为主线,全面深入地阐明基本原理、环境化学相关交叉学科的知识。为便于阅读,本书每章均设有"内容提要及重点要求",每章后列出一定数量的"思考题与习题"及"主要参考文献",并编有中英文关键词对照。

本书可作为高等学校环境科学及有关专业的教材或参考书,也适合从事环境保护和环境科学研究工作的专业人员阅读。

图书在版编目(CIP)数据

环境化学 / 孙红文,戴树桂主编. -- 3版. -- 北京 :
高等教育出版社, 2025. 4. -- ISBN 978-7-04-063813-4

Ⅰ. X13

中国国家版本馆 CIP 数据核字第 2024P13E68 号

HUANJING HUAXUE

策划编辑	陈正雄 曹 瑛	责任编辑	宋明玥	封面设计	张申申	版式设计	徐艳妮
责任绘图	于 博	责任校对	刘丽娴	责任印制	存 怡		

出版发行	高等教育出版社	网 址	http://www.hep.edu.cn
社 址	北京市西城区德外大街 4 号		http://www.hep.com.cn
邮政编码	100120	网上订购	http://www.hepmall.com.cn
印 刷	北京市密东印刷有限公司		http://www.hepmall.com
开 本	787 mm×1092 mm 1/16		http://www.hepmall.cn
印 张	25	版 次	1997 年 3 月第 1 版
字 数	630 千字		2025 年 4 月第 3 版
购书热线	010-58581118	印 次	2025 年 4 月第 1 次印刷
咨询电话	400-810-0598	定 价	55.00 元

第三版前言

1997年,高等教育出版社组织南开大学、南京大学、吉林大学、武汉大学编写的《环境化学》第一版出版;2006年进行了再版。伴随着我国环境保护事业及环境保护高等教育的快速发展,本书成为全国各高等学校环境科学、环境工程,以及化学、农学多类专业广泛采用的教材,受到广泛好评。本书屡获殊荣,于2000年荣获教育部科技进步二等奖,连续入选普通高等教育"十一五"国家级规划教材、"十二五"普通高等教育本科国家级规划教材。这些都是对前两届编委会的高度肯定和鼓励,在此谨向这些为我国环境保护高等教育做出重要贡献的老先生们致以崇高敬意。

2013年春节期间,主编戴树桂教授突然辞世,其他编委王晓蓉教授、邓南圣教授、陈甫华教授由于年龄关系都离开了教学一线,使《环境化学》第二版成为一段无法逾越的佳话。近年,我国加大了环境污染治理力度,环境质量得到明显提高;研究视角和关注的重点问题也发生很大变化,如从传统污染物到新污染物,从单一污染物到复合污染物,从单一介质、单一过程到跨介质、多过程耦合;环境化学的理论也得到了很大的丰富,取得了很多新认知,如大气雾霾的形成机制、污染物在土壤中的锁定、环境健康新方向、受污染修复新技术,等等。为了反映这些新发展,及时更新环境科学本科生培养的知识点,使之适应新时代环境保护工作的需求,高等教育出版社于2015年底,在天津组织召开了《环境化学》修订工作启动会。但是由于环境化学知识更新快,怎么在保留《环境化学》第二版经典教材的结构以及传统环境化学理论知识基础上融入这些最新进展,给新的编写组带来巨大挑战。考虑到各高校多年使用《环境化学》第二版,编写组决定基本保持原来教材的结构和部分内容,并补充新进展、更新数据,希望各高校能快速接纳使用新版教材。

第三版《环境化学》教材保留了八章内容。前七章都根据新进展补充了新的知识点,删除了一些过时的内容,第一章详细介绍了典型污染物;第二章重点对臭氧层损耗及大气颗粒物进行了新知识补充;第三章补充了一些计算示例,并对模型部分进行了较大修改;第四章增加了土壤中污染物的吸附和锁定现象介绍;第五章增加了新污染物的人体暴露与代谢;第六章增加了重金属的形态图,并补充了若干典型新有机污染物的介绍;第七章补充了过硫酸盐氧化法、热脱附等新修复技术。第八章进行了较大改动,由"绿色化学"改为"环境污染物的净化技术",内容包括吸附、离子交换、氧化、还原、生物膜等水和大气的净化方法,也包括绿色减碳技术,这主要是考虑环境工程专业学生培养的需求。

经《环境化学》第二版编委会专家推荐,《环境化学》第三版编写组由四所高校的年轻教师组成。第一章主要由南开大学姚义鸣、孙红文改编;第二章由吉林大学董德明、康春莉、花修艺改编,南开大学冯银厂进行审校;第三章由南京大学顾雪元改编,王晓蓉进行审校;第四章和第六章由武汉大学吴峰改编,南开大学汪磊进行补充和审校;第五章由南开大学汪磊改编;第七章由南开大学张鹏、孙红文改编;第八章由南开大学鲁金凤改编;全书由孙红文审校定稿。再次对《环境化学》第二版编委会的前辈(南开大学戴树桂、陈甫华,南京大学王晓蓉,武汉大学邓南圣)表示感谢。教育部高等学校环境科学与工程类专业教学指导委员会原副主任委员北京大学张远航院士审阅书稿,并提出许多宝贵建议。此外,高等教育出版社陈正雄编审在出版过程中给予大力支持,编者一并表示衷心感谢。

我们经常收到各高校广大教师和学生的鼓励和督促,有的学生指出了具体问题,这些都是帮助我们克服困难、提高修订质量的法宝,在此一并表示感谢。非常荣幸作为这样一个学术共同体的一份子,并能以本书为学术共同体的健康发展尽微薄之力。但是,由于编者水平和学识有限,本书不足之处请广大读者批评指正,携手共同促进我国环境保护高等教育的进步。

编 者

2024 年 5 月

第二版前言

　　面向 21 世纪课程教材《环境化学》自出版以来，陆续被全国各类高等院校环境科学、环境工程，以及化学、农学多类专业师生广泛采用。教材加印若干次，受到社会好评，并于 2000 年荣获教育部科技进步二等奖。这些都是对编者的鞭策和鼓励。

　　为适应科教事业发展的需要，2004 年 8 月编者于南开大学环境科学与工程学院举行了该教材修订的研讨会。通过认真讨论明确了修订的指导思想为："既要保持原书结构体系的特色，又要面对国内外环境化学内容的发展推陈出新；既要吸取国外先进经验又要结合我国国情"。

　　为此，对第一版教材的修改意见如下：

　　1. 去掉第一版的第七章有害废物及放射性固体废物。新增两章，即第七章受污染环境的修复和第八章绿色化学的基本原理与应用。

　　2. 对第一版其他六章，采取补空、补新、补量化的原则加以修改补充，并适当体现推陈出新。

　　第一章　绪论：适当反映人为活动与各自然圈层间的交叉联系，简介主要营养元素循环。

　　第二章　大气环境化学：对原内容编排做些调整；关于臭氧层的形成与耗损，要结合讨论自由基反应；对大气颗粒物单独另写一节，要适当介绍气溶胶的界面效应，$PM_{2.5}$ 可吸入尘与能见度和全球气候变暖的影响等。

　　第三章　水环境化学：在原第一节中适当介绍"水体富营养化"问题；在原第四节水质模型增添多介质环境数学模型简介。

　　第四章　土壤环境化学：增加讨论土壤孔隙水、土壤溶液、土壤中腐殖质和有机质的内容。

　　第五章　生物体内污染物的运动过程及毒性：增添第六节有机物的定量结构与活性关系简介。

　　第六章　典型污染物在环境各圈层中的转归与效应：增加第一节污染物在多介质多界面环境中的传输；原第一节重金属元素改为第二节；原第二节有机污染物改为第三节，其中要添加典型持久性有机污染物的介绍。

　　由于某些具体原因，编者也有部分调整。再版本由戴树桂编写第一、八章，董德明编写第二章，王晓蓉编写第三章，邓南圣编写第四、六章，陈甫华编写第五章，孙红文编写第七章，最后由主编戴树桂审校定稿。

　　本书修订出版过程中，得到高等教育出版社陈文副编审的指导和支持，编者表示衷心感谢。此外，南开大学环境科学与工程学院徐建博士在中英文关键词对照索引的编排工作上给予了很大帮助，在此一并致谢。

　　限于学识和文字水平，错误在所难免，请读者批评指正。

编　者

2006 年 5 月

第一版前言

  1990年国家教育委员会正式确认高等学校理科本科的环境科学类专业为一级学科,同时组建了环境科学教学指导委员会,在高等教育司的领导下,协助研讨并推进有关专业设置、培养方向、课程安排和教材建设等方面的工作。

  作为环境学专业的重要专业基础课程,环境化学被选为首批编写教材的课程之一。为了满足教学要求,及时反映当前学科的发展水平,编写出高质量的教材,环境科学教学指导委员会和高等教育出版社共同商定由南开大学、南京大学、武汉大学和吉林大学多年从事环境化学教学及科研的教授通力合作编写该书。

  在确定本书的编写大纲前,我们对环境化学在环境科学中的地位及其在培养环境科学专门人才中的作用取得了如下共识。

  18世纪工业革命以后,环境问题开始成为一个严重的社会问题。工业革命大大推动了社会生产力,随着技术和经济的发展,人类利用和改造自然的能力大大加强,同时也使资源消耗和废物排放显著增多,自然环境的组成和结构受到了大规模的影响,从而破坏了人与自然的和谐关系。可见,环境问题的实质就是人类社会发展的行为不自觉地导致环境向不利于人类生存的方向转化了。

  当前全球性的环境问题突出的表现在酸雨、温室效应与臭氧层被破坏;不断加剧的水污染造成世界范围的淡水危机;以及自然资源破坏和生态环境继续恶化,威胁人类的生产和生活条件。

  我国各族人民正在党中央和政府领导下,为把我国建设成为富强、民主、文明的社会主义现代化国家而努力奋斗。我国政府十分重视生态环境保护,在这方面已取得了巨大成绩。但是在国民经济建设高速发展的同时,对资源的不合理开发利用和生态环境破坏的现象及恶化趋势,绝不能掉以轻心。根据中央确定的可持续发展战略指导方针,必须使国民经济建设与环境保护同步协调发展。在科教兴国战略思想的指引下,加速培养有创业、敬业精神的、高质量的环境科学技术与管理专门人才是一项紧迫的任务。

  环境科学是以实现人与自然和谐为目的,研究以及调整人与自然关系的科学。它是一门既来源于而又区别于传统学科的包含自然科学、社会科学和工程技术科学的新型的综合性科学。21世纪环境科学的研究内容应围绕人与自然相和谐这个主题。对21世纪环境专门人才则应着重培养两方面的基本能力:① 对人类社会行为及其与自然相互关系进行综合分析的能力,即在掌握自然科学、社会科学和工程技术科学必要基础知识的基础上,把握环境问题的实质和根源,以期能正确分析和处理发展与环境的矛盾;② 具备处理实际环境问题的能力,掌握解决问题的方法和技术。

  我们在确定本书内容大纲时有如下指导思想:

1. 由于大多数的生态环境问题都与化学物质直接有关,环境化学学科在掌握污染来源,消除和控制污染,为确定环境保护决策提供科学依据等方面都起重要作用。因此,对环境科学专门人才的培养,无论侧重于研究自然环境问题的环境学或环境工程专业,还是具有自然科学与社会科学交叉性质的环境规划与管理专业,都需要有较扎实的环境化学基础知识。

2. 环境化学是研究有害化学物质在环境介质中的存在、特性、行为和效应及其控制的化学原理和方法的科学。从 21 世纪环境科学应围绕人与自然相和谐的主题,和对专门人才应着重培养两方面基本能力的要求出发,本书着力拓宽和加深环境化学的基础内容。在依次讲解大气、水、岩石(土壤)各圈层的环境化学之后,对典型污染物在各圈层间的迁移转化规律做了专门论述,这将有利于学生针对区域性生态环境问题发展的趋势掌握防治控制的知识与技能。

3. 正确处理了传统学科与新兴交叉学科知识的关系。在内容阐述中既充分运用传统化学学科的原理和方法解释环境化学问题,又注重包括生物学、生物化学、毒理学、气象学、土壤学等多种交叉学科知识的融合,以期在基本原理和知识的基础上阐明作为多组分、多介质复杂体系的实际环境过程,体现了环境化学已趋于成熟的特色。在讨论时某些方面还力图做到量化阐述,有关污染物在生物体内的运动过程与毒性问题的讨论就是一例。

4. 面向 21 世纪的环境问题。书中探讨的基本原理和方法以及反映的科研新成就不仅适用于 21 世纪,而且所涉及的不少环境问题也仍然是 21 世纪必须关注的重大问题,如臭氧层耗损、水污染、重金属和有机污染物问题等。从我国改变能源结构发展核电的趋势看,增加放射性固体废物的内容是非常合乎时宜的。

5. 为照顾环境学专业所属各培养方向的不同需要,出版社在编排上做了特殊技术处理。即对各方向都要求掌握的内容以大字排印,而对个别方向(如环境化学方向)或社会上有兴趣的广大读者,则又以小字编印了补充材料。

编者在编写过程中注意吸取国内外许多有关专著和教材的优点并参考了大量文献资料,使本书编写的系统、内容和形式都具有自己的风格和特色。

本书由戴树桂编写第一章,岳贵春编写第二章,王晓蓉编写第三章,田世忠编写第四、六章,陈甫华编写第五、七章,最后由主编戴树桂审校定稿。

初稿写成后于 1995 年 4 月在天津举行了审稿会。由北京大学陈静生教授、李金龙教授,北京工业大学李惕川教授和高等教育出版社陈文编辑组成的专家组对初稿认真审阅后,予以通过并提出修改意见,完成了本书出版的重要一步。

在本书编写出版过程中得到国家教委第一、二届环境科学教学指导委员会以及各有关高校领导的关心与支持,特别是高等教育出版社张月娥编审给予了热情的鼓励和帮助,我们表示衷心感谢。此外,南开大学环境科学系陈勇生博士在中英文关键词对照索引的编排工作上给予了很大帮助,在此一并致谢。

限于学识和文字水平,错误在所难免,请读者批评指正。

编 者
1995 年 9 月

目　录

第一章
绪 论

 内容提要及重点要求

本章简要介绍环境化学在环境科学学科中的地位和解决环境问题中的作用，它的研究内容、特点和发展方向，重要元素的生物地球化学循环，主要环境污染物的类别及其主要环境性质。要求掌握现代环境问题对环境化学提出的任务，明确学习环境化学课程的目的。

第一节 环境问题及环境化学

一、环境问题

地球为人类提供了阳光、空气、水、土地和大量的生物及矿物资源。人类的生活和生产活动不断地影响和改变这些环境条件，甚至造成对环境的污染。18 世纪末到 20 世纪初，工业革命产生的巨大生产力，使人类在改造自然和发展经济方面取得了辉煌的业绩。与此同时，工业化过程中的处置失当，特别是对自然资源的不合理开发利用，造成了全球性的环境污染和生态破坏。如今世界范围内普遍存在不同程度的空气、水和土地污染及环境退化现象，世界各国都在关注臭氧层破坏、气候变化、水资源短缺和污染、有毒化学品和固体废物的危害，以及生物多样性丧失等问题，这些问题影响了人与自然和谐共生，已对人类的生存和发展构成了威胁。

人为因素使环境的构成或状态发生变化、环境质量下降，从而扰乱和破坏了生态系统和人们的正常生活和生产条件，这就叫作环境污染。具体说，环境污染是指有害物质对大气、水体、土壤和动植物的污染，并达到有害的程度，生态系统遭到不适当的干扰和破坏，不可再生资源被滥采滥用，以及因固体废物、噪声、振动、恶臭、放射线等造成对环境的损害。造成环境污染的因素有物理的、化学的和生物的三方面，其中因化学物质引起的占 80%~90%。

然而，环境问题并非只限于环境污染，人们对现代环境问题的认识有个发展过程。20 世纪60 年代，人们把环境问题只当成一个污染问题，认为环境污染主要指的是城市和工农业发展带来的对大气、水体、土壤等的污染，以及固体废物和噪声的污染。而对土地荒漠化、热带森林破坏和野生动物某些品种的濒危灭绝等并未从战略上予以重视。1972 年，联合国在瑞典首都斯德哥尔摩召开了人类环境会议。会议发表的《人类环境宣言》明确指出环境问题不仅表现在水体、大气、土壤等的污染已达到危险程度，而且表现在生态的破坏和资源的枯竭；同时宣告一部分环境问题是由于贫穷造成的，并明确提出发展中国家要在发展中解决环境问题。这是联合国第一次把环境问题与社会因素联系起来，会后正式组建了联合国环境规划署。此次会议可说是人类认识环境问题的一个里程碑。然而,它并未从战略高度指明防治环境问题的根本途径,未明确解决环境问题的责任,也没强调需要全球的共同行动。

20 世纪 80 年代,对环境问题的认识有了新的突破性发展,提出可持续发展战略。联合国环境与发展委员会于 1987 年 4 月发表了题为《我们共同的未来》的长篇报告,指出地球正发生急剧改变,出现了威胁许多物种,包括人类生命的环境恶化趋势。每年有 600 万公顷具有生产力的旱地变成沙漠,有 1 100 多万公顷的森林遭到破坏。其中列举的令人震惊的事件中有:非洲的干旱将 3 500 万人置于危难之中;印度博帕尔农药厂化学品泄漏造成 2 000 人死亡;苏联切尔诺贝利核反应堆爆炸使核尘埃遍布欧洲;瑞士农用化学品、溶剂和汞污染了莱茵河,使数百万条鱼被毒死;由于饮用水被污染和营养不良,全球每年约有 6 000 万人死于腹泻。报告告诫人们,决定地球人类前途和命运的是“环境”。报告以可持续发展为基本纲领,从保护环境和资源、满足当代和后代的需求出发,强调世界各国政府和人民要对经济发展和环境保护两大任务负起历史责任,并把两者结合起来。这一时期逐步形成的可持续发展战略,指明了解决环境问题的根本途径。

进入 20 世纪 90 年代,这种指导思想得到了巩固和发展,形成当代主导的环境意识。1992年 6 月在巴西里约热内卢召开了联合国环境与发展大会,有 183 个国家代表团和 70 个国际组织的代表出席,并有 102 位国家元首或政府首脑到场,大会高举可持续发展的旗帜,通过了《里约环境与发展宣言》《21 世纪议程》等重要文件。它促使环境保护和经济、社会协调发展,以实现人类的可持续发展作为全球的行动纲领。这是 20 世纪人类社会的又一重大转折点,树立了人类环境与发展关系史上新的里程碑。

1973 年 8 月,我国召开了第一次全国环境保护会议,制定了《关于保护和改善环境的若干规定(试行草案)》,开启了中国环境保护的进程。但是,由于环境保护措施滞后于经济发展的速度,人们重蹈了“先污染、后治理”的错误路径,造成全国环境质量的持续下降。进入 21 世纪,特别党的十八大以来,生态文明建设纳入国家“五位一体”总体布局,“绿水青山就是金山银山”的理念深入人心,国家对污染防治攻坚战做出一系列重大部署,环境质量得到明显提高。在此基础上,党的二十大报告又将人与自然和谐共生作为中国式现代化的本质要求之一,将对环境、生态的保护提高到一个新境界。

二、环境化学

从 20 世纪 50 年代开始,经 60 年代的酝酿和准备,到 70 年代初期,有很多不同学科的科学工作者投入防治环境污染的研究领域,经过较长时间的孕育和发展过程,在原有各相关学科的基础上产生了一门以研究环境质量及其控制和改善为目的的综合性新学科——环境科学。

环境科学主要是运用自然科学和社会科学有关学科的理论、技术和方法来研究环境问题。在宏观上研究人类与环境之间的相互作用、相互促进、相互制约的对立统一关系,揭示社会经济发展和环境保护协调发展的基本规律;在微观上研究环境中的物质,尤其是人类活动排放的不同种类和形态的污染物在生态系统或有机体内迁移、转化和蓄积的过程及其运动规律,探索它们对生命的影响及其作用机理,并综合运用多种工程技术措施,利用系统分析和系统工程的方法寻找解决环境问题的最佳方案。

由于相关学科的相互渗透和交叉,现阶段在环境科学领域内已形成许多分支学科。属于自然科学方面的主要有环境地学、环境生物学、环境化学、环境物理学、环境健康等;属于技术方面的主要有环境工程学、环境生态工程学;属于社会科学方面的主要有环境管理学、环境经济学、环境法学等;还有自然科学与社会科学交叉结合的,如环境评价学、环境规划学等。

在近现代工农业发展和科技进步过程中,"化学"为人类提供了品种繁多、琳琅满目的生产和生活用品,化学科学和化学工业为现代社会做出了重要贡献。目前,有 40 万余种化学品被规模生产和应用,典型的例子就是,没有农药,地球就不可能支撑 80 亿人口的粮食供给;药物的开发使得人类的寿命延长至少 20 年。然而与此同时,由于人们在生产和使用化学品过程中的不当行为,对化学品的过度依赖或滥用,大量的有害化学物质进入地球的各个圈层后,大大降低了环境质量,直接或间接地损害人类的健康,影响生物繁衍和生态平衡。

在解决复杂而综合的环境问题时,往往需要多学科协作进行系统深入研究。大量环境问题与化学物质直接相关,因此,环境化学在掌握污染来源、消除和控制污染、确定环境保护决策,以及提供科学依据等方面都起重要的作用。

1. 环境化学的任务、内容与特点

环境化学是在化学科学的传统理论和方法的基础上发展起来的,以化学物质在环境中出现而引起的环境问题为研究对象,以解决环境问题为目标的一门新兴学科。环境化学主要研究有害化学物质在环境介质中的存在、化学特性、行为和效应及其控制的化学原理和方法。它既是环境科学的核心组成部分,也是化学科学的一个重要分支。

图 1-1 显示了由包含**大气圈、水圈**和**岩石圈**各圈层的自然环境和以**生物圈**为代表的生态环

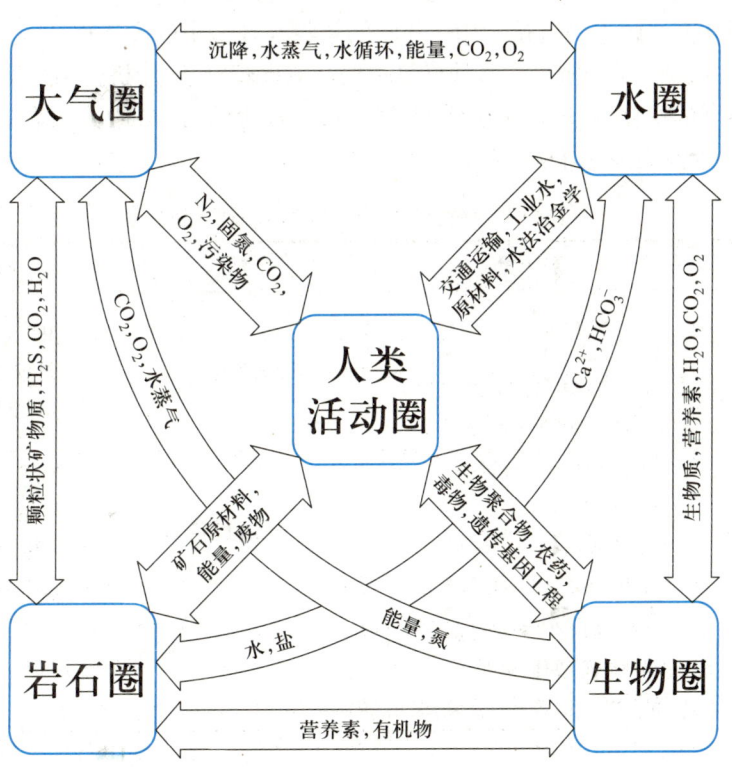

图 1-1 空气、水和地球环境与生命系统,以及人类活动圈之间存在密切相互关系

(资料来源:Manahan,2009)

境组成地球环境系统,再与反映人类生产、生活和技术活动的**人类活动圈**形成彼此相互间存在错综复杂关系的综合体系。人既是环境问题的制造者,也是环境问题的受害者。早期人类的生产、生活虽对地球这个星球产生影响,但不很明显。然而在工业革命之后这种影响显著增加,特别是20世纪人类大规模的建设、生产、生活和各种科学技术的开发正在改变其他环境圈层,已经从大气圈、水圈延伸到岩石圈。因此有必要将这个有时会对整个环境造成压倒一切影响的"人类活动圈"单独作为一个圈层来考虑。人类活动圈实际上是一个因人类活动产生多种多样污染物副产品的庞大仓库,包括有意生产的各种产品(如农药、工业品等)、从地下挖掘的资源(如金属、石油等),以及无意产生的副产品(如饮用水消毒副产物、垃圾焚烧产生的二噁英等)。

从图 1-1 中可以看出,化学物质进入各环境介质后通过迁移、转化,除在各介质中表现出其特有的环境化学行为和化学与生态效应外,还动态地把不同介质联系起来。

环境化学研究的内容主要涉及有害物质在环境介质中存在的浓度水平和形态;潜在有害物质的来源,以及它们在个别环境介质中和不同介质间的环境化学行为;有害物质对环境和生态系统,以及人体健康产生效应的机制和风险性;对有害物质已造成影响的缓解和消除,以及防止产生危害的方法和途径。

环境化学的分支学科和研究领域如表 1-1 所列。从学科研究任务来说,环境化学的特点是要从微观的原子、分子水平研究宏观的环境现象与变化的化学机制及其防治途径,其核心是研究化学污染物在环境中的迁移和转化,以及效应与控制原理。与基础化学研究的方式方法不同,环境化学所研究的环境本身是一个多因素的开放性体系,变量多、条件较复杂,许多基于简单纯粹体系的化学原理和方法则不易直接运用。化学污染物在环境中的含量很低,一般只有毫克每千克或微克每千克级水平,甚至更低。环境样品一般组成比较复杂,无机化学污染物在环境介质中还会发生赋存形态的变化;有机化学物质发生降解,导致化学结构的变化,降解产物一般毒性降低,但也可能产生毒性更大的降解产物。

表 1-1　环境化学的分支学科和研究领域

分支学科	研究领域	分支学科	研究领域
环境分析化学	环境无机分析化学 环境有机分析化学 环境中化学物质的形态分析 未知污染物的非靶向分析	环境理论化学	环境界面化学 环境计算化学 环境预测模型
各圈层的环境化学	大气环境化学 水环境化学 土壤环境化学 复合污染物的多介质环境行为	污染控制化学	大气污染控制 水污染控制 固体废物污染控制与资源化 受污染土壤修复
污染生态化学/环境健康化学	化学污染物的生态毒理学 化学物质的生态风险评价 化学物质的人体暴露与健康效应		

2. 元素的生物地球化学循环

物质循环对环境来说十分重要,是污染物在各圈层间迁移的驱动力。广义的物质循环可分为内生循环和外生循环。前者主要包含地球表面下的各种岩石,如沉积岩、火成岩、变质岩和岩浆。后者大部分存在于地球表面以上,包括水圈、生物圈和大气圈。一般来说,沉积物和土壤可看成同属于此两类循环并组成两者的主要界面。

物质循环常基于元素的循环,包括碳、氧等元素的生物地球化学循环,都是非常重要的元素循环,以下列举这些元素的循环。

（1）碳循环

碳循环如图 1-2 所示。CO_2 是碳元素的一个非常小但是非常重要的组分。植物叶片利用太阳能,通过光合作用将 CO_2 转化为生物质进入生物圈;生物呼吸作用及人为燃烧过程(或者火山喷发等过程)可将生物质转化为 CO_2。CO_2 可溶解在水中,主要以 HCO_3^- 存在,海洋是 CO_2 一个重要的库。在岩石圈碳元素主要以碳酸盐(如 $CaCO_3$)形式存在。工业革命之后,人类高强度开采使用生物质岩化形成的化石燃料(石油和煤),使得地表下的生物质转变为 CO_2,大气中的 CO_2 浓度迅速增加,由 1900 年的 290 ppm[①]上升至 2022 年的 420 ppm。CO_2 是一种重要的温室气体,与其他温室气体一起导致气候变化。1992 年在巴西里约热内卢召开的联合国环境与发展大会通过了《联合国气候变化框架公约》,1997 年又补充了《京都议定书》。2020 年,中国政府庄严承诺"双碳"目标,即 CO_2 排放力争于 2030 年前达到峰值,努力争取 2060 年前实现碳中和。碳元素的生物地球化学循环在缓解气候变化中具有重要意义,除了减少 CO_2 的排放、开发 CO_2 封存技术,科学家还在努力开发将 CO_2 转化为甲烷(CH_4)等"能源分子"的技术。

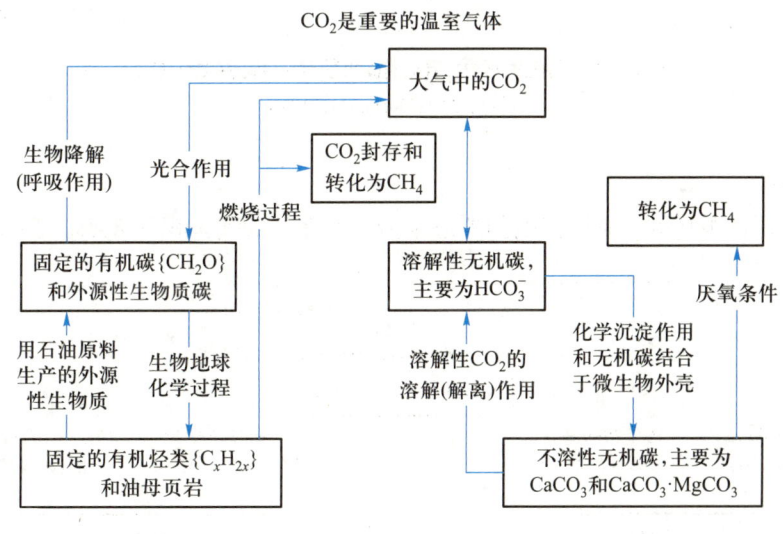

图 1-2 碳循环

(资料来源:Manahan,2017)

（2）氧循环

氧循环如图 1-3 所示。大气是氧元素的一个储存库,O_2 占大气体积的 21%,在平流层中可转化为 O_3。植物的光合作用产生 O_2;动植物的呼吸作用吸入 O_2,呼出 CO_2;生物质及化石燃料的燃烧也可将 O_2 转变为 CO_2。在水圈中氧主要以 H_2O 存在,在岩石圈中主要以碳酸盐、硫酸盐沉淀存在。

---

① ppm=10^{-6},体积分数。

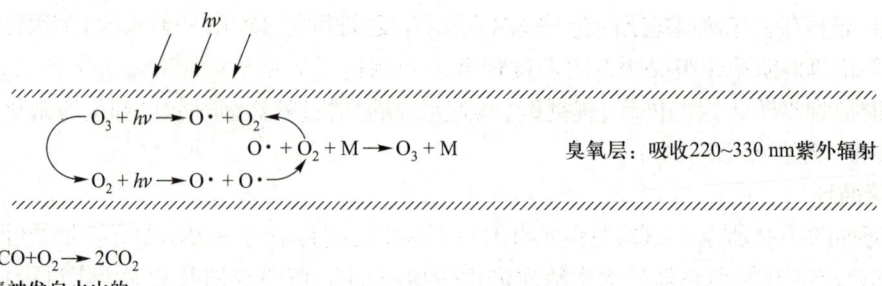

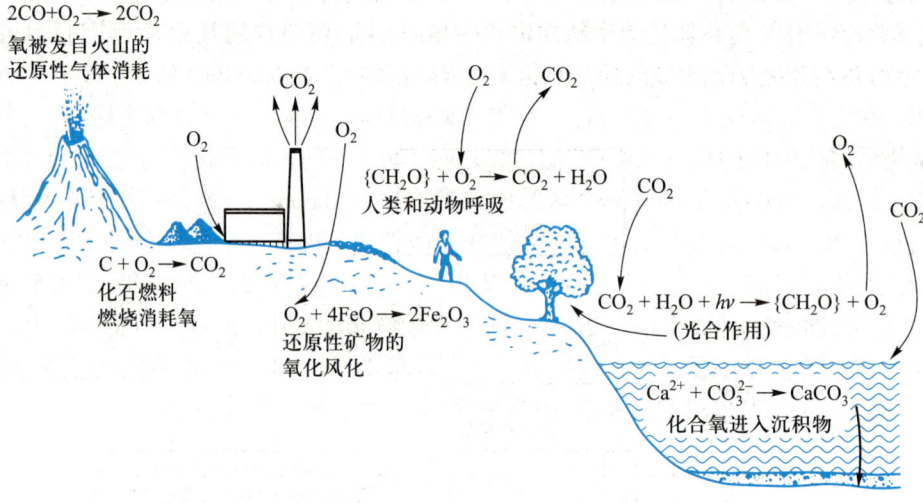

图1-3　氧在大气圈、岩石圈、水圈和生物圈中的交换

（资料来源：Manahan，2017）

（3）氮循环

氮循环如图1-4所示。氮最稳定的形态是N_2，将近占空气体积的80%。在大气中，极端条

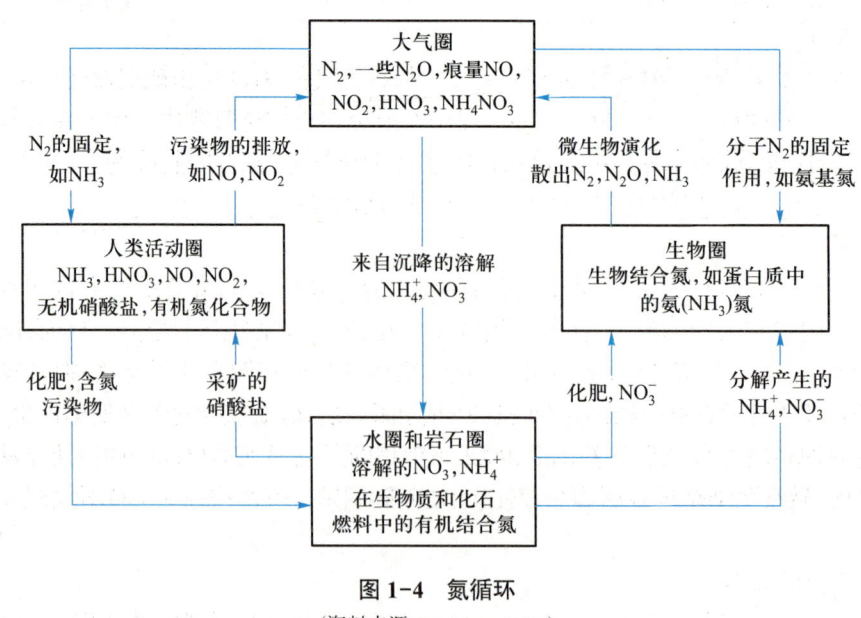

图1-4　氮循环

（资料来源：Manahan，2000）

件下(高温、高压等),N_2 与 H_2 反应生成 NH_3、与 O_2 反应生成 NO 和 NO_2。在土壤中,固氮菌可在温和条件下,将 N_2 转化为 NH_4^+,工业过程开采和制造了大量的氮肥(NH_4^+ 及 NO_3^-)。这些无机氮素被生物吸收转化为有机氮;有机氮分解为无机氮的过程称为氨化。硝化反硝化作用可实现几种无机氮形态的转化。

（4）磷循环

磷循环如图 1-5 所示。磷是重要的生命元素,在遗传分子（DNA）及能量分子（ATP 和 ADP）中都含有磷。氮和磷都是水生植物生长的必需元素,但是磷这些营养元素过量,可造成藻类疯长,导致水体富营养化。在岩石圈中磷是非常丰富的,主要以羟基磷灰石存在。

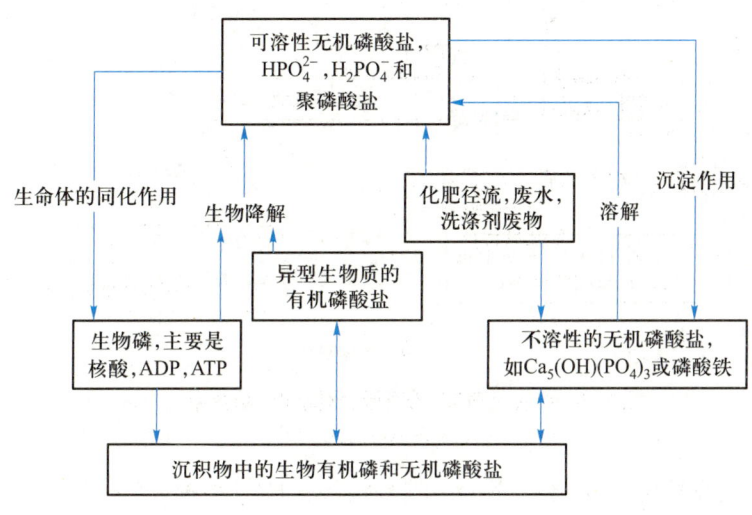

图 1-5　磷循环

（资料来源:Manahan,2000）

（5）硫循环

硫循环如图 1-6 所示。H_2S 和 SO_2 是大气中的有害气体,H_2S 可由硫酸盐还原菌产生,海洋微生物可产生挥发性($CH_3)_2S$。SO_2 主要由煤中杂质硫在煤燃烧过程中产生。在大气中 SO_2 氧化为 H_2SO_4(造成酸雨)和 NH_4HSO_4(颗粒物的主要无机核)。岩石圈是硫的汇,主要以 $CaSO_4$、FeS 和单质硫存在。生物大分子和一些农药也包含有机硫基团。

3. 环境化学的发展方向

环境问题和人们对它的认知是随着时间而变化的。显然,环境化学的研究也随着环境问题日益严峻和人们对它认知的提高,在各个领域深入发展,出现某些新的趋势。目前,国际上较为重视元素(尤其是碳、氮、硫、磷)的生物地球化学循环及其相互耦合的研究,特别是我国向世界承诺了"双碳"目标,对碳的生物地球化学循环赋予了新的认识;重视化学品安全评价,在传统污染物环境行为得到较充分认识的基础上,对新污染物的研究得到重视;重视臭氧层破坏、气候变化等全球变化问题,团结全球各国力量,解决人类共同问题。下面按分支学科对发展动向作简单介绍。

（1）环境分析化学

环境分析化学是环境化学研究的重要分支和工具,是环境化学研究的"眼睛"。首先,环境

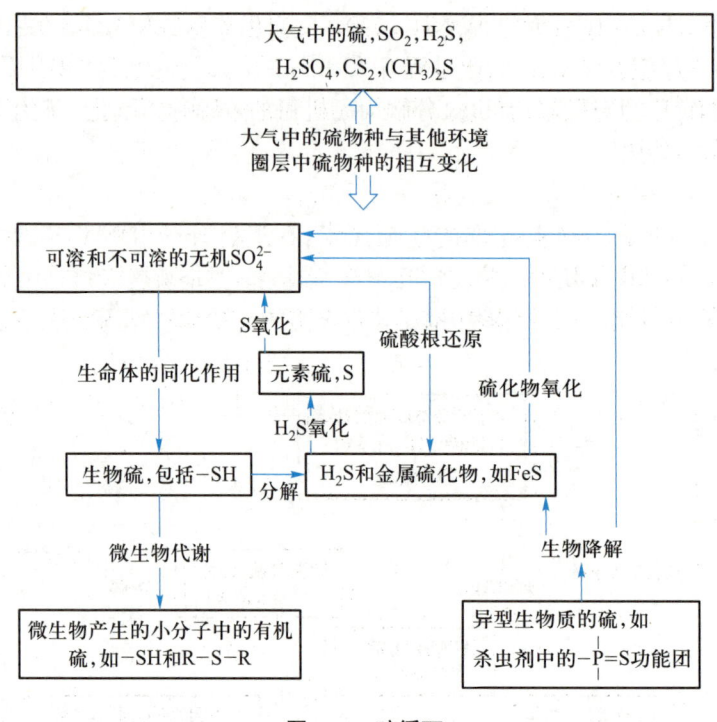

图1-6　硫循环

(资料来源：Manahan，2000)

中大多污染物都是痕量存在的，将痕量的污染物从复杂的基质中提取出来是环境分析化学的一个重要任务，主动和被动采样器的开发和改进、固相(微)萃取填料的开发，以及高通量快速提取技术都是相关领域的前沿。其次，环境中多类污染物同时存在，很多类污染物都存在大量同系物，性质变化很大，实现不同类型污染物及同系物的有效分离和同时分析，建立完善的质谱分析的数据库都取得了很大进展。环境中还存在大量的"未知污染物"，建立在高分辨质谱上的非靶向分析技术刚刚起步，将逐渐担负起暴露组学研究的重任。另外，污染物以不同形态存在，环境行为和风险发生很大变化，形态分析一直是环境化学研究的重要手段。环境介质的颗粒物(天然颗粒物、纳米颗粒物、微塑料等)的结构表征、环境污染处理系统中活性物种的分析都是环境化学的重要内容。

（2）各圈层的环境化学

本分支学科研究化学污染物在大气、水体、土壤环境介质及生物圈中的形成、迁移、转化等归趋过程中的化学行为和生态效应，是环境化学的研究重点。由于研究对象已扩展到过去认为无害的化学物质，如二氧化碳、甲烷、氧化亚氮等温室气体，含氯氟烃等耗损臭氧层的物质，以及营养物等，其研究领域由原各环境要素的污染化学发展成为相应的环境化学。最近的研究发现，一些新污染物的环境化学行为，很难用传统的环境化学理论解释。如水溶性很高的全氟烷基化合物的生物富集潜力很大，不能用传统的线性自由能关系(lgBCF~lgK_{ow})解释，过去认为生物体内的脂肪是富集疏水性有机污染物的主要介质，通过研究发现，蛋白质在疏水性较低的新污染物的生物富集中发挥重要的作用。

在大气环境化学方面，研究对象涉及大气颗粒物、酸沉降、光化学烟雾、挥发性有机物、痕量气体、臭氧耗损及全球气候变化等。空间尺度包括室内空气、城市、区域环境、远距离乃至全球。

大气环境化学过程研究主要涉及大气光化学过程、大气自由基反应。近年来,在颗粒物的形成机制和颗粒物上的多相反应方面,均有快速发展。

在水环境化学方面,研究较多的水体是河流、湖泊和水库,其次是河口、海湾和近海海域。近年来,由于大量固体废物填埋而引起有毒有害物质污染地下水,以及一些新污染物水溶解度很大,容易迁移到地下水,地下水环境问题成为一个研究前沿。对水环境中化学物质的重点研究对象逐渐转向环境内分泌干扰物、抗生素等新污染物,以及纳米颗粒和微塑料等颗粒污染物。

在农田土壤方面,土壤环境化学主要研究农药等农用化学品及重金属在土壤环境中的迁移转化和归趋及其对土壤生态和人体健康的影响,也涉及有机污染物在土壤中的吸附、降解过程机制,植物(作物)吸收与代谢等,以及污染土壤修复的化学基础等。在场地土壤方面,多环芳烃、苯系物、氯代烃、取代芳香化合物等是化工场地主要特征污染物;而矿山的特征污染物是相关重金属。场地土壤研究的重点是风险评估和修复。

各个环境介质不是孤立的,污染物在各个介质间的分配和迁移是决定其环境归趋的重要过程,大气和洋流是污染物进行长距离迁移的主要载体,因此污染物在大气-地表环境(水、土壤、植物)间的分配对污染物的长距离迁移有重要影响,是环境化学研究的重点。污染物在环境介质(水、土壤、大气)-生物圈(水生生物、陆生生物)间的富集过程,决定污染物的生态风险。

污染生态化学主要研究化学污染物的生态毒理学基础和作用机制,环境污染对陆地生态系统和水生生态系统的影响,以及化学物质的生态风险评价问题。近年来,环境健康越来越受到重视,主要研究人体暴露污染物的主要途径,以及污染物对健康的负面效应及其分子或细胞机制。

环境理论化学主要研究环境界面行为及其微观机理,采用分子模拟等手段预测污染物的环境行为与毒理效应、环境预测模型等。最近,机器学习等人工智能方法在环境科学中的应用得到快速发展。

（3）污染控制化学

污染控制化学主要研究污染控制中的化学机制和工艺技术中的基础性化学问题。在水处理领域,由纳米催化剂等催化的高级氧化技术、电化学氧化还原技术都包含复杂的化学反应机理。在土壤修复领域,吸附固定及热脱附是通用物理化学手段,可适用于多种类型污染物;化学还原或氧化在高浓度污染场地中的应用越来越多。过去主要围绕末端治理进行污染控制化学研究,应该肯定,末端治理对发展污染控制技术和治理环境污染产生了积极的作用,但这种模式只能在废物排放后处理或减少污染物而不能阻止污染的发生。按照可持续发展战略方针的要求,将以污染的全过程控制模式逐步代替末端污染控制模式。所谓全过程控制模式主要是通过改变产品设计和生产工艺路线,不生成有害的中间产物和副产品,实现废物或排放物的内部循环,达到污染最小量化并节约资源和能源的目的,也就是当前政府和学术界都非常提倡的"循环经济"模式。20世纪末期到21世纪初期的十余年中出现了体现"可持续发展"精神的"绿色化学"新方向,扩展了环境化学研究的领域,这是颇具生命力和挑战性的。

第二节　典型环境污染物及其效应

进入环境后使环境的正常组成和性质发生直接或间接的变化,最终有害于生态系统或人类的物质称为环境污染物。大部分环境污染物是由人类的生产和生活活动产生的。有些物质是直接合成的工业品、农业品、生活用品及其添加剂;有些物质是从地表以下开采供人类使用的资源,如金属矿藏或石油,在开采、加工、使用中给地表环境带来污染;有些物质是人类活动的副产物,如垃圾焚烧或其他工业过程产生的二噁英、饮用水消毒产生的消毒副产物;有些物质原本是生产中的有用物质,由于未充分利用而大量排放,就可能成为环境污染物,如在农田作为化肥施用的氮磷营养元素未被充分利用,进入水环境,是造成水体富营养化的重要原因;有的污染物进入环境后,通过物理或化学反应或在生物作用下转变成危害更大的二次污染物,也可能降解成无害物质。

一、化学污染物的类别

化学污染是环境污染的首要原因。化学污染物可分为无机污染物和有机污染物。无机污染物主要包括重金属和营养元素污染物等。有机污染物中比较重要的一类是持久性有机污染物,最近环境内分泌干扰物等新污染物已成为研究前沿。除了这些,人造纳米颗粒和微塑料等颗粒污染物也逐渐纳入科学家视野。

由于化学污染物种类繁多,世界各国都筛选一些毒性强、难降解、残留时间长、在环境中分布广的污染物进行优先控制,称为优先污染物。美国国家环境保护局于 1976 年率先公布了 129 种优先污染物。我国在进行研究和参考国外经验的基础上在 1989 年将首批 14 类 68 种化学污染物列为优先污染物,并针对这些污染物进行了系统研究,制定了环境质量标准。在未来,国家将强化对新污染物的研究和治理。新污染物是指被人类大量长期使用、在环境中广泛检出、对生态系统安全或人体健康具有负面影响,但是对其环境行为和致毒机理都存在很多认知空白、缺乏环境标准、存在管理缺失的化学物质,是未来研究的前沿重点。2022 年 5 月,国务院办公厅印发《新污染物治理行动方案》,提出到 2025 年,完成高关注、高产(用)量的化学物质环境风险筛查,完成一批化学物质环境风险评估;动态发布重点管控新污染物清单;对重点管控新污染物实施禁止、限制、限排等环境风险管控措施;逐步建立健全有毒有害化学物质环境风险管理法规制度体系和管理机制,新污染物治理能力明显增强。

本节对主要污染物类型作简要概述。

1. 无机污染物

(1)重金属

元素周期表中,只有 22 种非金属元素(包括惰性元素),其余均为金属元素(包括过渡元素)。但是有环境学或毒理学意义的重金属,包括汞、镉、铅、锌、铜、铬、钴、镍、钡、锡、锑等,从毒理学角度通常将砷、铍、锂、硒、硼、铝等也包括在内。重金属的共同特征是不可降解,但是重金属有形态的转化。重金属的形态包括价态及赋存状态(离子态、络合态、结合态、沉淀等)的变化。形态不同,重金属的移动性和生态毒性发生很大的变化,因此,重金属形态研究一直是相关领域的重点。价态不同的同一种重金属毒性不同,如六价铬的毒性大于三价铬,而三价亚砷酸盐的毒性比五价砷酸盐大 60 倍。单质铝是家用餐具的材料,铝氧化物是地壳的重要成分;而铝离子能穿过血脑屏障进入人的大脑组织,引起痴呆等严重后果。铜、铅、锌离子态的移动性和毒性都远远大于络合态,且络合物越稳定,其毒性越低。价态不同,其络合能力及被土壤中腐殖酸固定的程度也不同,对生态系统的威胁也随之转变,如由于吸附固定作用,铅(Ⅱ)的移动性远远小于铅(Ⅳ)。金属有机态的毒性往往大于无机态的毒性,常见的金属有机污染物包括有机汞(甲基汞)、有机锡、有机砷、有机硒等。

在水环境中,吸附–解吸、溶解–沉淀、氧化–还原、络合、胶体结合态等影响重金属的形态。在土壤环境中,通过标准提取流程,重金属可分为水溶态、可交换态、碳酸盐结合态、金属氧化物结合态、有机结合态、硫化物结合态、残渣态等。

（2）放射性元素

放射性元素是指具有放射性的化学元素,一般包括放射性同位素和放射性核素。这些元素的原子核不稳定,会发生自发的放射性衰变,释放出粒子或电磁辐射,从而转变成其他元素,如镭-226会通过α-衰变最终变成氡-222,这个过程还会释放能量和产生伽马射线。放射性元素的存在对环境和生命健康都具有潜在的危害,如果被摄入人体,那么这些放射性元素及其衰变产物可以在人体组织中积累并释放α-粒子,可能导致组织损伤和增加癌症风险。

放射性元素在环境中的分布和迁移主要受到地质情况、人类活动、气候条件的影响。不同岩石、土壤、水体中的放射性元素含量不同,地震、火山喷发等自然灾害也会导致放射性元素的释放,在自然环境中,如铀、钍和钾-40存在于地壳、土壤、水体及生物体中,并可通过岩石风化、地下水流动等途径在环境中转移。核工业、煤矿开采、石油开采等人类活动会导致放射性元素的释放和扩散,同时也可能产生放射性废料,如钚-239、铯-137和碘-131。这些同位素可能因为核试验、事故、废物处理不当等原因进入环境。降雨、风向等气候条件会影响放射性元素在环境中的扩散和沉积。

核工业利用放射性元素获得核能,在常规的运行过程中,核反应堆可实现零排放,核能是重要的清洁能源之一。因此,在全球对抗气候变化和降低碳排放的大背景下,核能提供了一种稳定、高强度的能源选择,为实现这些目标提供了重要支持。虽然第二代和第三代核反应堆设计有严格的安全控制措施,但仍存在事故发生的风险。如著名的切尔诺贝利和福岛核事故,都导致大量放射性物质如碘-131、铯-137和锶-90释放到环境中。因此,第四代核反应堆的探索和发展成为重要方向,其基于先进的安全系统,利用自然物理现象如重力、自然循环和熔盐的自冷却能力,实现被动安全,以减少人为操作失误和设备故障引起的风险;同时采用先进的核材料和冷却剂(如液态金属或气态冷却剂),使得反应堆在极端条件下有更好的宽容度和稳定性,并能够有效地应对意外事件。

放射性元素的环境化学研究主要集中在测定和监测放射性元素的含量、分布和迁移规律,探索其在生物体内的积累和转化过程,以及研究修复技术和评估其对环境和生命健康的影响。通过这些研究,可以更好地了解放射性元素在环境中的行为和影响,为环境保护和安全评估提供科学依据,同时也为开发有效的修复技术提供支持。

（3）营养元素

水中的氮、磷、碳、氧和微量元素如铁、锰、锌等是生物的必需元素。农业生产往往使用过剩的氮、磷等营养元素;营养元素丰富的水体通过光合作用,产生大量的植物生命体,构成水生态系统初级生产力。但是营养元素过剩导致水体富营养化、藻类疯长,引发一系列水环境问题。

（4）其他无机化合物

包括碳的无机化合物(如一氧化碳、二氧化碳)、氮的无机化合物(如氨、氰化物、氮氧化物、亚硝酸和硝酸及其盐)、硅的无机化合物(如石棉)、磷的无机化合物(如卤化磷、磷酸盐)、硫的无机化合物(如硫化氢、硫氧化物、亚硫酸和硫酸及其盐)、含卤化合物(如卤化氢、卤氧化合物、含卤酸及其盐)等。氮氧化物和硫氧化物是大气中主要污染物,石棉本身无毒,但是石棉纤维可造成肺损伤。人类活动产生的高氯酸盐进入水体后可能对水生生物产生直接毒性,对人体具有干扰甲状腺内分泌风险。

2. 有机污染物

组成有机化合物的元素十分简单,包括碳、氢、氧、硫、氮、磷及卤素原子,这些原子以共价键共享电子形成分子。如果一个化学键的两个原子具有相似的电负性,那么共价键为非极性的,如碳氢化合物;如果存在一个电负性较大的原子,如氧原子,那么化学键呈现极性。当氢原子连接在电负性很高的原子上(主要是氧原子和氮原子),其电子被氧(氮)原子吸引,则氢原子极度缺电子而倾向与另外一个含有孤对电子的原子(也是氧原子或氮原子)共享电子,形成的作用力被称为氢键。氢键的键能为 15~20 kJ/mol,比共价键弱,但是氢键可改变物质间的连接方式。水分子的三个原子都能形成氢键,以氢键网形式存在,因此一个化合物是否能形成氢键,决定了其水溶性,进而影响其环境行为。不能与水分子形成氢键的物质溶于水,需要做功破坏水的氢键网(俗称水分子穴),从能量上不利于溶于水,因此,称之为疏水性化合物。

《关于持久性有机污染物的斯德哥尔摩公约》(以下简称《斯德哥尔摩公约》)是有机化学品管理的重要公约。持久性有机污染物(POPs)是指具有高持久性、高生物蓄积性、高毒性和半挥发性等特点的物质,可在全球范围内被广泛检出。2001 年,《斯德哥尔摩公约》通过了首批 12 种 POPs 名单,包括滴滴涕(DDT)、狄氏剂、异狄氏剂、艾氏剂、氯丹、七氯、六氯苯、灭蚁灵、毒杀芬、多氯联苯、二噁英、呋喃。2009 年之后每两年都有一些新的化学品增补到公约中,主要包括五溴或八溴二苯醚、全氟辛烷磺酸、六溴环十二烷、多氯萘、全氟辛酸等。

下面按照化学组成介绍典型有机污染物类型。

（1）烃类

烃类是碳原子和氢原子组成的化合物。不具有环状结构的烃类称为脂肪链烃;含有一个或多个环状结构的烃类称为脂环烃;如果存在芳香体系,就称为芳香烃。烃类化合物在环境中分布极为广泛,天然烃类包括小到只有一个碳原子的甲烷,大到含有几十个碳原子的 β-胡萝卜素等;化石燃料中含有许多支链烷烃、烯烃、环烷烃和芳香烃等,这些烃类还可以通过化石燃料的合成加工等方式获得,这些烃类化合物的生产、运输、加工、存储、使用和处置等会带来很大的环境问题。

环境中存在的各种烃类化合物中,环境化学研究对其中两类表现出尤其浓厚的兴趣,即BTEX 化合物(BTEX 代表苯、甲苯、乙苯和三个二甲苯的异构体)和多环芳烃。BTEX 化合物是汽油的重要组分,并广泛用作溶剂。这些化合物是土壤和地下水中最常见的污染物,尤其是苯具有很高的毒性,因此这些化合物引发了很多有关污染土壤和地下水修复的研究。多环芳烃类污染物在环境中的主要来源包括化石燃料(天然气、石油、煤)的燃烧、森林大火、矿物油(事故性的)直接输入、木材防腐剂杂酚类化合物的应用等。由于部分多环芳烃是强致癌物,有关多环芳烃的研究引起了极大的关注,也正是因为这一点,多环芳烃属于最重要的一类大气污染物。

（2）有机卤化物

有机卤化物是含有一个或几个卤原子的有机化合物,以氯原子居多,氟原子和溴原子次之。有机卤化物用途广泛,虽然有一些有机卤化物已被禁止生产或限制使用,但目前含卤化合物仍在大量地生产,也因此具有广泛的环境暴露风险。常见的含卤化合物有小分子卤代烃、氯代溶剂、多氯代芳烃(多氯联苯、二噁英等)、有机氯农药、水体消毒氯代产物、全氟烷基化合物等。

小分子卤代烃主要用作制冷剂,过去使用的第一代氟氯烃制冷剂非常稳定,可以穿越对流层,进入平流层导致臭氧层损耗,因此逐渐被禁止生产。第二代氢氟氯烃制冷剂曾与氟氯烃制冷剂长期共同使用,虽然在对流层中比氟氯烃降解更快,但仍有相当一部分可进入平流层,因此仍对臭氧层具有一定破坏性。目前,氢氟氯烃正在被含有至少一个氢的第三代制冷剂氢氟烃和第四代制冷剂氢氟烯烃替代,氢氟烃和氢氟烯烃不破坏臭氧层,可在对流层降解,形成三氟乙酸等化合物,通过湿沉降从大气中去除,而且氢氟烯烃还具有更低的全球变暖潜能值。

卤代烃制冷剂

第一代 一氟三氯甲烷　第二代 二氟一氯甲烷　第三代 二氟甲烷　第四代 2,3,3,3-四氟丙烯

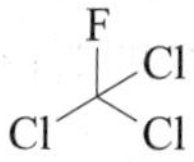

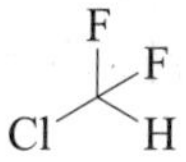

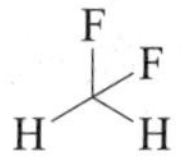

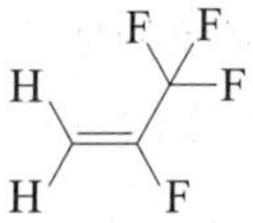

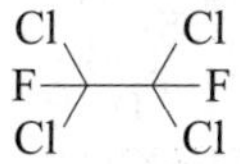

1,1,2-三氯三氟乙烷 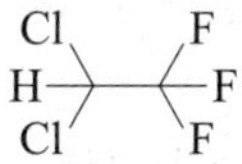　2,2-二氯-1,1,1-三氟乙烷 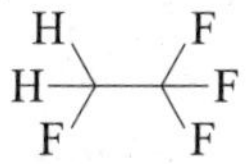　1,1,1,2-四氟乙烷 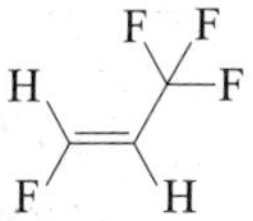　(E)-1,3,3,3-四氟丙烯

氯代溶剂包括二氯甲烷、三氯乙烯、四氯化碳,以及 1,1,1-三氯乙烷等,用量大,目前仍然是重要的地下水污染物。在含氧条件下这些物质非常持久,而且在地下水中流动性很强,可形成非水相液体(non-aqueous phase liquid,NAPL),是地下水中的重要污染现象。

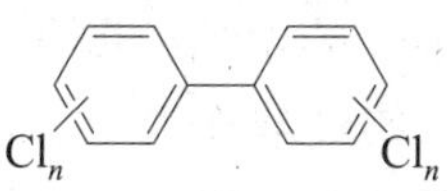

多氯联苯 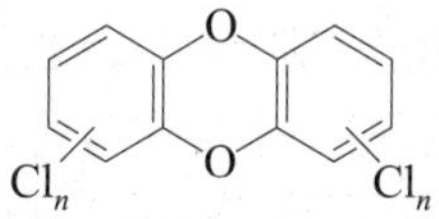　　多氯二苯并二噁英 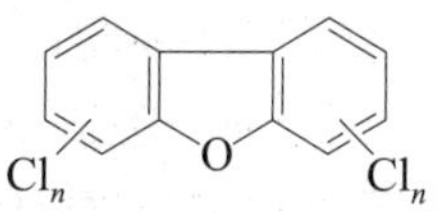　　多氯二苯并呋喃

多氯代芳香烃类化合物由于其强的持久性、疏水性和生物累积性而臭名昭著,包括工业品多氯联苯及垃圾焚烧或工业过程副产物多氯二苯并二噁英(呋喃)(简称二噁英)。这些物质因为不同氯代程度包含很多同系物,多氯联苯具有 209 个同系物,而二噁英类化合物具有 210 个同系物,而且它们在环境样品中的浓度都极低,给样品分析带来挑战。

有机氯农药是第一代农药,广泛用作杀虫剂和除草剂。有机氯杀虫剂,如 DDT、狄氏剂、艾氏剂、七氯、六六六等,杀虫效果好,在 20 世纪 60 年代前应用广泛。然而,有机氯杀虫剂稳定性强,具有毒性和高的生物富集潜力,对野生鸟类造成危害,被列为持久性有机污染物。目前,含氯的除草剂,如 2,4-二氯苯氧乙酸(2,4-D)、2,4,5-三氯苯氧乙酸(2,4,5-T)还具有广泛的应用。

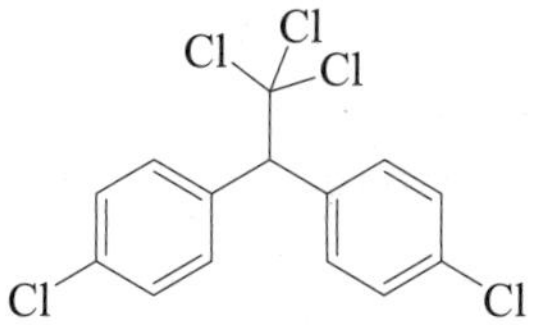

DDT 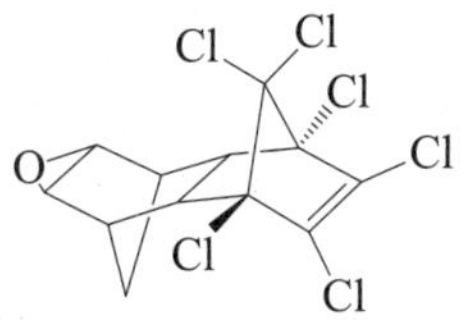　　狄氏剂 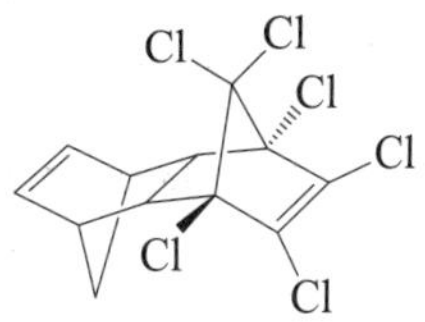　　艾氏剂

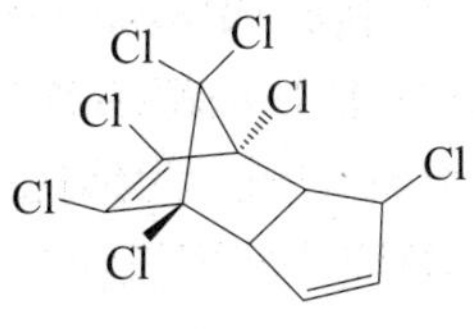

七氯 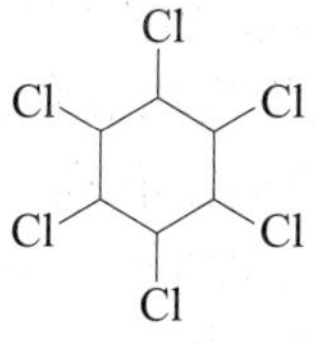　　六六六 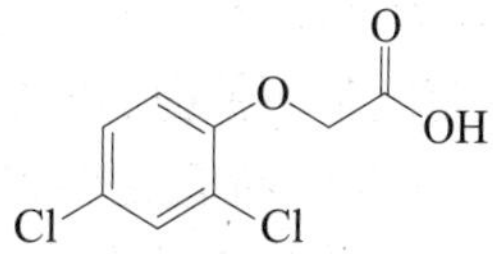　　2,4-二氯苯氧乙酸

消毒副产物是对废水和饮用水用氯进行消毒,以及造纸厂漂白工艺等产生的已知或未知的氯代化合物。例如,三卤甲烷化合物就是这些氯代污染物中比较重要的一类,包括 $CHCl_3$、$CHBrCl_2$、$CHBr_2Cl$ 及 $CHBr_3$ 等。

全氟烷基化合物是近年来研究较多的一类化合物。全氟烷基化合物以其优良的热稳定性、化学稳定性、高表面活性及疏水/疏油性能,在工业品和生活用品等诸多领域中被广泛使用。常见全氟烷基化合物包括氟调聚醇、全氟磺酸、全氟羧酸、全氟磺酰胺等。C—F 键的高稳定性,使得全氟烷基酸类成为持久性有机污染物,特别是具有 C_8 结构的全氟辛烷磺酸和全氟辛酸在全球被禁用,大部分地区的产品向短链或含醚键同系物转变,而少数国家如日本选择生产具有 C_9 结构的产品以替代。

| 氟调聚醇 | 全氟磺酸 | 全氟羧酸 | 全氟磺酰胺 |

(3)含氧化合物

在天然和人工合成化学物质的杂原子中,氧具有非常独特的地位,因为氧原子是很多重要官能团的组成元素。氧具有很高的电负性(3.5),可以与氢原子、碳原子、氮原子、磷原子和硫原子形成极性共价键,这些官能团对化合物的理化性质和反应性具有重要影响。

连接在烷基上的羟基(—OH)称为醇官能团,含有醇官能团的化合物具有较高水溶性,主要是因为醇官能团中两个原子都能形成氢键。连接在芳香环上的羟基称为酚官能团,可以解离出氢离子,所剩负电荷(O^-)被芳香环共享,可稳定存在,因此芳香酚是弱酸。芳香环上连接吸电子基团,可促进酚羟基的解离,化合物的酸性进一步加强。含酚官能团的典型污染物有五氯酚、壬基酚、双酚 A 等。五氯酚是一种高效、价廉的广谱杀虫剂、防腐剂、除草剂,曾长期在世界范围内使用。我国从 20 世纪 60 年代早期开始,曾在血吸虫病流行区大量使用,用于杀灭血吸虫的中间宿主——钉螺。目前,五氯酚主要用作木材防腐剂。尽管欧洲的一些发达国家已停止或限制使用五氯酚,但在一些发展中国家,五氯酚仍被作为一种重要的农药使用。壬基酚是非离子表面活性剂壬基酚聚氧乙烯醚在环境中的稳定代谢产物。双酚 A 是一种精细化学品,用途广泛,主要用于多种树脂材料的添加剂,以改变这些高分子材料的性能。壬基酚和双酚 A 的结构类似生物体内天然激素雌二醇,会造成生物内分泌系统的紊乱,它们是两种典型的环境内分泌干扰物,已经逐渐被替代减产。

| 五氯酚 | 双酚A |

醇的异构体为醚(—O—)。含有醚官能团的典型环境污染物包括甲基叔丁基醚和多溴二苯醚。甲基叔丁基醚是一种优良的高辛烷值汽油添加剂和抗爆剂,加油站储油罐的渗漏造成地下水的广泛污染。多溴二苯醚是一种广泛应用的阻燃剂,以非共价键的形式加到建筑保温材料、家具及电子产品中,通过多种途径导致人体暴露,产生负面健康效应。商用五溴二苯醚、八溴二苯醚及十溴二苯醚先后被列入《斯德哥尔摩公约》。

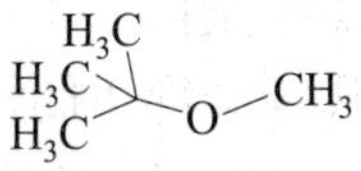

甲基叔丁基醚 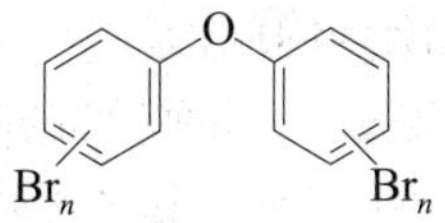   多溴二苯醚

在很多天然的(如油脂)或人工合成的化学物质中都具有酯基,其中一类重要的人工合成化学物质为邻苯二甲酸酯,主要用作增塑剂。随着塑料制品产量的增加,邻苯二甲酸酯在全球的年产量持续增加,已经超过 700 万 t。产量最大的两种邻苯二甲酸酯为邻苯二甲酸二异辛酯和邻苯二甲酸二丁酯。农膜的大量使用造成农田邻苯二甲酸酯的污染;人体可通过室内灰尘及被塑料包装污染的水和食品广泛暴露于邻苯二甲酸酯。邻苯二甲酸酯在生物体内可代谢为单酯化合物,其毒性甚至大于母体化合物,具有环境内分泌干扰性,对人体健康造成负面影响。

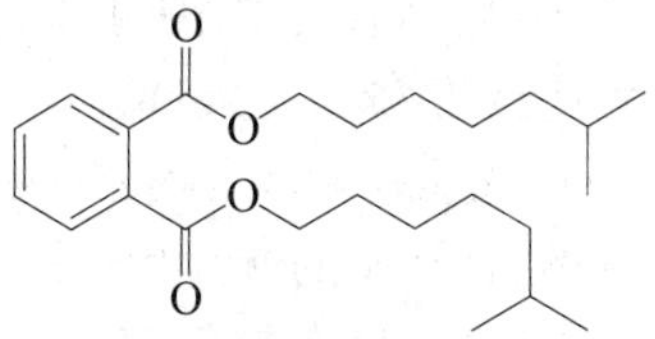

邻苯二甲酸二异辛酯 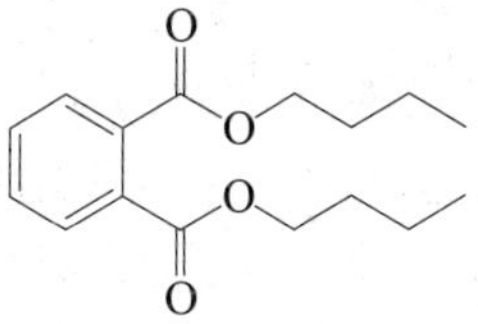   邻苯二甲酸二丁酯

(4)含氮化合物

氮具有多种价态(-3~5),因此具有丰富的官能团。氨基(—NH$_2$)是一类重要的基团,存在于很多人工合成的化学物质中,对化合物的性质和反应活性具有多种效应。氨基会参与氢键的形成;与弱酸性的羟基相反,氨基是弱碱,在水溶液中可以获得一个质子,形成氨阳离子,由于脂肪烃具有弱的给电子特性,连接在脂肪烃上的氨基碱性更强。

硝基化合物可看作烃分子中的一个或多个氢原子被硝基(—NO$_2$)取代后生成的衍生物。很多高产量的合成化学物质中都含有一个或多个硝基,这些硝基与芳香体系相连,是各种化学工业的关键中间体,甚至存在于许多最终产物中,如炸药——三硝基甲苯(TNT)、农业化学物质(如二硝基对甲酚),以及染料(分散性蓝 79)等。

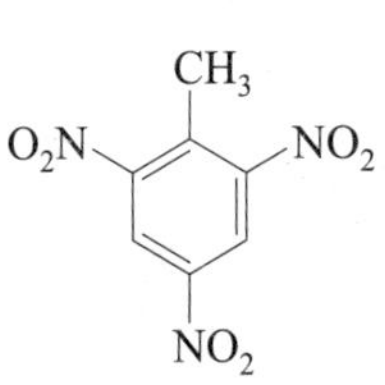

TNT 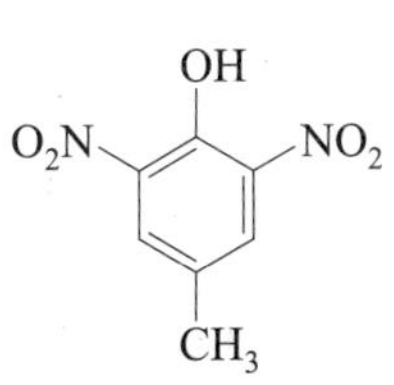   二硝基对甲酚 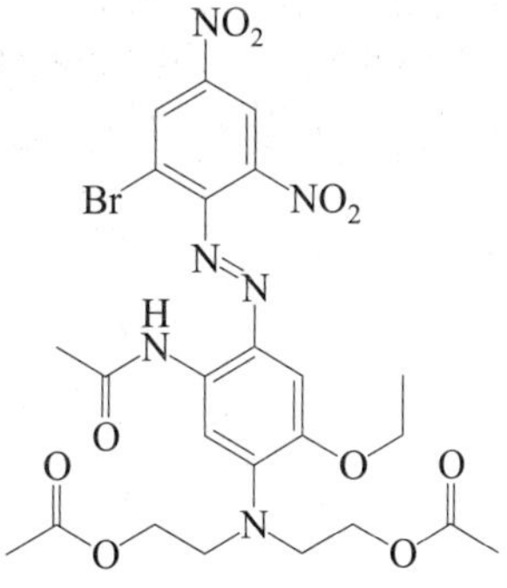   分散性蓝79

硝基具有很强的吸电子性质,可以使 π 电子发生离域,因此硝基对分子的电子分布具有很大的影响,会影响化合物许多性质,如与苯环相连基团的酸性或碱性基团的酸碱解离常数、芳香化合物与电子供体之间的特定相互作用,以及化合物的吸光性质。此外,由于硝基中氮原子氧化态为 +3,硝基可以作为氧化剂,硝基被还原为亚硝基、羟胺及最终的氨基,形成的产物具有与母

体硝基化合物相似甚至更大的环境危害。

其他含氮有机化合物还包括三嗪类(如阿特拉津除草剂等)、偶氮化合物(偶氮染料)、季铵盐(如阳离子表面活性剂)、含氮络合剂。表面活性剂和络合剂在水环境中被大量检出,对生态系统产生危害,还会影响其他污染物,如重金属的环境行为,包括增加重金属的溶解性和移动性。

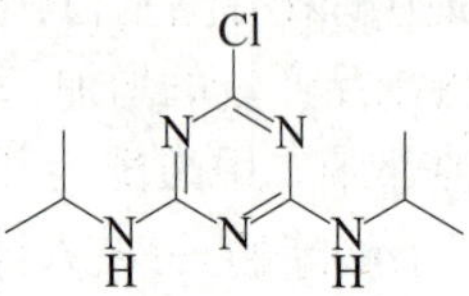

阿特拉津 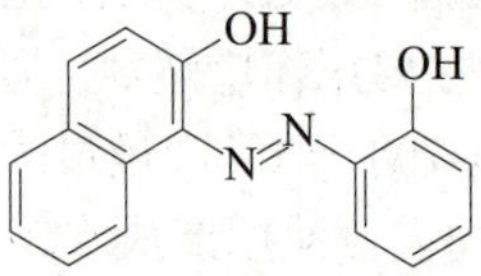   偶氮染料苏丹红1号

（5）含硫化合物

在有机分子中硫具有很多不同的氧化态(−2~+6)。硫原子周围可以环绕10个电子(如亚砜),甚至12个电子(如砜、磺酸及衍生物),这种能力使其能够发生同族元素氧所不能发生的氧化还原反应。硫与氧之间另外一个重要的区别是硫的电负性(2.58)比氧要小得多,因此参与形成氢键的能力可以忽略。巯基属于路易斯(Lewis)软酸,比羟基的酸性和亲核性要强。

在含硫原子的官能团中,最重要的是芳香族磺酸基团,尤其是苯磺酸和萘磺酸。由于磺酸基团的 pK_a 很低,在水溶液中完全解离,形成相应带负电的磺酸盐,因此磺酸基团可以显著增加化合物的亲水性。在具有磺酸基团的化合物中,直链烷基苯磺酸盐是阴离子表面活性剂,由于生产与应用量大,引起广泛的关注。

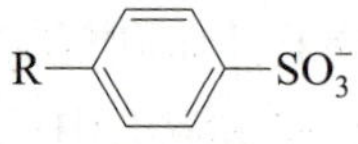

R=C_{10}~C_{13}
直链烷基苯磺酸盐

（6）含磷化合物

虽然磷理论上也像氮一样具有很多氧化态,但是在与环境相关的化学物质中,磷原子主要以氧化形态存在,即+3(如亚磷酸衍生物)和+5(如磷酸衍生物和硫代磷酸衍生物)。在+5价氧化态中,磷在大多数情况下形成三个单键和一个双键,双键通常在氧原子或硫原子之间形成。膦酸、磷酸、硫代磷酸的衍生物,尤其是酯类和硫酯类化合物用途广泛,包括增塑剂/阻燃剂、农药、杀虫剂和杀螨剂等。值得注意的是随着含卤素化合物,如溴代阻燃剂的禁用,含有磷酸基团的替代品的产量日益增加。

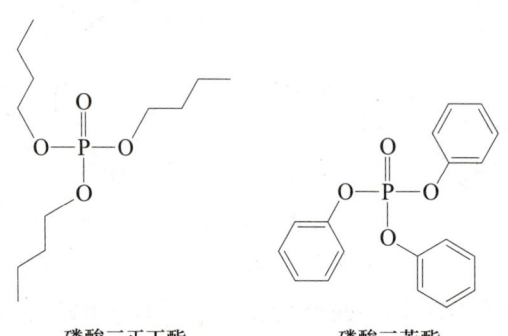

磷酸三正丁酯   磷酸三苯酯

3. 纳米颗粒污染物和微塑料

纳米材料具有诸多优良性能,这使其在工业催化、电子电气、生物医药、航空航天、环境与能

源等诸多领域应用广泛。与此同时,纳米材料的环境释放、环境累积、环境行为和生物效应也引起全球的关注。例如,纳米零价金属和金属氧化物等金属基纳米材料,以及碳纳米材料进入环境后,会在环境条件如光照、pH、离子强度和温度等的影响下发生形态的显著改变。除了其自身的同质团聚外,环境中的纳米颗粒也易于与腐殖酸、蛋白质和脂质等有机大分子发生相互作用,进而影响其团聚和迁移、溶解等环境过程。在经历环境转化的同时,这些纳米材料也可能进入生物(微生物、植物、甲壳类、鱼类和哺乳动物等)体内,继而发生体内累积并导致毒性效应。最终,这些纳米颗粒可能通过食物链传递到人体中,带来未知的健康风险。另外,纳米颗粒由于尺寸小,具有较大比表面积,易吸附溶解态污染物,还可作为其他污染物的载体,发生共迁移;也可作为催化剂促进其他污染物的转化。

人造高分子聚合物材料(塑料)被大量生产和使用。据统计,2014 年全球塑料产量高达 3 亿 t。其中,大量塑料以废物形式进入环境,并在生物和非生物作用下破碎分解,形成更小的颗粒,其中粒径小于 5 mm 的颗粒被称为微塑料。此外,个人护理品中的塑料微珠及纺织品释放的化工纤维也是环境中微塑料的直接来源,目前,塑料微珠已被禁止添加使用。塑料和微塑料在多数环境条件下难以降解,因此易发生累积。环境微塑料被发现是多种污染物的载体,对污染物的迁移和转化行为会产生影响。在被鱼类和动物误食后,微塑料及其载带的污染物可能对生物产生毒性效应。一些研究认为,纳米级的微塑料颗粒甚至会发生生物富集并沿食物链传递,给动物乃至人类造成健康风险。此外,大量存在的微塑料还有可能为微生物提供特殊的生境,从而形成"塑料圈"这一特殊的微环境,并造成未知的生物污染风险。

二、污染的环境效应

自然过程或人类的生产和生活活动会对环境造成污染和破坏,从而导致环境系统的结构和功能发生变化,称为环境效应,并可分为自然环境效应和人为环境效应。如按环境变化的性质划分,则可分为环境物理效应、环境化学效应、环境生物效应及环境健康效应。

1. 环境物理效应

环境物理效应是由物理作用引起的,如噪声、光污染、电磁辐射污染、地面沉降、热岛效应和温室效应等。燃料的燃烧放出大量热量,再加上街道和建筑群辐射的热量,使城市气温高于周围地带,称为热岛效应。大气中二氧化碳和其他温室气体不断增加,吸收地表辐射的短波红外辐射,产生温室效应。工业烟尘和风沙使大气能见度下降。大气中颗粒物的大量存在增加了云雾的凝结核,增加了城市降水的机会。在冲积平原上建设的城市如过量开采地下水,将会引起地面沉降。

2. 环境化学效应

在各种环境因素影响下,物质间发生化学反应产生的环境效应即为环境化学效应,如湖泊酸化、土壤盐碱化、地下水硬度升高、局部地区发生光化学烟雾、有毒有害固体废物的填埋造成地下水污染等。酸雨造成地面水体和土壤酸化,会使水生生物遭到破坏、土壤肥力降低、各种建筑物受到腐蚀。大量碱性物质或可溶性盐在水体和土壤中长期积累,或受到海水长期浸渍,或长期利用含盐碱成分的废水灌溉农田,都会造成土壤碱化,导致农业减产。土壤和沉积物中的碳酸盐矿物和大量的交换性钙镁离子在耗氧有机物降解产生的二氧化碳、酸、碱、盐等的作用下,在水中的溶解度将增加,使地下水的硬度升高,造成水处理的成本升高。光化学烟雾是在特定的条件下一次污染物发生大气光化学反应产生的混合物,它直接危害生物的生长和人体健康。填埋于地下的有毒有害废物经土壤的渗透传输可使地下水受到污染,甚至引起特殊疾病的流行。

3. 环境生物效应

环境因素变化导致生态系统变异而产生的后果即为环境生物效应。大型水利工程可能破坏水生生物的洄游途径,从而影响它们的繁殖。大量工业废水排入江、河、湖、海,对水生生态系统产生毒性效应,使鱼类受害而减少甚至灭绝。任意砍伐森林,会造成水土流失,产生干旱、风沙灾害,同时使鸟类减少、害虫增多。污染物的释放也会影响微生物的群落结构,甚至导致细菌耐药基因等问题的出现。

4. 环境健康效应

人既是环境污染的制造者,也是环境污染的受害者。早期对环境健康效应的研究主要集中在致畸、致癌、致突变物质的污染引起畸形和癌症;而近期的研究表明,人类的慢性疾病,如肥胖、糖尿病、不孕不育等,可能与环境污染有关。广为关注的环境健康效应是环境内分泌干扰效应,污染物干扰人体内自身平衡或调节发育过程天然激素的合成、分泌、运输、结合、反应和代谢等过程,从而对生殖、神经和免疫系统等的功能产生一系列健康效应。

三、污染物的迁移转化

污染物在环境中的迁移、转化和归趋,以及它们对生态系统的效应是环境化学的重要研究领域。污染物在环境中所发生的空间位移及其所引起的富集、分散和消失的过程称为污染物的迁移。而污染物的转化是指污染物在环境中通过物理、化学或生物的作用改变存在形态或转变为另一种物质的过程。污染物的迁移和转化常常相伴进行,是影响污染物在环境中归趋的两类主要过程,也是环境化学研究的重点内容。

污染物在环境中的迁移包括随着介质进行的迁移,如随风和洋流进行的长距离迁移、大气的干湿沉降;在环境各介质间进行的分配,如挥发、溶解、吸附-解吸、渗透、生物富集、食物链传递等。

污染物的转化可分为化学转化、光化学转化和生物转化。化学转化包括沉淀、配位、氧化还原、水解、热解等。光化学转化是由光辐射引起的,可以是直接光解,也可以是间接(氧化)光解,是大气中污染物发生转化的主要方式。生物转化是有生物参与的污染物的转化,其中微生物降解是研究的重点。有机污染物在微生物的作用下,可以矿化,但是也可转变为毒性更大、稳定性更强的中间降解产物。近年,污染物在高等动物及植物中的代谢也成为研究前沿。在生物体内,污染物一般先发生相I反应,即氧化、还原和水解,转变为溶解度更大的产物,排出体外;还可以直接或者继续发生相II反应,与生物体内源物质结合,水溶性进一步增大。

污染物可在单独环境要素圈层中迁移和转化,也可超越圈层界线实现跨介质迁移、转化而形成循环。

例如,在大气中,污染物通过扩散和被气流载运而迁移,并通过光化学氧化或催化氧化反应而转化。大气中的氮氧化物、碳氢化合物可通过光化学氧化生成臭氧、过氧乙酰硝酸酯及其他光化学氧化剂,并在一定气象条件下形成光化学烟雾。二氧化硫在大气气溶胶存在下经光化学氧化或催化氧化作用转化为硫酸或硫酸盐,这是形成酸雨的原因之一。图 1-7 所示为 SO_2 的环境释放、在大气中的迁移、向 SO_3 的转化,以及形成硫酸盐颗粒和酸雨的环境效应。

在水体中,污染物可通过溶解态随水流动或通过吸附于悬浮物而传输,悬浮物沉积于水底将污染物带入沉积物中。同时污染物可通过氧化还原、配位和螯合、水解和生物降解等作用发生转化,包括存在形态和价态的变化。这不仅会影响污染物的性质,也影响它的迁移能力。例如,$Cr(III)$ 和 $Cr(VI)$,$As(III)$ 和 $As(V)$ 在不同的环境条件下可相互转化就是典型的例子。图 1-8

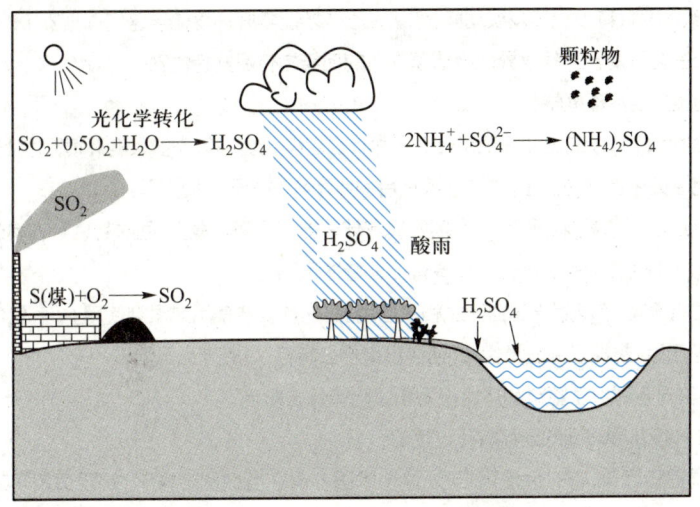

图1-7 硫的环境释放和大气循环

（资料来源：Manahan，2017）

以汞为例图示出它在环境各介质间的迁移、形态转化、甲基化，以及甲基汞的生物富集和大气光解作用。

土壤是自然环境中微生物最活跃的场所，生物降解对污染物的转化起重要作用。许多有机物通过微生物作用可分解转化生成二氧化碳和水等无害物。土壤的pH、温度、湿度、离子交换能力、微生物种类和通气状况等是影响污染物转化的因素。土壤的氧化还原条件控制污染物的存在状态，如砷在旱地氧化条件下为五价，在水田还原条件下则为三价。对金属离子来说，pH呈酸性，易溶于水，呈离子状态；pH呈碱性，则易与碱性物质结合生成不溶性盐类。

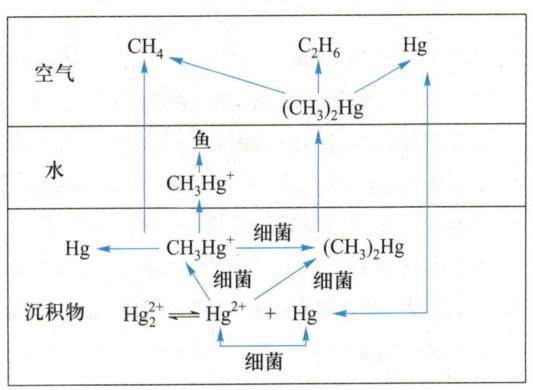

图1-8 汞在环境各介质间的迁移转化

（资料来源：Manahan，2000）

思考题与习题

1. 如何认识现代环境问题的发展过程？

2. 1972年联合国人类环境会议发表《人类环境宣言》，其产生的时代背景如何，该宣言有什么样的重要意义？

3. 请查询资料了解历史上有哪些重大的环境事件，造成了哪些后果，有什么样的启示。

4. 如何理解"绿水青山就是金山银山"的理念，依托该理念取得了哪些成果？

5. 地球系统包括几大圈层？各圈层之间有什么样的关系？

6. 怎样理解人类活动对地球环境系统的影响。

7. 你对于氧、碳、氮、磷、硫几种典型元素生物地球化学循环的重要意义有何体会？

8. 磷循环与碳、氧、氮循环存在哪些重要且根本的区别？

9. 根据环境化学的任务、内容、特点及其发展动向，你认为怎样才能学好环境化学这门课程？

10. 环境污染物有哪些主要类别？当前世界范围普遍关注的污染物有哪些特性？

11. 简述重金属形态的定义及其环境学意义。

12. 环境中 BTEX 化合物和 PAHs 的主要来源是什么？为什么这些化合物带来很大的环境问题？

13. 请列出几种多氯代烃类化合物的例子，并说明该化合物所带来的主要环境问题。

14. 为何要用氢氟（烯）烃替代氢氟氯烃作为制冷剂？具有什么样的环境学意义，同时是否存在其他风险？

15. 什么是非水相液体？不同类别的非水相液体具有什么特性和风险？

16. 全氟烷基化合物性能优良，广泛用于工业产品和生活用品，为什么要禁用或限制使用 C_8 系列全氟烷基化合物？

17. 双酚 A 被减产和禁用后，出现了哪些替代品，结构具有什么特征，具有什么风险？

18. 什么是"塑料圈"，这对于评价微塑料的环境行为和风险有什么影响？

19. 举例简述污染物在环境各圈层间的迁移转化过程。

20. 由于适用于环境过程和污染，有时会使用"汇"这个术语。请在互联网上搜索，解释适用于环境污染的"汇"的含义。从什么意义上说，地球作为汇的能力是其自然资本的一部分？

主要参考文献

［1］Manahan S E. Environmental Chemistry［M］. 10th ed. Boca Raton: CRC Press，2017.

［2］《中国大百科全书》编辑部. 中国大百科全书：环境科学［M］. 北京：中国大百科全书出版社，2002.

［3］江桂斌，刘维屏. 环境化学前沿［M］. 北京：科学出版社，2017.

［4］江桂斌，郑明辉，孙红文，等. 环境化学前沿（第二辑）［M］. 北京：科学出版社，2019.

［5］江桂斌，全燮，刘景富，等. 环境纳米科学与技术［M］. 北京：科学出版社，2015.

［6］王春霞，朱利中，江桂斌. 环境化学学科前沿与展望［M］. 北京：科学出版社，2011.

［7］庄乾坤.《环境化学》创刊 40 周年纪念专题之一：环境化学发展之管见［J］. 环境化学，2021，40（3）：2.

［8］Schwarzenbach R P，Gschwend P M，Imboden D M. Environmental Organic Chemistry［M］. 3rd ed. Hoboken：Wiley，2016.

● 本章中英文关键词对照

中文	英文	中文	英文
环境化学	environmental chemistry	生物多样性丧失	biodiversity loss
环境科学	environmental science	环境污染	environmental pollution
生物地球化学循环	biogeochemical cycle	有害物质	hazardous substances
环境污染物	environmental pollutants	人类环境宣言	Declaration of the United Nations Conference on the Human Environment
生态破坏	ecological damage		
臭氧层破坏	ozone layer depletion	可持续发展	sustainable development
气候变化	climate change	里约环境与发展宣言	Rio Declaration on Environment and Development
水资源短缺	water shortage	21 世纪议程	Agenda 21

续表

中文	英文	中文	英文
迁移	transport	化石燃料	fossil fuel
转化	transformation	联合国气候变化框架公约	United Nations Framework Convention on Climate Change
蓄积	accumulation	CO_2 封存技术	CO_2 storage technology
环境地学	environmental geoscience	甲烷	methane
环境生物学	environmental biology	氮循环	nitrogen cycle
环境物理学	environmental physics	磷循环	phosphorus cycle
环境工程学	environmental engineering	新污染物	emerging contaminants
环境健康	environmental health	被动采样器	passive sampler
环境生态工程学	environmental ecological engineering	固相(微)萃取	solid-phase (micro) extraction
环境管理学	environmental management	同系物	homologue
环境经济学	environmental economics	暴露组学	exposomics
环境法学	environmental law	天然颗粒物	natural particles
环境评价学	environmental assessment	纳米颗粒物	nanoparticles
环境规划学	environmental planning	微塑料	microplastics
环境质量	environmental quality	活性物种	active species
环境介质	environmental media	归趋	fate
大气圈	atmosphere	全氟烷基化合物	perfluoroalkyl substances
水圈	hydrosphere	生物富集	bioconcentration
岩石圈	lithosphere	线性自由能关系	linear free-energy relationship
生物圈	biosphere	大气颗粒物	atmospheric particles
人类活动圈	anthrosphere	酸沉降	acid deposition
消毒副产物	disinfection by-product	光化学烟雾	photochemical smog
环境分析化学	environmental analytical chemistry	挥发性有机物（VOCs）	volatile organic compounds
		全球气候变化	global climate change
形态分析	morphological analysis	大气光化学过程	atmospheric photochemical process
非靶向分析	nontarget analysis		
污染生态化学	pollution eco-chemistry	大气自由基反应	atmospheric free-radical reaction
环境健康化学	environmental health chemistry	多相反应	heterogeneous reaction
污染控制化学	pollution control chemistry	环境内分泌干扰物	environmental endocrine disruptors
物质循环	nutrient cycle		
沉积岩	sedimentary rocks	抗生素	antibiotics
火成岩	igneous rocks	农药	pesticides
变质岩	metamorphic rocks	修复	remediation
岩浆	magma	多环芳烃（PAHs）	polycyclic aromatic hydrocarbons
碳循环	carbon cycle		

中文	英文	中文	英文
生态毒理学	ecotoxicology	光合作用	photosynthesis
陆地生态系统	terrestrial ecosystem	初级生产力	primary productivity
水生生态系统	aquatic ecosystem	共价键	covalent bond
生态风险评价	ecological risk assessment	电负性	electronegativity
环境理论化学	environmental theoretical chemistry	氢键	hydrogen bond
		疏水性化合物	hydrophobic compounds
高级氧化技术	advanced oxidation process	斯德哥尔摩公约	Stockholm Convention
吸附固定	adsorption sequestration	滴滴涕（DDT）	dichlorodiphenyltrichloroethane
热脱附	thermal desorption	狄氏剂	dieldrin
循环经济	circular economy	异狄氏剂	endrin
绿色化学	green chemistry	艾氏剂	aldrin
垃圾焚烧	waste incineration	氯丹	chlordane
二噁英	dioxin	七氯	heptachlor
营养元素	nutrient elements	六氯苯	hexachlorobenzene
富营养化	eutrophication	六六六	hexachlorocyclohexane
重金属	heavy metal	灭蚁灵	mirex
持久性有机污染物（POPs）	persistent organic pollutants	毒杀芬	toxaphene
		多氯联苯（PCBs）	polychlorinated biphenyls
人造纳米颗粒	artificial nanoparticles	呋喃	furan
优先污染物	priority pollutants	五溴二苯醚	pentabromodiphenyl ether
汞	mercury	八溴二苯醚	octabromodiphenyl ether
镉	cadmium	全氟辛烷磺酸	perfluorooctane sulfonic acid
铅	lead	六溴环十二烷	hexabromocyclododecane
锌	zinc	多氯萘	polychlorinated naphthalenes
铜	copper	全氟辛酸	perfluorooctanoic acid
砷	arsenic	β–胡萝卜素	β-carotene
血脑屏障	blood-brain barrier	支链烷烃	branched alkanes
络合，配合	complexation	烯烃	olefins
腐殖酸	humic acid	环烷烃	naphthenes
甲基汞	methylmercury	芳香烃	arenes
有机锡	organotin	BTEX 化合物	benzene, toluene, ethylbenzene, and xylene compounds
有机砷	organic arsenic		
有机硒	organic selenium	有机卤化物	organic halogen compounds
溶解–沉淀	dissolution-precipitation	含卤化合物	halogen-containing compounds
氧化–还原	oxidation-reduction	氢氟氯烃	hydrochlorofluorocarbons

续表

中文	英文	中文	英文
制冷剂	refrigerants	十溴二苯醚	decabromodiphenyl ether
氢氟烃	hydrofluorocarbons	邻苯二甲酸酯	phthalates
氢氟烯烃	hydrofluoroolefins	增塑剂	plasticizers
三氟乙酸	trifluoroacetic acid	邻苯二甲酸二异辛酯	diisooctyl phthalate
全球变暖潜能值	global warming potential	邻苯二甲酸二丁酯	dibutyl phthalate
二氯甲烷	dichloromethane	三硝基甲苯（TNT）	2,4,6-trinitrotoluene
三氯乙烯	trichloroethylene	二硝基邻甲酚	4,6-dinitro-cresol
四氯化碳	carbon tetrachloride	分散性蓝 79	disperse blue 79
1,1,1-三氯乙烷	1,1,1-trichloroethane	离域	delocalization
非水相液体	non-aqueous phase liquid	解离常数	dissociation constant
疏水性	hydrophobicity	电子供体	electron donor
多氯二苯并二噁英	polychlorinated dibenzo-p-dioxin	阿特拉津	atrazine
多氯二苯并呋喃	polychlorinated dibenzofuran	偶氮染料	azo dye
有机氯农药	organochlorine pesticide	阳离子表面活性剂	cationic surfactants
杀虫剂	pesticide	氮川三乙酸钠	trisodium nitrilotriacetate
除草剂	herbicide	络合剂	complexing agents
2,4-二氯苯氧乙酸	2,4-dichlorophenoxyacetic acid	亚砜	sulfoxide
2,4,5-三氯苯氧乙酸	2,4,5-trichlorophenoxyacetic acid	砜	sulfone
三卤甲烷化合物	trihalomethanes	亲核性	nucleophilicity
表面活性	surfactivity	苯磺酸	benzenesulfonic acid
疏油性	lipophobicity	萘磺酸	naphthalene sulfonic acid
氟调聚醇	fluorotelomer alcohols	阴离子表面活性剂	anionic surfactants
全氟磺酸	perfluorosulfonic acids	膦酸	phosphonic acid
全氟羧酸	perfluorocarboxylic acid	磷酸	phosphoric acid
全氟磺酰胺	perfluorinated sulfonamides	硫代磷酸	thiophosphoric acid
五氯酚	pentachlorophenol	杀螨剂	acaricide
壬基酚	nonylphenol	塑料圈	plastisphere
双酚 A	bisphenol A	地面沉降	land subsidence
壬基酚聚氧乙烯醚	nonylphenol polyoxyethylene ether	热岛效应	heat-island effect
		温室效应	greenhouse effect
雌二醇	estradiol	湖泊的酸化	acidification of lakes
甲基叔丁基醚	methyl tert-butyl ether	土壤酸化	soil acidification
多溴二苯醚	polybrominated diphenyl ethers	土壤碱化	soil alkalization
抗爆剂	antiknock	耐药基因	drug-resistant genes
阻燃剂	flame retardants	致畸	teratogenesis

续表

中文	英文	中文	英文
致癌	carcinogenesis	氧化还原	redox
致突变	mutagenesis	水解	hydrolysis
肥胖	obesity	热解	pyrolysis
糖尿病	diabetes mellitus	直接光解	direct photolysis
不孕不育	infertility	间接(氧化)光解	indirect (oxidative) photolysis
长距离迁移	long-range transport	微生物降解	microbial degradation
挥发	volatilization	矿化	mineralization
溶解	dissolution	相I反应	phase-I reaction
渗透	infiltration	相II反应	phase-II reaction
食物链传递	food-chain transfer	内源物质	endogenous substances
化学转化	chemical transformation	过氧乙酰硝酸酯	peroxyacetyl nitrate
光化学转化	photochemical transformation	二氧化硫	sulfur dioxide
生物转化	biotransformation	硫酸盐	sulfate
沉淀	precipitation	酸雨	acid rain
配位	coordination	螯合	chelation

第二章
大气环境化学

内容提要及重点要求

本章主要介绍大气的组成与结构，大气中的主要污染物，重要的大气污染化学问题及其形成机制。要求了解大气的基本结构及其性质，掌握大气中主要污染物的来源、环境转化过程、消除途径与危害。应特别掌握重要大气环境问题如光化学烟雾、酸性降水、温室效应、臭氧层破坏、霾污染等的形成机制。

第一节 大气的组成及其主要污染物

大气是指包围在地球表面并且随着地球一起旋转的空气层。正是大气层的存在，才使得地球上的生命不至于受到外层宇宙空间恶劣环境的影响，不会受到来自太阳的紫外线的伤害。此外，大气层还为地球上人和动物的呼吸提供氧气，为植物的光合作用提供二氧化碳，为一些固氮细菌和合成氨生产工厂提供氮气。与此同时，大气层还积极地参与地球上水的循环过程，对维护地球的热平衡起重要作用。空气质量对地表生物特别是人体健康具有重要影响。因此，大气层及空气质量对地球上的生命具有非常重要的意义。

一、大气的主要成分与结构

1. 大气的主要成分

地表大气的平均气压为 1 个标准大气压（1 atm=101 325 Pa）。大气随着海拔高度的增加而变得逐渐稀薄，其 75% 的质量存在于 10 km 以下的范围内，99% 集中在 30 km 以下的范围内。海拔高度大于 100 km 的大气中，空气质量仅是整个大气圈质量的百万分之一。

清洁大气的主要成分包括 N_2（78.08%）、O_2（20.95%）、Ar（0.934%）和 CO_2（0.040%）。同时，水也是大气中的重要成分，但在不同的时间、不同的地点，以及不同的气候条件下，水的含量变化明显，通常变化范围为 1%~3%。除此之外，大气中还包括很多痕量组分，如 CH_4、N_2O、CO、NO_2、NH_3 和 SO_2（表 2–1）等。

表 2–1 近地面干洁空气中的痕量气体[①]

痕量气体	体积比	主要来源	主要去除过程
CH_4	1.8×10^{-6}	生物源	光化学
CO	约 1.2×10^{-7}	光化学、人为源	光化学

续表

痕量气体	体积比	主要来源	主要去除过程
N_2O	3×10^{-7}	生物源	光化学
NO_x[②]	$10^{-12} \sim 10^{-8}$	光化学、闪电、人为源	光化学
HNO_2	$10^{-11} \sim 10^{-9}$	光化学	降水冲刷
NH_3	$10^{-10} \sim 10^{-9}$	生物源	光化学、冲刷
H_2	5×10^{-7}	生物源、光化学	光化学
H_2O_2	—	光化学	降水冲刷
$HO \cdot$[③]	$10^{-15} \sim 10^{-12}$	光化学	光化学
$HO_2 \cdot$[③]	$10^{-13} \sim 10^{-11}$	光化学	光化学
H_2CO	$10^{-10} \sim 10^{-9}$	光化学	光化学
CS_2	$10^{-11} \sim 10^{-10}$	人为源、生物源	光化学
OCS	10^{-10}	人为源、生物源	光化学
SO_2	约 2×10^{-10}	人为源、光化学、火山源	光化学
I_2	痕量,接近 0	—	—
CCl_2F_2（氟利昂 12）	2.8×10^{-7}	人为源	光化学
H_3CCCl_3	约 1×10^{-10}	人为源	光化学

① 引自 Manahan,2017;

② NO_x 是 NO、NO_2 和 NO_3 之和,NO_3 是夜间大气主要活性物种;

③ 活性自由基,由光化学过程产生,在夜间浓度很低。

　　大气中任何一种组分都不是永恒不变的,而是处于动态平衡之中。某种组分在大气中存在的平均时间称为该种组分的停留时间。按照停留时间的长短,可将大气组分分成三类,即准永久性气体、可变化组分和强可变组分。准永久性气体包括 N_2、Ar、Ne、Kr 和 Xe,其停留时间为 $10^6 \sim 10^7$ a;可变化组分包括 CO_2、CH_4、H_2、N_2O、O_3 和 O_2,其停留时间为 2~15 a;强可变组分包括 H_2O、CO、NO_x、NH_3、SO_2、H_2S、碳氢化合物和颗粒物,其停留时间都小于 1 a,通常为几天至几个星期,仅 CO 停留时间可达 73~185 d。根据理论估算,大气组分在半球范围内混合均匀需要 1~2 个月,在全球范围内混合均匀需要 1~2 a。因此强可变组分在对流层的混合是不均匀的,人类活动对该类组分在大气中的分布影响较大,其有可能对平流层或对流层中的大气化学过程产生重要影响,是大气环境化学的重要研究对象。

2. 大气层的结构

　　根据大气层在垂直方向上物理性质(如温度、成分或电荷等)的差异,以及大气层在垂直方向上的运动情况等将大气层划分为不同层次。常见的方法是根据温度随海拔高度的变化情况将大气分为对流层、平流层、中间层和热层(表 2-2)。

表2-2 大气的主要层次

大气层次	海拔高度/km	温度/℃	主要成分
对流层	0~(10~16)	15~-56	N_2、O_2、CO_2、H_2O
平流层	(10~16)~50	-56~-2	O_3
中间层	50~80	-2~-92	NO^+、O_2^+
热层	80~500	-92~1 200	NO^+、O_2^+、O^+

（1）对流层

对流层是大气的最低层,其厚度随纬度和季节而变化。在赤道附近为16~18 km,在中纬度地区为10~12 km,在两极附近为8~9 km,原因在于热带的对流程度比寒带要强烈。对流层厚度在夏季较厚,在冬季较薄。

对流层最显著的特点就是气温随着海拔高度的增加而降低,大约每上升100 m温度降低0.6 ℃。这是由于地球表面从太阳吸收了能量,然后又以红外长波辐射的形式向大气散发热量,使地球表面附近的空气温度升高。贴近地面的空气吸收热量后会发生膨胀而上升,上面的冷空气则会下降,故在垂直方向上形成强烈的对流,对流层也正是因此而得名。对流层空气对流运动的强弱主要随着地理位置和季节发生变化,一般低纬度较强,高纬度较弱,夏季较强,冬季较弱。对流层另一个特点是密度大,大气总质量的3/4以上集中在对流层。

根据对流层受地表各种活动影响程度的大小,还可以将其分为两层。海拔高度低于1 km的大气叫作摩擦层或边界层,亦称低层大气。这一层受地表的机械作用和热力作用影响强烈。一般排放进入大气的污染物绝大部分会停留在这一层。海拔高度在1 km以上的对流层大气,受地表活动影响较小,叫作自由大气层。自然界主要的天气过程如雨、雪、雹等的形成均出现在此层。

在对流层的顶部还有一层叫作对流层顶层的气体。由于这一层气体的温度比较低,水分子到达这一层后会迅速地被转化形成冰,从而阻止了水分子进入平流层。否则,水分子一旦进入平流层,在平流层紫外线的作用下,水分子会发生光解,形成的H·会脱离大气层,从而造成大气中氢的损失。因此,对流层顶层起到一个屏障的作用,阻挡了水分子进一步向上移动进入平流层,避免了大气中氢的损失。

在对流层中,气温一般随高度增加而降低,但在一定条件下会出现反常现象。这可由垂直递减率(Γ)的变化情况来判断。随高度升高气温的降低率为大气垂直递减率,通常用下式表示:

$$\Gamma = -\frac{dT}{dz}$$

式中:T——热力学温度,K;

z——高度。

Γ可以表征大气的温度层结特征。在对流层中,一般而言,$\Gamma>0$,但在一定条件下会出现反常现象。当$\Gamma=0$时,称为等温气层;当$\Gamma<0$时,称为逆温气层。逆温现象经常发生在较低气层中,这时气层稳定性较强,对于大气垂直运动有着明显阻碍作用。逆温形成的过程是多种多样的。由于过程的不同,可分为近地面层的逆温和自由大气的逆温两种。近地面层的逆温多由于热力条件形成,以辐射逆温为主。辐射逆温是地面因强烈辐射而冷却所形成的。这种逆温层多发生在距地面100~150 m高度内。当白天地面受日照而升温时,近地面空气的温度随之而升高,

夜晚地面由于向外辐射而冷却,便使近地面空气的温度自下而上逐渐降低。由于上面的空气比下面的空气冷却慢,就容易形成逆温现象。最有利于辐射逆温发展的条件是无风且晴朗的夜晚。有云和有风都能减弱逆温,如风速超过 3 m/s 时,辐射逆温就不易形成。

（2）平流层

平流层是指从对流层顶到海拔高度约 50 km 的大气层。在平流层下部,即 35 km 以下,随海拔高度的降低,温度变化并不大,气温趋于稳定,因此,这部分大气又称为同温层。在 35 km 以上,温度随海拔高度的升高而明显增加。

在平流层中,空气没有对流运动,平流运动占显著优势。因此,污染物一旦进入平流层,将会在平流层中长期滞留。此外,平流层的空气比对流层稀薄得多,水汽、尘埃的含量甚微,很少出现天气现象。在平流层内,存在厚度约为 20 km 的臭氧层,O_3 的空间动力学分布主要受其生成和消除的过程所控制:

$$O_2 \xrightarrow[\lambda<240\ nm]{hv} O + O \tag{2-1}$$

$$O + O_2 + M \longrightarrow O_3 + M \tag{2-2}$$

$$O_3 \xrightarrow[\lambda<290\ nm]{hv} O + O_2 \tag{2-3}$$

$$O_3 + O \longrightarrow 2O_2 \tag{2-4}$$

反应式（2-3）是 O_3 光解的过程。虽然这个反应并不能将 O_3 真正从大气中消除,但是这个过程吸收了大量的太阳紫外线,并将其以热量的形式释放出来,从而导致平流层的温度升高。由于 O_3 可以优先吸收来自太阳的紫外辐射,因而平流层的温度随海拔高度的增加而增加。

（3）中间层、热层和逃逸层

中间层是指从平流层顶到海拔高度为 80 km 的大气层。这一层空气变得更稀薄,同时由于臭氧层的消失,温度随海拔高度的增加而迅速降低。这也导致该层空气的对流运动非常剧烈。

热层是指从海拔高度 80 km 到约 500 km 的大气层。这一层的空气处于高度电离的状态,故该层又叫作电离层。热层空气更加稀薄,大气质量仅占大气总质量的 0.5%。同时,由于太阳所发出的紫外线绝大部分（$\lambda<170\ nm$）都被这一层的物质吸收,使得大气温度随海拔高度的增加而迅速增加,温度可达 1 000 K 以上。

热层以上的大气层称为逃逸层或逸散层。这层空气在太阳紫外线和宇宙射线的作用下,大部分分子发生电离,使质子的含量大大超过中性氢原子的含量。逃逸层空气极为稀薄,其密度几乎与太空密度相同,故又常称为外大气层。由于空气受地心引力极小,气体及微粒可以从这一层飞出地球重力场而进入太空。逃逸层的温度随高度增加而略有增加。

除了温度和压力之外,大气各层的太阳辐射的特征也不同,在对流层,最短的波长为 300 nm;在平流层,最短的波长为 200 nm,这也是导致臭氧层形成的根本性原因;在热层,太阳辐射最短波长可达到 100 nm,O_2、N_2 分子都可以分解形成阳离子和自由基。

大气层的温度、化学组成及太阳辐射特征随海拔高度的变化情况如图 2-1 所示。

二、大气中的主要污染物

大气污染物的来源可分为天然源和人为源两大类。天然源包括自然尘、森林和草原火灾、火

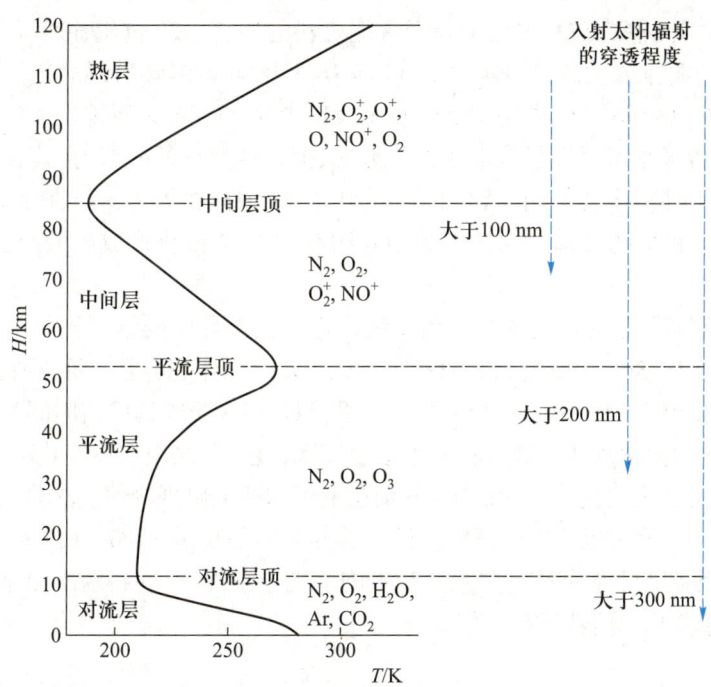

图 2-1 大气层的温度、化学组成及太阳辐射特征随海拔高度的变化

山活动、森林排放和海浪飞沫等。尽管天然源排放的大气污染物种类较少、浓度较低,但在特定环境条件下天然源仍然具有重要影响。人为源包括燃料燃烧、工业排放和农业排放等。煤是主要的工业和民用燃料,燃烧时产生大量的 CO、CO_2、SO_2、NO_x、碳氢化合物和汞等有害物质。以内燃机为动力的各种交通运输工具,每年会消耗大量的石油类产品,向大气中排放大量的 CO、NO_x、碳氢化合物、含氧有机物和含铅化合物等多种有害物质。而工业生产过程中排放到大气中的污染物种类多、数量大,其污染特征与行业性质密切相关。此外,农业活动中使用的农药和化肥、固体废物的焚烧,以及生物质材料的燃烧都是大气污染物的重要来源。

环境中大气污染物种类繁多,按照物理状态可分为气态污染物和颗粒物及其结合态污染物;按照形成过程则可分为一次污染物和二次污染物。所谓一次污染物是指直接从污染源排放的污染物,如 CO、SO_2、NO 等。而二次污染物是指由一次污染物经化学反应形成的污染物,如 O_3、二次硫酸盐颗粒物等。此外,按照化学组成大气污染物还可以分为含硫化合物、含氮化合物、含碳化合物和含卤素化合物等。本节主要按照化学组成来介绍大气中主要气态污染物。

1. 含硫化合物

大气中的含硫化合物主要包括 SO_2、H_2S、SO_3、H_2SO_4、亚硫酸盐(MSO_3)和硫酸盐(MSO_4)、氧硫化碳(COS)、二硫化碳(CS_2)、二甲基硫$[(CH_3)_2S]$等,其中以 SO_2、H_2S 和 MSO_4 最为重要。

（1）二氧化硫

SO_2 是无色、有刺激性气味的气体。SO_2 对人体的呼吸道危害很大,能刺激呼吸道并增加呼吸阻力,造成呼吸困难。高浓度的 SO_2 会损伤植物叶组织,植物长期与 SO_2 接触会造成缺绿病或黄萎。更重要的是,SO_2 在大气中易被氧化,形成 SO_3,最终转化形成硫酸和硫酸盐气溶胶,导致硫酸烟雾和酸性降水的形成,危害很大,因而成为重要的大气污染物。

在全球范围内,由人为源和天然源排放到自然界中的含硫化合物数量相当,但就大城市及其周围地区来说,大气中的 SO_2 主要来源于含硫燃料的燃烧。20 世纪 60 年代末至 70 年代初,全世界每年由人为源排入大气的 SO_2 约为 146×10^6 t,随着各国政府对大气污染控制的不断加强,人为排放的 SO_2 逐年减少。据报道,2019 年全世界每年由人为源排入大气的 SO_2 已减少至 28.7×10^6 t。中国曾经是世界上最大的 SO_2 排放源,但是通过不断的努力,其 SO_2 排放量在 2011 年达到峰值后持续下降,十几年间,已经下降了 90%。人为排放的 SO_2 约 60% 来自煤的燃烧,30% 来自石油燃烧和炼制过程。大气中的 SO_2 约有 50% 会转化形成硫酸或硫酸盐,另外 50% 可以通过干湿沉降从大气中去除。

SO_2 的本底值具有明显的地区变化和高度变化。在世界不同地区测得的本底值具有较大的差别,南太平洋上空 SO_2 的浓度为 $0.04 \times 10^{-9} \sim 0.12 \times 10^{-9}$(体积分数),而美国、加拿大陆地上空 SO_2 的浓度为 $0.1 \times 10^{-9} \sim 10 \times 10^{-9}$(体积分数)。一般 SO_2 在大气中的停留时间为 3~6.5 d。SO_2 的城市浓度具有明显的变化规律。通常在夏季浓度较低,且一天之内浓度变化不大;而在冬季,SO_2 不但浓度增高,而且一天之内变化也较大,分别在上午和晚上出现峰值。这是由于城市供暖使早晚 SO_2 排放量大,且夜间逆温层空气稳定,排放的 SO_2 不易扩散。SO_2 在进入大气之后,在大气中的分布与气象条件有非常密切的关系。在不同的气象条件下,同一污染源排放所造成的近地层污染物浓度可相差几十倍甚至几百倍。

（2）硫化氢

大气中 H_2S 的人为源排放量并不大,其主要来源是天然排放,约为 4.4×10^6 t/a。大气中 H_2S 的本底值一般为 $0.2 \times 10^{-9} \sim 20 \times 10^{-9}$(体积分数),停留时间为 1~4 d。$H_2S$ 主要来自动植物机体的腐烂,即主要由动植物机体中的硫酸盐经微生物的厌氧活动还原产生。当厌氧活动区域接近大气时,H_2S 就进入大气。此外,H_2S 还可以由 COS、CS_2 与 $\cdot OH$ 的反应而产生,而 $\cdot OH$ 的氧化也是大气中 H_2S 的一种重要去除途径。

含硫化合物在大气中存在复杂的化学转化过程,主要包括低价态的含硫化合物在大气中被不断氧化,高价态的含硫组分通过干湿沉降的方式从大气中被去除。图 2-2 为全球大气硫循环。

2. 含氮化合物

大气中含氮化合物种类较多,主要包括 N_2O、NO、NO_2、NH_3、HNO_2、HNO_3,以及硝酸盐、亚硝酸盐和铵盐,其中氮的价态从 -3 到 $+5$,变化很大。本节主要介绍 N_2O、NO 和 NO_2。

（1）氧化亚氮

氧化亚氮（N_2O）是无色气体,是低层大气中含量最高的含氮化合物。大气中 90% 的 N_2O 来源于土壤中细菌对硝酸盐的反硝化作用:

$$NO_3^- + 2H_2 + H^+ \xrightarrow{\text{细菌}} \frac{1}{2} N_2O + \frac{5}{2} H_2O \qquad (2-5)$$

大气中的 N_2O 既有天然源,又有人为源。天然源以海洋和热带森林为主;人为源主要包括农田氮肥的施用、工业生产和畜禽养殖。其中,人为源是导致大气中 N_2O 增加的主要原因。在工业革命前,大气中 N_2O 的浓度一直维持在大约 270×10^{-9}(体积分数),而在工业革命后,大气中 N_2O 的浓度逐年增加,在 2019 年达到 332×10^{-9}(体积分数)。

N_2O 在低层大气中比较稳定,是停留时间最长的含氮氧化物,没有明显的毒性效应,但是 N_2O 是温室气体,具有温室效应。

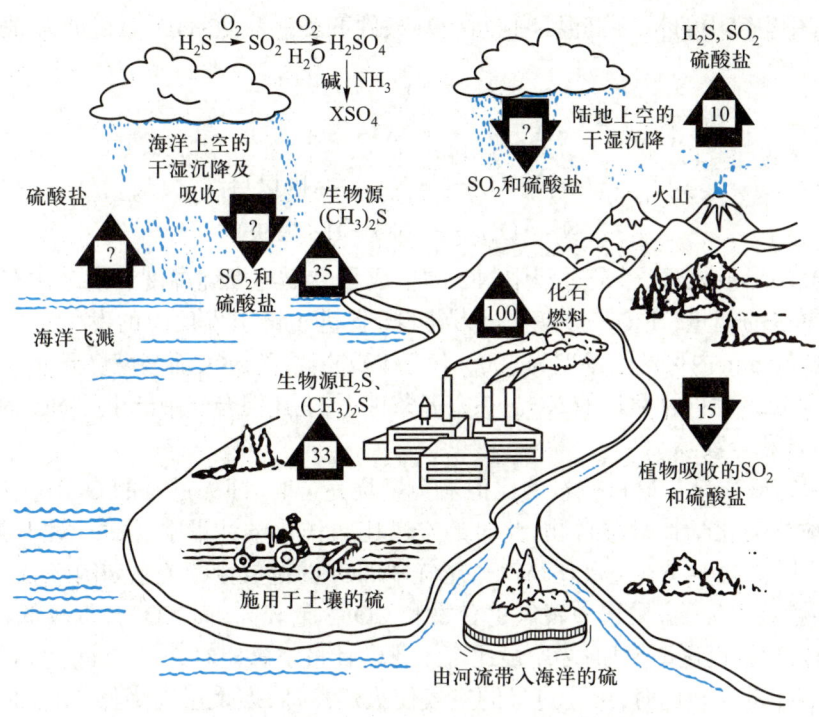

图 2-2 全球大气硫循环

图中数据的单位为兆吨（Tg），问号表示数值不确定，但数量巨大，可达 100 Tg/a。

（资料来源：Manahan，2017）

N_2O 在进入平流层后，在紫外线的作用下发生光解：

$$N_2O \xrightarrow[\lambda<315\,nm]{hv} N_2 + O \tag{2-6}$$

$$N_2O + O \longrightarrow 2NO \tag{2-7}$$

形成的 NO 可进一步与 O_3 发生反应：

$$NO + O_3 \longrightarrow NO_2 + O_2 \tag{2-8}$$

$$NO_2 + O \longrightarrow NO + O_2 \tag{2-9}$$

上述反应为催化循环反应（链式反应），会导致臭氧层的不断损耗。因此，有关 N_2O 的排放及其环境效应的研究日益增加。

（2）氮氧化物

NO 和 NO_2 是大气中主要的含氮污染物，通常用通式 NO_x 表示。在全球范围内，由天然源和人为源产生的 NO_x 数量相当。NO_x 的人为源主要是燃料的燃烧。燃烧源可分为流动燃烧源和固定燃烧源。城市大气中的 NO_x 大约有 50% 来自机动车等流动燃烧源，50% 来自固定燃烧源。无论是流动燃烧源还是固定燃烧源，燃烧直接产生的 NO_x 主要是 NO，占 90% 以上；NO_2 的数量很少，仅占 0.5%~10%。燃烧过程中 NO_x 的形成机理极其复杂，一般认为有以下两种途径。一是燃料中的含氮化合物在燃烧过程中氧化生成 NO_x，即

$$含氮化合物 + O_2 \longrightarrow NO_x \tag{2-10}$$

二是燃烧过程中空气中的 N_2 在高温（>1 200 ℃）条件下氧化生成 NO_x。其机理为链式反应机理：

$$O_2 \longrightarrow O + O（极快）\tag{2-11}$$

$$O + N_2 \longrightarrow NO + N（极快）\tag{2-12}$$

$$N + O_2 \longrightarrow NO + O（极快）\tag{2-13}$$

$$N + \cdot OH \longrightarrow NO + H\cdot（极快）\tag{2-14}$$

根据 NO_x 的形成机理，燃烧过程中 NO 的生成量主要与燃烧温度和空燃比有关。温度升高可以提供更多的能量，使 O—O 键更容易断裂，促进了链引发反应的发生。当燃烧温度为 1 315 ℃时，在 23 min 内可产生浓度为 500×10^{-6}（体积分数）的 NO；而当燃烧温度为 1 980 ℃时，只要 0.11 7 s 就能产生同样数量的 NO。在室温条件下，上述混合气中产生的 NO 的平衡浓度仅为 1.1×10^{-16}（体积分数）。

空燃比为空气质量与燃料质量的比值。当燃烧完全时，即无过量的 O_2 时，空气与燃料组成的混合物被称为化学计量混合物，此时的空燃比叫作化学计量空燃比。对于典型的汽油，其化学计量空燃比为 14.6。空燃比与汽车尾气中 NO_x 的排放量的关系如图 2-3 所示，当空燃比低时，燃料燃烧不完全，尾气中碳氢化合物和 CO 含量较高，而 NO_x 含量较低；随着空燃比逐渐增高，NO_x 含量也逐渐增加；当空燃比等于化学计量空燃比时，NO_x 含量达到最大值；当空燃比超过化学计量空燃比时，由于过量的空气使火焰冷却，燃烧温度降低，NO_x 的含量也随之降低。

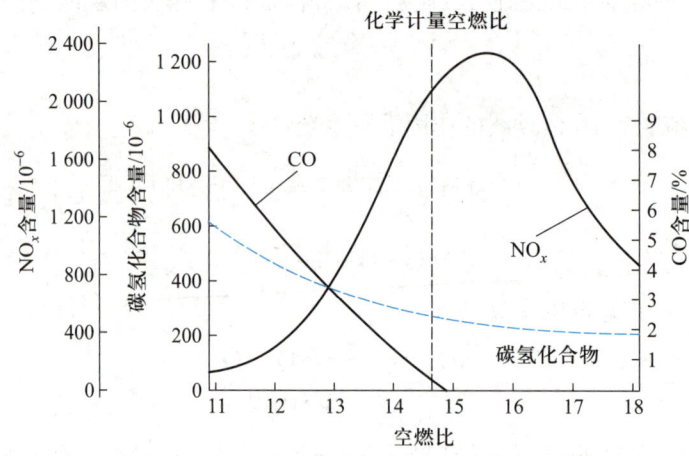

图 2-3　碳氢化合物、CO 和 NO_x 的排放量与空燃比的关系

（资料来源：Seinfeld，1986）

NO_x 的环境本底值随地理位置不同具有明显的差别，NO 的全球平均本底值为 0.2×10^{-9}（体积分数），NO_2 的全球平均本底值为 2×10^{-9}（体积分数）。NO_x 在大气中的停留时间为 1~10 d。通常情况下，NO_2 比 NO 具有更高的生物化学活性和毒性，影响动植物的正常生长。此外，NO_x 还参与大气光化学污染，以及酸雨的形成，是大气中最重要的污染物之一。进入大气中的 NO_x 最终将转化为 HNO_3 和硝酸盐微粒，经干湿沉降从大气中去除，其中湿沉降是最主要的消除方式。大气中除了 N_2O 和 NO_x 的转化反应之外，还包括 NH_3 生成 NO_2^- 和 NO_3^- 的硝化反应，以及 NO_3^- 被还原生成 N_2、NO_2、N_2O 或 NO 的反硝化反应。大气中氮的循环示意图如图 2-4 所示。

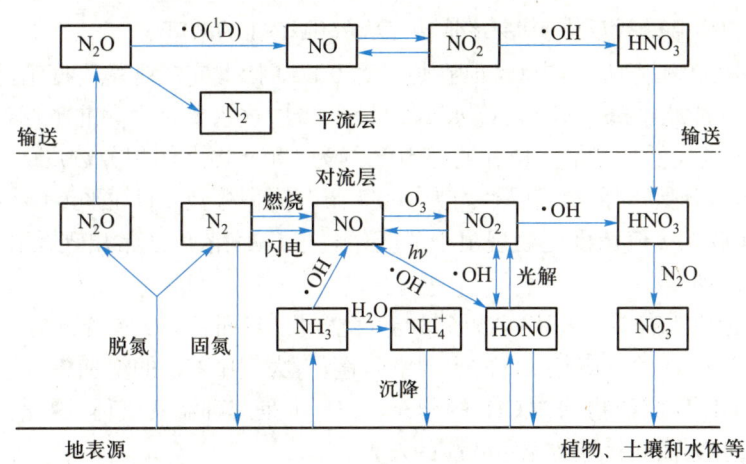

图 2-4 大气中氮的循环示意图

（资料来源：唐孝炎等，2006）

3. 含碳化合物

大气中含碳化合物主要包括 CO、CO_2，以及烃类和烃的含氧衍生物，如醛、酮和有机酸等。

（1）一氧化碳

CO 是一种毒性极强、无色、无味的气体，也是排放量最大的大气污染物之一。CO 的人为源主要来自燃料的不完全燃烧。据估计，在全球范围内，CO 的人为来源约为 700×10^6 t/a，其中 80% 来自机动车尾气。因此，城市大气中 CO 的浓度远高于非城市地区，并与交通密度成正相关，在早晚交通高峰时段出现峰值，浓度可达 $50 \times 10^{-6} \sim 100 \times 10^{-6}$（体积分数）。

就全球环境来看，CO 的天然源也很重要。这些来源主要包括 CH_4 的转化、海水中 CO 的挥发、植物的排放，以及森林火灾和农业废物焚烧等，其中以 CH_4 的转化最为重要。CH_4 经 $HO \cdot$ 氧化可形成 CO，其反应机理为：

$$CH_4 + \cdot OH \longrightarrow CH_3 \cdot + H_2O \qquad (2\text{-}15)$$

$$CH_3 \cdot + O_2 \longrightarrow HCHO + \cdot OH \qquad (2\text{-}16)$$

$$HCHO + h\nu(320 \sim 335\ \text{nm}) \longrightarrow CO + H_2 \qquad (2\text{-}17)$$

大气中的 CO 主要通过土壤吸收和与 $\cdot OH$ 反应两种途径去除。地球表层的土壤能有效地吸收大气中的 CO，这是由于土壤中的细菌能够将 CO 代谢为 CO_2 和 CH_4：

$$2CO + O_2 \xrightarrow{\text{细菌}} 2CO_2 \qquad (2\text{-}18)$$

$$CO + 3H_2 \xrightarrow{\text{细菌}} CH_4 + H_2O \qquad (2\text{-}19)$$

不同类型的土壤对 CO 的吸收量是有一定差别的。与 $\cdot OH$ 的反应也是大气中 CO 的主要消除途径，该途径可以去除大气中约 50% 的 CO。CO 可与 $\cdot OH$ 反应而被氧化为 CO_2：

$$CO + \cdot OH \longrightarrow CO_2 + H \cdot \qquad (2\text{-}20)$$

$$H \cdot + O_2 + M \longrightarrow HO_2 \cdot + M \qquad (2\text{-}21)$$

$$CO + HO_2 \cdot \longrightarrow CO_2 + \cdot OH \qquad (2\text{-}22)$$

上述反应过程为自由基链式反应,其速率取决于大气中·OH 的浓度。

CO 在大气中的停留时间约为 0.4 a(在热带为 0.1 a),因此它的环境本底值随纬度和高度有较明显的变化。一般北半球大气中 CO 水平高于南半球,这主要是因为北半球释放量大于南半球,而且·OH 的浓度较低。其最大值在北纬 50°,约为 190×10^{-9}(体积分数),最小值在南纬 50°,约为 40×10^{-9}(体积分数)。在对流层平均为 100×10^{-9}(体积分数),而在平流层约为 50×10^{-9}(体积分数)。此外,CO 的大气浓度还表现出季节变化规律,最大浓度通常出现在春季,而最小浓度一般在夏末秋初出现。

除了对人体健康具有严重危害,CO 还参与光化学反应;而且 CO 本身也是一种温室气体,可导致温室效应。与·OH 的反应是 CO 的重要消除途径,大气中 CO 的增加将导致大气中 HO·减少,这造成可与·OH 反应的物种如 CH_4 的积累。CH_4 也是一种温室气体,因此,CO 还可以通过消耗·OH 使 CH_4 积累而间接导致温室效应的发生。

（2）二氧化碳

CO_2 是一种无毒、无味的气体,对人体没有显著的危害。但 CO_2 是一种重要的温室气体,能够导致温室效应,从而引发一系列全球性的环境问题。

大气中 CO_2 的来源也包括天然源和人为源两大类。CO_2 的天然源主要包括海洋脱气、CH_4 转化、动植物呼吸,以及腐败作用和生物质燃烧作用。CO_2 的人为源主要来自化石燃料的燃烧过程,这也是大气中 CO_2 的主要来源。2019 年全球化石燃料燃烧排放的 CO_2 高达 368×10^8 t/a。一方面,由于人类对能源的利用量逐年增加,向大气中排放 CO_2 的量也随之增加。另一方面,森林和草原被大量破坏使地球表面的植被减少,降低了植物通过光合作用摄取 CO_2 的量。上述两种因素共同作用的结果,使大气中 CO_2 的含量不断增加。19 世纪大气中 CO_2 的环境浓度为 290×10^{-6}(体积分数),1958 年为 315×10^{-6}(体积分数),2001 年则达到 370×10^{-6}(体积分数),而 2019 年则高达 415×10^{-6}(体积分数),其增长速率十分惊人。20 世纪 60 年代大气中 CO_2 的年增加率为 0.8×10^{-6}(体积分数),2000 年以后年增加率始终保持在 $(1.4 \sim 2.8) \times 10^{-6}$(体积分数)。

CO_2 如温室的玻璃一样,它允许来自太阳的可见光辐射到地面,但由于 CO_2 可以强烈地吸收波长为 $12 \sim 17$ μm 的红外辐射,而这正是水分子(自然界温室气体)吸收最弱的波长范围,从而能够阻止地面重新辐射出来的红外光返回外层空间,把更多的能量截留于大气之中,使大气温度升高,这种现象称为温室效应。能够引起温室效应的气体,称为温室气体。如果大气中温室气体增多,便可有过多的能量保留在大气中而不能正常地向外层空间辐射,这样就会使地表和大气的平衡温度升高,对整个地球的生态平衡会有巨大影响。研究表明,在过去的 100 年里,全球平均气温上升了 $0.2 \sim 0.5$ ℃,海平面上升了 $10 \sim 25$ cm,陆地降水量增加了 1%。实际上,早在 20 世纪 50 年代就曾有人提出,如果大气中 CO_2 浓度增加两倍,那么全球气温将升高 3.6 ℃。按照目前大气中 CO_2 浓度的增长速率,几十年之后,整个地球的气候会明显变暖。这会导致高温、飓风、暴雨等极端天气出现的频率增加,冰川融化、海平面上升,更会对环境、经济和社会产生巨大的冲击。

（3）挥发性有机物

碳氢化合物是大气中的重要污染物,主要包括烷烃、烯烃(如乙烯、丙烯、苯乙烯和丁二烯等)和芳香烃[单环芳香烃(苯)和多环芳香烃及其衍生物]。其中含碳数为 1~10 的碳氢化合物由于相对分子质量小,具有饱和蒸气压较高(>133.32 Pa)、沸点较低(50~250 ℃)等特征,通常称为挥发性有机物(volatile organic compounds, VOCs);而沸点为240~400 ℃、蒸气压为$(10^{-7}~0.1) \times 133.32$ Pa,在空气中以气相和颗粒相两种方式存在的有机物,通常称为半挥发性有机物;其他碳氢化合物大部分以气溶胶形式存在于大气中。VOCs是生成O_3和二次有机颗粒物的重要前体物,也是形成光化学烟雾的主要参与者,在大气化学反应过程中起着极其重要的作用。在大气污染研究中,根据VOCs在光化学反应过程中活性的大小,把VOCs分为CH_4和非甲烷VOCs(nonmethane volatile organic compounds, NMVOCs)两类。

甲烷是无色气体,性质稳定。在大气痕量组分中,CH_4的浓度仅次于CO_2。CH_4可以吸收波长为7.7 μm的红外辐射,是一种重要的温室气体。每个CH_4分子导致温室效应的能力比CO_2分子大20倍,因此CH_4污染引起的温室效应应该引起更多的关注。

大气中的CH_4既可由天然源产生,也可由人为源产生。无论是天然源,还是人为源,除了燃烧过程、原油和天然气的泄漏之外,实际上,产生CH_4的机理都是厌氧细菌的发酵过程:

$$2\{CH_2O\} \xrightarrow{\text{厌氧细菌}} CO_2 + CH_4 \tag{2-23}$$

该过程可发生在沼泽、泥塘、湿地、冻土带和水稻田底部等环境;此外,反刍动物及蚂蚁等的呼吸过程也可产生CH_4。中国水稻田面积约占全球水稻田面积的1/3,因而水稻田成为中国大气中CH_4的最大排放源。研究表明,水稻田排放CH_4的量受多种因素影响,如气温、土壤的性质和组成、耕作方式等。而且在水稻的不同生长期,其排放CH_4的能力也不同,主要集中在分蘖期和孕穗期,与化肥施用导致微生物群落变化有关。

大气中的CH_4主要是通过与·OH反应[见式(2-15)]而被去除。利用该反应可计算得到CH_4在大气中的寿命约为11 a。目前排放到大气中的CH_4大部分被·OH氧化,每年留在大气中的CH_4约为5×10^7 t,从而导致大气中CH_4浓度的上升。大气中可消耗·OH的物质,如CO的增加,会使·OH的浓度降低,从而造成大气中CH_4浓度的增加。据Rasmussen等估计,近200年以来大气中CH_4浓度的增加,70%是由于直接排放,30%则是由于大气中·OH浓度下降。在南半球大气中的CH_4主要来自天然源,其浓度主要受·OH控制,因此CH_4浓度的季节变化规律十分明显,一般夏季较低、冬季较高。而在北半球CH_4浓度的季节变化规律则不明显。此外,少量的CH_4(<15%)会扩散进入平流层,与氯原子发生反应:

$$CH_4 + Cl \cdot \longrightarrow CH_3 \cdot + HCl \tag{2-24}$$

形成的HCl可以通过扩散进入对流层后通过降水而被去除。除了以上两种去除途径,近年来人们研究发现,被土壤吸收、在土壤中微生物作用下的氧化也是大气中CH_4一个不可忽视的去除途径。表2-3列出了2008—2017年全球范围内大气中CH_4的排放源及消除途径。

表2-3 2008—2017年全球范围内大气中CH_4的排放源及消除途径 单位:10^6 t/a

天然源	湿地	181(159~200)
	其他	37(21~50)
合计		218(183~248)
人为源	农业和废物	217(207~240)
	化石燃料	111(81~131)
	生物质和生物燃料燃烧	30(22~36)

续表

合计	359（336~376）
总排放源	576（220~594）
化学反应去除	518（474~532）
土壤吸收去除	38（27~45）
总汇	556（501~574）

资料来源：Saunois 等，2020。

根据对格陵兰岛和南极冰芯的分析，古代大气中 CH_4 的浓度只有 0.7×10^{-6}（体积分数）左右，并且持续了很长时期。近 100 年来大气中 CH_4 的浓度增长显著，2019 年 CH_4 在全球范围的浓度已达到 1.86×10^{-6}（体积分数）。

与 CH_4 不同，大气中 NMVOCs 的种类很多，因来源而异。天然源产生的 NMVOCs 数量大、种类多，在全球尺度上天然源对 NMVOCs 的贡献超过人为源。在天然源中，以植被排放最为重要。已有研究表明，植物体向大气释放的化合物达 367 种。乙烯是植物释放的最简单的 NMVOCs，许多植物都能产生乙烯。植物释放的大多数烃类属于萜烯类化合物，是 NMVOCs 中排放量最大的一类化合物，约占 NMVOCs 总量的 65%。树木释放的常见萜烯包括 α-蒎烯、萜二烯、异戊二烯（2-甲基丁-1,3-二烯）、β-蒎烯、月桂烯、罗勒烯及 α-萜品烯。萜烯类化合物结构中通常含有两个或两个以上的双键，具有很高的反应活性，这使得萜烯成为大气中最活泼的化合物之一，是大气化学过程的重要参与者。萜烯与·OH 的反应非常迅速，也易与大气中其他氧化剂，特别是臭氧发生反应，对大气中二次有机气溶胶的形成具有重要贡献。

大气中人为排放的 NMVOCs 主要来自能源转换的生产过程、工业溶剂的使用、交通运输，以及居民和商业活动等。此外，农业活动、废物燃烧，以及石油储运也是大气中 NMVOCs 的重要人为源。大气中 NMVOCs 的人为排放量自 20 世纪初开始显著增加。与 CH_4 相比，NMVOCs 在大气中的停留时间较短。大气中 NMVOCs 的环境本底值在海洋上空为 $8\ \mu g/m^3$、陆地上空为 $50\ \mu g/m^3$。由于城市地区污染源比较集中，NMVOCs 的城市浓度通常比环境浓度要高得多。大气中的 NMVOCs 可通过光化学反应生成有机气溶胶而去除，NMVOCs 在大气中最主要的化学反应是与·OH 的反应。

4. 含卤素化合物

大气中含卤素化合物主要是指有机卤代烃、无机氯化物和氟化物，其中以有机卤代烃对环境影响最大。大气中的有机卤代烃包括卤代脂肪烃和卤代芳香烃。一般含两个或两个以下碳原子的卤代烃主要以气态形式存在，而含碳数较高的卤代烃，如有机氯农药（DDT、六六六）和多氯联苯（PCB）等则主要以气溶胶形式存在。目前，最受关注的含卤素化合物包括氟氯烃类化合物和氟化物。

（1）氟氯烃类

氟氯烃类化合物（CFCs）是指同时含有氯和氟的烃类化合物，其中比较重要的是一氟三氯甲烷（$CFCl_3$）（商品代号：CFC-11）和二氟二氯甲烷（CF_2Cl_2）（CFC-12）。它们可以用作制冷剂、气溶胶喷雾剂、电子工业的溶剂、制造塑料的泡沫发生剂和消防灭火剂等。CFCs 主要通过生产和使用过程进入大气。

CFCs 在大气对流层中的性质非常稳定。它们能透过波长大于 290 nm 的辐射，故在大气对流层中不发生光解反应;同时,CFCs 与·OH 的反应为强吸热反应,故 CFCs 很难被·OH 氧化;此外,由于 CFCs 不溶于水,它们也不容易被降水清除。因此,由人类活动排放到大气中的 CFCs,不易在对流层被去除,在对流层的停留时间长,如 CFC-11 和 CFC-12 的停留时间分别可达 45 a 和 100 a。CFCs 最可能的消除途径就是扩散进入平流层。

进入平流层的 CFCs,在平流层短波紫外线作用下,会发生光解释放出 Cl·,Cl·进一步通过自由基链传递作用使 O_3 分子被破坏。研究表明,每释放出 1 个 Cl· 就可以和 10^5 个 O_3 分子发生反应,从而导致大气臭氧层遭到破坏。一般来说,在大气中寿命越长的 CFCs,越有可能进入平流层,其危害性也越大。分子中的 H 全部被卤素取代的 CFCs 都具有很长的大气寿命,而分子中尚有 H 未被取代的 CFCs 寿命则短得多。这是因为含 H 的卤代烃(HCFCs)在大气对流层中能与·OH 发生反应:

$$CF_2HCl + \cdot OH \longrightarrow \cdot CF_2Cl + H_2O \qquad (2-25)$$

该反应导致了 CF_2HCl(CFC-22)的寿命约为 12 a。因此,寿命较短的 HCFCs 被用来替代寿命较长的 CFCs,如 CFC-22(即 HCFC-22)被用作冷冻剂和起泡剂,CH_2FCF_3(HFC-134a)/CH_3CHF_2(HFC-152a)在汽车空调中用作制冷剂,产量逐年增加。

CFCs 及其替代品也是温室气体,它们吸收红外线的能力要比 CO_2 强得多。大气中每增加一个 CFCs 分子,就相当于增加了 10^4 个 CO_2 分子。因此,CFCs 具有破坏平流层的臭氧,引起对流层气候变化的双重效应。

早在 1987 年,为防止 CFCs 对地球臭氧层的进一步破坏,联合国组织 26 个会员国签署了《关于消耗臭氧层物质的蒙特利尔议定书》(简称议定书),议定书对 CFC-11、CFC-12、CFC-113、CFC-114、CFC-115 等 CFCs 的生产作了严格的管控规定。在随后的 30 年中,议定书又经过了六次修正与调整,目前签约国已经达到 169 个。2007 年制定了发达国家和发展中国家在 2030 和 2040 年之前实现 CFCs 完全淘汰的时间表。2016 年又补充了对作为替代品的非消耗臭氧层物质——HCFCs 的管控,以期在未来 30 年内将 HCFCs 的生产和使用减少 80% 以上,从而有效控制臭氧层破坏和温室效应引起的气候变化。研究表明,随着对 CFCs 管控力度的不断加强,进入 20 世纪 90 年代后,大气中 CFCs 的增长速率在不断下降,大气中 CFC-11 和 CFC-113 的浓度不断降低。CFC-12 的浓度在 2003 年后也开始下降。但大气中 CFCs 替代物及其光降解产物,如 CF_3COOH 的浓度却在 2000 年后开始快速上升,其环境影响需要得到进一步关注。

(2)氟化物

氟化物是一类对人体健康危害很大的大气污染物。大气中的氟化物主要包括氟化氢(HF)、四氟化硅(SiF_4)、氟硅酸(H_2SiF_6)、全氟代烃类(CF_4、CF_3CF_3)及六氟化硫(SF_6)等。

大气中氟化物的天然源主要是火山喷发,但人为源种类则较多。HF 和 SiF_4 等主要来源于含氟矿物如萤石(CaF_2)、冰晶石(Na_3AlF_6)和磷灰石[$Ca_5(PO_4)_3F$]的开采、加工和利用。此外煤中氟原子的含量可达 10^2 μg/g,因此工业燃煤排放也是大气中 HF 和 SiF_4 的重要来源。大气中 HF 的本底浓度小于 1×10^{-9}(体积分数),但在污染源附近地区大气中氟化物浓度可达 $200 \times 10^{-9} \sim 300 \times 10^{-9}$(体积分数)。

全氟代烃类(PFCs)主要包括 CF_4、C_2F_6 和 C_3F_8 三种物质。铝的冶炼是 PFCs 最大的排放源,其中 CF_4 排放量最大,占绝大部分,C_2F_6 排放量是 CF_4 排放量的 10% 左右,C_3F_8 排放量则很小。CF_4、C_2F_6 和 C_3F_8 具有很强的温室效应,在大气中的寿命分别为 50 000 a、10 000 a 和 2 600 a。CF_4

的温室效应是 CO_2 的 13 500 倍。全球大气中 CF_4、C_2F_6 和 C_3F_8 的本底浓度分别为 82.7×10^{-9}（体积分数）、4.6×10^{-9}（体积分数）、0.63×10^{-9}（体积分数）。

SF_6 性质稳定，并具有良好的绝缘性，因此在工业上被用作电介质和绝缘体。大气中的 SF_6 全部来自人为源。据统计，2018 年全球排放 SF_6 约 9 040 t，其中约 80% 来自电力行业，其余 20% 来自 SF_6 生产过程的损耗、镁铝工业和电子工业的生产过程。SF_6 的本底浓度为 8.9×10^{-9}（体积分数）。由于 SF_6 工业应用的不断增加，SF_6 的大气排放量正以每年 8.7% 的速率增长，大气 SF_6 含量逐年提高。SF_6 具有很强的吸收红外辐射的能力，其性质稳定，在大气中的寿命可达 3 200 a，导致其温室效应为 CO_2 的 23 900 倍，且可以在大气中永久留存，无法被降解，对环境危害巨大，已被联合国列为必须加以限制的温室气体。因此，有关 SF_6 替代品的研究及应用已经引起国内外的广泛关注。

第二节　大气中污染物的转化

大气中污染物的转化是污染物在大气中发生化学反应，转化成无毒化合物，从而去除了污染，或者转化成为毒性更大的二次污染物，加重了污染。因此，研究污染物的转化对大气污染化学具有十分重要的意义。本节重点介绍气态、蒸气态污染物的化学转化，包括气相转化和液相转化。颗粒态污染物的转化主要在第三节介绍。

一、大气光化学转化与大气中的自由基

在大气环境中，强烈的阳光可引发多种光化学反应，这些光化学反应可以在低温和无催化剂的大气环境条件下顺利进行。大气光化学反应可在太阳辐射下直接进行，称为直接光解；也可由其他化合物吸收太阳辐射产生含氧自由基，由自由基攻击目标化合物引起转化，称为间接（氧化）光解。光化学反应是决定大气中污染物行为和归宿的重要过程。

1. 自由基及其反应

自由基也称游离基，是指由于分子中共价键均裂而生成的带有未成对电子的分子碎片。大气中常见的自由基包括羟基自由基（·OH）、过氧羟基自由基（$HO_2·$）、烷基自由基（R·）、烷氧自由基（RO·）、过氧烷基自由基（$RO_2·$）、过氧乙酰基自由基［$RC(O)O_2·$］等。自由基有多种产生方式。但在大气环境中，化合物的光解是自由基产生的最重要原因。许多化合物在波长适当的光照射下，都可以发生键的均裂，生成自由基。

自由基非常活跃，可以参与很多大气化学反应，它们的存在时间一般都很短。因此，自由基被称为大气化学的核心驱动力。反应可分为单分子自由基反应、自由基-分子反应，以及自由基-自由基反应三类。单分子自由基反应是自由基不稳定的结果，包括自由基碎裂和自由基重排两种方式。大气化学中比较重要的自由基反应是自由基与分子的反应，主要包括加成与取代两种反应方式。加成是指自由基对不饱和体系的加成，生成一个新的饱和的自由基。例如·OH 对乙烯的加成：

$$·OH + CH_2 \!\!=\!\! CH_2 \longrightarrow HOCH_2 — CH_2·$$ 　　　　　　（2-26）

取代是指自由基夺取其他分子中的氢原子或卤素原子,自身变为稳定化合物的过程。例如:

$$RH + \cdot OH \longrightarrow R \cdot + H_2O \tag{2-27}$$

$$Ph \cdot (苯基) + BrCCl_3 \longrightarrow PhBr + \cdot CCl_3 \tag{2-28}$$

自由基与稳定分子的反应一般是生成新的自由基和新的分子,新的自由基再继续与分子反应,最后往往会形成链式反应。自由基–自由基反应主要包括自由基二聚(两个相同的自由基结合)或偶联反应(两个不同的自由基结合),生成稳定分子,实现自由基的去除:

$$\cdot OH + \cdot OH \xrightarrow{\ \text{二聚}\ } H_2O_2 \tag{2-29}$$

$$\cdot OH + HO_2 \xrightarrow{\ \text{偶联或化合}\ } H_2O + O_2 \tag{2-30}$$

2. 光化学反应过程

分子、原子、自由基或离子吸收光子而发生的化学反应,称为光化学反应。化学物质吸收光子后发生的光化学反应可分为初级过程和次级过程。初级过程指化学物质吸收光子,形成激发态,激发态物质直接发生的反应。首先,光子必须能被所作用的分子吸收,即分子对某特定波长的光要有特征吸收光谱。其次,只有形成的激发态分子的能量足够大,使分子内的化学键断裂,即光子的能量大于化学键能时,才能引发光化学反应。在初级过程中,分子吸收光能,形成激发态。随后,初级过程中形成的激发态可能发生如下几种次级过程,包括初级过程中形成的产物与产物之间,或产物与其他物质之间发生的各种反应,这些过程大都属于热反应。初级过程中形成的产物的能量还可以以光的形式(辐射跃迁)和热的形式(无辐射跃迁)释放出去,回到基态。

对于某一个具体反应,光化学反应利用光的效率可用量子产率(Φ)表示。量子产率可定义为化学物质每吸收一个光量子所导致发生化学反应的分子数。对于物种 A,其光化学反应的量子产率 Φ_A 可表示为:

$$\Phi_A = \frac{\text{生成或消耗 A 物质的分子数/单位体积·单位时间}}{\text{反应吸收的总光子数/单位体积·单位时间}}$$

由于光化学反应过程包括初级过程和次级过程,量子产率也包括初级量子产率(φ,即初级过程的量子产率)和总量子产率(Φ,又称表观量子产率,即初级过程和次级过程的量子产率之和)。

3. 大气中重要吸光物质对光的吸收与光解

大气中光化学转化由吸光物质的光解引发,下面介绍几种与大气污染直接相关的重要吸光物质的光吸收和光解。

（1）臭氧的光吸收与光解

O_3 是大气中重要吸光物质之一,其在紫外和可见光区均有吸收光谱(图 2-5),最强吸收在 254 nm。O_3 吸收紫外光后可发生如下解离反应:

$$O_3 \xrightarrow{\ hv\ } O \cdot + O_2 \tag{2-31}$$

（2）NO_2 的光吸收与光解

NO_2 是城市大气中的重要吸光物质,在低层大气中可吸收来自太阳的全部波段的紫外光和部分波段的可见光,如图 2-6 所示。NO_2 吸收波长小于 420 nm 的光可发生解离:

$$NO_2 \xrightarrow{\ hv\ } NO + O \tag{2-32}$$

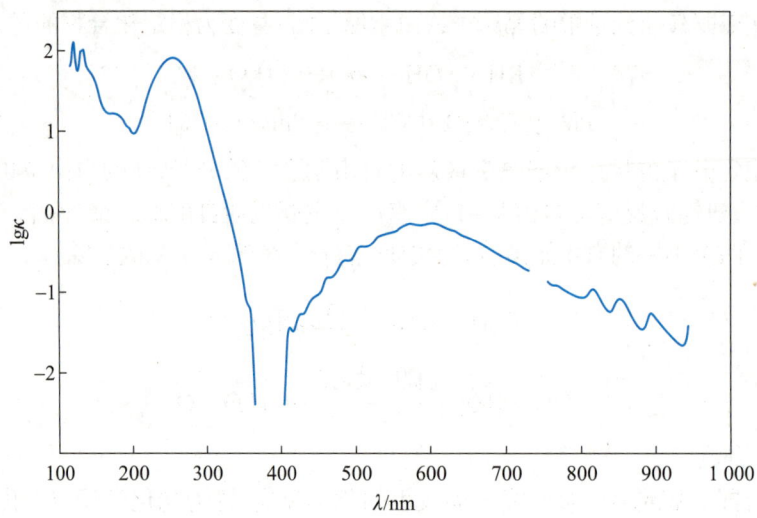

图 2-5　O₃ 的吸收光谱

（资料来源：Anderson 等，1993）

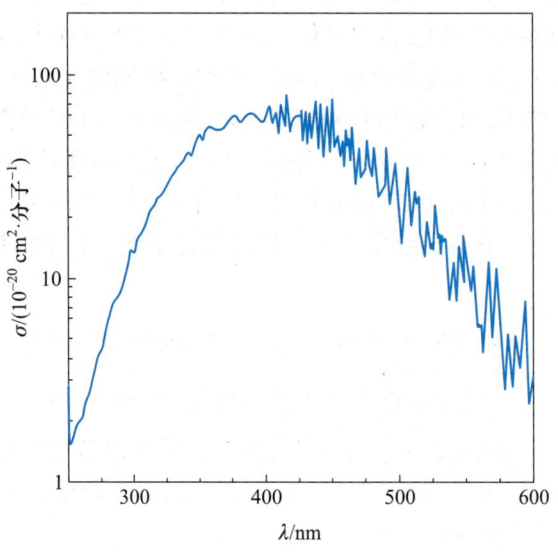

图 2-6　NO₂ 在室温下的吸收光谱

（资料来源：Seifeld 和 Pandis，2016）

生成的 O 可导致 O₃ 的生成：

$$O + O_2 + M \longrightarrow O_3 + M \tag{2-33}$$

这是城市近地面大气中 O₃ 的最主要来源。

（3）亚硝酸和硝酸的光吸收与光解

HNO₂ 对 200~400 nm 的光有吸收，吸光后发生光解：

$$HNO_2 \xrightarrow{h\nu} \cdot OH + NO \tag{2-34}$$

$$HNO_2 \xrightarrow{h\nu} H \cdot + NO_2 \tag{2-35}$$

因此,HNO$_2$的光解是城市近地面大气中HO$_x$·的重要来源之一。

HNO$_3$对120~335 nm的光均有不同程度的吸收,其光解反应也可生成·OH:

$$HNO_3 \xrightarrow{hv} \cdot OH + NO_2 \tag{2-36}$$

(4)二氧化硫的光吸收

SO$_2$的吸收光谱包括三个吸收区:第一个在340~400 nm,是一个极弱的吸收区;第二个在240~340 nm,是一个较强的吸收区;第三个从240 nm开始,随波长下降吸收变强,直到180 nm,是一个强吸收区,如图2-7所示。对于近地面大气中的SO$_2$,第二个吸收区的吸收对于其大气化学反应有较重要的意义。

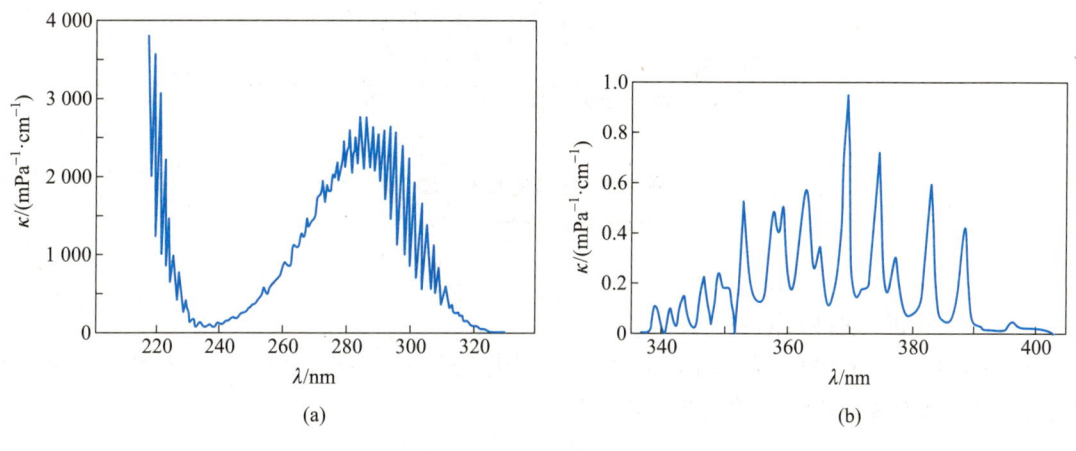

图 2-7 SO$_2$ 的吸收光谱

(资料来源:根据 Heicklen 等,1980)

由于SO$_2$的键能较大,240~400 nm的光不能使其解离,只能生成激发态:

$$SO_2 \xrightarrow{hv} SO_2^* \tag{2-37}$$

虽然SO$_2$不能直接光解,但激发态SO$_2^*$可参与许多化学反应。因此,光吸收对SO$_2$转化同样有重要的意义。

(5)甲醛的光吸收与光解

醛类的光解是大气中HO$_x$·的重要来源之一。其中甲醛对240~360 nm波长范围内的光有吸收,吸收光谱如图2-8所示。

甲醛吸光后的初级过程有:

$$HCHO \xrightarrow{hv} H \cdot + HCO \cdot \tag{2-38}$$

$$HCHO \xrightarrow{hv} H_2 + CO \tag{2-39}$$

生成的H·和HCO·都可以与O$_2$结合生成HO$_2$·。其他醛类也可发生类似光解,生成H·,进而生成HO$_2$·。例如乙醛光解:

$$CH_3CHO \xrightarrow{hv} H \cdot + CH_3CO \cdot \tag{2-40}$$

$$H \cdot + O_2 \longrightarrow HO_2 \cdot \tag{2-41}$$

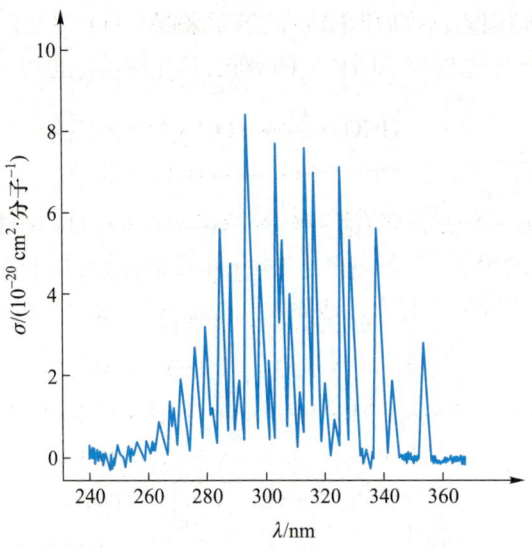

图 2-8　甲醛的吸收光谱
（资料来源：唐炎孝等，2006）

4. 大气中的重要自由基

（1）大气中的·OH和HO$_2$·

·OH 和 HO$_2$·（可合并表示为 HO$_x$·）是对流层大气中最为重要的两种强氧化性自由基。在高层大气中，·OH 被认为主要来自痕量水分的光解：

$$H_2O \xrightarrow{\quad hv \quad} H\cdot + \cdot OH \qquad (2\text{-}42)$$

在对流层大气中，·OH 有不同来源。对于清洁大气而言，O$_3$的光解是·OH 的重要来源：

$$O_3 \xrightarrow[\lambda \leqslant 340\ nm]{\quad hv \quad} O_2 + O \qquad (2\text{-}43)$$

$$O + H_2O \longrightarrow 2\cdot OH \qquad (2\text{-}44)$$

对于污染大气，往往有 HNO$_2$ 和 H$_2$O$_2$ 存在，它们的光解也可产生·OH：

$$HNO_2 \xrightarrow[\lambda \leqslant 400\ nm]{\quad hv \quad} \cdot OH + NO \qquad (2\text{-}45)$$

$$H_2O_2 \xrightarrow[\lambda \leqslant 360\ nm]{\quad hv \quad} 2\cdot OH \qquad (2\text{-}46)$$

其中 HNO$_2$ 的光解往往是城市大气中·OH 的重要来源。

大气中 HO$_2$· 可以通过醛的光解，尤其是甲醛的光解生成：

$$HCHO \xrightarrow[\lambda \leqslant 360\ nm]{\quad hv \quad} H\cdot + HCO\cdot \qquad (2\text{-}47)$$

$$H\cdot + O_2 + M \longrightarrow HO_2\cdot + M$$

$$HCO\cdot + O_2 \longrightarrow HO_2\cdot + CO \qquad (2\text{-}48)$$

光解过程只要有 H· 或 HCO· 生成，它们都可与空气中的 O$_2$ 结合而生成 HO$_2$·。其他醛类也有类似反应，但它们在大气中的浓度往往很低,不如甲醛重要。亚硝酸酯和 H_2O_2 的光解也可导致 $HO_2\cdot$ 的生成:

$$CH_3ONO \xrightarrow{hv} CH_3O\cdot + NO \qquad (2-49)$$

$$CH_3O\cdot + O_2 \longrightarrow HO_2\cdot + HCHO \qquad (2-50)$$

$$\cdot OH + H_2O_2 \longrightarrow HO_2\cdot + H_2O \qquad (2-51)$$

$\cdot OH$ 和 $HO_2\cdot$ 之间可以通过与大气中的 CO、烃类、NO_x 等反应而实现相互转化。例如:

$$\cdot OH + CO \longrightarrow CO_2 + H\cdot$$

$$\cdot OH + CH_4 \longrightarrow H_2O + CH_3\cdot \qquad (2-52)$$

$$H\cdot + O_2 + M \longrightarrow HO_2\cdot + M$$

$$CH_3\cdot + O_2 \longrightarrow HCHO + \cdot OH \qquad (2-53)$$

$$HO_2\cdot + NO \longrightarrow NO_2 + \cdot OH \qquad (2-54)$$

$$HO_2\cdot + O_3 \longrightarrow 2O_2 + \cdot OH \qquad (2-55)$$

$HO_x\cdot$ 是大气中的重要氧化剂,对流层大气中几乎所有的可被氧化的痕量气体的转化和消除过程都与 $HO_x\cdot$ 有关(见图 2-9)。大气中 $\cdot OH$ 的浓度是大气氧化能力的重要衡量指标之一,也反

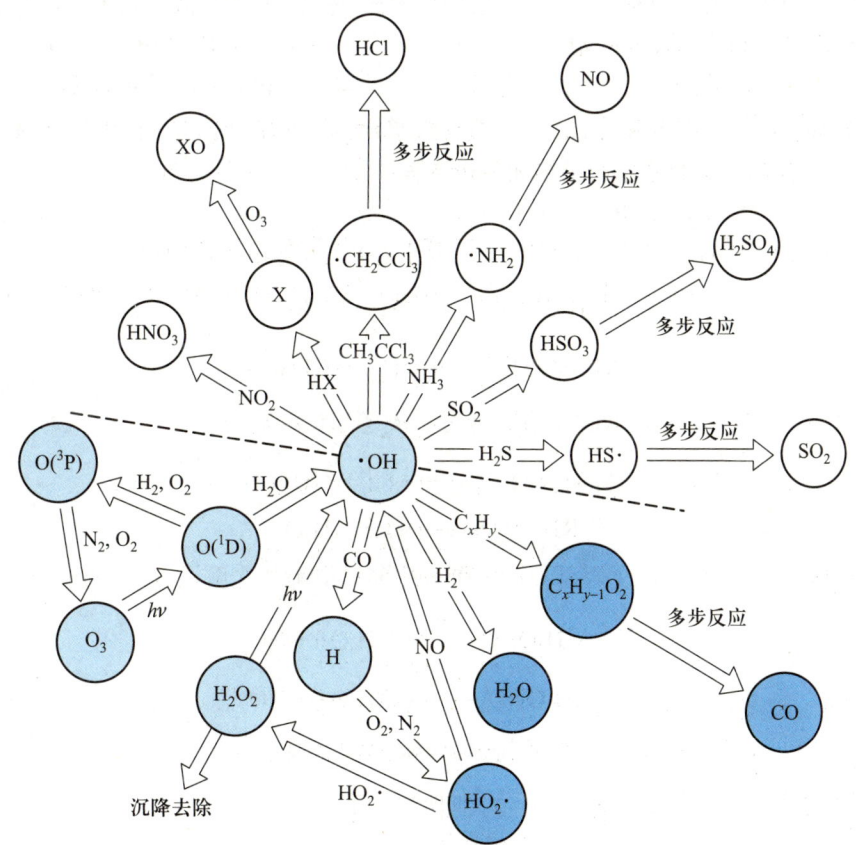

图 2-9 $\cdot OH$ 对对流层中痕量气体浓度的影响

(资料来源:Manahan,2017)

虚线下方的反应为影响对流层中 $\cdot OH$ 浓度的主要过程,上方为受 $\cdot OH$ 浓度影响的主要痕量成分的反应

[$O(^1D)$ 和 $O(^3P)$ 分别为激发单重态氧原子和基态氧原子]

映了大气去除痕量污染气体、实现自净的能力。广州城市大气中 $HO_x\cdot$ 循环的主要反应的转化速率如图 2-10 所示。

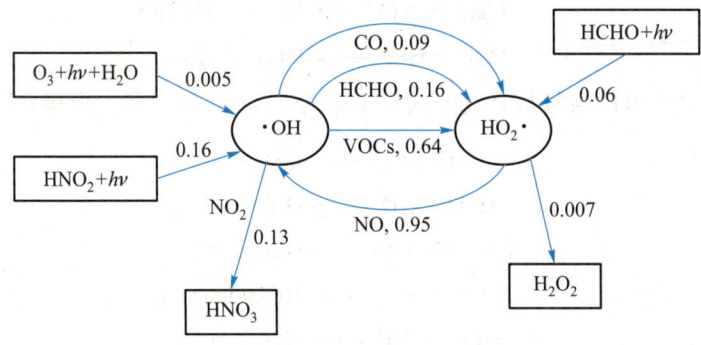

图 2-10　广州城市大气中 $HO_x\cdot$ 循环的主要反应的转化速率

(资料来源:邵敏等,2004)

数字代表反应速率($10^{-9}\cdot min^{-1}$)

$\cdot OH$ 和 $HO_2\cdot$ 都具有高反应活性,因此它们在对流层中的浓度很低。其中,$\cdot OH$ 的平均数浓度约为 1.0×10^6 个/cm^3(白天浓度范围:$8\times10^4\sim1\times10^8$ 个/cm^3),平均寿命约 1 s;$HO_2\cdot$ 的平均数浓度为 $1\times10^7\sim5\times10^7$ 个/cm^3(白天浓度范围:$9.8\times10^6\sim4.9\times10^9$ 个/cm^3),平均寿命约 1 min。由于 $HO_x\cdot$ 的生成与太阳辐射直接相关,它的大气浓度分布特征是:白天高于晚上,夏季高于冬季,热带上空为全球最高。一般来说污染地区的浓度要高于相对清洁的大气。

(2)大气中的 $R\cdot$、$RO\cdot$ 和 $RO_2\cdot$ 等自由基

大气中存在最多的烃基自由基是 $CH_3\cdot$,主要来源是乙醛和丙酮的光解:

$$CH_3CHO \xrightarrow{hv} CH_3\cdot + HCO\cdot \tag{2-56}$$

$$CH_3COCH_3 \xrightarrow{hv} CH_3\cdot + CH_3CO\cdot \tag{2-57}$$

O和 $\cdot OH$ 等与烃类发生 H 摘除反应时也可生成烃基自由基 $R\cdot$:

$$RH + O \longrightarrow R\cdot + \cdot OH \tag{2-58}$$

$$RH + \cdot OH \longrightarrow R\cdot + H_2O \tag{2-59}$$

大气中的 $CH_3O\cdot$ 主要来源于甲基亚硝酸酯和甲基硝酸酯的光解及 $RO_2\cdot$ 的还原:

$$CH_3ONO \xrightarrow{hv} CH_3O\cdot + NO \tag{2-60}$$

$$CH_3ONO_2 \xrightarrow{hv} CH_3O\cdot + NO_2 \tag{2-61}$$

$$RO_2\cdot + NO \longrightarrow RO\cdot + NO_2 \tag{2-62}$$

大气中的 $RO_2\cdot$ 由 $R\cdot$ 与空气中的 O_2 结合而形成:

$$R\cdot + O_2 \longrightarrow RO_2\cdot \tag{2-63}$$

(3)大气中的 Cl 原子自由基($Cl\cdot$)

$Cl\cdot$ 一直被认为是平流层大气中最主要的活性物种之一,是导致平流层臭氧耗损的关键性因素。近年来的研究表明,海盐是对流层大气中 $Cl\cdot$ 的一个主要来源。全球 $Cl\cdot$ 的年平均浓度上限

为 10^3 个/cm³,但是沿海边界层大气中 Cl· 的浓度水平远远高于其他地区,为 10^4~10^6 个/cm³。在沿海地区的大气边界层,凌晨时 Cl_2 光解能够产生 Cl·:

$$Cl_2 \xrightarrow{hv} Cl\cdot + Cl\cdot \tag{2-64}$$

由 Cl· 引发的氧化反应比 ·OH 引起的同类反应快近 100 倍,因此,有关对流层大气中 Cl· 与污染物的作用过程已逐渐受到研究者的关注。

二、氮氧化物的转化

氮氧化物(NO_x,指 NO 和 NO_2)是大气中一类主要的气态污染物,也是导致光化学烟雾发生的重要原因之一。NO_x 在大气中可发生很多化学反应,其转化是大气污染化学研究的重要内容。

1. NO_x 的气相转化

（1）生成臭氧的化学循环

NO_x 在大气光化学过程中起重要作用,最突出的是生成 O_3 的化学循环,该循环是近地面污染大气中最重要的光化学过程之一。反应过程如下:

$$NO_2 \xrightarrow{hv} NO + O \tag{2-65}$$

$$O + O_2 + M \longrightarrow O_3 + M \tag{2-66}$$

$$O_3 + NO \longrightarrow NO_2 + O_2 \tag{2-67}$$

当循环反应达平衡时,NO、NO_2 和 O_3 三者浓度维持稳定。体系中由于 NO 的存在,O_3 只能以较低浓度存在。实际城市大气中往往存在多种能够把 NO 氧化成 NO_2 的其他物质,从而使得 O_3 能够以较高浓度在大气中积累。

（2）NO 的反应

除了与 O_3 的反应,$RO_2\cdot$ 也可将 NO 氧化成 NO_2:

$$NO + RO_2\cdot \longrightarrow NO_2 + RO\cdot \tag{2-68}$$

生成的 RO· 可与 O_2 反应,生成 $HO_2\cdot$ 和相应的醛;生成的 $HO_2\cdot$ 也可把 NO 氧化成 NO_2:

$$RO\cdot + O_2 \longrightarrow R'CHO + HO_2\cdot \tag{2-69}$$

$$HO_2\cdot + NO \longrightarrow \cdot OH + NO_2$$

式中,R′ 为比 R 少一个亚甲基的相应烃基。在烃被 ·OH 氧化时,每氧化 1 个碳原子,往往同时有 2 分子的 NO 被氧化成 NO_2,而 ·OH 可得到再生,这类反应速率往往很快。在光化学烟雾形成过程中,由 ·OH 引发的烃类化合物的链式反应可使 $RO_2\cdot$ 和 $HO_2\cdot$ 数量大增,从而能迅速地将大气中的 NO 氧化成 NO_2。这也使得 O_3 浓度得以积累,成为光化学烟雾的重要产物之一。

·OH 和 RO· 也可与 NO 直接结合生成亚硝酸或亚硝酸酯:

$$\cdot OH + NO \longrightarrow HNO_2 \tag{2-70}$$

$$RO\cdot + NO \longrightarrow RONO \tag{2-71}$$

生成的 RONO 与 HNO_2 一样,也易光解。

（3）NO_2 的反应

NO_2 能与 ·OH、O、$HO_2\cdot$、$RO_2\cdot$ 和 RO· 等自由基反应,也能与 O_3 和 NO_3 反应。其中比较重要

的是与·OH、NO$_3$ 及 O$_3$ 的反应。NO$_2$ 与·OH 反应生成 HNO$_3$：

$$NO_2 + \cdot OH \longrightarrow HNO_3 \qquad (2\text{-}72)$$

此反应是大气中气态 HNO$_3$ 的主要来源，对大气酸性降水的形成有重要作用。NO$_2$ 与 O$_3$ 反应生成 NO$_3$：

$$NO_2 + O_3 \longrightarrow NO_3 + O_2 \qquad (2\text{-}73)$$

生成的 NO$_3$ 还可与 NO$_2$ 进一步反应：

$$NO_2 + NO_3 + M \longrightarrow N_2O_5 + M \qquad (2\text{-}74)$$

（4）NO$_3$ 及其反应

NO$_3$ 的结构为·O—NO$_2$，因而被称为硝酸根自由基（nitrate radical）。其在大气中的主要来源就是上述 NO$_2$ 与 O$_3$ 的反应[式（2-73）]。NO$_3$ 由于极易光解，其浓度在白天有光照时很低，中午的寿命通常只有约 5 s：

$$NO_3 \xrightarrow[\lambda<700\ nm]{hv} NO + O_2 \qquad (2\text{-}75)$$

$$NO_3 \xrightarrow[\lambda<580\ nm]{hv} NO_2 + O \qquad (2\text{-}76)$$

而夜间 NO$_3$ 浓度通常可达 8×10^7 个/cm^3。虽然·OH 的反应比 NO$_3$ 快 10~1 000 倍，但夜间 NO$_3$ 的高浓度使其对夜间的大气化学反应有重要贡献。当大气中 NO 浓度较高时，一方面 NO 会与 O$_3$ 反应消耗 O$_3$，减少与 NO$_2$ 反应生成 NO$_3$ 的 O$_3$ 的量；另一方面，NO 也会直接与 NO$_3$ 反应：

$$NO + NO_3 \longrightarrow 2NO_2 \qquad (2\text{-}77)$$

因此当有 NO 大量存在时，不利于 NO$_3$ 的生成和积累。

NO$_3$ 会参与很多大气化学反应。一般来说，NO$_3$ 与烷烃、烯烃、芳香烃、醛、酚及二甲基硫都能反应。NO$_3$ 与烷烃的反应速率很慢，而与烯烃的反应速率很快，其在烯烃双键上加成而生成的活性自由基会参与二次颗粒物的形成。

（5）过氧乙酰硝酸酯（PAN）的生成

PAN [CH$_3$C(O)OONO$_2$] 是危害最大的大气光化学反应产物之一。它先由乙酰基自由基[CH$_3$CO·，见式（2-40）]与空气中的 O$_2$ 结合形成过氧乙酰基 CH$_3$C(O)OO·，再与 NO$_2$ 结合生成：

$$CH_3CO \cdot + O_2 \longrightarrow CH_3C(O)OO \cdot \qquad (2\text{-}78)$$

$$CH_3C(O)OO \cdot + NO_2 \longrightarrow CH_3C(O)OONO_2 \qquad (2\text{-}79)$$

如果 PAN 中的乙基由其他烃基替代，就会形成相应的其他过氧酰基硝酸酯，如过氧丙酰硝酸酯、过氧苯酰硝酸酯等。

2. NO$_x$ 的液相转化

NO 和 NO$_2$ 均可溶于大气水中，并构成气液相平衡体系。溶于水中的 NO 和 NO$_2$ 也均可与水发生反应，生成 HNO$_3$ 和/或 HNO$_2$：

$$2NO_2 + H_2O \longrightarrow HNO_2 + H^+ + NO_3^- \qquad (2\text{-}80)$$

$$NO + NO_2 + H_2O \longrightarrow 2HNO_2 \qquad (2\text{-}81)$$

生成的 HNO_3 和 HNO_2 对大气酸性降水有重要贡献。

三、挥发性有机物的转化

大气中的 VOCs 包括烷烃、烯烃和芳香烃等烃类化合物,也包括醛、酮、醇、有机过氧物和醚等多种类型的含氧有机物。它们在大气中可以发生多种化学和光化学反应,而且这些反应往往会导致大气中更多自由基的生成,继而引发更多反应。大气中 VOCs 的反应主要是与 $HO\cdot$、$Cl\cdot$、O、O_3 和 NO_3 等的反应。

1. 烃类有机物的转化

（1）与 $\cdot OH$ 和 O 的反应

① 烷烃与 $\cdot OH$ 和 O 的反应:烷烃（RH）可与大气中的 $\cdot OH$ [见式（2-59）]和 O [见式（2-58）]发生摘氢反应,前者的反应速率常数往往比后者大两个数量级以上。如前面介绍,反应生成的烷基自由基 $R\cdot$ 可与 O_2 结合生成 $RO_2\cdot$,可将 NO 氧化成 NO_2,并生成 $RO\cdot$。O_2 还可从 $RO\cdot$ 中再摘除一个 H,生成 $HO_2\cdot$ 和相应的醛或酮。

以 CH_4 为例,其相应的反应为:

$$CH_4 + \cdot OH \longrightarrow CH_3\cdot + H_2O$$

$$CH_4 + O \longrightarrow CH_3\cdot + \cdot OH \tag{2-82}$$

$$CH_3\cdot + O_2 \longrightarrow CH_3O_2\cdot \tag{2-83}$$

$$NO + CH_3O_2\cdot \longrightarrow NO_2 + CH_3O\cdot \tag{2-84}$$

$$CH_3O\cdot + NO_2 \longrightarrow CH_3ONO_2 \tag{2-85}$$

$$CH_3O\cdot + O_2 \longrightarrow HO_2\cdot + HCHO \tag{2-86}$$

如果 NO 浓度低,自由基之间也可发生如下反应,生成烷基过氧化氢:

$$RO_2\cdot + HO_2\cdot \longrightarrow ROOH + O_2 \tag{2-87}$$

$$ROOH \xrightarrow{hv} RO\cdot + \cdot OH \tag{2-88}$$

② 烯烃与 $\cdot OH$ 和 O 的反应: $\cdot OH$ 与烯烃主要发生加成反应。如 $\cdot OH$ 对丙烯的加成有两种产物,由于空间效应和自由基稳定性的原因,产物以前者为主:

$$CH_3CH{=}CH_2 + \cdot OH \longrightarrow \begin{cases} CH_3\overset{\cdot}{C}H{-}CH_2OH(65\%) \\ CH_3CHOH{-}CH_2\cdot(35\%) \end{cases} \tag{2-89}$$

$\cdot OH$ 对烯烃加成后生成的带羟基的烷基自由基 $HO{-}R\cdot$ 具有与普通的烷基自由基 $R\cdot$ 相似的性质,可以与 O_2 结合形成相应的有机过氧自由基:

$$HO{-}R\cdot + O_2 \longrightarrow HO{-}RO_2\cdot \tag{2-90}$$

生成的 $HO{-}RO_2\cdot$ 过氧自由基也同样可以将 NO 氧化为 NO_2,同时自身转化为 $HO{-}RO\cdot$; $HO{-}RO\cdot$ 同样可以发生类似 $RO\cdot$ 的反应。

当烯烃碳链较长时, $\cdot OH$ 还可与烯烃的饱和碳原子上的氢发生摘氢反应。例如:

$$CH_3CH_2CH{=}CH_2 + \cdot OH \longrightarrow CH_3\overset{\cdot}{C}HCH{=}CH_2 + H_2O \tag{2-91}$$

被摘除的主要是烯丙位的 H,生成较稳定的烯丙基自由基。在一般的大气条件下,烯烃与·OH 的反应主要为加成反应。

O 与烯烃的反应也是将 O 加成到烯烃的双键上,先形成二元自由基,二元自由基很活泼,进一步转变成稳定化合物或与其他物质发生反应。

③ 芳香烃与·OH 的反应:大气中也存在苯和甲苯等挥发性芳香烃化合物。·OH 可与大气中的芳香烃发生加成反应和摘氢反应。甲苯与·OH 的加成反应如下:

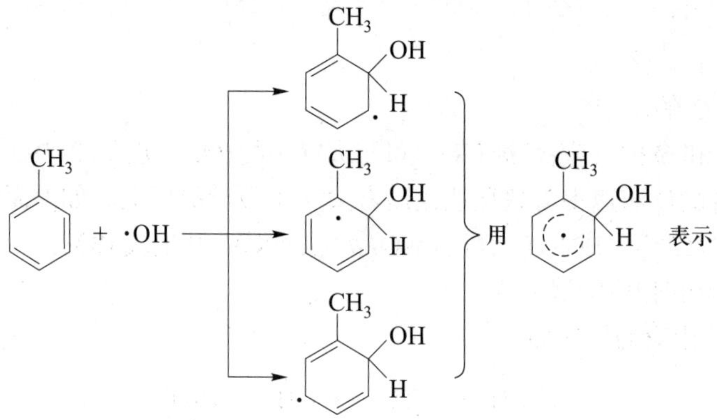

$$\tag{2-92}$$

生成的自由基可与 NO_2 反应,生成硝基甲苯:

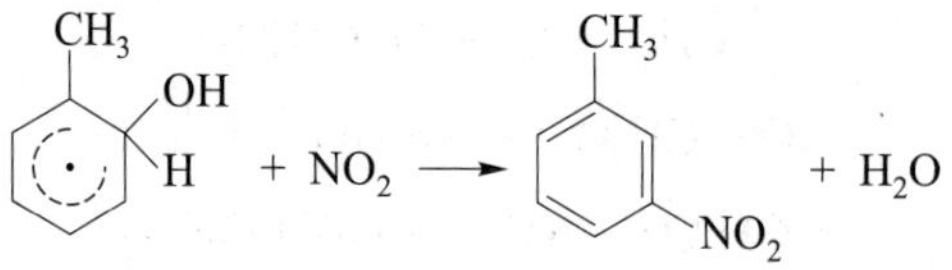

$$\tag{2-93}$$

也可与 O_2 作用,生成 HO_2· 和甲酚:

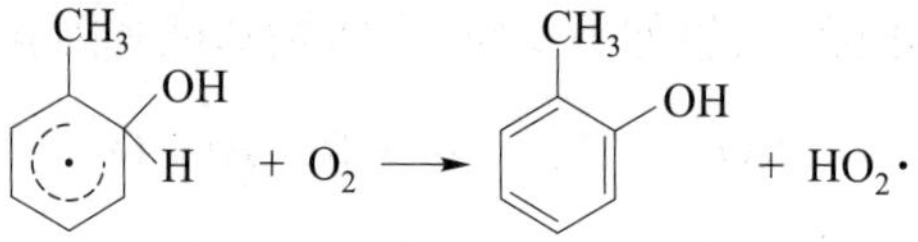

$$\tag{2-94}$$

或生成过氧自由基:

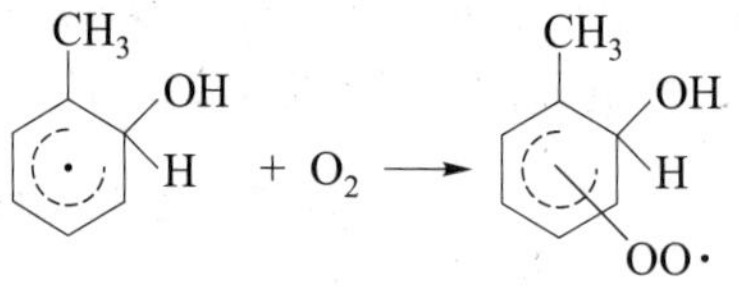

$$\tag{2-95}$$

该芳基过氧自由基同样可以氧化 NO 为 NO_2。

据测定,大气中的甲苯与·OH 作用时,有 90% 左右发生上述加成反应,另外 10% 左右在甲基位发生摘氢反应:

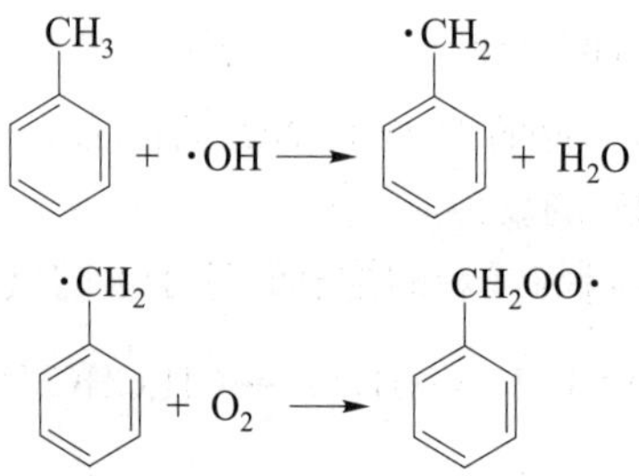

$$\tag{2-96}$$

（2）与 O_3 的反应

O_3 一般不与烷烃发生反应,而烯烃由于具有双键结构易与 O_3 发生反应,虽然反应速率远不如与·OH 反应的速率大,但由于 O_3 在城市大气中的浓度远高于·OH, O_3 与烯烃的反应成为烯烃在大气中的主要去除途径之一。

O_3 与烯烃的反应机理是 O_3 首先加成到烯烃双键上,形成臭氧化物,再分解为一个羰基化合物和一个二元自由基,二元自由基再发生进一步分解或异构化:

$$O_3 + \overset{R_1}{\underset{R_2}{}}C = C\overset{R_3}{\underset{R_4}{}} \longrightarrow \left[\overset{R_1}{\underset{R_2}{}}\overset{O}{\underset{C}{}} \overset{O}{\underset{C}{}} \overset{R_3}{\underset{R_4}{}} \right] \longrightarrow \begin{array}{l} \overset{R_1}{\underset{R_2}{}}C=O + \left[\cdot O{-}O{-}\dot{C}\overset{R_3}{\underset{R_4}{}} \right] \\ \\ \overset{R_3}{\underset{R_4}{}}C=O + \left[\cdot O{-}O{-}\dot{C}\overset{R_1}{\underset{R_2}{}} \right] \end{array} \tag{2-97}$$

例如丙烯与 O_3 反应:

$$O_3 + CH_3CH{=}CH_2 \longrightarrow \left[\overset{CH_3}{\underset{H}{}}\overset{O{-}O}{\underset{C}{}}\overset{}{\underset{CH_2}{}} \right] \longrightarrow \begin{array}{l} CH_3CHO + \dot{C}H_2OO\cdot \\ \\ HCHO + CH_3\dot{C}HOO\cdot \end{array} \tag{2-98}$$

$$\dot{C}H_2OO\cdot \longrightarrow \begin{array}{l} CO + H_2O \\ CO_2 + H_2 \\ CO_2 + 2H\cdot \overset{O_2}{\longrightarrow} 2HO_2\cdot \\ HCOOH \\ \overset{M}{\underset{2O_2}{}}CO_2 + 2HO_2\cdot \end{array}$$

$$CH_3\dot{C}HOO\cdot \longrightarrow \begin{array}{l} CH_4 + CO_2 \\ CH_3\cdot + CO + \cdot OH \overset{O_2}{\longrightarrow} CH_3O_2\cdot \\ CH_3\cdot + CO_2 + H\cdot \overset{2O_2}{\longrightarrow} CH_3O_2\cdot + HO_2\cdot \\ H\cdot + CO + CH_3O\cdot \overset{O_2}{\longrightarrow} HO_2\cdot \\ \dot{H}CO + CH_3O\cdot \overset{O_2}{\longrightarrow} HC(O)O_2\cdot \end{array} \tag{2-99}$$

二元自由基分解可生成两个自由基及一些稳定产物。另外,这种二元自由基氧化性很强,也可氧化 NO、NO_2 和 SO_2 等:

$$R_1R_2\dot{C}OO\cdot + NO/NO_2/SO_2 \longrightarrow R_1R_2CO + NO_2/NO_3/SO_3 \tag{2-100}$$

（3）与 NO_3 的反应

烷烃与 NO_3 的反应速率较慢,速率常数为 $10^{-16} \sim 10^{-17}$ cm^3/(分子·s),远小于烷烃与·OH 的氧化反应速率。但是由于 NO_3 与烷烃的反应是摘氢反应,生成 HNO_3,该反应是夜间大气 HNO_3 的主要来源:

$$NO_3 + RH \longrightarrow R\cdot + HNO_3 \tag{2-101}$$

烯烃与 NO_3 在室温下的反应速率常数为 $10^{-11} \sim 10^{-15}$ cm^3/(分子·s),比烯烃与 O_3 的反应速率

常数大 3~4 个数量级,并且随着双键上取代基的增加而迅速增大,因此与 NO_3 的反应是大气中烯烃的一个重要去除途径。烯烃与 NO_3 的反应是 NO_3 在双键上的加成反应,生成处于激发态的中间产物和环氧化合物。激发态的中间产物可以进一步与 O_2 反应生成过氧自由基,过氧自由基能够进一步与大气中的 NO、RO_2 和 NO_2 反应,最终生成稳定的有机化合物。2,3-二甲基-2-丁烯与 NO_3 的反应机理如图 2-11 所示。一般认为在大气环境中,短碳链烯烃的主要去除过程是与·OH反应,较长碳链烯烃在 NO_3 浓度低时主要与 O_3 反应而被去除,在 NO_3 浓度高时主要与 NO_3 反应而被去除。

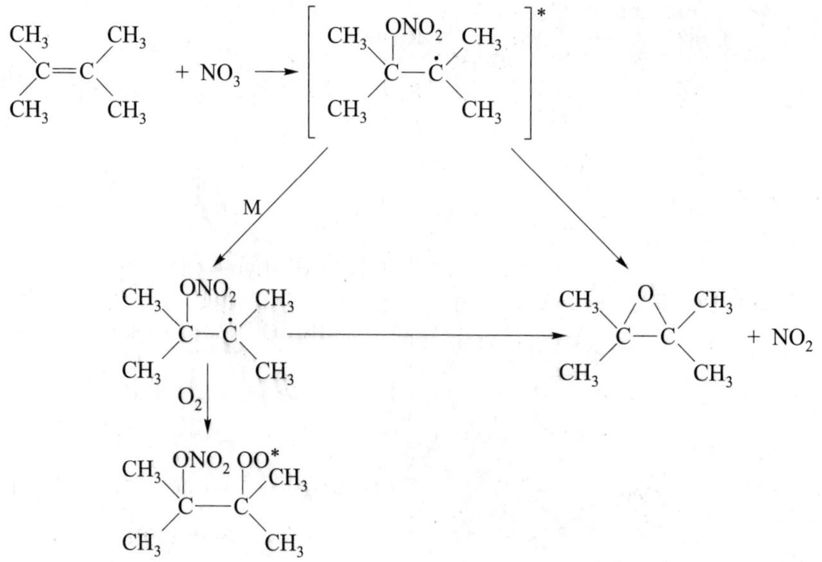

图 2-11　2,3-二甲基-2-丁烯与 NO_3 的反应机理

除了烯烃以外,NO_3 还能与醛类和酚类物质反应,而且反应速率都很快,可以认为 NO_3 是这些有机物在夜间主要的消除途径。

（4）与 Cl· 的反应

大气中 Cl· 能够与烷烃、烯烃、炔烃、芳香烃、羰基化合物等大多数物质反应,影响这些物质的大气寿命。根据全球 Cl· 的最高浓度（1.4×10^5 个/cm^3）,可以计算出丙烷的大气寿命为 14 h,当 Cl· 浓度为 10^3~10^4 个/cm^3 时,丙烷的大气寿命为 200~2 000 h,而·OH浓度为 1×10^6 个/cm^3 时,丙烷的大气寿命为 250 h。因此,有机物与 Cl· 的反应也是有机物一个重要的去除途径。

Cl· 与有机物的反应途径也包括摘氢反应（烷烃）和加成反应（烯烃）两类:

$$Cl\cdot + RH \longrightarrow HCl + R\cdot \tag{2-102}$$

$$RCH{=}CH_2 + Cl\cdot \longrightarrow R'\overset{\cdot}{C}HCH{=}CH_2 + HCl \tag{2-103}$$

$$RCH{=}CH_2 + Cl\cdot \quad \begin{array}{l} \xrightarrow{a} R\overset{\cdot}{C}H{-}CH_2Cl \\ \xrightarrow{b} RCHCl{-}\overset{\cdot}{C}H_2 \end{array} \tag{2-104}$$

生成的自由基可以进一步发生反应。

2. 含氧有机物的转化

大气中也存在一些气态的醚、醇、酮和醛等物质。它们在大气中的反应主要是与·OH、NO_3 和 Cl· 的反应。含氧有机物与·OH 的反应很快，室温下其反应速率常数为 $10^{-13} \sim 10^{-11}$ cm^3/（分子·s）数量级，是大气中含氧有机物主要的去除途径。含氧有机物与 Cl· 的反应也很快，而与 NO_3 的反应则较慢，但是在夜间·OH 浓度很低时，NO_3 对醛类物质的氧化反应也有一定的贡献。含氧有机物与·OH、NO_3 和 Cl· 的反应主要是摘氢反应。

上述含氧有机物中，醛类由于其活泼的化学性质而在大气化学中具有重要的反应。醛类，尤其是甲醛，既是一次污染物，又可由大气中的烃氧化而产生，几乎所有大气污染化学反应都有甲醛参与。醛类可与·OH、NO_3 和 Cl· 发生摘氢反应。例如：

$$HCHO + \cdot OH\,(NO_3 \text{、} Cl\,\cdot) \longrightarrow HCO\cdot + H_2O\,(HNO_3 \text{、} HCl) \qquad (2\text{-}105)$$

$$CH_3CHO + \cdot OH\,(NO_3 \text{、} Cl\,\cdot) \longrightarrow CH_3C(O)\cdot + H_2O\,(HNO_3 \text{、} HCl) \qquad (2\text{-}106)$$

反应生成的自由基在有 O_2 存在下也均可生成相应的过氧自由基：

$$HCO\cdot + O_2 \longrightarrow CO + HO_2\cdot \qquad (2\text{-}107)$$

$$CH_3C(O)\cdot + O_2 \longrightarrow CH_3C(O)OO\cdot \qquad (2\text{-}108)$$

此外，醛类也能与 $HO_2\cdot$ 发生反应：

$$HCHO + HO_2\cdot \longrightarrow (HO)H_2COO\cdot \qquad (2\text{-}109)$$

所生成的过氧自由基 $(HO)H_2COO\cdot$ 比较稳定，可氧化大气中的 NO，再与 O_2 反应生成甲酸：

$$(HO)H_2COO\cdot + NO \longrightarrow (HO)H_2CO\cdot + NO_2 \qquad (2\text{-}110)$$

$$(HO)H_2CO\cdot + O_2 \longrightarrow HCOOH + HO_2\cdot \qquad (2\text{-}111)$$

生成的甲酸对酸性降水有贡献。

3. 大气中有机物的反应活性

大气中不同有机物的反应活性不同。大气中的有机物一般都可以与·OH 反应，因此可以通过比较它们与·OH 反应的难易程度（活性）来比较它们在大气中的相对反应活性。大气中常见烃类及其他有机物及 CO 与·OH 反应的相对活性见表 2-4。

表 2-4　大气中常见烃类和其他有机物及 CO 与·OH 反应的相对活性

活性等级	活性范围[①]	大气中半衰期	化合物（按活性增加顺序）
I	<10	>10 d	CH_4
II	10~100	24 h~10 d	CO、乙炔、乙烷
III	100~1 000	2.4~24 h	苯、丙烷、n-丁烷、2-甲基丁烷（异戊烷）、甲基乙基酮、2-甲基戊烷、甲苯、n-丙苯、异丙苯、乙烯、n-己烷、3-甲基戊烷、乙苯
IV	1 000~10 000	15 min~2.4 h	对二甲苯、对乙基甲苯、邻乙基甲苯、邻二甲苯、甲基异丁基酮、间乙基甲苯、间二甲苯、1,2,3-三甲苯、丙烯、1,2,4-三甲苯、1,3,5-三甲苯、顺-2-丁烯、β-蒎烯、丁-1,3-二烯
V	>10 000	<15 min	2-甲基-2-丁烯、2,4-二甲基-2-丁烯、D-苧烯

资料来源：Manahan，2017。

① 将 CH_4 与·OH 反应的活性定义为 1，作为基准。

四、光化学烟雾

1. 光化学烟雾现象

含有 NO_x 和碳氢化合物等一次污染物的大气,在阳光照射下会发生光化学反应而产生二次污染物,这种由一次污染物和二次污染物的混合物所形成的烟雾污染现象,称为光化学烟雾。光化学烟雾的形成条件是大气中有 NO_x 和碳氢化合物存在,而且有强的阳光照射,湿度较低。这样,污染物在大气中就会发生一系列复杂的反应,生成一系列二次污染物,如 O_3、醛类、PAN、H_2O_2 等。光化学烟雾具有强氧化性,能使橡胶开裂、刺激人的眼睛和皮肤、伤害植物叶片等,并使大气能见度降低。其刺激物浓度的峰值在中午和午后,污染区域往往在污染源的下风向几十到几百千米。1943 年,在美国洛杉矶首次出现了这种污染现象。继洛杉矶之后,光化学烟雾在世界各地不断出现。光化学烟雾后期是高浓度氧化剂的混合物,因此也称氧化型烟雾。

2. 光化学烟雾的形成机制

（1）光化学烟雾的污染物日变化曲线

光化学烟雾在白天生成,傍晚逐渐消失,污染峰值出现在中午或午后。图 2-12 显示了污染地区大气中 NO、NO_2、烃、醛及 O_3 等光化学烟雾主要成分的日变化曲线。由图可看出,烃和 NO 的最大值出现在早晨交通高峰期,主要来自汽车尾气排放;这时 NO_2 浓度较低。随着太阳辐射的增强,NO_2 和 O_3 的浓度迅速增加,中午时达到较高浓度,O_3 和醛类的峰值通常比 NO 峰值晚出现 4~5 h。这也说明 O_3 和醛类主要是光照下的大气光化学反应产生的,属二次污染物;早高峰汽车尾气排放的烃和 NO 是光化学反应的主要一次污染物;中午前后随着气温升高、太阳辐射增强,光化学反应越来越强;傍晚随着太阳辐射变弱和一次污染物的消耗,光化学反应随之变弱。

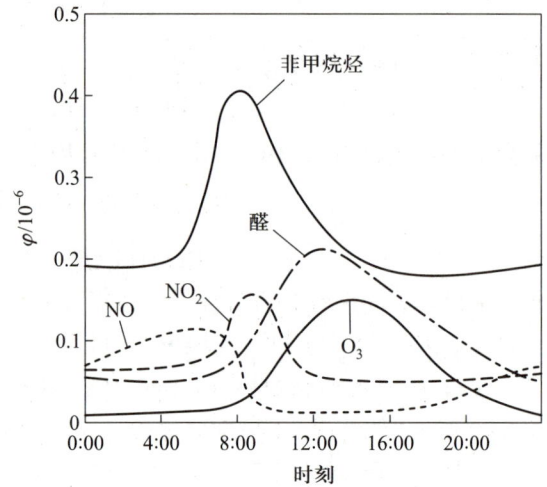

图 2-12　光化学烟雾主要成分的日变化曲线
（资料来源:Manahan,2017）

（2）光化学烟雾的反应过程与机制

光化学烟雾是通过以链式反应为中心的一系列复杂化学反应生成的。反应的第一阶段是链式反应的引发,即自由基等活性物种生成的反应,主要由 NO_2 的光解所引发。其他化合物,如甲醛,也可在光照射下生成自由基,参与链式反应的引发。

NO_2 光解生成 O,O 进一步与 O_2 反应生成 O_3［见式（2-32）和式（2-33）］。

醛的光解生成自由基:

$$RCHO \xrightarrow{hv} RCO\cdot + H\cdot \tag{2-112}$$

链式反应的第二阶段是自由基的增殖和传递,而烃类物质的存在是自由基增殖和传递的根本原因:

$$RH + O \longrightarrow R\cdot + \cdot OH \tag{2-113}$$

$$RH + \cdot OH \longrightarrow R \cdot + H_2O$$

$$H \cdot + O_2 \longrightarrow HO_2 \cdot$$

$$R \cdot + O_2 \longrightarrow RO_2 \cdot$$

$$RCHO + \cdot OH \longrightarrow RCO \cdot + H_2O \tag{2-114}$$

$$RCO \cdot + O_2 \longrightarrow RC(O)O_2 \cdot \tag{2-115}$$

自由基增殖和传递的同时发生氧化反应。以上生成的 $HO_2 \cdot$、$RO_2 \cdot$ 和 $RC(O)O_2 \cdot$ 等过氧自由基均可将 NO 氧化成 NO_2,而且在氧化的同时继续自由基的传递:

$$NO + HO_2 \cdot \longrightarrow NO_2 + \cdot OH$$

$$NO + RO_2 \cdot \longrightarrow NO_2 + RO \cdot$$

$$RO \cdot + O_2 \longrightarrow HO_2 \cdot + R'CHO$$

$$NO + RC(O)O_2 \cdot \longrightarrow NO_2 + RC(O)O \cdot \tag{2-116}$$

$$RC(O)O \cdot \longrightarrow R \cdot + CO_2 \tag{2-117}$$

其中,R′ 为比 R 少一个 C 原子的烃基。

当光照变弱或反应物消耗殆尽时,链式反应进入第三阶段,即链的中止阶段。链的中止通过自由基复合及稳定产物的生成来实现。例如:

$$\cdot OH + NO_2 \longrightarrow HNO_3 \tag{2-118}$$

$$RC(O)O_2 \cdot + NO_2 \longrightarrow RC(O)O_2NO_2 \tag{2-119}$$

$$HO_2 \cdot + HO_2 \cdot \longrightarrow H_2O_2 + O_2 \tag{2-120}$$

将上述自由基产生和传递(及氧化)的过程综合起来,可得如图 2-13 所示的示意图。由图可见,来自烃类物质的 $R \cdot$ 及 $RCO \cdot$ 等自由基在其自由基循环传递的链式反应过程中可以氧化多个 NO,保证了 NO 向 NO_2 的转化。NO_2 既起到链引发的关键作用,又起到生成 PAN、HNO_3 和硝酸酯等稳定产物的链终止作用。

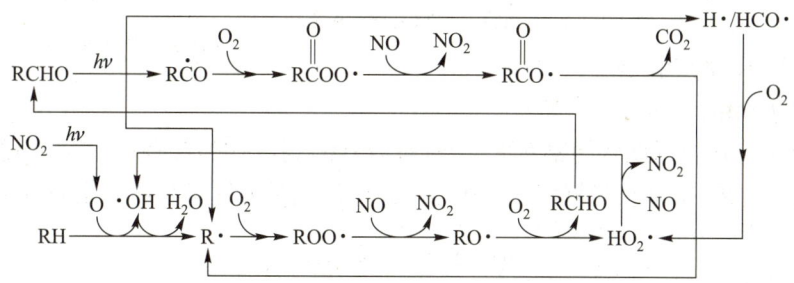

图 2-13　光化学烟雾中的自由基传递示意图

3. 光化学烟雾的控制

根据上述反应机理可见,NO_x 和碳氢化合物两者对光化学烟雾的形成都有重要作用:前者引发了光化学反应,后者决定了反应的进程。因此,要控制光化学烟雾就要同时控制 NO_x 和碳氢化合物(以 VOCs 为主)。一些城市对光化学烟雾控制的实践也表明,单纯控制 VOCs 很难能有效

控制以 O_3 为代表的光化学氧化剂的浓度;只有同时控制 NO_x 和 VOCs 才能有效控制 O_3 浓度,而且还能同时实现对二次气溶胶的控制。实际上,光化学烟雾的形成与发展过程非常复杂,对光化学烟雾的控制是一项长期而复杂的系统工程,需根据当地污染排放特征、气候气象特征等因素综合考虑。

五、二氧化硫的转化及硫酸烟雾

大气中 SO_2 的转化主要是被氧化成六价硫,进而形成酸性降水、硫酸烟雾或硫酸盐气溶胶等。SO_2 的转化有约20%通过均相气相反应进行,主要生成 SO_3,再进一步转化为硫酸或硫酸盐;余下的主要通过液相反应进行,生成硫酸或硫酸盐。

1. 二氧化硫的气相氧化

SO_2 的气相氧化主要包括直接光氧化和自由基氧化等机理。

（1）SO_2 的直接光氧化

前面已介绍了 SO_2 的吸光特性。在低层大气中,SO_2 可通过吸收太阳紫外光形成两种激发态 SO_2 分子:

$$SO_2 \xrightarrow[290\sim340\ nm]{hv} {}^1SO_2（单重态） \tag{2-121}$$

$$SO_2 \xrightarrow[340\sim400\ nm]{hv} {}^3SO_2（三重态） \tag{2-122}$$

能量较高的单重态分子不稳定,会很快转变为三重态或基态分子:

$$ {}^1SO_2 + M \longrightarrow {}^3SO_2 + M \tag{2-123}$$

$$ {}^1SO_2 + M \longrightarrow SO_2 + M \tag{2-124}$$

因此,大气中激发态 SO_2 主要以三重态形式存在,三重态 SO_2 也可转化为基态 SO_2,但较单重态 SO_2 稳定得多。三重态 SO_2 可直接与 O_2 反应生成 SO_3:

$$ {}^3SO_2 + O_2 \longrightarrow [SO_4] \longrightarrow SO_3 + O \tag{2-125}$$

或 $$[SO_4] + SO_2 \longrightarrow 2\,SO_3 \tag{2-126}$$

其中,$[SO_4]$ 为反应的中间体。

（2）SO_2 的自由基氧化

在光化学反应比较活跃的污染大气中,往往存在较高浓度的自由基。SO_2 可被这些自由基氧化,这亦可看作 SO_2 的间接光氧化。$\cdot OH$ 与 SO_2 的反应是大气中 SO_2 氧化的最重要反应之一:

$$\cdot OH + SO_2 \xrightarrow{M} HOSO_2 \cdot \tag{2-127}$$

$$HOSO_2 \cdot + O_2 \xrightarrow{M} HO_2 \cdot + SO_3 \tag{2-128}$$

$$SO_3 + H_2O \longrightarrow H_2SO_4 \tag{2-129}$$

SO_2 氧化的另一个重要反应是与二元自由基的反应。前面已介绍,O_3 和烯烃反应可生成有两个活性中心的二元自由基,如 $CH_3\overset{\cdot}{C}HOO\cdot$,可氧化 SO_2:

$$CH_3\overset{\cdot}{C}HOO \cdot + SO_2 \longrightarrow CH_3CHO + SO_3 \tag{2-130}$$

O、$HO_2\cdot$、$RO_2\cdot$ 及 $RC(O)O_2\cdot$ 也可将 SO_2 氧化成 SO_3：

$$O + SO_2 \longrightarrow SO_3 \tag{2-131}$$

$$HO_2\cdot + SO_2 \longrightarrow \cdot OH + SO_3 \tag{2-132}$$

$$CH_3O_2\cdot + SO_2 \longrightarrow CH_3O\cdot + SO_3 \tag{2-133}$$

$$CH_3C(O)O_2\cdot + SO_2 \longrightarrow CH_3C(O)O\cdot + SO_3 \tag{2-134}$$

2. 二氧化硫的液相氧化

大气中 SO_2 可溶于液态水中，也可被颗粒物所吸附，并溶解在颗粒物表面所吸附的水中。相较于气相氧化，SO_2 更容易在水中发生液相氧化。

（1）SO_2 的液相平衡

SO_2 溶于水形成亚硫酸（$SO_2\cdot H_2O$ 或 H_2SO_3），$SO_2\cdot H_2O$ 作为二元弱酸可发生两步解离：

$$SO_2 + H_2O \xrightleftharpoons{K_H} SO_2\cdot H_2O \tag{2-135}$$

$$SO_2\cdot H_2O \xrightleftharpoons{K_{S1}} H^+ + HSO_3^- \tag{2-136}$$

$$HSO_3^- \xrightleftharpoons{K_{S2}} H^+ + SO_3^{2-} \tag{2-137}$$

式中：K——反应平衡常数。

根据化学平衡可得三种形态 $S(IV)$ 的摩尔分数的表达式，均为 pH 的函数：

$$\alpha_0 = \frac{[SO_2\cdot H_2O]}{[S(IV)]} = \left[1 + \frac{K_{S1}}{[H^+]} + \frac{K_{S1}K_{S2}}{[H^+]^2} \right]^{-1} \tag{2-138}$$

$$\alpha_1 = \frac{[HSO_3^-]}{[S(IV)]} = \left[1 + \frac{[H^+]}{K_{S1}} + \frac{K_{S2}}{[H^+]} \right]^{-1} \tag{2-139}$$

$$\alpha_2 = \frac{[SO_3^{2-}]}{[S(IV)]} = \left[1 + \frac{[H^+]}{K_{S2}} + \frac{[H^+]^2}{K_{S1}K_{S2}} \right]^{-1} \tag{2-140}$$

显然，SO_2 溶液中 $S(IV)$ 的溶解度和形态分布均由 pH 决定（图 2-14）。研究表明，不同形态的 $S(IV)$ 被液相氧化时反应速率往往不同，因此 pH 会显著影响 $S(IV)$ 氧化的速率。

（2）SO_2 的溶解氧氧化

溶解在水中的 $S(IV)$ 可被水中的溶解氧、O_3 和 H_2O_2 等氧化剂氧化，溶解氧的氧化很慢，而 O_3 和 H_2O_2 等更强氧化剂的氧化较快。溶解氧对 SO_2 的氧化可表示为：

$$2SO_2 + 2H_2O + O_2 \longrightarrow 2H_2SO_4 \tag{2-141}$$

由于该反应很慢，以至于有学者认为纯水中溶解氧对 SO_2 的氧化可以忽略。实际上，一些过渡金属离子 [如 $Fe(III)$ 和 $Mn(II)$ 离子] 可催化该反应，显著加速反应进程。在大气颗粒物和液态水中都或多或少地存在铁、锰离子，而浓度低至 $0.01\ \mu mol/L$ 的铁或锰即有催化效果。因此，实际大气中 $S(IV)$ 的溶解氧氧化都可看作催化氧化。对于 Fe，大气水中可能同时存在 $Fe(II)$ 和 $Fe(III)$，起催化作用的主要是 $Fe(III)$。而 $Fe(III)$ 浓度与 pH 密切相关，因此，pH 是影响 Fe 催化溶解氧氧化 $S(IV)$ 的重要因素。Mn 的催化作用受 pH 影响较小，pH 的影响更多体现为对离子强度的影响。当 $Fe(III)$ 和 $Mn(II)$ 共存时，两种离子在催化 $S(IV)$ 氧化反应中表现出协同作用。

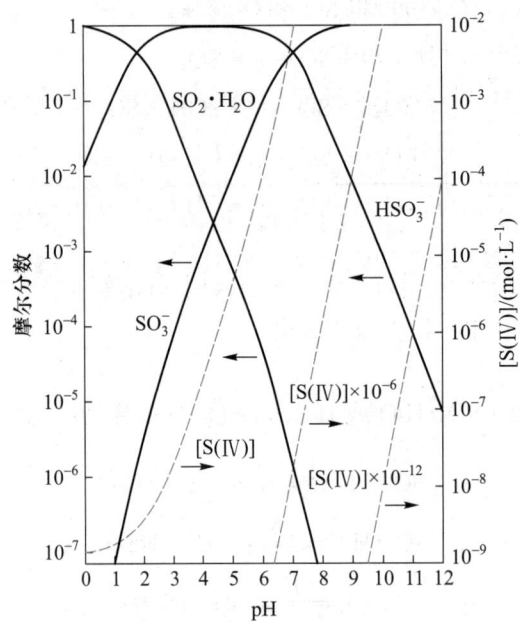

图 2-14 可溶态硫(Ⅳ)各形态浓度和摩尔分数与溶液 pH 的关系

$T = 298\ \text{K}, p_{SO_2} = 1.01 \times 10^6\ \text{Pa}$

（3）O_3 和 H_2O_2 等对 SO_2 的氧化

O_3 可溶于大气中的水中,氧化水中的 $S(Ⅳ)$。$S(Ⅳ)$ 的 3 种形态（$SO_2 \cdot H_2O$、HSO_3^- 和 SO_3^{2-}）均可亲核进攻缺电子的 O_3：

$$O_3 + SO_2 \cdot H_2O \xrightarrow{k_0} 2H^+ + SO_4^{2-} + O_2 \tag{2-142}$$

$$O_3 + HSO_3^- \xrightarrow{k_1} HSO_4^- + O_2 \tag{2-143}$$

$$O_3 + SO_3^{2-} \xrightarrow{k_2} SO_4^{2-} + O_2 \tag{2-144}$$

式中：k—— 反应速率常数。

因此,水相中 O_3 对 $S(Ⅳ)$氧化的速率可表示为:

$$-\frac{d[S(Ⅳ)]}{dt} = (k_0[SO_2 \cdot H_2O] + k_1[HSO_3^-] + k_2[SO_3^{2-}])[O_3]$$

$$= (k_0\alpha_0 + k_1\alpha_1 + k_2\alpha_2)[S(Ⅳ)][O_3] \tag{2-145}$$

其中,$k_0 = 2.4 \times 10^4\ \text{L/(mol·s)}$；$k_1 = 3.7 \times 10^5\ \text{L/(mol·s)}$；$k_2 = 1.5 \times 10^9\ \text{L/(mol·s)}$。因为亲核性顺序为 $SO_2 \cdot H_2O < HSO_3^- < SO_3^{2-}$,所以反应速率常数也是 $SO_2 \cdot H_2O < HSO_3^- < SO_3^{2-}$。由于 pH 决定 $S(Ⅳ)$ 的形态分布,因此 pH 也影响 O_3 对 $S(Ⅳ)$ 的氧化速率。

H_2O_2 在水中的溶解度大,其对 $S(Ⅳ)$ 的氧化作用很显著。氧化反应可表示为:

$$HSO_3^- + H_2O_2 \rightleftharpoons SO_2OOH^- + H_2O \tag{2-146}$$

$$SO_2OOH^- + H^+ \longrightarrow H_2SO_4 \tag{2-147}$$

该反应速率同样受 pH 的影响。研究表明:当 pH 较高时,S(Ⅳ)的氧化速率与 pH 关系较小;当 pH 较低时(pH<2),氧化速率随 pH 下降而降低。

此外,大气水中存在的有机过氧化物[如 CH_3OOH、$CH_3C(O)OOH$ 等]也可将 S(Ⅳ)氧化为 S(Ⅵ)。

Seinfeld 等对比了不同 pH 下 S(Ⅳ)不同液相氧化反应的速率(图 2-15)。由图可见,当 pH 较低时,H_2O_2 是 S(Ⅳ)氧化的重要途径。pH≈5 或更大时,O_3 的氧化作用凸显。没有 H_2O_2 和 O_3 等物质时,Fe 和 Mn 催化溶解氧氧化的作用较显著,特别是在 pH 较高时。

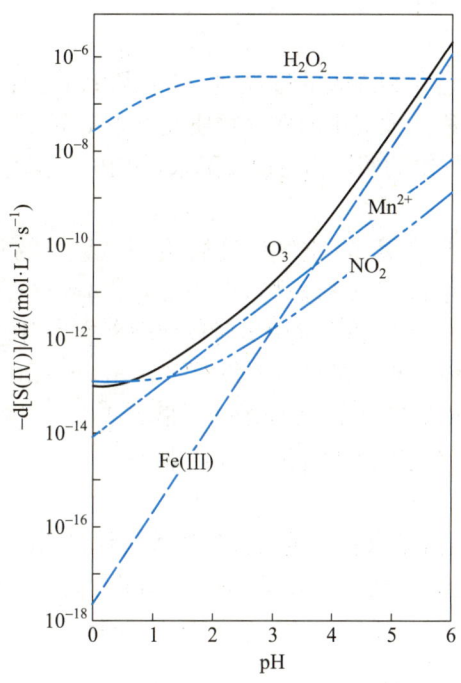

图 2-15　298 K 时不同 pH 下 S(Ⅵ)不同液相反应速率及其与 pH 的关系

(资料来源:Seinfeld 和 Pandis,2016)

3. 硫酸烟雾

硫酸烟雾最早发生在英国伦敦,因此也称伦敦烟雾,主要是由燃煤排放的 SO_2、颗粒物,以及由 SO_2 氧化所形成的硫酸及硫酸盐等污染物造成的大气污染现象。该污染现象多发生在气温较低、湿度较高(雾)和日光较弱的冬季。如上所述,在硫酸烟雾的形成过程中,SO_2 转变为硫酸/硫酸盐的氧化反应主要靠雾滴中锰、铁及氨的催化溶解氧氧化来完成。除了 pH 之外,SO_2 的氧化速率还会受其他污染物、温度,以及光强等因素的影响。

硫酸烟雾是以还原性物质为主的混合物,因此也可称为还原型烟雾,与光化学烟雾(氧化型烟雾)在许多方面具有相反的特征。表 2-5 给出了两种烟雾部分典型特征的对比。两种烟雾污染在某些城市可交替发生:夏季以光化学烟雾为主,而冬季则以硫酸烟雾为主。

表 2-5　硫酸烟雾与光化学烟雾的比较

特征	硫酸污染(伦敦烟雾)	光化学烟雾(洛杉矶烟雾)
污染发生条件	低温高湿,出现逆温层(辐射逆温)	高温低湿,出现逆温层(下沉逆温)
污染发生时间	清晨	午后
主要反应机理	二氧化硫液相(催化)氧化反应	氮氧化物和有机物参加的自由基链式反应
一次污染物	二氧化硫和煤烟颗粒	氮氧化物和挥发性有机物
二次污染物	硫酸和硫酸盐气溶胶等	臭氧、硝酸、过氧乙酰硝酸酯、醛酮类和硝酸盐气溶胶等

六、酸性降水

大气中的污染物随降水迁移到地表的过程称为湿沉降;与之对应的干沉降指污染物在气流作用下直接迁移到地面的过程。大气中的酸性物质通过干湿沉降这两种过程从大气中消除,统称为酸沉降。酸性降水指大气中的酸性物质通过降水(如雨、雪、雾、露、冰雹等)迁移到地面的过程,最常见的就是酸雨。

1872 年英国化学家史密斯在著作《空气和酸雨:化学气候学的开端》中首次提出酸雨一词。20 世纪,随着工业化的加速,酸雨问题日益严重。1972 年,瑞典政府向联合国人类环境会议提交了报告《穿越国界的大气污染:大气和降水中硫对环境的影响》,引起各国政府关注。此后,酸雨问题受到了广泛的重视和研究。我国对酸雨的研究始于 20 世纪 70 年代末。我国的酸性降水主要发生在西南、华南,以及东南沿海一带,以西南地区最为严重。近年来,随着我国大气污染状况的逐渐改善,我国的酸雨问题在很大程度上得到了控制。

1. 降水的 pH

在清洁的大气降水中,可溶于水且含量较大的酸性气体是 CO_2。如果只考虑 CO_2 对天然降水 pH 的影响,根据 CO_2 的全球大气平均浓度(330 mL/m³),就可计算出 CO_2 与水平衡时的 pH。CO_2 的溶解–解离平衡为:

$$CO_2(g) + H_2O \xrightleftharpoons{K_H} CO_2 \cdot H_2O \qquad (2-148)$$

$$CO_2 \cdot H_2O \xrightleftharpoons{K_1} H^+ + HCO_3^- \qquad (2-149)$$

$$HCO_3^- \xrightleftharpoons{K_2} H^+ + CO_3^{2-} \qquad (2-150)$$

式中:K_H——CO_2 水合平衡常数,即亨利常数;

K_1 和 K_2——H_2CO_3 的一级和二级酸解离常数。

根据化学平衡、质量平衡和电荷平衡,可得:

$$[H^+] = \frac{K_w}{[H^+]} + \frac{K_1 K_H p_{CO_2}}{[H^+]} + \frac{2K_1 K_2 K_H p_{CO_2}}{[H^+]^2} \qquad (2-151)$$

式中:p_{CO_2}——CO_2 在大气中的分压;

K_w——水的离子积。

代入参数可计算得 pH = 5.6。因此,通常把 pH = 5.6 作为判断依据,认为 pH 小于 5.6 的降水为酸性降水。

实际大气中除 CO_2 外,还存在各种酸、碱性气体和气溶胶。它们的量虽少,但对降水 pH 也有贡献。而且,对降水 pH 影响较大的硫酸和硝酸等强酸,也有其天然来源。因此,降水 pH<5.6

并不一定意味着人为污染的存在。调查发现很多受人类活动影响小、可视为环境背景的地区的降水 pH 都远小于 5.6,在 5.0 附近(如中国丽江)。此外,由于降水 pH 是降水中各种酸和碱性成分综合作用的结果,pH 相同的降水受污染程度不一定相同。而降水中的 SO_4^{2-} 和 NO_3^- 与人类活动的关系往往较密切,因此可将 pH 与 SO_4^{2-} 和 NO_3^- 的含量一起作为判断降水是否酸化,特别是受人为污染导致酸化的判断标准。

2. 降水的化学组成

降水的主要化学组成包括:① 大气中的固定气体成分:O_2、N_2、CO_2 及惰性气体等。② 无机物:土壤矿物离子 Al^{3+}、Ca^{2+}、Mg^{2+}、Fe^{3+}、Mn^{2+} 和硅酸盐等;海洋盐类离子 Na^+、Cl^-、Br^-、SO_4^{2-}、HCO_3^- 及少量 K^+、Mg^{2+}、Ca^{2+}、I^- 和 PO_4^{3-} 等;气体转化产物 SO_4^{2-}、NO_3^-、NH_4^+、Cl^- 和 H^+ 等。③ 有机物:有机酸、醛酮类、烷烃、烯烃和芳香烃等。④ 光化学反应产物:H_2O_2、O_3 和 PAN 等。⑤ 不溶物。

降水中最重要的离子是 SO_4^{2-}、NO_3^-、Cl^- 和 Na^+、NH_4^+、Ca^{2+}、H^+。表 2-6 列出了不同年份国内外部分地区降水中主要离子的平均含量。各地区降水中的 SO_4^{2-} 含量有很大差别,为 $10\sim210\ \mu mol/L$。除天然源外,SO_4^{2-} 更多来自化石燃料燃烧排放的颗粒物和 SO_2,因此工业区和城市降水中 SO_4^{2-} 含量一般较高。我国很多城市降水中 SO_4^{2-} 往往较高,这与我国能源以煤为主有关。降水中的 NO_3^- 一部分来自人为污染源排放的 NO_x 和颗粒物,还有一部分来自空气放电产生的 NO_x。NH_4^+ 主要来自天然源排放的 NH_3。NH_4^+ 的分布与土壤类型有较明显的关系,碱性土壤区降水中 NH_4^+ 含量往往较高。我国一些城市降水中 NH_4^+ 含量较高,也可能与人为源有关。

表 2-6 不同年份国内外部分地区降水中主要离子的平均含量　　　单位:$\mu mol/L$

地名	pH	SO_4^{2-}	NO_3^-	Cl^-	NH_4^+	Ca^{2+}	Mg^{2+}	Na^+	K^+
美国帕萨迪纳(1978—1979)	4.4	20	31	28	21	4	4	24	2
加拿大安大略(2003—2007)	4.6	17.5	27.1	3.4	25.6	6.5	1.7	2.2	0.5
瑞典某地(1973—1975)	4.3	35	31	18	31	7	4	15	3
西班牙(2011—2012)	5.6	36	32	181	33	61	27	188	15
印度(2017)	5.5	15.9	10	70.6	10	123.2	41.6	51.9	39.6
中国北京(1981)	6.8	137	50	157	141	92	/	141	42
中国北京(2011—2012)	4.9	179	43	51	346	137	27	22	9
中国上海(2005)	4.5	100	50	58	81	102	15	50	15
中国上海(2020)	5.5	39.3	39.0	21.5	63.5	27.4	6.6	14.2	3.9
中国重庆(1985—1986)	4.3	164	30	25	152	135	11	15	8
中国重庆(2001—2003)	4.1	101	35	13	92	30	8	3	10
中国重庆(2018)	6.3	131.1	10.9	10.5	61.4	89.2	19.5	9.1	8.5
中国成都(2008)	5.1	106	156	9	151	98	8	1	7
中国广州(1985—1986)	4.8	137	24	39	85	98	6	26	23
中国广州(2005—2006)	4.5	101	52	21	66	66	5	18	9
中国贵阳(1982—1984)	4.1	206	21	8	79	116	28	10	26
中国贵阳(2007—2008)	4.9	119	40	10	77	109	6	2	11
中国九寨沟(2016)	5.7	8	9	14	18	28	3	13	35
中国深圳(2019)	4.7	22.4	18.6	27.1	17.4	28.2	6.9	23.1	5.4
中国济南(2021)	6.8	93	78	24.8	153.1	148.7	21.6	16.4	4.6
中国胶州湾(2015—2016)	4.8	47	63	66	107	32	11	55	17

资料来源:唐孝炎等,2006;王文兴等,2009;周晓得等,2017;Li 等,2019;张永江等,2018;Bisht 等,2017;刘建军等,2021;蒋冰艳等,2019;张丽明等,2020。

3. 酸性降水的化学组成及其他影响因素

酸性降水的主要阴离子往往是 SO_4^{2-} 和 NO_3^-,其次是 Cl^-。酸性降水中含有多种无机和有机酸,但 H_2SO_4 和 HNO_3 通常是酸性的主要贡献者,两者的比例在不同地区差异较大:以 SO_4^{2-} 为主时可称为硫酸型酸性降水,以 NO_3^- 为主时可称为硝酸型酸性降水,两者(当量)浓度相当时,称为混合型酸性降水。各类排放源排放的 SO_2 和 NO_x 是形成 H_2SO_4 和 HNO_3 的主要前体,它们通过气相和液相的各种氧化过程形成 H_2SO_4/硫酸盐和 HNO_3/硝酸盐。除酸本身外,能促进酸生成或中和酸的大气成分对降水的 pH 产生影响,如颗粒物中 Mn、Cu、V 等是酸性气体氧化的催化剂,大气光化学反应生成的 O_3、H_2O_2 和 $HO_2·$ 等是酸性气体氧化的氧化剂。

虽然通常认为降水酸性主要来自 H_2SO_4 和 HNO_3 等强酸,但多年观测结果表明有机酸(甲酸和乙酸等)对降水酸性也有贡献。在一些偏远地区,有机酸甚至可能成为降水的主要致酸成分,对酸性的贡献可达 60% 以上。有机酸主要来自植物和人类活动释放的 VOCs 的氧化。

相反,飞灰中的(氢)氧化钙、土壤颗粒中的碳酸钙、天然和人为源的 NH_3 及其他碱性物质会中和降水中的酸。如果降水中碱性物质较多,对酸的中和能力较强,那么即使大气中酸性气体浓度较高,降水也不会有很强的酸性。在碱性土壤地区,往往会出现这种情况,如中国的北方城市。相反,当碱性物质较少,即使大气中酸性气体浓度不高,降水仍可能会呈较明显的酸性。降水中的 Ca^{2+}、NH_4^+ 和 Mg^{2+} 等往往可以反映降水对酸的中和缓冲能力。对比一些污染情况类似的酸雨区与非酸雨区的降水离子构成可发现,$SO_4^{2-}+NO_3^-$ 的浓度往往相差不大,而 $Ca^{2+}+NH_4^+$ 的浓度相差较大:$Ca^{2+}+NH_4^+$ 的浓度在酸雨区往往较低而在非酸雨区往往较高。

温度、湿度、地形和气象条件等其他因素可通过影响一次污染物 SO_2 的氧化和扩散,影响地区酸雨的形成。大气颗粒物对酸雨的形成具有复杂影响:一方面,大气颗粒物所含的金属可催化 SO_2 氧化成硫酸;另一方面,其中的碱性成分对酸起中和作用。非酸雨区颗粒物的 pH 和缓冲能力往往都高于酸雨区。

七、平流层臭氧耗损及南极臭氧洞的形成

臭氧层存在于距地面 10~50 km 范围内的平流层,臭氧浓度峰值在 20~25 km 处。臭氧层能够吸收来自太阳的短波长紫外辐射,因此其对地球上的生命和生态系统具有重要意义。人类活动已影响平流层大气化学过程,使臭氧层遭到破坏[图 2-16(a)]。全球大气中 O_3 总量约为 3×10^9 t。柱浓度是 O_3 浓度最常用的表示方法之一,以地面到高空垂直柱中 O_3 在 273 K 和 1 atm 下的总层厚来反映 O_3 含量,以 0.01 mm 厚的 O_3 为 1 个多布森单位(Dobson unit,DU)。全球 O_3 平均柱浓度为 300 DU。

实际上,臭氧层的破坏包括两个互相联系的问题:一个是南极上空的臭氧洞问题,臭氧洞主要存在于南极上空,在特定时间段出现,其中 O_3 浓度极低;另一个是全球的平流层 O_3 损耗问题,几乎全球范围内的臭氧层 O_3 浓度都有所下降[图 2-16(b)]。这两类问题中,导致 O_3 分解的基本反应机理是类似的($Y+O_3 \longrightarrow YO+O_2$),但促进 O_3 分解的活性成分(Y)的种类、形成和循环机理不同,前者主要涉及非均相反应机理,而后者主要是气相均相反应机理。

1. 平流层臭氧的生消平衡和臭氧损耗的化学机理

平流层 O_3 处于动态的生消平衡。平流层中 O_3 的生成主要是由于 O_2 的光解:

$$O_2 \xrightarrow[\lambda \leqslant 240\ nm]{hv} O + O$$

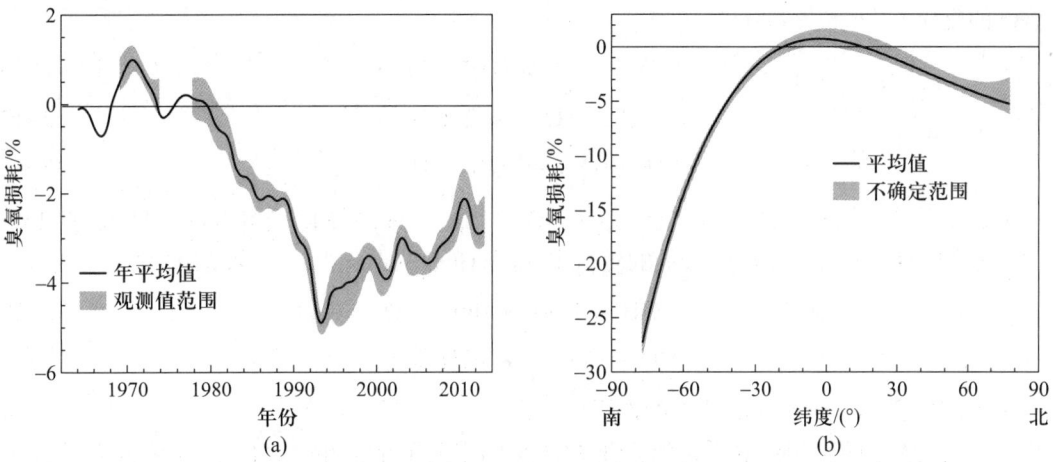

图 2-16　全球大气总臭氧变化量

（资料来源：WMO，2014）

（a）各年份相对 1964—1980 年平均值的变化情况；（b）各纬度 2008—2012 年平均值相对 1964—1980 年平均值的变化情况

$$O + O_2 + M \longrightarrow O_3 + M$$

平流层中同时存在多种 O_3 的消除过程。O_3 的基本消除过程包括 O_3 的光解和 O_3 与 O 的反应：

$$O_3 \xrightarrow[\lambda \leqslant 290 \text{ nm}]{hv} O_2 + O$$

$$O_3 + O \longrightarrow 2O_2$$

上述基本分解消除机理称为 Chapman 机理（O_x 循环），其消耗的 O_3 仅约占平流层 O_3 分解反应的 20%。平流层 O_3 更多是通过催化反应机理消除的。平流层中存在一些含氮、氢和卤素的成分，包括 NO_x（NO、NO_2）、HO_x（H·、·OH、HO_2·）、ClO_x（Cl·、ClO·）及 BrO_x（Br·、BrO·）等，它们能够催化 O_3 的分解。如果把这些物质用 Y 和 YO 统一表示，催化反应的机理可表示为：

$$Y + O_3 \longrightarrow YO + O_2 \tag{2-152}$$

$$YO + O \longrightarrow Y + O_2 \tag{2-153}$$

$$\overline{\qquad\qquad\qquad\qquad\qquad\qquad}$$

$$O_3 + O \longrightarrow 2O_2 \tag{2-154}$$

这些成分大部分在平流层中一直存在，与 Chapman 机理一起分解 O_3，实现平流层 O_3 的生消平衡和浓度的稳定。但近几十年来，人类活动显著增加了平流层中这些成分的含量，特别是含卤素的 ClO_x 和 BrO_x，从而使 O_3 的生消平衡向 O_3 分解的方向移动，降低了平流层 O_3 的平衡浓度。

（1）平流层 NO_x 对臭氧的分解作用

平流层中 NO_x（NO 和 NO_2）浓度约为 10 μL/m³，主要天然源是 N_2O 的氧化，主要人为源是平流层中飞行的人造飞行器排放的尾气。在平流层的中上部，NO_x 消耗 O_3 的催化循环反应见式（2-152）~ 式（2-154）。在较低平流层，O 的浓度低，NO_2 更易光解产生 O，而促进 O_3 生成。

（2）平流层 HO_x 对臭氧层消耗的作用

平流层中的 HO_x 主要包括 H·、·OH 和 HO_2·，主要来自 CH_4、水蒸气和 H_2 与激发单重态氧原子 O 的反应：

$$CH_4 + O \longrightarrow \cdot OH + CH_3 \cdot \qquad (2-155)$$

$$H_2O + O \longrightarrow 2 \cdot OH \qquad (2-156)$$

$$H_2 + O \longrightarrow \cdot OH + H \cdot \qquad (2-157)$$

在 O 浓度相对较高的较高平流层中，$HO_x \cdot$ 可通过两种催化循环反应［见式（2-152）~ 式（2-154）］消耗 O_3。在 O 浓度较低的较低平流层，$HO_x \cdot$ 的催化循环反应途径为：

$$\cdot OH + O_3 \longrightarrow HO_2 \cdot + O_2 \qquad (2-158)$$

$$HO_2 \cdot + O_3 \longrightarrow \cdot OH + 2O_2 \qquad (2-159)$$

（3）平流层 ClO_x 对臭氧层消耗的作用

ClO_x 的天然源很有限，主要是海洋生物产生的甲基氯的光解。ClO_x 主要来自人类排放的 CFCs。CFCs 在对流层中很稳定，可扩散进入平流层，并在平流层光解。例如：

$$CFCl_3 \xrightarrow[175\ nm < \lambda < 220\ nm]{hv} CFCl_2 \cdot + Cl \cdot \qquad (2-160)$$

$$CF_2Cl_2 \cdot \xrightarrow[175\ nm < \lambda < 220\ nm]{hv} CF_2Cl \cdot + Cl \cdot \qquad (2-161)$$

CFCs 分子可通过上述反应将分子中全部的 $Cl \cdot$ 都释放出来。此外，CFCs 也可与平流层中的 O 反应释放 $ClO \cdot$：

$$O + CF_nCl_{4-n} \longrightarrow ClO \cdot + CF_nCl_{3-n} \cdot \qquad (2-162)$$

同样，该反应可把 CFCs 分子中全部的 $Cl \cdot$ 都转化为 $ClO \cdot$。

在 O 浓度较大的较高平流层中，ClO_x 通过式（2-152）~ 式（2-154）表示的催化循环反应消耗 O_3。在 O 浓度较低的较低平流层中的催化循环反应为：

$$Cl \cdot + O_3 \longrightarrow ClO \cdot + O_2 \qquad (2-163)$$

$$ClO \cdot + HO_2 \cdot \longrightarrow HClO + O_2 \qquad (2-164)$$

$$HClO \xrightarrow{hv} Cl \cdot + \cdot OH \qquad (2-165)$$

$$\cdot OH + O_3 \longrightarrow HO_2 \cdot + O_2 \qquad (2-166)$$

$$\overline{}$$

$$总反应：2O_3 \xrightarrow{hv} 3O_2$$

该反应是低平流层 O_3 消耗的主要原因之一，造成低平流层 O_3 消耗的 30% 以上。

平流层中的 ClO_x 也可形成不能直接消耗 O_3 的相对稳定的分子，主要是 HCl 和 $ClONO_2$（硝酸氯），暂时储存起来：

$$Cl \cdot + CH_4 \longrightarrow HCl + CH_3 \cdot \qquad (2-167)$$

$$ClO \cdot + NO_2 + M \longrightarrow ClONO_2 + M \qquad (2-168)$$

（4）平流层 BrO_x 对臭氧层消耗的作用

BrO_x 的来源与 ClO_x 的来源类似，主要来自含溴的 CFCs（哈龙）的光解。与 ClO_x 类似，BrO_x

在平流层中可单独消耗 O_3［BrO_x 循环参照式（2-152）~式（2-154）］。但 BrO_x 更多是与 ClO_x、NO_x 和 HO_x 等其他活性成分一起消耗 O_3，特别是 BrO_x-ClO_x-O_x 循环：

$$BrO\cdot + ClO\cdot \longrightarrow Br\cdot + ClOO\cdot \tag{2-169}$$

$$ClOO\cdot + M \longrightarrow Cl\cdot + O_2 + M \tag{2-170}$$

$$Cl\cdot + O_3 \longrightarrow ClO\cdot + O_2$$

$$Br\cdot + O_3 \longrightarrow BrO\cdot + O_2 \tag{2-171}$$

$$总反应：2O_3 \longrightarrow 3O_2$$

该反应可造成低平流层 O_3 消耗的约 20%。

因此，尽管 BrO_x 浓度远低于其他物种，但其破坏 O_3 的活性最高，与 BrO_x 有关的反应贡献了低平流层 O_3 损失量的约 30%。与 ClO_x 类似，BrO_x 也可以转化为相对稳定的 HBr 和 $BrONO_2$。

综上所述，NO_x、HO_x 及 ClO_x 和 BrO_x 对 O_3 的分解都有重要贡献。平流层中的 NO_x 和 HO_x 受人类活动影响相对较小，而 ClO_x 和 BrO_x 主要由人类活动产生。因此，近几十年来平流层中 O_3 平衡浓度的降低主要是由于人类活动产生的 ClO_x 和 BrO_x 浓度增加，促使 O_3 的生消平衡向分解方向移动。

2. 南极"臭氧洞"及其形成基本机理

（1）南极"臭氧洞"概况

1985 年，Farman 等人发现从 1975 年开始，南极上空 O_3 浓度在每年 9—11 月都会大幅减少 30% 以上。与周围相比，好像是一个 O_3 的"空洞"，因此被称为"臭氧洞"。臭氧洞的定义是 O_3 柱浓度小于 220 DU（图 2-17）。此后，臭氧洞的 O_3 浓度继续下降、同时面积扩大、持续时间变长，直到近些年才有所改善。从垂直方向看，南极 O_3 损耗主要发生在 15~24 km 范围的低平流层（图 2-18）。

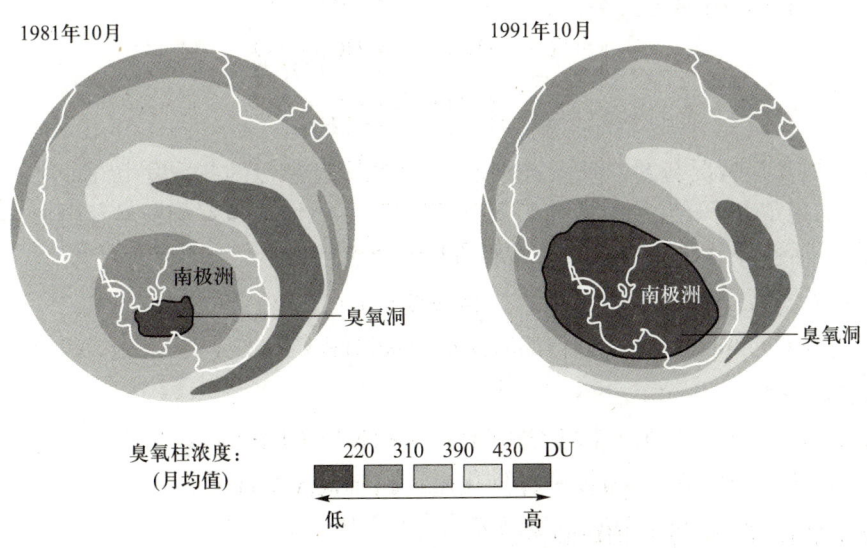

图 2-17 1981 年和 1991 年的臭氧洞示意图

（资料来源：UNEP, 2007）

（2）南极"臭氧洞"形成基本机理

进一步研究发现，人为排放的含卤素化合物在南极特定气候气象条件下发生的非均相反应是臭氧洞形成的主要原因。南极臭氧洞的 O_3 损耗主要发生在低平流层（图 2-18），那里的 NO_x 和 CH_4 含量较高，破坏 O_3 的活性氯成分 ClO_x 很容易形成相对稳定的分子（$ClONO_2$、HCl）而终止循环。这说明南极上空存在特定作用，能够把可与活性氯生成稳定分子的成分从气相中去除。研究发现这与冬季南极上空的极地平流层云（polar stratospheric clouds，PSCs）表面的非均相反应有关。

PSCs 是极地极夜特有的天气现象。南极 6 月极夜到来后，南极上空气温会降至 −80 ℃以下，形成 PSCs。极低的气温还使极地上空空气强烈下沉，再加上地转偏向力的作用，在南极上空形成极地涡旋（polar vortex，PV），使极地上空大气与周围大气完全隔离，限制了涡旋内外物质和能量的交换，成为后来臭氧洞的边界。PSCs 形成后，含氯的稳定分子（$ClONO_2$、HCl）在其冰晶表面吸附，并发生非均相反应，释放气态的活性含氯分子（Cl_2、$HClO$），同时生成的 HNO_3 以固体形式（三水合硝酸）存在于冰晶中：

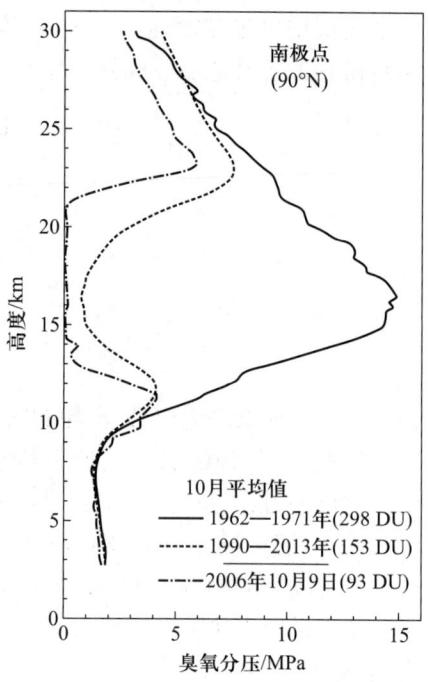

图 2-18　南极点 2006 年 10 月的臭氧垂直分布情况

（资料来源：WMO，2011）

$$ClONO_2(g) + HCl(s) \longrightarrow Cl_2(g) + HNO_3(s) \tag{2-172}$$

$$ClONO_2(g) + H_2O(s) \longrightarrow HClO(g) + HNO_3(s) \tag{2-173}$$

同时，大气中的 NO_2 也不断在冰晶表面转化为 HNO_3，并储存在冰晶中，实现了气相中 NO_2 的去除，避免其与 $ClO\cdot$ 反应生成稳定分子 $ClONO_2$：

$$4NO_2(g) + O_2(g) \longrightarrow 2N_2O_5(g) \tag{2-174}$$

$$N_2O_5(g) + H_2O(s) \longrightarrow 2HNO_3(s) \tag{2-175}$$

含溴成分的反应情况与氯类似。上述反应在南极黑暗寒冷的冬季发生，通过脱氮和脱水过程，使含卤素的稳定分子转化为活性气态分子，并储存在 PV 内。9 月南极早春到来，南极上空开始有阳光照射，活性分子 Cl_2 和 $HClO$ 光解释放出活性氯（$Cl\cdot$）：

$$HClO \xrightarrow{\ h\nu\ } Cl\cdot + \cdot OH \tag{2-176}$$

$$Cl_2 \xrightarrow{\ h\nu\ } 2\,Cl\cdot \tag{2-177}$$

活性氯在其被浓度很低的 NO_2 等物质结合前，可大量破坏 PV 内的 O_3，形成臭氧洞。PV 内活性氯分解 O_3 的催化反应包括 ClO-ClOOCl 催化循环和 BrO-ClO 催化循环两种，与中低纬度的反应机理不尽相同。ClO-ClOOCl 催化循环（贡献约占 75%）为：

$$Cl\cdot + O_3 \longrightarrow ClO\cdot + O_2$$

$$2ClO \cdot + M \longrightarrow ClOOCl + M \qquad (2\text{-}178)$$

$$ClOOCl \xrightarrow{hv} Cl \cdot + ClOO \cdot \qquad (2\text{-}179)$$

$$ClOO \cdot + M \longrightarrow Cl \cdot + O_2 + M$$

总反应：$2O_3 \xrightarrow{hv} 3O_2$

BrO–ClO 催化循环（贡献约占 20%）：

$$Cl \cdot + O_3 \longrightarrow ClO \cdot + O_2$$

$$Br \cdot + O_3 \longrightarrow BrO \cdot + O_2$$

$$BrO \cdot + ClO \cdot \longrightarrow Br \cdot + ClOO \cdot$$

$$ClOO \cdot + M \longrightarrow Cl \cdot + O_2 + M$$

总反应：$2O_3 \longrightarrow 3O_2$

　　此时 PV 仍存在，PV 内逐渐形成臭氧洞。直到 10 月底、11 月初，随着气温逐步回升，PV 逐渐瓦解，周围空气补充到南极上空，臭氧洞才逐渐消失。对相关化学物质的观测也进一步证实了上述机理（图 2-19）。

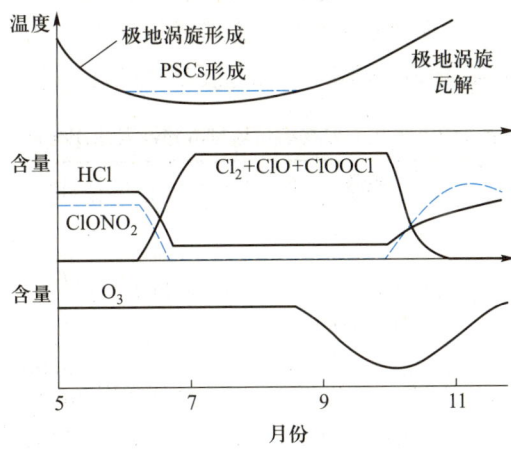

图 2-19　南极臭氧洞形成前后南极上空低平流层气温、含氯成分和 O_3 的浓度变化

（资料来源：WMO，2007）

第三节　大气气溶胶化学

　　大气气溶胶是指液体或固体微粒分散在大气中所形成的相对稳定的悬浮体系。大气气溶胶体系中分散的液体或固体微粒称为大气颗粒物，其空气动力学直径为 $0.003\sim100\ \mu m$。气溶胶粒子直接参与大气中云的形成和湿沉降(雨、雪、冰和雾等)过程,当太阳光通过大气时,气溶胶粒子能够散射或吸收太阳光,使大气能见度降低,削弱太阳辐射,进而改变地球的辐射平衡;气溶胶粒径小(特别是直径小于 2 μm 的粒子),比表面积大,为大气中的化学反应提供了良好的反应床;气溶胶中的某些化学成分(如微量金属)对大气中许多化学反应还起到催化作用。此外,大气中许多气态污染物的最终归宿是形成气溶胶粒子。当气溶胶粒子通过呼吸道进入人体后,对人体健康会产生严重危害。

一、大气颗粒物的来源与消除

1. 大气颗粒物的来源

大气颗粒物的来源可分为天然源和人为源两类。若按照形成机理,大气颗粒物又可分为一次颗粒物和二次颗粒物。由污染源直接排放出来的颗粒物称为一次颗粒物。大气中污染物之间,或污染物与大气成分之间发生反应而产生的颗粒物,称为二次颗粒物。天然源产生的颗粒物包括土壤风蚀作用产生的土壤粒子,海洋溅沫形成的海盐粒子,火山喷发所释放出来的火山灰,森林火灾的燃烧物,宇宙陨星尘,以及植物的花粉、孢子等,上述途径产生的颗粒物均为一次颗粒物。天然源也会产生二次颗粒物,如森林排放的萜烯类化合物经光化学反应即可形成二次颗粒物。人为源主要包括燃料燃烧过程中形成的煤烟、飞灰,各种工业生产过程排放的粉尘,机动车尾气排放的颗粒物。此外,化石燃料燃烧所排放的气态污染物如 SO_2、NO_x、VOCs 等在一定条件下也会转化形成二次颗粒物。表 2-7 总结了大气颗粒物的全球排放量及其来源分布情况。从表 2-7 可以看出,全球每年大气颗粒物的排放量巨大。天然源是大气颗粒物的主要来源,其排放的颗粒物是人为源的 50 多倍,人为源排放大约仅占总排放量的 2%。在城市或城市周边的区域,人为排放是大气颗粒物主要来源,由人为排放产生的二次颗粒物对大气质量的影响值得关注。

表 2-7　大气颗粒物的全球排放量及其来源分布

来源				排放量/($Tg \cdot a^{-1}$)
天然源	一次排放	矿物粉尘	0.1~1.0 μm	48
			1.0~2.5 μm	260
			2.0~5.0 μm	609
			5.0~10.0 μm	573
			0.11~10.0 μm	1 490
		海盐		10 100
		火山灰		30
		生物碎片		50
		总量		13 160
	二次生成	二甲基硫氧化生成的硫酸盐		12.4
		火山 SO_2 氧化生成的硫酸盐		20
		生物挥发性有机物氧化生成的二次有机气溶胶		11.2
		总量		43.6
	天然源总量			13 203.6

续表

来源			排放量/（Tg·a⁻¹）
人为源	一次排放	工业粉尘（黑炭除外）	100
		黑炭（BC）	12[1]
		有机气溶胶	81[1]
		总量	193
	二次生成	硫酸盐	48.6[2]
		硝酸盐	21.3[3]
		总量	69.9
	人为源总量		262.9

资料来源：引自 Seinfeld 和 Pandis，2016。

[1] TgC。

[2] TgS。

[3] $TgNO_3^-$。

2. 大气颗粒物的消除

大气颗粒物通常有两种消除方式，即干沉降和湿沉降。大气颗粒物的消除与颗粒物的粒度、化学性质密切相关。

（1）干沉降

干沉降是指颗粒物通过重力作用或通过与其他物体的碰撞而发生沉降的过程。干沉降有两种作用机理：一种是通过重力对颗粒物的作用，使其降落在土壤、水体的表面或植物、建筑物等物体上。沉降速率与颗粒物的粒径、密度、空气黏度等有关。颗粒物的沉降速率可应用斯托克斯（Stokes）定律求出：

$$v = \frac{gd^2(\rho_1 - \rho_2)}{1.8\eta} \qquad (2-180)$$

式中：v——沉降速率，cm/s；

$\quad g$——重力加速度，cm/s²；

$\quad d$——粒径，cm；

$\quad \rho_1, \rho_2$——分别为颗粒物和空气的密度，g/cm³；

$\quad \eta$——空气黏度，Pa·s。

对于粒径为 0.1 μm、1 μm、10 μm 和 100 μm 的颗粒物（密度为 1 g/cm³），其沉降速率分别为 8×10^{-5} cm/s、4×10^{-3} cm/s、0.3 cm/s、30 cm/s，到达地面所需的时间则分别为 2~13 a、13~98 d、4~9 h、3~18 min。由此可见，粒径越大，沉降速率也越大。粒径小于 0.1 μm 的颗粒物，则很难通过重力作用从大气中去除，它们主要依靠布朗运动进行扩散，通过相互碰撞而凝聚成较大的颗粒，最终通过大气湍流扩散到地面或碰撞而去除。

（2）湿沉降

湿沉降是指通过降雨、降雪等使颗粒物从大气中去除的过程。湿沉降是去除大气颗粒物和痕量气态污染物的有效途径。湿沉降也可分为雨除和冲刷两种机理。

雨除是指大气颗粒物中的细粒子,特别是粒径小于 0.1 μm 的粒子,可以作为形成云的凝结核。这些凝结核成为云滴的中心,通过凝结过程和碰并过程,云滴不断长大成为雨滴;若整个大气层温度都低于 0 ℃,则云中的冰、水和水蒸气通过冰–水的转化过程还可以生成雪晶。在适当的气象条件下,雨滴(或雪晶)会进一步长大而形成雨(或雪),最终降落到地面,大气颗粒物也就随之从大气中去除,此过程称为雨除(或雪除)。冲刷是指在降雨(或降雪)过程中,雨滴(或雪晶、雪片)不断地将大气中的颗粒物挟带、溶解或冲刷下来的过程。这种方式去除大气颗粒物的效率随着粒子直径的增大而增大。通常,雨滴可将粒径大于 2 μm 的大气颗粒物冲刷下来。

一般通过湿沉降过程去除的大气颗粒物的数量占其总量的 80%~90%,而干沉降仅占 10%~20%。但是,无论雨除或冲刷,对粒径为 2 μm 左右的颗粒物都没有明显的去除作用。因而它们可随气流被输送到几百千米甚至上千千米以外的地方,从而造成广域性的大气污染。

3. 大气颗粒物源解析

大气颗粒物源解析包括排放源解析和来源区域解析两个方面。前者用于分辨大气颗粒物排放源的占比,后者则用于区分大气颗粒物的来源区域及贡献。本节重点介绍大气颗粒物的排放源解析。

大气颗粒物的排放源类型多样,组成复杂。不同来源的颗粒物组成、行为、效应及消除途径具有显著的差别。如果排放源发生变化,大气颗粒物的化学组成就会随之改变。大气颗粒物的排放源解析是指利用化学–统计学方法,根据颗粒物化学组成的特征,识别颗粒物排放源的类型,并定量解析不同污染源贡献率的过程。大气颗粒物排放源解析可为大气污染控制提供重要的科学依据。大气颗粒物排放源解析技术可以分为两大类,即空气质量模型法和受体模型法。

（1）空气质量模型法

空气质量模型又称为扩散模型,是从污染源角度出发,利用其排放强度、地理信息和气象数据,对污染物的传输和扩散,以及羽流中的化学和物理过程进行模拟,以估算不同污染源对大气中特定污染物贡献的方法。第一代空气质量模型(20 世纪 70—80 年代)通过对空气流场和压力场数据的模拟来确定污染物的运动轨迹,没有或只有简单的化学反应模拟过程导致应用受限,难以对 O_3 和颗粒物等进行准确模拟。第二代空气质量模型(20 世纪 80—90 年代)经过改进和优化,同时纳入多种物理和化学过程,初步具备大规模综合仿真的功能,能够对整个模型区域的大气浓度进行综合的数学描述和数值计算,在城市和区域光化学污染和区域酸沉降等的空气污染模拟中起重要作用。但第二代空气质量模型主要针对单一污染物进行模拟和预测,对污染物间的转化考虑不充分。第三代空气质量模型(20 世纪 90 年代)将一个大气(one atmosphere)理念作为模型基础,突破了第二代模型的局限性,全面考虑大气中的各种物理和化学过程,可以同时模拟多种大气污染物包括 O_3、颗粒物、NO_x 酸沉降等在不同空间尺度范围内的行为过程。

空气质量模型主要使用数学模型来描述大气污染源排放污染物的大气过程,不依赖大量的实际观测数据,具有模拟分辨率高、覆盖范围大、污染物组分多等特点,从而得到广泛应用。但空气质量模型的模拟系统比较复杂,涉及学科较广,对气象数据、排放清单等重要输入参数要求严格。

（2）受体模型法

受体模型法依赖现场采样,对收集的受体样品和排放源样品进行化学成分分析,通过求解质量守恒方程来识别或量化各污染源对受体浓度的贡献率。受体模型和空气质量模型最大的不同在于前者不需要污染源排放资料、气象数据和化学转化机理等信息,从而解决了空气质量模型法的难题,被广泛应用于城市、区域乃至全球的大气污染研究中,是大气颗粒物排放源解析的首选方法。但是受体模型法包括采样、分析和解析过程,存在排放源解析周期较长的问题。常见的受体模型包括化学质量平衡(chemical mass balance,CMB)模型、正定矩阵因子分解(PMF)模型、主成分分析(PCA)模型和多元线性回归(MLR)模型等。

CMB 模型的基本科学假设为污染物从源到受体过程中质量守恒;受体点污染物浓度是各个源贡献的线性加合。要确定各源的贡献浓度值,需测定所有对受体有贡献的主要源和受体的成分谱。当污染源及源排放信息已知时,无须大量受体信息 CMB 模型就可以很好地执行,但通常情况下缺乏特定局部源的实测数据及源信息变化,会导致源信息不可用,这也是该模型应用受限的原因。

PMF 和 PCA 等多元模型只需要受体的颗粒物分析数据,无须源成分谱信息,且在选择模型维度方面具有灵活性,减少了数据冗余,也是源解析研究中常用的两种模型。与 CMB 模型相比,PCA 和 PMF 模型不需要预先测量的来源数据(即回溯方法);且二者具有处理大型监测数据集的能力。但其解析结果仍然依赖对源排放化学特征的了解,此外,解析结果也不具有唯一性。

MLR 模型能够进一步对 PCA 的解析结果进行定量分配,因此 PCA 与 MLR 相结合的方法被认为是一种有效的源解析工具。PCA-MLR 复合模型仅需要污染物的浓度数据即可得到较清晰的源解析结果,在因子数的确定上比 PMF 模型更简便,且对源的分辨能力较强,但它不能像 PMF 模型一样得出源成分。该模型仅对实验结果进行统计分析,忽略了环境值、实验误差等对数据的影响,可能导致源解析结果的不确定性被放大。同时,当某种成分是不同污染源的指示性物种时,会扩大识别源解析结果时主观判断的影响。

随着大气污染源解析技术的不断发展,将扩散模型和受体模型结合使用,已成为源解析研究的一种新趋势。此外,有机物示踪 CMB 模型、同位素示踪技术和单颗粒分析技术在大气颗粒物污染源解析中也都起重要作用。

二、大气颗粒物的粒径分布

1. 大气颗粒物的分类

粒子的大小是大气颗粒物的重要性质。不同大小的粒子来源不同,对光的散射能力也不一样,所导致的气候效应差异也很大。粒子的许多重要的性质,如体积、质量和沉降速率等都和粒子的大小有关。粒子的大小一般可用半径或直径来衡量。但是,在实际的大气中,大气颗粒物的形状常常是极不规则的。因此,一般用当量直径或有效直径来描述大气颗粒物的大小。目前,最常用的是空气动力学直径(D_p),其定义为:与所研究的粒子具有相同的终端沉降速率、密度为 1 g/cm^3 的球体的直径。D_p 可由下式求得:

$$D_p = D_g K \sqrt{\frac{\rho_p}{\rho_0}} \qquad (2\text{-}181)$$

式中:D_g——几何直径;

ρ_p——忽略了浮力效应的粒子密度;

ρ_0——参考密度($\rho_0 = 1 \text{ g/cm}^3$);

K——形状系数,当粒子为球状时,$K = 1.0$。

从式(2-181)可见,对于球状粒子,ρ_p 对 D_p 是有影响的。当 ρ_p 较大时,D_p 会比 D_g 大。由于多数大气颗粒物满足 $\rho_p \leqslant 10 \text{ g/cm}^3$,因此 D_p 和 D_g 的差值因子必定小于 3。一般文献中所用的粒径值,除专门说明以外,都为空气动力学直径。

大气颗粒物按其粒径大小可分为五类,即总悬浮颗粒物(total suspended particulates, TSP)、飘尘、降尘、可吸入粒子或 PM_{10}、细粒子或 $PM_{2.5}$。TSP 是指用标准大容量采样器在滤膜上所收集到的颗粒物的总质量,其 $D_p \leq 100\ \mu m$。可以认为 TSP 是分散在大气中的各种粒子的总称。飘尘主要是指粒径小于 10 μm 的颗粒物,可在大气中长期飘浮。飘尘粒径小,可通过人的呼吸直接进入人体呼吸道内,危害人体健康;飘尘在大气中长期飘浮,易于传输,造成污染范围扩大;此外,飘尘在大气中还可为化学反应提供反应床。因此,飘尘是最受关注的大气颗粒物的研究对象之一。降尘是指可通过干湿沉降过程自然降落到地面的颗粒物。在总悬浮颗粒物中,一般直径大于 30 μm 的粒子由于其自身的重力作用会很快沉降下来。单位面积的降尘量可作为评价大气污染程度的指标之一。可吸入粒子是指易于通过呼吸过程而进入呼吸道的粒子,一般是指粒径 $D_p \leq 10\ \mu m$ 的颗粒物,也称为 PM_{10},通常用质量浓度表示。根据气溶胶粒子的组成及来源随着粒径大小而明显不同的特点,也可将气溶胶粒子分为细粒子(粒径 $D_p \leq 2.5\ \mu m$)和粗粒子(粒径 $D_p > 2.5\ \mu m$)两大类。$PM_{2.5}$ 是指粒径 $D_p \leq 2.5\ \mu m$ 的颗粒物。TSP、PM_{10}、$PM_{2.5}$ 和降尘是常用的定量描述和评价大气颗粒物环境质量的重要指标。

因为大气颗粒物的粒径可达 $10^{-3} \sim 10^2\ \mu m$,甚至更大,相差几个数量级,所以即使大气颗粒物的总质量相等,其粒子的个数也可以相差很大。因此,颗粒物的环境浓度与气体污染物不同,除有质量浓度(单位:mg/m^3 或 $\mu g/m^3$)外,还有数浓度(单位体积空气中所含大气颗粒物的个数,个/m^3)、表面积浓度(单位体积空气中所含大气颗粒物的总表面积,$\mu m^2/m^3$)和体积浓度(单位体积空气中所含大气颗粒物的总体积,$\mu m^3/cm^3$)。不同的浓度单位可反映出颗粒物不同的污染特征。通常认为,$PM_{2.5}$ 的本底质量浓度小于 $10\ \mu g/m^3$。而污染严重的区域中 $PM_{2.5}$ 的质量浓度可达 $300\ \mu g/m^3$。大气颗粒物的环境浓度与地理条件、气象条件和经济结构有密切的关系,在不同地点、不同的季节,以及不同的海拔高度均有明显的差别。

2. 大气颗粒物的模态分布

大气颗粒物的粒径分布是指大气颗粒物浓度随粒径大小的分布情况。由于不同大小的粒子有不同的来源、消除,以及迁移转化途径,其在大气中的浓度水平和物理化学性质随粒径大小呈现出模态分布的特征。Whitby 等人依据大气颗粒物的表面积浓度与粒径分布的关系,提出了大气颗粒物的三模态模型,并用来解释大气颗粒物的来源与归宿。按照 Whitby 的三模态模型,大气颗粒物被分成三种模态,即爱根核模态($D_p < 0.05\ \mu m$)、积聚模态($0.05\ \mu m \leq D_p \leq 2\ \mu m$)和粗粒子模态($D_p > 2\ \mu m$)。其中爱根核模态和积聚模态的粒子统称为细粒子;粗粒子模态的粒子称为粗粒子。

近年来,Seinfeld 和 Pandis(2006)进一步将大气颗粒物分为四个模态,即核模态(粒径 $1 \sim 10$ nm)、爱根模态(粒径 $10 \sim 100$ nm)、积聚模态[粒径 100 nm 至 $(1 \sim 2.5)\ \mu m$]和粗粒子模态(粒径 $2.5 \sim 100\ \mu m$)。图 2-20 显示了四个模态的大气颗粒物的粒径分布及其来源。

核模态大气颗粒物主要源自气态污染物氧化生成的过饱和气态前体物(如硫酸、低挥发性有机物等),这些前体物在大气中冷凝为分子簇,继而通过冷凝碰并形成纳米级颗粒物,这种过程也被称作"新粒子生成",是光化学驱动的气-粒转化过程。新粒子生成过程多发生在气态前体物浓度足够高、颗粒物去除途径较少的大气环境和光辐射充足的地域和时段。此外,机动车尾气、工业生产、燃煤和发电站等燃烧过程也会直接排放纳米级颗粒物。核模态的粒径小、数量多、比表面积大而很不稳定,因此,随着时间的推移,易于通过小粒子的相互碰并形成大粒子,转入积聚模态,这个过程称为"老化"。

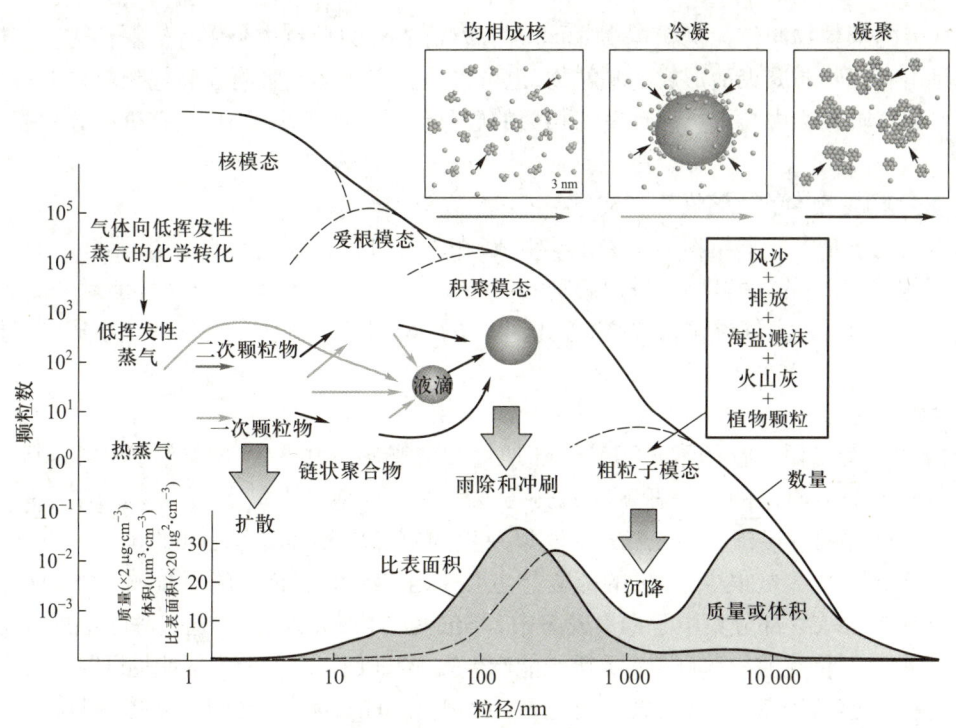

图 2-20　大气颗粒物的粒径分布及其来源

（资料来源：Buseck 和 Adachi，2008）

积聚模态中的粒子主要来源于爱根模态中粒子的凝聚、燃烧过程产生的蒸气的冷凝和凝聚，以及由大气化学反应所产生的各种气体分子转化形成的二次颗粒物。大气中 95% 的硫酸盐粒子和 96.5% 的铵盐粒子存在于积聚模态中。积聚模态中的粒子不易通过干湿沉降去除，主要是通过扩散过程去除。

粗粒子模态中的粒子主要来源于机械过程所造成的扬尘、海盐溅沫、火山灰和风沙等一次颗粒物。其化学成分与地表土的化学成分相近。粗粒子模态中的粒子主要通过干沉降和雨水的冲刷过程从大气中去除。

细粒子和粗粒子之间存在根本的差别。细粒子主要是靠冷凝和凝聚作用形成的；粗粒子大多数是由表面崩解和风化作用形成的。它们来源不同，化学组成差别也很大。细粒子的主要成分为 SO_4^{2-}、NH_4^+、NO_3^- 和有机碳，而粗粒子的主要成分为 Fe、Ca、Si、Na、Cl 和 Al。因此，细粒子与粗粒子的产生、传输和去除过程是相对独立的，二者之间的相互作用也很少。

大气中的气体分子经过化学反应转化形成粒子的过程即为大气颗粒物的成核过程，该过程包括物理过程和化学过程。从动力学角度，大气颗粒物的成核过程可分为四个阶段：① 通过均相成核或非均相成核，形成细粒子分散在空气中；② 在细粒子表面，经过多相反应，使粒子长大；③ 布朗凝聚和湍流凝聚，使粒子继续长大；④ 通过干沉降（重力沉降或与地面碰撞后沉降）和湿沉降（雨除或冲刷）去除。以上过程虽属于物理过程，但实际上其推动力均来自所发生的化学反应。

三、大气颗粒物的化学组成

大气颗粒物的化学组成十分复杂，按照组成，可以将大气颗粒物划分为两大类。一般将只含有无机成分的颗粒物叫作无机颗粒物,而将含有有机成分的颗粒物叫作有机颗粒物。有机颗粒物可以是由有机物质凝聚而形成的颗粒物,也可以是由有机物质吸附在其他颗粒物上所形成的颗粒物。大气颗粒物中与人类活动密切相关的成分包括水溶性离子成分、有机成分和痕量元素成分等。

1. 大气颗粒物中的水溶性离子成分

水溶性离子是大气颗粒物的重要化学组成,在大气过程中起重要的作用,能够影响云、雾的形成,从而影响大气的光学性质,进而影响大气能见度,并导致地球–大气系统能量平衡的变化。水溶性离子成分可占大气颗粒物中所有无机组分的 90% 以上,其中最主要的离子成分包括硫酸盐、硝酸盐和铵盐。

（1）硫酸盐

硫酸盐是大气颗粒物的常见组分。陆地性大气颗粒物中 SO_4^{2-} 的含量为 10%~25%,而海洋性气溶胶粒子中 SO_4^{2-} 的含量可高达 30%~60%。在污染地区大气中,大气颗粒物中的硫酸盐可以来自污染源的直接排放,如硫酸工业,以及生物质燃烧和机动车尾气的排放。但直接排放产生的一次硫酸盐数量很少,大量的硫酸盐主要来自 SO_2 的氧化。硫酸盐颗粒物的粒径较小 ($D_p = 0.005~2~\mu m$),大部分集中于积聚模态中,可在大气中长期飘浮,可通过呼吸道进入人体,危害人体健康。此外,硫酸盐颗粒物对太阳光能产生散射和吸收作用,使大气能见度降低,也会影响地球大气系统的辐射平衡,从而对气候变化产生影响。而 H_2SO_4 颗粒物则会影响酸性降水的形成。

（2）硝酸盐

大气中硝酸盐的一次排放很少,大气中硝酸及硝酸盐是城市大气中氮氧化物的最终氧化产物。由于硝酸易挥发,在相对湿度不太大时,硝酸多以气态形式存在;除在污染源附近,硝酸几乎不会以颗粒物的形式存在。但当大气相对湿度较高时,气态硝酸可与 NH_3 反应生成 NH_4NO_3 颗粒物,NH_4NO_3 颗粒物存在于细粒子模态。而在沿海环境大气中,硝酸盐一般以硝酸钠的形式存在于粗粒子中,它主要来自气态硝酸和海盐的反应。硝酸颗粒物对大气酸沉降具有重要影响,硝酸盐颗粒物则会引起大气能见度的降低。

（3）其他水溶性离子成分

除了硫酸盐和硝酸盐之外,大气颗粒物中还含有 Cl^-、NH_4^+、Na^+、K^+、Ca^{2+} 和 Mg^{2+} 等。海盐粒子是大气颗粒物中 Cl^- 的主要来源,其主要存在于粗粒子模态。化石燃料如煤的燃烧也可以向大气中排放氯,但主要存在于细粒子模态。气态氨与大气二次污染物硫酸和硝酸结合形成硫酸铵和硝酸铵,是大气颗粒物中细粒子的重要成分。沿海地区大气颗粒物中的 Na^+ 几乎都来自海洋,并以粗粒子模态存在。大气颗粒物中的 K^+ 主要以细粒子模态存在,主要来自生物质燃烧;Ca^{2+} 主要来自土壤,是土壤扬尘的标识元素,以粗粒子模态存在;Mg^{2+} 既有海洋源的贡献,又有土壤源的贡献,并且都分布在粗粒子中,含量相对较低。

2. 大气颗粒物中的有机成分

大气颗粒物中的有机物被称为颗粒有机物。颗粒有机物主要以细粒子的形式存在,对人体健康、能见度和全球气候变化都有重要影响。颗粒有机物可由上千种有机物组成,其理化性质差异巨大,这给颗粒有机物的研究带来很大挑战,使得目前人们对颗粒有机物的化学组成、浓度水平和形成机理的认识仍十分有限。

按照来源,颗粒有机物可以分为两类,即一次有机气溶胶（primary organic aerosol,POA）和二次有机气溶胶（secondary organic aerosol,SOA）。POA 的人为源主要来自燃烧过程,天然源包括植物释放的蜡、树脂等,以及微生物粒子如细菌和病毒等,其化学组成包括脂肪酸、脂肪醇、长链烃、多环芳香烃、甾烷和藿烷等。SOA 是指由生物源和人为源排放的 VOCs 在大气中通过二次转化所形成的颗粒有机物。生物源 VOCs 包括植物大量排放的异戊二烯、单萜烯、倍半萜烯等。人为源 VOCs 中最重要的是芳香烃类化合物,如苯、甲苯、二甲苯、乙苯等。这类前体物不仅能通过氧化和硝化反应在苯环上添加取代基,形成硝基芳香化合物,还可以进一步氧化开环,形成羧酸类的化合物。据研究报道,城市大气中 SOA 的 50%~70% 来自甲苯、二甲苯和三甲苯等化合物的转化(图 2-21)。

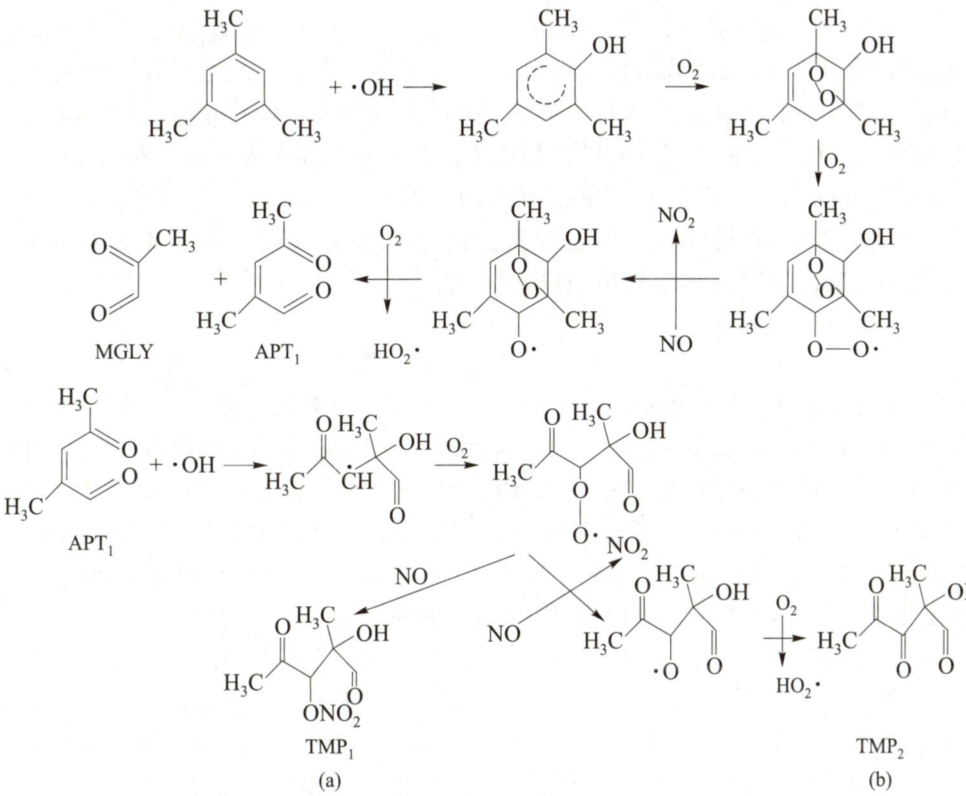

图 2-21　1,3,5-三甲苯与·OH 发生加成反应生成 SOA 的途径

目前,人们已经从颗粒有机物中鉴别出了几百种有机物,主要包括正构烷烃、正构羧酸、正构醛、脂肪族二元羧酸、双萜酸、芳香族多元羧酸、多环芳烃(polycyclic aromatic hydrocarbons,PAHs)、多环芳酮、多环芳醌、甾醇化合物和含氮化合物等。但是这些化合物的总和仅占颗粒有机物质量浓度的 10%~40%。还有大量的颗粒有机物组分无法鉴别。以往大气颗粒有机物的研究主要以 PAHs 为主。研究表明,大气中的 PAHs 主要以颗粒物的形式存在,对人体健康危害较大的 PAHs,包括苯并[a]芘、苯并[a]蒽、苯并[e]芘、苯并[e]芘、苯并[j]荧蒽、[1,2,3-c,d]芘等,均已在大气颗粒物中检出。在城市大气中,PAHs 不仅具有冬高夏低的季节变化规律;还具有明显的日变化规律,在早晨和下午交通高峰期间 PAHs 浓度出现峰值。

3. 大气颗粒物中的元素碳

大气颗粒物中的含碳组分可以分为有机碳(organic carbon,OC)和元素碳(element carbon,

EC）。OC 包括脂肪族和芳香族化合物等,如烃、醇、PAHs 等。EC 也称烟炱、炭黑、石墨碳或黑碳,是指在总碳(TOC)中去除有机碳后剩余的碳(EC = TOC–OC),包括大气颗粒物中以单质形态存在的碳和少量的高相对分子质量难溶有机物中的碳。大气颗粒物中的 EC 在结构、光学及热学性质上与纯的元素碳非常相似。EC 是气溶胶中最重要的吸收性组分,在城市地区可以通过穹顶效应和火炉效应影响大气边界层结构发展,进而影响大气污染物的扩散过程。传输到边界层以上的 EC 气溶胶可以在大气中长期停留,吸收太阳辐射,加热大气,进而影响全球气候变化。此外,大气颗粒物中的 EC 具有多孔结构的特征,容易吸附污染物,从而对人体健康造成严重的威胁。

EC 主要来自燃料的不完全燃烧过程,如机动车尾气排放、工业燃煤、烹饪和生物质燃烧等过程。化石燃料、生物质燃烧等排放的含碳组分,或是不完全燃烧产生的黑碳颗粒物在大气中老化,被有机物包覆生成的气溶胶,常被称为碳质气溶胶,以区别于矿质气溶胶。大气颗粒物中 OC 与 EC 的比值(OC/EC)常被用来分析颗粒物的排放源信息及其形成机理。据 Philip 等(2014)估算,全球尺度的 OC 和 EC 在 $PM_{2.5}$ 中的占比分别为 32% 和 7%。OC/EC 存在明显的时空变化规律,与监测点大气污染物排放量、地理位置和气象条件等都存在密切关系。EC/(EC+OC)在乡村地区为 0.15~0.20,在城市地区为 0.20~0.60。

四、霾污染

霾,也称灰霾,主要是指人为排放的大气污染物,包括一次颗粒物和由气态污染物经过化学转化而形成的二次颗粒物,悬浮在近地层大气中而造成的污染现象。按照我国现行国家标准,能见度低于 10 km,相对湿度小于 80% 时,排除降水、沙尘暴、扬沙、浮尘、烟幕、吹雪、雪暴等天气现象造成的视程障碍,就可判断为霾。当相对湿度为 80%~95% 时,可按照大气成分指标进行判识。大气成分指标包括 $D_p \leqslant 2.5\ \mu m$ 的气溶胶质量浓度、$D_p \leqslant 1\ \mu m$ 的气溶胶质量浓度、气溶胶散射系数、气溶胶吸收系数。当任何一个指标超过限值即可判断为霾。

由于我国近年来城市化与工业化的快速发展,霾污染事件频繁发生。目前,我国霾污染主要发生在京津冀、汾渭平原和长江三角洲等人口稠密、经济发达的地区,此外,四川盆地等地的霾污染也较严重。研究表明,北京市在 1981—2011 年,大气霾污染天数出现上升趋势。而在 2013 年 1—4 月的 120 d 中,大气霾污染天数已达 46 d,比常年同期增加 5.5 倍,为近 60 年中霾污染天数最多的年份。随着国家大气污染控制的各项政策的实施,我国霾污染现象得到有效控制。

霾的主要来源包括天然源和人为源,但危害较大的是后者。霾污染形成的原因主要是两类,一是人类活动造成的高浓度的颗粒物污染,尤其是细颗粒物的污染。这是霾污染形成的根本原因。二是气象因素,在静稳天气条件下,风速、湍流均很弱,常伴有逆温现象,污染物难以有效扩散,导致污染物大量积累,易导致霾污染的形成。此外,大气污染物通过大气光化学和物理化学反应也会形成霾。在城市大气中,各种工业活动和机动车尾气会排放大量的污染物,高层建筑增加了对风的阻挡和摩擦作用,使得风经过城区时风速明显减弱,更容易出现逆温层,不利于大气污染物的扩散。一般秋冬是霾污染的高发时期,主要也是由于秋冬季节易形成逆温层。

霾的成分复杂,主要由大气中高浓度的细颗粒物(包括 PM_{10} 和 $PM_{2.5}$)组成。研究表明这些细颗粒物中含有数百种大气污染物,包括多环芳烃(如苯并[a]芘),二噁英,重金属 As、Hg、Cd、以及微生物、病毒等。细颗粒物对人体健康危害巨大,粒径越小的颗粒物,危害越大。相关研究表明高浓度的颗粒物污染与呼吸道发病率和心肺疾病死亡率有很大的关系。世界卫生组织(WHO)颁布的空气质量标准则认为,如长期暴露在 $PM_{2.5}$ 超过 $10\ \mu g/m^3$ 的空气中,人类总死亡率、心肺疾病死亡率和肺癌的死亡率都会增加。此外,霾污染还会严重影响大气辐射平衡,从而影响全球和区域气候变化,甚至改变地区的季节性气候规律,减少农作物产量。由霾污染导致的能见度降低对城市的经济活动也带来了诸多负面影响。

我国的霾污染现象是不同于洛杉矶光化学烟雾和伦敦烟雾的"霾化学"烟雾污染。其形成机理为,在高度大气复合污染条件下,污染物之间的协同作用,以及大气颗粒物界面过程的加强,大气氧化能力增强,气态污染物向颗粒态污染物转化加快,使得二次颗粒物呈现爆发性增长,从而导致霾污染事件的发生。我国大气复合污染的形成过程既有清洁大气环境的颗粒物均相成核现象(而且强度更高),又有多介质复合污染引起的非均相致霾过程,更涉及强的大气氧化性,以及 O_3 污染引发的协同作用,具有典型的区域特异性和过程复杂性。"霾化学"是综合研究气、液、固多相过程的大气污染化学,重点包括大气颗粒物均相成核及快速生长机理、大气硫氮有机物微界面反应机理、有机–无机耦合非均相致霾机理、复合污染条件下的大气氧化性变化和非光化学条件下的氧化剂源汇机理、气溶胶及 O_3 双向反馈作用机理等。其中,复合污染条件下多介质非均相过程是"霾化学"区分于以往大气过程的重要内容,在霾污染形成中起关键作用。可以预期,"霾化学"的形成和发展对于深入理解大气复合污染成因并进而实施精准防治具有重要意义。

思考题与习题

1. 简述大气层对地表生物的意义。
2. 按照停留时间的长短,大气组分可分为哪几类? 为什么强可变组分很难混合均匀?
3. 大气温度层结具有哪些特征?
4. 什么是气温垂直递减率?
5. 简述逆温现象及其产生机理。
6. 简述平流层中臭氧层的形成与消除的过程。
7. 大气污染物按照形成过程可分为哪两类?
8. 简述在内燃机中 NO_x 的形成过程和影响因素。
9. 简述温室气体导致温室效应的原因并概括温室效应现象。
10. 为什么北半球大气 CH_4 的浓度高于南半球?
11. 大气中 NMVOCs 的主要成分有哪些?
12. 简述氟氯烃类化合物为何可穿越对流层进入平流层。
13. 简述《关于消耗臭氧层物质的蒙特利尔议定书》的主要内容。
14. 大气光化学转化的主要类型有哪些?
15. 简述什么是自由基,并列举大气中重要的自由基。
16. 简述自由基反应的主要类型。
17. 什么是光化学反应? 光化学反应可分为哪两个过程?
18. 写出 $\cdot OH$ 的生成过程并分析其全球分布特征。

19. ·OH 和 HO$_2$· 之间可以通过哪些化学反应实现相互转化?

20. 简述 NO$_2$ 与·OH、NO$_3$ 及 O$_3$ 的化学反应。

21. 写出 NO 和 NO$_2$ 相互转化的化学反应。

22. 简述大气中 NO$_3$ 的典型反应和环境意义。

23. 写出过氧乙酰硝酸酯的生成方程,并简述其危害。

24. 写出大气中烯烃的主要氧化反应。

25. 写出大气中甲苯的重要氧化反应。

26. 综述近地面污染大气中 O$_3$ 的生成反应和参与的主要氧化反应。

27. 简述 Cl· 的主要反应及其对典型烃类在大气中寿命的影响。

28. 甲醛是大气中最活泼的含氧有机物之一,简述其典型化学反应。

29. 什么是光化学烟雾? 简述其生成机理、主要影响因素和控制方法。

30. 列举大气中 SO$_2$ 的主要转化反应,并简述影响反应的主要因素。

31. 举例说明大气中二元自由基的形成及其参与的反应。

32. 说明大气水的 pH 如何影响 SO$_2$ 的转化。

33. 简述硫酸烟雾形成的基本化学原理。

34. 简述酸雨的定义及其判定标准。

35. 简述影响降水 pH 的主要化学成分。

36. 举例说明平流层臭氧损耗的化学原理。

37. 说明南极臭氧洞的生消过程及其相应的化学原理。

38. 简述大气气溶胶的定义及其环境意义。

39. 大气颗粒物按照来源和形成机理分别可分为哪些类型?

40. 简述大气颗粒物的干沉降及其主控因素。

41. 简述大气颗粒物湿沉降的两种主要机理。

42. 简述大气颗粒物源解析受体模型的基本原理。

43. 什么是大气颗粒物的粒径? 根据粒径大气颗粒物可分为哪几类?

44. 简述大气颗粒物的模态分布及不同模态颗粒物的特征。

45. 分析大气中二次有机气溶胶的主要类型和生成途径。

46. 简述霾污染形成机制及其危害。

主要参考文献

[1] 陈建民,叶兴南. 大气二次细颗粒物形成机理的前沿研究[J]. 化学进展 2009,21(2):288–296.

[2] 楚碧武,马庆鑫,段凤魁,等. 大气"霾化学":概念提出和研究展望[J]. 化学进展 2020,32(1):1–4.

[3] 董德明,康春莉,花修艺. 环境化学[M]. 北京:北京大学出版社,2010.

[4] 江桂斌,刘维屏. 环境化学前沿[M]. 北京:科学出版社,2017.

[5] 李晓晓,蒋靖坤,王东滨,等. 大气超细颗粒物来源及其化学组分研究进展[J]. 环境化学,2021,40(10):2947–2959.

[6] 唐孝炎,张远航,邵敏. 大气环境化学[M]. 3 版. 北京:高等教育出版社,2024.

[7] 蒋冰艳,吴尧,李少艾,等. 深圳市 2010—2017 年降水中化学组分特征及来源解析[J]. 环境化学,2019,38(8):1872–1881.

［8］刘建军,朱玉玲,郭萌萌,等. 2020 年济南市大气降水无机离子组分特征分析［J］.环保科技,2021,27(5):18–22.

［9］邵敏,任信荣,王会祥,等.城市大气中 OH 和 HO$_2$ 自由基生成和消除的定量关系［J］.科学通报,2004,49(17):1716–1721.

［10］王文兴,许鹏举.中国大气降水化学研究进展［J］.化学进展,2009,21(2/3):266–281.

［11］张永江,邓茂,李莹莹,等.重庆市黔江区降水地球化学特征［J］.中国环境监测,2018,34(2):47–56.

［12］周晓得,徐志方,刘文浆,等.中国西南酸雨区降水化学特征研究进展［J］.环境科学,2017,38(10):4438–4446.

［13］张丽明,胡晓艳.上海市中心城区大气降水化学组分变化趋势及来源研究［J］.环保科技,2020,26(6):28–34.

［14］Colin B, Michael C, Freeman W H. Environmental Chemistry［M］. 5th ed. W. H. Freeman and Company. 2012.

［15］Heald C L, Kroll J H. The Fuel of Atmospheric Chemistry: Toward a Complete Description of Reactive Organic Carbon［J］. Sci. Adv, 2020, 6:8967.

［16］Jacob D J. Introduction to Atmospheric Chemistry［M］. Princeton University Press. 1999.

［17］Federico Bianchi, Theo Kurtén, Matthieu Riva, et al. Highly Oxygenated Organic Molecules(HOM)from Gas-Phase Autoxidation Involving Peroxy Radicals: A Key Contributor to Atmospheric Aerosol［J］. Chem Rev, 2019, 119:3472–3509.

［18］Henze D K, Seinfeld J H. Global Secondary Organic Aerosol From Isoprene Oxidation［J］. Geophys. Res. Lett, 2006, 33(9):393–401.

［19］Hunt S W, Laskin A, Nizkorodov S A. Multiphase Environmental Chemistry in the Atmosphere［M］. Washington, DC: ACS Symposium Series. American Chemical Society, 2018.

［20］Colbeck I. Environmental Chemistry of Aerosols［M］. Blackwell Publishing Ltd, 2008.

［21］IPCC. Climate Change 2001: The Scientific Basis. Contribution of Working Group I to the Third Assessment Report of the Intergovernmental Panel on Climate Change Cambridge University Press, 2001.

［22］Jimenez J L, Canagaratna M R, Donahue N, et al. Evolution of Organic Aerosols in the Atmosphere［J］. Science, 2009, 326:1525–1529.

［23］Thornton J A, Kercher J P, Riedel T P, et al. A Large Atomic Chlorine Source Inferred from Mid-continental Reactive Nitrogen Chemistry［J］. Nature, 2010, 464:271–274.

［24］Seinfeld J H, Pandis S N. Atmospheric Chemistry and Physics: From Air Pollution to Climate Change［M］. 3rd ed. John Wiley & Sons, 2016.

［25］Heicklen J, Kelly N, Partymiller K. The Photophysics and Photochemistry of SO$_2$［J］. Reviews of Chemical Intermediates, 1980, 3:315–404.

［26］Li J, Li R, Cui L, et al. Spatial and Temporal Variation of Inorganic Ions in Rainwater in Sichuan Province from 2011 to 2016［J］. Environmental Pollution, 2019, 254:112941.

［27］Manahan S E. Environment Chemistry［M］. 10th ed. CRC Press, 2017.

［28］Manney G, Santee M, Rex M, et al. Unprecedented Arctic ozone loss in 2011［J］. Nature, 478, 469–475.

［29］Jacobson M Z. Atmospheric Pollution［M］. Cambridge University Press, 2002.

［30］Buseck P R, Adachi K. Nanoparticles in the Atmosphere［J］. Elements. 2008, 4(6):389–394.

［31］Buseck P R, Pósfai M. Airborne Minerals and Related Aerosol Particles: Effects on Climate and the Environment［J］. Proc. Natl. Acad. Sci. USA. 1999, 96(7), 3372–3379.

［32］Zhang R. Getting to the Critical Nucleus of Aerosol Formation［J］. Science, 328(5984), 1366–1367.

［33］Zhang R, Wang G, Guo S, et al. Formation of Urban Fine Particulate Matter［J］. Chem. Rev., 2015, 115, 10, 3803–3855.

［34］Seinfeld J H. Atmospheric Chemistry and Physics of Air Pollution［M］. Wiley, New York, 1986.

[35] Seifeld J H, Pandis S N. Atmospheric Chemistry and Physics: From Air Pollution to Climate Change [M]. 3rd ed, 2016.

[36] UNEP DTIE OzonAction and UNEP/GRID-Arendal. Vital Ozone Graphics. UNEP, 2007.

[37] Ferracci V, Heimann I, Abraham N L, et al. Global Modelling of the Total OH Reactivity: Investigations on the "Missing" OH Sink and Its Atmospheric Implications [J]. Atmos. Chem. Phys., 2018, 18, 7109-7129.

[38] World Meteorological Organization (WMO), Scientific Assessment of Ozone Depletion: 2006, Global Ozone Research and Monitoring Project-Report No. 50, Geneva, Switzerland, 2007.

[39] World Meteorological Organization (WMO), Scientific Assessment of Ozone Depletion: 2010, Global Ozone Research and Monitoring Project-Report No. 52, Geneva, Switzerland, 2011.

[40] World Meteorological Organization (WMO), Scientific Assessment of Ozone Depletion: 2014, World Meteorological Organization, Global Ozone Research and Monitoring Project-Report No. 55, Geneva, Switzerland, 2014.

[41] Watts S F. The Mass Budgets of Carbonyl Sulfide, Dimethyl Sulfide, Carbon Disulfide and Hydrogen Sulfide [J]. Atmospheric Environment, 2000, 34: 761-779.

[42] Saunois M, Stavert A R, Poulter B, et al. The Global Methane Budget 2000-2017 [J]. Earth System Science Data, 2020, 12 (3): 1561-1623.

本章中英文关键词对照

中文	英文	中文	英文
爱根核模态	Aitken nuclei mode	芳香烃	aromatic hydrocarbon
爱根模态	Aitken mode	非甲烷 VOCs（NMVOCs）	nonmethane volatile organic compounds
半挥发性有机物	semi-volatile organic compounds		
本底值	background level	干沉降	dry deposition
臭氧（O_3）	ozone	光化学烟雾	photochemical smog
臭氧层	ozone layer	过氧乙酰基硝酸酯（PAN）	peroxyacyl nitrate
臭氧耗损	ozone depletion	核模态	nucleation/nuclei mode
臭氧空洞	ozone hole	挥发性有机物（VOCs）	volatile organic compounds
粗粒子模态	coarse（particle）mode	积聚模态	accumulation mode
大气颗粒物	particulate matter	极地平流层云（PSC）	polar stratospheric clouds
电离层	ionosphere	极地涡旋（PV）	polar vortex
对流层	troposphere	甲烷	methane
对流层顶	tropopause	降尘	dust fall
多布森单位（DU）	Dobson unit	颗粒有机物（POM）	particulate organic matter
二次有机气溶胶（SOA）	secondary organic aerosol	可吸入粒子（IP）	inhalable particles
二氧化氮（NO_2）	nitrogen dioxide	空燃比	air/fuel ratio
二氧化硫（SO_2）	sulfur dioxide	粒径	particle diameter
二氧化碳（CO_2）	carbon dioxide	空气动力学直径	aerodynamic diameter

续表

中文	英文	中文	英文
量子产率	quantum yield	烃基/烷基	alkyl
流动燃烧源	flow combustion source	烃氧自由基/烷氧自由基（RO·）	alkoxyl radical
硫化氢（H_2S）	hydrogen sulfide		
卤代烃	halogenated hydrocarbon	烷烃	alkane
氯氟烃（CFCs）	chlorofluoro hydrocarbon	温室气体（GHG）	greenhouse gas
摩擦层	friction layer	温室效应	greenhouse effect
飘尘	floating dust	烯烃	alkene
平流层	stratosphere	洗脱	wash out
气溶胶	aerosol	细粒子	fine partides
气相氧化	gas phase oxidation	硝基芳香化合物（NAC）	nitroaromatic compounds
羟基自由基（·OH）	hydroxyl radical	硝酸根自由基（NO_3）	nitrate radical
氢过氧自由基（HO_2·）	hydroperoxyl radical	烟雾箱	smog chamber
全氟代烃（PFCs）	perfluoro hydrocarbons	氧化亚氮（N_2O）	nitrous oxide
醛类	aldehydes	液相氧化	liquid phase oxidation
热层	thermosphere	一次有机气溶胶（POA）	primary organic aerosol
三水合硝酸（NAT）	nitric acid trihydrate	一氧化氮（NO）	nitrogen monoxide
湿沉降	wet deposition	一氧化碳（CO）	carbon monoxide
酸沉降	acid deposition	有机碳（OC）	organic carbon
酸性降水	acid precipitation	雨除	rain out
逃逸层	exosphere	元素碳（EC）	element carbon
萜烯	terpene	中间层	mesosphere
烃/碳氢化合物	hydrocarbon	总悬浮颗粒物（TSP）	total suspended particulates
烃过氧自由基/烷过氧自由基（RO_2·）	alkylperoxyl radical		

第三章
水环境化学

内容提要及重点要求

本章主要介绍天然水的基本特征,水中重要污染物存在形态及分布,污染物在水环境中迁移转化的基本原理,以及水质模型。要求了解天然水的基本性质,掌握重金属在水环境中进行沉淀-溶解、吸附-解吸、氧化还原、配合作用等迁移转化过程的基本原理,并运用原理计算水体中金属存在形态,确定各类化合物溶解度,以及天然水中各类污染物的 pE 计算及 pE-pH 图的制作。掌握有机污染物在水体中的迁移转化过程和分配系数、挥发速率、水解速率、光解速率和生物降解速率的计算方法,了解典型水质模型的基本原理和应用范围。

第一节 天然水的基本特征

　　水是世界上分布最广的资源之一,也是人类与生物体赖以生存和发展必不可缺少的物质,但世界上可供人类利用的水资源很少,仅占地球水资源的 0.64%。尽管如此,人类活动还使大量污染物排入水体,造成水体污染、水质下降,因此水资源的保护就显得更加重要。

　　水是一种优良的溶剂,可以溶解许多物质,它是生命过程中物质运输的基本媒介,也是地球上物质传输的基本媒介。

一、水分子的性质

　　水分子由两个氢原子连接一个氧原子组成,其分子结构如图 3-1 所示。但这三个原子并不是排列在一条直线上,两个氢原子之间的夹角为 104.5°,正因为如此,水分子表现出偶极矩(dipole moment)的性质,靠近氢原子一端带正电荷,而氧原子的另一端带负电荷,使其既可接近正离子,也可接近负离子。这就是水对极性物质具有很高溶解能力的原因。

　　水分子另一个重要的性质是形成氢键的能力。水分子间氢键距离为 0.276 nm,键能为 15~20 kJ/mol,约为共价键的 1/10,氢键可使水分子紧密聚集在一起。疏水性有机污染物与水分子间没有极性作用力,其溶于水需破坏水分子间固有氢键,需做功形成水分子穴,因此水溶解度低,具有逃离水相的趋势。而极性污染物可与水分子之间形成氢键或极性作用力,因此有较高的水溶解度。

　　由于氢键作用,水具有较大的比热和蒸发热,这使得地球上

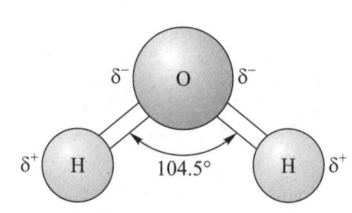

图 3-1　水分子的结构图

的海洋成为一个热缓存器,为生命活动维持了一个相对稳定的条件。水在4℃时密度最高,这是因为冰为结晶状的水,每个氧周围有4个水分子靠氢键连接,冰融化时,部分氢键消失,结构崩塌,因此水的体积下降,在4℃时最低,当超过4℃时,热膨胀使得密度降低。水的这一特性使得天然水体在冬天结冰时,只在表面形成冰层,大量的水生生物免于冻毙。

二、天然水的组成

天然水中一般含有可溶性物质和悬浮物质(包括悬浮物、颗粒物、水生生物等)。可溶性物质的成分十分复杂,主要是在岩石的风化过程中,经水溶解迁移的地壳矿物质。

1. 天然水中的主要离子组成

K^+、Na^+、Ca^{2+}、Mg^{2+}、HCO_3^-、NO_3^-、Cl^- 和 SO_4^{2-} 为天然水中常见的八大离子,占天然水中离子总量的95%~99%。水中的这些主要离子的分类,常用来作为表征水体主要化学特征性的指标,如表3-1所示。

表3-1　水中的主要离子组成

硬度	酸	碱金属	阳离子
Ca^{2+}、Mg^{2+}	H^+	Na^+、K^+	
HCO_3^-、CO_3^{2-}、OH^-		SO_4^{2-}、Cl^-、NO_3^-	阴离子
碱度		酸根	

资料来源:汤鸿霄,1979。

天然水中常见主要离子总量可以粗略地作为水中的总含盐量(TDS)(mg/L):

$$TDS = \left[Ca^{2+} + Mg^{2+} + Na^+ + K^+ \right] + \left[HCO_3^- + SO_4^{2-} + Cl^- \right]$$

地球上不同水体的离子组成差别较大,表3-2中列出河水和海水的主要离子平均浓度。可以看出河水的主要阴离子为 $HCO_3^- > Cl^- > SO_4^{2-}$,而阳离子为 $Ca^{2+} > Na^+ > Mg^{2+}$;海水的阴离子主要为 $Cl^- > SO_4^{2-} > HCO_3^-$,阳离子为 $Na^+ \gg Mg^{2+} > Ca^{2+}$。海水中化学成分的浓度会因时因地有一定的变化。但其中常量元素占总盐量的百分比却基本稳定,这一规律称为海水常量元素的恒比关系。

表3-2　河水和海水的主要离子平均浓度

离子	河水/$(mmol \cdot L^{-1})$	海水/$(mmol \cdot L^{-1})$
HCO_3^-	0.86	2.38
SO_4^{2-}	0.069	28.2
Cl^-	0.16	545.0
Ca^{2+}	0.33	10.2
Mg^{2+}	0.15	53.2
Na^+	0.23	468.0
K^+	0.03	10.2

2. 气体在水中的溶解性

气体溶解在水中,对于生物的生存是非常重要的。例如鱼需要溶解氧,在污染水体中许多鱼的死亡,经常不是由于污染物的直接毒性致死,而是由于污染物在生物降解过程中大量消耗水体中的溶解氧,使它们无法生存。水中的气体还决定水体的氧化还原状态,决定污染物的形态。

大气中的气体分子与溶液中同种气体分子间的平衡为

$$X(g) \rightleftharpoons X(aq) \tag{3-1}$$

该平衡服从亨利(Henry)定律,即一种气体在液体中的浓度正比于与液体所接触的该种气体的分压。但必须注意,亨利定律只反映气体分子与中性分子的关系,并不包括中性分子在溶液中进一步解离等化学反应,例如:

$$CO_2 + H_2O \rightleftharpoons H^+ + HCO_3^-$$

$$SO_2 + H_2O \rightleftharpoons H^+ + HSO_3^-$$

因此,溶解于水中的实际气体的量,可以大大高于亨利定律表示的量。气体在水中的溶解度可用以下平衡式表示:

$$[X(aq)] = K_H \cdot p_G \tag{3-2}$$

式中:K_H——该气体在一定温度下的亨利定律常数(见表 3-3);

p_G——该气体的分压。

在计算气体的溶解度时,需要用大气压减去水蒸气的分压(见表 3-4)加以校正,在温度较低时,这个数值很小。

表 3-3　25 ℃ 时一些气体在水中的亨利定律常数

气体	$K_H/[\mathrm{mol} \cdot (\mathrm{L} \cdot \mathrm{Pa})^{-1}]$	气体	$K_H/[\mathrm{mol} \cdot (\mathrm{L} \cdot \mathrm{Pa})^{-1}]$
O_2	1.26×10^{-8}	N_2	6.40×10^{-9}
O_3	9.16×10^{-8}	NO	1.97×10^{-8}
CO_2	3.34×10^{-7}	NO_2	9.74×10^{-8}
CH_4	1.32×10^{-8}	HNO_2	4.84×10^{-4}
C_2H_4	4.84×10^{-8}	HNO_3	2.07
H_2	7.80×10^{-9}	NH_3	6.12×10^{-4}
H_2O_2	7.01×10^{-1}	SO_2	1.22×10^{-5}

表 3-4　水在不同温度下的分压

$t/℃$	0	5	10	15	20	25
$p_{H_2O}/(10^5 \mathrm{Pa})$	0.006 11	0.008 72	0.012 28	0.017 05	0.023 37	0.031 67
$t/℃$	30	35	40	45	50	100
$p_{H_2O}/(10^5 \mathrm{Pa})$	0.042 41	0.056 21	0.073 74	0.095 81	0.123 30	1.013 0

(1)氧在水中的溶解度

氧在干燥空气中的含量为 20.95%,大部分元素氧来自大气,因此水体与大气接触再复氧的能力是水体的一个重要特征。藻类的光合作用会放出氧气,但这个过程仅限于白天。

水中的溶解氧浓度与水的温度、氧在水中的分压及水中含盐量有关。氧在 $1.013\,0 \times 10^5$ Pa、25 ℃饱和水中的溶解度,可按以下步骤计算。首先从表 3-4 可查出水在 25 ℃时的蒸气压为

$0.031\,67 \times 10^5$ Pa,因此干空气中氧的含量为 20.95%,所以氧的分压为

$$p_{O_2} = (1.013\,0 - 0.031\,67) \times 10^5 \text{ Pa} \times 0.209\,5 = 0.205\,6 \times 10^5 \text{ Pa}$$

代入亨利定律即可求出氧在水中的浓度为

$$[O_2(aq)] = K_H \cdot p_{O_2} = (1.26 \times 10^{-8} \times 0.205\,6 \times 10^5) \text{ mol/L} = 2.6 \times 10^{-4} \text{ mol/L}$$

氧的摩尔质量为 32 g/mol,因此其溶解度为 8.32 mg/L。

气体的溶解度随温度升高而降低,这种影响可由克劳修斯–克拉珀龙(Clausius-Clapeyron)方程量化。

$$\lg \frac{c_2}{c_1} = \frac{\Delta H}{2.303R}\left(\frac{1}{T_1} - \frac{1}{T_2}\right) \tag{3-3}$$

式中:c_1, c_2——热力学温度 T_1 和 T_2 时气体在水中的浓度;

ΔH——溶解热,J/mol;

R——摩尔气体常数,8.314 J/(mol·K)。

因为气体的溶解热为负值,所以气体的溶解度随着温度的升高而下降。若温度从 0 ℃ 上升到 35 ℃,则氧在水中的溶解度将从 14.74 mg/L 降低到 7.03 mg/L。由此可见,与其他溶质相比,溶解氧的水平是不高的,一旦发生氧的消耗反应,则溶解氧的水平可以很快地降至零。

(2)CO_2 在水中的溶解度

计算 25 ℃ 时水中 $[CO_2]$ 的值,已知干空气中 CO_2 的含量为 0.041%(体积分数),水在 25 ℃ 时蒸气压为 $0.031\,67 \times 10^5$ Pa,CO_2 的亨利定律常数是 3.34×10^{-7} mol/(L·Pa)(25 ℃),则 CO_2 在水中的溶解度为:

$$p_{CO_2} = (1.013\,0 - 0.031\,67) \times 10^5 \text{ Pa} \times 4.10 \times 10^{-4} = 40.2 \text{ Pa}$$

$$[CO_2] = (3.34 \times 10^{-7} \times 40.2) \text{ mol/L} = 1.34 \times 10^{-5} \text{ mol/L}$$

CO_2 在中性水中部分解离可产生等浓度的 H^+ 和 HCO_3^-。H^+ 及 HCO_3^- 的浓度可从 CO_2 的一级酸解离常数($K_1 = 4.45 \times 10^{-7}$)计算出:

$$[H^+] = [HCO_3^-]$$

$$\frac{[H^+]^2}{[CO_2]} = K_1 = 4.45 \times 10^{-7}$$

$$[H^+] = (1.34 \times 10^{-5} \times 4.45 \times 10^{-7})^{1/2} \text{ mol/L} = 2.44 \times 10^{-6} \text{ mol/L}$$

$$\text{pH} = 5.61$$

故 CO_2 在水中的溶解度应为 $[CO_2] + [HCO_3^-] = 1.58 \times 10^{-5}$ mol/L。

3. 水中营养元素和水生生物

水中的 N、P、C、O 和微量元素 Fe、Mn、Zn 等是湖泊等水体中生物的必需营养元素。营养元素丰富的水体通过光合作用产生大量的植物生命体和少量的动物生命体。水生生物是环境污染的受害者和保护对象,水生生物反过来也可影响许多物质(包括污染物)的浓度,其作用有摄取、转化(代谢)、存储、释放及食物链传递等。在水生生态系统中生存的生物体,可以分为自养生物和异养生物。自养生物利用太阳能或化学能量,把简单、无生命的无机物元素引进转化为复杂的生物大分子,即组成生命体。这些利用太阳能从无机物合成有机物的生物体称为初级生

产者,藻类即是典型的自养水生生物。水体通过光合作用将太阳能转化为有机物的能力称为水体的初级生产力,其受化学(如营养元素)及物理(如光照、水温)等因素综合影响。异养生物利用自养生物产生的有机物作为能源及合成它自身生命的原始物质,属于生态学中的消费者。

藻类通过光合作用和呼吸作用进行合成和分解,可用简单的化学计量关系来表征:

$$106CO_2 + 16NO_3^- + HPO_4^{2-} + 122H_2O + 18H^+ (+痕量元素和能量)$$

$$P \big\Updownarrow R$$

$$C_{106}H_{263}O_{110}N_{16}P + 138O_2$$

可以看出,当藻类细胞接近饱和营养增长时,其水体的 C、N、P 原子比例约为 106∶16∶1,这一比例称为雷德菲尔德化学计量比(Redfield ratio)。水中营养元素通常决定水的生产力,水生植物需要供给比例相适的 C(二氧化碳)、N(硝酸盐)、P(磷酸盐)及微量元素(如 Fe)。

决定一个水体中生物种群结构的关键物质是氧,氧的缺乏可使许多水生生物死亡;氧的存在能够杀死许多厌氧细菌。在测定河流及湖泊的生物特征时,首先要测定水中溶解氧的浓度。此外,生化需氧量(BOD)是水质的另一个重要参数,它是指在一定体积的水中有机物降解所需耗用的氧的量。一个 BOD 高的水体,不可能很快地补充氧气,显然对水生生物是不利的。

三、天然水的性质

1. 碳酸平衡

CO_2 在水中形成酸,可同岩石中的碱性物质发生反应,并可通过沉淀反应变为沉积物而从水中除去,这是碳和氧元素重要的地球生物化学循环。在水和生物体之间的生物化学交换中,CO_2 占有独特地位,溶解的碳酸盐化合态与岩石圈、大气圈进行均相、多相的酸碱反应和交换反应,对于调节天然水的 pH 和离子组成起着重要的作用。

在水体中存在 CO_2、H_2CO_3、HCO_3^- 和 CO_3^{2-} 四种化合态,常把 CO_2 和 H_2CO_3 合并为 $H_2CO_3^*$,实际上 H_2CO_3 含量极低,主要是溶解性气体 CO_2。因此,水中 $H_2CO_3^*$-HCO_3^--CO_3^{2-} 体系可用以下的反应和平衡常数表示:

$$CO_2 + H_2O \rightleftharpoons H_2CO_3^* \quad pK_0 = 1.46$$

$$H_2CO_3^* \rightleftharpoons HCO_3^- + H^+ \quad pK_1 = 6.35$$

$$HCO_3^- \rightleftharpoons CO_3^{2-} + H^+ \quad pK_2 = 10.33$$

K_1 和 K_2 是碳酸的一级和二级酸解离常数。

根据 K_1 和 K_2 值,就可以制作以 pH 为主要变量的 $H_2CO_3^*$-HCO_3^--CO_3^{2-} 体系化合态分布图(见图 3-2)。

用 α_0、α_1 和 α_2 分别代表上述三种化合态在总量中所占比例,可以给出以下三个表示式:

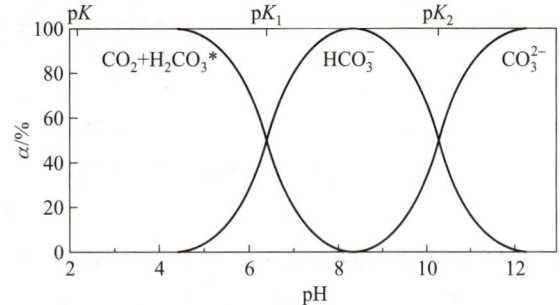

图 3-2　碳酸化合态分布图

$$\alpha_0 = \frac{[H_2CO_3^*]}{[H_2CO_3^*] + [HCO_3^-] + [CO_3^{2-}]} \tag{3-4}$$

$$\alpha_1 = \frac{[HCO_3^-]}{[H_2CO_3^*] + [HCO_3^-] + [CO_3^{2-}]} \tag{3-5}$$

$$\alpha_2 = \frac{[CO_3^{2-}]}{[H_2CO_3^*] + [HCO_3^-] + [CO_3^{2-}]} \tag{3-6}$$

若用 c_T 表示各种碳酸化合态的总量,则有 $[H_2CO_3^*] = c_T\alpha_0$,$[HCO_3^-] = c_T\alpha_1$ 和 $[CO_3^{2-}] = c_T\alpha_2$。若把 K_1, K_2 代入式(3-4)~式(3-6),就可得到作为酸解离常数和氢离子浓度的函数的形态分数:

$$\alpha_0 = \left(1 + \frac{K_1}{[H^+]} + \frac{K_1 K_2}{[H^+]^2}\right)^{-1} \tag{3-7}$$

$$\alpha_1 = \left(1 + \frac{[H^+]}{K_1} + \frac{K_2}{[H^+]}\right)^{-1} \tag{3-8}$$

$$\alpha_2 = \left(1 + \frac{[H^+]^2}{K_1 K_2} + \frac{[H^+]}{K_2}\right)^{-1} \tag{3-9}$$

以上讨论没有考虑溶解性 CO_2 与大气交换过程,因而属于封闭的水溶液体系的情况。实际上,根据气体交换动力学,CO_2 在气液界面的平衡时间往往需要数日。因此,若所考虑的溶液反应在数小时之内完成,就可应用封闭体系固定碳酸化合态总量的模式加以计算。反之,如果所研究的过程是长期的,如一年期间的水质组成,就认为 CO_2 与水处于平衡状态,可以更近似于真实情况。

当考虑 CO_2 在气相和液相之间平衡时,各种碳酸盐化合态的平衡浓度可表示为 p_{CO_2} 和 pH 的函数。此时,可应用亨利定律计算溶液中 $CO_2(aq)$ 浓度:

$$[CO_2(aq)] = K_H p_{CO_2} \tag{3-10}$$

因此,溶液中碳酸各化合态浓度相应可表达为

$$c_T = \frac{1}{\alpha_0}[CO_2] = \frac{1}{\alpha_0} K_H p_{CO_2} \tag{3-11}$$

$$[HCO_3^-] = \frac{\alpha_1}{\alpha_0} K_H p_{CO_2} = \frac{K_1}{[H^+]} K_H p_{CO_2} \tag{3-12}$$

$$[CO_3^{2-}] = \frac{\alpha_2}{\alpha_0} K_H p_{CO_2} = \frac{K_1 K_2}{[H^+]^2} K_H p_{CO_2} \tag{3-13}$$

由这些方程可知,在 $\lg c$-pH 图(图 3-3)中,$H_2CO_3^*$、HCO_3^- 和 CO_3^{2-} 三条线的斜率分别为 0、+1 和 +2。c_T 为三者之和,此时,它是以三根直线为渐近线的一个曲线。

由图 3-3 可看出,c_T 随 pH 的改变而变化。当 pH<6 时,溶液的主要组分是 $H_2CO_3^*$;当 pH 为 6~10 时,溶液的主要组分是 HCO_3^-;当 pH>10.3 时,溶液的主要组分则是 CO_3^{2-}。

比较封闭体系和开放体系就可发现,在封闭体系中,$[H_2CO_3^*]$、$[HCO_3^-]$ 和 $[CO_3^{2-}]$ 等可随 pH 变化而改变,但总碳酸量 c_T 始终保持不变。而对于开放体系来说,$[HCO_3^-]$、$[CO_3^{2-}]$ 和 c_T 均随 pH 的变化而改变,但 $[H_2CO_3^*]$ 总保持与大气相平衡的固定数值。因此,在天然条件下,开放体系是实际存在的,而封闭体系是计算短时间溶液组成的一种方法。

2. 天然水中的碱度和酸度

碱度是指水中能与强酸发生中和作用的全部物质,即能接受质子 H^+ 的物质总量。组成水中碱度的物质可以归纳为三类:① 强碱,如 NaOH、Ca(OH)₂等,在溶液中全部解离成 OH^-;② 弱碱,如 NH_3、$C_6H_5NH_2$ 等,在水中有一部分解离成 OH^-;③ 强碱弱酸盐,如各种碳酸盐、重碳酸盐、硅酸盐、磷酸盐、硫化物和腐殖酸盐等,它们水解时生成 OH^- 或者直接接受 H^+。后两种物质在中和过程中不断产生 OH^-,直到全部中和完毕。

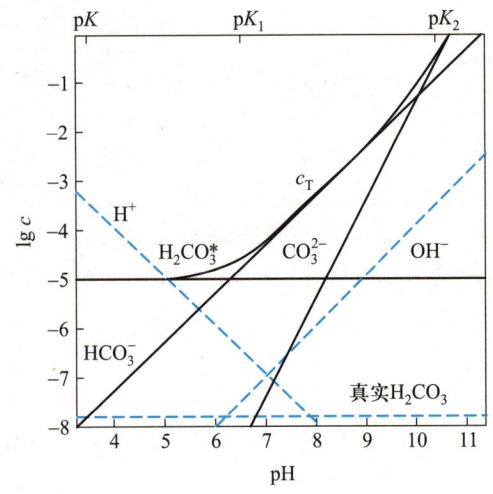

图3-3 开放体系的碳酸平衡

在测定已知体积水样总碱度时,可用一个强酸标准溶液滴定,用甲基橙为指示剂,当溶液由黄色变成橙红色(pH=4.3),停止滴定,此时所得的结果称为总碱度,也称为甲基橙碱度。其化学反应的计量关系式如下:

$$H^+ + OH^- \rightleftharpoons H_2O$$
$$H^+ + CO_3^{2-} \rightleftharpoons HCO_3^-$$
$$H^+ + HCO_3^- \rightleftharpoons H_2CO_3 \tag{3-14}$$

因此,总碱度是水中各种碱度成分的总和,即加酸使 HCO_3^- 和 CO_3^{2-} 均转化为 H_2CO_3。根据溶液质子平衡条件,总碱度的表示式为:

$$总碱度 = [HCO_3^-] + 2[CO_3^{2-}] + [OH^-] - [H^+] \tag{3-15}$$

如果滴定是用酚酞作指示剂,那么其变色点为 pH = 8.3,此时,OH^- 被中和;CO_3^{2-} 全部转化为 HCO_3^-,即碳酸盐只中和了一半,因此,酚酞碱度的表示式为:

$$酚酞碱度 = [CO_3^{2-}] + [OH^-] - [H_2CO_3^*] - [H^+] \tag{3-16}$$

达到 $pH_{CO_3^{2-}}$ 所需酸量时的碱度称为苛性碱度。由于不容易找到终点,苛性碱度在实验室中不能迅速地测得。若已知总碱度和酚酞碱度则可用计算方法确定。苛性碱度表达式为

$$苛性碱度 = [OH^-] - [HCO_3^-] - 2[H_2CO_3^*] - [H^+] \tag{3-17}$$

与碱度相对应,酸度(acidity)是指水中能与强碱发生中和作用的全部物质,即放出 H^+ 或经过水解能产生 H^+ 的物质的总量。组成水中酸度的物质也可归纳为三类:① 强酸,如 HCl、H_2SO_4、HNO_3 等;② 弱酸,如 CO_2 及 H_2CO_3、H_2S、蛋白质,以及各种有机酸类;③ 强酸弱碱盐,如 $FeCl_3$、$Al_2(SO_4)_3$ 等。

以强碱滴定含碳酸水溶液测定其酸度时,其反应过程与上述相反。以甲基橙为指示剂滴定到 pH = 4.3,以酚酞为指示剂滴定到 pH = 8.3,分别得到无机酸度及游离 CO_2 酸度。总酸度应在 pH = 10.8 处,但此时滴定曲线无明显突跃,难以选择合适的指示剂,故一般以游离 CO_2 作为酸度主要指标。同样也可根据溶液质子平衡条件,得到酸度的表示式:

$$总酸度 = [H^+] + [HCO_3^-] + 2[H_2CO_3^*] - [OH^-] \tag{3-18}$$

$$CO_2 酸度 = [H^+] + [H_2CO_3^*] - [CO_3^{2-}] - [OH^-] \tag{3-19}$$

$$无机酸度 = [H^+] - [HCO_3^-] - 2[CO_3^{2-}] - [OH^-] \tag{3-20}$$

如果用总碳酸量（c_T）和相应的分布系数（α）来表示，那么有

$$总碱度 = c_T(\alpha_1 + 2\alpha_2) + \frac{K_w}{[H^+]} - [H^+] \tag{3-21}$$

$$酚酞碱度 = c_T(\alpha_2 - \alpha_0) + \frac{K_w}{[H^+]} - [H^+] \tag{3-22}$$

$$苛性碱度 = -c_T(\alpha_1 + 2\alpha_0) + \frac{K_w}{[H^+]} - [H^+] \tag{3-23}$$

$$总酸度 = c_T(\alpha_1 + 2\alpha_0) + [H^+] - \frac{K_w}{[H^+]} \tag{3-24}$$

$$CO_2 酸度 = c_T(\alpha_0 - \alpha_2) + [H^+] - \frac{K_w}{[H^+]} \tag{3-25}$$

$$无机酸度 = -c_T(\alpha_1 + 2\alpha_2) + [H^+] - \frac{K_w}{[H^+]} \tag{3-26}$$

此时，如果已知水体的 pH、碱度及相应的平衡常数，就可算出 $H_2CO_3^*$、HCO_3^-、CO_3^{2-} 及 OH^- 在水中的浓度（假定其他各种形态对碱度的贡献可以忽略）。例如，某水体的 pH 为 8.00，碱度为 1.00×10^{-3} mol/L 时，就可算出上述各种形态物质的浓度。当 pH = 8.00 时，CO_3^{2-} 的浓度与 HCO_3^- 的浓度相比可以忽略，此时碱度全部由 HCO_3^- 贡献。

$$[HCO_3^-] = 碱度 = 1.00 \times 10^{-3} \text{ mol/L}$$

$$[OH^-] = 1.00 \times 10^{-6} \text{ mol/L}$$

根据酸的解离常数 K_1，可以计算出 $H_2CO_3^*$ 的浓度：

$$[H_2CO_3^*] = \frac{[H^+][HCO_3^-]}{K}$$

$$= \frac{1.00 \times 10^{-8} \times 1.00 \times 10^{-3}}{4.45 \times 10^{-7}} \text{ mol/L}$$

$$= 2.25 \times 10^{-5} \text{ mol/L}$$

代入 K_2 的表示式计算 $[CO_3^{2-}]$：

$$[CO_3^{2-}] = \frac{K_2[HCO_3^-]}{[H^+]}$$

$$= \frac{4.69 \times 10^{-11} \times 1.00 \times 10^{-3}}{1.00 \times 10^{-8}} \text{ mol/L}$$

$$= 4.69 \times 10^{-6} \text{ mol/L}$$

若水体的 pH 为 10.0，碱度仍为 1.00×10^{-3} mol/L，如何求上述各形态物质的浓度？在这种情

况下,碱度是由 CO_3^{2-} 及 OH^- 同时贡献的,而 H^+ 的贡献可以忽略,则式(3-21)可简化如下:

$$总碱度 = [HCO_3^-] + 2[CO_3^{2-}] + [OH^-] \tag{3-27}$$

再将 $[OH^-] = 1.00 \times 10^{-4}$ mol/L 代入 K_2 表示式,就得出 $[HCO_3^-] = 4.64 \times 10^{-4}$ mol/L 及 $[CO_3^{2-}] = 2.18 \times 10^{-4}$ mol/L。可以看出,HCO_3^- 对总碱度的贡献为 4.64×10^{-4} mol/L,CO_3^{2-} 为 $2 \times 2.18 \times 10^{-4}$ mol/L,OH^- 为 1.00×10^{-4} mol/L。总碱度为三者之和,即 1.00×10^{-3} mol/L。

这里需要特别注意的是,在封闭体系中加入强酸或强碱,总碳酸量 c_T 不受影响,而加入 $[CO_2]$ 时,总碱度值并不发生变化。这时溶液 pH 和各碳酸化合态浓度虽然发生变化,但它们的代数综合值仍保持不变。因此,总碳酸量 c_T 和总碱度在一定条件下具有守恒特性。

在环境水化学及水处理工艺过程中,常常会遇到向碳酸体系加入酸或碱而调整原有 pH 的问题,如水的酸化和碱化问题。

[例] 若一个天然水的 pH 为 7.0,碱度为 1.4 mmol/L,求需加多少酸才能将水体的 pH 降低到 6.0?

解:

$$总碱度 = c_T(\alpha_1 + 2\alpha_2) + \frac{K_w}{[H^+]} - [H^+]$$

$$c_T = \frac{1}{\alpha_1 + 2\alpha_2}\{总碱度 + [H^+] - [OH^-]\} \tag{3-28}$$

$$令 \ \alpha = \frac{1}{\alpha_1 + 2\alpha_2}$$

当 pH 为 5~9、碱度 $\geq 10^{-3}$ mol/L 或 pH 为 6~8、碱度 $\geq 10^{-4}$ mol/L 时,$[H^+]$、$[OH^-]$ 项可忽略不计,得到简化式:

$$c_T = \alpha \times 碱度 \tag{3-29}$$

当 pH = 7.0 时,$\alpha_1 = 0.816\,2$,$\alpha_2 = 3.828 \times 10^{-4}$,则 $\alpha = 1.224$,$c_T = \alpha \times 碱度 = 1.224 \times 1.4$ mmol/L = 1.71 mmol/L,若加强酸将水的 pH 降低到 6.0,其 c_T 值并不变化,此时 α 为 3.247,可得

$$碱度 = \frac{c_T}{\alpha} = \frac{1.71 \ \text{mmol/L}}{3.247} = 0.527 \ \text{mmol/L}$$

碱度降低值就是应加入酸量:

$$\Delta A = (1.4 - 0.527)\,\text{mmol/L} = 0.873 \ \text{mmol/L}$$

碱化时的计算与此类似。

3. 天然水体的缓冲能力

天然水体的 pH 一般为 6~9,而且对于某一水体,其 pH 几乎保持不变,这表明天然水体具有一定的缓冲能力,是一个缓冲体系。一般认为,各种碳酸化合物是控制水体 pH 的主要因素,并使水体具有缓冲作用。但最近研究表明,水体与周围环境之间的多种物理、化学和生物反应,对水体的 pH 也有重要作用。但无论如何,碳酸化合物仍是水体缓冲作用的重要因素。因而,人们时常根据它的存在情况来估算水体的缓冲能力。

对于碳酸水体系,当 pH<8.3 时,可以只考虑碳酸一级解离,故其 pH 可由下式确定:

$$pH = pK_1 - \lg\frac{[H_2CO_3^*]}{[HCO_3^-]} \tag{3-30}$$

若向水体投入 ΔB 的碱性废水,相应有 ΔB 的 $H_2CO_3^*$ 转化为 HCO_3^-,水体 pH 升高为 pH′,则

$$pH' = pK_1 - lg \frac{[H_2CO_3^*] - \Delta B}{[HCO_3^-] + \Delta B} \tag{3-31}$$

水体中 pH 变化为 $\Delta pH = pH' - pH$，即

$$\Delta pH = -lg \frac{[H_2CO_3^*] - \Delta B}{[HCO_3^-] + \Delta B} + lg \frac{[H_2CO_3^*]}{[HCO_3^-]} \tag{3-32}$$

如果把 $[HCO_3^-]$ 作为水的碱度，$[H_2CO_3^*]$ 作为水中游离碳酸 $[CO_2]$，那么就可推出：

$$\Delta B = 碱度 \times [10^{\Delta pH} - 1]/(1 + K_1 \times 10^{pH + \Delta pH}) \tag{3-33}$$

ΔpH 即为相应改变的 pH。在投入酸量 ΔA 时，只要将 ΔpH 作为负值，$\Delta A = -\Delta B$，也可以进行类似计算。

4. 水体富营养化

当生物所需的氮、磷等营养物质大量进入湖泊、河口、海湾等缓流水体时，将引起藻类及其他浮游生物迅速繁殖，使水产生霉味和臭味，降低水的质量；同时，大量生长繁殖的蓝藻、绿藻在水体表面形成一层绿色浮渣，使水质变得浑浊，透明度明显降低；表层密集的藻类使阳光难以透射进入水体深层，深层水体的光合作用减弱使溶解氧的来源随之减少。同时，藻类死亡后的腐化分解，加速了水体中溶解氧的消耗速率，水体缺氧成为必然，鱼类及其他生物大量死亡；另外，许多藻类能够分泌、释放有毒有害物质，使水的品质下降，这一现象称为水体富营养化。富营养化水体的正常生态平衡被扰乱，生物种群量出现剧烈波动，导致水生生物的稳定性和多样性降低。

在自然状况下，这一过程很缓慢地发生，但人类活动作用可加速这一过程的进行。在 N、P 等营养物质充足、水质具弱碱性、水体流动缓慢、透明度高的浅水湖泊和水库中，易发生蓝藻大量繁殖，形成"水华"。当含有溶解性有机物的海水进入海湾，且在光照强烈、水温高、海水相对滞留时，易引起藻类的大量繁殖，进而形成"赤潮"。

由于水中有蓝藻和细菌能够固氮，在许多情况下，P 是限制的营养物；P 元素容易在沉积物中富集，导致外源 P 在得到控制后，沉积物中的 P 作为内源不断释放，给湖泊富营养化控制带来挑战。通常使用 N/P 值的大小来判断湖泊的富营养化状况：当 N/P 值大于 100 时，属于贫营养湖泊状况；当 N/P 值小于 10 时，则认为属于富营养状况。一般认为当水体中的总 P 浓度大于 0.02 mg/L、总 N 浓度大于 0.2 mg/L 时，水体容易富营养化。随着研究工作的深入，人们已逐渐认识到，湖泊的营养类型，除了营养物质的量度外，还应包括某些化学、生物甚至物理感官等多个指标进行综合判断。

21 世纪初，我国主要湖泊的氮、磷污染严重，经过持续的努力，水体富营养化问题得到很大改善，但是富营养化依然是我国水体污染的最重要问题。2020 年中国生态环境状况公报显示，在开展营养状态监测的 110 个重要湖库中，中富营养状态高达 90.9%。

污染物大量进入湖泊、人为活动对湖泊生态环境的严重破坏、湖泊内源污染严重是我国湖泊富营养化发生的主要原因。大量研究表明，富营养化发生主要机理如下。

（1）流域污染物排入湖泊是湖泊富营养化发生最关键的因素之一

一些未经处理的生活污水、面源污染等通过河流汇流、水土流失等各种途径进入湖库，导致进入湖库的 P、N 等外源营养物质增加，成为造成水质恶化的源头。近年来，尽管城镇居民生活污水处理率不断提高，但整体用水量不断增加，同时分散而复杂的面源污染，如农村居民生活污水、乡镇企业废水、农业生产污水、养殖废水等的贡献不断增加，均使得外源负荷仍然较重。

（2）富营养化湖泊中水化学平衡发生变化

湖泊水体中 pH、溶解氧和碳的平衡是维持湖泊生态系统良性循环的保障。大量污染物进入湖泊后造成湖水 pH 上升。pH 上升有利于水华藻类的生长,而藻类大量繁殖又进一步提高湖水的 pH,进而为水华藻类如微囊藻等的生长提供了适宜的生长环境。水体溶解氧值下降有利于蓝藻的生长,而对其他藻类生长不利。CO_2 在水中溶解度随水温升高而降低,当湖水氮、磷对藻类生成已达到饱和情况下,碳也有可能成为限制性因子,此时水体增加碳有利于水华藻类的生长。

（3）湖泊生态遭到严重破坏,生物群落发生明显变化

湖泊生物多样性在维持湖泊生态系统-能量循环、湖泊自净过程、资源再生利用及作为物种基因库方面有重要意义。富营养化所带来的低溶解氧状态、低透明度及基质还原性强等从根本上改变了湖泊生态系统健康运转的初级生产力结构,导致水生植被特别是沉水植物的衰退和消失,浅水湖泊生态系统的主要初级生产者从以大型水生植物为主转变为以藻类为主。

（4）湖泊内源营养物质的释放

沉积物是污染物及营养物质的蓄积库。当外源营养物质得到有效控制后,沉积物中的营养物质再释放也是导致湖泊富营养化的一个重要原因。尤其是对于太湖这样的浅水型湖泊,沉积物中的营养物极易通过再溶解或风浪扰动等再悬浮进入上浮水,据估算太湖沉积物中磷的静态释放量每年为 700~900 t,接近外源输入的 1/3。

（5）气候变化的叠加影响

工业化以来的全球变暖导致的水体温度上升、风速下降等气候变化对水体富营养化的影响也越来越突出。温度上升会显著提升蓝藻的优势地位、加重蓝藻水华。气候变化的影响还存在短期"记忆效应",即冬季的气候状况会显著影响来年春季的浮游植物生物量及群落组成。

第二节　水中无机污染物的迁移转化

无机污染物,特别是重金属和准金属等污染物,一旦进入水环境,均不能被降解,主要通过吸附-解吸、溶解-沉淀、氧化还原、络合作用、胶体形成等一系列物理化学作用进行迁移及形态转化,参与和干扰各种环境化学过程和物质循环过程,最终以一种或多种形态长期存留在环境中,造成永久性的潜在危害。本节将侧重介绍重金属污染物在水环境中迁移转化的基本原理。

一、吸附-解吸

1. 天然水中颗粒物的类别

天然水中颗粒物主要包括各类矿物微粒,含有铝、铁、锰、硅水合氧化物等无机高分子,含有腐殖质、蛋白质等有机高分子。此外还有油滴、气泡构成的乳状液和泡沫、表面活性剂等半胶体,以及藻类、细菌、病毒等生物胶体。近年来,人造纳米颗粒,以及微塑料颗粒也作为新污染物成为环境化学研究的前沿,这些人造颗粒物与天然颗粒物一样,可对水环境中污染物的迁移转化产生复杂影响。下面分别叙述天然水中颗粒物的类别。

（1）矿物微粒和黏土矿物

天然水中常见矿物微粒为石英（SiO_2）、长石（$KAlSi_3O_8$）、云母及黏土矿物等硅酸盐矿物。石英、长石等不易碎裂,颗粒较粗,缺乏黏结性。云母、蒙脱石、高岭石等黏土矿物则是层状结构,易

碎裂,颗粒较细,具有黏结性,可生成稳定的聚集体。

天然水中具有显著胶体化学特性的微粒是黏土矿物。黏土矿物由其他矿物经化学风化作用而生成,主要为铝或镁的硅酸盐,它具有晶体层状结构,种类很多,可以按照其结构特征和成分加以分类。

（2）金属（准金属）水合氧化物

铝、铁、锰、硅等金属（准金属）的水合氧化物在天然水中以无机高分子及溶胶等形态存在,在水环境中发挥重要的胶体化学作用。

铝在岩石和土壤中是丰量元素,但在天然水中浓度较低,一般不超过 0.1 mg/L。铝在水中水解,主要形态是 Al^{3+}、$Al(OH)^{2+}$、$Al_2(OH)_2^{4+}$、$Al(OH)_2^+$、$Al(OH)_3$ 和 $Al(OH)_4^-$ 等,各形态的浓度比例随 pH 变化而改变。实际上,铝在一定条件下会发生聚合反应,生成多核络合物或无机高分子,最终生成无定形沉淀物 $[Al(OH)_3]_\infty$。

铁也是广泛分布的丰量元素,它的水解反应和形态与铝有类似的情况。在不同 pH 下,Fe(Ⅲ) 的存在形态是 Fe^{3+}、$Fe(OH)^{2+}$、$Fe(OH)_2^+$、$Fe_2(OH)_2^{4+}$ 和 $Fe(OH)_3$ 等,固体沉淀物可转化为 FeOOH 的不同晶形物。同样,它也可以聚合成为无机高分子和溶胶。

锰与铁类似,其丰度虽然不如铁,但溶解度比铁高,因而也是常见的金属水合氧化物。

硅酸的单体 H_4SiO_4,若写成 $Si(OH)_4$,则类似于多价金属,是一种弱酸,过量的硅酸将会生成聚合物,并可生成胶体甚至沉淀物。硅酸的聚合相当于缩聚反应:

$$2Si(OH)_4 \Longrightarrow H_6Si_2O_7 + H_2O$$

所生成的硅酸聚合物,也可认为是无机高分子,一般分子式为 $Si_nO_{2n-m}(OH)_{2m}$。

所有金属水合氧化物都能结合水中微量物质,同时其本身又趋向于结合在矿物微粒和有机物的界面上,形成天然颗粒物复合体。

（3）腐殖质

腐殖质是生物残体通过腐殖化作用形成的有机体复合物。腐殖质中相对分子质量较小的（几百到几万道尔顿）部分,即富里酸和部分腐殖酸,可以溶解在水中,称为溶解性有机质。溶解性有机质的基本结构为芳香环、脂肪链和极性官能团(如—OH、—COOH 和—NH$_2$ 等),是一种带负电荷的高分子弱电解质,其形态构型与极性官能团的解离程度有关。在 pH 较高的碱性溶液中或离子强度低的条件下,羟基和羧基大多解离,沿高分子呈现的负电荷相互排斥,构型伸展,亲水性强,因而趋于溶解。在 pH 较低的酸性溶液中,或有较高浓度的金属阳离子存在时,各官能团难以解离而电荷减少,高分子趋于卷缩成团,亲水性弱,因而趋于沉淀或凝聚,富里酸因相对分子质量低受构型影响小,故仍溶解,腐殖酸则变为不溶的胶体沉淀物。

（4）水体悬浮颗粒物

天然水体中各种环境胶体物质往往并非单独存在,而是相互作用结合成为某种聚集体,即成为水中悬浮颗粒物,它们可以沉降进入水体底部,成为沉积物,也可重新再悬浮进入水中,也称为悬浮沉积物。

悬浮颗粒物的结构组成并不是固定的,它随着水质和水体组成物质及水动力条件而变化。一般来说,悬浮颗粒物以矿物微粒,特别是黏土矿物为核心骨架,有机物和金属水合氧化物结合在矿物微粒表面上,成为各微粒间的黏附架桥物质,把若干微粒组合成絮状聚集体(聚集体在水体中的悬浮颗粒粒度一般在数十微米以下),经絮凝成为较粗颗粒而沉积到水体底部。

（5）其他

湖泊中的藻类，污水中的细菌、病毒，废水排出的表面活性剂、油滴等，以及人造纳米颗粒与微塑料等，也都有类似的胶体化学表现，起类似的作用。

2. 水环境中颗粒物的吸附作用

（1）吸附机理

水环境中胶体颗粒对离子的吸附作用大体可分为物理吸附和化学吸附。其中物理吸附主要吸附机理为范德化作用力，由于胶体具有巨大的比表面积和表面能，胶体表面积越大，所产生的表面吸附能也越大，对分子或离子的吸附作用也就越强；化学吸附是由于环境中大部分天然胶体带有负电荷，可以通过静电作用或形成共价键等形式吸附阳离子。离子的化学吸附根据在胶体表面的作用位置，可以分为外圈吸附和内圈吸附，前者离子主要靠静电引力接近胶体表面，但离子与胶体表面至少被一个水分子隔开，而后者中离子可与表面点位形成直接的共价键连接，因此通常吸附能力更强。

外圈吸附中离子主要靠胶体表面静电引力吸附，主要分布在胶体的扩散层中，基本不影响胶体表面化学性质，一般可以被溶液中其他阳离子交换吸附，具有可逆、等量、选择性较差的特点，且不受温度影响，在酸碱条件下均可进行，其交换吸附能力与溶质的性质、浓度及吸附剂性质等有关，这类反应也常称为阳离子交换反应。而内圈吸附也常称为专属吸附，是指吸附过程中，离子与胶体表面点位之间形成了憎水键、共价键或氢键等较强的专属作用力，不但可使表面电荷改变符号，甚至可使离子吸附在同号电荷的胶体表面上。这种吸附作用发生在胶体双电层的 Stern 层中，被吸附的金属离子进入 Stern 层后，不能被通常提取交换性阳离子的提取剂提取，只能被亲和力更强的金属离子取代，或在强酸性条件下解吸，因此这类吸附具有吸附力强、选择性高的特点。表 3-5 列出水合氧化物对金属阳离子的专属吸附与非专属吸附的区别。

表 3-5　水合氧化物对金属阳离子的专属吸附与非专属吸附的区别

项目	阳离子交换	专属吸附
解吸速率	快	慢
吸附选择性	低	高
吸附机理	静电引力	憎水键、共价键或氢键
表面净电荷的符号	-	-,0,+
金属离子所起的作用	反离子	配离子
吸附时所发生的反应	外圈吸附	内圈吸附
发生吸附时要求体系的 pH	>零电位点	任意值
吸附发生的位置	扩散层	内层
对表面电荷的影响	无	负电荷减少，正电荷增加

（2）吸附等温线和等温式

水体中颗粒物对溶质的吸附是一个动态平衡过程。在固定的温度条件下，当吸附达到平衡时，颗粒物表面上的吸附量（Q_s）与溶液中溶质平衡浓度（C_w）之间的关系，称为吸附等温线。水体中常见的吸附等温线有三类，即线性（亨利型）、弗罗因德利希（Freundlich）型和朗缪尔（Langmuir）型，简称为 H 型、F 型和 L 型，见图 3-4。

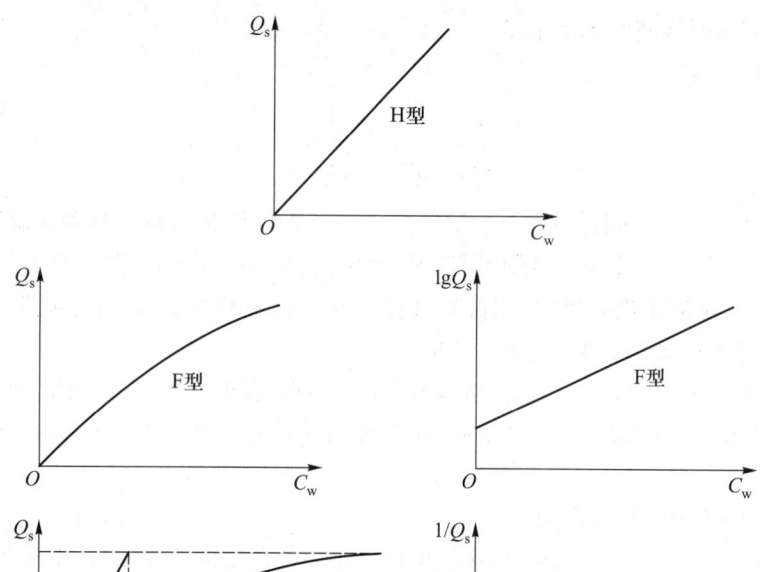

图 3-4　常见吸附等温线

H 型等温线为直线形,表明溶质在吸附剂与溶液之间按固定比值分配,其等温式为

$$Q_s = KC_w \qquad (3-34)$$

式中:K——分配系数。

F 型等温式为

$$Q_s = K_F C_w^n \qquad (3-35)$$

K_F 为弗罗因德利希吸附系数,n 为非线性指数。若两侧取对数,则有

$$\lg Q_s = \lg K_F + n \lg C_w \qquad (3-36)$$

以 $\lg Q_s$ 对 $\lg C_w$ 作图可得一直线,$\lg K_F$ 为截距。因此,K_F 值是 $\lg C_w = 0$ 时的吸附量,它可以表示吸附能力的强弱。n 为斜率,它表示吸附量随浓度增长的强度。n 偏离 1 越远(即越小),表示吸附等温线的非线性越强。F 型等温线没有明确的物理意义,往往表示多种吸附机理并存。F 型等温线不能给出饱和吸附量。

L 型等温式为

$$Q_s = \frac{C_w}{A + C_w} \qquad (3-37)$$

式中:Q_s——单位表面积上达到饱和时的最大吸附量;

　　A——常数。

Q_s 对 C_w 作图得到一条双曲线,其渐近线为 $Q_s = Q_s^0$,即当 $C_w \to \infty$ 时,$Q_s \to Q_s^0$。在等温式中,A

为吸附量达到 $Q_s^0/2$ 时溶液的平衡浓度。

将式(3-37)转化为

$$\frac{1}{Q_s} = \frac{1}{Q_s^0} + \frac{A}{Q_s^0} \cdot \frac{1}{C_w} \tag{3-38}$$

以 $1/Q_s$ 对 $1/C_w$ 作图,同样得到一直线。单分子层吸附具有明显的 L 型等温线特征。

等温线在一定程度上反映了吸附剂与吸附物的特性,其形式在许多情况下与实验所用溶质浓度区段有关。当溶质浓度很低时,可能在初始区段中呈现 H 型;当浓度较高时,曲线可能表现为 F 型,但统一起来仍属于 L 型的不同区段。

影响吸附作用的因素很多,首先是溶液 pH 对吸附作用的影响。在一般情况下,颗粒物对重金属的吸附量随 pH 升高而增大。当溶液 pH 超过某元素的临界 pH 时,则该元素在溶液中的沉淀起主要作用。

(3)氧化矿物的表面配合模型

在水环境中,硅、铝、铁的氧化物和氢氧化物是悬浮颗粒物的主要成分,对这类物质表面上发生的吸附机理,特别是对金属离子的吸附,曾有许多学者提出过各种模型来说明,并试图建立定量计算规律,如离子交换、水解吸附、表面沉淀等。20 世纪 70 年代初期,由 Stumm 和 Shindler 等人提出的表面配合模型(surface complexation model,SCM)逐步得到了更多的承认和推广应用,与前面的吸附等温线模型相比,SCM 是一种基于热力学平衡反应的机理式模型,目前已成为吸附作用的主流理论之一,在水环境化学中发挥很大作用。

这一模型的基本点是把氧化物表面对 H^+、OH^-、金属离子、阴离子等的吸附看作一种表面配合反应。金属氧化物表面都含有 $\equiv MeOH$ 基团,这是由于其表面离子的配合不饱和,在水溶液中与水配位,水发生解离吸附而生成羟基化表面。一般氧化物表面有 $4 \sim 10$ 个 OH^-/nm^2,其总量是可观的。

表面羟基在溶液中可发生质子解离,其质子解离平衡可具有相应的酸解离常数,即表面配合常数。

$$\equiv MeOH_2^+ \rightleftharpoons \equiv MeOH + H^+$$

$$K_{a_1}^s = \frac{\{\equiv MeOH\}[H^+]}{\{\equiv MeOH_2^+\}}$$

$$\equiv MeOH \rightleftharpoons \equiv MeO^- + H^+$$

$$K_{a_2}^s = \frac{\{\equiv MeO^-\}[H^+]}{\{\equiv MeOH\}}$$

式中:[ ] 和 {}——溶液中化合物的活度和表面化合物的活度。

表面的 $\equiv MeOH$ 基团在溶液中可以与金属离子和阴离子生成表面配合物,表现出两性表面特性及相应的电荷变化。其相应的表面配合反应为

$$\equiv MeOH + M^{z+} \rightleftharpoons \equiv MeOM^{(z-1)+} + H^+ \qquad K_1^s$$

$$2\equiv MeOH + M^{z+} \rightleftharpoons (\equiv MeO)_2 M^{(z-2)+} + 2H^+ \qquad \beta_2^s$$

$$\equiv MeOH + A^{z-} \rightleftharpoons \equiv MeA^{(z-1)-} + OH^- \qquad K_1^s$$

$$2\equiv MeOH + A^{z-} \rightleftharpoons (\equiv Me)_2 A^{(z-2)-} + 2OH^- \qquad \beta_2^s$$

图 3-5 为氧化物的各种表面配合反应模型。表面配合反应使其电荷随之增减,平衡常数则可反映出吸附程度及电荷与溶液 pH 和离子浓度的关系。这种模型建立了一套实验和计算方法,可以求得各种固有平衡常数,获得这些平衡常数后,则可由实际应用溶液中 pH 和离子浓度计算出表面吸附量和相应电荷。根据对吸附过程中矿物表面静电作用描述方法的不同,SCM 可以分为扩散层模型、双电层模型、三电层模型和恒容量模型等。现在该模型的应用范围已扩展到黏土矿物和有机物,吸附离子已扩展到许多阳离子、阴离子、有机酸、高分子物等,成为广泛应用的吸附模式。

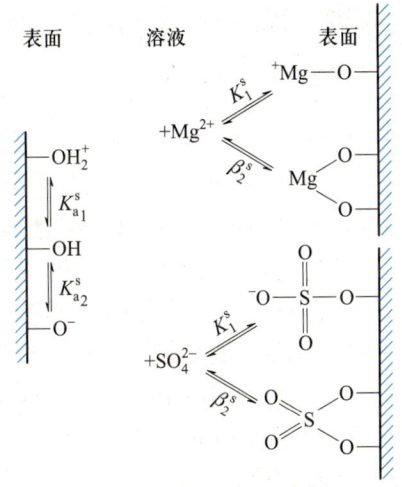

图 3-5 氧化物表面配合模型

(资料来源:Stumm 和 Morgan,1996)

表面配合模型的实质就是把具体表面看作一种聚合酸,其大量羟基可以发生表面配合反应,但在配合平衡过程中需将邻近基团的电荷影响考虑在内,以此区别于溶液中的配合反应。金属离子在氧化矿物表面的配合反应常与水解反应类似,因此其表面配合常数常与一级水解常数之间存在较好的相关性(图 3-6)。表面吸附中对金属离子的配合与溶液中金属离子的水解是相对应的:

$$\equiv MeOH + M^{z+} \rightleftharpoons \equiv MeOM^{(z-1)+} + H^+ \quad K_1^{int}$$

$$H_2O + M^{z+} \rightleftharpoons MOH^{(z-1)+} + H^+ \quad K_{MOH}$$

3. 沉积物中重金属的释放

重金属从悬浮颗粒物或沉积物中重新释放属于二次污染问题,不仅对水生生态系统,而且对

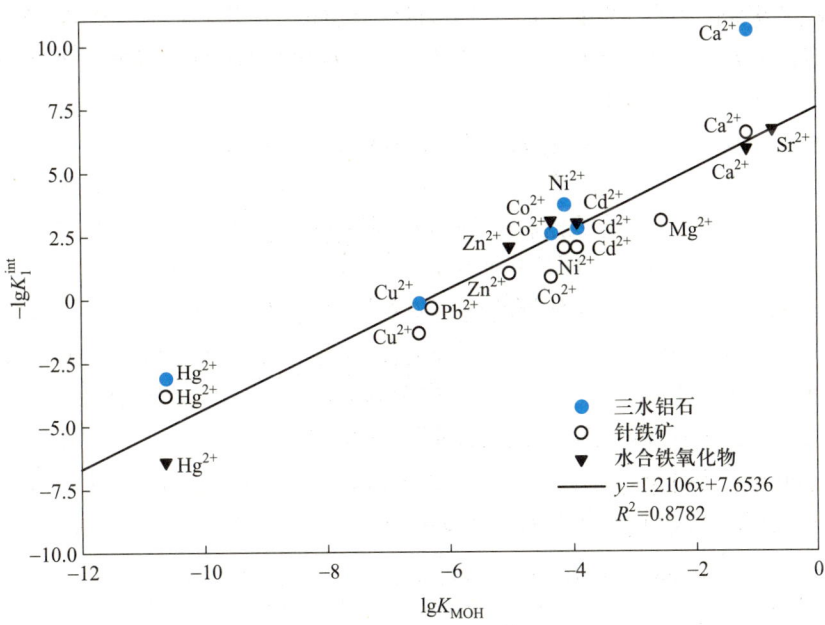

图 3-6 金属离子在三水铝石、针铁矿和水合铁氧化物表面配合常数 $\lg K_1^{int}$ 与溶液中一级水解常数 $\lg K_{MOH}$ 之间的相关性

(资料来源:Karamalidis 和 Dzombak,2010)

饮用水的供给都是很危险的。诱发释放的主要因素有如下几种：

（1）盐浓度升高

碱金属和碱土金属阳离子可将被吸附在固体颗粒上的金属离子交换出来，这是金属从沉积物中释放出来的主要途径之一。例如水体中 Ca^{2+}、Na^+、Mg^{2+} 对悬浮物中 Cu^{2+}、Pb^{2+} 和 Zn^{2+} 的交换释放作用。在 $0.5\ mol/L\ Ca^{2+}$ 作用下，悬浮物中的 Cu^{2+}、Pb^{2+} 和 Zn^{2+} 可以解吸出来，这三种金属被 Ca^{2+} 交换的能力不同，其顺序为 $Zn^{2+} > Cu^{2+} > Pb^{2+}$。

（2）氧化还原条件的变化

在湖泊、河口及近岸沉积物中一般均有较多的耗氧物质，这使一定深度以下沉积物的氧化还原电位急剧降低，并将使铁、锰氧化物部分或全部溶解，故被其吸附或与之共沉淀的重金属离子也同时释放出来。

（3）降低 pH

pH 降低，导致碳酸盐和氢氧化物的溶解，H^+ 的竞争作用增加了金属离子的解吸量。在一般情况下，沉积物中重金属的释放量随着反应体系 pH 的升高而降低。其原因既有 H^+ 的竞争吸附作用，也有低 pH 条件下金属难溶盐类及配合物的溶解等。因此，在受纳酸性废水排放的水体中，水中金属的浓度往往很高。

（4）增加水中配合剂的含量

天然或合成的配合剂使用量增加，导致其在环境中的浓度升高，能和重金属形成可溶性配合物，有时这种配合物稳定度较大，可以溶解形态存在，使重金属从固体颗粒上解吸下来。

二、溶解-沉淀

溶解和沉淀是重金属在水环境中的重要过程。一般金属化合物在水中迁移能力可直观地用溶解度来衡量。溶解度小者，迁移能力小；溶解度大者，迁移能力大。不过，溶解反应时常是一种多相化学反应，在固-液平衡体系中，一般需用溶度积来表征溶解度。天然水中各种矿物质的溶解度和沉淀作用也遵守溶度积原则。

在溶解和沉淀研究中，平衡关系和反应速率都是重要的。知道平衡关系就可预测污染物溶解或沉淀作用的方向，并可以计算平衡时溶解或沉淀的量。但是经常发现用平衡计算所得结果与实际观测值相差甚远，造成这种差别的原因很多，但主要是自然环境中非均相沉淀溶解过程影响因素较为复杂。例如，① 某些非均相反应进行得缓慢，在动态环境下不易达到平衡。② 根据热力学对于一组给定条件预测的稳定固相不一定就是所形成的相。例如，硅在生物作用下可沉淀为蛋白石，它可进一步转变为更稳定的石英，但是这种反应进行得十分缓慢且常需要高温。③ 可能存在过饱和现象，即出现物质的溶解量大于溶解度极限值的情况。④ 固体溶解所产生的离子可能在溶液中进一步进行反应。⑤ 引自不同文献的平衡常数有差异等。

重金属有四种重要沉淀，分别是（氢）氧化物沉淀、碳酸盐沉淀、硫化物沉淀和磷酸盐沉淀。下面着重介绍氧化物、氢氧化物、硫化物、碳酸盐及多种成分共存时的溶解-沉淀平衡问题。

1. 氧化物和氢氧化物

氢氧化物沉淀有多种形态，它们在水环境中的行为差别很大。氧化物可看成氢氧化物脱水而成。由于这类沉淀直接与 pH 有关，实际涉及水解和羟基配合物的平衡过程，该过程往往复杂多变，这里用强电解质的最简单关系式表述：

$$Me(OH)_n(s) \Longrightarrow Me^{n+} + nOH^-$$

$$(3-39)$$

根据溶度积：

$$K_{sp} = [Me^{n+}][OH^-]^n \tag{3-40}$$

可转换为：

$$[Me^{n+}] = \frac{K_{sp}}{[OH^-]^n} = K_{sp}\frac{K_{sp}[H^+]^n}{K_w^n}$$

$$-lg[Me^{n+}] = -lgK_{sp} - nlg[H^+] + nlgK_w$$

$$pc = pK_{sp} - npK_w + npH \tag{3-41}$$

根据式（3-41），可以给出溶液中金属离子饱和浓度对数值与 pH 的关系图（见图 3-7），直线斜率等于 n，即金属离子价。当离子价为 +3、+2、+1 时，直线斜率分别为 -3、-2 和 -1。直线横轴截距是 $-lg[Me^{n+}] = 0$ 或 $[Me^{n+}] = 1.0$ mol/L 时的 pH：

$$pH = 14 - \frac{1}{n}pK_{sp} \tag{3-42}$$

各种金属氢氧化物的溶度积数值列于表 3-6。根据其中部分数据给出的浓度对数图（图 3-7）可看出，同价金属离子的各线均有相同的斜率，靠图右边斜线代表的金属氢氧化物的溶解度大于靠图左边的溶解度。根据此图大致可查出各种金属离子在不同 pH 溶液中所能存在的最大饱和浓度。

不过图 3-7 和式（3-42）所表征的关系，并不能充分反映氧化物或氢氧化物的溶解度，应该考虑这些固体还能与羟基金属离子配合物 $[Me(OH)_n^{z-n}]$ 处于平衡。如果考虑羟基配合作用的情况，那么可以把金属氧化物或氢氧化物的溶解度（Me_T）表征如下：

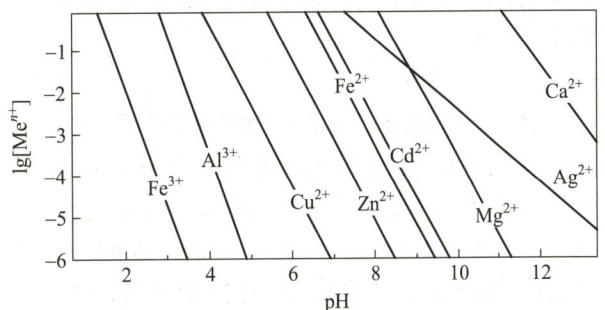

图 3-7 氢氧化物溶解度
（资料来源：Stumm 和 Morgan，1996）

$$Me_T = [Me^{z+}] + \sum_1^n [Me(OH)_n^{z-n}] \tag{3-43}$$

表 3-6 金属氢氧化物的溶度积

氢氧化物	lgK_{sp}	氢氧化物	lgK_{sp}
AgOH	−7.70	Fe(OH)$_2$	−14.51
Al(OH)$_3$	−34.26	Fe(OH)$_3$	−38.80
Ca(OH)$_2$	−5.30	Hg(OH)$_2$	−25.33
Cd(OH)$_2$	−14.36	Mn(OH)$_2$	−12.81
Co(OH)$_2$	−14.91	Ni(OH)$_2$	−17.11
Cr(OH)$_3$	−32.65	Pb(OH)$_2$	−19.85
Cu(OH)$_2$	−18.71	Zn(OH)$_2$	−15.53

资料来源：引自 Benjamin，2014。

图 3-8 给出考虑固相还能与羟基金属离子配合物处于平衡时溶解度的例子。在 25 ℃固相与溶质化合态之间所有可能的反应如下：

$$Fe(OH)_2(s) + 2H^+ \rightleftharpoons Fe^{2+} + 2H_2O \quad lgK_{sp} = 13.49 \quad (3-44)$$

$$Fe^{2+} + H_2O \rightleftharpoons Fe(OH)^+ + H^+ \qquad lgK_1 = -9.40 \quad (3-45)$$

$$Fe^{2+} + 2H_2O \rightleftharpoons Fe(OH)_2 + 2H^+ \qquad lgK_2 = -20.49 \quad (3-46)$$

$$Fe^{2+} + 3H_2O \rightleftharpoons Fe(OH)_3^- + 3H^+ \qquad lgK_3 = -30.99 \quad (3-47)$$

根据式（3-44）~式（3-47），Fe^{2+}、$Fe(OH)^+$、$Fe(OH)_2(aq)$ 和 $Fe(OH)_3^-$ 作为 pH 函数的特征线分别有斜率-2、-1、0 和 +1，把所有化合态都结合起来，可以得到图 3-8 中包围阴影区域的线，即 $Fe(OH)_2(s)$ 沉淀区。因此，$[Fe_T^{2+}]$ 在数值上可由下式得出：

$$[Fe_T^{2+}] = [Fe^{2+}] + [Fe(OH)^+] + [Fe(OH)_2(aq)] + [Fe(OH)_3^-] \quad (3-48)$$

图 3-8 表明固体的氧化物和氢氧化物具有两性的特征。它们和质子或羟基离子都发生反应，存在一个特定的 pH，在此 pH 下溶解度为最小值，在碱性或酸性更强的 pH 区域内，溶解度都变得更大。

2. 硫化物沉淀

金属硫化物是比氢氧化物溶度积更小的一类难溶沉淀物，重金属硫化物在中性条件下实际上是不溶的，在盐酸中 Fe、Mn 和 Cd 的硫化物是可溶的，而 Ni 和 Co 的硫化物是难溶的。Cu、Hg 和 Pb 的硫化物只有在硝酸中才能溶解。表 3-7 列出了重金属硫化物的溶度积。由表 3-7 可看出，只要水环境中存在 S^{2-}，几乎所有重金属均可从水体中除去。当水中有硫化氢气体存在时，溶于水中气体呈二元酸状态，其分级解离为

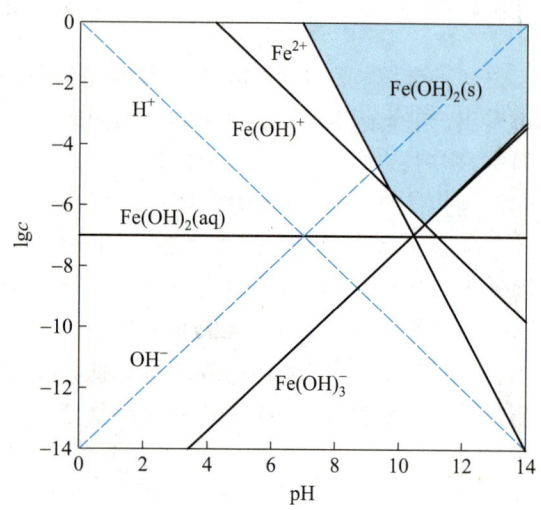

图 3-8　$Fe(OH)_2$ 沉淀的 lgc-pH 图
（资料来源：王晓蓉和顾雪元，2018）

$$H_2S \rightleftharpoons H^+ + HS^- \quad K_1 = 8.9 \times 10^{-8}$$

$$HS^- \rightleftharpoons H^+ + S^{2-} \quad K_2 = 1.3 \times 10^{-15}$$

两者相加可得：

$$H_2S \rightleftharpoons 2H^+ + S^{2-}$$

$$K_{1,2} = \frac{[H^+]^2[S^{2-}]}{[H_2S]} = K_1K_2 = 1.16 \times 10^{-22} \quad (3-49)$$

在饱和水溶液中，H_2S 浓度总是保持在 0.1 mol/L，代入式（3-49）得

$$[H^+]^2[S^{2-}] = 1.16 \times 10^{-22} \times 0.1 = 1.16 \times 10^{-23} = K'_{sp}$$

表 3-7　重金属硫化物的溶度积

分子式	$\lg K_{sp}$	分子式	$\lg K_{sp}$
Ag$_2$S	−53.62	HgS(辰砂)	−56.52
CdS(硫镉矿)	−31.42	NiS(α)	−22.92
CoS(α)	−24.82	PbS(方铅矿)	−32.32
CuS(铜蓝)	−39.62	ZnS	−26.02
FeS	−20.35		

资料来源：Benjamin，2014。

因此可把 1.16×10^{-23} 看成一个溶度积（K'_{sp}），在任何 pH 下的 H_2S 饱和溶液必须保持的一个常数。由于 H_2S 在纯水溶液中的二级解离甚微，故可根据一级解离，近似认为 $[H^+]=[HS^-]$，可求得此溶液中 $[S^{2-}]$：

$$[S^{2-}] = \frac{K'_{sp}}{[H^+]^2} = \frac{1.16 \times 10^{-23}}{8.9 \times 10^{-9}} \text{ mol/L} = 1.3 \times 10^{-15} \text{ mol/L}$$

在任一 pH 的水中，则

$$[S^{2-}] = \frac{K'_{sp}}{[H^+]^2} \tag{3-50}$$

溶液中形成硫化物沉淀的是 S^{2-}，若溶液中存在二价金属离子 Me^{2+}，则有

$$[Me^{2+}][S^{2-}] = K_{sp} \tag{3-51}$$

因此在硫化氢和硫化物均达到饱和的溶液中，可算出溶液中金属离子的饱和浓度为

$$[Me^{2+}] = \frac{K_{sp}}{[S^{2-}]} = \frac{K_{sp}[H^+]^2}{K'_{sp}} = \frac{K_{sp}[H^+]^2}{0.1 K_1 K_2} \tag{3-52}$$

3. 碳酸盐沉淀

在 Me^{2+}-H_2O-CO_2 体系中，碳酸盐作为固相时要比氧化物、氢氧化物更稳定，而且与氢氧化物不同，它并不是以 OH^- 直接参与沉淀反应，同时 CO_2 还存在气相分压。因此，碳酸盐沉淀实际上是二元酸在三相中的平衡分布问题。在对待 Me^{2+}-H_2O-CO_2 体系的多相平衡时，主要区别两种情况：① 对大气封闭的体系（只考虑固相和液相，将 $H_2CO_3^*$ 当作不挥发酸类处理）；② 除固相和液相外还包括气相（含 CO_2）的体系。由于方解石在天然水体系中的重要性，下面将以 $CaCO_3$ 为例作介绍。

（1）封闭体系

① $c_T =$ 常数时，$CaCO_3$ 的溶解度：

$$CaCO_3(s) \Longleftrightarrow Ca^{2+} + CO_3^{2-} \quad K_{sp} = [Ca^{2+}][CO_3^{2-}] = 10^{-8.32}$$

$$[Ca^{2+}] = \frac{K_{sp}}{[CO_3^{2-}]} = \frac{K_{sp}}{c_T \alpha_2} \tag{3-53}$$

由于 α_2 对任何 pH 都是已知的,根据式(3-53)可以得出随 c_T 和 pH 变化的 Ca^{2+} 的饱和平衡值。

对于任何与 $MeCO_3(s)$ 平衡时的 $[Me^{2+}]$ 都可以写出类似方程,并可给出 $lg[Me^{2+}]$ 对 pH 的曲线图(见图3-9)。图3-9 基本上是由溶度积方程和碳酸平衡叠加而构成的,$[Ca^{2+}]$ 和 $[CO_3^{2-}]$ 的乘积必须是常数。因此,在 pH>pK_2 这一高 pH 区时,$lg[CO_3^{2-}]$ 线斜率为零,$lg[Ca^{2+}]$ 线斜率也必为零,此时饱和浓度 $[Ca^{2+}]=K_{sp}/[CO_3^{2-}]$;当在 pK_1<pH<pK_2 区时,$lg[CO_3^{2-}]$ 的斜率为 +1,相应 $lg[Ca^{2+}]$ 的斜率为 -1;当在 pH<pK_1 区时,$lg[CO_3^{2-}]$ 的斜率为 +2,为保持乘积 $[Ca^{2+}][CO_3^{2-}]$ 的恒定,$lg[Ca^{2+}]$ 必然斜率为 -2。图3-9 是 $c_T=3\times10^{-3}$ mol/L 时一些金属碳酸盐的溶解度,以及它们对 pH 的依赖关系。

② $CaCO_3(s)$ 在纯水中的溶解:溶液中的溶质为 Ca^{2+}、$H_2CO_3^*$、HCO_3^-、CO_3^{2-}、H^+ 和 OH^-,有六个未知数。因此在一定的压力和温度下,需要有相应方程限定溶液的组成。如果考虑所有溶解出来的 Ca^{2+} 在浓度上必然等于溶解碳酸化合态的总和,就可得到方程:

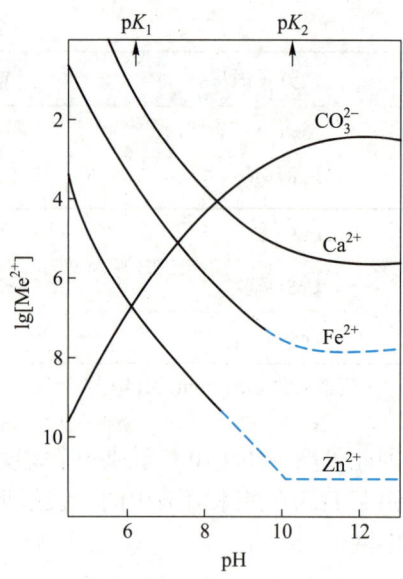

图 3-9 封闭体系中 c_T = 常数时,$MeCO_3(s)$ 的溶解度($c_T = 3 \times 10^{-3}$mol/L)

(资料来源:Stumm 和 Morgan,1996)

$$[Ca^{2+}]=c_T \tag{3-54}$$

此外,溶液必须满足电中性条件:

$$2[Ca^{2+}]+[H^+]=[HCO_3^-]+2[CO_3^{2-}]+[OH^-] \tag{3-55}$$

达到平衡时,可以用 $CaCO_3(s)$ 的溶度积来考虑:

$$[Ca^{2+}]=\frac{K_{sp}}{[CO_3^{2-}]}=\frac{K_{sp}}{c_T\alpha_2} \tag{3-56}$$

将式(3-56)和式(3-54)综合考虑,可得出下式:

$$[Ca^{2+}]=\left(\frac{K_{sp}}{\alpha_2}\right)^{\frac{1}{2}} \tag{3-57}$$

$$-lg[Ca^{2+}]=0.5pK_{sp}-0.5p\alpha_2 \tag{3-58}$$

对于其他金属碳酸盐则可写为

$$-lg[Me^{2+}]=0.5pK_{sp}-0.5p\alpha_2 \tag{3-59}$$

将式(3-56)代入式(3-55),可得

$$\left(\frac{K_{sp}}{\alpha_2}\right)^{\frac{1}{2}}(2-\alpha_1-2\alpha_2)+[H^+]-\frac{K_w}{[H^+]}=0 \tag{3-60}$$

可用试算法求解。同样可以用 pc-pH 图表示碳酸钙溶解度与 pH 的关系。

当 pH>pK_2 时,$\alpha_2 \approx 1$,则

$$\lg [Ca^{2+}] = 0.5 \lg K_{sp}$$

当 $pK_1 < pH < pK_2$ 时，$\alpha_2 \approx K_2/[H^+]$，则

$$\lg [Ca^{2+}] = 0.5 \lg K_{sp} - 0.5 \lg K_2 - 0.5pH$$

当 $pH < pK_1$ 时，$\alpha_2 \approx K_2 K_1 /[H^+]^2$，则

$$\lg [Ca^{2+}] = 0.5 \lg K_{sp} - 0.5 \lg K_1 K_2 - pH$$

图 3-10 给出某些金属碳酸盐溶解度曲线图。

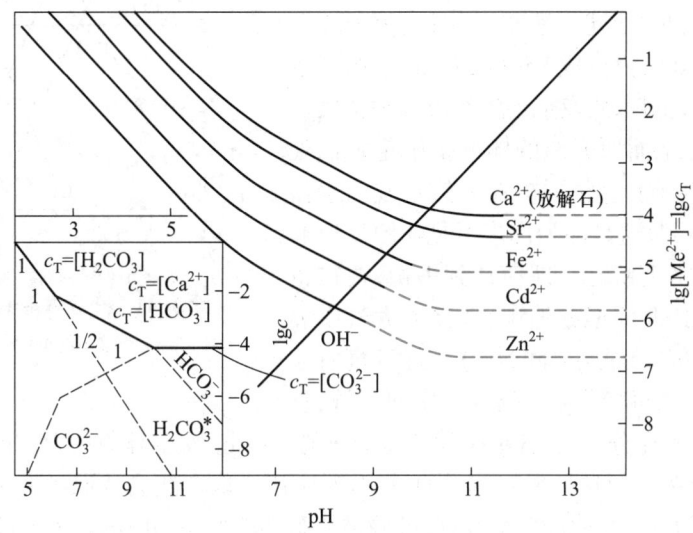

图 3-10 某些金属碳酸盐溶解度

（资料来源：Stumm 和 Morgan，1996）

（2）开放体系

向纯水中加入 $CaCO_3(s)$，并且将此溶液暴露于含有 CO_2 的气相中，因大气中 CO_2 分压固定，溶液中的 CO_2 浓度也相应固定，根据前面的讨论：

$$c_T = \frac{[CO_2]}{\alpha_0} = \frac{1}{\alpha_0} K_H p_{CO_2}$$

$$[CO_3^{2-}] = \frac{\alpha_2}{\alpha_0} K_H p_{CO_2}$$

由于要与气相中 CO_2 处于平衡，此时 $[Ca^{2+}]$ 就不再等于 c_T，但仍保持同样的电中性条件：

$$2[Ca^{2+}] + [H^+] = c_T(\alpha_1 + 2\alpha_2) + [OH^-] \tag{3-61}$$

综合气-液平衡式和固-液平衡式，可以得到基本计算式：

$$[Ca^{2+}] = \frac{\alpha_2}{\alpha_0} \cdot \frac{K_{sp}}{K_H p_{CO_2}} \tag{3-62}$$

同样可将此关系推广到其他金属碳酸盐，绘出 pc-pH 图（图 3-11）。

三、氧化还原

氧化还原是水环境中污染物的重要转化过程。水体的氧化还原状态在很大程度上决定了水中主要溶质的性质。例如一个厌氧性湖泊，其湖下层的元素都将以还原形态存在：碳还原成-4价形成 CH_4，氮形成 NH_4^+，硫形成 H_2S，铁形成可溶性 Fe^{2+}。而表层水由于可以被大气中的氧饱和，成为相对氧化性介质。如果达到热力学平衡时，上述元素将以氧化态存在：碳形成 CO_2，氮形成 NO_3^-，铁形成 $Fe(OH)_3$ 沉淀，硫形成 SO_4^{2-}。显然这种变化对水质及水生生物影响都很大。

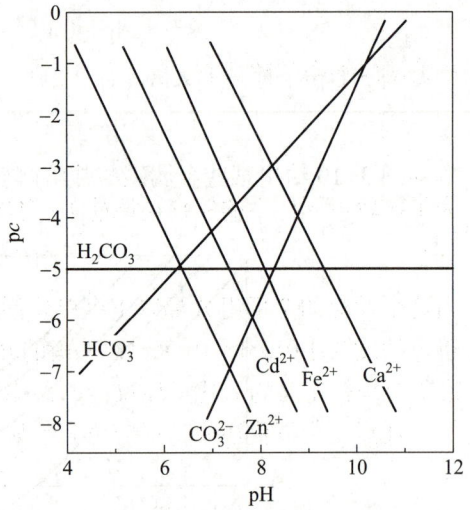

图 3-11　开放体系中的碳酸盐溶解度
（资料来源：Stumm和Morgan，1996）

需要注意的是下面所介绍的体系都假定它们处于热力学平衡。实际上这种平衡在天然水或污水体系中几乎不可能达到，这是因为许多氧化还原反应非常缓慢，很少达到平衡状态。即使达到平衡，往往也是在局部区域内，如海洋或湖泊中，在接触大气中氧气的表层与沉积物的最深层之间，氧化还原环境有显著的差别。在两者之间有无数个局部的中间区域，它们是由混合或扩散不充分，以及各种生物活动造成的。因此，实际体系中存在的是几种不同氧化还原反应的混合行为。但这种平衡体系的设想，对于用一般方法去认识污染物在水体中发生化学变化趋向会有很大帮助，通过平衡计算，可提供体系必然发展趋向的边界条件。

1. 电子活度和氧化还原电位

（1）电子活度的概念

酸碱反应和氧化还原反应之间存在着概念上的相似性，酸和碱用质子给予体和质子接受体来解释，故 pH 的定义为

$$pH = -\lg a_{H^+} \tag{3-63}$$

式中：a_{H^+}——氢离子在水溶液中的活度，它衡量溶液接受或解离出质子的相对趋势。

与此相似，还原剂和氧化剂可以定义为电子给予体和电子接受体，同样可以定义 pE 为

$$pE = -\lg a_e \tag{3-64}$$

式中：a_e——水溶液中电子的活度。

从 pE 概念可知，pE 是量纲为 1 的指标，它衡量溶液中可供给电子的水平。pE 越小，体系电子浓度越高，给出电子的倾向就越强，体系呈现还原态。反之，pE 越大，电子浓度越低，体系接受电子的倾向就越强，体系呈现氧化态。

（2）氧化还原电位 E 和 pE 的关系

氧化还原反应实质是电子在物质间的传递，将一个完整的氧化还原反应分成两个半反应，两个半反应之间的电子传递通过导线传递，就产生了电位差和电流。电位差 ΔE 与两个反应的自由能变化（ΔG）是直接相关的：

$$\Delta G = -nF\Delta E \tag{3-65}$$

n 是传递电子的数目，F 是法拉第常数（$F = 96\,500$ C/mol）。

因为

$$\Delta G = -RT\lg K \tag{3-66}$$

K 是反应平衡常数，则有

$$\Delta E = \frac{2.303RT}{nF}\lg K \tag{3-67}$$

为了比较不同体系的氧化还原能力，定义一个标准半反应：

$$2H^+(aq) + 2e^- \rightleftharpoons H_2(g) \tag{3-68}$$

当这个反应的全部组分都以 1 个单位活度存在时，该反应的 ΔG 可定义为零。即当 $H^+(aq)$ 在 1 单位活度与 $1.013\,0 \times 10^5$ Pa H_2 平衡的介质中，电子活度也为 1.00，即 $pE = 0.0$。这个半反应的标准氢电极被定义为氧化还原反应的参比电极。

任意一个氧化还原半反应可表示如下（注意，一般将氧化态写在方程的左边）：

$$Ox + ne^- \rightleftharpoons Red \tag{3-69}$$

其在标准状态下与标准氢电极之间的电位差（ΔE）为 $E^\ominus$，根据能斯特（Nernst）方程一般式，则上述反应在任意条件下的 E 可表达为

$$E = E^\ominus - \frac{2.303RT}{nF}\lg\frac{[Red]}{[Ox]} \tag{3-70}$$

从理论上考虑亦可将反应方程式（3-69）的平衡常数（K）表示为

$$K = \frac{[Red]}{[Ox][e^-]^n}$$

$$[e^-] = \left\{\frac{[Red]}{K[Ox]}\right\}^{\frac{1}{n}}$$

根据 pE 的定义，则上式可改写为

$$pE = -\lg[e^-] = \frac{1}{n}\left\{\lg K - \lg\frac{[Red]}{[Ox]}\right\} = \frac{EF}{2.303RT} = \frac{1}{0.059\,1}E \quad (25\ ℃) \tag{3-71}$$

同样

$$pE^\ominus = \frac{nE^\ominus F}{2.303RT} = \frac{1}{0.059\,1}E^\ominus \quad (25\ ℃) \tag{3-72}$$

因此，根据 Nernst 方程，pE 的一般表示形式为

$$pE = pE^\ominus + \frac{1}{n}\lg\left(\frac{[反应物]}{[生成物]}\right) \tag{3-73}$$

对于包含 n 个电子的氧化还原反应，其平衡常数为

$$\lg K = \frac{nE^\ominus F}{2.303RT} = \frac{nE^\ominus}{0.059\,1} \quad (25\ ℃) \tag{3-74}$$

此处 $E^\ominus$ 是整个反应的 $E^\ominus$ 值，故平衡常数：

$$\lg K = n(pE^{\ominus}) \tag{3-75}$$

同样,对于一个包括 n 个电子的氧化还原反应,自由能变化可表达为:

$$\Delta G = -2.303nRT(pE) \tag{3-76}$$

2. 天然水体的 pE-pH 图

在氧化还原体系中,往往有 H^+ 或 OH^- 参与反应,因此,pE 除了与氧化态和还原态浓度有关外,还受到体系 pH 的影响,这种关系可以用 pE-pH 图来表示。该图显示了水中各形态的稳定范围及边界线。由于水中可能存在物质状态繁多,于是会使这种图变得非常复杂。例如一个金属,可以有不同的金属氧化态、羟基配合物,以及不同形式的固体金属氧化物或氢氧化物存在于用 pE-pH 图所描述的不同区域内,大部分水体中都含有碳酸盐并含有许多硫酸盐及硫化物,因此可以有各种金属的碳酸盐、硫酸盐及硫化物在各种不同区域中占主要地位。

（1）水的氧化还原限度

在绘制 pE-pH 图时,必须考虑几个边界情况。首先是水的氧化还原反应限度图中的区域边界。选 $1.013\ 0 \times 10^5$ Pa 的氧分压为水氧化限度的边界条件,$1.013\ 0 \times 10^5$ Pa 的氢分压为水还原限度的边界条件,由此可获得将水的稳定边界与 pH 联系起来的方程。

水的氧化限度:

$$\frac{1}{4}O_2 + H^+ + e^- \rightleftharpoons \frac{1}{2}H_2O \quad pE^{\ominus} = +20.75$$

$$pE = pE^{\ominus} + \lg\left\{p_{O_2}^{\frac{1}{4}}[H^+]\right\} \tag{3-77}$$

$$pE = 20.75 - pH \tag{3-78}$$

水的还原限度:

$$H^+ + e^- \rightleftharpoons \frac{1}{2}H_2 \quad pE^{\ominus} = 0.00$$

$$pE = pE^{\ominus} + \lg[H^+] \tag{3-79}$$

$$pE = -pH \tag{3-80}$$

表明水的氧化限度以上的区域为 O_2 稳定区,还原限度以下的区域为 H_2 稳定区,在这两个限度之内的 H_2O 是稳定的,也是水中各化合态分布的区域。

（2）pE-pH 图

下面以 Fe 为例,讨论如何绘制 pE-pH 图。假定溶液中溶解性铁的最大浓度为 1.0×10^{-7} mol/L,没有考虑 $Fe(OH)_2^+$ 及 $FeCO_3$ 等形态的生成,根据上面的讨论,Fe 的 pE-pH 图必须落在水的氧化还原限度内。下面根据各组分间的平衡方程对 pE-pH 的边界逐一推导。

① $Fe(OH)_3(s)$ 和 $Fe(OH)_2(s)$ 的边界。$Fe(OH)_3(s)$ 和 $Fe(OH)_2(s)$ 的平衡方程为:

$$Fe(OH)_3(s) + H^+ + e^- \rightleftharpoons Fe(OH)_2(s) + H_2O$$

$$\lg K = 4.62$$

$$K = \frac{1}{[H^+][e^-]}$$

$$pE = 4.62 - pH \tag{3-81}$$

以 pH 对 pE 作图,可得图 3-12 中的①,斜线上方为 $Fe(OH)_3(s)$ 稳定区,斜线下方为 $Fe(OH)_2(s)$ 稳定区。

② $Fe(OH)_2(s)$ 和 $Fe(OH)^+$ 的边界。根据平衡方程:

$$Fe(OH)_2(s) + H^+ \Longleftrightarrow Fe(OH)^+ + H_2O \quad lgK = 4.6$$

可得这两种形态的边界条件:

$$pH = 4.6 - lg\left[Fe(OH)^+\right]$$

将 $\left[Fe(OH)^+\right] = 1.0 \times 10^{-7}$ mol/L 代入,得

$$pH = 11.6 \tag{3-82}$$

故可画出一条平行 pE 轴的直线,如图 3-12 中②所示,表明与 pE 无关。直线左边为 $Fe(OH)^+$ 稳定区,直线右边为 $Fe(OH)_2(s)$ 稳定区。

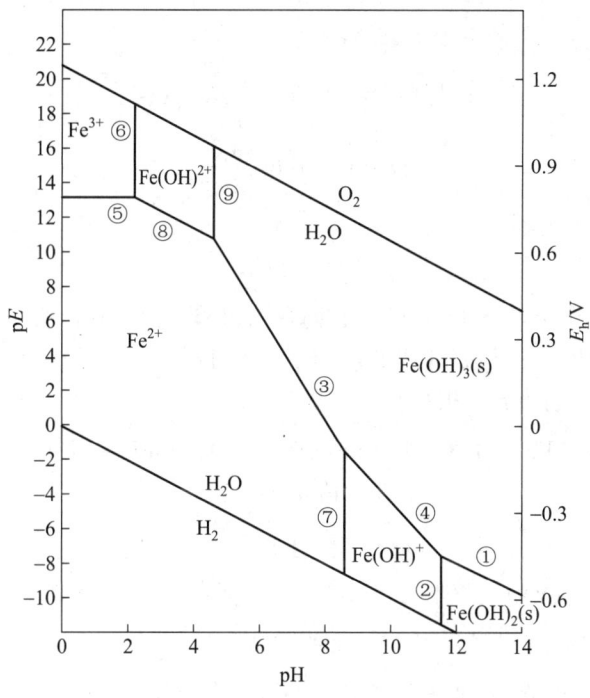

图 3-12 水中铁的 pE-pH 图
(总可溶性铁浓度为 1.0×10^{-7} mol/L)

③ $Fe(OH)_3(s)$ 与 Fe^{2+} 的边界。根据平衡方程:

$$Fe(OH)_3(s) + 3H^+ + e^- \Longleftrightarrow Fe^{2+} + 3H_2O \quad lgK = 17.9$$

可得这两种形态的边界条件:

$$pE = 17.9 - 3pH - lg\left[Fe^{2+}\right]$$

将 $\left[Fe^{2+}\right] = 1.0 \times 10^{-7}$ mol/L 代入,得

$$pE = 24.9 - 3pH \tag{3-83}$$

得到一条斜率为-3的直线,如图3-12中③所示。斜线上方为$Fe(OH)_3(s)$稳定区,斜线下方为Fe^{2+}稳定区。

④ $Fe(OH)_3(s)$与$Fe(OH)^+$的边界。根据平衡方程:

$$Fe(OH)_3(s) + 2H^+ + e^- \Longrightarrow Fe(OH)^+ + 2H_2O \quad lgK = 9.25$$

可得这两种形态的边界条件:

$$pE = 9.25 - 2pH - lg[Fe(OH)^+]$$

将$[Fe(OH)^+] = 1.0 \times 10^{-7} mol/L$代入,得

$$pE = 16.25 - 2pH \tag{3-84}$$

得到一条斜率为-2的直线,如图3-12中④所示。斜线上方为$Fe(OH)_3(s)$稳定区,下方为$Fe(OH)^+$稳定区。

⑤ Fe^{3+}与Fe^{2+}的边界。根据平衡方程:

$$Fe^{3+} + e^- \Longrightarrow Fe^{2+} \quad lgK = 13.1$$

可得

$$pE = 13.1 + lg\frac{[Fe^{3+}]}{[Fe^{2+}]}$$

边界条件为$[Fe^{3+}] = [Fe^{2+}]$,则

$$pE = 13.1 \tag{3-85}$$

因此,可绘出一条垂直于纵轴平行于pH轴的直线,如图3-12中⑤所示,表明与pH无关。当$pE > 13.1$时,$[Fe^{3+}] > [Fe^{2+}]$;当$pE < 13.1$时,$[Fe^{3+}] < [Fe^{2+}]$。

⑥ Fe^{3+}与$Fe(OH)^{2+}$的边界。根据平衡方程:

$$Fe^{3+} + H_2O \Longrightarrow Fe(OH)^{2+} + H^+ \quad lgK = -2.4$$

$$K = \frac{[Fe(OH)^{2+}][H^+]}{[Fe^{3+}]}$$

边界条件为$[Fe^{3+}] = [Fe(OH)^{2+}]$,则

$$pH = 2.4 \tag{3-86}$$

故可画出一条平行于pE的直线,如图3-12中⑥所示,表明与pE无关。直线左边为Fe^{3+}稳定区,直线右边为$Fe(OH)^{2+}$稳定区。

⑦ Fe^{2+}与$Fe(OH)^+$的边界。根据平衡方程:

$$Fe^{2+} + H_2O \Longrightarrow Fe(OH)^+ + H^+ \quad lgK = -8.6$$

$$K = \frac{[Fe(OH)^+][H^+]}{[Fe^{2+}]}$$

边界条件为$[Fe(OH)^+] = [Fe^{2+}]$,则

$$pH = 8.6 \tag{3-87}$$

同样得到一条平行于pE的直线,如图3-12中⑦所示。直线左边为Fe^{2+}稳定区,直线右边为$Fe(OH)^+$稳定区。

⑧ Fe^{2+} 与 $Fe(OH)^{2+}$ 的边界。根据平衡方程:

$$Fe^{2+} + H_2O \rightleftharpoons Fe(OH)^{2+} + H^+ + e^- \quad lgK = -15.5$$

可得

$$pE = 15.5 + lg\frac{[Fe(OH)^{2+}]}{[Fe^{2+}]} - pH$$

边界条件为 $[Fe(OH)^{2+}] = [Fe^{2+}]$,则

$$pE = 15.5 - pH \tag{3-88}$$

得到一条斜线,如图 3-12 中⑧所示。斜线上方为 $Fe(OH)^{2+}$ 稳定区,斜线下方为 Fe^{2+} 稳定区。

⑨ $Fe(OH)^{2+}$ 与 $Fe(OH)_3(s)$ 边界。根据平衡方程:

$$Fe(OH)_3(s) + 2H^+ \rightleftharpoons Fe(OH)^{2+} + 2H_2O \quad lgK = 2.4$$

$$K = \frac{[Fe(OH)^{2+}]}{[H^+]^2}$$

边界条件 $[Fe(OH)^{2+}] = 1.0 \times 10^{-7}$ mol/L 代入,得

$$pH = 4.7 \tag{3-89}$$

可得一平行于 pE 的直线,如图 3-12 中⑨所示,表明与 pE 无关。当 pH>4.7 时,$Fe(OH)_3(s)$ 将陆续析出。

至此,已制作 Fe 在水中的 pE-pH 图所必需的全部边界方程(图 3-12)。可以看出,当这个体系在 H^+ 活度极高、电子活度相当高时(酸性还原介质),Fe^{2+} 是主要形态(在大多数天然水体系中,由于 FeS 或 $FeCO_3$ 的沉淀作用,Fe^{2+} 的可溶性范围是很窄的),在这种条件下,一些地下水中含有相当水平的 Fe^{2+};在 H^+ 活度极高但电子活度低时(酸性氧化介质),Fe^{3+} 是主要的;在低酸度的氧化介质中,$Fe(OH)_3(s)$ 是主要的存在形态。最后在碱性的还原介质中,具有低的 H^+ 活度及高的电子活度,固体 $Fe(OH)_2$ 是稳定的。注意,在通常的水体 pH 范围内(5~9),$Fe(OH)_3$ 或 Fe^{2+} 是主要的稳定形态。

3. 天然水的 pE 和决定电位

天然水中含有许多无机及有机氧化剂和还原剂。水中主要的氧化剂有溶解氧、Fe(III)、Mn(IV) 和 S(VI),其作用后分别转变为 H_2O、Fe(II)、Mn(II) 和 S(-II)。水中主要还原剂有种类繁多的有机物、Fe(II)、Mn(II) 和 S(-II),在还原物质的过程中,有机物本身的氧化产物是非常复杂的。

由于天然水是一个复杂的氧化还原混合体系,其 pE 应介于其中各个单体系的电位之间,而且接近含量较高的单体系的电位。若某个单体系的含量比其他体系高得多,则此时该单体系电位几乎等于混合复杂体系的 pE,称为"决定电位"。在一般天然水环境中,溶解氧是"决定电位"物质;而在有机物累积的厌氧环境中,有机物是"决定电位"物质;介于两者之间者,则其"决定电位"为溶解氧体系和有机物体系的结合。

从这个概念出发,可以计算天然水中的 pE。

若水中 $p_{O_2} = 0.21 \times 10^5$ Pa,将 $[H^+] = 1.0 \times 10^{-7}$ mol/L 代入式(3-77),则

$$pE = 20.75 + lg\left[\left(\frac{p_{O_2}}{1.013 \times 10^5 \text{ Pa}}\right)^{\frac{1}{4}} \times [H^+]\right]$$

$$= 20.75 + lg\left[\left(\frac{0.21 \times 10^5}{1.013 \times 10^5}\right)^{\frac{1}{4}} \times 1.0 \times 10^{-7}\right]$$

$$= 13.58$$

说明这是一种好氧的水,这种水存在夺取电子的倾向。

若是有机物丰富的水体,由于微生物活动消耗了大量的氧气,成为厌氧水。例如一个由微生物作用产生 CH_4 及 CO_2 的厌氧水,假定 $p_{CO_2} = p_{CH_4}$ 和 pH = 7.00,其相关的半反应为:

$$\frac{1}{8}CO_2 + H^+ + e^- \rightleftharpoons \frac{1}{8}CH_4 + \frac{1}{4}H_2O \quad pE^\ominus = 2.87$$

$$pE = pE^\ominus + \lg\left(\frac{p_{CO_2}^{\frac{1}{8}}[H^+]}{p_{CH_4}^{\frac{1}{8}}}\right)$$

$$= 2.87 + \lg[H^+]$$

$$= -4.13$$

这个数值是负值,说明这是还原性环境,有提供电子的倾向。但是这个数值并没有超过水在 pH = 7.00 时还原极限-7.00。

从上面计算可以看到,天然水的 pE 随水中溶解氧的减少而降低,因而表层水呈氧化性环境,深层水及沉积物呈还原性环境,同时天然水的 pE 随 pH 减小而增大。经过调查,各类天然水 pE 及 pH 情况如图 3-13 所示。此图反映了不同水质区域的氧化还原特性,氧化性最强的是上方同大气接触的富氧区,这一区域代表大多数河流、湖泊和海洋水的表层情况;还原性最强的是下方富含有机物的缺氧区,这一区域代表富含有机物的水体沉积物和湖、海底层水情况。在这两个区域之间的是基本上不含氧、有机物比较丰富的沼泽水等。

4. 无机氮化物的氧化还原转化

水中无机氮主要以 NH_4^+ 或 NO_3^- 形态存在,在某些条件下,也可以有中间氧化态 NO_2^-。像许多水中的氧化还原反应那样,氮体系的转化反应是在微生物的催化作用下形成的。下面讨论中性天然水的 pE 变化对无机氮形态浓度的影响。

假设总氮浓度为 1.00×10^{-4} mol/L,水体 pH = 7.00。

① 在较低的 pE 值时(pE<5),NH_4^+ 是主要形态。在这个 pE 范围内,NH_4^+ 的浓度对数则可表示为

$$\lg[NH_4^+] = -4.00 \tag{3-90}$$

$\lg[NO_2^-]$ 与 pE 的关系可以根据含有 NO_2^- 及 NH_4^+ 的半反应求得:

$$\frac{1}{6}NO_2^- + \frac{4}{3}H^+ + e^- \rightleftharpoons \frac{1}{6}NH_4^+ + \frac{1}{3}H_2O \quad pE^\ominus = 15.14$$

pH = 7.00 时就可表达为

$$pE = 5.82 + \lg\frac{[NO_2^-]^{\frac{1}{6}}}{[NH_4^+]^{\frac{1}{6}}} \tag{3-91}$$

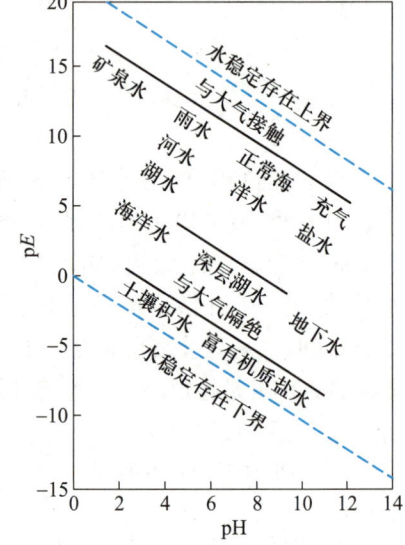

图 3-13 不同天然水在 pE-pH 图中的位置

将 $[NH_4^+] = 1.00 \times 10^{-4}$ mol/L 代入,就可得到 lg$[NO_2^-]$与 pE 的相关方程:

$$\lg[NO_2^-] = -38.92 + 6pE \tag{3-92}$$

当 NH_4^+ 是主要形态并有 1.00×10^{-4} mol/L 浓度时,lg$[NO_3^-]$与 pE 的关系为

$$\frac{1}{8}NO_3^- + \frac{5}{4}H^+ + e^- \rightleftharpoons \frac{1}{8}NH_4^+ + \frac{3}{8}H_2O \quad pE^\ominus = 14.90$$

$$pE = 6.15 + \lg\frac{[NO_3^-]^{\frac{1}{8}}}{[NH_4^+]^{\frac{1}{8}}} \quad (pH = 7.00) \tag{3-93}$$

$$\lg[NO_3^-] = -53.20 + 8pE \tag{3-94}$$

② 在一个狭窄的 pE 范围内,pE 为 6.5 左右,NO_2^- 是主要形态。在这个 pE 范围内,NO_2^- 的浓度对数根据方程可表示为

$$\lg[NO_2^-] = -4.00 \tag{3-95}$$

将 $[NO_2^-] = 1.00 \times 10^{-4}$ mol/L 代入式(3-91)中,得

$$pE = 5.82 + \lg\frac{(1.00 \times 10^{-4}\,mol/L)^{\frac{1}{6}}}{[NH_4^+]^{\frac{1}{6}}}$$

$$\lg[NH_4^+] = 30.92 - 6pE \tag{3-96}$$

在 NO_2^- 占优势的范围内,lg$[NO_3^-]$可从下面的方程中得到:

$$\frac{1}{2}NO_3^- + H^+ + e^- \rightleftharpoons \frac{1}{2}NO_2^- + \frac{1}{2}H_2O \quad pE^\ominus = 14.15$$

$$pE = 7.15 + \lg\frac{[NO_3^-]^{\frac{1}{2}}}{[NO_2^-]^{\frac{1}{2}}} \quad (pH = 7.00) \tag{3-97}$$

当$[NO_2^-] = 1.00 \times 10^{-4}$ mol/L 时

$$\lg[NO_3^-] = -18.30 + 2pE \tag{3-98}$$

③ 当 pE>7,溶液中氮的形态主要为 NO_3^-,此时

$$\lg[NO_3^-] = -4.00 \tag{3-99}$$

lg$[NO_2^-]$的方程也可在 pE>7 时获得,将$[NO_3^-] = 1.00 \times 10^{-4}$ mol/L代入式(3-97),得

$$pE = 7.15 + \lg\frac{(1.00 \times 10^{-4}\,mol/L)^{\frac{1}{2}}}{[NO_2^-]^{\frac{1}{2}}}$$

$$\lg[NO_2^-] = 10.30 - 2pE \tag{3-100}$$

以此类推,代入式(3-94)给出在 NO_3^- 占优势区的$[NH_4^+]$对数的方程:

$$pE = 6.15 + \lg\frac{(1.00 \times 10^{-4}\,mol/L)^{\frac{1}{8}}}{[NH_4^+]^{\frac{1}{8}}}$$

$$\lg\left[NH_4^+\right]=45.20-8pE \tag{3-101}$$

至此,绘制水中氮系统的浓度对数图所需要的全部方程均已求得。以 pE 对 $\lg\left[X\right]$ 作图,即可得到水中 NH_4^+-NO_2^--NO_3^- 体系的浓度对数图(图3-14)。由图可见,在低 pE 范围,NH_4^+ 是主要形态;在中间 pE 范围,NO_2^- 是主要形态;在高 pE 范围,NO_3^- 是主要形态。

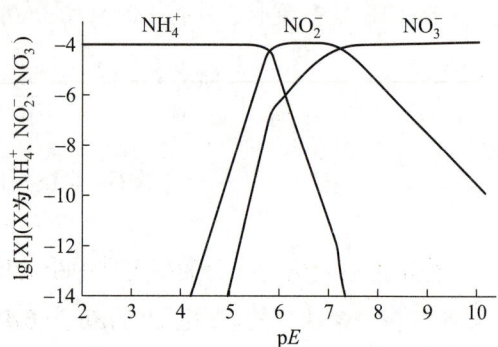

图 3-14　水中 NH_4^+-NO_2^--NO_3^- 体系的浓度对数图($pH = 7.00$,总氮浓度 $= 1.00 \times 10^{-4}$ mol/L)
（资料来源：Manahan,1984）

四、配合作用

污染物特别是重金属污染物,大部分以配合物形态存在于水体中,其迁移、转化及毒性等均与配合作用有密切关系。例如,大部分重金属在水体中可溶态是配合形态,配合作用促进重金属迁移。自由铜离子的毒性大于配合态铜;也有配合态重金属毒性大于自由离子的报道,关键问题是哪一种形态更能为生物所利用。

天然水体中重要的无机配体有 OH^-、Cl^-、CO_3^{2-}、HCO_3^-、F^-、S^{2-} 等。以上离子除 S^{2-} 外,均属于 Lewis 硬碱,它们易与硬酸进行配合。如 OH^- 在水溶液中将优先与某些作为中心离子的硬酸配合(如 Fe^{3+}、Mn^{3+} 等),形成羟基配合离子或氢氧化物沉淀,而 S^{2-} 则更易和重金属如 Hg^{2+}、Ag^+ 等形成多硫配合离子或硫化物沉淀。按照这一规则,可以定性地判断某个金属离子在水体中的形态。

有机配体情况比较复杂,天然水体中包括动植物组织的天然降解产物,如氨基酸、糖类、腐殖酸,以及生活废水中的洗涤剂、清洁剂、NTA、DTA、农药和大分子环状化合物等。这些有机物相当一部分具有配合能力。

1. 配合物在溶液中的稳定性

配合物在溶液中的稳定性是指配合物在溶液中解离成中心离子(原子)和配体,当解离达到平衡时解离程度的大小。为了讨论中心离子(原子)和配体性质对稳定性的影响,先简述配合物的形成特征。

水中金属离子可以与电子供体结合,形成一个配合物(或离子)。例如,Cd^{2+} 和一个配体 CN^- 结合形成 $CdCN^+$ 配离子:

$$Cd^{2+} + CN^- \longrightarrow CdCN^+$$

$CdCN^+$ 还可继续与 CN^- 结合逐渐形成稳定性较弱的配合物 $Cd(CN)_2$、$Cd(CN)_3^-$ 和 $Cd(CN)_4^{2-}$。在这个例子中,CN^- 是一个单齿配体,其分子中仅有一个位置与 Cd^{2+} 成键,所形成的单齿配合物对天然水的重要性并不大,更重要的是多齿配体。多齿配体是具有不止一个配位原子的配体,如甘氨酸、乙二胺是二齿配体,二乙基三胺是三齿配体,乙二胺四乙酸根是六齿配体,它们与中心原子形成的环状配合物称为螯合物。显然,螯合物比单齿配体所形成的配合物稳定性要大得多。例如,乙二胺与铬离子所形成的环状配合物即是螯合物,其结构如下:

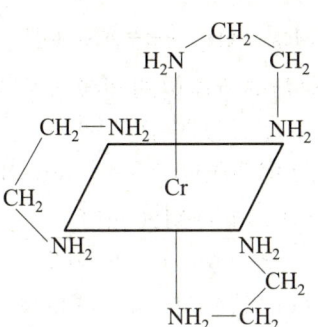

(en- 乙二胺, 齿数 2)

稳定常数是衡量配合物稳定性大小的尺度, 如 $Zn(NH_3)^{2+}$ 可由下面反应生成:

$$Zn^{2+} + NH_3 \rightleftharpoons Zn(NH_3)^{2+}$$

生成常数 K_1 为

$$K_1 = \frac{[Zn(NH_3)^{2+}]}{[Zn^{2+}][NH_3]} = 3.9 \times 10^2$$

在上述反应中为了简便起见, 把水合水省略了。然后 $Zn(NH_3)^{2+}$ 继续与 NH_3 反应, 生成 $Zn(NH_3)_2^{2+}$:

$$Zn(NH_3)^{2+} + NH_3 \rightleftharpoons Zn(NH_3)_2^{2+}$$

生成常数 K_2 为

$$K_2 = \frac{[Zn(NH_3)_2^{2+}]}{[Zn(NH_3)^{2+}][NH_3]} = 2.1 \times 10^2$$

K_1、K_2 称为逐级生成常数(或逐级稳定常数), 表示 NH_3 加至中心 Zn^{2+} 上是一个逐步的过程。累积稳定常数是指几个配体加至中心金属离子过程的加和。例如 $Zn(NH_3)_2^{2+}$ 的生成可用下面反应式表示:

$$Zn^{2+} + 2NH_3 \rightleftharpoons Zn(NH_3)_2^{2+}$$

β_2 为累积稳定常数(或累积生成常数):

$$\beta_2 = \frac{[Zn(NH_3)_2^{2+}]}{[Zn^{2+}][NH_3]^2} = K_1 \cdot K_2 = 8.2 \times 10^4$$

同样, 对于 $Zn(NH_3)_3^{2+}$ 的 $\beta_3 = K_1 \cdot K_2 \cdot K_3$, $Zn(NH_3)_4^{2+}$ 的 $\beta_4 = K_1 \cdot K_2 \cdot K_3 \cdot K_4$。

概括起来, 配合物平衡反应相应的平衡常数可表示如下:

$$K_n = \frac{[ML_n]}{[ML_{n-1}][L]} \tag{3-102}$$

$$\beta_n = \frac{[ML_n]}{[M][L]^n} \tag{3-103}$$

K_n 或 β_n 越大, 配离子越难解离, 配合物也越稳定。因此, 从稳定常数的值可以算出溶液中各级配离子的平衡浓度。

2. 羟基对重金属离子的配合作用

由于大多数重金属离子均能水解, 其水解过程实际上就是羟基配合过程, 它是影响一些重金属难溶盐溶解度的主要因素, 因此, 人们特别重视羟基对重金属的配合作用。现以 Me^{2+} 为例:

$$Me^{2+} + OH^- \rightleftharpoons Me(OH)^+$$

$$K_1 = \frac{[Me(OH)^+]}{[Me^{2+}][OH^-]} \tag{3-104}$$

$$Me(OH)^+ + OH^- \rightleftharpoons Me(OH)_2^0$$

$$K_2 = \frac{[Me(OH)_2^0]}{[Me(OH)^+][OH^-]} \tag{3-105}$$

$$Me(OH)_2^0 + OH^- \rightleftharpoons Me(OH)_3^-$$

$$K_3 = \frac{[Me(OH)_3^-]}{[Me(OH)_2^0][OH^-]} \tag{3-106}$$

$$Me(OH)_3^- + OH^- \rightleftharpoons Me(OH)_4^{2-}$$

$$K_4 = \frac{[Me(OH)_4^{2-}]}{[Me(OH)_3^-][OH^-]} \tag{3-107}$$

这里 K_1、K_2、K_3 和 K_4 为羟基配合物的逐级生成常数。在实际计算中,常用累积生成常数 β_1、β_2、β_3、…表示。

$$Me^{2+} + OH^- \rightleftharpoons Me(OH)^+ \quad \beta_1 = K_1 \tag{3-108}$$

$$Me^{2+} + 2OH^- \rightleftharpoons Me(OH)_2^0 \quad \beta_2 = K_1 \cdot K_2 \tag{3-109}$$

$$Me^{2+} + 3OH^- \rightleftharpoons Me(OH)_3^- \quad \beta_3 = K_1 \cdot K_2 \cdot K_3 \tag{3-110}$$

$$Me^{2+} + 4OH^- \rightleftharpoons Me(OH)_4^{2-} \quad \beta_4 = K_1 \cdot K_2 \cdot K_3 \cdot K_4 \tag{3-111}$$

以 β 代替 K,计算各种羟基配合物占金属总量的百分数(以 ψ 表示),它与累积生成常数及 pH 有关。

$$[Me]_T = [Me^{2+}] + [Me(OH)^+] + [Me(OH)_2^0] + [Me(OH)_3^-] + [Me(OH)_4^{2-}] \tag{3-112}$$

由以上五式可得

$$[Me]_T = [Me^{2+}]\{1 + \beta_1[OH^-] + \beta_2[OH^-]^2 + \beta_3[OH^-]^3 + \beta_4[OH^-]^4\} \tag{3-113}$$

设　　　　　　　　$\alpha = 1 + \beta_1[OH^-] + \beta_2[OH^-]^2 + \beta_3[OH^-]^3 + \beta_4[OH^-]^4$

则　　　　　　　　$[Me]_T = [Me^{2+}] \cdot \alpha$

$$\psi_0 = \frac{[Me^{2+}]}{[Me]_T} = \frac{1}{\alpha} \tag{3-114}$$

$$\psi_1 = \frac{[Me(OH)^+]}{[Me]_T} = \frac{\beta_1[Me^{2+}][OH^-]}{[Me]_T} = \psi_0\beta_1[OH^-] \tag{3-115}$$

$$\psi_2 = \frac{[Me(OH)_2^0]}{[Me]_T} = \psi_0\beta_2[OH^-]^2 \tag{3-116}$$

$$\cdots\cdots$$

$$\psi_n = \frac{[Me(OH)_n^{n-2}]}{[Me]_T} = \psi_0\beta_n[OH^-]^n \tag{3-117}$$

在一定温度下，β_1、β_2、$\cdots$、β_n 等为定值，累积稳定常数 $\beta_{1\sim4}$ 分别为 $10^{4.3}$、$10^{7.7}$、$10^{10.3}$、$10^{12.0}$，ψ 仅是 pH 的函数。

图 3-15 表示了 Cd^{2+}-OH^- 配离子在不同 pH 下的分布。由图 3-15 可看出：当 pH<8 时，镉基本上以 Cd^{2+} 形态存在；pH = 8 时，开始形成 $Cd(OH)^+$ 配离子；pH $\approx$ 10 时，$Cd(OH)^+$ 达到峰值；pH = 11.5 时，$Cd(OH)_2^0$ 达到峰值；pH = 13 时，$Cd(OH)_3^-$ 达到峰值；当 pH>13 时，则 $Cd(OH)_4^{2-}$ 占优势。

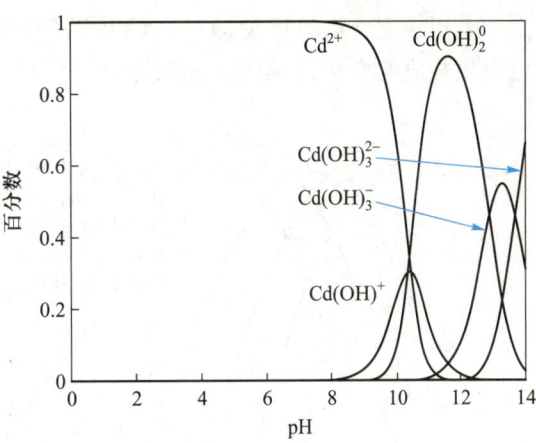

图 3-15　Cd^{2+}-OH^- 配离子在不同 pH 下的分布
（资料来源：王晓蓉和顾雪元，2018）

3. 氯离子对重金属的配合作用

氯离子是很强的配合剂，特别是在海水环境中对重金属在水中的溶解发挥重要作用。水环境中氯离子与重金属的配合作用主要存在以下几种形态：

$$Me^{2+} + Cl^- \rightleftharpoons MeCl^+$$
$$Me^{2+} + 2Cl^- \rightleftharpoons MeCl_2^0$$
$$Me^{2+} + 3Cl^- \rightleftharpoons MeCl_3^-$$
$$Me^{2+} + 4Cl^- \rightleftharpoons MeCl_4^{2-}$$

氯离子与重金属的配合程度取决于 Cl^- 的浓度，也取决于重金属离子对 Cl^- 的亲和力。例如 Cd^{2+} 与 Cl^- 的累积配合作用：

$$Cd^{2+} + Cl^- \rightleftharpoons CdCl^+ \qquad \beta_1 = 95.5$$
$$Cd^{2+} + 2Cl^- \rightleftharpoons CdCl_2^0 \qquad \beta_2 = 398$$
$$Cd^{2+} + 3Cl^- \rightleftharpoons CdCl_3^- \qquad \beta_3 = 200$$
$$Cd^{2+} + 4Cl^- \rightleftharpoons CdCl_4^{2-} \qquad \beta_4 = 50.0$$

当体系离子强度为 1.0 mol/L，在 25 ℃ 和 $1.013\ 0 \times 10^5$ Pa 条件下，这些常数是适用的。若限制体系 pH 低到 $Cd(OH)^+$ 羟基配合物可忽略时，则可得

$$[Cd]_T = [Cd^{2+}] + [CdCl^+] + [CdCl_2^0] + [CdCl_3^-] + [CdCl_4^{2-}] \tag{3-118}$$

各种氯配合物占金属总量的百分数的 ψ 值与 pCl 有关的函数：

$$\psi_0 = \frac{[Cd^{2+}]}{[Cd]_T} = \frac{1}{1 + \beta_1[Cl^-] + \beta_2[Cl^-]^2 + \beta_3[Cl^-]^3 + \beta_4[Cl^-]^4}$$

$$\psi_1 = \frac{[CdCl^+]}{[Cd]_T} = \psi_0\beta_1[Cl^-]$$

$$\psi_2 = \frac{[CdCl_2^0]}{[Cd]_T} = \psi_0\beta_2[Cl^-]^2$$

$$\psi_3 = \frac{[CdCl_3^-]}{[Cd]_T} = \psi_0\beta_3[Cl^-]^3$$

$$\psi_4 = \frac{[CdCl_4^{2-}]}{[Cd]_T} = \psi_0\beta_4[Cl^-]^4$$

若以氯配合物的 ψ 或 $\lg\psi$ 与 pCl 作图（见图 3-16），则可观察到当 pCl 改变时，主要含镉的形态也发生相应的变化，在很低的 pCl 下，体系以 $CdCl_4^{2-}$ 形态为主，在高 pCl 条件下，则以 Cd^{2+} 为主。

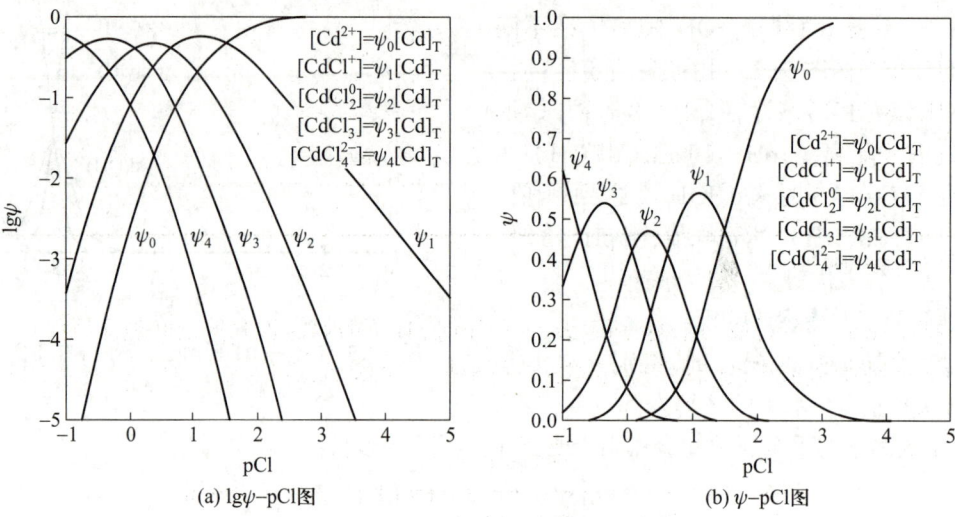

(a) $\lg\psi$-pCl图　　　　　　(b) ψ-pCl图

图 3-16　Cd^{2+}-Cl^-体系的逐级配合作用

4. 有机配体对重金属迁移的影响

水溶液中金属离子与共存的有机配体生成配合物，这种配合物能够改变金属离子的赋存状态，从而对重金属的迁移产生重要影响。

（1）影响颗粒物（悬浮物或沉积物）对重金属的吸附

配体可能以下列方式影响重金属离子的吸附：① 与金属离子生成配合物，或与表面争夺可吸附位，使吸附受到抑制；② 若配体仅形成弱配合物，并且对固体表面亲和力很小，则不致引起吸附量的明显变化；③ 若配体能生成强配合物，并同时对固体表面具有较强的亲和力，则可能会增大吸附量。

Vuceta 等研究了柠檬酸对 Cu(Ⅱ) 和 Pb(Ⅱ) 在 α-石英上吸附的影响（见图 3-17），结果表明，配体的存在降低了 α-石英对 Cu(Ⅱ) 和 Pb(Ⅱ) 的吸附能力。

若配体被吸附，又有一个强的配合官能团指向溶液，则明显提高颗粒物对痕量金属的吸附量。Davis 等（1978）研究了谷氨酸、吡啶-2-羧

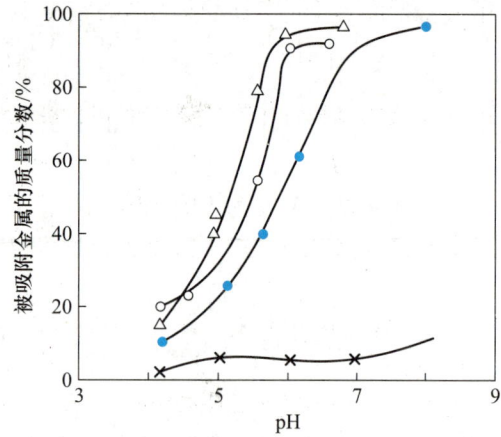

△:Cu(Ⅱ);○:Pb(Ⅱ);×:Cu(Ⅱ)+5×10^{-6} mol/L 柠檬酸;
●:Pb(Ⅱ)+5×10^{-6} mol/L 柠檬酸

图 3-17　柠檬酸对 Cu(Ⅱ) 和 Pb(Ⅱ) 在 α-石英上吸附的影响

酸（皮考啉酸）和吡啶-2,3-二羧酸（2,3-PDCA）存在时，$Fe(OH)_3$ 对 Cu(Ⅱ) 吸附的影响。结果表明，谷氨酸和 2,3-PDCA 增加了 $Fe(OH)_3$ 对 Cu(Ⅱ) 的吸附；而吡啶-2-羧酸则无此效果。这是因为吡啶-2-羧酸在 $Fe(OH)_3$ 的表面配合可能涉及羧基和含氮杂原子的电子给予体，因此，吸附态吡啶-2-羧酸盐离子没有额外的配位基对金属发生配合作用。而吸附态谷氨

酸和 2,3-PDCA 尚存在指向溶液的配位基,与 Cu(Ⅱ)形成 Cu(Ⅱ)-谷氨酸和 Cu(Ⅱ)-2,3-PDCA 配合物(图 3-18)。

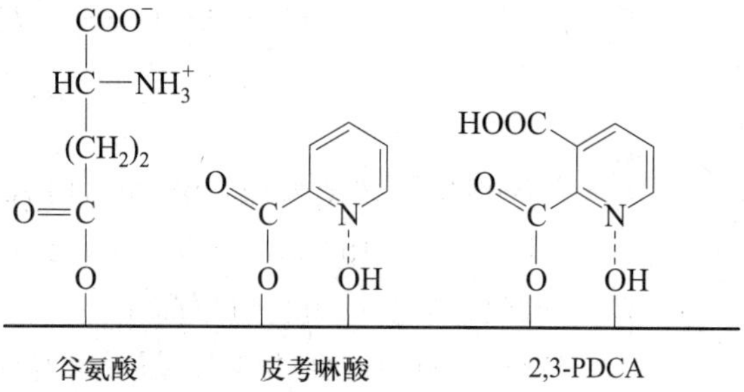

（2）影响重金属的溶解度

重金属和羟基的配合作用,提高了重金属氢氧化物的溶解度。例如氢氧化锌(汞),按溶度积计算,水中 Zn^{2+} 应为 0.861 mg/L,而 Hg^{2+} 应为 0.039 mg/L。但由于进一步水解配合生成氢氧根配合物阴离子,水中溶解态锌总量达到 160 mg/L,溶解态汞总量达

图 3-18 吸附谷氨酸盐、皮考啉酸和 2,3-PDCA 形成的表面配合物

107 mg/L。同样,氯离子也可提高氢氧化物的溶解度,当[Cl⁻]为 1 mol/L 时,$Hg(OH)_2$ 和 HgS 的溶解度分别提高了 10^5 倍和 3.6×10^7 倍。

随着络合剂的广泛使用及其难降解性,一些配合剂在水环境中的浓度日益升高,人们普遍关心其在水环境中日益升高的浓度对重金属的形态、流动性及生态风险产生影响。现举例说明,氮基三乙酸(nitrilotriacetic acid,NTA)配合剂对 Pb 溶解性影响。

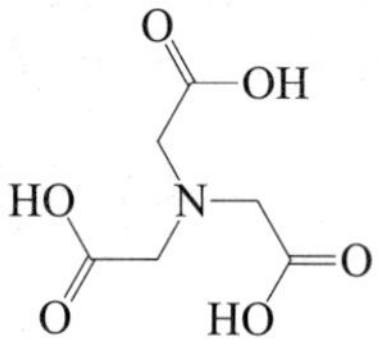

NTA

氮基三乙酸 NTA 也可以写作 H_3T,在溶液中可以分三步失去 H^+ 而生成 T^{3-} 阴离子,同时中间的 N 也可以获得一个质子而带正电。

$$H_3T + H^+ \rightleftharpoons H_4T^+$$

$$K_{a0} = \frac{[H_4T^+]}{[H_3T][H^+]} = 10 \quad pK_{a0} = -1$$

$$H_3T \rightleftharpoons H^+ + H_2T^-$$

$$K_{a1} = \frac{[H^+][H_2T^-]}{[H_3T]} = 2.18 \times 10^{-2} \quad pK_{a1} = 1.66$$

$$H_2T^- \rightleftharpoons H^+ + HT^{2-}$$

$$K_{a2} = \frac{[H^+][HT^{2-}]}{[H_2T^-]} = 1.12 \times 10^{-3} \quad pK_{a2} = 2.95$$

$$HT^{2-} \rightleftharpoons H^+ + T^{3-}$$

$$K_{a3} = \frac{[H^+][T^{3-}]}{[HT^{2-}]} = 5.25 \times 10^{-11} \quad pK_{a3} = 10.28$$

从这些平衡表示式中可以看出,未配合的 NTA 可以五种形态(H_4T^+、H_3T、H_2T^-、HT^{2-} 和 T^{3-})中的任何一种存在于溶液中,这些形态的百分数与 pH 有关(图 3-19)。

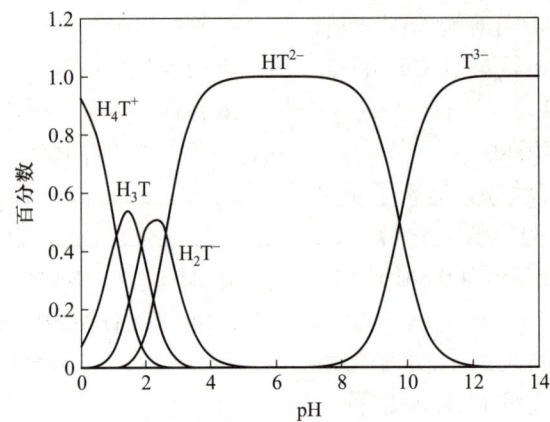

图 3-19 水中 NTA 形态百分数与 pH 的关系图
(资料来源：王晓蓉和顾雪元，2018)

在 pH = 8 时，主要形态为 HT^{2-}，则总反应式为：

$$Pb(OH)_2(s) + HT^{2-} \rightleftharpoons PbT^- + OH^- + H_2O$$

已知

$$Pb(OH)_2(s) \rightleftharpoons Pb^{2+} + 2OH^- \quad K_{sp} = [Pb^{2+}][OH^-]^2 = 1.61 \times 10^{-20}$$

$$HT^{2-} \rightleftharpoons H^+ + T^{3-} \quad K_{a3} = \frac{[H^+][T^{3-}]}{[HT^{2-}]} = 5.25 \times 10^{-11}$$

$$Pb^{2+} + T^{3-} \rightleftharpoons PbT^- \quad K_f = \frac{[PbT^-]}{[Pb^{2+}][T^{3-}]} = 2.45 \times 10^{11}$$

$$H^+ + OH^- \rightleftharpoons H_2O \quad \frac{1}{K_w} = \frac{1}{[H^+][OH^-]} = \frac{1}{1.00 \times 10^{-14}}$$

$$K = \frac{[PbT^-][OH^-]}{[HT^{2-}]} = \frac{K_{sp}K_{a3}K_f}{K_w} = 2.07 \times 10^{-5}$$

假设 NTA 的总浓度为 10^{-4} mol/L，

$[PbT^-]/[HT^{2-}] = K/[OH^-] = 20.7$，则 $[PbT^-] = 9.53 \times 10^{-5}$ mol/L

Pb 的相对分子质量为 207，在水相中的浓度可以达到约 20 mg/L。而没有 NTA 存在时，$Pb(OH)_2$ 的溶解度仅为 3.33 μg/L。NTA 使得 Pb 的溶解度增加 6 000 倍。

以上可解释在实际水体中为什么沉积物中重金属可再次释放至水体。同理，废水中配体的存在可使管道和含有重金属沉淀中的重金属重新溶解，降低去除重金属污染的效率。

5. 腐殖质的配合作用

天然水中对水质影响最大的有机物是溶解性有机质，它是有机质可溶解部分，相对分子质量为 300~30 000，甚至更高。有机质由生物体物质在土壤、水和沉积物中转化而成，一般根据其在碱和酸溶液中的溶解度划分为三类。① 腐殖酸（humic acid）：可溶于稀碱液但不溶于酸的部分，相对分子质量为数千到数万；② 富里酸（fulvic acid）：可溶于酸又可溶于碱的部分，相对分子质量为数百到数千；③ 胡敏素（humin）：不能被酸和碱提取的部分。溶解性有机质主要包括富里酸和部分腐殖酸。

在腐殖酸和胡敏素中，碳含量为 50%~60%，氧含量为 30%~35%，氢含量为 4%~6%，氮含量为 2%~4%;而富里酸中碳和氮含量较少,分别为 44%~50% 和 1%~3%,氧含量较多,为 44%~50%。不同地区和不同来源的有机质其相对分子质量和元素组成都有很大区别。

有机质中除含有大量苯环及脂肪链外,还含有大量羧基、醇基和酚基等极性基团。富里酸单位质量含有的含氧官能团数量较多,因而亲水性也较强。这些官能团在水中可以解离,因此,溶解性有机质具有高分子电解质的特征,并表现为酸性。

溶解性有机质与金属离子生成配合物是它们最重要的环境效应之一,金属离子能在溶解性有机质中的羧基及羟基间螯合成键:

$$\text{（结构式）} + M^{2+} \rightleftharpoons \text{（结构式）} + H^+$$

或者在两个羧基间螯合:

$$\text{（结构式）}$$

或者与一个羧基形成配合物:

$$\text{（结构式）}$$

溶解性有机质与金属配合作用对重金属在环境中的迁移转化有重要影响。Matson 等指出 Cd、Pb 和 Cu 在美洲的大湖(Great Lakes)区水中不存在游离离子,而是以腐殖酸配合物形式存在。彭安等曾研究天津蓟运河中腐殖酸对汞的迁移转化的影响,结果表明腐殖酸对沉积物中汞有显著的溶出作用,并对河水中溶解态汞的吸附和沉淀有抑制作用。另外,如果溶解性有机质本身的吸附能力很强,那么可与重金属离子配合形成共吸附。而且,与大多数聚羧酸一样,溶解性有机质可发生聚集,特别是在 pH 较低或者 Ca^{2+} 和 Mg^{2+} 存在时(浓度大于 10^{-3}mol/L)时,溶解性有机质发生聚集沉淀。

溶解性有机质对水体中重金属的配合作用还将影响重金属对水生生物的毒性。彭安等曾进行了蓟运河腐殖酸影响汞对藻类、浮游动物、鱼的毒性实验。腐殖酸可减弱汞对藻类和浮游动物的抑制作用;但不同生物富集汞的效应不同,腐殖酸增加了汞在鲤鱼和鲫鱼体内的富集,而降低了汞在软体动物棱螺体内的富集。

第三节　水中有机污染物的迁移转化

有机污染物在水环境中的迁移转化主要取决于有机污染物本身的性质及水体的环境条件。有机污染物一般通过吸附作用、挥发作用、水解作用、光解作用、生物富集和生物降解作用等过程进行迁移转化,研究这些过程,将有助于阐明污染物的归趋和可能产生的危害。

一、吸附-解吸

有机污染物的吸附-解吸是其最基础迁移转化过程,影响其归宿和生态效应,吸附态污染物具有降低了的生物有效性,微生物降解及生物摄取都随之降低。有机污染物的吸附受化学品性质和天然吸附剂(颗粒物、沉积物、土壤等)性质影响。最初的研究主要集中在憎水性有机污染物,认为向有机质的分配作用是有机污染物吸附的主要机理。随着研究的深入,有机污染物特别是极性有机污染物的吸附机理还包括由范德瓦耳斯(van der Waals)作用力、氢键及 π-π 电子供体-受体作用加强的表面吸附及孔填充;对于可解离有机污染物,吸附还包括静电作用力。

1. 吸附理论

20 世纪 70 年代以来,研究发现疏水性有机污染物的吸附与吸附剂有机质含量成正比。例如,Lambert 从美国各地收集了 25 种不同类型的土壤样品,测量两种农药(有机磷与氨基甲酸酯)在土壤-水间的分配,结果表明当土壤有机质含量为 0.5%~40% 时,其分配系数与有机质含量成正比。Karickhoff 等研究了 10 种芳香烃与氯化烃在池塘和河流沉积物上的吸附,结果表明当各种沉积物的颗粒物大小一致时,其分配系数与沉积物中有机碳含量成正比。Chiou 进一步指出,当有机物在水中含量增高接近其溶解度时,疏水性有机物在土壤上的吸附等温线仍为直线(图 3-20),而且发现土壤-水分配系数与水中吸附质的溶解度成反比。

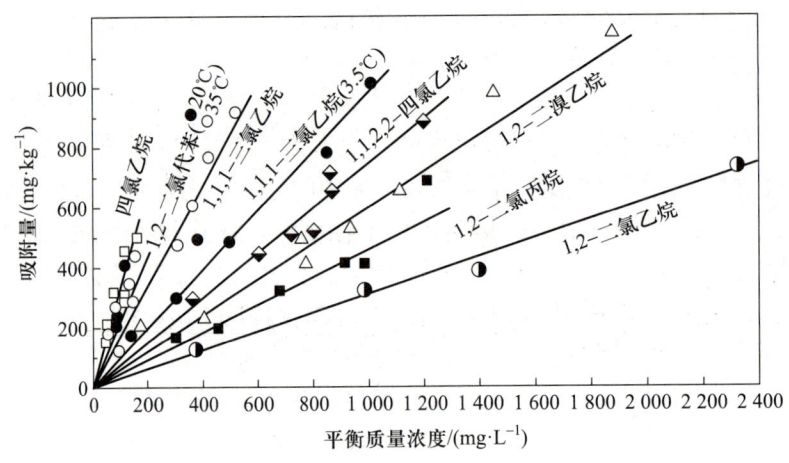

图 3-20　一些非离子性有机物的吸附等温线(土壤-水体系)

(资料来源:Chiou 等,1979)

此外,用活性炭吸附上述几种有机物,在相同溶质含量范围内所观察到的等温线是高度非线性的(图 3-21),只有在低含量时,吸附等温线才呈线性关系。由此提出了,在土壤-水体系中,土壤对非离子性有机物的吸附主要是溶质的分配过程(溶解),即非离子性有机物可通过溶解作用分配到土壤有机质中。

实际上,有机物在土壤(沉积物)中的吸附存在两种主要机理:① 分配作用,即在水溶液中,土壤有机质对有机物的溶解作用,而且在溶质的整个溶解范围内,吸附等温线都是线性的,与表面吸附点位无关,只与有机物的溶解度相关。因而,放出的吸附热少。② 表面吸附作用,土壤矿

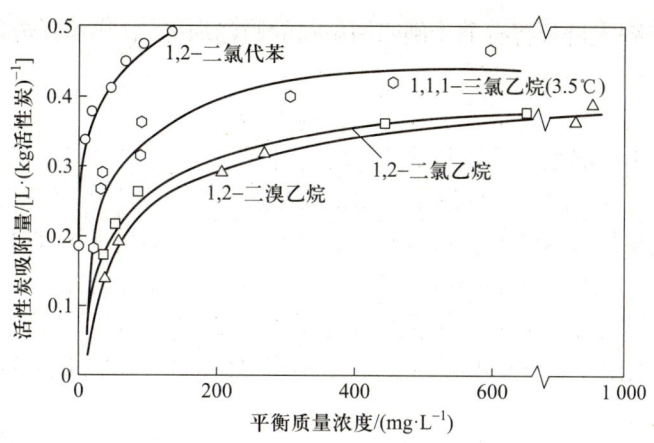

图3-21　活性炭对一些非离子性有机化合物的吸附等温线

（资料来源：Chiou，1981）

物质对有机物的表面吸附作用主要包括范德瓦耳斯力、氢键、离子偶极键、配位键及 π-π 电子供体受体作用。其吸附等温线是非线性的，并存在竞争吸附，同时在吸附过程中往往要放出大量热，来补偿反应中熵的损失。由于水分子对表面吸附具有极强的竞争力，表面吸附主要发生在干环境中，或者吸附剂本身有机质含量较低时，以及具有极性基团的有机污染物。另外，吸附剂中遍布着孔径各异的微孔，发生在微孔内表面的吸附对表面吸附的贡献大，这一过程又称作孔填充作用。因此，表面吸附与吸附剂的强作用点位及表面积相关。

　　必须强调的是，分配理论已被广泛接受和应用，但若有机物含量很低，分配则不起主要作用。在自然界中，有机污染物的吸附由多种过程共同完成，吸附可用线性方程和非线性方程组成的双元模型描述：

$$Q_s = KC_w + K_F C_w^n \qquad (3-119)$$

2. 有机碳标化分配系数

有机污染物在沉积物（或土壤）与水之间的分配，可用分配系数 K_d 表示：

$$K_d = \frac{Q_s}{C_w} \qquad (3-120)$$

式中：Q_s、C_w——分别为有机污染物在沉积物中和水中的平衡质量浓度。

　　在分配理论中，有机质对有机污染物的吸附起重要贡献，因此引入有机碳标化的分配系数 K_{oc}：

$$K_{oc} = \frac{K_d}{f_{oc}} \qquad (3-121)$$

式中：K_{oc}——标化的分配系数，即以有机碳为基础表示的分配系数；

　　　　f_{oc}——沉积物中有机碳的质量分数。

　　这样，对于每一种有机物可得到与沉积物特征无关的一个 K_{oc}。因此，某种有机物不论遇到何种类型沉积物（或土壤），只要知道其有机碳含量，就可求得相应的分配系数。

　　根据线性自由能相关关系，可由化合物的辛醇-水分配系数（K_{ow}）预测 K_{oc}。对于不同类型化合物，K_{oc}-K_{ow} 线性相关关系的系数不同，如对于多环芳烃和多氯联苯分别有如下关系：

$$K_{oc} = 0.5 \times K_{ow}^{0.98} \tag{3-122}$$

$$K_{oc} = 1.4 \times K_{ow}^{0.74} \tag{3-123}$$

K_{ow} 等于物质在两种介质中的活度系数之比，由于有机污染物在辛醇中的活度系数变化范围很窄，而且与其在水中的活度系数具有相关性，$\lg K_{ow}$ 与 $\lg S_w$（水溶解度）呈现负相关，$\lg K_{oc}$ 与 $\lg S_w$ 也呈现负相关关系。

Chiou 等（1977）研究了一系列疏水性化学物质（包括脂肪烃、芳香烃、芳香酸、有机氯和有机磷农药、多氯联苯等）的吸附，这些化合物的水溶解度跨越 8 个数量级，发现 $\lg K_{oc}$ 与 $\lg S_w$ 存在很好的负相关性（图 3-22）。

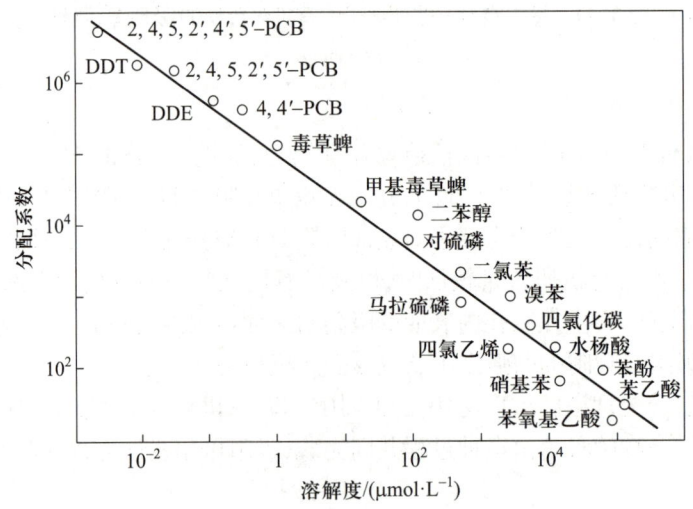

图 3-22　有机物在水中的溶解度和有机碳标化分配系数的关系
（资料来源：Chiou 等，1977）

3. 解吸

吸附态有机污染物的解吸是决定其生物有效性的关键过程。研究发现，在大多数情况下，有机污染物的解吸不能按照吸附的相反过程发生，解吸等温线偏离吸附等温线，这一现象称为不可逆吸附或者解吸的迟滞。不可逆吸附是造成沉积物或土壤中有机污染物锁定的主要原因，锁定态污染物生物有效性低下，导致持久性残留。可用解吸迟滞系数 HI 表示不可逆程度：

$$HI = \frac{q_e^d - q_e^s}{q_e^s}\bigg|_{T,C_e} \tag{3-124}$$

式中：q_e^s——吸附平衡时物质的吸附量；

q_e^d——对应同一个溶液平衡浓度（C_e）下解吸平衡时物质的吸附量；

T——温度。

微孔、有机质的致密芳香结构（硬碳）及表面高能点位是造成污染物解吸滞后的关键微观结构。污染物作用时间延长（老化），可使污染物迁移至微孔或者有机质致密结构中，导致不可逆性加强,锁定态增加,这是造成历史遗留污染现场修复效率低下的主要原因之一。

二、挥发作用

挥发作用是有机物从溶解态转入气相的一种重要迁移过程。大气是污染物进行长距离迁移的重要途径,因此污染物在大气-水、大气-土壤间的分配是决定其归宿的关键过程。

有机污染物在水体中的挥发速率依赖于该物质的性质和水体的特征。世界卫生组织(WHO)将熔点低于室温而沸点为 50~260 ℃的有机物定义为挥发性有机物(VOCs),沸点为 240~400 ℃的有机物定义为半挥发性有机物(SVOCs)。

对于有机污染物挥发速率的预测,可以根据以下关系得到:

$$\frac{\partial c}{\partial t} = -\frac{k_v\left(c - \dfrac{p}{K_H}\right)}{Z} = -k_v'\left(c - \frac{p}{K_H}\right) \tag{3-125}$$

式中:c——溶解相中有机污染物的浓度;

$\quad k_v$——挥发速率常数;

$\quad k_v'$——单位时间混合水体的挥发速率常数;

$\quad Z$——水体的混合深度;

$\quad p$——有机污染物在水面上大气中的分压;

$\quad K_H$——亨利常数。

在许多情况下,化合物的大气分压是零,所以式(3-125)可简化为

$$\frac{\partial c}{\partial t} = -k_v' c \tag{3-126}$$

根据总污染物浓度(c_T,包括各种形态,如溶解态、颗粒物吸附态等)计算时,则式(3-126)可改写为

$$\frac{\partial c_T}{\partial t} = -k_{v,m} c_T \tag{3-127}$$

$$k_{v,m} = -\frac{-k_v \alpha_w}{Z} \tag{3-128}$$

式中:α_w——有机污染物溶解态分数。

1. 亨利定律

亨利定律表示当一种化学物质在气-液相达到平衡时,溶解于水相的浓度与气相中化学物质浓度(或分压力)有关,亨利定律的一般表示式为

$$p = K_H c_w \tag{3-129}$$

式中:p——污染物在大气中的平衡分压,Pa;

$\quad c_w$——污染物在水中平衡浓度,mol/m³;

$\quad K_H$——亨利常数,Pa·m³/mol。

在文献报道中,有多种形式表达亨利常数,常用的方法是

$$K_H' = \frac{c_a}{c_w} \tag{3-130}$$

式中:c_a——污染物在空气中的浓度,mol/m^3;

K'_H——亨利常数的替换形式,量纲为1。

根据式(3-129)和式(3-130),以及理想气体方程,可得如下关系式:

$$K'_H = \frac{K_H}{RT} = \frac{K_H}{(8.314 \text{ J} \cdot \text{mol}^{-1} \cdot \text{K}^{-1})T} = (4.1 \times 10^{-4} \text{ mol/J})K_H \quad (20 \text{ ℃}) \quad (3-131)$$

式中:T——水的热力学温度,K;

R——摩尔气体常数。

对于微溶化合物(摩尔分数≤0.02),亨利常数的估算公式为

$$K_H = \frac{p_L^* \cdot M_w}{C_w} \quad (3-132)$$

式中:p_L^*——纯化合物的饱和蒸气压,Pa;

M_w——化合物的摩尔质量,g/mol;

C_w——化合物在水中的溶解度,mg/L。

也可将 K_H 转换为量纲为1形式,此时亨利常数则为

$$K'_H = \frac{0.12 p_L^* M_w}{C_w T} \quad (3-133)$$

例如,二氯乙烷的蒸气压为 2.4×10^4 Pa,20 ℃时在水中的溶解度为 5 500 mg/L,其相对分子质量为99,根据式(3-132)和式(3-133),可分别计算出亨利常数 K_H 或 K'_H:

$$K_H = \left(2.4 \times 10^4 \times \frac{99}{5\ 500}\right) \text{Pa} \cdot \text{m}^3/\text{mol} = 432 \text{ Pa} \cdot \text{m}^3/\text{mol}$$

$$K'_H = 0.12 \times 2.4 \times 10^4 \times \frac{99}{5\ 500 \times 293} = 0.18$$

挥发过程对温度很敏感,亨利常数随温度升高而升高,可由克劳修斯-克拉佩龙方程量化:

$$\lg \frac{K_{H_2}}{K_{H_1}} = \frac{\Delta H_{vap}}{2.303R}\left(\frac{1}{T_1} - \frac{1}{T_2}\right) \quad (3-134)$$

式中:ΔH_{vap}——蒸发焓,J/mol。

这种表达方式假设 ΔH_{vap} 随温度变化不大,当考虑气相时,可使用 $\Delta H_{vap} + RT_{av}$ 进行校正,T_{av} 表示平均温度。

下面通过一个计算,说明温度对污染物在大气-水之间分配的影响。有一个浅塘,苯在两种介质中的浓度为 $C_a = 0.05$ mg/m³;$C_w = 0.4$ mg/m³,在如下两个季节:① 典型的夏季环境 ($T = 25$ ℃);② 典型的冬季环境($T = 5$ ℃),计算苯的大气-水交换方向。

解答:在 25 ℃时,可查得大气-水分配系数(K_{aw})是 0.22,大气中和水中浓度比为 $C_a/C_w = 0.05/0.4 = 0.125 < 0.22(K_{aw})$,因此苯从水中向大气中迁移。

在 5 ℃时,通过式(3-134)可计算得 K_{aw} 为 0.05,大气中和水中浓度比为 $C_a/C_w = 0.125 > 0.05$,因此苯从大气中向水中迁移。

这个简单的例子可直观说明持久性有机污染物(POPs)从赤道温暖地区向两极寒冷地区进

行全球迁移的热力学原因。

2. 挥发作用的双膜理论

双膜理论是基于化学物质从水中挥发时必须克服来自近水表层和空气层的阻力而提出的。这种阻力控制着化学物质由水向空气迁移的速率。图 3-23 显示了某种化学物质从水中挥发时的质量迁移过程。由图 3-23 可见,化学物质在挥发过程中要分别通过一个薄的"液膜"和一个薄的"气膜"。在气膜和液膜的界面上,液相浓度为 c_i,气相分压则用 p_{c_i} 表示,假设化学物质在气液界面上达到平衡并且遵循亨利定律,则

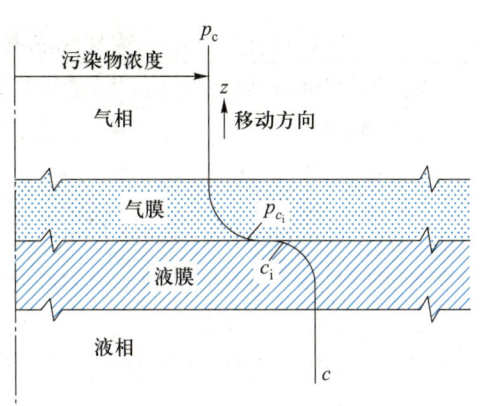

图 3-23　双膜理论示意图

$$p_{c_i} = K_H c_i \tag{3-135}$$

若在界面上不存在净积累,则一个相的质量通量必须等于另一个相的质量通量。因此,化学物质在 z 方向的通量(F_z)可表示为

$$F_z = -\frac{K_{gi}}{RT} \cdot (p_c - p_{c_i}) = K_{Li}(c - c_i) \tag{3-136}$$

式中:K_{gi}——在气相通过气膜的传质系数,

K_{Li}——在液相通过液膜的传质系数;

$(c - c_i)$——从液相挥发时存在的浓度梯度;

$(p_c - p_{c_i})$——在气相一侧存在一个气膜的浓度梯度。

根据式(3-136)可得

$$c_i = -\frac{K_{Li}c + K_{gi}p_c/(RT)}{K_{Li} + K_{gi}K_H/(RT)} \tag{3-137}$$

若以液相为主,气相的浓度为零,将 c_i 代入后得:

$$F_z = K_{Li}(c - c_i) = \frac{K_{Li}K_{gi}K_H/(RT)}{K_{Li} + K_{gi}K_H/(RT)} \cdot c$$

$$K_{vL} = \frac{K_{Li}K_{gi}K_H/(RT)}{K_{Li} + K_{gi}K_H/(RT)}$$

由于所分析的污染物是在水相,因而方程可写为:

$$\frac{1}{K_v} = \frac{1}{K_L} + \frac{RT}{K_g K_H} \tag{3-138}$$

或

$$\frac{1}{K_v} = \frac{1}{K_L} + \frac{1}{K_g K_H'} \tag{3-139}$$

由此可以看出,挥发速率常数依赖于 K_L、K_H' 和 K_g。当亨利常数大于 1.013×10^2 Pa·m³/mol 时,挥发作用主要受液膜控制;当亨利常数小于 1.013 Pa·m³/mol 时,挥发作用主要受气膜控制,此时均可用 $K_v = K_L$ 或 $K_v = K_H' K_g$ 这个简化方程。如果亨利常数介于两者之间,那么式中两项都是重要的。表 3-8 列出了地表水中污染物挥发速率的典型值。

表 3-8　地表水中污染物挥发速率的典型值

K_H/(Pa·m³·mol⁻¹)	K'_H	K_v/(cm·h⁻¹)①	K_v/d⁻¹ ②	
1.013×10^5	41.6	20	4.8	液膜控制
1.013×10^4	4.2	20	4.8	
1.013×10^3	4.2×10^{-1}	19.7	4.7	
1.013×10^2	4.2×10^{-2}	17.3	4.2	
10.13	4.2×10^{-3}	1.7	1.8	气膜控制
1.013	4.2×10^{-4}	1.2	0.3	
0.101 3	4.2×10^{-5}	0.1	0.02	
0.010 13	4.2×10^{-6}	0.01	0.02	

① $K_g = 3\,000$ cm/h,$K_L = 20$ cm/h。

② 水深 1 m。

　　根据双膜理论有两种方法可以用来估算挥发速率,第一种方法是一种比较简单的方法,使用"典型"的 K_L 和 K_g 值,仅 K_H 值是独立变量,可至少有七个数量级的变化。第二种方法是分别求出 K_L 和 K_g,而不是用假定的典型值。Mills(1981)根据水的蒸发速率,找到气相迁移速率,Mills 提出:

$$K'_g = 700\,v \tag{3-140}$$

式中:K'_g——水蒸气的气体迁移速率,cm/h;

　　　　v——风速,m/s。

　　另外,Linsley 等(1979)对于水的蒸发,也从经验关系式推导出表示式。Liss(1973)在一个实验测量时也发现:

$$K'_g = 1\,000\,v \tag{3-141}$$

　　式(3-140)和式(3-141)所使用的研究方法是不同的,但是它们吻合得很好。根据 Bird 等(1960)的渗透理论(penetration theory),K_g 和 K'_g 的相关性如下所示:

$$K_g = \left(\frac{D_a}{D_{wv}} \right)^{\frac{1}{2}} \cdot K'_g \tag{3-142}$$

式中:D_a——污染物在空气中的扩散系数;

　　　　D_{wv}——水蒸气在空气中的扩散系数。

　　扩散系数的数据可以在 Perry 和 Chilton(1973)的文献中找到,或者用 Wilke-Chang 的方法估算。在许多情况下,一个近似的扩散系数的比值可以采用:

$$\frac{D_a}{D_{wv}} = \left(\frac{18}{M_w} \right)^{\frac{1}{2}} \tag{3-143}$$

式中:M_w——污染物的相对分子质量。

　　表 3-9 显示出使用 Perry 和 Chilton 文献中的数据和使用式(3-143)所计算出的扩散系数的比值之间的差别,比值之间差别的百分数为 1%~27%,平均为 15%,这种一致性表明式(3-143)

可以用来计算扩散系数的比值。

表 3-9　若干污染物扩散系数列出值和预测值的比较

污染物	相对分子质量	Perry 和 Chilton 扩散系数/($cm^2 \cdot s^{-1}$)	预测值/($cm^2 \cdot s^{-1}$)	Perry 和 Chilton $\left(\dfrac{D_a}{D_{wv}}\right)^{\frac{1}{2}}$	预测值 $\left(\dfrac{D_a}{D_{wv}}\right)^{\frac{1}{2}}$	相差的百分数/%
氯苯	113	0.075	0.088	0.58	0.63	9
甲苯	92	0.076	0.097	0.59	0.66	12
氯仿	119	0.091	0.086	0.64	0.63	1
萘	128	0.051	0.083	0.48	0.61	27
蒽	178	0.042	0.070	0.44	0.56	27
苯	78	0.077	0.106	0.59	0.69	17

将式（3-140）、式（3-142）和式（3-143）合并，就可以得到 K_g 的最终表达式：

$$K_g = 700 \left(\frac{18}{M_w}\right)^{\frac{1}{4}} v \qquad (3\text{-}144)$$

这个表达式对于江、湖和河口都是适用的。

液相传质系数（K_L）可以根据该体系的复氧速率（K_a）来预测，Smith 等（1981）提出如下关系式：

$$K_L = \left(\frac{D_w}{D_{O_2}}\right)^n K_a' \quad (0.5 \leqslant n \leqslant 1) \qquad (3\text{-}145)$$

式中：D_w——水中污染物的扩散系数；

　　　D_{O_2}——水中溶解氧的扩散系数；

　　　K_a'——溶解氧的表面迁移速率，单位和 K_L 相同。

$$K_a = \frac{K_a'}{Z} \qquad (3\text{-}146)$$

式中：Z——水体的混合深度。

对于河流，混合深度就是总深度。对于河口，如果河口混合很好的话，那么混合深度就是总深度。对于湖泊，混合深度可以比总深度小，并且可以选择湖面层这个深度。

指数 n 随研究方法而变化，如果使用双膜理论，那么 $n = 0.5$。研究者发现在所使用的实验方法中，n 为 0.5~1.0。由于天然水体中水的流动一般是扰动，可以选择 $n = 0.5$。同样，根据近似的扩散系数比值，可以给出 K_L 的近似表达式为

$$K_L = \left(\frac{32}{M_w}\right)^{\frac{1}{4}} K_a' \qquad (3\text{-}147)$$

由上述可知，只要能求出 K_g 或 K_L，那么就可以算出挥发速率常散。

挥发作用的半衰期是指污染物浓度减少一半所需的时间，通常用下式计算：

$$t_{1/2}=\frac{0.693Z}{K_v} \tag{3-148}$$

如果体系中有悬浮固体存在，那么式（3-148）可改写为

$$t_{1/2}=\frac{0.693Z(1+K_dc_p)}{K_v} \tag{3-149}$$

式中：K_d——分配系数；

c_p——悬浮物的浓度。

由于吸附至沉积物的有毒物质对挥发作用没有直接的可利用性，挥发的总通量减少甚微。

三、水解作用

水解作用是有机污染物在自然水环境中一种重要的化学反应。在反应中，水分子中氧原子的孤对电子进攻有机污染物分子中的电正中心，有机物的官能团 X^- 和水中的 OH^- 发生交换，整个反应可表示为

$$RX+H_2O \rightleftharpoons ROH+HX$$

在环境条件下，可能发生水解的官能团有烷基卤、羧酸酯、酰胺、氨基甲酸酯、环氧化物、腈、膦酸酯、磷酸酯、磺酸酯、硫酸酯等。下面列出几类常见有机物的水解反应：

$$CH_3—CH_2—\underset{\underset{Br}{|}}{CH}—CH_3 \xrightarrow{H_2O} CH_3CH_2—\underset{\underset{OH}{|}}{CH}—CH_3 + Br^- + H^+$$

2-溴丁烷

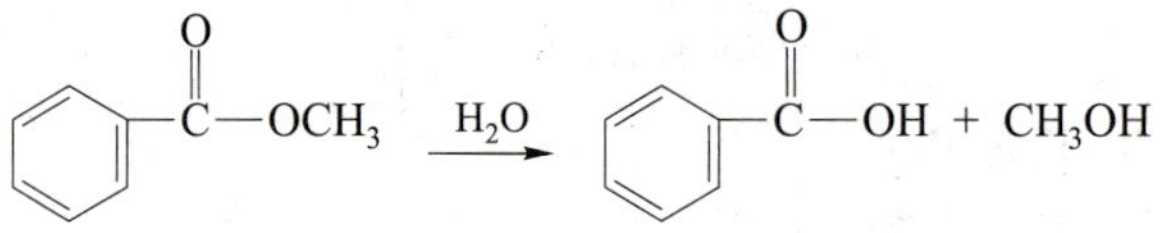

苯甲酸酯　　　　苯甲酸　　　　醇

$$CH_3\overset{\overset{O}{\|}}{P}(OCH_3)_2 \xrightarrow{H_2O} CH_3\overset{\overset{O}{\|}}{\underset{\underset{OH}{|}}{P}}—OCH_3 + CH_3OH$$

磷酸双酯　　　　磷酸单酯　　　　醇

$$CH_3O\overset{\overset{O}{\|}}{C}NHC_6H_5 \xrightarrow{H_2O} CH_3OH + CO_2 + C_6H_5NH_2$$

氨基甲酸酯　　　　醇　　　　苯胺

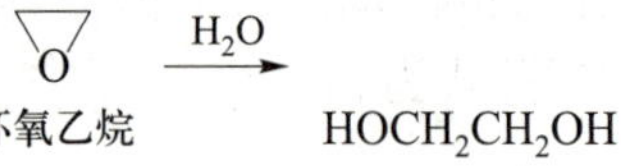

环氧乙烷　　　　$HOCH_2CH_2OH$ 乙二醇

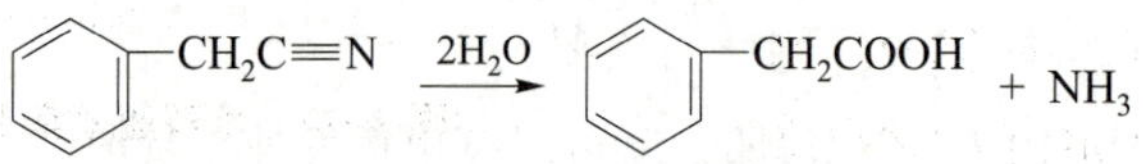

苯乙腈　　　　苯乙酸

水解作用可以改变反应分子,但并不总是生成低毒产物。例如2,4-D酯类的水解作用就生成毒性更大的2,4-D酸;而有些化合物的水解作用则生成低毒产物:

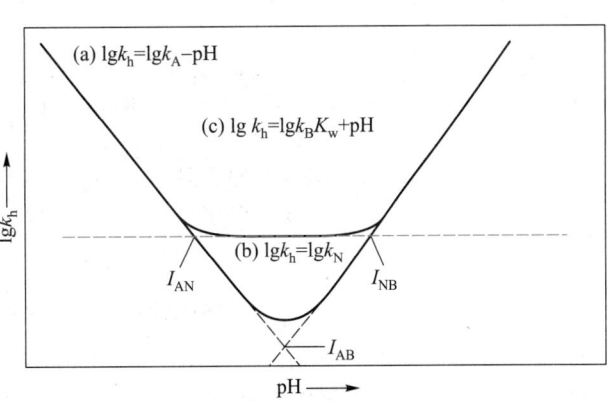

通常水中有机物的水解作用是一级反应,RX的消失速率正比于[RX],即

$$\frac{-d[RX]}{dt} = k_h[RX] \tag{3-150}$$

式中:k_h——水解速率常数。

[RX]降低一半所需的时间为半衰期,与[RX]无关:

$$t_{1/2} = \frac{0.693}{k_h} \tag{3-151}$$

实验表明,水解速率与pH有关。Mabey等把水解速率归纳为酸性催化、碱性催化和中性过程,因而水解速率可表示为

$$R_H = k_h c = (k_A[H^+] + k_N + k_B[OH^-])c \tag{3-152}$$

式中:k_A、k_B、k_N——分别为酸性催化、碱性催化和中性过程的二级反应水解速率常数。

k_h——在某一pH下准一级反应水解速率常数,又可写为

$$k_h = k_A[H^+] + k_N + \frac{k_B K_w}{[H^+]} \tag{3-153}$$

式中:K_w——水的离子积常数;

k_A,k_B和k_N可从实验求得。

改变pH可得一系列k_h。在$\lg k_h$-pH图(图3-24)中,可得三个交点对应于三个pH(I_{AN}、I_{AB}和I_{NB}),可由以下三式计算得到:

$$I_{AN} = -\lg \frac{k_N}{k_A} \tag{3-154}$$

$$I_{NB} = -\lg \frac{k_B K_w}{k_N} \tag{3-155}$$

$$I_{AB} = -\frac{1}{4}\lg \frac{k_B K_w}{k_A} \tag{3-156}$$

I_{AN}、I_{NB}和I_{AB}为酸催化、碱催化和中性过程中对k_h有显著影响的pH。如果某类有机物在$\lg k_h$-pH图中的交点落在pH 5~8范围内,那么在预测水解反

图3-24　水解速率常数与pH的关系

应速率时,必须考虑酸催化、碱催化作用的影响。表 3-10 列出了对有机官能团的酸催化、碱催化起重要作用的 pH 范围。

表 3-10　对有机官能团的酸催化、碱催化起重要作用的 pH 范围

种类	酸催化	碱催化
有机卤化物	无	>11
环氧化物	<3.8[①]	>10
脂肪酸酯	<1.2~3.1	>5.2~7.1[②]
芳香酸酯	<3.9~5.2[①]	>3.9~5.0[②]
酰胺	<4.9~7[①]	>4.9~7[②]
氨基甲酸酯	<2	>6.2~9[②]
磷酸酯	<2.8~3.6	>2.5~3.6

①水环境 pH 范围为 5<pH<8,酸催化是主要的。
②水环境 pH 范围为 pH>8,碱催化是主要的。

应该指出,并不是一切水解过程都有三个速率常数。例如,当 $k_N = 0$ 时,则图 3-24 中就只表现出 I_{AB},pH-水解速率曲线可以呈现 V 形(虚线)。

如果考虑吸附作用的影响,则水解速率常数(k_h)可写为

$$k_h = k_N + \alpha_w(k_A[H^+] + k_B[OH^-])　　　　（3-157）$$

式中:k_N——中性水解速率常数,s^{-1};

　　　α_w——有机物溶解态的分数;

　　　k_A——酸性催化水解速率常数,L/(mol·s);

　　　k_B——碱性催化水解速率常数,L/(mol·s)。

在实际水体中,除了酸碱催化,颗粒物及溶解性过渡金属离子也充当路易酸(Lewis)或者碱基作用,对水解起到催化作用。

四、光解作用

光解是有机污染物转化重要途径。光解可分为三类:第一类称为直接光解,化合物本身直接吸收太阳能而进行分解反应;第二类称为敏化光解,水体中存在的天然物质(如腐殖质等)被阳光激发,又将其激发态的能量转移给化合物而导致的分解反应;第三类是氧化光解,天然物质被辐照而产生自由基或纯态氧(又称单线态氧)等中间体,这些中间体又与化合物作用而生成转化产物。第二类为间接光解过程,第三类为氧化光解过程。

1. 直接光解

根据 Grothus-Draper 定律,只有可吸收辐射的分子才会进行光化学转化。这意味着自然环境中发生光化学反应的先决条件应该是污染物的吸收光谱要与太阳发射光谱在水环境中可利用的部分相适应。为了解水体中污染物对光子的平均吸收率,首先必须研究水环境中光的吸收作用。

(1)水环境中光的吸收作用

光以具有能量的光子与物质作用,物质分子能够吸收作为光子的能量,如果光子的相应能量

变化允许分子间能级之间的迁移,那么光的吸收是可能的。因此,光子被吸收的可能性随着光的波长而剧烈变化。下面首先讨论外来光强是如何到达水体表面的。

水环境中污染物光吸收作用仅来自太阳辐射可利用的能量。太阳发射几乎恒定强度的辐射和光谱分布,但是在地球表面上的气体和颗粒物通过散射和吸收作用改变了太阳的辐射强度,太阳光与大气相互作用改变了太阳辐射的光谱分布。

太阳辐射到水体表面的光强随波长而变化,特别是近紫外($290\sim320$ nm)区光强变化很大,而这部分紫外光在许多有机物发生光解中发挥重要作用。其次,光强随太阳射角高度的降低而降低,随季节变化很大。此外,由于太阳光通过大气时,有一部分被散射,使地面接收的光线除一部分是直射光(I_d)外,还有一部分是从天空来的散射光(I_s),在近紫外区,散射光要占到 50% 以上。

当太阳光束射到水体表面时,有一部分以与入射角 z 相等的角度反射回大气,从而减少光在水柱中的可利用性,一般情况下,这部分光的比例小于 10%,另一部分光由于被水体中颗粒物、可溶性物质和水本身散射,进入水体后发生折射从而改变方向(图 3-25)。

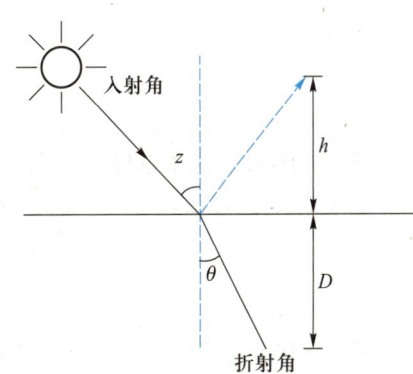

图 3-25 太阳光束从大气进入水体的途径

入射角 z(又称天顶角)与折射角 θ 的关系为:

$$n = \frac{\sin z}{\sin \theta}$$

式中:n——折射率,对于大气与水,$n = 1.34$。

在充分混合的水体中,根据朗伯(Lambert)定律,其单位时间吸收的光量为

$$I_\lambda = I_{0_\lambda}(1 - 10^{-\alpha_\lambda L}) \tag{3-158}$$

式中:I_{0_λ}——波长为 λ 的入射光强;

L——光程,即光在水中通过的距离;

α_λ——吸收系数。

单位体积光的平均吸收率(I_{α_λ}):

$$I_{\alpha_\lambda} = \frac{I_{d_\lambda}(1 - 10^{-\alpha_\lambda L_d}) + I_{s_\lambda}(1 - 10^{-\alpha_\lambda L_s})}{D} \tag{3-159}$$

式中:D——水体深度;

L_d——直射光程,$L_d = D \sec \theta$;

L_s——散射光程,$L_s = 2Dn[n - (n^2 - 1)^{\frac{1}{2}}]$。

当水体含有污染物时,吸收系数由 α_λ 变为 $(\alpha_\lambda + E_\lambda c)$,其中 E_λ 为污染物的摩尔消光系数,c 为污染物的浓度。光被污染物吸收的部分为 $E_\lambda c / (\alpha_\lambda + E_\lambda c)$。由于污染物在水中的浓度很低,$E_\lambda c \ll \alpha_\lambda$,$\alpha_\lambda + E_\lambda c \approx \alpha_\lambda$,因此,光被污染物吸收的平均速率($I'_{\alpha_\lambda}$)为

$$I'_{\alpha_\lambda} = I_{\alpha_\lambda} \frac{E_\lambda c}{j \; \alpha_\lambda} \tag{3-160}$$

或
$$I'_{\alpha_\lambda} = K_{\alpha_\lambda} c$$

$$K_{\alpha_\lambda} = I_{\alpha_\lambda} \frac{E_\lambda}{j\,\alpha_\lambda} \tag{3-161}$$

式中：j——光强单位转化为与 c 单位相适应的常数，若 c 以 mol/L 和光强以光子/（$cm^2 \cdot s$）为单位时，则 j 等于 6.02×10^{20}。

在下面两种情况下，方程可以简化：

① 如果 $\alpha_\lambda L_d$ 和 $\alpha_\lambda L_s$ 都大于 2，即意味着几乎所有担负光解的阳光都被体系吸收，那么 K_{α_λ} 表示式变为

$$K_{\alpha_\lambda} = \frac{(I_{d_\lambda} + I_{s_\lambda})E_\lambda}{j\,D\,\alpha_\lambda} \tag{3-162}$$

式（3-162）适用于水体深度大于透光层的情况，平均光解速率反比于水体深度。

② 如果 $\alpha_\lambda L_d$ 和 $\alpha_\lambda L_s$ 小于 0.02，那么 K_{α_λ} 变得与 α_λ 无关，表示式应变为

$$K_{\alpha_\lambda} = \frac{2.303 E_\lambda (I_{d_\lambda} L_d + I_{s_\lambda} L_s)}{j\,D} \tag{3-163}$$

式（3-163）甚至适用于 $E_\lambda c$ 超过 α_λ 的情况，只要（$\alpha_\lambda + E_\lambda c$）小于 0.02，即只有 5% 的光被吸收的体系就可用此式。若将光程 $L_d = D \sec\theta$，$L_s = 1.20D$ 代入式（3-163），则 K_{α_λ} 可变成下列形式：

$$K_{\alpha_\lambda} = \frac{2.303 E_\lambda Z_\lambda}{j} \tag{3-164}$$

$$Z_\lambda = I_{d_\lambda} \sec\theta + 1.20 I_{s_\lambda} \tag{3-165}$$

在实际水体中，往往介于上述两种情况之间，可利用光屏蔽因子进行计算。

（2）光量子产率

虽然所有光化学反应都吸收光子，但不是每一个被吸收的光子均诱发产生一个化学反应。除了化学反应外，被激发的分子还可能产生包括磷光、荧光的再辐射，光子能量内转换为热能，以及其他分子的激发作用等过程，见图 3-26。

从图 3-26 可看出，激发态分子并不都能诱发化学反应。因此，光解速率只正比于单位时间所吸收的光子数，而非正比于吸收的总能量。进行光化学反应的光子与吸收总光子数之比，称为光量子产率（Φ）。

$$\Phi = \frac{\text{生成或破坏的给定物种的物质的量}}{\text{体系吸收光子的物质的量}} \tag{3-166}$$

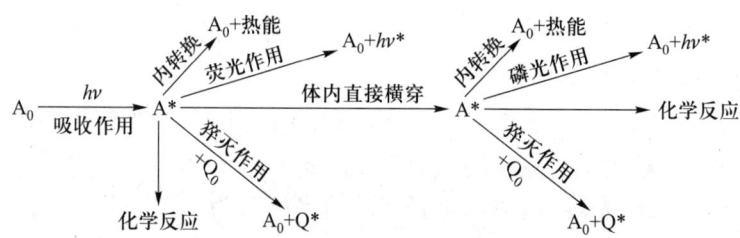

A_0 为基态时的反应分子；A^* 为激发态时的反应分子；Q_0 为基态时的猝灭分子；Q^* 为激发态时的猝灭分子

图 3-26　激发分子的光化学途径示意图

在液相中,光化学反应的量子产率显示出简化它们使用的两种特征:① 光量子产率小于或等于 1;② 光量子产率与所吸收光子的波长无关。所以对于直接光解的光量子产率(Φ_d):

$$\Phi_d = \frac{-\dfrac{dc}{dt}}{I_{\lambda_d}} \tag{3-167}$$

式中:c——化合物浓度;

I_{λ_d}——化合物吸收光的速率。

对于一个化合物来讲,Φ_d 是恒定的。对于许多化合物来说,在太阳光波长范围内,Φ 值基本上不随 λ 而改变,因此光解速率(R_p)除了考虑光被污染物吸收的平均速率($I'_{\alpha_\lambda} = K_{\alpha_\lambda} c$)外,还应将 Φ 和不同波长均考虑进去,可表示如下:

$$R_p = \sum K_{\alpha_\lambda} \Phi c \tag{3-168}$$

若

$$K_\alpha = \sum K_{\alpha_\lambda}, \quad k_p = K_\alpha \Phi$$

则

$$R_p = k_p c \tag{3-169}$$

式中:k_p——光解速率常数。

环境条件影响光解的光量子产率,分子氧在一些光化学反应中的作用像是猝灭剂,减少光量子产率;在另外一些情况下,它不影响光量子产率甚至可能参加反应。因此在任何情况下,进行光解速率常数和光量子产率测量时均需说明水体中氧的浓度。

悬浮沉积物也影响光解速率,它不仅可以增强光的衰减作用,而且还改变吸附在它们上面的化合物的活性。化学吸附作用也影响光解速率,一种有机酸或碱的不同存在形式可能有不同的光吸收效率和光量子产率,导致化合物光解速率随 pH 变化。

污染物光化学反应半衰期可由光反应的量子产率得到,与水体的光学性质无关。半衰期可表示为

$$t_{1/2} = \frac{\ln 2}{K_\alpha \Phi_d} = \frac{0.693 j}{2.303 \Phi \sum_\lambda E_\lambda Z_\lambda} \tag{3-170}$$

式中:Z_λ——中心波长为 λ 的波长区间内,水体受太阳辐照的辐照度;

E_λ——λ 波长下的平均消光系数。

2. 敏化光解(间接光解)

除了直接光解外,光还可以用其他方法使水中有机污染物降解。一个光吸收分子可能将它的过剩能量转移到一个接受体分子,导致接受体反应,这种反应就是光敏化作用。2,5-二甲基呋喃就是可被光敏化作用降解的化合物,在蒸馏水中将其暴露于阳光中没有反应,但是它在含有溶解性有机质的水中降解很快,这是因为腐殖质可以强烈地吸收波长小于 500 nm 的光,并将部分能量转移给它,从而导致它的降解反应。

溶解性有机质吸收光产生激发态,可以通过多种途径引发有机物的间接光解(图 3-27)。首先,激发态有机质可直接将能量传递给有机物,引发其降解。其次,激发态有机质与氧气作用,产生单线态氧 $^1O_2$,继而引发有机物的降解。这是溶解性有机质引发有机污染物光解的主要途径。另外,激发态溶解性有机质还可产生·OH、RO·、ROO·、H_2O_2、$O_2^{·-}$ 等多种氧化物种,引发有机物的降解。后两种为氧化光解。必须要指出的是,溶解性有机质浓度较高时,还可作为·OH 的猝灭

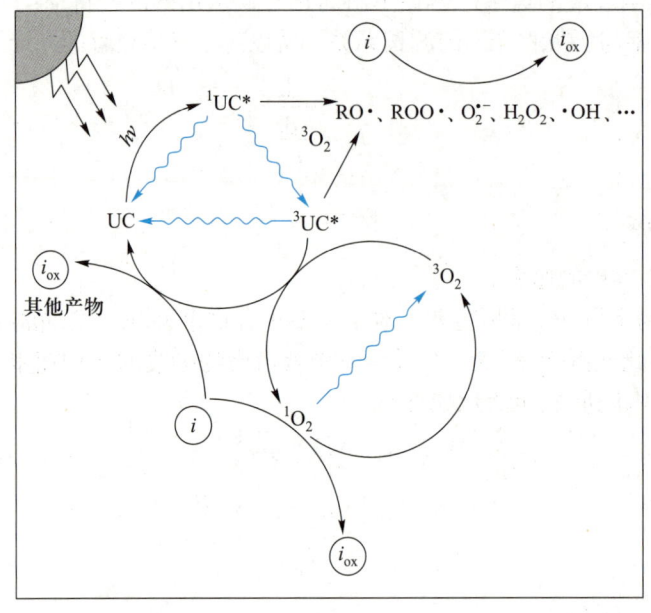

$^1UC^*$ 为单线态激发态；$^3UC^*$ 为三线态激发态

图 3-27　溶解性有机质（UC）引发有机污染物间接光解

剂。溶解性有机质对有机污染物迁移转化及最终归宿具有复杂的影响。

光敏化反应的光量子产率（Φ_s）的定义类似于直接光解的光量子产率：

$$\Phi_s = \frac{-\dfrac{dc}{dt}}{I_{s_\lambda}}$$ （3-171）

式中：c——污染物浓度；

I_{s_λ}——敏化分子吸收光的速率。

然而，敏化光解的光量子产率不是常数，它与污染物的浓度有关，即

$$\Phi_s = Q_s c$$ （3-172）

式中：Q_s——常数。

这可能是由于敏化分子贡献它的能量至一个污染物分子时与污染物分子的浓度成正比。

3. 氧化光解

有机毒物在水环境中所常遇到的氧化剂有单重态氧（$^1O_2$）、烷基过氧自由基（$RO_2\cdot$）、烷氧自由基（$RO\cdot$）或羟基自由基（$\cdot OH$）。这些自由基虽然是光化学的产物，但它们是与基态有机物起作用，引发物质的降解，因此，可将其单独作为氧化光解反应这一类。氧化光解是大气中有机污染物转化的主要途径，在水环境中也发挥重要作用。

被日照的天然水体的表层水中 $RO_2\cdot$ 的浓度约为 1×10^{-9} mol/L。$RO_2\cdot$ 与有机物的反应主要有夺氢反应和加成反应，如下所示：

$$RO_2\cdot + \ H-\overset{|}{\underset{|}{C}}- \longrightarrow RO_2H+\cdot\overset{|}{\underset{|}{C}}-$$

$$RO_2\cdot + \ \overset{|}{C}{=}\overset{|}{C} \longrightarrow RO_2{-}\overset{|}{C}{-}\overset{|}{C}\cdot$$

$$RO_2\cdot + ArOH \longrightarrow RO_2H + ArO\cdot$$

$$RO_2\cdot + ArNH_2 \longrightarrow RO_2H + Ar\overset{\cdot}{N}H$$

以上反应中后两个在环境中作用很快($t_{1/2}$ 小于几天),前两个则很慢,对多数化合物是不重要的。

日照的天然水中 $^1O_2$ 的浓度约为 1×10^{-12} mol/L,$^1O_2$ 主要作用于化合物的双键的部分。

$$\overset{|}{C}{=}\overset{|}{C}{-}CH_2 \ + \ ^1O_2 \longrightarrow \ \overset{|}{C}{=}\overset{|}{C}{-}\underset{OOH}{CH}$$

$$2R_2S + \ ^1O_2 \ \xrightarrow{\ 硫化物\ } \ 2R_2SO$$

$$ArOH + \ ^1O_2 \longrightarrow ArO\cdot \ + HO_2\cdot$$

在 Mill 的综述中列出了一些 $^1O_2$ 和 $RO_2\cdot$ 的速率常数。有机物被氧化而消失的速率(R_{Ox})是多个自由基作用之和:

$$R_{Ox}=k_{RO_2}\big[\,RO_2\cdot\,\big]+k_{^1O_2}\big[\,^1O_2\,\big]+k_{Ox}\big[\,Ox\,\big]$$

五、生物降解作用

生物降解是引起有机污染物分解的最重要的环境过程之一。水环境中化合物的生物降解依赖微生物通过酶催化反应分解有机物。当微生物代谢时,一些有机污染物作为食物源提供能量和提供细胞生长所需的碳;另一些有机物,不能作为微生物的唯一碳源和能源,必须由另外的化合物提供。因此,有机物生物降解存在两种代谢模式:生长代谢和共代谢。这两种代谢模式的特征和降解速率极不相同,下面分别进行讨论。

1. 生长代谢

许多有毒物质可以像天然有机污染物那样作为微生物的生长基质。只要用这些有毒物质作为微生物的唯一碳源便可以鉴定是否属于生长代谢。在生长代谢过程中微生物可对有毒物质进行较彻底的降解或矿化,因而是解毒生长基质。能发生去毒效应和相当快的生长基质代谢的物质与那些不能用这种方法降解的化合物相比,对环境威胁小。

一个化合物在开始降解之前,必须使微生物群落适应这种化学物质。野外和室内实验表明,一般需要 2~50 d 的滞后期,一旦微生物群体适应了它,生长基质的降解就非常快。由于生长基质和生长浓度均随时间而变化,其动力学表达式相当复杂。莫诺(Monod)方程用来描述当化合

物作为唯一碳源时,化合物的降解速率:

$$-\frac{dc}{dt}=\frac{1}{Y}\cdot\frac{dB}{dt}=\frac{\mu_{max}}{Y}\cdot\frac{Bc}{K_s+c} \tag{3-173}$$

式中:c——污染物浓度;

　　B——细菌含量;

　　Y——消耗一个单位碳所产生的生物量;

　　μ_{max}——最大的比生长速率;

　　K_s——半饱和常数,即在最大比生长速率 μ_{max} 一半时的基质浓度。

莫诺方程已成功地应用于唯一碳源的基质转化速率的描述,而不论细菌菌株是单一种还是天然的混合种群。Paris 等用不同来源的菌株,以马拉硫磷作唯一碳源进行生物降解(如图 3-28 所示)。分析菌株生长的情况和马拉硫磷的转化速率,可以得到莫诺方程中的各种参数:
$\mu_{max}=0.37\ h^{-1}$,$K_s=2.17\ \mu mol/L(0.716\ mg/L)$,$Y=4.1\times10^{10}\ cell/\mu mol(1.2\times10^{11}\ cell/mg)$。

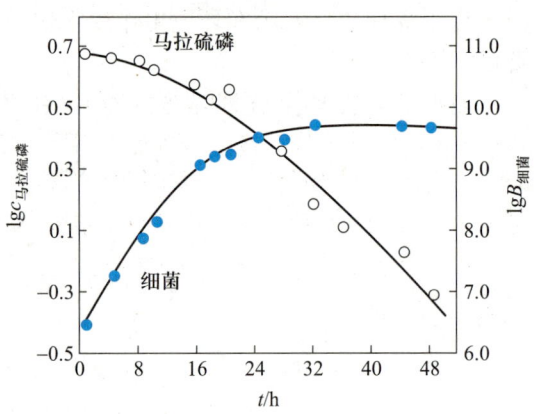

$c_{马拉硫磷}$ 的单位为 $\mu mol/L$,$B_{细菌}$ 的单位是个/mg

图 3-28　细菌生长与马拉硫磷浓度的降低

莫诺方程是非线性的,但是在污染物浓度很低时,即 $K_s\gg c$,式(3-173)可简化为

$$-\frac{dc}{dt}=k_{b_2}Bc \tag{3-174}$$

式中:k_{b_2}——二级生物降解速率常数。

$$k_{b_2}=\frac{\mu_{max}}{YK_s} \tag{3-175}$$

Paris 等在实验室内用不同浓度($0.027\,3\sim0.33\ \mu mol/L$)的马拉硫磷进行实验测得速率常数为 $(2.6\pm0.7)\times10^{-12}\ L/(cell\cdot h)$,而与按上述参数值计算出的 $\mu_{max}/(YK_s)$ 值 $4.16\times10^{-12}\ L/(cell\cdot h)$ 相差一倍,说明可以在浓度很低的情况下建立简化的动力学表达式(3-174)。

但是,如果将此式用于实际生态系统,理论上是说不通的,因为在实际环境中并非被研究的目标污染物是微生物的唯一碳源。一个天然微生物群落总是从大量各种各样的有机碎屑物质中获取能量并降解它们,当目标污染物与天然基质的性质相近时,可以连同目标污染物在内作为一个整体被微生物降解。再者,在微生物量保持不变的情况下使化合物降解,那么 Y 的概念就失去意义。通常应用简单的一级动力学方程表示:

$$-\frac{dc}{dt}=k_b\cdot c \tag{3-176}$$

式中:k_b——一级生物降解速率常数。

2. 共代谢

某些有机污染物不能作为微生物的唯一碳源与能源,必须有其他化合物存在提供微生物碳源或能源时,该有机物才能被降解,这种现象称为共代谢。共代谢在那些难降解的化合物代谢过程中起重要作用,展示了通过几种微生物的一系列共代谢作用,可使某些特殊有机污染物彻底降解的可能性。微生物共代谢的动力学明显不同于生长代谢的动力学,共代谢没有滞后期,降解速率一般比完全驯化的生长代谢慢。共代谢并不为微生物体提供任何能量,不影响种群结构。然而,共代谢速率直接与微生物种群的多少成正比,Paris等描述了微生物催化水解反应的二级速率定律:

$$-\frac{dc}{dt} = k_{b_2} B c \tag{3-177}$$

由于微生物种群不依赖于共代谢速率,生物降解速率常数可以用$k_b = k_{b_2} B$表示,从而使其简化为一级动力学方程。

用上述二级生物降解的速率常数文献值时,需要估计细菌种群的多少,不同技术的细菌计数可能使结果发生高达几个数量级的变化,因此根据用于计算k_{b_2}的同一方法来估计B值是重要的。

总之,影响生物降解的主要因素是有机物本身的化学结构和微生物的种类。此外,一些环境因素如温度、pH、反应体系的溶解氧等也能影响生物降解有机物的速率。

其中溶解氧是微生物氧化有机物的电子受体,微生物降解有机污染物将消耗水中的溶解氧,其反应式可表示为:

$$\{CH_2O\} + O_2 \xrightarrow{\text{微生物}} CO_2 + H_2O$$

如果进入水体有机物不多,其耗氧量没有超过水体中氧的补充量,那么溶解氧始终保持在一定的水平上,这表明水体有自净能力,经过一段时间有机物分解后,水体可恢复至原有状态。如果进入水体有机物很多,溶解氧来不及补充,水体中溶解氧就会迅速下降,甚至导致缺氧或无氧,有机物将变成缺氧分解,NO_3^-、SO_4^{2-}、CO_3^{2-}将成为电子受体,缺氧分解产物为NH_3、H_2S、CH_4等,将会使水质进一步恶化。

一般向天然水体中加入有机物后,将引起水体溶解氧发生变化,可得到氧下垂曲线(见图3-29),把河流分成相应的几个区段。

清洁区:表明未被污染,氧及时得到补充。

分解区:细菌对排入的有机物进行分解,其消耗的溶解氧量超过通过大气补充的氧量,因此,水体中溶解氧下降,此时细菌个数增加。

腐败区:溶解氧消耗殆尽,水体进行缺氧分解,当有机物被分解完后,腐败区即告结束,溶解氧又复上升。

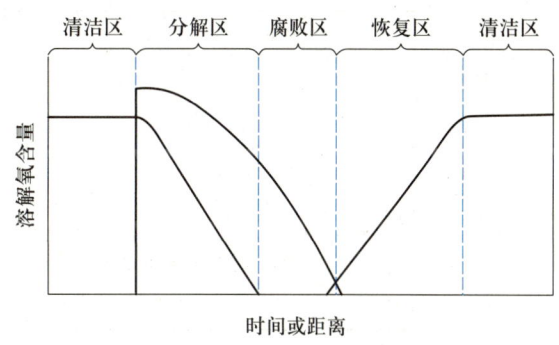

图3-29　河流的氧下垂曲线

(资料来源:Manahan,2017)

恢复区:有机物降解接近完成,溶解氧上升并接近饱和。

清洁区:水体环境改善,又恢复至原始状态。

第四节　水质模型

污染物进入水环境后,由于物理、化学和生物作用的综合效应,其行为的变化十分复杂,很难直观地了解它们的变化和归趋。借助水质模型可较好描述污染物在水环境中的复杂规律及其影响因素之间的相互关系,因此水质模型是研究水环境的重要工具。

　　水质模型研究涉及水环境科学的许多基本理论问题和水污染控制的许多实际问题。它的产生和发展在很大程度上取决于污染物在水环境中迁移、转化和归趋研究的不断深入,以及数学手段在水环境研究中应用程度的不断提高,推动水环境中数学模型一步步向前发展,如最初应用于城市排水设计和简单水体自净作用研究的 Streeter-Phelps 模型,以及考虑水体中营养物质对于水生生物的生存有密切联系和影响而提出的 QUAL-2 水质模型或者是预测未来湖泊水质平均发展趋势、反映湖泊时空变化的多个湖泊富营养化预测模型,都对水环境科学的研究和水污染控制的实施做出积极的贡献。目前,水质模型的研究和应用都有了长足的进步。这里仅就无机和有机污染物常见的水质模型作一些介绍。

一、无机污染物的化学热力学平衡模型

　　化学热力学平衡模型即在稳态和化学平衡条件下,水中各种溶质的形态受水中化学质量作用方程和质量平衡方程的控制,因此通过一定的计算,可以获得各种形态浓度的方法。虽然人们很早就认识到基于溶液中各种组分的化学热力学平衡计算可以预测溶液中各种形态的浓度,但由于涉及反应众多,在计算机出现以前,大规模化学平衡组分的计算几乎是不可能的。20 世纪 50 年代末与 60 年代初,化学平衡模型的计算机化得到了较大发展。其中代表性的为美国阿森斯实验室开发了一系列地球化学热力学平衡模型 MINTEQA,以及之后 Westall 等人开发的 MICROQL 等。后期的程序大多基于此发展而来,目前常见的化学形态模型计算软件众多(表 3-11)。

表 3-11　常见的化学形态模型计算软件

程序名称	作者	程序名称	作者
MINTEQA2	Allison 等	CHEAQS	Verweij,2003
MINTEQ	Felmy,1984	WHAM	Tipping,1994
MICROQL	Westall,1979	PHREEQC	Parkhurst 和 Appelo
MINEQL	Westall,1976	EQ3/6	Wolery,1992
visual MINTEQ	Gustafsson,2000	CHESS	Santore 和 Driscoll,1995
ECOSAT	Keizer 和 van Reimsdijk,1998	WATEQ3	Ball 等,1981
ORCHESTRA	Meeussen,2003	Geochemists Workbench	Benthke,2002

　　早期的软件只能处理纯水相的平衡问题,后来逐渐加入了气体溶解、沉淀/溶解、氧化/还原等模块。近年来,由于离子在天然固相表面吸附模型的发展,软件中又增加了离子交换、吸附、表面配合等模块,可以计算多元多相间的平衡问题。化学平衡软件一般带有 NIST(National Institute of Standards and Technology)平衡常数数据库,可以方便地计算复杂条件下,体系达到热力学平衡时各组分浓度,为研究溶液中离子浓度形态分布提供了很好的手段。

　　化学平衡计算软件中涉及两个主要的概念,即组分和形态。形态为体系中物质的所有化学形态,而组分为能够描述溶液体系中所有形态的最少形态,即组分通过一定的化学反应可以生成体系中的所有形态,前者为反应物,后者为产物。同一元素有不同的化学形态时,参照地球化学的习惯选取其中的某一种作为组分(在选择组分时不同软件有时会存在差别)。因此根据化学平衡反应计量关系,体系中所有形态可以采用组分加反应平衡常数来描述,生成如表 3-12 所

示的化学计量关系矩阵表,从而可以采用数学迭代法进行计算。

举例来说,如在一个含有 $NiCl_2$ 的开放溶液体系中,Ni^{2+} 会发生水解反应,以及与 Cl^-、CO_3^{2-} 的配合反应,因此

组分:Ni^{2+}、CO_3^{2-}、Cl^-、H^+;

形态:Ni^{2+}、$Ni(OH)^+$、$Ni(OH)_2$、$Ni(OH)_3^-$、$NiCl^+$、$NiCl_2$、$NiHCO_3^+$、$NiCO_3$、H_2CO_3、HCO_3^-、CO_3^{2-}、Cl^-、H^+、OH^-。

表 3-12　化学计量关系表

编号	形态	组分				lgK
		Ni^{2+}	CO_3^{2-}	Cl^-	H^+	
1	Ni^{2+}	1	0	0	0	0
2	$Ni(OH)^+$	1	0	0	-1	-9.90
3	$Ni(OH)_2$	1	0	0	-2	-18.99
4	$Ni(OH)_3^-$	1	0	0	-3	-29.99
5	$NiCl^+$	1	0	1	0	-0.43
6	$NiCl_2$	1	0	2	0	-1.89
7	$NiHCO_3^+$	1	1	0	1	12.42
8	$NiCO_3$	1	1	0	0	4.57
9	H_2CO_3	0	1	0	2	16.68
10	HCO_3^-	0	1	0	1	10.33
11	CO_3^{2-}	0	1	0	0	0
12	Cl^-	0	0	1	0	0
13	H^+	0	0	0	1	0
14	OH^-	0	0	0	-1	-14.00

资料来源:王晓蓉和顾雪元,2018。

通过表 3-13 中各种形态的化学计算关系,每种形态均可采用组分加上平衡常数的方程加以表达,如对于表中第三种形态 $Ni(OH)_2$ 而言,代表如下反应方程:

$$Ni^{2+} + 2H_2O \rightleftharpoons Ni(OH)_2 + 2H^+$$

其中,$Ni(OH)_2$ 的浓度可以表达为:

$$[Ni(OH)_2] = \frac{[Ni^{2+}]}{[H^+]^2} K$$

以上为化学反应平衡方程,除此之外,软件中的其他控制方程包括质量平衡方程、电荷平衡方程、温度校正方程和活度系数校正方程等。尽管不同软件采用的温度校正方程和活度系数校正方程等各不相同,但它们的基本原理均相同。

软件通常由输入、输出、迭代算法及化学热力学数据库等几个模块组成。其中,输入模块一般有初始溶液的组分总浓度和参加反应的固相、气相等;输出模块则主要有各平衡组分/形态的浓度、溶液与固相和气相间的物质交换量等;迭代算法模块用于非线性方程组的求解,基本上都是采用改进的 Newton-Raphson 迭代法;化学热力学数据库模块包括标准状态(25 ℃,

1.013×10^5 Pa）下的热力学平衡常数、平衡常数的温度系数或不同温度下的值、活度系数计算所需的参数、水溶液中各形态的化学计量因子等。

早期的软件一般在 DOS 系统下运行,而由瑞典 J. P. Gustafsson 教授改进的视窗版本的 visual MINTEQ 软件是应用较为广泛的免费化学平衡软件。软件含有 3 000 余种离子形态及 600 余种沉淀;可以计算气体溶解、沉淀/溶解、氧化/还原等过程;包含两种腐殖质的离子配合模型: Niac-Donnan 和 SHM(Stockholm Humic Model);并含有 5 种表面配合模型(DLM、TLM、BSM、 CCM、CD-MUSIC),可以满足常见的离子平衡条件下的形态计算要求。如采用 visual MINTEQ 计算不同 pH 条件下上述例子中各种 Ni^{2+} 形态,离子浓度设置为 0.000 1 mol/L,所获结果如图 3-30 所示。

在此基础上,也可以预测含有沉淀相的沉淀/溶解,以及天然有机物存在条件下重金属形态分布。图 3-31(a)显示了溶液中总 Cd 浓度为 10^{-4} mol/L 条件下的水解沉淀图,图 3-31(b)显

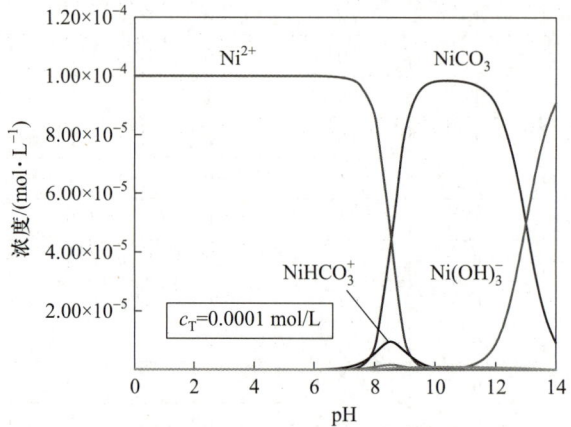

图 3-30 采用 visual MINTEQ 计算绘制的开放体系中 Ni^{2+} 的形态分布图

(资料来源:王晓蓉和顾雪元,2018)

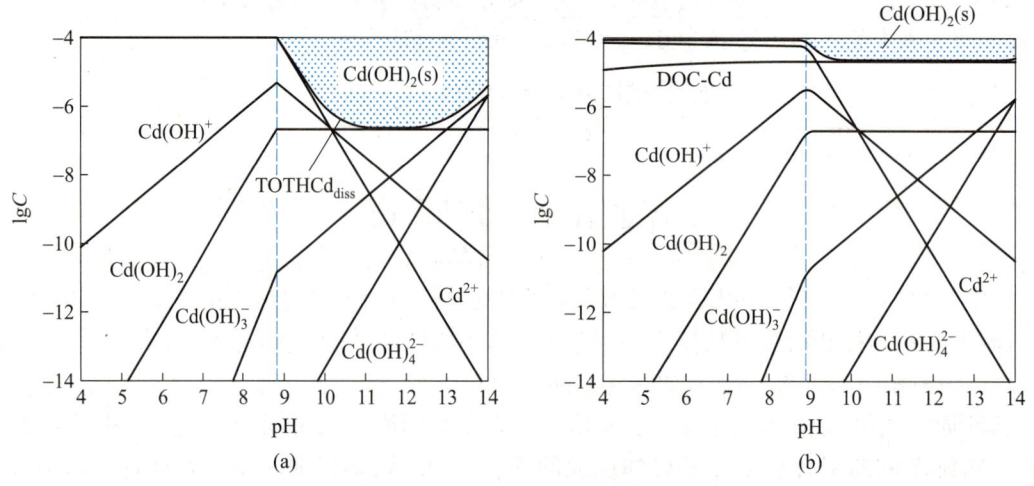

图 3-31 Cd(Ⅱ)的 lg$C$-pH 形态分布图

(a)总 Cd 浓度为 10^{-4} mol/L 条件下;(b)以上条件增加了 5 g/L DOC

示了当溶液中添加了少量溶解性有机碳（DOC）后 Cd 的形态变化,其中 DOC 与金属离子之间的配合作用采用默认的 Nica-Donnon 模型计算,可以看到天然配体的络合作用使得 $Cd(OH)_2$ 沉淀区间范围大幅度减小。

二、有毒有机污染物的归趋模型

对于一种有机物,仅仅看它的毒性是不够的,还必须考察它进入环境分解为无害物的速率快慢如何。一个毒性大而分解快的有机物未必比毒性小而分解慢的有机物危害大,许多有毒有机物在受到控制(如进行治理)的情况下未必绝对不能使用。只有那些持久性(难分解)的污染物才在禁用或严格控制之列。其他有机物,如果控制处置得当,不但不是污染物,反而是工农业生产的资源。因此研究水、土环境中各种有机毒物的预测模型十分重要。它可以预测污染物在环境中浓度的时空分布及通过各种迁移转化过程后的归趋。

水质模型的研究已有很大的发展,但是对于迁移转化过程所取的参数,往往是经验性的,这种参数只适用于当地的同种污染物,不能适用于其他地区和其他污染物。如果设想在模型中只出现表征化合物固有性质的参数(这些参数可脱离具体环境而从实验室测得,如化合物的溶解度、蒸气压、辛醇-水分配系数、消光系数,以及不随环境特征参数而变化的速率常数等)和表征环境特征所测量的参数(如水流量、流速、pH、沉积物和水的质量比、水温、风速、细菌总数、光强等),那么该模型将可以适用于广泛的化合物和不同类型的环境。

要建立这种模型只有充分研究化合物的各种迁移转化过程的机理,并且要特别着重动力学的研究。图 3-32 显示了有机污染物在水环境中的迁移转化过程。可以将图中这些迁移转化过程归纳为如下几个重要过程。

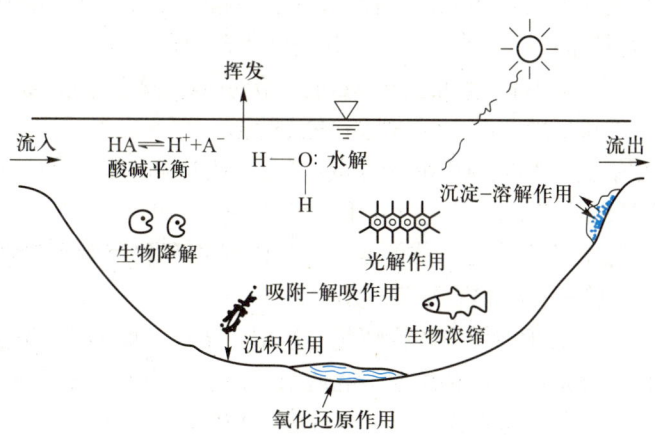

图 3-32　有机污染物在水环境中的迁移转化过程

（1）负载过程(输入过程)

污水排放速率、大气沉降,以及地表径流引入有机毒物至天然水体均将直接影响污染物在水中的浓度。

（2）形态过程

酸碱平衡:天然水中 pH 决定有机酸或碱以中性态或离子态存在的分数,因而影响挥发及其他过程。

吸附作用:疏水有机物吸附至悬浮物上,由于悬浮物质的迁移而影响它们以后的归趋。

(3)迁移过程

沉淀-溶解作用:污染物的溶解度范围可限制污染物在迁移转化过程中的可利用性或者实质上改变其迁移速率。

对流作用:水力流动可迁移溶解的或者被悬浮物吸附的污染物进入或排出特定的水生生态系统。

挥发作用:有机污染物可能从水体进入大气,因而减小其在水中的浓度。

沉积作用:污染物被吸附沉积于水体底部或从底部沉积物中解吸,均可改变污染物的浓度。

(4)转化过程

生物降解作用:微生物代谢污染物并在代谢过程中改变它们的结构。

光解作用:污染物对光的吸收有可能导致影响它们结构的化学反应的发生。

水解作用:一个化合物与水作用通常产生较小的、简单的有机产物。

氧化还原作用:涉及减少或增加电子在内的有机污染物,以及金属的反应都强烈地影响环境参数。有机污染物中几乎所有重要的氧化还原反应都是由微生物催化的。

(5)生物累积过程

生物浓缩作用:通过可能的手段如鱼鳃的吸附作用,将环境中的有机污染物摄取至生物体并产生蓄积作用。

生物放大作用:高营养级生物以消耗摄取有机毒物进入生物体的低营养级生物为食物,使生物体中有机毒物的浓度随营养级的提高而逐步增大。

了解水中有机物的这些主要迁移转化过程后,就可讨论有机毒物的归趋模型的基本思路。其中包括一些假定:

首先,从研究单个的主要迁移转化过程着手,单个过程的模型是整个模型的基础。并认为各单个过程使某种化合物从水环境中消失速率之和是该化合物在水环境中消失的总速率。再假定每种过程速率都是一级反应过程,因而总速率也是一级反应。这基本上与在天然水环境中距离污染源较远、污染物浓度很低地方的实际情况是吻合的。

其次,模型中既要有化合物固有性质的参数,又要有表征环境特征的参数,这样似乎应为二级反应式。但如果一旦环境定下来了,速率方程就又变成准一级反应式了。为此,假定有机物的存在并不改变环境参数,如不会改变水体的pH、对光的吸收系数和细菌总数等。由于污染物在水环境中的浓度很低,这个假定也是合乎实际情况的。

再次,假定吸附速率远大于挥发和各种转化的速率。虽然一般来讲,吸附过程比各转化过程快,但实际上并不是瞬时完成的。这种模型不能适用于污染源附近的浓度分布,它只反映长时间的大范围的环境情况。因此,这种模型只采用一维的和稳态的处理方法。

根据以上基本思路,用简单的公式叙述归趋模型,大体可分以下三个步骤:① 计算有机物因挥发和转化过程而从水环境中消失的速率;② 吸附过程对有机物消失过程的影响;③ 对于一个被研究的水生态系统,考虑有机物的输入、稀释及最终从系统中输出的速率,从而计算在系统内的浓度和半衰期。有机物从大气返回到水体包括在输入项之内。

1. 有机物的消失速率

有机物由于各种转化过程和挥发过程消失的总速率(R_T)是各消失速率(R_i)的总和。

$$R_T = \sum R_i = c \sum (k_i \cdot E_i) \tag{3-178}$$

式中:k_i——第 i 过程的速率常数;

E_i——对于第 i 过程在动力学上起重要作用的环境参数(如水体 pH、光强、细菌总数等);

c——化合物的浓度。

这里应该指出,有机物消失速率(R_T)的表示式是按有机物浓度的一级反应来描述的,这对于在环境浓度高度稀释的情况下,应该说是符合事实的。式(3-178)同时还要求环境参数也是一级的。这样 R_i 可当作按二级反应动力学行为来处理,如果假定环境中有机物浓度很低,不对环境产生影响(即不改变环境 pH、生物量、溶解氧等),那么环境参数在一定的环境地区和时间内就保持不变,这样 $k_i(E_i)$ 就可以用准一级反应速率常数来表示,则

$$R_\mathrm{T} = c \sum k_i \tag{3-179}$$

$$k_\mathrm{T} = \sum k_i = k_\mathrm{vm} + k_\mathrm{b} + k_\mathrm{h} + k_\mathrm{p} \tag{3-180}$$

式中:k_T——污染物由于转化和挥发消失的总准一级反应速率常数;

k_vm——挥发速率常数;

k_b——生物降解速率常数;

k_h——水解速率常数;

k_p——光解速率常数。

由上述过程所造成的污染物消失的半衰期为

$$t_{1/2} = \frac{1}{k_\mathrm{T}} \ln 2 \tag{3-181}$$

2. 吸附的影响

除了转化和挥发会使有机物消失外,在颗粒物上的吸附也能降低有机物在水中的浓度。颗粒物可以是悬浮的沉积物,也可以来源于生物。当然最终颗粒物将沉降至水体的底部。无论是悬浮的或底部的颗粒物,当溶液中的污染物在水柱中因转化或挥发而消失时,它们就可通过吸附-解吸的平衡过程作为化合物的一种来源向水中释放。如果在生物群(如细菌、藻类或鱼类)中没有生物转化代谢,那么有机毒物又可在生物死亡或分解时重新返回溶液。目前对吸附在颗粒物上的生物转化过程了解得还很不充分。下面讨论的前提是,假定在颗粒物上不存在转化过程,而且吸附是完全可逆的,或吸附速率比溶液中的转化过程的速率快得多。

如前面介绍,当有机物浓度很低时,它在水与颗粒物(沉积物或生物群)之间的分配,往往可用分配系数(K_p)来表示。因此,在一个水-颗粒物体系中有机物在水中的浓度(c_w)就可表示为

$$c_\mathrm{w} = \frac{c_\mathrm{T}}{K_\mathrm{p} c_\mathrm{p} + 1}$$

代入式(3-179)得

$$R_\mathrm{T} = \frac{k_\mathrm{T} c_\mathrm{T}}{K_\mathrm{p} c_\mathrm{p} + 1} \tag{3-182}$$

这一关系说明,除非在颗粒物上有机物转化过程的速率大于水中的转化速率,吸附的净效应是降低有机毒物从水中消失的总速率,从式(3-182)还可以看到颗粒物的吸附将增加半衰期:

$$t_{1/2} = \frac{1}{k_\mathrm{T}} \ln 2 (c_\mathrm{p} K_\mathrm{p} + 1) \tag{3-183}$$

3. 稳态时的浓度

上述方程仅仅描述了水体没有输入和输出时有机毒物的归趋。实际上有机毒物总是以一定

的速率(R_I)输入水体的。这时,有机毒物在水环境中消失的总速率为R_L,它是R_T、稀释的速率(R_D)和输出的速率(R_O)之和。在一定范围的水体内,当R_I等于R_L时,有机毒物就达到了稳态浓度。

$$R_I = R_L = R_T + R_D + R_O \qquad (3-184)$$

$$R_I = \frac{k_T}{K_p c_p + 1} \cdot c_T + R_O + R_D \qquad (3-185)$$

那么有机物的稳态浓度即为

$$c_T = \frac{(R_I - R_O - R_D)(K_p c_p + 1)}{k_T} \qquad (3-186)$$

从式(3-186)可见,除了速率常数(k_T)外,起始浓度、吸附和稀释都决定水环境中有机毒物的最终浓度。化合物的持久性则往往以半衰期表示。对于一级过程来讲,此值与浓度无关。

美国国家环境保护局(USEPA)在2000年左右开发了名为暴露分析模拟系统(EXAMS,Exposure Analysis Modeling System)的水体归趋模型。该模型可以计算一定水体中有机污染物的挥发、吸附、降解等过程对水体有机物归趋变化的影响。2016年,USEPA的农药计划办公室又发布了可变体积水体模型(VVWM,Variable Volume Water Model)用于水生农药暴露监管评估的受纳水体模型。VVWM继承了EXAMS的主要功能,同时为用户提供了更多的灵活性。在VVWM中,受纳水体在概念上用水和沉积物两相组成的多相系统表示,其中水相包含纯水、悬浮固体、DOC和生物群几个子相;沉积物包括孔隙水、底栖颗粒、底栖DOC和底栖生物群几个子相。几个相处于热力学平衡状态,农药通过各种降解过程消散在受纳水体中,包括光解、水解、水代谢、底栖水解和底栖代谢等,模型假设这些过程为一级动力学。同时模型可以在三种模式下运行:无流入流出的恒定体积水体、有流入流出的恒定体积水体和有流入流出的变化体积水体。

下面以五种邻苯二甲酸酯类化合物为例,采用EXAMS预测它们在不同类型水体环境中的归趋。这五种化合物分别是邻苯二甲酸的二甲酯(DMP)、二乙酯(DEP)、二正丁酯(DNBP)、二正辛酯(DNOP)、二(α-乙基己基)酯(DEHP)。典型水体包括:一个面积为1 hm^2、水力停留时间为80 d的池塘;一个贫营养湖(弱热分层)和一个富营养(分层)湖,面积均为85 hm^2,水力停留时间均为200 d;一个宽100 m、长8 km的河段,水力停留时间为1 h。其中决定反应条件的环境参数选择为美国东南部夏季常见的数值,而五种邻苯二甲酸酯类化合物的水解、光解、生物转化、氧化、挥发、溶解、分配等常数采用文献报道数据。污染负荷以各系统的水中含酯0.1 mg/L计算,用EXAMS计算了各有机物的稳态行为和外部负荷停止以后酯类逐渐消失的情形,计算结果列于表3-13中。

表 3-13　五种邻苯二甲酸酯在四种水生环境中的归趋与迁移的计算模拟结果

化合物	生态系统	负荷降低值/%				积累因子/d	分配量/%		恢复时间
		水解	光解	生物降解	挥发		水柱	沉积物	
DMP	河段	0.0	0.0	0.5	0.0	0.04	99.99	0.01	3 h
	池塘	3.5	0.4	74.5	2.2	5.3	99.98	0.02	20 d
	富营养湖	0.1	0.0	99.9	0.0	0.08	100.0	0.0	6.7 h
	贫营养湖	0.3	4.6	65.6	2.7	52.0	100.0	0.0	184 d

续表

化合物	生态系统	负荷降低值/%				积累因子/d	分配量/%		恢复时间
		水解	光解	生物降解	挥发		水柱	沉积物	
DEP	河段	0.0	0.0	0.0	0.0	0.05	91.8	8.2	67 h
	池塘	2.8	1.8	5.1	0.2	39.0	69.7	30.3	7 个月
	富营养湖	6.7	0.7	55.0	0.1	65.0	99.8	0.2	8 个月
	贫营养湖	0.2	13.9	0.6	0.1	174.0	98.3	1.7	20 个月
DNBP	河段	0.0	0.0	0.1	0.0	0.09	45.7	54.3	18 d
	池塘	3.3	1.2	31.8	6.2	130.0	13.3	86.7	19 个月
	富营养湖	2.1	0.2	89.1	0.9	11.7	96.4	3.6	40 d
	贫营养湖	0.3	12.3	4.9	7.2	186.0	81.0	19.0	23 个月
DNOP	河段	0.0	0.0	0.0	0.0	0.20	20.7	79.3	30 d
	池塘	1.4	1.4	0.5	24.0	521.0	4.2	95.8	67 个月
	富营养湖	5.6	0.8	28.6	16.0	316.0	28.3	71.7	47 个月
	贫营养湖	0.1	11.0	0.0	22.2	235.0	57.2	42.8	32 个月
DEHP	河段	0.0	0.0	0.0	0.0	0.50	8.3	91.7	35 d
	池塘	0.0	1.8	0.1	2.8	1 910.0	1.5	98.5	19 a
	富营养湖	0.2	1.4	7.7	2.2	1 564.0	11.2	88.8	19 a
	贫营养湖	0.0	13.7	0.0	2.3	544.0	31.0	69.0	6 a

由表 3-13 可以看出，在畅通的河段中由水载带的负荷稳态消失最少，其消失百分数对任何一种酯类化合物都不超过 0.6%。因此，河段负荷的 99% 以上流至下游。具有较长停留时间的系统（池塘与湖泊）正如所预料的那样，其污染负荷消失显著。污染负荷的消失与停留时间并不是简单的正比关系。在一些情况下，如对于 DMP 和 DNBP，池塘系统（停留时间 30 d）消耗的负荷比贫营养湖（停留时间 200 d）多。

这些生态系统被邻苯二甲酸酯污染程度的大小以积累因子来表示。用积累因子（单位为 d）乘以每日质量负荷（即 kg/d）就得到在达到稳态系统内残留的总量。有两个因素可以有效地限制污染的程度：一个是快速的冲刷（河流），另一个是大量的降解。例如，在富营养湖中预报 DMP 和 DNBP 分别衰减 100% 和 93.3%，因此它们的积累因子最小（0.08 d 和 11.7 d），但是积累因子与底部沉积物对酯类的亲和力有关，K_{oc} 增加使底部沉积物中存留的污染负荷比例升高。例如，在池塘生态系统中 DEHP 的积累因子最大（1 910.0 d），有 4.7% 的负荷被降解，98.5% 的污染物存在于底部沉积物中。

被污染的生态环境的恢复时间是用准一级反应半衰期的 5 倍来估算的。对于底部沉积物和水载带部分的半衰期是分开计算的，然后按照酯类在水柱与底部沉积物之间分配的比例来加权计算整个系统的准一级反应的半衰期。恢复时间一般与积累因子的大小有关。对于池塘和富营养化湖中 DEHP 的污染，其恢复时间长达 19 a。

在多数情况下，生物降解是污染负荷消失的主要过程。光解虽然慢，但是在贫营养湖中，除 DMP 以外，光解却是主要过程。在这些情况下，它可在稳态时分解负荷的 10%~15%。DNOP 是易挥发的化合物，在有较大停留时间的系统中，可以挥发掉 20% 左右的负荷。对于其他的酯，只有 DNBP 有较多的挥发，但这也只限于生物降解和冲刷比较少的系统（池塘与贫营养湖）。与生物降解相比，水解速率一般很慢，虽然有些例外（即池塘系统中的 DEP 和 DNOP）。

这些结果表明，对于邻苯二甲酸酯类的降解几乎没有一个通用的规律（以 DNOP 和 DEHP 为例，它们是一对异构体，其亨利常数都在同一数量级之内，但从池塘和湖泊挥发的 DNOP 约占总负荷消失的 20%，而 DEHP 却只占 2% 左右），而且每一种转化过程的速率强烈地受环境条件和参数之间相互作用的影响。由此可见，水解、光解、生物降解、挥发和从生态系统输出这几个过程是相互竞争的，具体情况将取决于有机物和生态系统的性质。一般来讲，相对分子质量大的酯，其转化过程可能不易进行，而负荷消失的主要过程是从一个生态系统向另一个系统输出。

思考题与习题

1. 简述水分子之间的氢键作用对不同类型有机污染物溶解度的影响。

2. 什么是海水常量元素的恒比关系？

3. 推导氧气在 35 ℃时的水溶解度。

4. 推导 CO_2 在 25 ℃时的水溶解度。

5. 推导封闭和开放体系碳酸平衡中 $[H_2CO_3^*]$、$[HCO_3^-]$ 和 $[CO_3^{2-}]$ 的表达式，并讨论这两个体系之间的区别。

6. 推导总酸度、CO_2 酸度、无机酸度、总碱度、酚酞碱度和苛性碱度的表达式作为总碳酸量和分布系数（α）的函数。

7. 向某一含有碳酸的水体加入重碳酸盐，总酸度、总碱度、无机酸度、酚酞碱度和 CO_2 酸度是增加、减少还是不变？

8. 在一个 pH 为 6.5、碱度为 1.6 mmol/L 的水体中，若加入碳酸钠使其碱化，问每升中需加多少碳酸钠才能使水体 pH 上升至 8.0。若用 NaOH 强碱进行碱化，则每升中需加多少碱？

9. 具有 2.00×10^{-3} mol/L 碱度的水，pH 为 7.00，计算 $[H_2CO_3^*]$、$[HCO_3^-]$、$[CO_3^{2-}]$ 和 $[OH^-]$ 的浓度各是多少。

10. 水 A 的 pH 为 7.5，碱度为 6.38 mmol/L，水 B 的 pH 为 9.0，碱度为 0.80 mol/L，若以等体积混合，问混合后的 pH 是多少。

11. 简述水体的富营养化现象及其危害。

12. 简述水体富营养化产生的原因。

13. 叙述天然水体中存在哪几类颗粒物。

14. 简述水化学条件对水体有机质胶体构型的影响。

15. 什么是表面吸附作用、离子交换吸附作用和专属吸附作用？并说明水合氧化物对金属离子的专属吸附和非专属吸附的区别。

16. 试写出几种主要的吸附等温方程，并标明各符号的意义。

17. 用朗缪尔方程描述悬浮物对溶质的吸附作用，假设溶液平衡浓度为 3.00×10^{-3} mol/L，溶液中每克悬浮物固体吸附溶质为 0.50×10^{-3} mol/L，当平衡浓度降至 1.00×10^{-3} mol/L 时，每克吸附剂吸附溶质为 0.25×10^{-3} mol/L，问每克吸附剂可以吸附溶质的限量是多少。

18. 叙述氧化物表面吸附配合模型的基本原理,以及与溶液中配合反应的区别。

19. 简述导致沉积物中吸附态重金属离子释放的原因。

20. 计算避免 1.00×10^{-4} mol/L Fe(NO_3)$_3$ 发生固体 Fe(OH)$_3$ 沉淀作用所需最小 [H^+],并计算平衡时该溶液中 [Fe^{3+}]、[Fe(OH)$^{2+}$]、[Fe(OH)$_2^+$] 各形态的含量。假定溶液中仅形成 Fe(OH)$_2^+$ 和 Fe(OH)$^{2+}$ 而没有形成 Fe$_2$(OH)$_2^{4+}$。

21. 含镉废水通入 H_2S 达到饱和并调整 pH 为 8.0,计算水中剩余镉离子浓度(已知 CdS 的溶度积为 7.9×10^{-27})。

22. 什么是电子活度 pE？它与 pH 有何区别？

23. 有一个垂直湖水,pE 随湖的深度增加将起什么变化？

24. 从湖水中取出深层水,其 pH = 7.0,含溶解氧质量浓度为 0.32 mg/L,计算 pE 和 E_h。

25. 在厌氧消化池中,与 pH = 7.0 的水接触的气体含 65% 的 CH_4 和 35% 的 CO_2,计算其 pE 和 E_h。

26. 在一个 pH 为 10.0 的 SO_4^{2-}-HS^- 体系中(25 ℃),其反应为

$$SO_4^{2-} + 9H^+ + 8e^- \Longrightarrow HS^- + 4H_2O \quad (1)$$

已知其标准自由能 $G_f^{\ominus}$ 值 SO_4^{2-}:-742.0 kJ/mol;HS^-:12.6 kJ/mol;H_2O(1):237.1 kJ/mol。水溶液中质子和电子的 $G_f^{\ominus}$ 值为零。

(1)给出该体系的 $pE^{\ominus}$。

(2)如果体系化合物的总浓度为 1.00×10^{-4} mol/L,给出图 3-33 中(1)、(2)、(3)和(4)的 lgc-pE 关系式。

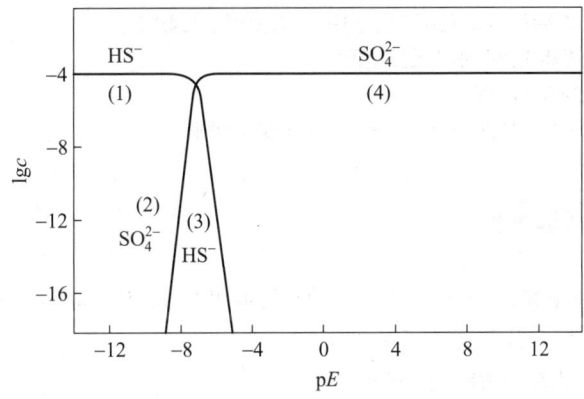

图 3-33 习题 27 图

27. 已知 Fe^{3+} 与水反应生成的主要配合物及平衡常数如下:

$$Fe^{3+} + H_2O \Longrightarrow Fe(OH)^{2+} + H^+ \qquad \lg K_1 = -2.16$$

$$Fe^{3+} + 2H_2O \Longrightarrow Fe(OH)_2^+ + 2H^+ \qquad \lg K_2 = -6.74$$

$$Fe(OH)_3(s) \Longrightarrow Fe^{3+} + 3OH^- \qquad \lg K_3 = -38$$

$$Fe^{3+} + 4H_2O \Longrightarrow Fe(OH)_4^- + 4H^+ \qquad \lg K_4 = -23$$

$$2Fe^{3+} + 2H_2O \Longrightarrow Fe_2(OH)_2^{4+} + 2H^+ \qquad \lg K_1 = -2.91$$

用 pc-pH 图表示 Fe(OH)$_3$(s) 在纯水中的溶解度与 pH 的关系。

28. 已知 $Hg^{2+} + 2H_2O \Longrightarrow Hg(OH)_2 + 2H^+$,$\lg K = -6.3$。溶液中存在 [$H^+$]、[$OH^-$]、[$Hg^{2+}$]、[Hg(OH)$_2$]、[$ClO_4^-$] 等形态,且忽略 [Hg(OH)$^+$] 和离子强度效应,求 1.00×10^{-5} mol/L Hg(ClO_4)$_2$ 溶液在 25 ℃时的 pH。

29. 在 pH = 7.00 和 [HCO$_3^-$] = 1.25×10^{-3} mol/L 的介质中，HT^{2-} 与固体 PbCO$_3$(s) 平衡，其反应如下：

$$PbCO_3(s) + HT^{2-} \rightleftharpoons PbT^- + HCO_3^-, \quad K = 4.06 \times 10^{-2}$$

求 [HT^{2-}] 形态占 NTA 的分数。

30. 叙述水体中配体增多时对重金属形态的可能影响。

31. 叙述腐殖质的分类及其对水环境中重金属归趋的影响。

32. 解释下列名词：分配系数；标化分配系数；辛醇-水分配系数；生物浓缩因子；亨利常数；水解速率；直接光解；间接光解；光量子产率；生长物质代谢和共代谢。

33. 简述温度对有机污染物挥发的影响及其对 POPs 全球分布的影响。

34. 某有机污染物排入 pH = 8.0，t = 20 ℃的江水中，该江水中含悬浮颗粒物 500 mg/L，其有机碳含量为 10%。

   （1）若该污染物相对分子质量为 129，溶解度为 611 mg/L，饱和蒸气压为 1.21 Pa（20 ℃），计算该化合物的亨利常数，并判断挥发速率是受液膜控制还是受气膜控制。

   （2）假定 K_g = 3 000 cm/h，求该污染物在水深 1.5 m 处的挥发速率常数（k_v）。

35. 一种有毒化合物排入 pH = 8.4，t = 25 ℃水体中，90% 的有毒物质被悬浮物吸着，已知酸性水解速率常数 k_a = 0，碱性催化水解速率常数 k_b = 4.9×10^{-7} L/(d·mol)，中性水解速率常数 k_n = 1.6 d^{-1}，计算化合物的水解速率常数。

36. 设计一个水体的光解实验，尽量多地包含不同的影响因素并说明其意义。

37. 采用 visual MINTEQ 软件，绘制开放水环境中，总的 Cu(II) = 1.00×10^{-4} mol/L，DOC = 8 mg/L 时 pH = 3~10 条件下的 Cu 各形态分布图，并比较体系中 DOC 的存在对水中 Cu 赋存形态的影响。

38. 叙述有机物在水环境中的迁移转化存在哪些重要过程。

39. 叙述有机物水环境归趋模式的基本原理。

40. 试从 5 个污染物和 4 个具体环境的性质，综合分析表 3-13 的数据规律。

主要参考文献

[1] 秦伯强. 浅水湖泊湖沼学与太湖富营养化控制研究[J]. 湖泊科学，2020，32（5）：1229-1243.

[2] 王晓蓉，顾雪元. 环境化学[M]. 北京：科学出版社，2018.

[3] 王连生. 有机污染化学[M]. 北京：高等教育出版社，2004.

[4] 江桂斌，郑明辉，冯玉杰，等. 环境化学前沿（第三辑）[M]. 北京：科学出版社，2022.

[5] 顾雪元，艾弗逊，张云燕. Visual_MINTEQ 软件在环境化学教学中的应用[J]. 实验室研究与探索，2018，37（11）：165-167.

[6] 赵晓鹏，顾雪元. 地球化学模型在土壤重金属形态研究中的应用进展[J]. 环境化学，2019，38（1）：59-70.

[7] 戴树桂. 环境化学进展[M]. 北京：化学工业出版社，2005.

[8] Stumm W，Morgan J J. Aquatic Chemistry [M]. 3rd ed. John Wiley & Sons. Inc.，1996.

[9] Manahan S E. Environmental Chemistry [M]. 10th ed. Boston：Willard Grant Press，2017.

[10] Davis J A，Leckie J O. Effect of Adsorbed Vomplexing Ligands on Trace Metal Uptake by Hydrous Oxides [J]. Environmental Science & Technology，1978，12（12）：1309-1315.

[11] Chiou C T. Partition Coefficient and Water Solubility in Environmental Chemistry，Hazard Assessment of Chemicals：Current Developments [M]. New York：Academis Press，1981.

[12] Chiou C T，Peters L J，Freed V H. A Physical Concept of Soil-water Equilibria for Non-ionic Compounds [J]. Science，206（16）：831-832.

［13］Schwarzenbach R P,Gschwend P M,Imboden D M. Environmental Organic Chemistry［M］. 3rd ed. Hoboken：Wiley,2016.

［14］Karamalidis A K,Dzombak D A. Surface Complexation Modeling Gibbsite［M］. Hoboken：John Wiley & Sons,Inc.,2010.

［15］Benjamin M M. Water Chemistry［M］. Waveland Press Inc.,2014.

［16］Young D F. The Variable Volume Water Model,Revision A.（USEPA/OPP 734S16002）. USEPA Office Pestic. Progr.,Washington,DC. 2016.

［17］Burns L A. Exposure Analysis Modeling System（EXAMS）:User Manual and System Documentation,Revision G（EPA/600/R-00/081）. Research Triangle Park,NC:USEPA. 2004.

［18］Xie Y,Luo Y,Singhasemanon N,et al. Regulatory Modeling of Pesticide Aquatic Exposures in California's Agricultural Receiving Waters.［J］. Journal of Environmental Quality,2018,47:1453-1461.

本章中英文关键词对照

中文	英文	中文	英文
水质模型	water quality model	水生生态系统	aquatic ecosystem
水资源	water resource	藻类	algae
偶极矩	dipole	光合作用	photosynthesis
极性物质	polar material	呼吸作用	respiration
水分子	water molecule	水体的初级生产力	primary productivity of water
疏水有机物	hydrophobic organic compounds	水中营养元素	nutrient elements in water
水分子穴	water hole	异养生物	heterophyte
比热	specific heat	自养生物	autotrophic organisms
可溶性物质	soluble matter	生物大分子	biomacromolecule
悬浮物质	suspended material	雷德菲尔德化学计量比	Redfield ratio
水生生物	aquatic organism	生化需氧量	BOD
总含盐量（TDS）	total dissolved salt	碳酸平衡	balance of carbonic acid
海水常量元素的恒比关系	constant ratio relationship of macroelements in seawater	沉积物	deposit sediment
		酸解离常数	acid ionization constant
克劳修斯-克拉珀龙方程	Clausius-Clapeyron equation	封闭体系	closed system for the atmosphere
溶解氧	dissolved oxygen	酚酞碱度	phenolphthalein alkalinity
初级生产者	primary producer	碱度	alkalinity
食物链传递	food chain transfer	苛性碱度	caustic alkalinity

中文	英文	中文	英文
总碱度	total alkalinity	方解石	calcite
CO_2 酸度	CO_2 acidity	开放体系	open system for the atmosphere
酸度	acidity	电子活度	electron activity
无机酸度	inorganic acidity	氧化还原反应	redox reaction
总酸度	total acidity	氧化还原电位	redox potential
缓冲能力	buffer ability	还原剂	reducing agent
赤潮	red tide	氧化剂	oxidizing agent
富营养化	eutrophication	法拉第常数	Faraday constant
水华	water bloom	半反应	half-reacion
胶体	colloid	电位差（PD）	potential difference
颗粒物	particle	自由能变化 ΔG	free energy change
颗粒物的吸附作用	adsorption of particles	能斯特方程	Nernst equation
黏土矿物	clay minerals	pE-pH 图	pE-pH diagram
金属水合氧化物	hydrous metal oxides	决定电位	deterimination potential
聚合物	polymer	天然水的 pE	pE in natural waters
内圈吸附	inner-sphere complex	配合物	complex
外圈吸附	outer-sphere complex	配合作用	complexation
静电引力	electrostatic attraction	无机配体	inorganic ligand
阳离子交换反应	cation exchange reaction	有机配体	organic ligand
专属吸附	specific adsorption	路易斯硬碱	Lewis hard base
表面配合模型	surface complexation model	单齿配体	monodentate ligand
表面配合常数	surface coordination constant	多齿配体	polydentate ligand
平衡常数	equilibrium constant	螯合物	chelate complex
沉积物中重金属的释放	release of heavy metals in sediment	累积稳定常数	overall stability constant
溶解和沉淀	dissolution and precipitation	稳定常数	stability constants
溶度积	solubility product	逐级稳定常数	stepwise stability constant
溶解度	solubility	羟基配合物	carboxyl complex
非均相反应	heterogeneous reaction	氨基三乙酸（NTA）	nitrilotriacetic acid
过饱和现象	supersaturation	胡敏素	humin
氢氧化物沉淀	hydroxide precipitates	腐殖酸	humic acid
硫化物沉淀	sulfide precipitates	富里酸	fulvic acid
碳酸盐沉淀	carbonate precipitates	范德瓦耳斯	van der Waals

续表

中文	英文	中文	英文
分配理论	partition theory	形态	species
分配系数	partition coefficient	组分	component
标化分配系数	standard partition coefficient	归趋模型	fate and transport model
辛醇–水分配系数	octanol-water partition coefficient	对流作用	advection
半挥发性有机物	SVOCs	形态过程	morphological process
不可逆吸附	irreversible adsorption	负载过程	loading processes
解吸迟滞系数	desorption hysteresis coefficient	迁移过程	transport processes
挥发性有机物	VOCs	吸附作用	sorption
双膜理论	two film theory	生物放大作用	biomagnification
水解速率	hydrolysis rate	生物累积过程	bioaccumulation process
水解速率常数	hydrolysis rate constant	生物浓缩作用	bioconcentration
间接光解	indirect photolysis	暴露分析模拟系统（EXAMS）	exposure analysis modeling system
氧化反应	oxdiation reaction		
直接光解	direct photolysis	可变体积水体模型（VVWM）	variable volume water model
氧化光解	oxidative photolysis		
光量子产率	quantum yield	亨利定律	Henry's law
光解速率	photolysis rate	吸附–解吸	adsorption-desorption
光解速率常数	photolysis rate constants	腐殖质	humic substances
生长代谢	growth metabolism	吸附等温线	adsorption isotherms
生物降解作用	biodegradation	溶解–沉淀	dissolve-precipitation
莫诺方程	Monod equation	挥发速率	volatilization rate
生物降解速率	biodegradation rate	挥发作用	vatolization
共代谢	cometabolism	半衰期	half life time
氧垂曲线	oxygen sag curve	水解作用	hydrolysis
清洁区	clean zone	敏化光解	sensitized photolysis
分解区	decomposition zone	光解作用	photolysis
腐败区	septic zone	转化过程	transformation processes
恢复区	recovery zone		
化学热力学平衡模型	chemical thermodynamic balance model		

第四章
土壤环境化学

内容提要及重点要求

本章主要介绍土壤的组成及性质；污染物在土壤-植物体系中的迁移和作用机制及主要农药和重金属在土壤中的迁移、转化与归趋。要求了解土壤的组成与性质，土壤的粒级与质地分组特性；了解污染物在土壤-植物体系中迁移的特点、影响因素及作用机制。掌握土壤的吸附、酸碱和氧化还原特性，重金属离子和农药在土壤中的迁移原理与主要影响因素，以及主要农药和重金属离子在土壤中的转化规律与效应。

土壤是自然环境要素的重要组成之一，它是处于岩石圈最外面一层疏松的部分，具有支持植物和微生物生长繁殖的能力，称为土壤圈。土壤圈是处于大气圈、岩石圈、水圈和生物圈之间的过渡地带，是联系有机界和无机界的中心环节。与地球的直径相比，土壤圈只不过相当于一张薄纸，但它却是农业生产的基础，是人类生活的一项极其宝贵的自然资源。土壤还具有同化、代谢和锁定外界进入土壤的物质的能力，因此土壤又是保护环境的重要净化剂。这就是土壤的两个重要的功能。

土壤抵抗人类活动干扰的能力并非无限。其实，土壤也是很脆弱又容易被人类活动所损害的环境要素。例如，土壤生成速率十分缓慢，自然条件下，上千年才能形成几厘米厚的土壤。因此，土壤流失或功能丧失的结果往往不可逆转。植被破坏和采矿、干旱、洪涝，以及土壤污染都对土壤环境产生巨大威胁。由于土壤组成的复杂性与介质的非均质性，相对于大气环境污染或水环境污染而言，土壤环境污染的成因、演化与修复都更为复杂，涉及更多学科理论的交叉与综合。土壤环境化学的主要内容就是研究污染物在土壤中的分布、迁移与转化的规律，为防治土壤污染奠定理论基础。

第一节 土壤的组成与性质

一、土壤组成

土壤是由固体、液体和气体三相共同组成的多相体系。土壤固相包括土壤矿物质和土壤有机质。土壤矿物质占土壤的绝大部分，约占土壤固体总质量的 90%。土壤有机质占固体总质量的 1%~10%，一般在可耕性土壤中占 5%，且绝大部分分布在土壤表层。土壤液相是指土壤中的水分及其水溶物。土壤溶质的种类和含量导致土壤溶液组成成分和浓度的变化,并影响土壤溶液和土壤的性质。土壤有无数孔隙充满空气,即土壤气相,典型土壤约有 35% 的体积是充满空气的孔隙,因此土壤具有疏松的结构,如图 4-1 所示。

典型土壤随深度呈现不同的层次,如图 4-2 所示。最上层为覆盖层(A_0),由地面上的枯枝落叶等所构成。第二层为淋溶层(A),它是土壤中生物最活跃的一层,土壤有机质大部分分布在这一层,金属离子和黏土颗粒在此层的淋溶迁移最为明显。第三层为淀积层(B),它接纳来自上一层淋溶出来的有机物、盐类和黏土颗粒类物质。C 层也叫作母质层,由风化的成土母岩构成。母质层下面为未风化的基岩,常用 D 层表示。

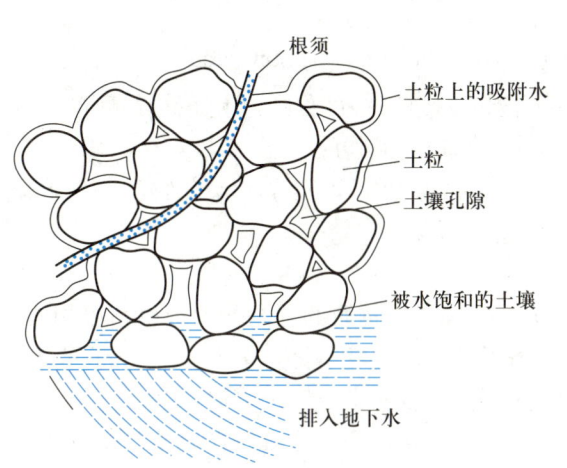

图 4-1 土壤中固、液、气相结构图

(资料来源:Manahan,1984)

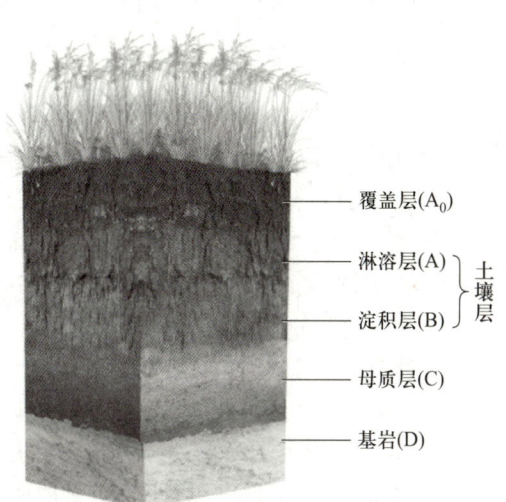

图 4-2 自然土壤的综合剖面图

1. 土壤矿物质

土壤矿物质由岩石经过物理风化和化学风化形成。物理风化主要由温差引起,它导致岩石碎屑产生,但化学组成保持不变。化学风化是指岩石在水和空气(主要是 CO_2、O_2)参与下进行的溶解作用、水化作用、水解作用、氧化作用等。生物风化是指岩石及矿物在生物作用下发生的物理和化学变化。土壤中微生物的生命活动每年产生大量的 CO_2,从而加强了岩石的化学风化作用。没有生物的生命活动,就不可能补充大气中的 CO_2;离开 CO_2,化学风化就不能迅速地进行。此外,植物根系及其分泌物也能使岩石破碎、分解。

按其成因类型可将土壤矿物质分成两类:一类是原生矿物质,它们是各种岩石(主要是岩浆岩)受到不同程度的物理风化而未经化学风化的碎屑物,其原来的化学组成和结晶结构均未改变;另一类是次生矿物质,它们大多数是由原生矿物质经化学风化后形成的新矿物质,其化学组成和晶体结构都有所改变。在土壤形成过程中,原生矿物质以不同的数量与次生矿物质混合成为土壤矿物质。

(1)原生矿物质

原生矿物质主要有石英、长石类、云母类、辉石、角闪石、黑云母、橄榄石、赤铁矿、磁铁矿、磷灰石、黄铁矿等。其中前五种较常见。土壤中原生矿物质的种类和含量随母质的类型、风化强度和成土过程的不同而异。土壤中的石砾、砂粒几乎全部是原生矿物质。在原生矿物质中,石英最难风化,长石次之,辉石、角闪石、黑云母易风化。因而石英常成为较粗的颗粒遗留在土壤中,构成土壤的砂粒部分;辉石、角闪石和黑云母在土壤中残留较少,一般都被风化为次生矿物质。

岩石化学风化主要分为三个历程,即氧化、水解和酸性水解。

① 氧化:以橄榄石为例,其化学组成为$(Mg,Fe)SiO_4$,其中$Fe(II)$可以氧化为$Fe(III)$。

$$2(Mg,Fe)SiO_4(s)+\frac{1}{2}O_2(g)+5H_2O \longrightarrow Fe_2O_3 \cdot 3H_2O(s)+Mg_2SiO_4(s)+H_4SiO_4(aq)$$

② 水解:

$$2(Mg,Fe)SiO_4(s)+4H_2O \longrightarrow 2Mg^{2+}(aq)+4OH^-(aq)+Fe_2SiO_4(s)+H_4SiO_4(aq)$$

③ 酸性水解:

$$(Mg,Fe)SiO_4(s)+4H^+(aq) \longrightarrow Mg^{2+}(aq)+Fe^{2+}(aq)+H_4SiO_4(aq)$$

风化反应释放出来的Fe^{2+}、Mg^{2+}等离子,一部分被植物吸收;一部分则随水迁移,最后进入海洋。$Fe_2O_3 \cdot 3H_2O$形成新矿物质;SiO_4^+也可与某些阳离子形成新矿物质。

土壤中最主要的原生矿物质有四类:硅酸盐类矿物质、氧化物类矿物质、硫化物类矿物质和磷酸盐类矿物质。其中硅酸盐类矿物质占岩浆岩质量的80%以上。

(2)次生矿物质

土壤中次生矿物质的种类很多,不同的土壤所含的次生矿物质的种类和数量也不尽相同。通常根据其性质与结构可分为三类:简单盐类、三氧化物类和次生铝硅酸盐类。

次生矿物质中的简单盐类属水溶性盐,易淋溶流失,一般土壤中较少,多存在于盐渍土中。三氧化物和次生铝硅酸盐是土壤矿物质中最细小的部分,一般称为次生黏土矿物质。土壤很多重要的物理、化学过程和性质都和土壤所含的黏土矿物质,特别是次生铝硅酸盐的种类和数量有关。

① 简单盐类:如方解石($CaCO_3$)、白云石$[(Ca,Mg)(CO_3)_2]$、石膏($CaSO_4 \cdot 2H_2O$)、泻盐($MgSO_4 \cdot 7H_2O$)、岩盐($NaCl$)、芒硝($Na_2SO_4 \cdot 10H_2O$)、水氯镁石($MgCl_2 \cdot 6H_2O$)等。它们都是原生矿物质经化学风化后的最终产物,结晶结构较简单,常见于干旱和半干旱地区的土壤中。

② 三氧化物类:如针铁矿($Fe_2O_3 \cdot H_2O$)、褐铁矿($2Fe_2O_3 \cdot 3H_2O$)、三水铝石($Al_2O_3 \cdot 3H_2O$)等,它们是硅酸盐矿物质彻底风化后的产物,结晶结构较简单,常见于湿热的热带和亚热带地区的土壤中,特别是基性岩(玄武岩、安山岩、石灰岩)上发育的土壤中含量最多。

③ 次生铝硅酸盐类:这类矿物质在土壤中普遍存在,种类很多,由长石等原生硅酸盐矿物质风化后形成。它们是构成土壤的重要成分,故又称为黏土矿物质或黏粒矿物质。母岩和环境条件的不同使岩石风化处在不同的阶段,在不同的风化阶段所形成的次生黏土矿物质的种类和数量也不同。土壤中次生硅酸盐可分为三大类,即伊利石、蒙脱石和高岭石。在干旱和半干旱的气候条件下,风化程度较低,处于脱盐基初期阶段,主要形成伊利石;在温暖湿润或半湿润的气候条件下,脱盐基作用增强,多形成蒙脱石和蛭石;在湿热气候条件下,原生矿物质迅速脱盐基、脱硅,主要形成高岭石。次生黏土矿物质再进一步脱硅,矿物质彻底分解,形成最终产物铁铝氧化物。铁铝氧化物的富集也称为红土化作用。

伊利石(或水云母)$[(OH)_4K_y(Al_4 \cdot Fe_4 \cdot Mg_4 \cdot Mg_6)(Si_{8-y} \cdot Al_y)O_{20}]$是一种风化程度较低的矿物质,一般土壤中均有分布,但以温带干旱地区的土壤中含量最多。其颗粒直径小于2 μm,膨胀性较小,具有较高的阳离子交换量,并富含钾(K_2O 4%~7%)。

蒙脱石是伊利石进一步风化的产物,是基性岩在碱性环境下形成的,在温带干旱地区的土壤中含量较高。其颗粒直径小于 1 μm,阳离子代换量极高。它所吸收的水分植物难以利用,因此富含蒙脱石的土壤,植物易感水分缺乏,同时干裂现象严重,不利于植物的生长。

高岭石 $[Al_4Si_4O_{10}(OH)_8]$ 为风化程度较高的矿物,主要见于湿热的热带地区的土壤中,在花岗岩残积母质上发育的土壤中含量也较高。其颗粒直径较大,为 0.1~5.0 μm,膨胀性小,阳离子代换量亦低,植物易感养分不足。

伊利石、蒙脱石和高岭石所表现出的土壤性质上的差异与它们的晶体结构有密切关系。虽然它们均属于片层状结构,即由硅氧原子层(又称硅氧片,由硅氧四面体连接而成)和铝氢氧原子层(又称水铝片,由铝氢氧八面体连接而成)所构成的晶层相重叠而成,但是由于重叠的情况各不相同,性质不同。

2. 土壤有机质

土壤有机质(soil organic matter,SOM)是土壤中含碳有机物的总称,包括土壤中的各种动植物残体、微生物及其分解、合成的产物。土壤有机质主要来源于动植物和微生物残体,它可以分为两大类,一类是组成有机体的各种有机物,称为非腐殖物质,如蛋白质、糖类、树脂、有机酸等;另一类是称为腐殖质的特殊有机物,它不属于有机化学中的任何一类,它包括腐殖酸、富里酸和腐黑物等。

有机质是土壤形成的主要标志。土壤中有机质一般占土壤固相总质量的 10% 以下,耕作土壤有机质含量通常在 5% 以下。作为土壤的重要组成部分,有机质在土壤肥力、环境保护,以及作物生长等方面发挥极其重要的作用。有机质能为植物生长提供营养元素,为微生物生命活动提供能源,深刻影响土壤的物理、化学和生物性质。有机质还能缓冲和减轻重金属、农药等有机、无机污染物的危害。此外,有机碳对全球碳平衡具有重要意义,是影响和调控全球温室效应的关键因素之一。

土壤有机质是微生物、动植物的生命活动产物及由生物残体分解合成的各种有机物质,包括非腐殖质和腐殖质。非腐殖质包括分子结构已知的糖类、本质素、有机酸、脂肪等,占土壤有机质的 20%~30%。腐殖质是土壤有机质的主体,占有机质总量的 70%~80%,是经腐殖化作用形成的、具有特异性的、多相分布的类高分子物质。腐殖质又可分为腐殖酸(humic acid,HA)、富里酸(fulvic acid,FA)和胡敏素(humin)。

值得注意的是,作为广义的土壤有机质的一部分,土壤中大量的微生物也具有胶体性质,对增加土壤比表面积和提升吸附性能有很大的作用。由于微生物细胞壁上存在各种官能团(如羧基、巯基、磷酰基和酰胺基团),微生物细胞能吸附重金属离子。

3. 土壤水分

土壤水分是土壤的重要组成部分,主要来自大气降水和灌溉。在地下水位接近地面(2~3 m)的情况下,地下水也是上层土壤水分的重要来源。此外,空气中水蒸气遇冷凝固也会成为土壤水分。

水进入土壤以后,由于土壤颗粒表面的吸附力和微细孔隙的毛细管力,可将一部分水保持住,但不同土壤保持水分的能力不同。砂土由于土质疏松、孔隙大,水分容易渗漏流失;黏土土质细密,孔隙小,水分不容易渗漏流失。气候条件对土壤水分含量影响也很大。

土壤水分并非纯水,而是土壤中各种水分和污染物溶解形成的溶液,即土壤溶液。土壤水分既是植物养分的主要来源,也是进入土壤的各种污染物向其他环境圈层(如水圈、生物圈等)迁移的媒介。

4. 土壤中的空气

土壤空气组成与大气基本相似,主要成分都是 N_2、O_2 和 CO_2。其差异是:① 土壤空气存在于相互隔离的土壤孔隙中,是一个不连续的体系;② 在 O_2 和 CO_2 含量上有很大的差异。土壤空气中 CO_2 含量比大气中高得多。大气中 CO_2 含量为 0.02%~0.03%,而土壤空气中 CO_2 含量一般为 0.15%~0.65%,甚至高达 5%,这主要是由于生物呼吸作用和有机物分解。土壤空气中氧的含量低于大气,而水蒸气的含量比大气中高得多。土壤空气中还含有少量还原性气体,如 CH_4、H_2S、H_2、NH_3 等。如果是被污染的土壤,那么土壤空气中还可能存在污染物。

二、土壤的粒级分组与质地分组

1. 土壤矿物质的粒级划分

土壤矿物质是以大小不同的颗粒状态存在的。不同粒径的土壤矿物质颗粒(即土粒),其性质和成分存在规律性变化。为了研究方便,按粒径的大小将土粒分为若干组,称为粒组或粒级,同组土粒的成分和性质基本一致,组间则有明显差异。

中国科学院南京土壤研究所和西北水土保持研究所总结了我国的经验,拟订了我国的土粒分级标准(供讨论试行),如表 4-1 所示。

表 4-1　我国土粒分级标准

颗粒名称	粒径/mm	颗粒名称	粒径/mm
石块	>10	粉粒	
石砾		粗粉粒	0.01~0.05
粗砾	3~10	细粉粒	0.005~0.01
细砾	1~3	黏粒	
砂粒		粗黏粒	0.001~0.005
粗砂砾	0.25~1	细黏粒	<0.001
细砂砾	0.05~0.25		

2. 粒级的主要矿物成分和理化特性

由于各种矿物质抵抗风化的能力不同,它们经受风化后,在各粒级中分布的多少也不相同。石英抗风化的能力很强,故常以粗的土粒存在,而云母、角闪石等易于风化,故多以较细的土粒存在,如表 4-2 所示。矿物质的粒级不同,其化学成分有较大的差异。在较细的土粒中,钙、镁、磷、钾等元素含量增加。一般来说,土粒越细,所含养分越多;反之,则越少,如表 4-3 所示。

表 4-2　各级土粒的矿物质组成

粒径/mm	含量/%				
	石英	长石	云母	角闪石	其他
0.25~1	86	14	—	—	—
0.05~0.25	81	12	—	4	3
0.01~0.05	74	15	7	3	1
0.005~0.01	63	8	21	5	3
<0.005	10	10	66	7	7

表 4-3　不同粒径土粒的化学组成

粒径/mm	含量/%						
	SiO$_2$	Al$_2$O$_3$	Fe$_2$O$_3$	CaO	MgO	K$_2$O	P$_2$O$_5$
0.2~1.0	93.6	1.6	1.2	0.4	0.6	0.8	0.05
0.04~0.2	94.0	2.0	1.2	0.5	0.1	1.5	0.1
0.01~0.04	89.4	5.0	1.5	0.8	0.3	2.3	0.2
0.002~0.01	74.2	13.2	5.1	1.6	0.3	4.2	0.1
<0.002	53.2	21.5	13.2	1.6	1.0	4.9	0.4

由于土粒大小不同,矿物质组成和化学组成也不同,各粒级所表现出来的物理化学性质和肥力特征差异很大。

① 石块和石砾:多为岩石碎块,直径大于 1 mm,山区土壤和河漫滩土壤中常见。土壤中含石块和石砾多时,其孔隙过大,水和养分易流失。

② 砂粒:主要为原生矿物质,大多为石英、长石、云母、角闪石等,其中以石英为主,粒径为 1~0.05 mm,在冲积平原土壤中常见。土壤含砂粒多时,孔隙大,通气和透水性强,毛细管水上升高度很低(小于 33 cm),保水保肥能力弱,营养元素含量少。

③ 黏粒:主要为次生矿物质,粒径小于 0.005 mm。含黏粒多的土壤,营养元素含量丰富,团聚能力较强,有良好的保水保肥能力,但土壤的通气和透水性较差。

④ 粉粒:也称作面砂,是原生矿物质与次生矿物质的混合体,原生矿物质有云母、长石、角闪石等,其中白云母较多;次生矿物质有次生石英、高岭石、含水氧化铁、铝,其中次生石英较多。粒径为 0.05~0.005 mm,在黄土中含量较多。粉粒的物理及化学性状介于砂粒与黏粒之间,团聚、胶结性差,分散性强,保水保肥能力较好。

3. 土壤质地分类及其特性

由不同的粒级混合在一起所表现出来的土壤粗细状况,称为土壤质地(或土壤机械组成)。

土壤质地分类是以土壤中各级粒级的相对百分比作标准的。2020 年自然资源部印发的《地表基质分类方案(试行)》(表 4-4)中,将土壤按质地分为粗骨土、砂土、壤土和黏土四类。

表 4-4　《地表基质分类方案(试行)》中对土壤质地的分类

质地分组	质地特征
粗骨土	不同粒级砾体积含量为 25%~75%
砂土	不同粒级砾体积含量 <25%,筛除砾质后砂粒质量含量≥55%
壤土	不同粒级砾体积含量 <25%,筛除砾质后砂粒质量含量 <55%,黏粒质量含量 <35%
黏土	不同粒级砾体积含量 <25%,筛除砾质后黏粒质量含量≥35%

土壤质地可在一定程度上反映土壤矿物质组成和化学组成,同时土壤颗粒大小与土壤的物理性质有密切关系,并且影响土壤孔隙状况,因此对土壤水分、空气、热量的运动和养分转化均有很大的影响。质地不同的土壤表现出不同的性状,如表 4-5 所示。由表 4-5 可见,壤土兼有砂土和黏土的优点,而克服了两者的缺点,是理想的土壤质地。

表 4-5 土壤质地与土壤性状

土壤性状	土壤质地		
	砂土	壤土	黏土
比表面积	小	中等	大
紧密性	小	中等	大
孔隙状况	大孔隙多	中等	细孔隙多
通透性	大	中等	小
有效含水量	低	中等	高
保肥能力	小	中等	大
保水分能力	低	中等	高
触觉	砂	滑	黏

三、土壤吸附性

土壤中两个最活跃的组分是土壤胶体和土壤微生物,它们对污染物在土壤中的迁移、转化有重要作用。土壤胶体以其巨大的比表面积和带电性,而使土壤具有吸附性。

1. 土壤胶体的性质

(1)土壤胶体具有巨大的比表面积和表面能

比表面积是单位质量物质的表面积。一定体积的物质被分割时,随着颗粒数的增大,比表面积也显著地增大。

物体表面的分子与该物体内部的分子所处的条件是不相同的。物体内部的分子在各方面都与它相同的分子相接触,受到的吸引力相等;而处于表面的分子所受到的吸引力是不相等的,表面分子具有一定的自由能,即表面能。物质的比表面积越大,表面能也越大。

(2)土壤胶体的电性

土壤胶体在总体上是带负电荷的。土壤胶体上可以有正电荷也可以有负电荷,只是在一般情况下,土壤胶体的净电荷为负。土壤胶体微粒具有双电层,微粒的内部称微粒核,一般带负电荷,形成一个负离子层(即决定电位离子层),其外部由于电性吸引,而形成一个正离子层(又称为反离子层,包括非活动性离子层和扩散层),即合称为双电层。决定电位离子层与液体间的电位差通常叫作热力电位,在一定的胶体系统内它是不变的。在非活动性离子层与液体间的电位差叫作电动电位,它的大小视扩散层厚度而定,随扩散层厚度增大而增大。扩散层厚度取决于补偿离子的性质和电荷数量多少,而水化程度大的补偿离子(如 Na^+)形成的扩散层较厚;反之,扩散层较薄。

同晶取代作用是土壤胶体净电荷为负的主要原因。黏土矿物质形成时,其硅氧片中的 Si^{4+} 有时可被电性相同、空间大小相近的其他离子(一般为 Al^{3+})代换,而水铝片中的铝则可被 Mg^{2+}、Fe^{2+}、Fe^{3+} 等代换,这称为同晶取代。由于土壤中多数的同晶取代是以低价代换高价的阳离子,故产生的主要是负电荷。除此以外,矿物晶格断裂、表面基团的解离也可能使土壤胶体带电。

(3)土壤胶体的凝聚性和分散性

由于胶体的比表面积和表面能都很大,为减少表面能,胶体具有互相吸引、凝聚的趋势,这就是胶体的凝聚性。但是在土壤溶液中,胶体常带负电荷,即具有负的电动电位,因此胶体微粒又因相同电荷而相互排斥,电动电位越高,相互排斥力越强,胶体微粒呈现出的分散性也越强。

影响土壤凝聚性能的主要因素是土壤胶体的电动电位和扩散层厚度。例如,当土壤溶液中阳离子增多,由于土壤胶体表面负电荷被中和,从而加强了土壤的凝聚。阳离子改变土壤凝聚作用的能力与其种类和浓度有关。一般地,土壤溶液中常见阳离子的凝聚作用能力顺序如下:$Na^+ < K^+ < NH_4^+ < H^+ < Mg^{2+} < Ca^{2+} < Al^{3+} < Fe^{3+}$。此外,土壤溶液中电解质浓度、pH 也将影响其凝聚性能。

2. 土壤胶体的离子交换吸附

在土壤胶体双电层的扩散层中,补偿离子可以和溶液中相同电荷的离子以离子价为依据作等价交换,称为离子交换(或代换)。离子交换作用包括阳离子交换吸附作用和阴离子交换吸附作用。

（1）土壤胶体的阳离子交换吸附

土壤胶体吸附的阳离子,可与土壤溶液中的阳离子进行交换,其交换反应如下:

$$\text{土壤胶体}{\large\langle}{}^{Na^+}_{Na^+} + Ca^{2+} \rightleftharpoons \text{土壤胶体} = Ca^{2+} + 2Na^+$$

土壤胶体的阳离子交换过程除以离子价为依据进行等价交换和受质量作用定律支配外,各种阳离子交换能力的强弱,主要依赖于以下因素。

① 电荷数:离子电荷数越高,阳离子交换能力越强。

② 离子半径及水化程度:同价离子中,离子半径越大,水化离子半径就越小,因而具有较强的交换能力。土壤中一些常见阳离子的交换能力顺序如下:

$$Fe^{3+} > Al^{3+} > H^+ > Ba^{2+} > Sr^{2+} > Ca^{2+} > Mg^{2+} > Cs^+ > Rb^+ > NH_4^+ > K^+ > Na^+ > Li^+$$

每千克干土中所含全部阳离子总量,称为阳离子交换量,以 cmol/kg(干土)表示。(i)不同土壤的阳离子交换量不同。不同种类胶体的阳离子交换量的顺序为:有机胶体 > 蒙脱石 > 水化云母 > 高岭土 > 含水氧化铁、铝。(ii)土壤质地越细,阳离子交换量越高。(iii)土壤胶体中 SiO_2/R_2O_3 越大,其阳离子交换量越大,当 SiO_2/R_2O_3 小于 2 时,阳离子交换量显著降低。(iv)因为胶体表面—OH 基团的解离受 pH 的影响,pH 下降,土壤负电荷减少,阳离子交换量降低;反之交换量增大。

土壤的可交换性阳离子有两类:一类是致酸离子,包括 H^+ 和 Al^{3+};另一类是盐基离子,包括 Ca^{2+}、Mg^{2+}、K^+、Na^+ 和 NH_4^+ 等。当土壤胶体上吸附的阳离子均为盐基离子,且已达到吸附饱和时的土壤,称为盐基饱和土壤。若土壤胶体上吸附的阳离子有一部分为致酸离子,则这种土壤为盐基不饱和土壤。在土壤交换性阳离子中盐基离子所占的百分数称为土壤盐基饱和度:

$$\text{盐基饱和度} = \frac{\text{交换性盐基总量 (cmol/kg)}}{\text{阳离子交换量 (cmol/kg)}} \times 100\%$$

土壤盐基饱和度与土壤母质、气候等因素有关。

（2）土壤胶体的阴离子交换吸附

土壤中阴离子交换吸附是指带正电荷的胶体所吸附的阴离子与溶液中阴离子的交换作用。阴离子的交换吸附比较复杂,它可与胶体微粒(如酸性条件下带正电荷的含水氧化铁、铝)或溶液中阳离子(Ca^{2+}、Al^{3+}、Fe^{3+})形成难溶性沉淀而被强烈地吸附,如 PO_4^{3-}、HPO_4^{2-} 与 Ca^{2+}、Fe^{3+}、Al^{3+} 可形成 $CaHPO_4 \cdot 2H_2O$、$Ca_3(PO_4)_2$、$FePO_4$、$AlPO_4$ 难溶性沉淀。由于 Cl^-、NO_3^-、NO_2^- 等离子不能形成难溶盐,故它们不被或很少被土壤吸附。各种阴离子被土壤胶体吸附的顺序如下:$F^- >$ 草酸根 > 柠檬酸根 $> PO_4^{3-} \geq AsO_4^{3-} \geq$ 硅酸根 $> HCO_3^- > H_2BO_3^- > CH_3COO^- > SCN^- > SO_4^{2-} > Cl^- > NO_3^-$。

四、土壤酸碱性

由于土壤是一个复杂的体系,其中存在各种化学和生物化学反应,因而使土壤表现出不同的酸性或碱性。根据土壤的酸度可以将其划分为九个等级(表4-6)。

表4-6　土壤酸碱度分级

酸碱度分级	pH	酸碱度分级	pH
极强酸性	<4.5	弱碱性	7.0~7.5
强酸性	4.5~5.5	碱性	7.5~8.5
酸性	5.5~6.0	强碱性	8.5~9.5
弱酸性	6.0~6.5	极强碱性	>9.5
中性	6.5~7.0		

我国土壤的pH大多为4.5~8.5,并有由南向北pH递增的规律性,长江(北纬33°)以南的土壤多为酸性和强酸性,如华南、西南地区广泛分布的红壤、黄壤,pH大多为4.5~5.5,有少数低至3.6~3.8;华中、华东地区的红壤,pH为5.5~6.5。长江以北的土壤多为中性或碱性,如华北、西北的土壤大多含$CaCO_3$,pH一般为7.5~8.5,少数强碱性土壤的pH高达10.5。

1. 土壤酸度

根据土壤中H^+的存在方式,土壤酸度可分为两大类。

（1）活性酸度

土壤的活性酸度是土壤中氢离子浓度的直接反映,又称为有效酸度,通常用pH表示。

土壤溶液中H^+的来源,主要是土壤中CO_2溶于水形成的碳酸和有机物分解产生的有机酸,以及土壤中矿物质氧化产生的无机酸,如硝酸、硫酸和磷酸等。此外,因为大气污染形成的大气酸沉降也会使土壤酸化,所以它也是土壤活性酸度的一个重要来源。

（2）潜性酸度

土壤潜性酸度的来源是土壤胶体吸附的可代换性H^+和Al^{3+}。当这些离子处于吸附状态时,是不显酸性的,但当它们通过离子交换作用进入土壤溶液后,即可增加土壤溶液的H^+浓度,使土壤pH降低。只有盐基不饱和土壤才有潜性酸度,其大小与土壤代换量和盐基饱和度有关。

根据测定土壤潜性酸度所用的提取液,可以把潜性酸度分为代换性酸度和水解酸度。

① 代换性酸度:用过量中性盐(如NaCl或KCl)溶液淋洗土壤,溶液中金属离子与土壤中H^+和Al^{3+}发生离子交换作用而表现出的酸度,称为代换性酸度,即

$$\boxed{\text{土壤胶体}}{-}H^+ + KCl \rightleftharpoons \boxed{\text{土壤胶体}}{-}K^+ + HCl$$

由于土壤矿物质胶体释放出的H^+是很少的,只有土壤腐殖质中的腐殖酸才可产生较多的H^+:

$$RCOOH + KCl \rightleftharpoons RCOOH + H^+ + Cl^-$$

近代研究已经确认,代换性Al^{3+}是矿物质中潜性酸度的主要来源。例如,红壤的潜性酸度95%以上是代换性Al^{3+}产生的。土壤酸度过高造成铝硅酸盐晶格内铝氢氧八面体的破裂,使晶

格中的 Al^{3+} 释放出来,变成代换性 Al^{3+}。

$$土壤胶体 - Al^{3+} + 3KC \rightleftharpoons 土壤胶体 \begin{matrix} -K^+ \\ -K^+ \\ -K^+ \end{matrix} + AlCl_3$$

$$AlCl_3 + 3H_2O \rightleftharpoons Al(OH)_3 + 3HCl$$

② 水解酸度:用弱酸强碱盐(如乙酸钠)淋洗土壤,溶液中金属离子可以将土壤胶体吸附的 H^+、Al^{3+} 代换出来,同时生成某弱酸(乙酸)。此时所测定出的该弱酸的酸度称为水解酸度。其化学反应分几步进行:首先,乙酸钠水解:

$$CH_3COONa + H_2O \longrightarrow CH_3COOH + Na^+ + OH^-$$

生成的乙酸分子解离度很小,而氢氧化钠可以完全解离。氢氧化钠解离后,所生成的钠离子浓度很高,可以代换出绝大部分吸附的 H^+ 和 Al^{3+},其反应如下:

$$H^+ - 土壤胶体 - Al^{3+} + 4CH_3COONa \xrightarrow{3H_2O}$$

$$Na^+ - 土壤胶体 \begin{matrix} -Na^+ \\ -Na^+ \\ -Na^+ \end{matrix} + Al(OH)_3 + 4CH_3COOH$$

水解酸度一般比代换性酸度高。由于中性盐所测出的代换性酸度只是水解酸度的一部分,当土壤溶液碱性增大时,土壤胶体上吸附的 H^+ 被较多地代换出来,水解酸度较大。但在红壤和灰化土中,由于胶体中 OH^- 可以中和乙酸,且对乙酸分子有吸附作用,因此,水解酸度接近或低于代换性酸度。

③ 活性酸度与潜性酸度的关系:土壤的活性酸度与潜性酸度是同一个平衡体系的两种酸度,两者可以相互转化,在一定条件下处于暂时平衡状态。土壤活性酸度是土壤酸度的根本起点和现实表现。土壤胶体是 H^+ 和 Al^{3+} 的贮存库,潜性酸度是活性酸度的储备。

土壤的潜性酸度往往比活性酸度大得多,两者的比例在砂土中约为 $1\,000:1$;在有机质丰富的黏土中则可高达 $5 \times 10^4 \sim 1 \times 10^5$。

2. 土壤碱度

土壤溶液中 OH^- 的主要来源是 CO_3^{2-} 和 HCO_3^- 的碱金属(Na、K)及碱土金属(Ca、Mg)的盐类。碳酸盐碱度和重碳酸盐碱度的总和称为总碱度,可用中和滴定法测定。不同溶解度的碳酸盐和重碳酸盐对土壤碱度的贡献不同,$CaCO_3$ 和 $MgCO_3$ 的溶解度很小,在正常的 CO_2 分压下,它们在土壤溶液中的浓度很低,故富含 $CaCO_3$ 和 $MgCO_3$ 的石灰性土壤呈弱碱性(pH $7.5\sim8.5$);Na_2CO_3、$NaHCO_3$ 及 $Ca(HCO_3)_2$ 等都是水溶性盐类,可以大量出现在土壤溶液中,使土壤溶液中的总碱度很高。从土壤 pH 来看,含 Na_2CO_3 的土壤,其 pH 一般较高,可达 10 以上;而含 $NaHCO_3$ 和 $Ca(HCO_3)_2$ 的土壤,其 pH 常为 $7.5\sim8.5$,碱性较弱。

当土壤胶体上吸附的 Na^+、K^+、Mg^{2+}(主要是 Na^+)等离子的饱和度增加到一定程度时,会引起交换性阳离子的水解作用:

$$土壤胶体 - xNa^+ + yH_2O \rightleftharpoons 土壤胶体 \begin{matrix} -(x-y)Na^+ \\ -yH^+ \end{matrix} + y\,NaOH$$

结果在土壤溶液中产生 NaOH,使土壤呈碱性。此时 Na^+ 饱和度亦称为土壤碱化度。

胶体上吸附的盐基离子不同,对土壤 pH 或土壤碱度的影响也不同,如表 4-7 所示。

表 4-7　不同盐基离子完全饱和吸附于黑钙土时的 pH

吸附性盐基离子	黑钙土的 pH	吸附性盐基离子	黑钙土的 pH
Li^+	9.00	Ca^{2+}	7.84
Na^+	8.04	Mg^{2+}	7.59
K^+	8.00	Ba^{2+}	7.35

3. 土壤的缓冲性能

土壤的缓冲性能是指土壤具有缓和其酸碱度发生剧烈变化的能力,它可以保持土壤反应的相对稳定,为植物生长和土壤生物的活动创造比较稳定的生活环境,因为土壤的缓冲性能是土壤的重要性质之一。

（1）土壤溶液的缓冲作用

土壤溶液中含有碳酸、硅酸、磷酸、腐殖酸和其他有机酸等弱酸及其盐类,构成一个良好的缓冲体系,对酸碱具有缓冲作用。以碳酸及其钠盐为例,当加入盐酸时,碳酸钠与它作用,生成中性盐和碳酸,大大抑制了土壤酸度的提高。

$$Na_2CO_3 + 2HCl \rightleftharpoons 2NaCl + H_2CO_3$$

当加入 $Ca(OH)_2$ 时,碳酸与它作用,生成溶解度较小的碳酸钙,也限制了土壤碱度的变化范围。

$$H_2CO_3 + Ca(OH)_2 \rightleftharpoons CaCO_3 + 2H_2O$$

土壤中的某些有机酸(如氨基酸、胡敏酸等)是两性物质,具有缓冲作用,如氨基酸含氨基和羧基可分别中和酸和碱,从而对酸和碱都具有缓冲能力。

$$R-CH\begin{array}{c}NH_2\\COOH\end{array} + HCl \longrightarrow R-CH\begin{array}{c}NH_3Cl\\COOH\end{array}$$

$$R-CH\begin{array}{c}NH_2\\COOH\end{array} + NaOH \longrightarrow R-CH\begin{array}{c}NH_2\\COONa\end{array} + H_2O$$

（2）土壤的缓冲作用

土壤胶体吸附各种阳离子,其中盐基离子和氢离子能分别对酸和碱起缓冲作用。一般土壤缓冲能力的大小顺序是:腐殖质土 > 黏土 > 砂土。

① 对酸的缓冲作用(以 M 代表盐基离子):

$$\boxed{土壤胶体}-M+HCl \rightleftharpoons \boxed{土壤胶体}-H+HCl$$

② 对碱的缓冲作用:

$$\boxed{土壤胶体}-H+MOH \rightleftharpoons \boxed{土壤胶体}-M+H_2O$$

土壤胶体的数量和盐基代换量越大,土壤的缓冲性能就越强。因此,砂土掺黏土及施用各种有机肥料,都是提高土壤缓冲性能的有效措施。在代换量相等的条件下,盐基饱和度越高,土壤对酸的缓冲能力越强;反之,盐基饱和度越低,土壤对碱的缓冲能力越强。

③ 铝离子对碱的缓冲作用:在 pH<5 的酸性土壤溶液中,铝离子被 6 个水分子围绕着,当加入碱类使土壤溶液中 OH^- 增多时,铝离子周围的 6 个水分子中有一两个水分子解离出 H^+,与加

入的 OH^- 中和,并发生如下反应:

$$2Al(H_2O)_6^{3+} + 2OH^- \Longrightarrow [Al_2(OH)_2(H_2O)_8]^{4+} + 4H_2O$$

水分子解离出来的 OH^- 则留在铝离子周围,这种带有 OH^- 的铝离子很不稳定,它们倾向于聚合成更大的离子团,如图 4–3 所示,相互聚合成离子团的铝离子可多达数十个。聚合的铝离子团越大,解离出的 H^+ 越多,对碱的缓冲能力就越强。在 pH>5.5 时,铝离子开始形成 $Al(OH)_3$ 沉淀,而失去缓冲能力。

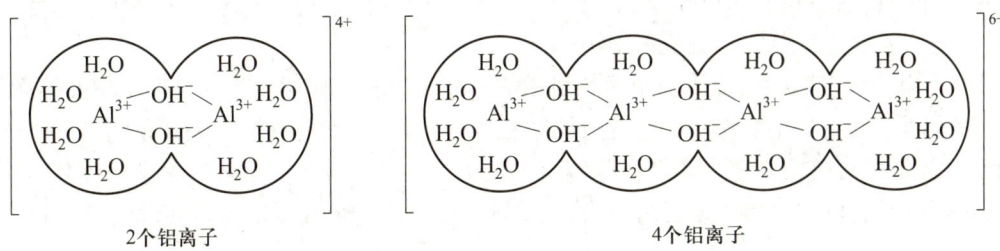

图 4–3 铝离子缓冲作用示意图

五、土壤的氧化还原性

氧化还原反应是土壤中无机物和有机物发生迁移转化,并对土壤生态系统产生重要影响的化学过程。

土壤中的主要氧化剂有:土壤中氧气、NO_3^- 和高价金属离子,如 Fe(Ⅲ)、Mn(Ⅳ)、V(Ⅴ)、Ti(Ⅳ)等。土壤中的主要还原剂有:有机质和低价金属离子。此外,土壤中的根系和土壤生物也是土壤发生氧化还原反应的重要参与者(表 4–8)。

表 4–8 主要氧化还原体系

体系	氧化态	还原态	体系	氧化态	还原态
铁体系	Fe(Ⅲ)	Fe(Ⅱ)		NO_3^-	NO_2^-
锰体系	Mn(Ⅳ)	Mn(Ⅱ)	氮体系	NO_3^-	N_2
硫体系	SO_4^{2-}	H_2S		NO_3^-	NH_4^+
有机碳体系	CO_2	CH_4			

土壤氧化还原能力的大小可以用土壤的氧化还原电位(E_h)来衡量,其值是以氧化态物质与还原态物质的相对浓度比为依据的。土壤中氧化态物质与还原态物质的组成十分复杂,因此计算土壤的实际 E_h 很困难。主要以实际测量的土壤 E_h 衡量土壤的氧化还原性。一般旱地土壤的 E_h 为 +400~+700 mV;水田的 E_h 为 -200~+300 mV。根据土壤的 E_h 可以确定土壤中有机物和无机物可能发生的氧化还原反应和环境行为。

当土壤的 E_h>700 mV 时,土壤完全处于氧化条件下,有机物质会迅速分解;当 E_h 为 400~700 mV 时,土壤中氮素主要以 NO_3^- 形式存在;当 E_h<400 mV 时,反硝化开始发生;当 E_h<200 mV 时,NO_3^- 开始消失,出现大量的 NH_4^+。当土壤渍水时,E_h 降至 -100 mV,Fe^{2+} 浓度已经超过 Fe^{3+};E_h 再降低,小于 -200 mV 时,H_2S 大量产生,Fe^{2+} 就会变成 FeS 沉淀,其迁移能力降低。其他变价金属离子在土壤中不同氧化还原条件下的迁移转化行为与水环境相似。

第二节 土壤对污染物的吸附行为

一、污染物与土壤之间的相互作用

污染物进入土壤后,与土壤各组分发生错综复杂的物理、化学与生物作用。物理作用主要包括扩散/凝集、挥发/沉降、运移/沉积等;化学作用包括吸附/解吸、络合/解离、氧化/还原、光解、水解等;生物作用包括植物根际吸收、微生物吸收与转化、生物降解等。从土壤污染化学角度,人们关注的污染物主要为重金属与有机污染物。

图4-4描绘了土壤中重金属与土壤各组成部分的主要相互作用。吸附是在土壤胶体颗粒与土壤溶液界面上发生的主要作用。土壤胶体颗粒成分主要包括黏土矿物、铁氧化物、其他土壤矿物颗粒,以及土壤有机质。重金属在土壤溶液中发生的各种过程与其水环境化学过程基本类似,如与无机配体或有机配体形成金属络合物、在土壤表层发生光催化反应等,导致金属形态改变。

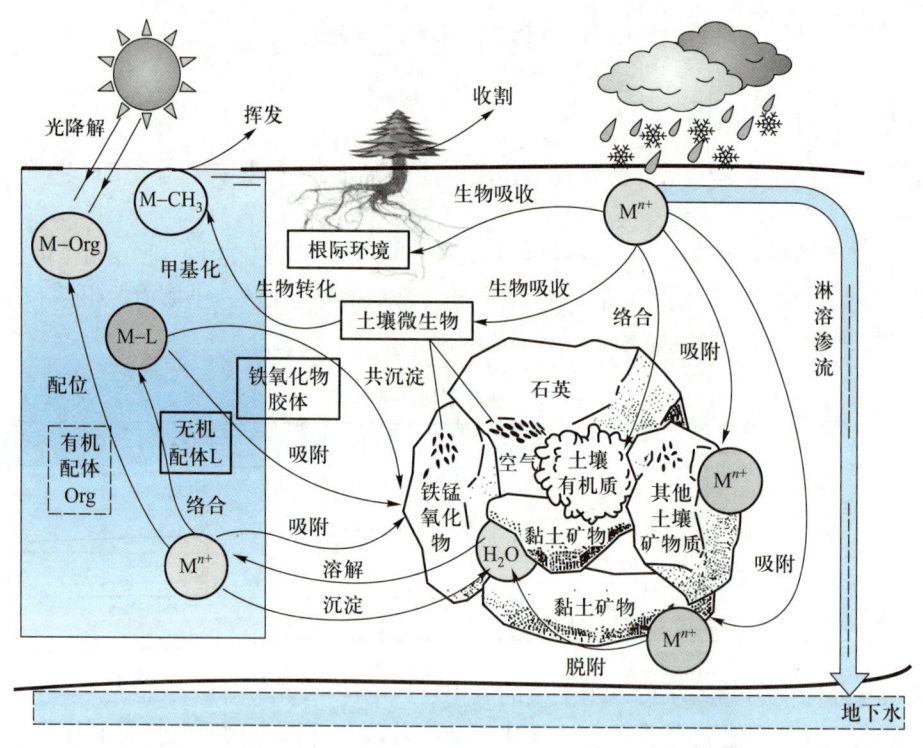

图4-4 土壤中重金属与土壤各组成部分的主要相互作用示意图

与重金属有所不同,有机物与土壤各组分发生的主要作用包括:在有机质中的吸附(分配)、土壤微生物分解、化学氧化/还原分解、在土壤表面的光降解与挥发,如图4-5所示。由于部分有机物具有一定挥发性,在土壤的气/固、液/固、气/液各相界面间还发生溶解/吸收与挥发、吸收/吸附与解吸作用。

对于重金属或有机物,吸附都是它们在土壤中的重要环境化学行为。在分别讨论重金属与有机物吸附机理之前,需先说明与吸附相关的几个术语。

界面吸附(adsorption)是指离子或分子从溶液中迁移,聚集到固液界面的过程。吸收

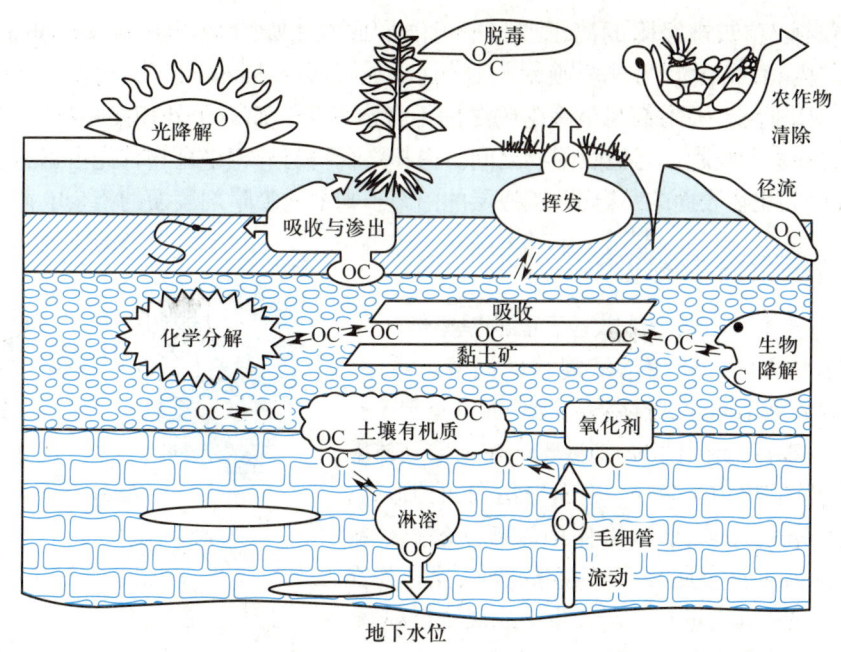

图 4-5 有机污染物在土壤中的相互作用与清除途径示意图

（absorption）则是指离子或分子从溶液中迁移，聚集到固体内部而非界面的过程。而吸着（sorption）是指溶液中离子或分子被固相成分从溶液中去除的总过程，这个术语常常用在迁移机理（吸附、吸收或沉淀）尚不清楚的时候。文献中 sorption 较为常用，但很多时候也与 adsorption 等术语混用。本章如果没有特别说明，一般都用吸附表达吸着。被吸附的离子或分子，称为被吸附物（adsorbate），而吸附它的固相则称为吸附剂（adsorbent）。

以带负电荷的金属氧化物对离子的吸附为例（图 4-6）。离子或分子在固液混合体系中

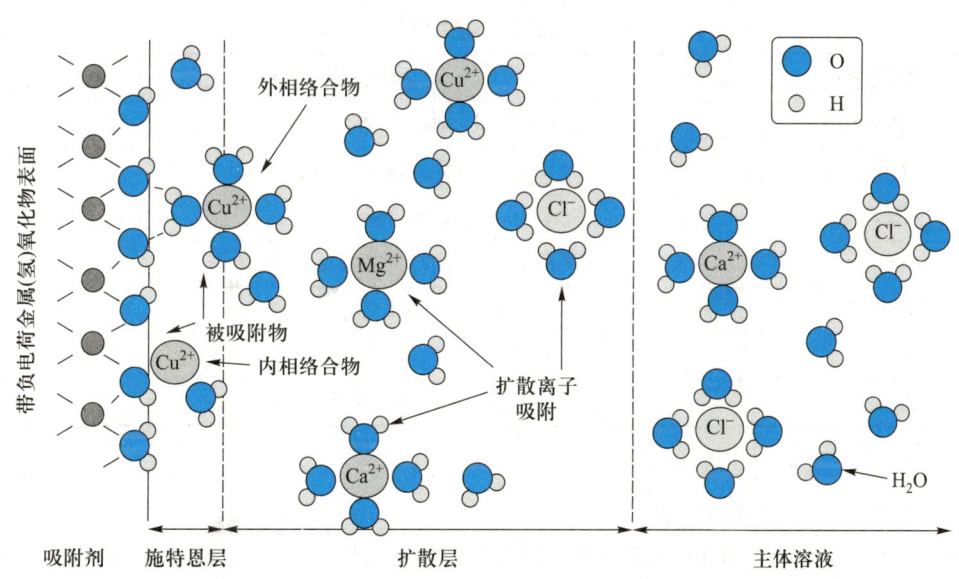

图 4-6 被吸附物在带负电荷的金属氧化物（吸附剂）表面的分布示意图

（资料来源：Thompson 和 Goyne，2012）

以多种不同形式存在,被吸附的离子或分子可能形成内相吸附络合物（inner-sphere adsorption complex,简称内相络合物）与外相吸附络合物（outer-sphere adsorption complex,简称外相络合物）。对于内相络合物,吸附剂与被吸附物之间不含水分子。而对于外相络合物,水合离子或分子的水分子尚存在于吸附剂与被吸附物之间。内相络合物与外相络合物首先占据施特恩（Stern）层,平衡大部分氧化物表面的负电荷,扩散层的阳离子则平衡吸附剂表面的富余电荷。

二、重金属在土壤中的吸附

1. 重金属离子在土壤胶体颗粒表面的聚集形式

在土壤胶体颗粒与土壤溶液混合的固液体系中,重金属离子因浓度不同,在胶体颗粒物表面可呈现不同的聚集形式。图4-7给出了重金属离子在土壤胶体颗粒［如金属（氢）氧化物矿物质］表面聚集的四种形式,即重金属离子表面覆盖低,吸着作用以孤立的点位键合（吸附）为主（a）;重金属离子负载量增加,化合物晶核开始形成（结晶）（b）;进一步增大重金属离子负载量,会出现重金属的表面沉积（沉淀）（c）,或表面团簇（d）。通常情况下,土壤溶液中重金属的浓度很低,因此吸附是主要的聚集形式。在极端情况下,土壤溶液中重金属离子浓度高,则可能通过表面结晶、沉积或团簇等形式在土壤矿物中积累。多种金属共存时,还可能发生共沉积,这也是土壤矿物与腐殖质中多种痕量金属元素天然共存的原因之一。表4-9列出了不同土壤矿物与腐殖质中可共沉积的痕量元素。

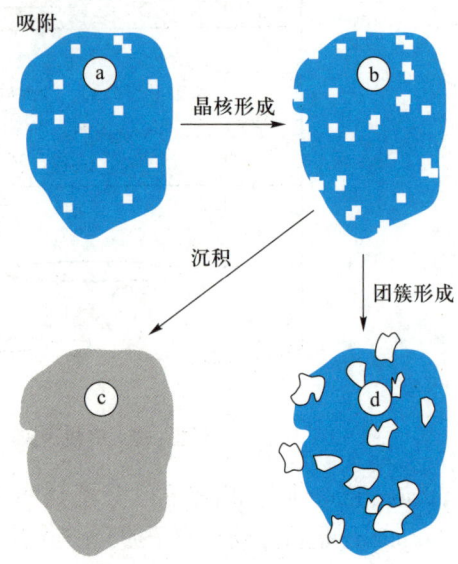

图4-7 重金属离子在（氢）氧化物矿物质表面吸附反应

（资料来源:Sparks,2003）

表4-9 不同土壤矿物与腐殖质中可共沉积的痕量元素

土壤成分	可共沉积的痕量元素
铁或铝氧化物	B、Ti、V、Cr、Mn、Co、Ni、Cu、Zn、Mo、As、Se、Cd、Pb
锰氧化物	Fe、Co、Ni、Cu、Zn、Mo、As、Se、Cd、Pb
碳酸钙	V、Mn、Fe、Co、Cd、Pb
伊利石	B、V、Ni、Co、Cr、Cu、Zn、Mo、As、Se、Pb
蒙脱石	B、Ti、V、Cr、Mn、Fe、Co、Ni、Cu、Zn、Pb
蛭石	Ti、Mn、Fe
腐殖质	B、Al、V、Cr、Mn、Fe、Ni、Cu、Zn、Se、Cd、Pb

资料来源:Sposito,2008。

2. 土壤矿物胶体对离子的吸附机理

图4-8展示了离子在矿物-水界面吸附的6种主要机理,即（a）形成外相络合物;（b）离子失去水后形成内相络合物;（c）矿物晶格内部晶格扩散与同晶取代作用;（d）快速径向扩散和形成表面聚合物;（e）在晶体棱边吸附（离子与晶格原子成键数目最大）;（f）当矿物颗粒长大,表面聚合

物被包裹在晶格结构中;(g)因动力学平衡或作为表面氧化还原反应的产物,被吸附的离子反向扩散(解吸)到溶液。

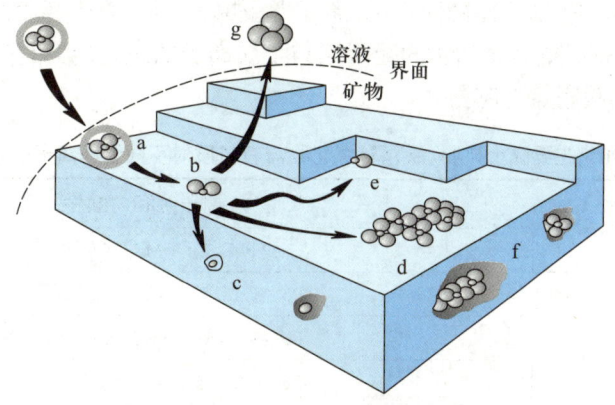

图 4-8   离子在矿物-水界面吸附的机理
(资料来源:Sparks,2003)

3. 土壤有机质对离子的吸附机理

土壤有机质对重金属离子的吸附主要通过络合或螯合作用实现。土壤表层的有机质常常与土壤矿物形成无机-有机复合胶体颗粒,重金属离子可以与有机质中的羧基、羟基(包括醇羟基与酚羟基)、氨基等基团发生络合或螯合(图 4-9)。有机质中可溶解部分可以在无机-有机颗粒物表面或在土壤溶液中与重金属(如 Cu^{2+})形成络合物或螯合物。同时,有机质可以将结合的重金属离子包络到庞大的分子结构中。有机质的络合作用在第三章水环境化学中已有详细的介绍,此处不再赘述。

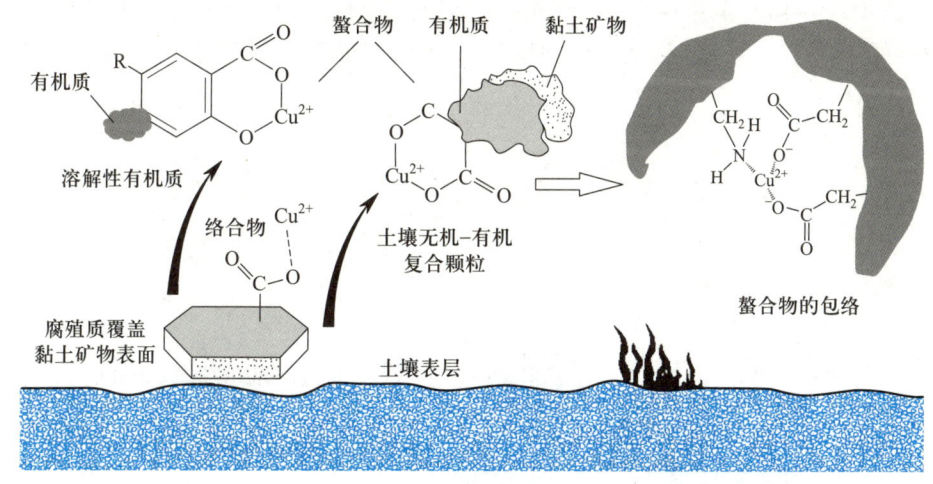

图 4-9   土壤有机质对重金属离子的络合吸附与包络
(资料来源:Sparks,2003)

4. 影响重金属吸附的因素

土壤作为复杂的环境介质,其组成与性质不同,整体上对不同重金属表现出的吸附能力也存在差异。如前所述,土壤胶体对金属离子的吸附能力与金属离子的性质及胶体的种类[黏土矿物、铁(氢)氧化物、有机质等]有关(表4–10)。同种土壤矿物胶体对阳离子的吸附能力与阳离子的价态及离子半径有关。阳离子的价态越高,电荷越多,土壤胶体与阳离子之间的静电作用越大,吸附力也越大。具有相同价态的阳离子,离子半径越大,其水合半径相对越小,更易被土壤胶体吸附。而土壤有机质对重金属离子的吸附则与金属离子的络合能力有关,通常络合能力越强的有机质,对重金属的吸附能力越强。

表 4-10　主要黏土矿物、铁(氢)氧化物与有机质对不同金属离子的亲和力

土壤成分	离子亲和力顺序
蒙脱石	$Ca^{2+}>Pb^{2+}>Cu^{2+}>Mg^{2+}>Cd^{2+}>Zn^{2+}>Ni^{2+}$
伊利石	$Pb^{2+}>Cu^{2+}>Zn^{2+}>Ca^{2+}>Cd^{2+}>Ni^{2+}$
高岭石	$Pb^{2+}>Ca^{2+}>Cu^{2+}>Mg^{2+}>Zn^{2+}>Cd^{2+}>Ni^{2+}$
铁(氢)氧化物	$Pb^{2+}>Cu^{2+}>Zn^{2+}>Co^{2+}>Ni^{2+}$
有机质	$Fe^{2+}>Pb^{2+}>Ni^{2+}>Co^{2+}>Mn^{2+}>Zn^{2+}$

资料来源:Grim,1968;黄昌勇、徐建明,2010。

　　不同胶体对同种重金属的吸附能力也不同。例如,土壤中各类胶体对 Cu^{2+} 吸附能力的顺序为氧化锰 > 有机质 > 氧化铁 > 伊利石 > 蒙脱石 > 高岭石。除有机质外,土壤胶体中锰、铁氧化物对重金属的吸附也有较大贡献。

三、有机物在土壤中的吸附

1. 不同类型有机污染物与土壤的作用机理

　　不同类型有机污染物与土壤的作用机理有所不同。一般认为有机物与土壤相互作用包括5 种基本类型(图 4–10)。i,中性有机分子被吸附到土壤有机质 SOM 中,此过程主要受有机物的 K_{ow}、水溶解度、相对分子质量或大小等性质影响;ii,中性有机分子通过范德瓦耳斯力吸附到土壤

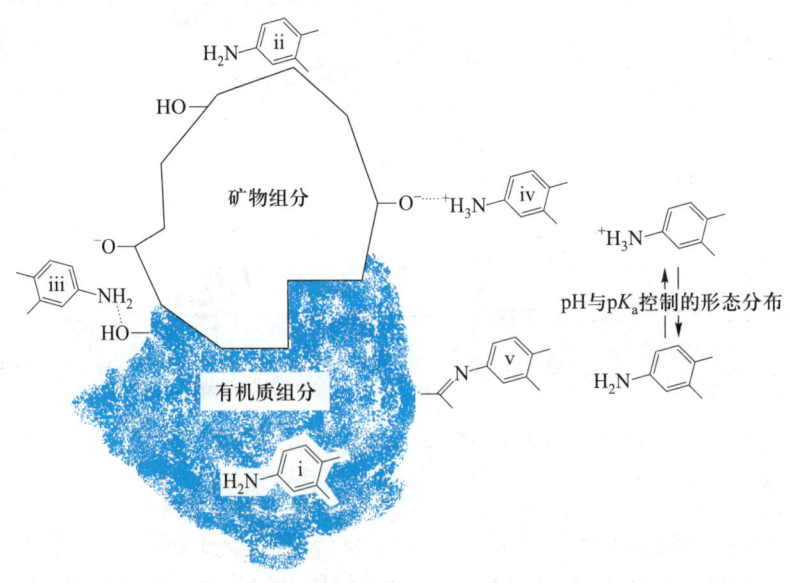

图 4-10　土壤中各种吸附质-吸附剂相互作用类型

(资料来源:Schwarzenbach 等,2003;Sposito,1989)

矿物或有机质表面,此过程主要受有机物与土壤表面性质影响;iii,中性有机分子通过氢键吸附到土壤矿物或有机质表面,此过程主要受有机物或吸附剂表面的 H 原子供体与受体性质影响;iv,带电有机分子通过非特异性静电吸引(外相络合)或特异性(离子性)键合(内相络合)吸附到带相反电荷的土壤矿物表面,此过程主要受有机物或者吸附剂表面电荷、离子强度、有机物或吸附剂表面特异性离子性点位的影响;v,有机物的活性官能团通过共价键结合到矿物或土壤有机质的活性组分中,此过程主要受有机物或吸附剂的活性组分影响。

（1）非极性有机物

非极性有机物不带电荷,可能通过上述 i、ii、iii 及 v 四种机理与土壤矿物或有机质发生相互作用,其中分配过程主导的 i 被认为是主要的机理。非极性有机物的疏水性使其脱离水分子的包围,被吸附到土壤有机质中。非极性有机物在土壤有机质上的吸附过程与其在有机相与水相之间的分配过程类似,这在有机物在土壤或沉积物中的有机碳吸附系数（$\lg K_{oc}$）与其辛醇–水分配系数或水溶解度之间的关系中可以体现。

非离子型有机物的线性吸附等温线意味着分配作用是这些污染物吸附到土壤中的决定性机理。这一理论在第三章内"水中有机污染物的迁移转化"中已经介绍。通过近 20 年的研究发现,有机污染物在土壤有机碳上的分配系数 K_{oc} 值并不是常数,而与土壤的来源和有机质的腐殖化程度,特别是有机质的组成与结构有关。Chiou 研究证明,非离子型有机物在土壤–水体系中的分配系数随其水中溶解度减小而增大,如图 4-11 所示。当多种非离子型有机物在土壤有机质中分配时,它们都服从溶解平衡原理,彼此不存在竞争吸附现象,这是分配作用占主导的重要特征。此外,分配过程放出的热量比吸附过程小,这也是有机物在土壤–水体系中的吸附主要是分配作用的重要判据。

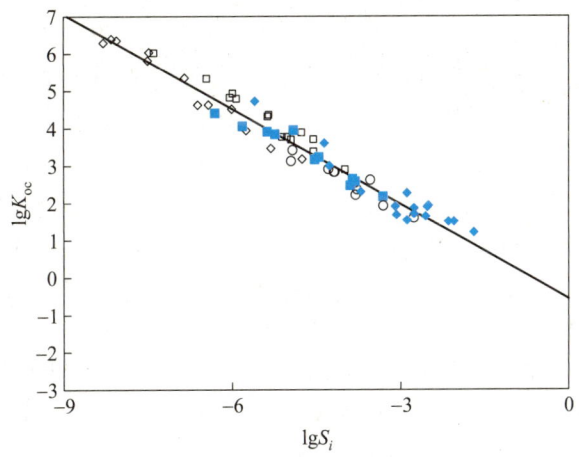

$\lg K_{oc}$ 和 $\lg K_{oc}^*$ 与 $\lg S_i$ 的关系;实线表示:$\lg K_{oc} = -0.85 \lg S_i - 0.55$;表示化合物基团的符号:○—MAH,■— X—MAH,◇—PCB,◆— XAH,□—PAH

图 4-11　一些非极性有机物的水溶解度和土壤有机质–水分配系数的相关关系图

（资料来源:Razzaque 等,2008）

土壤有机质分子尺度的结构非常复杂,其化学结构与性质很大程度上影响了对非极性有机物的吸着作用。如果不考虑土壤有机质自身的极性差异,当有机碳含量相同时,那么不同土壤对同一种有机物的吸着作用的 K_{oc} 应该是相同的,然而多数实际情况下却并非如此。如果有机物进入土壤有机质的疏水区域,那么机理 i 的作用表现更为明显。非极性有机物的 K_{oc} 随着土壤有机质的非极性增强而增大。例如,在相同的有机碳含量情况下,PAHs 在沉积物中的 K_{oc} 比在土壤中的大,其主要原因是沉积物中的天然有机物含有较高的非极性芳香族组分。

机理 ii 表明,一旦非极性有机物从溶液中被驱动进入土壤矿物或者有机质的疏水区,范德瓦耳斯力可以增强吸附质与土壤矿物或有机质的相互作用。而非极性有机物的脂肪链中的亚甲基可能与矿物(如钙基蒙脱石)表面形成氢键($C—H\cdots O—Si$)。有机物的吸附程度取决于亚甲基的活性与脂肪链的长短,这反映了机理 iii 的作用。范德瓦耳斯力(机理 ii)与氢键(机理 iii)都具有加和性。当有机物的分子大小增加,这些吸引力变大,有机物在土壤中的保留增强。例如,具有四个苯环结构的芘的吸着系数 K_d 比苯要大。此外,非极性有机物也可能通过机理 v 在有机质或矿物表面形成特殊的共价键,从而在土壤中发生吸着作用,但这种情况比较少见。

土壤有机质被认为在非极性有机污染物的吸附中发挥了重要作用。Young(1995)和 Weber(1996)认为土壤有机质有橡胶态和玻璃态两种形式,它们对有机物具有不同的吸附速率:橡胶态对有机物吸附的速率较慢,具有线性、非竞争吸附特征,符合机理 i;而玻璃态对有机物的吸附速率较快,呈非线性、竞争吸附,符合机理 ii、iii、v 等。此外,土壤的玻璃态形式有机质提供的内孔吸附作用也被认为是非极性有机物在土壤中的吸附等温线呈非线性的原因。

(2)极性有机物与可离子化有机物

对于极性的与可离子化的有机物,图 4–10 中的 5 种机理都可能发挥作用。对于离子化的有机物而言,机理 iv 通常更为重要。这种离子间的相互作用,还可以分为离子交换、螯合与阳离子架桥等作用(图 4–12)。这些吸附机理与无机阴离子的吸附类似,很大程度受吸附质与吸附剂的电荷特性控制。极性有机物与可离子化有机物的吸着受土壤胶体的表面电荷类型、水分含量、离子强度及 pH 等因素影响,与有机物参与反应(离子交换、络合、架桥等)的基团类型、结构与含量也有很大关系。

不带电荷但含有极性基团(尤其是含氧原子或氮原子)的有机物的吸着行为,受到吸附质与吸附剂之间的氢键作用的强烈影响(机理 iii)。氢键的形成源自极性键上的一个氢原子与相邻的一个负电性原子中非共享电子对的相互作用。例如,吸附质的羰基($C=O$)能与矿物的表面羟基形成氢键。

土壤有机质也参与极性有机物的吸着过程。可离子化有机物以解离形态(碱性或者酸性解离)或中性分子形态存在,其 K_{oc} 与 pH 和化合物的 pK_a 有关。有机物形态不同,其吸着机理也不同,K_{oc} 也就不同。就吸着过程而言,非解离形态有机物的吸着机理与非极性有机物相似(机理 i 与 ii)。

(3)挥发性有机物(VOCs)

挥发性有机物与土壤相互作用涉及土壤液相–固相、气相–固相或者气相–液相的多种平衡。VOCs 可能通过机理 i 进入土壤有机质中的微孔;通过机理 ii 与 iii 进入黏土矿物的微孔。已经证实,接触时间足够长时,多种 VOCs 能够牢固地结合到地质吸附剂。它们可以进入土壤微孔中,因此很难被提取出来,甚至难以蒸发去除。因此,VOCs 在土壤中的吸着对其在土柱中,尤其是在土壤非饱和区或者地下蓄水层的迁移十分重要。水能与有机物竞争吸附点位,降低水分可以提高有机物的吸着,因此干燥土壤与黏土矿物对 VOCs 具有较大的吸附容量。水分子的竞争效应在非极性有机物、极性有机物的吸着行为中也存在,但在 VOCs 吸着中表现更明显。

2. 非极性有机物在土壤固相和土壤气相之间的分配

除了在土壤胶体和土壤溶液之间的固液分配以外,非离子型有机物在土壤固相和土壤气相之间的固–气分配也是土壤吸附行为的重要部分。土壤湿度(即土壤含水量)是影响非离子型有

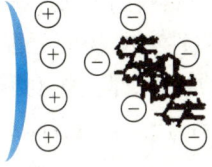

疏水作用
有机物的结构(pH、离子强度)

静电与范德瓦耳斯力作用
离子强度、金属氧化物与有机物电荷(pH)

离子交换
pH、反应基团的结构

螯合作用
络合基团的组成与结构、pH

阳离子架桥作用
阳离子价态与浓度、pH

氢键
pH、成键基团结构

图4-12 溶解性有机质在金属氧化物表面相互作用的不同机理示意图

机物在土壤中固-气分配过程的关键因素。

在干燥土壤(即土壤含水量低)中,土壤矿物质表面强烈的吸附作用使狄氏剂和林丹大量吸附在土壤中;相反,在土壤潮湿时,由于水分子的竞争作用,土壤中有机污染物的吸附量减少,蒸气浓度增加。1985年,Chiou等研究了不同水分相对含量(相对湿度,RH)对 m-二氯苯的吸附等温线(图4-13)。随着相对湿度增加,土壤吸附量逐渐减少,吸附等温线也逐渐接近直线。在相对湿度为90%时,吸附等温线已非常接近水溶液条件下的吸附等温线。在相对湿度较低时,土壤中吸附作用和分配作用同时发生,吸附等温线为非线性的;相对湿度在50%以上时,由于水分子强烈竞争矿物质表面的吸附位,非离子型有机物在矿物质表面的吸附量迅速降低,分配作用占据主导地位,吸附等温线接近线性。

图4-14为干燥(无水)土壤对不同蒸气含量有机物的吸附量。由图可见,干燥土壤对苯、氯苯、p-二氯苯、m-二氯苯、1,2,4-三氯苯及水蒸气都表现出很强的吸附性,吸附等温线为非线性的,与非离子型有机物在土壤-水体系中的吸附特性完全不同。由于在干土壤中没有水分子与非离子型有机物竞争,这些有机物都可以被土壤矿物质表面吸附。当然吸附的强弱程度与吸附质的极性有关。极性越大者吸附量越大。在此土壤中有机质对非极性有机物的分配作用也同时发生,因此非离子型有机物在干燥土壤中表现为强吸附和高分配的特征,是土壤对有机物吸附量最大的情况,且表面吸附作用要比分配作用大得多。例如,二氯苯在干燥土壤表面的吸附量为45 mg/g,为同样条件下从水溶液中吸附的100倍。

3. 锁定作用

图4-10描述了土壤矿物表面与有机质部分对不同形态有机物的作用类型,但没有涉及土壤的结构与组成(尤其是土壤中的孔结构与不同类型有机质)参与有机物的吸着作用。它无法解释某些有机污染物在土壤中特殊的迁移转化行为(如锁定作用)。有机污染物在土壤中的吸附-解

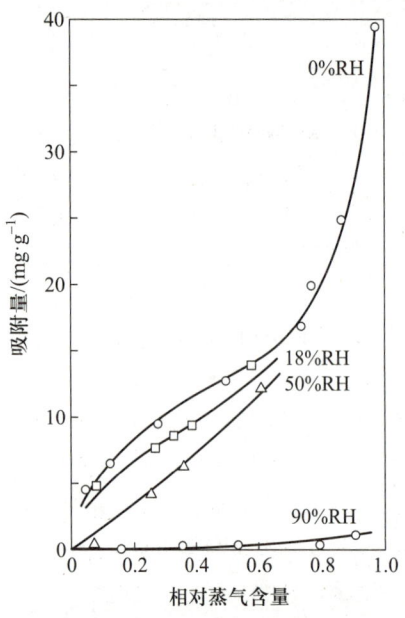

图4-13 不同水分相对含量(相对湿度,RH)
对 m-二氯苯被土壤(在20℃时)吸附的影响

(资料来源:Chiou等,1985,19:1199)

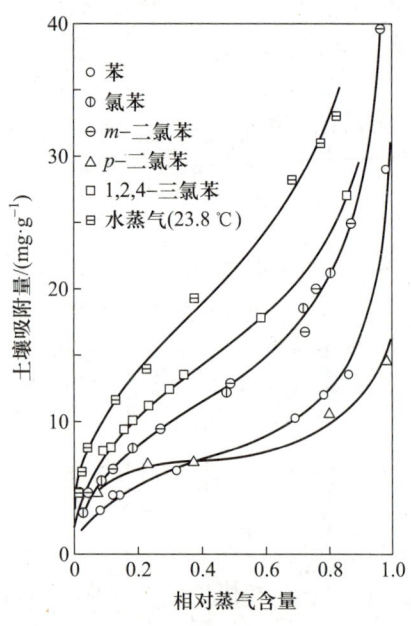

图4-14 干燥土壤(在20℃时)对有
机物的吸附

(资料来源:Chiou等,1985,19:1198)

吸一般经历快、慢两种过程：快速吸附或解吸过程在瞬间、几小时或几天内完成，快过程中有机污染物的吸附–解吸量与微生物可利用量基本一致；而慢过程则可能需要几个月、几年甚至几十年的时间。随着与土壤接触时间的延长，污染物从土壤中的释放效率及生物可利用性下降，发生老化现象（aging）。锁定（sequestration）是指土壤中的有机污染物与降解生物由可释放态发生隔离或者结合而转化为难利用态（锁定态），它是扩散、吸附和分配等多种传质过程的综合作用的后果，是老化现象的主要结果。图4-15展示了土壤孔隙隔离和高能位点结合导致的锁定作用。

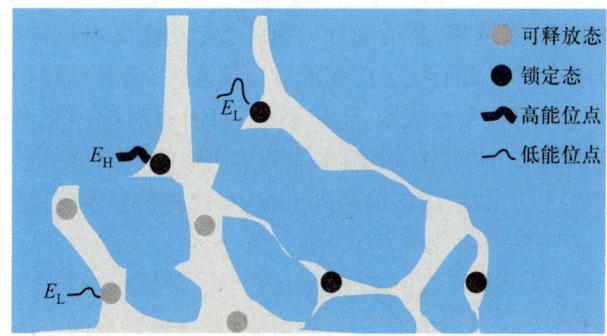

图4-15　土壤孔隙隔离和高能位点结合导致的锁定作用

已有研究表明，影响锁定的因素包括土壤性质（有机质与黏土矿物的含量、组成与结合状态）、有机污染物性质、环境条件（相对湿度、温度、pH）等，而土壤微生物活性与有机物锁定作用也有一定关系。

第三节　重金属在土壤–植物体系中的迁移转化

众所周知，植物在生长、发育过程中所必需的一切养分来自土壤，其中重金属元素（如Cu、Zn、Mo、Fe、Mn等）在植物体内主要作为酶催化剂。但是，如果在土壤中存在过量的重金属，就会限制植物的正常生长、发育和繁衍，以致改变植物的群落结构。如铜是植物生长必需的元素之一，但当土壤含铜量大于$50\ \mu g/g$时，柑橘幼苗生长就受到阻碍；含铜量达到$200\ \mu g/g$时，小麦会枯死；含铜量为$250\ \mu g/g$时，水稻也会枯死。

近年来研究发现，在重金属含量较高的土壤中，有些植物呈现出较大的耐受性，从而形成耐性群落；或者一些原本不具有耐性的植物群落，由于长期生长在受污染的土壤中，而产生适应性，形成了耐性生态型（或称耐性品种）。如日本发现小犬蕨对重金属有很强的耐受性，其叶片可富集$1\ 000\ mg/kg$的镉和$2\ 000\ mg/kg$的锌，而仍能生长良好。在日本还发现了一种"矿毒不知"的大麦品种，它可以在其他麦类均不能生长的铜污染地区生长。最近我国学者研究证明，在含铝高的南方土壤中不同品种的大豆、玉米的耐铝能力不同。耐铝能力低的大豆或玉米品种的根系发育不好，活性低，产量也低得多。这说明不同植物品种的重金属耐性及其机理是不同的。

一、影响重金属在土壤–植物体系中迁移的因素

重金属在土壤–植物体系中的迁移、转化机理非常复杂，影响因素很多，主要有土壤的理化性

质,重金属的种类、浓度及在土壤中的存在形态,植物的种类、生长发育期,复合污染,施肥等。

1. 土壤的理化性质

土壤的理化性质主要通过影响重金属在土壤中存在形态而影响重金属的生物有效性。土壤的理化性质主要包括 pH、土壤质地、土壤的氧化还原电位、土壤中有机质含量等。

（1）pH

pH 的大小显著影响土壤中重金属的存在形态和土壤对重金属的吸附量。由于土壤胶体一般带负电荷,而重金属在土壤-植物体系中大多以阳离子的形式存在,因此,一般来说,土壤 pH 越低,H^+ 越多,重金属被解吸得越多,其活动性就越强,从而加大了土壤中的重金属向生物体内迁移的数量。但对部分主要以阴离子状态存在的重金属来说,情况正好相反。例如砷,在土壤中砷主要通过阴离子交换机理而被专性吸附,当体系的 pH 升高时,有利于砷的解吸。pH 升高,土壤对重金属的吸附量增加。当 pH=4 时,土壤中镉的溶出率超过 50%;当 pH 达到 7.5 时,镉就很难溶出;当 pH>7.5 时,94% 以上的水溶态镉进入土壤中,这时的镉主要以黏土矿物和氧化物结合态及残留态形式存在。

（2）土壤质地

土壤质地影响土壤颗粒对重金属的吸附。一般来说,质地黏重的土壤对重金属的吸附力强,降低了重金属的迁移转化能力。如小麦盆栽实验结果表明,随着土壤质地的改变,砂壤→轻壤→中壤→重壤→黏土,麦粒对汞的吸收率呈规律性减少。土壤黏性越大,吸收砷的能力越强,水稻受害程度越轻。

（3）土壤的氧化还原电位

土壤的氧化还原电位影响重金属的存在形态,从而影响重金属化学行为、迁移能力及对生物的有效性。一般来说,在还原条件下,很多重金属易产生难溶性的硫化物,而在氧化条件下,溶解态和交换态含量增加。以镉为例,CdS 是难溶物质,但在氧化条件下 $CdSO_4$ 的溶解度要大很多。但主要以阴离子状态存在的砷的情况正好相反,对砷而言,在还原条件下,As^{5+} 被还原为 As^{3+},而亚砷酸盐的溶解度大于砷酸盐,从而增加了土壤中溶解的砷浓度,使砷的迁移能力增强。对某些重金属来说,在不同的氧化还原条件下,重金属有不同的价态,其化合物的溶解度和毒性显著不同。

（4）土壤中有机质含量

土壤中有机质含量影响土壤颗粒对重金属的吸附能力和重金属的存在形态,有机质含量较高的土壤对重金属的吸附能力高于有机质含量低的土壤。目前对于有机质是否影响重金属在土壤中的存在形态有不同的观点。研究表明,土壤中各种元素的含量都与有机质含量呈正相关,但重金属各组分占全量的比例一般与有机质含量的大小没有密切关系。如在土壤剖面中,水溶性硒含量随剖面深度的增加而迅速降低,与有机质变化趋势一致。

2. 重金属的种类、浓度及在土壤中的存在形态

重金属对植物的毒害程度,首先取决于土壤中重金属的存在形态,其次才取决于该元素的数量。而不同种类的重金属,由于其物理化学行为和生物有效性的差异,在土壤-植物体系中迁移转化规律明显不同。

对重金属在土壤中的含量和植物吸收积累研究的结果为:Cd、As 较易被植物吸收;Cu、Mn、Se、Zn 等次之;Co、Pb、Ni 等难以被吸收;Cr 极难被吸收。研究春麦受重金属污染状况后发现,Cd 是强积累性元素,而 Pb 的迁移性则相对较弱;Cr 和 Pb 是生物不易积累的元素。

从总量上看,随着土壤中重金属含量的增加,植物体内各部分的积累量也相应增加。而不同

形态的重金属在土壤中的转化能力不同,对植物的生物有效性亦不同。重金属的存在形态,可大致分为可交换态、碳酸盐结合态、铁锰氧化物结合态、有机结合态和残渣态。可交换态的重金属(包括溶解态的重金属)迁移能力最强,具有最高的生物有效性,故又称有效态。根据 Tessier 提出的五步连续提取法(表 4–11),可以对 5 种存在形态进行区分。在环境条件发生变化时,存在形态可发生转变,如酸雨可促使碳酸盐结合态与铁锰氧化物结合态重金属转变为可交换态。

表 4–11　Tessier 五步连续提取法

存在形态	提取方法
可交换态	加入 16 mL 1mol/L MgCl$_2$ 溶液,pH = 7.0,25 ℃ 下连续震荡 1 h,离心 20 min,取出上层清液定容至 25 mL 容量瓶中待测。用去离子水洗涤残余物,离心后将所有上层清液进行过滤后测定重金属浓度
碳酸盐结合态	对第 1 步的残渣加 16 mL 1 mol/L NaAc 溶液,pH = 5.0,(25±1)℃ 下连续震荡 8 h,离心 20 min,吸出上层清液,定容至 25 mL 容量瓶中,作为原子吸收待测液。用去离子水洗涤残余物,离心后将所有上层清液进行过滤后测定重金属浓度
铁锰氧化物结合态	向上一步的残渣加 16 mL 0.04 mol/L NH$_2$OH·HCl 的 25 % HAc 溶液,(96±3)℃ 恒温断续震荡 4 h,离心 20 min,取出上层清液,定容至 25 mL 容量瓶中,作原子吸收待测液。用去离子水洗涤残余物,离心后将所有上层清液进行过滤后测定重金属浓度
有机结合态和硫化物结合态	向上一步的残渣加 3 mL 0.01 mol/L HNO$_3$ 和 5 mL 30 % H$_2$O$_2$,然后用 HNO$_3$ 调节至 pH = 2,混合物水浴加热到 (85±2)℃,在此过程间断震荡 2 h,再加入 5 mL H$_2$O$_2$ 调节 pH 至 2,将混合物置于 (85±2)℃ 下,加热 2 h,并间断震荡,冷却到 (25±1)℃,加入 5 mL 3.2 mol/L NH$_4$Ac 的 20 % HNO$_3$ 溶液,稀释到 20 mL,连续震荡 30 min,离心 20 min,取出上层清液,定容至 25 mL 容量瓶中,作原子吸收待测液。加去离子水洗涤残余物,离心后将所有上层清液进行过滤后测定重金属浓度
残渣态	采用 HCl + HNO$_3$ + HF + HClO$_4$ 消解。残留态消解的步骤与全量提取法的步骤相同。然后将溶液转移至 50 mL 容量瓶中定容,作为火焰原子吸收待测液

3. 植物的种类、生长发育期

重金属进入土壤–植物体系后,除了物理化学因素影响其相间迁移外,植物也起特殊的作用。植物种类和生长发育期影响重金属在土壤–植物体系中的迁移转化。植物种类不同,其对重金属的富集规律不同;植物生长发育期不同,其对重金属的富集量也不同。

4. 复合污染

重金属复合污染的机理十分复杂,在复合污染状况下,影响重金属迁移转化的因素涉及污染物因素(包括污染物的种类、性质、浓度、比例和时序性)、环境因素(包括光、温度、pH、氧化还原条件等)和生物种类、发育阶段及所选择指标等。在其他条件相同,仅考虑污染物的情况下,某种元素在植物体内的积累,除元素本身性质的影响外,首先是环境中该元素的存在量,其次是共存元素的性质与浓度的影响。元素的联合作用分为协同、竞争、加和、屏蔽和独立等作用。

在土壤–植物体系中,重金属的复合污染效应使得重金属的迁移转化十分复杂。由于实验条件和所选择重金属种类的差异,不同学者得出的结论也不同;重金属浓度不同,复合污染效应亦不同。

5. 施肥

施肥可以改变土壤的理化性质和重金属的存在形态,并因此而影响重金属的迁移转化。由于肥料、植物和重金属种类的多样性,以及重金属行为的复杂性,施肥对土壤–植物体系中重金属迁移转化的影响机理十分复杂,结论也不尽相同。以施用磷肥为例,如磷酸根能与 Cd 形成共沉淀而降低 Cd 的有效性,用磷肥可以抑制土壤 Cd 污染。而对 As,由于 P 和 As 是同族元素,两者之间存在竞争吸附,施用磷肥能有效地促进土壤 As 的释放和迁移,有利于 As 在土壤–植物体系中的迁移转化;但正是由于两者之间的竞争吸附,As 不易富集在植物的根际土壤中,从而降低了 As 的生物有效性。

二、重金属在土壤–植物体系中的迁移转化规律

1. 植物对土壤中重金属的富集规律

从植物对重金属吸收富集的总趋势来看,土壤中重金属含量越高,植物体内的重金属含量也越高,土壤中的有效态重金属含量越高,植物籽实中的重金属含量越高。

不同的植物由于生物学特性不同,对重金属的吸收积累有明显的种间差异,一般顺序为豆类 > 小麦 > 水稻 > 玉米。重金属在植物体内分布的一般规律为:根 > 茎叶 > 颖壳 > 籽实。

2. 重金属在土壤剖面中的迁移转化规律

进入土壤中的重金属大部分被土壤颗粒吸附。土壤柱淋溶实验发现淋溶液中 95% 以上的 Hg、Cd、As、Pb 被土壤吸附。在土壤剖面中,重金属无论是其总量还是存在形态,均表现出明显的垂直分布规律,其中可耕层成为重金属的富集层。

土壤中的重金属有向根际土壤迁移的趋势,且根际土壤中重金属的有效态含量高于土体,主要是由根际生理活动引起根–土界面微区环境变化而导致的,可能与植物根系的特性和分泌物有关。

3. 土壤对重金属离子的吸附固定原理

土壤胶体对金属离子的吸附能力与金属离子的性质及胶体的种类有关。同一类型的土壤胶体对阳离子的吸附与阳离子的价态及离子半径有关。阳离子的价态越高,电荷越多,土壤胶体与阳离子之间的静电作用越大,吸附力也越大。具有相同价态的阳离子,离子半径越大,其水合半径相对越小,越易被土壤胶体所吸附。

土壤中各类胶体对重金属的吸附影响极大,以 Cu^{2+} 为例,土壤中各类胶体的吸附顺序为:氧化锰 > 有机质 > 氧化铁 > 伊利石 > 蒙脱石 > 高岭石。因此,土壤胶体中对吸附贡献大的除有机质外,主要是锰、铁等氧化物。

三、主要重金属在土壤中的积累和迁移转化

一般来说,进入土壤的重金属主要会停留在土壤的上层,然后通过植物根系的吸收迁移到植物体内,也可以随水流等向土壤下层流动。几种主要重金属在土壤–植物体系中的积累和迁移状况如下。

1. 镉

镉一般在土壤表层 0~15 cm 处积累。在土壤中,镉主要以 $CdCO_3$、$Cd_3(PO_4)_2$ 和 $Cd(OH)_2$ 的形态存在,其中以 $CdCO_3$ 为主,尤其在碱性土壤中。大多数土壤对镉的吸附率为 80%~95%。不同土壤吸附顺序为:腐殖质土 > 重壤质土 > 壤质土 > 砂质冲积土。因此镉的吸附与土壤中胶体的性质有关。

2. 铜

土壤中铜含量为 2~100 mg/kg,平均含量为 20 mg/kg。污染土壤中的铜主要在表层积累,并

沿土壤的纵深垂直分布递减,这是由于进入土壤的铜被表层土壤的黏土矿物吸附,同时表层土壤的有机质与铜结合形成螯合物,使铜离子不易向下层移动。但在酸性土壤中,由于土壤对铜的吸附减弱,被土壤固定的铜易被解吸出来,因而使铜容易淋溶迁移。铜在植物各部分的积累分布顺序多数是根 > 茎、叶 > 果实。

3. 铅

土壤中铅主要以 $Pb(OH)_2$、$PbCO_3$ 和 $PbSO_4$ 固体形式存在,土壤溶液中可溶性铅含量很低,Pb^{2+} 也可以置换黏土矿物上吸附的 Ca^{2+},因此在土壤中很少移动。土壤的 pH 增加,使铅的可溶性和移动性降低,影响植物对铅的吸收。大气中的铅一部分经雨水淋洗进入土壤,一部分落在叶面上,经张开的气孔进入叶内。因此对公路两旁的植物,铅一般积累在叶和根部,花、果部位较少。藓类植物具有从大气中被动吸收积累高浓度铅的能力,现已被确定为铅污染和积累的指示植物。

4. 锌

岩石圈中土壤锌的含量为 10~300 mg/kg,平均含量为 50 mg/kg。我国土壤的全锌含量为 3~709 mg/kg,平均值为 100 mg/kg,比世界土壤的平均锌含量高出一倍。土壤中锌含量主要受成土母质的影响。我国土壤中的全锌含量以南方的石灰(岩)土最高,为 200 mg/kg 以上;其次是华南的砖红壤、褐红壤、红壤和黄壤,东北的棕色针叶林土,为 150 mg/kg 以上;再次是南方的赤草甸土、水稻土、黄棕壤、东北的暗棕壤、灰色森林土、白浆土、草甸土、黑钙土等,为 100 mg/kg 左右;东北的风沙土、盐碱土和四川的紫色土及华中丘陵区的红壤等锌含量最低。

通过各种途径进入土壤中的锌,按其形态可分为有机态锌和无机态锌,其中,无机态锌又包括矿物态、代换态和土壤溶液中的锌,各种形态的锌之间可以相互转化。各种形态的锌在不同土壤中含量有明显差异。对大多数酸性土壤而言,代换态锌含量较高,而无定形铁结合态低;中性土壤中紧结有机态锌及无定形铁结合态锌含量较高;而石灰性土壤则以碳酸盐结合态、无定形铁结合态及松结有机态锌含量较高。土壤中各种形态锌的含量主要取决于土壤 pH 及全锌量和土壤中地球化学组分对锌的富集能力。

由于土壤中有效锌大多被胶体吸附而成代换态,溶液中的锌离子数量很少,土壤中锌主要靠扩散作用供应给植物根系。锌主要以二价阳离子(Zn^{2+})被植物吸收,少量的 $Zn(OH)_2$ 形态及与某些有机物螯合态锌也可被植物吸收。植物对锌的吸收量与介质供锌浓度之间呈较好的线性关系。

5. 汞

汞在自然界含量很少,岩石圈中汞含量约为 0.1 mg/kg。土壤中汞的含量为 0.01~0.3 mg/kg,平均为 0.03 mg/kg。土壤的黏土矿物和有机质对汞的强烈吸附作用,汞进入土壤后,95% 以上能被土壤迅速吸附或固定,因此汞容易在表层积累。

植物能直接通过根系吸收汞。在很多情况下,汞化合物在土壤中先转化为金属汞或甲基汞后才被植物吸收。植物吸收和积累汞与汞的形态有关,其顺序是:氧化甲基汞 > 氯化乙基汞 > 乙酸苯汞 > 氯化汞 > 氧化汞 > 硫化汞。从这个顺序也可看出,挥发性高、溶解度大的汞化合物容易被植物吸收。汞在植物各部分的分布顺序是根 > 茎、叶 > 种子。这种趋势是由于汞被植物吸收后,常与根中的蛋白质反应沉积于根上,妨碍了向地上部分的运输。

四、植物对重金属污染产生耐性的几种机制

植物对重金属污染产生耐性由植物的生态学特性、遗传学特性和重金属的理化性质等因素

所决定,不同种类的植物对重金属污染的耐性不同;同种植物由于其分布和生长的环境各异,长期受不同环境条件的影响,在植物的生态适应过程中,可能表现出对某种重金属有明显的耐性。因此,人们从不同的侧面研究探讨了植物对重金属的耐性机制。

1. 植物根系的作用

植物根系通过改变根际化学性状、原生质泌溢等作用限制重金属离子跨膜吸收。

Lolkema 曾用水耕法对采自铜矿山遗址的具有耐性的石竹科麦瓶草属植物和非耐性系列植物进行对比研究,其结果表明,耐性植物根中 Cu 浓度明显比非耐性系列低,由此可以推断耐性系列植物具有降低植物根系对铜的吸收的机制。

已经证实,某些植物对重金属离子吸收能力的降低可以通过根际分泌螯合剂而减少重金属的跨膜吸收,如 Zn 停留于细胞膜外。还可以通过形成跨根际的氧化还原电位梯度和 pH 梯度等来抑制对重金属的吸收。

2. 重金属与植物的细胞壁结合

在调查植物体内 Zn 的分布时发现,耐性植物中 Zn 向其地上部分移动的量要比非耐性植物少得多,Zn 在细胞各部分的分布,以细胞壁中最多,占 60%。Nishizono 等人研究了蹄盖蕨属根细胞壁中重金属的分布、状态与作用,结果表明,该类植物吸收 Cu、Zn、Cd 总量的 70%~90% 位于细胞壁,大部分以离子形式存在或与细胞壁中的纤维素、木质素结合。由于金属离子被局限于细胞壁上,而不能进入细胞质影响细胞内的代谢活动,使植物对重金属表现出耐性。只有当重金属与细胞壁结合达到饱和时,多余的金属离子才会进入细胞质。不同金属与细胞壁的结合能力不同,对 Cu、Zn、Cd 的研究证明,Cu 的结合能力大于 Zn 和 Cd。此外,不同植物的细胞壁对金属离子的结合能力也是不同的。因此细胞壁对金属离子的固定作用不是植物的一个普遍耐性机制。也就是说,不是所有的耐性植物都表现为将金属离子固定在细胞壁上。如 Weigel 等研究了 Cd 在豆科植物亚细胞中的分布,结果发现 70% 以上的 Cd 位于细胞质中,只有 8%~14% 的 Cd 位于细胞壁上。杨居荣等研究了 Cd 和 Pb 在黄瓜和菠菜细胞各组分中的分布,发现 77%~89% 的 Pb 沉积于细胞壁上,而 Cd 则有 45%~69% 存在于细胞质中。

3. 酶系统的作用

一些研究发现,耐性植物中有几种酶的活性在重金属含量增加时仍能维持正常水平,而非耐性植物的酶活性在重金属含量增加时明显降低。此外,在耐性植物中还发现另一些酶可以被激活,从而使耐性植物在受重金属污染时保持正常的代谢过程。如在重金属 Cu、Cd、Zn 对麦瓶草生长影响的研究中发现耐性不同的品种体内的磷酸还原酶、葡萄糖–6–磷酸脱氢酶、异柠檬酸脱氢酶及苹果酸脱氢酶等的活性明显不同,耐性品种中硝酸还原酶被显著激活,而不具耐性或耐性差的品种这些酶则完全被抑制。因此可以认为耐性品种或植株中有保护酶活性的机制。

4. 形成重金属硫蛋白或植物络合素

1957 年,Margoshes 等首次在马的肾脏中提取出一种结合蛋白,命名为金属硫蛋白(简称MT),对其性质、结构进行分析后发现,能大量合成 MT 的细胞对重金属有明显的抗性。而丧失MT 合成能力的细胞对重金属有高度敏感性。现已证明,MT 是动物及人体最主要的重金属解毒剂。Caterlin 等首次从大豆根中分离出富含 Cd 的复合物。由于其表观相对分子质量和其他性质与动物体内的 MT 极为相似,故称为类 MT。后来从水稻、玉米、卷心菜和烟叶等植物中分离得到了 Cd 诱导产生的结合蛋白,其性质与动物体内的 Cd–MT 类似。1991 年,何笃修等利用反相高效液相色谱法从玉米根中分离纯化得到镉结合蛋白,其半胱氨酸含量为 29.0%,每个蛋白质分子结合大约 3 个 Cd 原子,Cd 与半胱氨酸的比值为 1∶2.5。由于其性质与动物的 MT 相似,可认为 Cd 在玉米中诱导产生的是植物类 MT。

1985 年,Grill 从经过重金属诱导的蛇根木悬浮细胞中提取分离了一组重金属络合肽,因为其相对分子质量、氨基酸组成、紫外吸收光谱等性质都不同于动物体内的 MT,所以不是植物类 MT,而将其命名为植物络合素(简称 PC),其结构通式为 $(\gamma\text{-Glu-Cys})_n\text{-Gly}$($n$=3~7),可视为线性多聚体。它可被重金属 Cd、Cu、Hg、Pb 和 Zn 等诱导合成。未经重金属离子处理过的细胞中则不存在这种络合素。后来人们又从向日葵、马铃薯和小麦中分离得到了类似性质的镉化合物。

研究证明,重金属 Cd 在植物体内也可诱导产生其他金属结合肽。有些植物中重金属结合蛋白的问题还有许多研究工作需要进行。但无论植物体内存在的金属结合蛋白是类 MT 还是植物络合素或者其他未知的金属结合肽,它们的作用都是与进入植物细胞内的重金属结合,使其以不具生物活性的无毒的螯合物形式存在,降低金属离子的活性,从而减轻或解除其毒害作用。当重金属含量超过金属结合蛋白的最大束缚能力时,金属才以自由状态存在或与酶结合,引起细胞代谢紊乱,出现中毒现象。人们认为植物耐重金属污染的重要机制之一是结合蛋白的解毒作用。

第四节　土壤中农药等有机污染物的迁移转化

农药是土壤中最具代表性的有机污染物,在广义上包括杀虫剂、除草剂、杀菌剂、防治啮齿类动物的药物,以及动植物生长调节剂等。狭义上,农药主要指杀虫剂、除草剂和杀菌剂。截至 2022 年 12 月 31 日,我国在有效登记状态的农药有效成分达到 751 种。农药的全球年产量约为 350 万 t。农药为农产品增产提供了坚实的保障,但由于部分农药在环境中的残留和持久性、高毒性、高生物活性等特性,它们对生态环境产生了许多有害作用与影响,如降低浮游生物的光合作用,使鸟类不能正常生长繁殖,使害虫和有害微生物获得了抗药能力,使益鸟、益虫大量减少,等等。目前,农药污染已成为人们高度关注的全球性环境问题,认识土壤中农药等有机污染物的迁移转化行为对正确评估其生态与健康风险非常重要。

一、土壤中有机污染物的迁移

化学农药等有机污染物会通过土壤胶体的吸附作用被大量截留在土壤表层,这在本章第二节中已有介绍。有机污染物在土壤中的迁移是指污染物挥发到气相的移动,以及在土壤溶液中和吸附在土粒上的扩散、迁移,是有机污染物从土壤进入大气和水体的重要过程,主要方式是通过扩散和质体流动等。在这两个过程中,有机污染物的迁移运动可以蒸气和非蒸气的形式进行。

1. 扩散

扩散是由于热能引起分子的不规则运动而使物质分子发生转移的过程。不规则的分子运动使分子不均匀地分布在系统中,因而引起分子由浓度高的地方向浓度低的地方迁移运动。扩散既能以气态发生,也能以非气态发生。非气态扩散可以发生于溶液中、气-液或气-固界面上。

研究均质稳定扩散的 Fick 第一定律和非稳定扩散的 Fick 第二定律,以均质系统和扩散系数与物质的浓度无关为前提,因此它们不能解决土壤这个非均质体系的复杂的扩散问题。土壤系统的复杂性包括:① 扩散物质通常可被土壤吸附;② 扩散系数取决于土壤的特性,如矿物组成、有机质含量、水分含量、紧实度和温度;③ 有机农药通过土壤系统的扩散,可以蒸气和非蒸气的形式进行;④ 不能假设扩散系数与浓度无关等。Shearer 等根据农药在土壤系统扩散特性提出了农药在土壤中的扩散方程。

$$\frac{\partial w}{\partial t} = D_{VS}\frac{\partial^2 w}{\partial x^2}$$

$$D_{VS} = \left[\frac{D_V P^{\frac{7}{3}}}{P_T^2(R+1)} + \frac{R}{R+1}\right] \times \left(\frac{D_S + D_A K'\beta + \beta D_I R'}{\beta K' + \theta + \beta R'}\right)$$

式中:w——土壤中有机污染物的质量分数,g/g 土;

　　D_V——空气中有机污染物蒸气的扩散系数,cm²/s;

　P,P_T——土壤的充气孔隙度和总孔隙度,cm³/cm³;

　　R——有机污染物蒸气密度和土壤中有机污染物浓度之间的平衡系数;

　　D_A——吸附在液–固界面分子的表观扩散系数,cm²/s;

　　D_S——表观液相扩散系数,cm²/s;

　　K'——溶液浓度和液–固界面的浓度之间的平衡系数,cm³/g;

　　β——土壤容重(即紧实度),g/cm³;

　　R'——溶液浓度和气–液界面浓度之间的平衡系数,cm³/g;

　　D_I——吸附在液–气界面的分子表观扩散系数,cm²/s;

　　θ——容积水重(即土壤水分含量),cm³/cm³;

　D_{VS}——总表观扩散系数,cm²/s。

Shearer 等指出,D_S 与自由溶液扩散系数(D_0)之间的关系近似于:

$$D_S = \left(\frac{\theta}{P_T}\right)^2 \theta^{\frac{4}{3}} D_0$$

　　由于扩散程度受许多土壤和有机污染物特性的影响,其中一些特性能够计算,而另一些不能计算,如 D_A、D_I。因此,目前对土壤中有机污染物扩散的定量测量尚在积极探讨之中。

　　影响有机污染物在土壤中扩散的因素主要是土壤水分含量、吸附、孔隙度和温度及有机污染物本身的性质等。

　　(1)土壤水分含量

　　Shearer 等曾对林丹在基拉粉砂壤土中的扩散做过详细的研究。测定了不同水分含量条件下林丹的气态和非气态扩散情况,并计算了发生在溶液中和水–气与液–固界面的扩散量,结果如图 4-16 所示。

　　由图可见:① 有机污染物在土壤中的

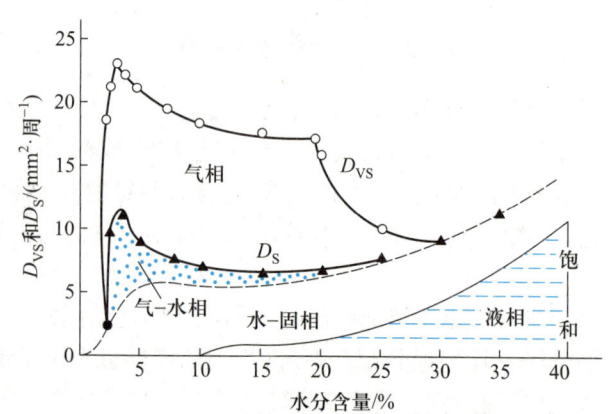

图 4-16　基拉粉砂壤土中林丹的不同转移途径

(资料来源:Shearer 等,1973)

扩散确实存在气态和非气态两种扩散形式。当水分含量为 4%~20% 时,气态扩散占 50% 以上;当水分含量超过 30% 时,主要为非气态扩散。② 在干燥土壤中没有发生扩散。③ 扩散随水分含量增加而变化。当水分含量为 4% 时,无论总扩散或非气态扩散都是最大的;当水分含量小于 4% 时,随水分含量增大,两种扩散都增大;当水分含量大于 4% 时,总扩散则随水分含量增加而减少。非气态扩散为 4%~16%,随水分含量增加而减少;在 16% 以上,随水分含量增加而增大。上述研究结果也被其他研究者所证实。Hippelein 等研究表明含水量升高会导致土壤中多氯联苯和六氯苯的土壤–空气分配系数明显降低,即土壤中的水分抑制了这两种有机物的扩散(图 4-17)。

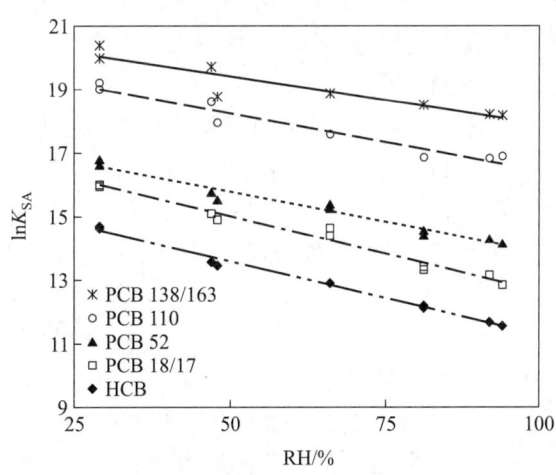

图 4-17　土壤相对湿度（RH）在 20 ℃下对多氯联苯和六氯苯土壤–空气分配系数的影响

（2）吸附

许多研究证明吸附对有机污染物在土壤中的扩散是有影响的。

百草枯、敌草快等阳离子型农药,易溶于水并在水中完全离子化而很快吸附在黏土矿物上;弱碱性的农药,如氯化均三氮杂苯等,可以接受质子而带正电荷,从而吸附在黏土矿物或有机质的表面;酸性有机污染物在水溶液中可解离成有机阴离子,而土壤胶体通常为负电荷,故酸性有机污染物的吸附比碱性有机污染物要弱,其吸附主要是范德瓦耳斯力和其他物理作用的结果。

（3）土壤紧实度

土壤紧实度是影响土壤孔隙率和界面特性的参数。增加土壤紧实度的总影响是降低土壤对有机污染物的扩散系数。这对于以蒸气形式进行扩散的化合物来说,增加紧实度就减少了土壤的充气孔隙率,扩散系数也就自然降低了。研究证明,当基拉粉砂壤土的紧实度由 1.39 g/cm³ 增加为 1.62 g/cm³(水分含量的质量分数保持不变)时,土壤的充气孔隙率由 0.302 减小为 0.189,结果使二溴乙烷的表观扩散系数由 4.49×10^{-4} cm²/s 降低为 2.67×10^{-4} cm²/s。当基拉粉砂壤土的紧实度由 1.00 g/cm³ 增加为 1.55 g/cm³,水分含量保持在 10%,充气孔隙率由 0.515 降低为 0.263 时,林丹在该土壤的扩散系数则由 16.5 mm²/周降低为 7.5 mm²/周。因此提高土壤紧实度就是降低土壤的孔隙率,有机污染物在土壤中的扩散系数也就随之降低。

（4）温度

当土壤的温度增高时,有机污染物的蒸气密度显著增大。温度增高的总效应是扩散系数增大。

（5）气流速度

气流速度可直接或间接地影响有机污染物的挥发。如果空气的相对湿度不是 100%,那么增加气流就促进土壤表面水分含量降低,可以使有机污染物蒸气更快地离开土壤表面,同时使有机污染物蒸气向土壤表面运动的速度加快。狄氏剂在含量为 1%(即 1 Pa 的水吸力)的土壤中的挥发就是一个很好的例证。当土壤中空气的相对湿度为 100% 时,气流速度从 2 mL/s 增加到 8 mL/s,狄氏剂的挥发量可以增加 50%~100%(在 20 ℃)。风速、湍流和相对湿度在造成农药田间的挥发损失中起着重要作用。

（6）有机污染物种类

不同有机污染物的扩散行为不同。有机磷农药乐果和乙拌磷在 Broadbalk 粉砂壤土中的扩散行为是不同的,乐果的扩散随水分含量增加而迅速增大。当水分含量为 10% 时,其扩散系数为 3.31×10^{-8} cm^2/s;当水分含量为 43% 时,扩散系数为 1.41×10^{-6} cm^2/s;而乙拌磷在整个含水范围内扩散系数变化很小。乙拌磷主要以蒸气形式扩散,而乐果则主要在溶液中扩散。

2. 质体流动

物质的质体流动由水或土壤微粒或两者共同作用所致,有机污染物既能溶于水中,又能悬浮于水中,或者以气态存在,或者吸附于土壤固体物质上,或存在于土壤有机质中,这使它们能随水和土壤微粒一起发生质体流动(这里讨论的质体流动不包括机械耕作和地表径流引起的土壤表面侵蚀)。

预测在稳定的土壤–水流状况下,化学品通过多孔介质移动的一般方程为

$$\frac{\partial \rho}{\partial t} = D' \frac{\partial^2 \rho}{\partial x^2} - v_0 \frac{\partial \rho}{\partial x} - \beta \frac{\partial w}{\theta \partial t}$$

式中:D'——分散系数,cm^2/s;

　　ρ——溶液中化学品的质量浓度,g/cm^3;

　　v_0——平均孔隙水流速度,cm/s;

　　β——土壤容重,g/cm^3;

　　θ——容积水量,cm^3/cm^3;

　　w——吸附在土壤上的化学品质量分数,g/g。

虽然许多因素对有机污染物在土壤中的质体流动转移有影响,但许多研究表明,最重要的是有机污染物与土壤之间的吸附。下列几种农药在土壤中的移动距离大小顺序为:非草隆 > 灭草隆 > 敌草隆 > 草不隆,而它们的吸附系数大小顺序则相反:草不隆 > 敌草隆 > 灭草隆 > 非草隆。即吸附最强者移动最困难,反之亦然。

土壤有机质含量增加,有机污染物在土壤中渗透深度减小。另外,增加土壤黏土矿物的含量,也可以减少有机污染物的渗透深度。

不同有机污染物在土壤中通过质体流动转移的深度不同。测定林丹和 DDT 在四种不同土壤中的质体流动转移距离时发现,DDT 只能在土壤中移动 3 cm,而林丹则比 DDT 移动的距离长。人们认为这是由于 DDT 的水溶性非常低的缘故。

二、典型农药在土壤中的衰减与转化

1. 有机氯农药

有机氯农药大部分是含有一个或几个苯环的氯的衍生物。其特点是化学性质稳定,残留期长,易溶于脂肪,并在其中积累。有机氯农药是目前造成污染的主要农药。美国已于 1973 年停止使用,我国也于 1984 年停止使用。几种主要的有机氯农药如表 4–12 所示。

表 4–12　几种主要的有机氯农药

商品名称	化学名称	分子结构
DDT	p,p'-二氯二苯基三氯乙烷	

续表

商品名称	化学名称	分子结构
六六六 γ-六六六(林丹)	六氯环己烷	
氯丹	八氯六氢化甲基茚	
毒杀芬	八氯莰烯	

（1）DDT

DDT 在 20 世纪 70 年代中期以前是全世界最常用的杀虫剂。它有若干种异构体,其中仅对位异构体(p,p'-DDT)有强烈的杀虫性能。工业品中的对位异构体含量在 70% 以上。DDT 为无色结晶,在 115~120 ℃加热 15 h 性质仍很稳定,在 190℃以上开始分解。DDT 挥发性小,不溶于水,易溶于有机溶剂和脂肪。

DDT 在土壤中挥发性不大,由于其易被土壤胶体吸附,它在土壤中移动也不明显。但是 DDT 可通过植物根系渗入植物体内,它在叶片中积累量最大,在果实中较少。这是由于土壤中大部分水分是通过植物叶片蒸发的,因此形成 DDT 的积累。由于 DDT 是持久性农药,分解很慢,据预测,即使 DDT 现在已停止使用,鱼体中 DDT 的浓度在 21 世纪仍然可能相当高。DDT 可通过食物链进入人体,1963—1972 年在美国、日本、英国、法国、德国等 20 多个国家的调查发现人体脂肪中都含有一定数量的 DDT 和 DDE(含量为 2.32~26.0 mg/kg)。土壤中 DDT 的降解主要靠微生物的作用。在缺氧(如土壤灌溉后)和温度较高时,DDT 的降解速率较快。在我国南方土壤中,DDT 降解最快,而在北方土壤中 DDT 可保持 10 a 以上。

DDT 在土壤中的生物降解主要按还原、氧化和脱氯化氢等机理进行;DDT 的另一个降解途径是光解。空气中 p,p'-DDT 在 290~310 nm 的紫外光照射下,可转化为 p,p'-DDE 及 DDD, p,p'-DDE 进一步光解,形成 p,p'-二氯二苯甲酮及若干二氯、三氯、四氯联苯,其光解历程如下:

$$(ClC_6H_4)_2CHCCl_3$$
$$\downarrow$$
$$(ClC_6H_4)_2C{=}CCl_2 \longrightarrow (ClC_6H_4)_2C{-}CCl_2$$
$$\qquad\qquad\qquad\qquad\qquad\qquad\backslash\!\!\diagup$$
$$\qquad\qquad\qquad\qquad\qquad\qquad O$$
$$\downarrow \qquad\qquad\qquad\qquad \downarrow$$
$$(ClC_6H_4)_2C{=}O \qquad 氧化产物$$
$$\downarrow$$
$$ClC_6H_4C_6H_4Cl$$
$$氧化产物$$

（2）六六六

六六六有多种异构体,其中只有丙体六六六（γ-六氯环己烷）具有杀虫性能。含丙体六六六99%以上的六六六称为林丹。林丹为白色或稍带淡黄色的粉末状结晶。它在 70 ℃以下不易分解。在日光和酸性条件下很稳定,但遇碱会发生分解,失去杀虫性能。六六六的蒸气压比 DDT 大,因此它较 DDT 易挥发,而进入大气。1961 年,伦敦大气中六六六的含量为 0.01 $\mu g/m^3$,东京大气中六六六的含量为 0.249 $\mu g/m^3$。据计算,20 ℃时林丹在大气中最大可能含量为 5 $\mu g/m^3$,40 ℃时几乎可高出 12 倍。由于林丹的挥发性强,它在水、土壤和其他环境对象中积累较少。这种杀虫剂在土壤底层移动相当缓慢。

六六六易溶于水（在 20 ℃时为 7.3 mg/L）,故六六六可从土壤和空气中进入水体。由于挥发性较强,它亦可随水蒸发,又进入大气。

此外,六六六还能在土壤生物（如蚯蚓）体内积累。表 4–13 为六六六的各种异构体在土壤及不同植物体中的含量。

表 4–13   六六六的各种异构体在土壤及不同植物体中的含量

对象	含量/(mg·kg^{-1})				
	α-六六六	β-六六六	γ-六六六（林丹）	δ-六六六	各种异构体合计
稻田土壤	0.539	1.029	0.231	0.220	2.019
稻草	1.914	8.146	0.989	3.635	14.684
稻谷	0.152	0.079	0.044	0.097	0.372
番茄	0.234	0.061	0.105	0.026	0.426
牛奶	0.055	0.229	0.002	0.006	0.292

注:数据来自日本。

从表 4–13 中数据可以看出,植物能从土壤中吸附积累相当量的六六六,且不同植物积累量不同。另外,对于不同的六六六异构体,植物吸收积累的数量也不同。如稻草积累 β-六六六最多,番茄则积累 α-六六六最多。而 γ-六六六在各种植物体中含量最少。由此可见,为了避免六六六在植物中积累,最好使用纯品 γ-六六六。

1961—1967 年,在英国、法国、意大利、印度等国调查人体脂肪中六六六含量发现,人体脂肪中六六六含量为 0.07~1.43 mg/kg,比 DDT 低得多。

林丹对大多数鱼类的毒性低于 DDT,对成鱼的毒性更低。林丹及其异构体在植物、昆虫、微生物中的代谢如图 4–18 所示。

在大多数情况下,六六六代谢的最初产物是无氯环己烯,它以几种异构体形式被分离出来。在微生物影响下,六六六可以形成酚类,在土壤中它们还要进一步降解。在动物（大鼠）体内,可以生成二氯、三氯和四氯苯酚的各种异构体。

因此,与 DDT 相比,六六六具有较低的积累性和持久性。但为了防止它们在环境中的积累,应尽快削减其使用量,采用纯的 γ-六六六,并与其他杀虫剂交替使用。

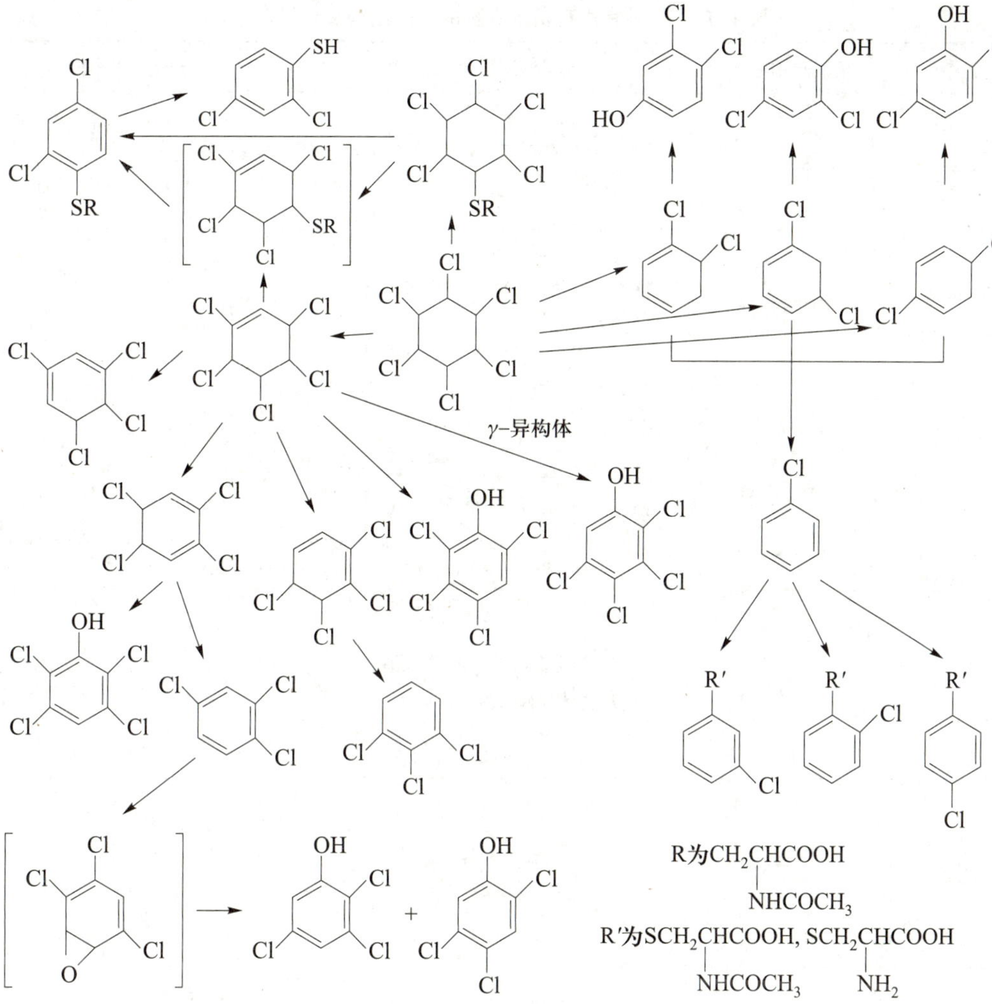

图 4-18　林丹在各种环境对象中的转化

2. 有机磷农药

有机磷农药大部分是磷酸的酯类或酰胺类化合物。按结构可分为磷酸酯、硫代磷酸酯、膦酸酯和硫代膦酸酯类、磷酰胺和硫代磷酰胺类。

① 磷酸酯：磷酸中的三个氢原子被有机基团置换所生成的化合物，如敌敌畏、二溴磷等。

② 硫代磷酸酯：硫代磷酸分解的氢原子被甲基等基团置换而形成的化合物，如对硫磷、马拉硫磷、乐果等。

③ 膦酸酯和硫代膦酸酯类：磷酸中一个羟基被有机基团置换，即在分子中形成 C—P 键，称为膦酸。如果膦酸中羟基的氢原子再被有机基团取代，就会形成膦酸酯，如敌百虫。如果膦酸酯中的氧原子被硫原子取代，就会形成硫代膦酸酯。

④ 磷酰胺和硫代磷酰胺类：磷酸分子中羟基被氨基取代的化合物，为磷酰胺。而磷酰胺分子中的氧原子被硫原子取代，即形成硫代磷酰胺，如甲胺磷等。

几种常用有机磷农药的分子结构及产品名如表 4-14 所示。

表 4-14　几种常用有机磷农药的分子结构及产品名

分类	产品名	化学名称	分子结构
磷酸酯	敌敌畏	O,O-二甲基-O-(2,2-二氯乙烯基)磷酸酯	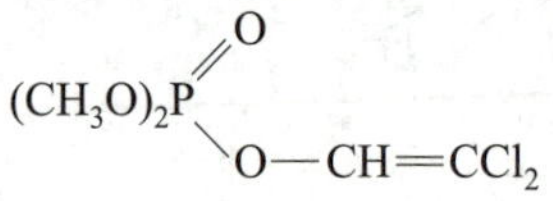 $(CH_3O)_2P$, =O, $O-CH=CCl_2$
硫代磷酸酯（即硫逐磷酸酯）	甲基对硫磷	O,O-二甲基-O-对硝基苯基硫代磷酸酯	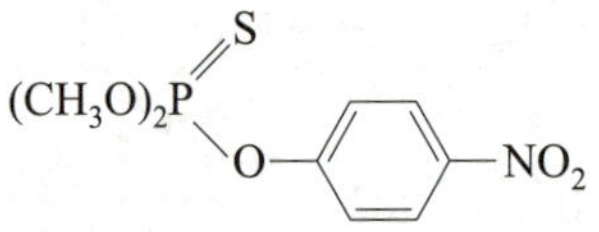 $(CH_3O)_2P$, =S, $O-\langle\bigcirc\rangle-NO_2$
二硫代磷酸酯	马拉硫磷	O,O-二甲基-S-(1,2-二乙氧酰基乙基)二硫代磷酸酯	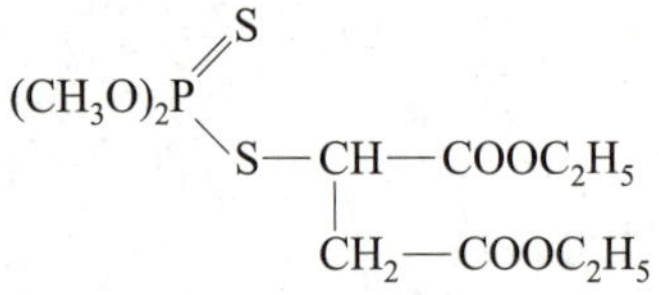 $(CH_3O)_2P$, =S, $S-CH-COOC_2H_5$, $CH_2-COOC_2H_5$
	乐果	O,O-二甲基-S-(N-甲氨甲酰甲基)二硫代磷酸酯	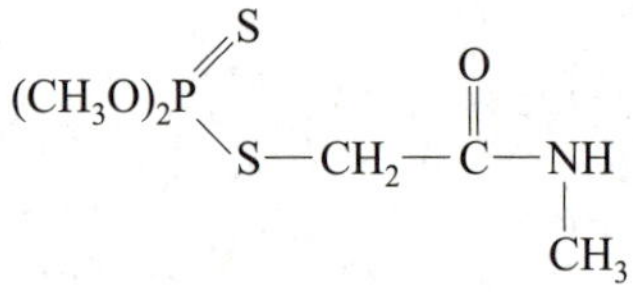 $(CH_3O)_2P$, =S, $S-CH_2-C(=O)-NH-CH_3$
膦酸酯	敌百虫	O,O-二甲基-(2,2,2-三氯-1-羟基乙基)膦酸酯	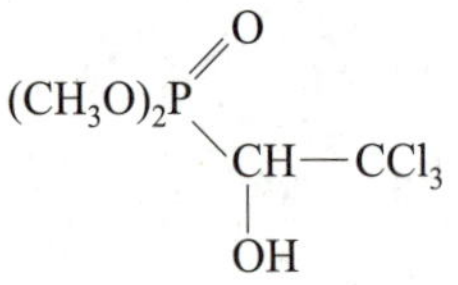 $(CH_3O)_2P$, =O, $CH-CCl_3$, OH
硫代磷酰胺	乙酰甲胺磷	O,S-二甲基-N-乙酰基硫代磷酰胺	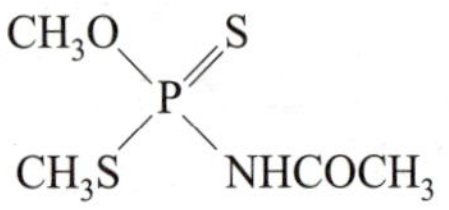 CH_3O, CH_3S, P, =S, $NHCOCH_3$

有机磷农药是为取代有机氯农药而发展起来的，目前已得到广泛应用，1982 年有机磷农药全世界年产销量就达 1.50×10^6 t，品种超过 150 种。由于有机磷农药比有机氯农药容易降解，它对自然环境的污染及对生态系统的危害和残留都没有有机氯农药那么普遍和突出。但有机磷农药毒性较高，大部分对生物体内胆碱酯酶有抑制作用。

有机磷农药多为液体，除少数品种(如乐果、敌百虫)外，一般都难溶于水，而易溶于乙醇、丙酮、氯仿等有机溶剂中。不同的有机磷农药挥发性差别很大。如在 20 ℃时，敌敌畏在大气中蒸气质量浓度为 145 mg/m³，乐果则为 0.107 mg/m³。

（1）有机磷农药的非生物降解过程

① 吸附催化水解：吸附催化水解是有机磷农药在土壤中降解的主要途径。由于吸附催化作用，水解反应在有土壤存在的体系中比在无土壤存在的体系中快。如硫代磷酸酯类农药地亚农在 pH=6 条件下，于无土体系中每天水解 2%，而在有土体系中，每天水解 11%，它们的水解产物是相同的。地亚农等硫代磷酸酯的水解反应如下：

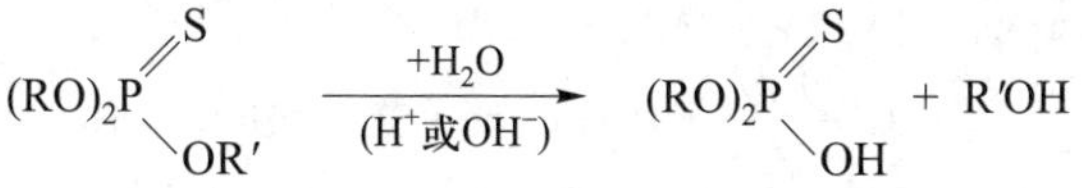

$$(RO)_2\overset{\displaystyle S}{\underset{\displaystyle OR'}{P}} \xrightarrow[\text{(H}^+\text{或OH}^-\text{)}]{+H_2O} (RO)_2\overset{\displaystyle S}{\underset{\displaystyle OH}{P}} + R'OH$$

马拉硫磷在 pH=7 的土壤体系中,水解半衰期为 6~8 h;在 pH=9 的无土体系中,半衰期为 20 d,其反应过程如下:

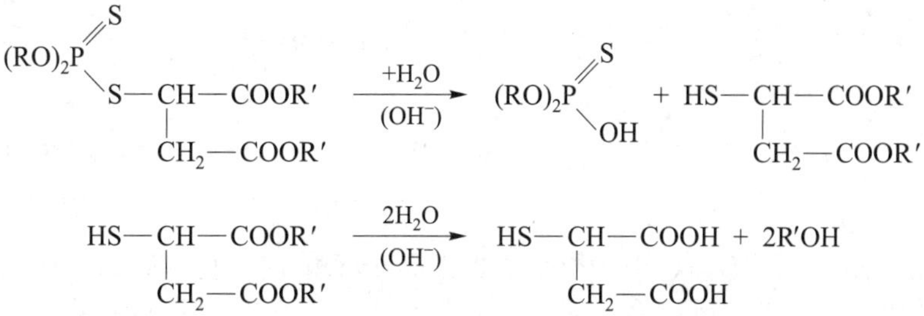

$$(RO)_2\overset{\displaystyle S}{\underset{\displaystyle \underset{\displaystyle CH_2-COOR'}{S-CH-COOR'}}{P}} \xrightarrow[\text{(OH}^-\text{)}]{+H_2O} (RO)_2\overset{\displaystyle S}{\underset{\displaystyle OH}{P}} + \underset{\displaystyle CH_2-COOR'}{HS-CH-COOR'}$$

$$\underset{\displaystyle CH_2-COOR'}{HS-CH-COOR'} \xrightarrow[\text{(OH}^-\text{)}]{2H_2O} \underset{\displaystyle CH_2-COOH}{HS-CH-COOH} + 2R'OH$$

此外,磷酸酯类农药丁烯磷的水解也有类似情况,在 pH=7 的土壤体系中,降解半衰期为 2 h,而在 pH=6 的无土体系中,其降解半衰期为 14 d。

② 光降解:有机磷农药可发生光降解反应,如马拉硫酸在大气中可以逐步发生光化学分解,并在水和臭氧存在下加速分解。在有机磷的光降解过程中,有可能生成比其自身毒性更强的中间产物。如乐果在潮湿空气中可较快地发生光化学降解,但其第一步氧化产物——氧化乐果比乐果本身对温血动物的毒性更大。又如,辛硫磷在 253.7 nm 的紫外光下照射 30 h,其光降解产物如下:

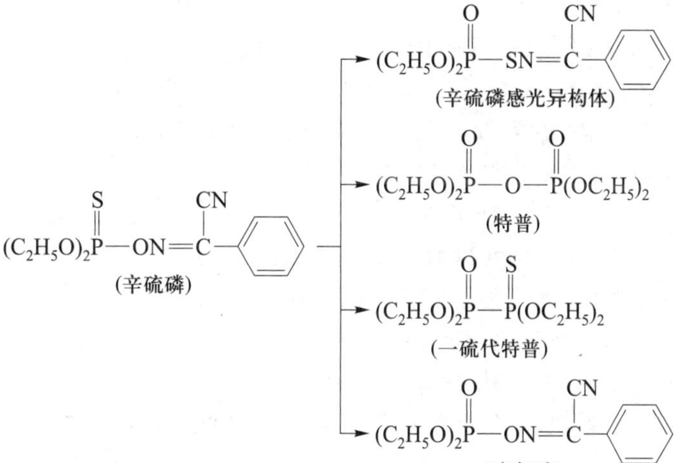

经鉴定一硫代特普的毒性较高,照射 80 h 后,一硫代特普又逐渐光降解消失。

（2）有机磷农药的生物降解

有机磷农药在土壤中被微生物降解是它们转化的另一条重要途径。化学农药对土壤微生物有抑制作用,同时,土壤微生物也会利用有机农药为能源,在体内酶或分泌酶的作用下,使农药发生降解作用,彻底分解为 CO_2 和 H_2O。有机氯农药可发生脱氯或氧化作用,如马拉硫磷可被两种土壤微生物绿色木霉和假单胞菌以不同的方式降解,其反应如下:

$$(CH_3O)_2PSCHCOOC_2H_5$$
$$CH_2COOC_2H_5$$

经 H_2O 生成：

$$(CH_3O)_2P—SH + HO—CHCOOC_2H_5$$
$$CH_2COOC_2H_5$$

经绿色木霉生成：

$$CH_3O$$
$$P—SCHCOOC_2H_5$$
$$HO$$
$$CH_2COOC_2H_5$$

以及：

$$(CH_3O)_2PSCHCOOH \longrightarrow (CH_3O)_2PSCHCOOH$$
$$CH_2COOC_2H_5 \qquad\qquad CH_2COOH$$

马拉硫磷的羧酸衍生物是代谢产物的主要组成部分,能使马拉硫磷水解成为羧酸衍生物的可溶性酯酶,可从微生物中分离出来。某些绿色木霉的培养变种也有高效脱甲基作用。

思考题与习题

1. 土壤有哪些主要成分? 它们对土壤的性质与作用有哪些影响?

2. 土壤空气与大气的主要差别是什么?

3. 典型黏土矿物有哪些类型,它们的哪些特征影响了它们的保水性和离子交换容量?

4. 土壤有机质的来源是什么,土壤有机质对重金属环境行为可能产生怎样的影响?

5. 土壤胶体的双电层结构的形成原因是什么?

6. 土壤氧化还原电位影响重金属迁移的机理有哪些?

7. 试举一种重金属污染物的形态分级方法,并比较不同形态重金属的生物可利用性差异。

8. 什么是土壤的活性酸度与潜在酸度? 试用两者的关系讨论我国南方土壤酸度偏高的原因。

9. 土壤的缓冲作用有哪几种? 举例说明其作用原理。

10. 什么是盐基饱和度? 它对土壤性质有何影响?

11. 试比较土壤阳离子、阴离子交换吸附的主要作用原理与特点。

12. 土壤中重金属向植物体内转移的主要方式及影响因素有哪些?

13. 植物对重金属污染产生耐性作用的主要机理是什么?

14. 举例说明影响农药在土壤中进行扩散和质体流动的因素有哪些。

15. 疏水性有机污染物在土壤中的吸附等温线,在低浓度区域呈现非线性的可能原因有哪些?

16. 疏水性有机污染出现不可逆吸附的原因有哪些? 这对于污染物的生态风险存在怎样的影响?

17. 比较 DDT 和林丹在环境中的迁移转化与归趋的主要途径与特点。

18. 试述有机磷农药在环境中的主要转化途径,并举例说明其原理。

19. 举例说明环境条件变化对污染物的生态风险的影响。

20. 2014 年《全国土壤污染状况调查公报》指出"从污染分布情况看,南方土壤污染重于北方;长江三角洲、珠江三角洲、东北老工业基地等部分区域土壤污染问题较为突出,西南、中南地区土壤重金属超标范围较大;镉、汞、砷、铅 4 种无机污染物含量分布呈现从西北到东南、从东北到西南方向逐渐升高的态势",请分析这一分布情况的出现原因。

21. 200 kg $NaNO_3$ 在土壤中发生反硝化作用会消耗多少摩尔的 H^+?

22. 通过重铬酸钾氧化法测定某土壤样品中的有机质含量,得到消耗的重铬酸钾质量为 0.25 g。已知重铬酸钾的摩尔质量为 294.18 g/mol，且每摩尔重铬酸钾能氧化 1.75 mol 有机质碳。计算该土壤样品中的有机质含量（以 g/kg 计）。

主要参考文献

［1］ Manahan S E. 环境化学［M］. 9 版. 孙红文，等，译. 北京：高等教育出版社，2013.

［2］ 江桂斌，郑明辉，冯玉杰，等. 环境化学前沿［M］. 3 版. 北京：科学出版社，2022.

［3］ 赵烨. 环境地学［M］. 3 版. 北京：高等教育出版社，2024.

［4］ 黄巧云，林启美，徐建明. 土壤生物化学［M］. 北京：高等教育出版社，2015.

［5］ 陈满怀. 环境土壤学［M］. 3 版. 北京：化学工业出版社，2018.

［6］ 徐建明. 土壤学［M］. 4 版. 北京：中国农业出版社，2019.

［7］ 戴树桂. 环境化学进展［M］. 北京：化学工业出版社，2005.

［8］ 戴春雷，张雷，李娇娜. 有机地球化学基础［M］. 北京：中国石化出版社，2013.

［9］ 朱利中. 环境化学［M］. 2 版. 北京：高等教育出版社，2022.

［10］ Sposito G. The Chemistry of Soils［M］. 2nd ed. Oxford：Oxford University Press, Inc., 2008.

［11］ Sparks D L. Environmental Soil Chemistry［M］. 2 nd ed. San Diego：Academic Press, 2003.

［12］ Schwarzenbach R P, Gschwend P M, Imboden D M. Environmental organic chemistry［M］. 2nd ed. New York：Wiley, 2003.

［13］ Hippelein M, Mclachlan M S. Soil/Air Partitioning of Semivolatile Organic Compounds. 2. Influence of Temperature and Relative Humidity［J］. Environmental Science & Technology, 2000, 34, 3521–3526.

［14］ Thompson A, Goyne K W. Introduction to the Sorption of Chemical Constituents in Soils［J］. Nature Education Knowledge, 2012, 4, 7.

［15］ Muhit R, Grathwohl P. Predicting Organic Carbon-water Partitioning of Hydrophobic Organic Chemicals in Soils and Sediments Based on Water Solubility［J］. Water Research, 2008, 42：3775–3780.

本章中英文关键词对照

中文	英文	中文	英文
多相体系	heterogeneous system	成土过程	soil-forming process
非均质性	anisotropism	淀积层	illuvial horizon
土壤固相	soil solid phase	覆盖层	covering layer
土壤环境污染	soil environmental pollution	基岩	bedrock
土壤矿物质	soil mineral	晶体结构	crystal structure
土壤气相	soil gaseous phase	淋溶层	eluvial horizon
土壤圈	pedosphere	母质层	parent rock horizon
土壤液相	soil liquid phase	次生矿物	secondary mineral
土壤–植物体系	soil-plant system	次生铝硅酸盐类矿物	secondary aluminosilicate mineral
土壤组成	soil composition	高岭石	kaolinite
原生矿物	primary mineral	红土化作用	laterization

续表

中文	英文	中文	英文
蒙脱石	montmorillonite	胶体微粒	colloidal micella
黏土矿物	clay mineral	代换性酸度	exchange acidity
全球碳素平衡	global carbon balance	汞	mercury
三氧化物类矿物	trioxide mineral	活性酸度	active acidity
土壤有机质	soil organic matter	潜性酸度	potential acidity
微生物细胞壁	microbial cell wall	砷	arsenic
伊利石	illite	水解性酸度	hydrolytic acidity
分配作用	partition	重金属	heavy metal
腐殖质	humus	镉	cadmium
富里酸	fulvic acid	碳酸盐碱度	carbonate alkalinity
胡敏素	humin	土壤碱化度	alkalinity of soil
腐殖酸	humic acid	重碳酸盐碱度	bicarbonate alkalinity
土壤机械组成	soil mechanical composition	非极性有机污染物	non-polar organic pollutant
土壤粒级划分标准	soil grain classification criteria	铬	chromium
土壤溶液	soil solution	极性有机污染物	polar organic pollutant
细胞壁	cell wall	铅	lead
双电层结构	electric double layer	氧化还原电位	oxidation-reduction potential
同晶取代	isomorphous substitution	有机污染物	organic pollutant
土壤缓冲性	soil buffering power	挥发性有机物（VOCs）	volatile organic compounds
土壤碱度	soil alkalinity	可交换态	exchangeable fraction
土壤胶体	soil colloid	离子型有机污染物	ionic organic pollutant
土壤酸度	soil acidity	碳酸盐结合态	carbonate-bound fraction
土壤氧化还原性	soil redox properties	土壤微生物分解	soil microbial decomposition
土壤质地	soil texture	重金属存在化学形态	chemical speciation of heavy metals
盐基饱和度	base saturation	残渣态	residual fraction
阳离子交换量	cation exchange capacity	化学氧化/还原分解	chemical oxidation/reduction decomposition
表面能	surface energy		
解吸	desorption	耐性机制	tolerance mechanism
界面吸附	interfacial adsorption	内相络合物	inner-sphere adsorption complex
团聚能力	agglomeration ability	农药	pesticide
吸附	adsorption	迁移	transfer
吸收	absorption	生物可利用性	bioavailability
电动电位	electrokinetic potential	锁定作用	sequestration
吸着	sorption	铁锰氧化物结合态	iron-manganese oxides-bound fraction
致酸离子	acid-causing ion		

续表

中文	英文	中文	英文
外相络合物	outer-sphere adsorption complex	溶解性有机质（DOM）	dissolved organic matter
有机结合态	organio-bound fraction	杀菌剂	fungicide
植物吸收	phytoextraction	土壤微生物	soil microbe
扩散	diffusion	土壤含水量	soil moisture content
质体流动	plastid flow	土壤非饱和区	soil unsaturated zone
转化	transformation	复合污染效应	combined pollution effect
菲克定律	Fick's law	时序性	temporality
动力学平衡	kinetic equilibrium	植物生长发育期	plant growth and development period
光解	photolysis	淋溶迁移	leaching and transporting
还原	reduction	土壤剖面	soil profile
亨利常数	Henry's constant	种间差异	interspecies difference
降解	degradation	跨膜吸收	transmembrane absorption
络合反应	complexation reaction	生态学特性	ecological characteristics
土壤紧实度	soil compaction	遗传学特性	genetic property
脱氯	dechlorination	有效锌	effective zinc
氧化	oxidation	地球化学	geochemistry
异构体	isomer	耐重金属污染	resistance to heavy metal pollution
有机氯农药	organochlorine pesticides	重金属硫蛋白	heavy metallothionein
辛醇-水分配系数	octanol-water partition coefficient	结合蛋白	binding protein
离子半径	ionic radiu	非气态扩散	non-gaseous diffusion
水合半径	hydrated radius	地表径流	overland runoff
水解	hydrolysis	根际	rhizosphere
有机磷	organophosphorus	界面特性	interface characteristic
静电吸引	electrostatic attraction	衰减	attenuation
除草剂	herbicide	土壤孔隙率	porosity of soil
催化反应	catalytic reaction	硫代磷酸酯	phosphorothioate
吸附等温线	absorption isotherm	硫代磷酰胺	thioxophosphamide
杀虫剂	insecticide	吸附催化水解	adsorption catalytic hydrolysis
生物降解	biodegradation	光化学分解	photochemical decomposition
有机碳吸着系数	organic carbon sorption coefficient	可溶性酯酶	soluble esterase

第五章
生物体内污染物的运动过程及毒性

内容提要及重点要求

本章主要介绍污染物与生物机体之间的相互作用，涉及机体对污染物的吸收、分布、转化、排泄等过程和污染物对机体毒性两方面的内容，要求掌握污染物的生物富集、放大和积累；耗氧和有毒有机污染物的微生物降解；若干元素的微生物转化；微生物对污染物的转化速率；毒物的毒性、联合作用和致突变、致癌及抑制酶活性等作用；定量构效关系中几种应用的分析方法。要求了解有关重要辅酶的功能；有毒有机污染物生物转化的类型。

第一节　污染物在机体内的转运

污染物在机体内的运动过程包括吸收、分布、排泄和生物转化。前三者统称转运，而排泄与生物转化又称为消除。下面介绍污染物在人体内的转运。有关内容基本适用于哺乳动物，而涉及的一般原理也适用于其他生物，如鱼类等。

一、物质通过生物膜的方式

污染物在生物体内的各个过程，大多涉及其必须首先通过机体的各种生物膜。如图 5-1 所示，生物膜主要是由磷脂双分子层和蛋白质镶嵌组成的、厚度为 7.5~10 nm 的流动变动复杂体。在磷脂双分子层中，亲水的极性基团排列于内外两面，疏水的烷链端伸向内侧，因此，在磷脂双分子层中央存在一个疏水区，生物膜是类脂层屏障。膜上镶嵌的蛋白质，有附着在磷脂双分子层表面的表在蛋白，有深埋或贯穿磷脂双分子层的内在蛋白，但它们的亲水端也都露在磷脂双分子层

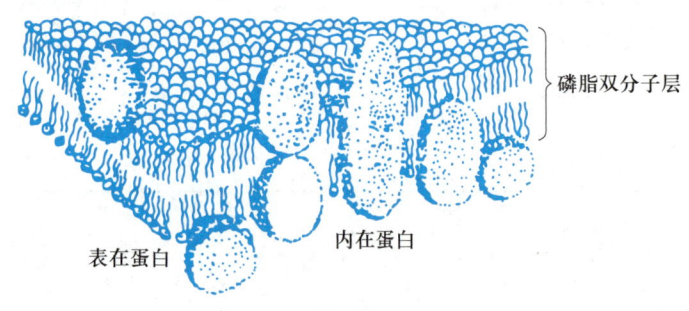

磷脂双分子层

表在蛋白　　内在蛋白

图 5-1　生物膜脂质双层结构示意图

的外表面。这些蛋白质各具一定的生理功能,或是转运膜内外物质的载体,或是起催化作用的酶,或是能量转换器等。在生物膜中还有带极性、常含有水的微小孔道,称为膜孔。

物质通过生物膜的方式根据机制可分为以下五类。

1. 膜孔滤过

直径小于膜孔的水溶性物质,可借助膜两侧静水压及渗透压经膜孔滤过。

2. 被动扩散

脂溶性物质从高浓度侧向低浓度侧,即顺浓度梯度扩散通过有类脂层屏障的生物膜。扩散速率服从 Fick 定律:

$$\frac{\mathrm{d}Q}{\mathrm{d}t} = -DA\frac{\Delta c}{\Delta x} \tag{5-1}$$

式中:$\dfrac{\mathrm{d}Q}{\mathrm{d}t}$——物质膜扩散速率,即 $\mathrm{d}t$ 间隔时间内垂直向扩散通过膜的物质的量;

$\quad\Delta x$——膜厚度;

$\quad\Delta c$——膜两侧物质的浓度梯度;

$\quad A$——扩散面积;

$\quad D$——扩散系数。

扩散系数取决于通过物质和膜的性质。

一般情况下,脂/水分配系数越大,分子越小,或在体液 pH 条件下解离越少的物质,扩散系数也越大,而容易扩散通过生物膜。被动扩散不需耗能,不需载体参与,因而不会出现特异性选择、竞争性抑制及饱和现象。

3. 被动易化扩散

有些物质可在高浓度侧与膜上特异性蛋白质载体结合,通过生物膜,到低浓度侧解离出原物质。这一转运称为被动易化扩散。它受到膜特异性载体及其数量的制约,因而呈现特异性选择,类似物质竞争性抑制和饱和现象。

4. 主动转运

在需消耗一定的代谢能量的情况下,一些物质可在低浓度侧与膜上高浓度特异性蛋白载体结合,通过生物膜,到高浓度侧解离出原物质。这一转运称为主动转运。所需代谢能量来自膜的腺苷三磷酸酶分解腺苷三磷酸(ATP)成腺苷二磷酸(ADP)和磷酸时所释放的能量。这种转运还与膜的高度特异性载体及其数量有关,而具有特异性选择,类似物质竞争性抑制和饱和现象。例如,钾离子在细胞内外的浓度分布为 $[\mathrm{K^+}]_{\text{细胞内}} \gg [\mathrm{K^+}]_{\text{细胞外}}$。这一奇特的浓度分布是由相应的主动转运造成的,即低浓度侧钾离子易与膜上磷酸蛋白 P(磷酸根与丝氨酸相结合的产物)结合为 KP,而后在膜中扩散并与膜的腺苷三磷酸发生磷化,将结合的钾离子释放至高浓度侧,如下列反应所示:

$$\mathrm{K^+ + P \longrightarrow KP} \tag{5-2}$$
$$\text{(膜外)}$$
$$\mathrm{KP + ATP \longrightarrow PP + ADP + K^+} \tag{5-3}$$
$$\text{(膜内)}$$

5. 胞吞和胞饮

少数物质与膜上某种蛋白质有特殊亲和力,当其与膜接触后,可改变这部分膜的表面张力,引起膜的外包或内陷而被包围进入膜内,固态物质的这一转运称为胞吞,而液态物质的这一转运称为胞饮。

总之,物质以何种方式通过生物膜,主要取决于机体各组织生物膜的特性和物质的结构、理化性质。物质理化性质包括脂溶性、水溶性、解离度、分子大小等。被动易化扩散和主动转运,是正常的营养物质及其代谢物通过生物膜的主要方式。除与前者类似的物质以这种方式通过膜外,大多数物质一般以被动扩散方式通过生物膜。膜孔滤过和胞吞、胞饮在一些物质通过膜的过程中发挥作用。

二、吸收

吸收是污染物从机体外,通过各种途径通透体膜进入血液的过程。吸收途径主要是机体的消化道、呼吸道和皮肤。

消化道是吸收污染物最主要的途径。从口腔摄入的食物和饮水中的污染物,主要通过被动扩散被消化道吸收,主动转运较少。消化道的主要吸收部位在小肠,其次是胃。小肠最内层是黏膜,黏膜向肠腔内形成许多突起,称为小肠绒毛,黏膜内布满毛细血管。进入小肠的污染物大多以被动扩散通过肠黏膜再转入血液,因而污染物的脂溶性越强及在小肠内浓度越高,被小肠吸收也越快。此外,血流速度也是影响机体对污染物吸收的因素之一。血流速度越大,则膜两侧污染物的浓度梯度越大,机体对污染物的吸收速率也越大。脂溶性污染物经膜通透性好,因此它被小肠吸收的速率受到血流速度的限制。相反,一些极性污染物,因其脂溶性小,在被小肠吸收时经膜扩散成了限速因素,而对血流影响不敏感。小肠液的酸性($pH\approx6.6$)明显低于胃液($pH\approx2$),有机弱碱在小肠和胃液中分别以未解离型和解离型占优势,未解离型易于扩散通过膜,因此有机弱碱在小肠中的吸收比在胃中的吸收快。反之,有机酸在小肠中主要呈解离型,对吸收不利。但是,因为小肠的吸收总面积达 $200\ m^2$,血流速度为 $1\ L/min$,而胃的相应数据仅分别为 $1\ m^2$ 和 $0.15\ L/min$,所以小肠对有机弱酸的吸收一般比胃快。促进胃排空,也常可加速小肠对污染物的吸收。

呼吸道是吸收大气污染物的主要途径。其主要吸收部位是肺泡。肺泡的膜很薄,数量众多,四周布满壁膜极薄、结构疏松的毛细血管。因此,吸收的气态和液态气溶胶污染物,可以被动扩散和滤过方式,分别迅速通过肺泡和毛细血管膜进入血液。固态气溶胶和粉尘污染物吸进呼吸道后,可在气管、支气管及肺泡表面沉积。到达肺泡的固态颗粒很小,粒径小于 $5\ \mu m$。其中,易溶微粒在溶于肺泡表面体液后,按上述过程被吸收,而难溶微粒往往在吞噬作用下被吸收。

皮肤吸收是不少污染物进入机体的途径。皮肤接触的污染物,常以被动扩散相继通过皮肤的表皮及真皮,再滤过真皮中毛细血管壁膜进入血液。一般情况下,相对分子质量小于 300,处于液态或溶解态,呈非极性的脂溶性污染物,最容易被皮肤吸收,如酚、尼古丁、马钱子碱等。

三、分布

分布指污染物被吸收后或其代谢转化物质形成后,由血液转送至机体各组织,与组织成分结合,从组织返回血液,以及再反复等过程。在污染物的分布过程中,污染物的转运以被动扩散为主。

脂溶性污染物易于通过生物膜,此时,经膜通透性对其分布影响不大,组织血流速度是分布的限速因素。因此,它们在血流丰富的组织(如肺、肝、肾)的分布,远比在血流少的组织(如皮肤、肌肉、脂肪)中迅速。

与一般器官组织的多孔性毛细血管壁不同,中枢神经系统的毛细血管壁内皮细胞互相紧密相连,几乎无空隙。当污染物由血液进入脑部时,必须穿过这一毛细血管壁内皮的血脑屏障。此时,污染物的经膜通透性成为其转运的限速因素。高脂溶性低解离度的污染物经膜通透性好,容易通过血脑屏障,由血液进入脑部,如甲基汞化合物。非脂溶性污染物很难入脑,如无机汞化合物。污染物由母体转运到胎儿体内,必须通过由数层生物膜组成的胎盘,称为胎盘屏障,也同样受经膜通透性的限制。

污染物常与血液中的血浆蛋白质结合。这种结合呈可逆性,结合与解离处于动态平衡。只有未与蛋白结合的污染物才能在体内组织进行分布。因此,与蛋白结合率高的污染物,在低浓度下几乎全部与蛋白结合,存留在血浆内;但当其浓度达到一定水平时,未被结合的污染物剧增,快速向机体组织转运,组织中该污染物的分布显著增加。而与蛋白结合率低的污染物,随浓度增加,血液中未被结合的污染物也逐渐增加,故对污染物在体内分布的影响不大。由于亲和力不同,污染物与血浆蛋白的结合受到其他污染物及机体内源性代谢物质的置换竞争影响。该影响显著时,会使污染物在机体内的分布有较大的改变。

有些污染物可与血液的红细胞或血管外组织蛋白相结合,也会明显影响它们在体内的分布。如肝、肾细胞内有一类含巯基氨基酸的蛋白,易与锌、镉、汞、铅等重金属结合成复合物,称为金属硫蛋白。因而肝、肾中这些污染物的浓度,可以远远超过其在血液中浓度的数百倍。在肝细胞内还有一种 Y 蛋白,易与很多有机阴离子相结合,对有机阴离子转运进入肝细胞起重要作用。

四、排泄

排泄是污染物及其代谢物质向机体外的转运过程。排泄器官有肾、肝胆、肠、肺、外分泌腺等,而以肾和肝胆为主。

肾排泄是污染物通过肾随尿而排出的过程。肾小球毛细血管壁有许多较大的膜孔,大部分污染物都能从肾小球滤过;但是,相对分子质量过大的或与血浆蛋白结合的污染物,不能滤过仍留在血液内。肾的近曲小管具有有机酸及有机碱的主动转运系统,能分别分泌有机酸(如羧酸、磺酸、尿酸、磺酰胺)和有机碱(如胺、季铵)。污染物通过这两个转运过程进入肾管腔从尿中排出。与之相反,肾的远曲小管对滤过肾小球溶液中的污染物,可以通过被动扩散进行重吸收,使之在不同程度上又返回血液。肾小管膜的类脂特性与机体其他部位的生物膜相同,因此脂溶性污染物容易被重吸收。另外,肾小管液的 pH 对重吸收也有影响。肾小管液呈酸性时,有机弱酸解离少易被重吸收,而有机弱碱解离多难被重吸收。肾小管液呈碱性时,恰好与前相反。总之,肾排泄污染物的效率是肾小球滤过、近曲小管主动分泌和远曲小管被动重吸收的综合结果。一般来说,肾排泄是污染物的一个主要排泄途径。

污染物的另一个重要排泄途径,是肝胆系统的胆汁排泄。胆汁排泄指主要由消化道及其他途径吸收的污染物,经血液到达肝脏后,以原形物质或其代谢物和胆汁一起分泌至十二指肠,经小肠至大肠内,再排出体外的过程。污染物在肝脏的分泌主要是主动转运,被动扩散较少;其中,少数是原形物质,多数是原形物质在肝脏经代谢转化而形成的产物,因此胆汁排泄是原形污染物排出体外的一个次要途径,却是污染物代谢的主要排出途径。一般地,相对分子质量在 300 以上、分子中具有强极性基团的化合物,即水溶性大、脂溶性小的化合物,胆汁排泄良好。

值得注意的是有些物质由胆汁排泄,在肠道运行中又重新被吸收,该现象称为肠肝循环。这些物质呈高脂溶性,包含胆汁中的原形污染物或污染物代谢物在肠道经代谢转化而复得的原形污染物。能进行肠肝循环的污染物,通常在体内停留时间较长。例如,高脂溶性甲基汞化合物主要通过胆汁从肠道排出,由于肠肝循环,其生物半衰期平均达 70 d,排出甚慢。

五、蓄积

机体长期接触某污染物,若吸收超过排泄及其代谢转化,则会出现该污染物在体内逐渐增长的现象,称为生物蓄积。蓄积量是吸收、分布、代谢转化和排泄各量的代数和。蓄积时,污染物的体内分布,常表现为相对集中的方式,主要集中在机体的某些部位。

机体的主要蓄积部位是血浆蛋白、脂肪组织和骨骼。污染物常与血浆蛋白结合而蓄积。许多有机污染物及其代谢脂溶性产物,通过分配作用,溶解集中于脂肪组织,如苯、多氯联苯等。氟及钡、锶、铍、镭等金属,经离子交换吸附,进入骨骼组织的无机羟磷灰盐中而蓄积。

有些污染物的蓄积部位与毒性作用部位相同。如百草枯在肺及一氧化碳在红细胞中血红蛋白的集中就属于这类情形。但是有些污染物的蓄积部位与毒性作用部位不一致。例如,DDT 在脂肪组织中蓄积,而毒性作用部位是神经系统及其他脏器;铅集中于骨骼,而毒性作用部位是造血系统、神经系统及胃肠道等。

蓄积部位中的污染物,常与血浆中游离型污染物保持相对稳定的平衡。当污染物从体内排出或机体不与之接触时,血浆中的污染物即减少,蓄积部位就会释放该物质,以维持上述平衡。因此,在污染物蓄积和毒性作用的部位不一致时,蓄积部位可成为污染物内在的二次接触源,有可能引起机体慢性中毒。

第二节　污染物的生物富集、放大和积累

一、生物富集

生物富集指生物通过非吞食方式,从周围环境(水、土壤、大气)蓄积某种元素或难降解的物质,使其在机体内的浓度超过周围环境中的浓度的现象。生物富集用生物浓缩系数表示,即

$$\text{BCF} = \frac{c_b}{c_e} \tag{5-4}$$

式中:BCF——生物浓缩系数;

　　c_b——某种元素或难降解物质在机体中的浓度;

　　c_e——某种元素或难降解物质在机体周围环境中的浓度。

生物浓缩系数可以是个位到万位级,甚至更高。其大小与下列三个方面的影响因素有关。在物质性质方面的主要影响因素是降解性、脂溶性和水溶性。一般情况下,降解性小、脂溶性高、水溶性低的物质,生物浓缩系数高;反之,则低。例如,虹鳟对 2,2′-四氯联苯和 4,4′-四氯联苯的浓缩系数为 12 400,而对四氯化碳的浓缩系数为 17.7。在生物特征方面的影响因素有生物种类、大小、性别、器官、生物发育阶段等。例如,金枪鱼和海绵对铜的浓缩系数,分别是 100 和 1 400。在环境条件方面的影响因素包括温度、盐度、水硬度、pH、氧含量和光照状况等。例如,翻车鱼对多氯联苯的浓缩系数在水温 5 ℃时为 6.0×10^3,而在 15 ℃时为 5.0×10^4,水温升高,相差显著。一般地,重金属元素和许多氯化碳氢化合物,稠环、杂环等有机物具有很高的生物浓缩系数。

从动力学观点来看,水生生物对水中难降解物质的富集速率,是生物对其吸收速率、消除速率及由生物机体质量增长引起的物质稀释速率的代数和。吸收速率(R_a)、消除速率(R_e)及稀释速率(R_g)的表示式为

$$R_a = k_a c_w \qquad (5-5)$$

$$R_e = -k_e c_f \qquad (5-6)$$

$$R_g = -k_g c_f \qquad (5-7)$$

式中:k_a、k_e、k_g——水生生物吸收、消除、生长的速率常数;

c_w、c_f——水及生物体内的瞬时物质浓度。

于是水生生物富集速率微分方程为

$$\frac{dc_f}{dt} = k_a c_w - k_e c_f - k_g c_f \qquad (5-8)$$

若富集过程中生物质量增长不明显,则 k_g 可忽略不计,式(5-8)简化成

$$\frac{dc_f}{dt} = k_a c_w - k_e c_f \qquad (5-9)$$

通常,水体足够大,水中的物质浓度(c_w)可视为恒定。又设 $t = 0$ 时,$c_f(0) = 0$。
在此条件下求解式(5-8)、式(5-9),水生生物富集速率方程为

$$c_f = \frac{k_a c_w}{k_e + k_g} \left[1 - \exp(-k_e - k_g) t \right] \qquad (5-10)$$

$$c_f = \frac{k_a c_w}{k_e} \left[1 - \exp(-k_e) t \right] \qquad (5-11)$$

从式(5-10)、式(5-11)可看出,水生生物浓缩系数(c_f/c_w)随时间延续而增大,先期增大比后期迅速,当 $t \to \infty$ 时,生物浓缩系数依次为

$$\text{BCF} = \frac{c_f}{c_w} = \frac{k_a}{k_e + k_g} \qquad (5-12)$$

$$\text{BCF} = \frac{c_f}{c_w} = \frac{k_a}{k_e} \qquad (5-13)$$

说明在一定条件下生物浓缩系数有一个阈值。此时,水生生物富集达到动态平衡。生物浓缩系数常指生物富集到达平衡时的 BCF 值,并可由实验得到。在控制条件下的实验中,可用平衡方法测定水生生物体内及水中的物质浓度,也可用动力学方法测定 k_a、k_e 和 k_g,然后用式(5-12)或式(5-13)算得 BCF 值。

水生生物对水中物质的富集是一个复杂过程。但是对于有较高脂溶性和较低水溶性的、以被动扩散通过生物膜的难降解有机物,这一过程的机理可简示为该类物质在水和生物脂肪组织两相间的分配作用。例如,鱼类通过呼吸,在短时间内有大量的水流经鳃膜;水中溶解的该类有机物,易于被动扩散通过极薄的鳃膜,随血流转运,相继经过富含血管的组织,除少许被消除外,主要输至脂肪组织中蓄积,显示其在水–脂肪体系中的分配特征。人们以正辛醇作为水生生物脂肪组织代用品,发现这些有机物在辛醇–水两相分配系数的对数($\lg K_{ow}$)与其在水生生物体中浓缩系数的对数($\lg \text{BCF}$)之间有良好的线性正相关关系。其通式为

$$\lg BCF = a\lg K_{ow} + b \qquad (5-14)$$

例如，Neeley W. B. 等报道，8 种有机物的 $\lg K_{ow}$ 与它们在虹鳟体中的 $\lg BCF$ 之间的相关系数为 0.948，回归方程为

$$\lg BCF = 0.542 \lg K_{ow} + 0.124 \qquad (5-15)$$

这一可类比性为上述有机物生物富集的分配机理提供了验证。式（5-14）中的回归系数 a、b 与有机物和水生生物的种类及水体条件有关。据此选用已建成的回归方程，代入 K_{ow} 值，便可估算相应有机物的 BCF 值。

二、生物放大

生物放大指在同一食物链上的高营养级生物，通过吞食低营养级生物蓄积某种元素或难降解物质，使其在机体内的浓度随营养级数提高而增大的现象。生物放大的程度也用生物浓缩系数表示。生物放大的结果，可使食物链上高营养级生物体内这种元素或物质的浓度超过周围环境中的浓度。例如，美国某自然保护区内生物群落受到 DDT 的污染，在位于食物链顶级，以鱼类为食的水鸟体中 DDT 浓度，是当地湖水中 DDT 浓度的 $1.0 \times 10^5 \sim 1.2 \times 10^5$ 倍。在北极地区地衣→北美驯鹿→狼的食物链上，明显存在 ^{137}Cs 生物放大现象。水生生态系统的生物放大主要由难降解物质的 K_{ow} 决定，有机物在陆生生物体内的生物积累潜能是由 K_{ow} 和辛醇–空气分配系数（K_{oa}）共同控制的。对于 K_{ow} 较大的污染物，K_{oa} 是控制陆地食物链生物放大作用的关键因素。

但是，生物放大并不是在所有条件下都能发生。据文献报道，有些物质只能沿食物链传递，不能沿食物链放大；有些物质既不能沿食物链传递，也不能沿食物链放大。这是因为影响生物放大的因素是多方面的。例如，食物链往往十分复杂，相互交织成网状，同一种生物在发育的不同阶段或相同阶段，有可能隶属于不同的营养级而具有多种食物来源，这就扰乱了生物放大。不同生物或同一生物在不同的条件下，对物质的吸收、消除等均有可能不同，也会影响生物放大状况。

三、生物积累

生物放大或生物富集是属于生物积累的一种情况。所谓生物积累，就是生物从周围环境（水、土壤、大气）和食物链蓄积某种元素或难降解物质，使其在机体中的浓度超过周围环境中浓度的现象。生物积累也用生物浓缩系数表示。

以水生生物对某物质的生物积累为例，其微分速率方程可以表示为

$$\frac{dc_i}{dt} = k_{a_i} c_w + \alpha_{i,i-1} \cdot W_{i,i-1} c_{i-1} - (k_{e_i} + k_{g_i}) c_i \qquad (5-16)$$

式中：　c_w——生物生存水中某物质浓度；

$\quad$ c_i——食物链 i 级生物中该物质浓度；

$\quad$ c_{i-1}——食物链 $i-1$ 级生物中该物质浓度；

$\quad$ $W_{i,i-1}$——i 级生物对 $i-1$ 级生物的摄食率；

$\quad$ $\alpha_{i,i-1}$——i 级生物对 $i-1$ 级生物中该物质的同化率；

$\quad$ k_{a_i}——i 级生物对该物质的吸收速率常数；

k_{e_i}——i 级生物体中该物质消除速率常数;

k_{g_i}——i 级生物的生长速率常数。

此式表明,食物链上水生生物对某物质的积累速率等于从水中的吸收速率和从食物链上的吸收速率及其本身消除、稀释速率的代数和。

当生物积累达到平衡时,$dc_i/dt = 0$,式(5-16)成为

$$c_i = \left(\frac{k_{a_i}}{k_{e_i} + k_{g_i}}\right)c_w + \left(\frac{\alpha_{i,i-1} \cdot W_{i,i-1}}{k_{e_i} + k_{g_i}}\right)c_{i-1} \qquad (5-17a)$$

式中右端两项依次以 c_{w_i} 和 c_{ϕ_i} 表示,则可改写成

$$c_i = c_{w_i} + c_{\phi_i} \qquad (5-17b)$$

上列式子表明,生物积累的物质浓度中,一项是从水中摄得的浓度,另一项是从食物链传递得到的浓度。这两项的对比,反映出相应的生物富集和生物放大在生物积累达到平衡时的贡献大小。另外,可知 c_{ϕ_i} 与 c_{i-1} 的关系为

$$\frac{c_{\phi_i}}{c_{i-1}} = \frac{\alpha_{i,i-1} \cdot W_{i,i-1}}{k_{e_i} + k_{g_i}} \qquad (5-18)$$

显然,只有在式(5-18)的右端项大于 1 时,食物链上从饵料生物至捕食生物才会呈现生物放大。通常 $W_{i,i-1} > k_{g_i}$,因而对于同种生物来说,k_{e_i} 越小和 $\alpha_{i,i-1}$ 越大的物质,生物放大也越显著。

综上所述,不难想到生物积累、放大和富集可在不同侧面为探讨环境中污染物的迁移、排放标准和可能造成的危害,以及利用生物对环境进行监测和净化,提供重要的科学依据。

第三节 污染物的生物转化

物质在生物作用下发生的化学变化,称为生物转化或代谢(转化)。生物转化、化学转化和光化学转化构成了污染物在环境中的三大主要转化类型。通过生物转化,污染物的毒性也随之改变。对于污染物在环境中的生物转化,微生物起关键作用。这是因为它们大量存在于自然界,生物转化呈多样性,又具有大的表面/体积值,繁殖非常迅速,对环境条件适应性强等特点。因此,了解污染物的生物转化,尤其是微生物转化,有助于深入认识污染物在环境中的分布与转化规律,为保护生态提供理论依据;并可有的放矢采取污染控制及治理的措施,开发无污染新工艺,而具有重要实用价值。

本节中首先介绍生物转化中的酶和氢传递过程的基础内容,以便于了解污染物的生物转化。其次,介绍耗氧和有毒有机污染物的微生物降解,若干重金属和非金属元素的微生物转化。最后,叙述污染物的生物转化速率。

一、生物转化中的酶

绝大多数的生物转化是在机体的酶参与和控制下进行的。酶是一类由细胞制造和分泌的、以蛋白质为主要成分的、具有催化活性的生物催化剂。其中,在酶催化下发生转化的物质称为底物或基质;底物所发生的转化称为酶促反应。

酶催化作用的特点在于:第一,催化专一性高。一种酶只能对一种底物或一类底物起催化作用,而促进一定的反应,生成一定的代谢产物。如脲酶能催化尿素水解:

$$O=C\begin{array}{c}NH_2\\NH_2\end{array} + H_2O \xrightarrow{\text{脲酶}} 2NH_3 + CO_2 \qquad (5-19)$$

但脲酶对包括结构与尿素非常相似的甲基尿素($CH_3NHCONH_2$)在内的其他底物均无催化作用。蛋白酶只能催化蛋白质水解,而不能催化淀粉水解。第二,酶催化效率高。例如,蔗糖酶催化蔗糖水解的速率较强酸催化速率高 2×10^{12} 倍。0 ℃时过氧化氢酶催化过氧化氢分解的速率是铁离子催化速率的 1×10^{10} 倍。一般地,酶催化反应的速率是化学催化剂的 $10^7\sim10^{13}$ 倍。第三,酶催化需要温和的外界条件。化学催化剂在一定条件下会因中毒失去催化能力。酶的本质为蛋白质,比化学催化剂更容易受到外界条件的影响,而变质失去催化效能。诸如强酸、强碱、高温等激烈的条件都能使酶丧失催化效能。酶催化作用一般要求温和的外界条件,如常温、常压、接近中性的酸碱度等。

酶的种类很多,已知的酶有 2×10^3 多种。根据起催化作用的场所,酶分为胞外酶和胞内酶两大类。这两类都在细胞中产生,但是胞外酶能通过细胞膜,在细胞外对底物起催化作用,通常是催化底物水解;而胞内酶不能通过细胞膜,仅能在细胞内发挥各种催化作用。

酶根据催化反应类型,分成六大类:氧化还原酶(催化氧化还原反应)、转移酶(催化化学基团转移反应)、水解酶(催化水解反应)、裂解酶(催化底物分子某些键非水解性断裂反应)、异构酶(催化异构反应)、合成酶(与高能磷酸化合物分解相耦联,催化两种底物结合的反应)。

酶按照成分,分为单成分酶和双成分酶两大类。单成分酶只含有蛋白质,如脲酶、蛋白酶。双成分酶除含有蛋白质外,还含有非蛋白质部分,前者称为酶蛋白,后者称为辅基或辅酶。辅基与酶蛋白的结合比较牢固,不易分离。辅酶与酶蛋白结合松弛,易于分离。因此,两者的区别仅在于与酶蛋白结合的牢固程度,而无严格的界线。为了简便起见,在下面的叙述中均使用辅酶。

在双成分酶催化反应时,一般是辅酶发挥传递电子、原子或某些化学基团的功能,酶蛋白发挥决定催化专一性和催化高效率的功能。因此,只有双成分酶的整体才具有酶的催化活性,而当酶蛋白与辅酶经分离后各自单独存在时则均失去相应作用。

辅酶的成分是金属离子、含金属的有机物或小分子的复杂有机物,已经发现的辅酶有 30 余种。同一种辅酶可以结合不同的酶蛋白,构成许多种双成分酶,可对不同底物进行相同反应。因此,知道辅酶对电子、原子或某些化学基团的传递功能,是了解双成分酶催化反应的关键。

二、重要辅酶及其功能

1. FMN 和 FAD

辅酶 FMN 和 FAD 分别是黄素单核苷酸和黄素腺嘌呤二核苷酸的缩写,结构式如图 5-2 所示。

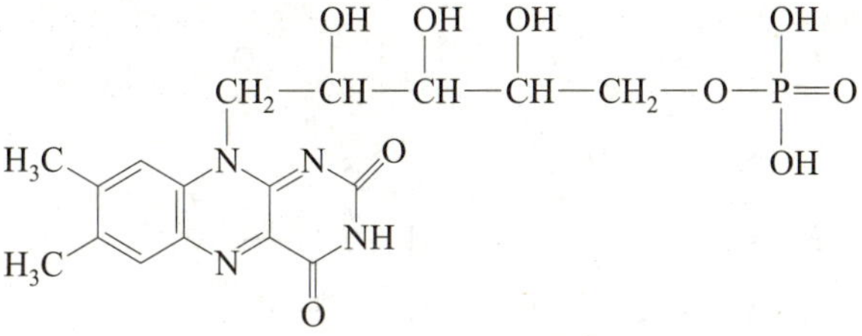

FMN(黄素单核苷酸)

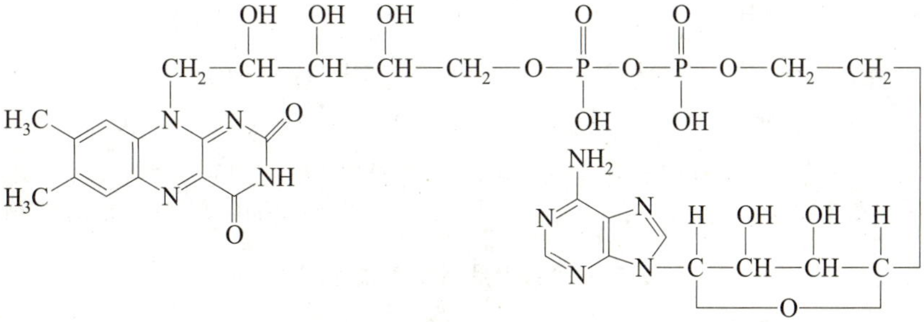

FAD(黄素腺嘌呤二核苷酸)

图 5-2 FMN 和 FAD 的结构式

FMN 或 FAD 是一些氧化还原酶的辅酶,在酶促反应中具有传递氢原子的功能,示于式(5-20)中。

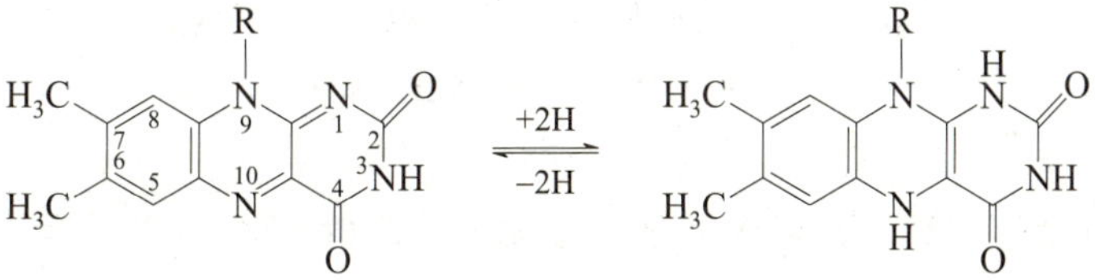

$$\text{FMN/FAD} \quad \underset{-2H}{\overset{+2H}{\rightleftharpoons}} \quad \text{FMNH}_2/\text{FADH}_2 \tag{5-20}$$

FMN/FAD
(氧化型FMN/FAD)

FMNH$_2$/FADH$_2$
(还原型FMN/FAD)

(R—FMN/FAD 的其余部分)

式(5-20)表明,从底物上脱落下来的两个氢原子,由辅酶 FMN 或 FAD 分子中的异咯嗪基进行传递。两个氢原子分别加到异咯嗪基中标号为 1 和 10 的氮上,于是 FMN/FAD 变为 FMNH$_2$/FADH$_2$。随后按式(5-20)反生逆反应,将氢传递于不同底物,又复原为 FMN/FAD。

2. NAD$^+$ 和 NADP$^+$

辅酶 NAD$^+$ 和 NADP$^+$ 又分别称为辅酶 I 和辅酶 II,依次是烟酰胺腺嘌呤二核苷酸和烟酰胺腺嘌呤二核苷酸磷酸的缩写,结构式如图 5-3 所示。NAD$^+$ 和 NADP$^+$ 是一些氧化还原酶的辅酶,在酶促反应中起传递氢的作用,如式(5-21)所示,从底物上脱落下来的两个氢原子,由辅酶分子中的烟酰胺基团进行传递。其中,一个加到此基团中氮对位的碳上;另一个氢(H$^+$ + e$^-$)中的电子加到基团环的氮上,使之由 +5 价变为 +3 价,剩下的 H$^+$ 游离于细胞液中备用。这样,NAD$^+$/NADP$^+$ 转变为 NADH + H$^+$ 或 NADPH + H$^+$。它们随后按式(5-21)反生逆反应,把氢传递于不同底物,又复原为 NAD$^+$/NADP$^+$。

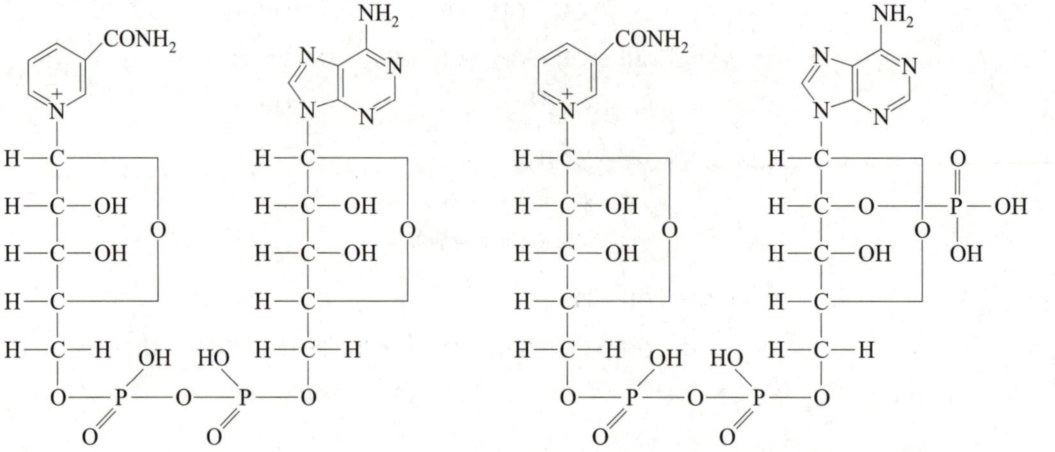

NAD$^+$(烟酰胺腺嘌呤二核苷酸)　　NADP$^+$(烟酰胺腺嘌呤二核苷酸磷酸)

图 5-3　NAD$^+$ 和 NADP$^+$ 的结构式

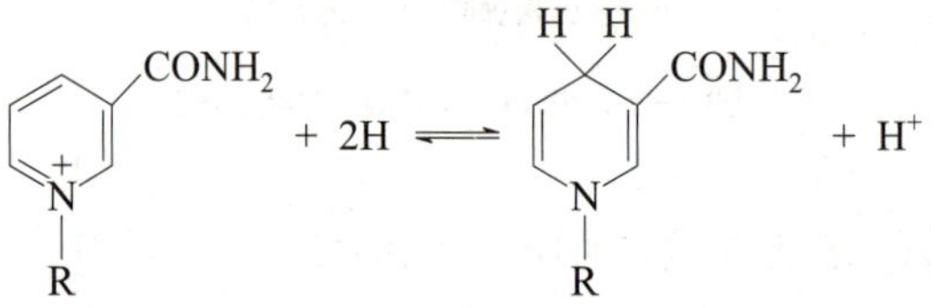

NAD$^+$/NADP$^+$ (氧化型NAD$^+$/NADP$^+$)　　NADH/NADPH (还原型NAD$^+$/NADP$^+$)

(R—NAD$^+$/NADP$^+$的其余部分)　　(5-21)

3. 辅酶 Q

辅酶 Q 又称为泛醌，简写为 CoQ，是某些氧化还原酶的辅酶，在酶促反应中担任递氢任务，如式(5-22)所示。

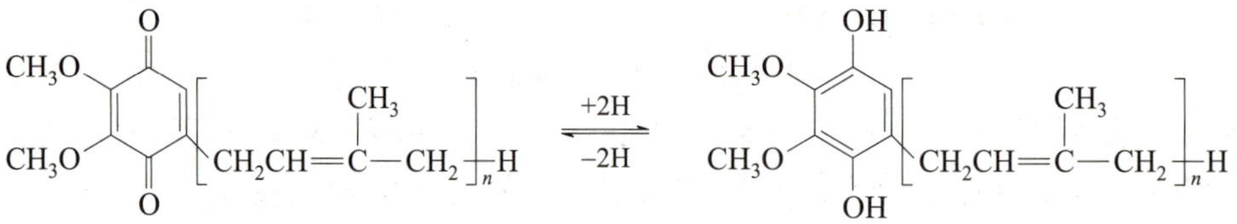

(5-22)

CoQ(氧化型CoQ) (n=6~10)　　$CoQH_2$(还原型CoQ)

4. 细胞色素酶系的辅酶

细胞色素酶系是催化底物氧化的一类酶系，主要有细胞色素 b、c_1、c、a 和 a_3 等几种。它们的酶蛋白部分各不相同，但是辅酶都是铁卟啉。在酶促反应时辅酶铁卟啉中的铁不断地进行氧化还原，当铁获得电子时从 +3 价还原为 +2 价，在后者把电子传递出去后又氧化为 +3 价，从而起传递电子的作用，如式(5-23)所示。

$$\mathrm{cyt}_n\mathrm{Fe}^{3+} \underset{-e^-}{\overset{+e^-}{\rightleftharpoons}} \mathrm{cyt}_n\mathrm{Fe}^{2+} \qquad (5-23)$$

式中：cyt——细胞色素酶系；

n——b、c_1、c、a 和 a_3。

5. 辅酶 A

辅酶 A 是泛酸的一个衍生物,简写为 CoASH,结构式如下:

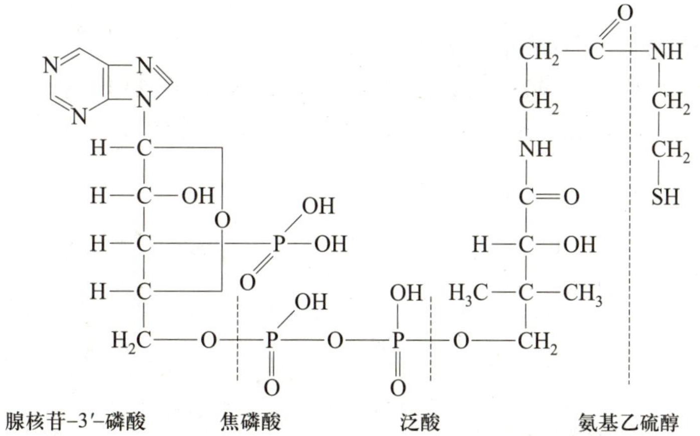

辅酶A(CoASH)

辅酶 A 是一种转移酶的辅酶,所含的巯基与酰基形成硫酯,而在酶促反应中发挥传递酰基的功能,式(5-24)是其传递乙酰基的反应。

$$CoASH + CH_3CO^+ \rightleftharpoons CH_3CO - SCoA + H^+ \tag{5-24}$$

三、生物氧化中的氢传递过程

生物氧化指有机物在机体细胞内的氧化,并伴有能量释放。放出的能量主要通过腺苷二磷酸与正磷酸合成腺苷三磷酸而被暂时存放。这是因为腺苷三磷酸比腺苷二磷酸多含有一个高能磷酸键,见式(5-25)。在腺苷三磷酸分解为腺苷二磷酸时再放出相应能量,用于机体进行吸能反应。

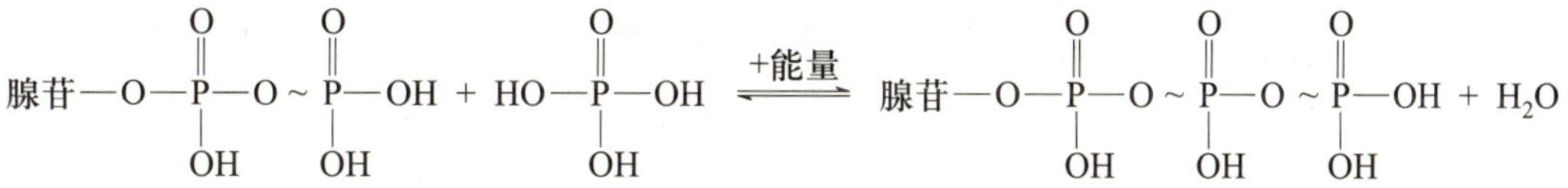

$$\tag{5-25}$$

式中:符号"~"——高能磷酸键。

腺苷部分的结构如下:

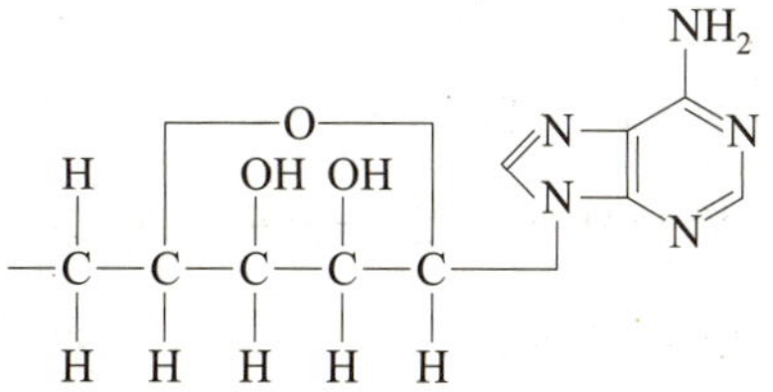

在生物氧化中有机物的氧化多为去氢氧化。所脱落的氢($H^+ + e^-$)以原子或电子形式,由相应氧化还原酶按一定顺序传递至受体。这一氢原子或电子的传递过程称为氢传递或电子传递过程,其受体称为受氢体或电子受体。受氢体若为细胞内的分子氧,则是有氧氧化;若为非分子氧的化合物,则是无氧氧化。

就微生物来说,好氧微生物进行有氧氧化,厌氧微生物进行无氧氧化,兼性厌氧微生物视生存环境中氧含量的多少进行有氧或无氧氧化。其中所涉及的氢传递过程按照受氢体情况,分为以下几类。

1. 有氧氧化中以分子氧为直接受氢体的氢传递过程

这类氢传递过程中只有一种酶作用于有机底物,脱落底物的氢($H^+ + e^-$),其中的电子由该酶辅酶直接传递给分子氧,形成激活态 O^{2-},与脱落氢剩下的 H^+ 化合成水,如图 5-4 所示。

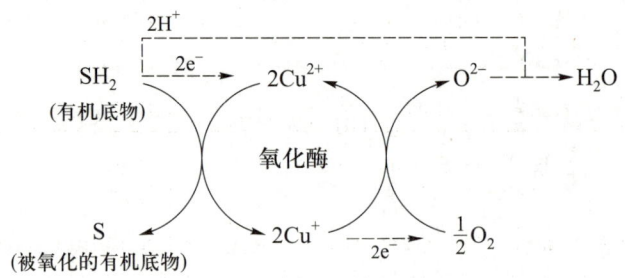

图 5-4 分子氧作为直接受氢体的氢传递过程举例

2. 有氧氧化中以分子氧为间接受氢体的氢传递过程

这类氢传递过程中有几种酶共同发挥作用,第一种酶从有机底物脱落氢($H^+ + e^-$),由其余的酶顺序传递,最后把其中的电子传给分子氧形成激活态 O^{2-},并与脱落氢中剩下的 H^+ 结合为水。此类氢传递一般过程示于图 5-5。

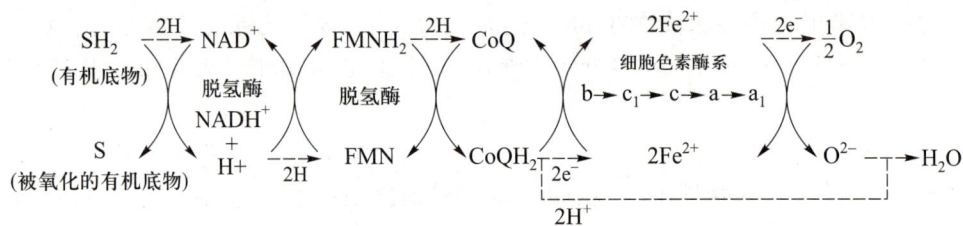

图 5-5 分子氧作为间接受氢体的氢传递一般过程

图 5-5 中各辅酶顺序传递氢的反应为式(5-26)~式(5-31)。

$$SH_2 + NAD^+ \longrightarrow S + NADH + H^+ \tag{5-26}$$

$$NADH + H^+ + FMN \longrightarrow NAD^+ + FMNH_2 \tag{5-27}$$

$$FMNH_2 + CoQ \longrightarrow FMN + CoQH_2 \tag{5-28}$$

$$CoQH_2 + 2cyt_bFe^{3+} \longrightarrow CoQ + 2cyt_bFe^{2+} + 2H^+ \tag{5-29}$$

$$2cyt_nFe^{2+} + 2cyt_n'Fe^{3+} \rightleftharpoons 2cyt_nFe^{3+} + 2cyt_n'Fe^{2+} \tag{5-30}$$

(n 依次是 b、c_1、c、a;n' 依次是 c_1、c、a、a_3)

$$2cyt_{a_3}Fe^{2+} + \frac{1}{2}O_2 \longrightarrow 2cyt_{a_3}Fe^{3+} + O^{2-} \tag{5-31}$$

上述氢传递过程得到多方面实验结果的支持。例如,测得过程中各步反应的氧化还原电位(表 5-1)基本上呈现递增的趋势,以 $NAD^+/(NADH + H^+)$ 的 E^0 最小,而以 O_2/H_2O 的 E^0 最大。这较好表明氢传递方向是从 NAD^+ 到分子氧。

表 5-1 生物去氢氧化中各反应的氧化还原电位(pH = 7)

电对	E^0/V	电对	E^0/V
$NAD^+/(NADH + H^+)$	−0.32	$2cyt_{c_1}(2Fe^{3+}/2Fe^{2+})$	+0.22
$FMN/FMNH_2$	−0.12	$2cyt_c(2Fe^{3+}/2Fe^{2+})$	+0.26
$CoQ/CoQH_2$	+0.10	$2cyt_{a_3}(2Fe^{3+}/2Fe^{2+})$	+0.28
$2cyt_b(2Fe^{3+}/2Fe^{2+})$	+0.05	O_2/H_2O	+0.82

3. 无氧氧化中有机底物转化中间产物作受氢体的氢传递过程

这类氢传递过程有一种或一种以上的酶参与,最后常由脱氢酶辅酶 $NADH + H^+$ 将所含来源于有机底物的氢,传给该底物生物转化的相应中间产物。例如,兼性厌氧的酵母菌在无分子氧存在下以葡萄糖为生长底物时,用葡萄糖转化中间产物乙醛作受氢体,乙醛被还原成乙醇,见式(5-32);厌氧的乳酸菌在以葡萄糖作为生长底物时,糖转化的中间产物丙酮酸是受氢体,丙酮酸被还原为乳酸,见式(5-33)。

$$\text{葡萄糖} \xrightarrow[\text{促反应}]{\text{一系列酶}} \underset{(\text{乙醛})}{CH_3CHO} \xrightarrow[\text{乙醇脱氢酶}]{NADH+H^+ \quad NAD^+} \underset{(\text{乙醇})}{CH_3CH_2OH} \qquad (5-32)$$

$$\text{葡萄糖} \xrightarrow[\text{促反应}]{\text{一系列酶}} \underset{(\text{丙酮酸})}{CH_3COCOOH} \xrightarrow[\text{乳酸脱氢酶}]{NADH+H^+ \quad NAD^+} \underset{(\text{乳酸})}{CH_3CH(OH)COOH} \qquad (5-33)$$

4. 无氧氧化中某些无机含氧化合物作受氢体的氢传递过程

在这类氢传递过程中最常见的受氢体是硝酸根、硫酸根和二氧化碳。它们接受来源于有机底物由酶传递来的氢,而被分别还原为分子氮(或一氧化二氮)、硫化氢和甲烷。例如:

$$10[H] + 2NO_3^- + 2H^+ \xrightarrow[\text{反硝化菌}]{\text{兼性厌氧}} N_2 + 6H_2O \qquad (5-34)$$

$$24[H] + 3H_2SO_4 \xrightarrow[\text{硫酸还原菌}]{\text{兼性厌氧}} 3H_2S + 12H_2O \qquad (5-35)$$

$$8[H] + CO_2 \xrightarrow{\text{厌氧甲烷菌}} CH_4 + 2H_2O \qquad (5-36)$$

四、耗氧有机污染物的微生物降解

有机物通过生物氧化及其他的生物转化,可以变成更小、更简单的分子。这一过程称为有机物的生物降解。如果有机物降解成二氧化碳、水等简单无机物,那么为彻底降解;否则,为不彻底降解。

耗氧有机污染物是生物残体、排放废水和废物中的糖类、脂肪和蛋白质等较易生物降解的有机物。耗氧有机污染物的微生物降解,广泛地发生于土壤和水体之中。

1. 糖类的微生物降解

糖类通式为 $C_x(H_2O)_y$,分为单糖、二糖和多糖三类。单糖中以戊糖和己糖最重要,通式分别为 $C_5H_{10}O_5$ 和 $C_6H_{12}O_6$,主要戊糖是木糖及阿拉伯糖,主要己糖是葡萄糖、半乳糖、甘露糖及果糖。二糖由两个己糖缩合而成,通式为 $C_{12}H_{22}O_{11}$,主要有蔗糖、乳糖和麦芽糖。多糖是己糖自身或其与另一种单糖的高度缩合产物,葡萄糖和木糖是最常见的缩合单体。多糖中以淀粉、纤维素和半纤维素最受环境工作者的关注。

微生物降解糖类的基本途径如下:

(1)多糖水解成单糖

多糖在胞外水解酶催化下水解成二糖和单糖,而后才能被微生物摄取进入细胞内。二糖在细胞内经胞内水解酶催化,继续水解成为单糖。多糖水解成的单糖产物以葡萄糖为主(图5-6)。

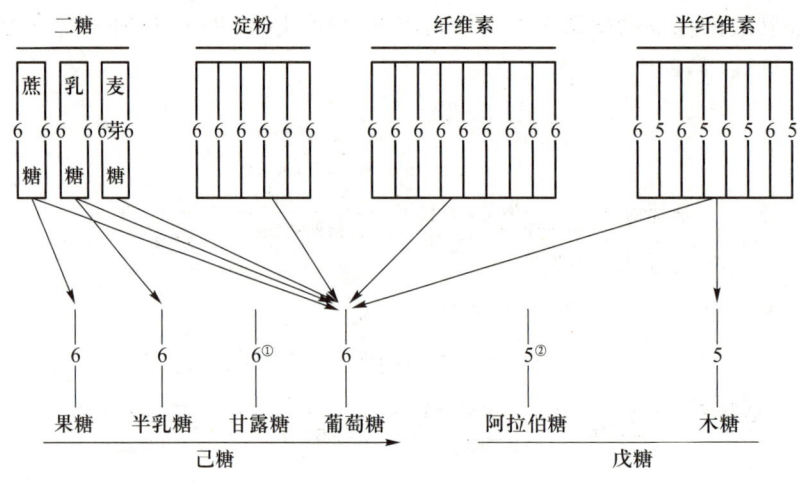

图 5-6　糖类的水解

①由牙果和椰子水解成甘露糖,同时生成葡萄糖;②可由阿拉伯胶或麦糠水解成阿拉伯糖

(2)单糖酵解成丙酮酸

细胞内单糖无论是在有氧氧化还是在无氧氧化条件下,都可经过相应的一系列酶促反应形成丙酮酸。这一过程称为单糖酵解。葡萄糖酵解的总反应示于式(5-37)。

$$C_6H_{12}O_6 + 2NAD^+ \longrightarrow 2CH_3COCOOH + 2NADH + 2H^+ \qquad (5-37)$$

(3)丙酮酸的转化

在有氧氧化条件下,丙酮酸通过酶促反应转化成乙酰辅酶 A,总反应示于式(5-38)。乙酰辅酶 A 与草酰乙酸经式(5-39)酶促反应生成柠檬酸。柠檬酸通过图5-7所示酶促反应途径,最后形成草酰乙酸,又与上述丙酮酸持续转变成的乙酰辅酶 A 生成柠檬酸,再进行新一轮的转化。这种生物转化的循环途径称为三羧酸循环或柠檬酸循环,简称为 TCA 循环。

$$CH_3COCOOH + NAD^+ + CoASH \longrightarrow CH_3COSCoA + NADH + H^+ + CO_2 \qquad (5-38)$$

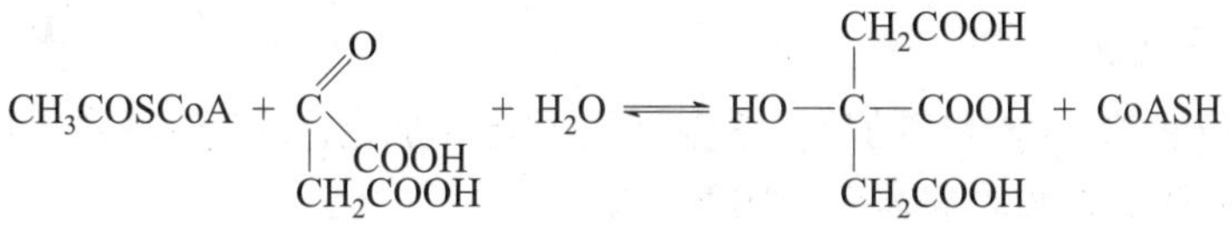

$$CH_3COSCoA + \underset{CH_2COOH}{\underset{|}{\overset{O}{\overset{\|}{C}}}} {}_{-COOH} + H_2O \rightleftharpoons HO-\underset{CH_2COOH}{\underset{|}{\overset{CH_2COOH}{\overset{|}{C}}}}-COOH + CoASH \qquad (5-39)$$

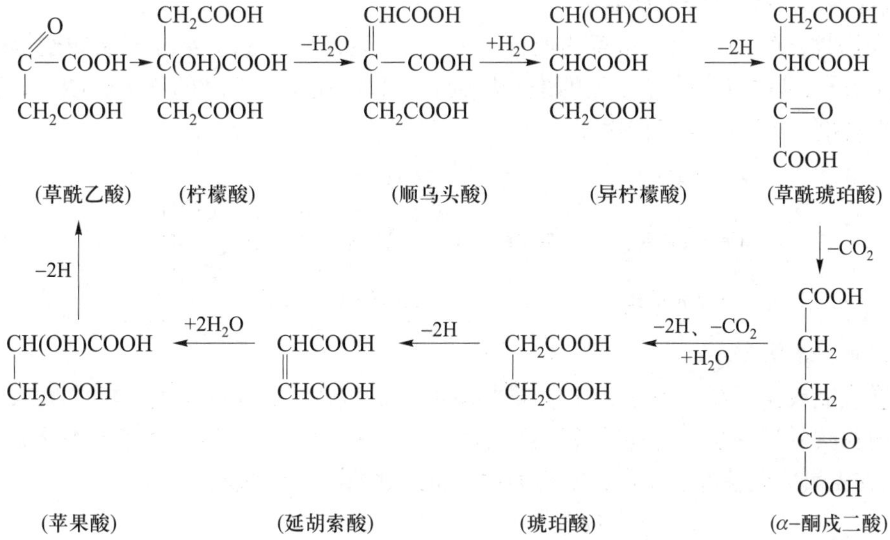

图 5-7 三羧酸循环

在三羧酸循环中脱落的氢,是由有氧氧化中氢传递过程来完成的。从上面叙述可知,1分子丙酮酸经过式(5-38)、式(5-39)和三羧酸循环后,共脱羧(即去二氧化碳)3次,脱氢5次(每次2个),与分子氧受氢体化合共生成5个水分子,而过程中其他转变所需净水分子数为3。因此,丙酮酸受到完全氧化,总反应为

$$CH_3COCOOH + \frac{5}{2}O_2 \longrightarrow 3CO_2 + 2H_2O \qquad (5-40)$$

至于在无氧氧化条件下丙酮酸通过酶促反应,往往以其本身作受氢体而被还原为乳酸,见式(5-41),或以其转化的中间产物作受氢体,发生不完全氧化生成低级的有机酸、醇及二氧化碳等,见式(5-42)。

$$CH_3COCOOH + 2[H] \xrightarrow[\text{乳酸菌}]{\text{厌氧}} CH_3CH(OH)COOH \qquad (5-41)$$

$$\frac{\begin{array}{l} CH_3COCOOH \longrightarrow CO_2 + CH_3CHO \\ CH_3CHO + 2[H] \longrightarrow CH_3CH_2OH \end{array}}{CH_3COCOOH + 2[H] \xrightarrow[\text{酵母菌}]{\text{兼性厌氧}} CO_2 + CH_3CH_2OH} \qquad (5-42)$$

综上所述,糖类通过微生物作用,在有氧氧化条件下能被完全氧化为二氧化碳和水,降解彻底;在无氧氧化条件下通常氧化不完全,生成简单有机酸、醇及二氧化碳等,降解不能彻底。后一

过程因有大量简单有机酸生成,体系 pH 下降,归属于酸性发酵。发酵的具体产物取决于产酸菌种类和外界条件。

2. 脂肪的微生物降解

脂肪是由脂肪酸和甘油合成的酯。常温下呈固态的是脂,多来自动物;而呈液态的是油,多来自植物。微生物降解脂肪的基本途径如下:

(1)脂肪水解成脂肪酸和甘油

脂肪在胞外水解酶催化下水解为脂肪酸及甘油,见式(5-43)。生成的脂肪酸链长大多为 12~20 个碳原子,其中以偶碳原子数的饱和酸为主,另外,还有含双键的不饱和酸。脂肪酸及甘油能被微生物摄入细胞内继续转化。

$$\begin{array}{l} CH_2OOCR_1 \\ | \\ CHOOCR_2 \quad + 3H_2O \longrightarrow \\ | \\ CH_2OOCR_3 \end{array} \quad \begin{array}{l} CH_2OH \\ | \\ CHOH \\ | \\ CH_2OH \end{array} + \begin{array}{l} R_1COOH \\ R_2COOH \\ R_3COOH \end{array} \tag{5-43}$$

(2)甘油的转化

甘油在有氧或无氧氧化条件下,均能被相应的一系列酶促反应转变成丙酮酸,总反应示于式(5-44)。丙酮酸的进一步转化在前面已经叙及。简言之,甘油在有氧氧化条件下转变为二氧化碳和水,而在无氧氧化条件下通常转变为简单有机酸、醇和二氧化碳等。

$$\begin{array}{l} CH_2OH \\ | \\ CHOH \longrightarrow CH_3COCOOH + 4\,[H] \\ | \\ CH_2OH \end{array} \tag{5-44}$$

(3)脂肪酸的转化

在有氧氧化条件下,饱和脂肪酸通常经过酶促 β-氧化途径(图 5-8)变成脂酰辅酶 A 和乙酰辅酶 A。乙酰辅酶 A 进入三羧酸循环,使其中的乙酰基氧化成二氧化碳和水,并将辅酶 A 复原。而脂酰辅酶 A 又经 β-氧化途径进行转化。如果原酸碳原子数为偶数,那么脂酰辅酶 A 陆续转变为乙酰辅酶 A,而后按上述过程转化。如果原酸碳原子数为奇数,那么在脂酰辅酶 A 最后一轮 β-氧化途径产物中,除乙酰辅酶 A 外,还有甲酰辅酶 A。甲酰辅酶 A 通过相应转化,所含的甲酰基经甲酸而氧化成二氧化碳和水,并使辅酶 A 复原。总之,饱和脂肪酸一般通过 β-氧化途径进入三羧酸循环,最后完全氧化生成二氧化碳和水,式(5-45)是硬脂酸氧化总反应。至于脂肪水解生成的含双键不饱和脂肪酸,也经过类似图 5-8 的 β-氧化途径进入三羧酸循环,最终产物与饱和脂肪酸相同。

$$CH_3(CH_2)_{16}COOH + 26O_2 \longrightarrow 18CO_2 + 18H_2O \tag{5-45}$$

在无氧氧化条件下,脂肪酸通过酶促反应,往往以其转化的中间产物作受氢体而被不完全氧化,形成低级的有机酸、醇和二氧化碳等。

综上所述,脂肪通过微生物作用,在有氧氧化条件下能被完全氧化成二氧化碳和水,降解彻底;而在无氧氧化条件下常进行酸性发酵,形成简单有机酸、醇和二氧化碳等,降解不彻底。

3. 蛋白质的微生物降解

蛋白质的主要组成元素是碳、氢、氧和氮,有些还含有硫、磷等元素。蛋白质是一类由 α-氨

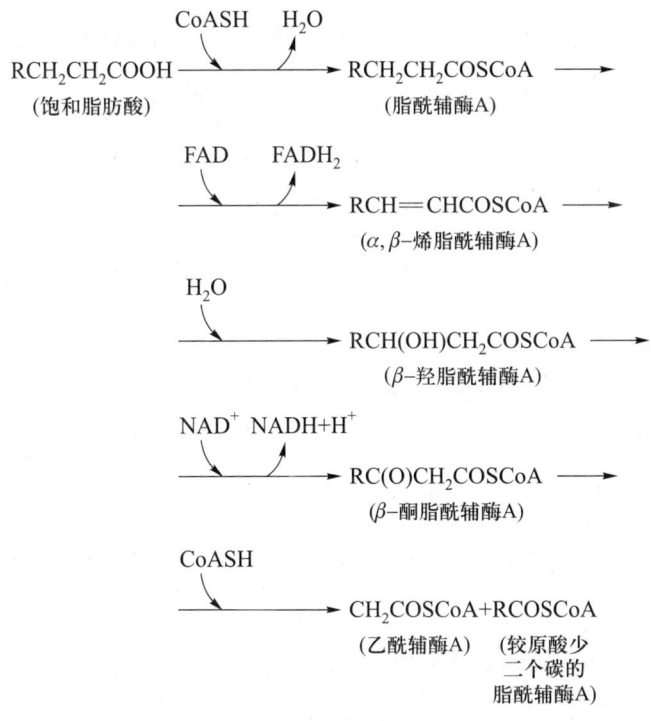

图 5-8　饱和脂肪酸 β-氧化途径简要图示

基酸通过肽键联结成的大分子化合物。在蛋白质中有 20 多种 α-氨基酸。由一个氨基酸的羧基与另一个氨基酸的氨基脱水形成的酰胺键 $\left(\begin{array}{cc} O & H \\ \| & | \\ -C & -N- \end{array}\right)$ 就是肽键。通过肽键,由两个、三个或三个以上氨基酸的结合,依次称为二肽、三肽和多肽。多肽分子中氨基酸首尾相互衔接,形成的大分子长链称为肽链。多肽与蛋白质的主要区别,不在于多肽相对分子质量(<10 000)小于蛋白质,而在于多肽中肽链没有一定的空间结构,蛋白质分子的长链却卷曲折叠成各种不同的形态,呈现各种特有的空间结构。

微生物降解蛋白质的基本途径如下:

（1）蛋白质水解成氨基酸

蛋白质由胞外水解酶催化水解,经多肽至二肽或氨基酸而被微生物摄入细胞内。二肽在细胞内可继续水解形成氨基酸。

根据氨基酸中的取代基,将其分成脂族和芳香族氨基酸两类。下面主要介绍脂族氨基酸的转化。

（2）氨基酸脱氨脱羧形成脂肪酸

氨基酸在细胞内的转化由于不同酶的作用而有多种途径,其中以脱氨脱羧形成脂肪酸为主。例如,在有氧氧化条件下,氨基酸脱氨形成与原酸有相同碳原子数的 α-羟基脂肪酸,见式（5-46）,氨基酸脱氨脱羧形成比原酸少一个碳的饱和脂肪酸,见式（5-47）;而在无氧氧化条件下,氨基酸脱氨形成饱和或不饱和的脂肪酸,如式（5-48）和式（5-49）所示。

$$R-\underset{\underset{H}{|}}{\overset{\overset{NH_2}{|}}{C}}-COOH + H_2O \longrightarrow R-\underset{\underset{H}{|}}{\overset{\overset{OH}{|}}{C}}-COOH + NH_3 \quad (5-46)$$

$$R-\underset{\underset{H}{|}}{\overset{\overset{NH_2}{|}}{C}}-COOH + O_2 \longrightarrow RCOOH + NH_3 + CO_2 \quad (5-47)$$

$$R-\underset{\underset{H}{|}}{\overset{\overset{NH_2}{|}}{C}}-COOH + 2[H] \longrightarrow RCH_2COOH + NH_3 \quad (5-48)$$

$$RCH_2-\underset{\underset{H}{|}}{\overset{\overset{NH_2}{|}}{C}}-COOH \longrightarrow RCH=CHCOOH + NH_3 \quad (5-49)$$

上述各种脂肪酸继续转化的最终产物如前所述。总而言之,蛋白质通过微生物作用,在有氧氧化条件下可被彻底降解成为二氧化碳、水和氨(或铵离子),而在无氧氧化条件下通常是酸性发酵,生成简单有机酸、醇和二氧化碳等,降解不彻底。应当指出,蛋白质中含有硫的氨基酸有半胱氨酸、胱氨酸和蛋氨酸,它们在有氧氧化条件下还可形成硫酸,在无氧氧化条件下还有硫化氢产生。

4. 甲烷发酵

如前所述,在无氧氧化条件下糖类、脂肪和蛋白质都可借助产酸菌的作用降解成简单的有机酸、醇等化合物。如果条件允许,那么这些有机物在产氢菌和产乙酸菌作用下,可被转化为乙酸、甲酸、氢气和二氧化碳,进而经产甲烷菌作用产生甲烷。复杂有机物降解的这一总过程,称为甲烷发酵或沼气发酵。在甲烷发酵中,一般以糖类的降解率和降解速率最高,脂肪次之,蛋白质最低。

产甲烷菌产生甲烷的主要途径如式(5-50)和式(5-51)所示。

$$CH_3COOH \longrightarrow CH_4 + CO_2 \quad (5-50)$$

$$CO_2 + 4H_2 \longrightarrow CH_4 + 2H_2O \quad (5-51)$$

甲烷发酵需要满足产酸菌、产氢菌、产乙酸菌和产甲烷菌等各种菌种所需的生活条件,它只能在适宜环境条件下进行。产甲烷菌是专一性厌氧菌,因此甲烷发酵必须处于无氧条件下。产甲烷菌生长还要求弱碱性环境,故需控制发酵的适宜 pH 范围,一般 pH 为 7~8。微生物具有每利用 30 份碳就需要 1 份氮的营养要求,因而发酵有机物的适宜碳氮比为 30 左右。发酵的其他重要条件还有温度、菌种分布、发酵有机物的浓度等。

五、有毒有机污染物的生物转化

进入生物机体的有毒有机污染物,一般在细胞或体液内进行酶促转化生成代谢物,但其在机体中的转化部位不尽相同。在人及动物中主要转化部位是肝脏,很多有机毒物是肝细胞中一组专一性较低酶的底物。此外,肾、肺、肠黏膜、血浆、神经组织、皮肤、胎盘等也含有相当量的酶,对有机毒物也具有不同程度的转化功能。生物转化的结果,一方面往往使有机毒物水溶性和极性增加,易于排出体外;另一方面也会改变有机毒物的毒性,多数是毒性减小,少数毒性反而增大。

有机毒物的生物转化途径复杂多样,但其反应类型主要是氧化、还原、水解和结合反应四种。通过前三种反应将活泼的极性基团引入亲脂的有机毒物分子中,使之不仅具有比原毒物较高的水溶性及极性,而且还能与机体内某些内源性物质进行结合反应,形成水溶性更高的结合物,而容易排出体外。因此,把氧化、还原和水解反应称为有机毒物生物转化的第一阶段反应,而将第一阶段反应的产物或具有适宜功能基团的原毒物所进行的结合反应称为第二阶段反应。

有毒有机污染物生物转化的主要反应类型情况如下。

1. 氧化反应类型

（1）混合功能氧化酶加氧氧化

混合功能氧化酶又称为单加氧酶。它广泛存在于各种生物机体中,并呈现规律性分布,对于人及动物,以肝细胞的内质网膜中含量最高。

混合功能氧化酶的功能是利用细胞内分子氧,将其中的一个氧原子与有机底物结合,使之氧化,而使另一个氧原子与氢原子结合形成水。在这一催化底物的氧化过程中,混合功能氧化酶的成分之一——细胞色素 $p450$ 酶,起着关键作用。$p450$ 酶的活性部位是铁卟啉的铁原子,它在 $+2$ 与 $+3$ 价态间进行变换。如图 5-9 所示,在酶促反应过程中,首先是氧化型 $p450$（Fe^{3+}）结合底物（S）,再接受从混合功能氧化酶中 $NADPH + H^+$ 传来的一个电子,成为底物-还原型 $p450$ 结合物。后者与被激活的分子氧形成底物-还原型 $p450$-氧三体结合物。此三体结合物接受 $NADPH + H^+$ 传来的第二个电子,使所结合的分子氧中一个氧原子得到电子成为 O^{2-},与辅酶 II 游离出来的 H^+ 结合成水,并使另一个氧原子与底物形成氧化型底物。在水和氧化型底物相继析出之后,三体结合物又恢复为氧化型 $p450$（Fe^{3+}）,重新催化新来底物的氧化。

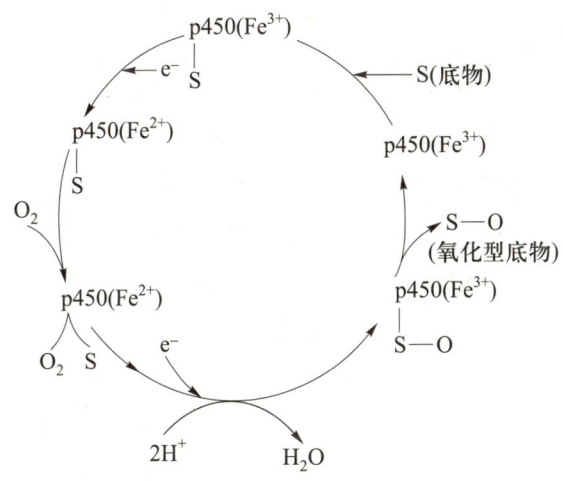

图 5-9 p450 酶对底物的催化氧化

混合功能氧化酶的专一性较差,能催化许多有机毒物氧化,包括如下几种:

碳双键环氧化

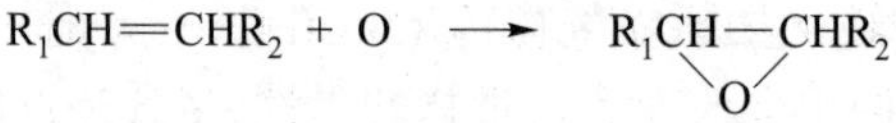

$$R_1CH{=}CHR_2 + O \longrightarrow R_1CH{-}CHR_2 \quad\quad (5\text{-}52)$$

$$\text{（苯）} + O \longrightarrow \text{（环氧苯）} \quad\quad (5\text{-}53)$$

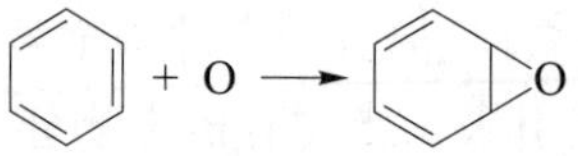

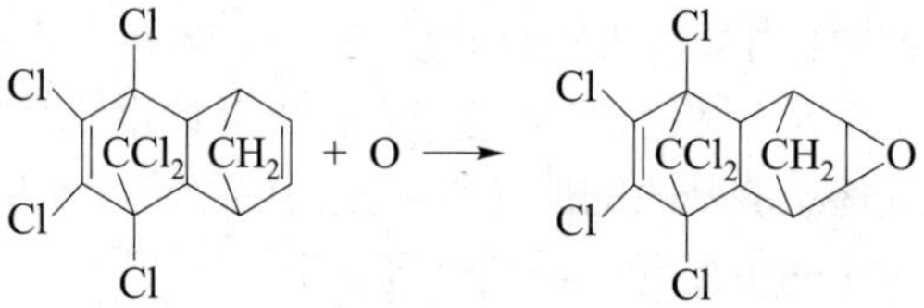

（艾氏剂）　　　　　　　　（狄氏剂）

(5-54)

碳羟基化

$$CH_3(CH_2)_nCH_3 + O \longrightarrow CH_3(CH_2)_nCH_2OH \quad\quad (5\text{-}55)$$

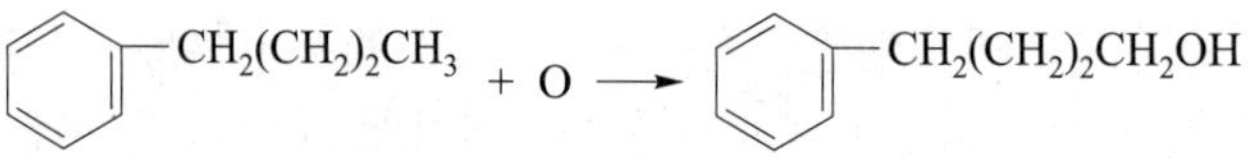

$$\text{（苯）}{-}CH_2(CH_2)_2CH_3 + O \longrightarrow \text{（苯）}{-}CH_2(CH_2)_2CH_2OH \quad\quad (5\text{-}56)$$

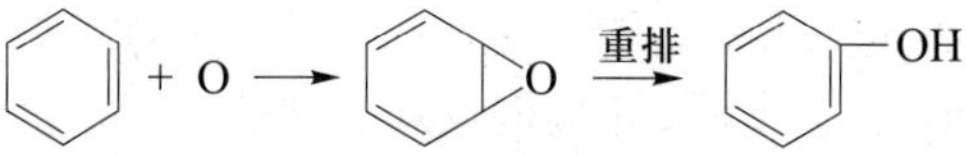

$$\text{（苯）} + O \longrightarrow \text{（环氧苯）} \xrightarrow{\text{重排}} \text{（苯）}{-}OH \quad\quad (5\text{-}57)$$

$$H{-}\text{（联苯）}{-}Cl + O \longrightarrow HO{-}\text{（联苯）}{-}Cl \quad\quad (5\text{-}58)$$

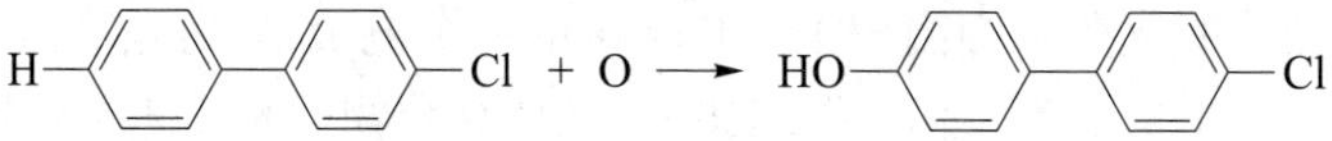

氧脱烃

$$R{-}O{-}CH_3 + O \longrightarrow ROH + HCHO \quad\quad (5\text{-}59)$$

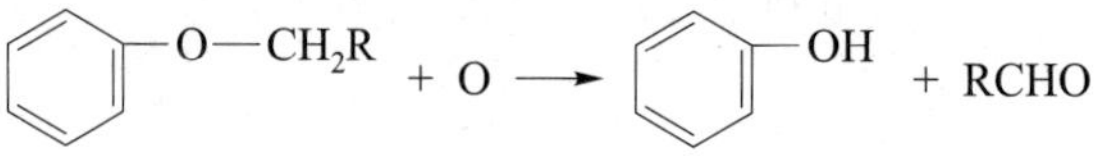

$$\text{（苯）}{-}O{-}CH_2R + O \longrightarrow \text{（苯）}{-}OH + RCHO \quad\quad (5\text{-}60)$$

硫脱烃、硫-氧化及脱硫

$$R{-}S{-}CH_3 + O \longrightarrow R{-}SH + HCHO \quad\quad (5\text{-}61)$$

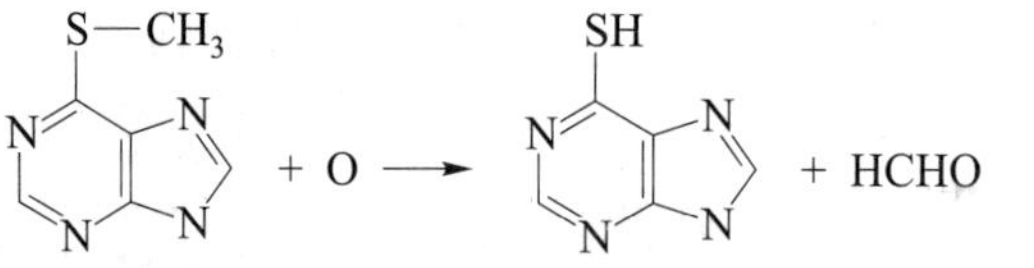

（6-甲巯基嘌呤）　　　　　（6-巯基嘌呤）

(5-62)

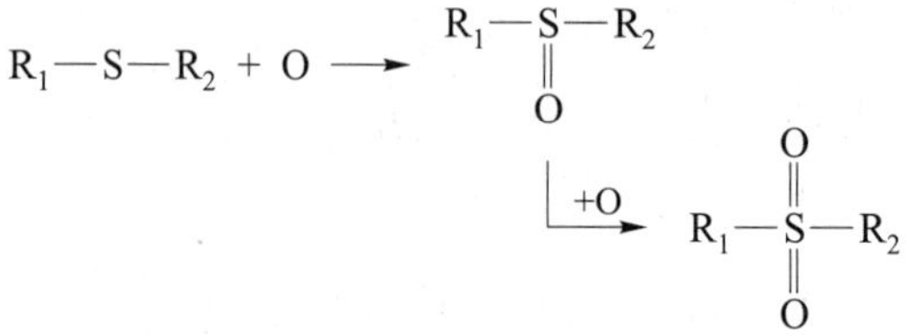

$$R_1{-}S{-}R_2 + O \longrightarrow R_1{-}\underset{O}{S}{-}R_2$$

$$\xrightarrow{+O} R_1{-}\overset{O}{\underset{O}{S}}{-}R_2 \quad\quad (5\text{-}63)$$

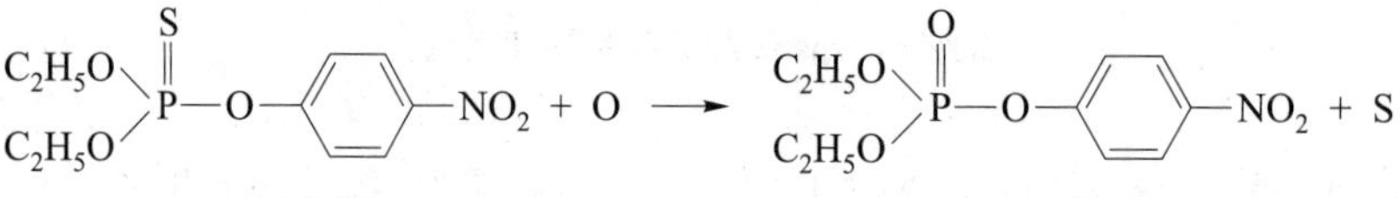

（对硫磷）　　　　　　　　　　（对氧磷）

(5-64)

氮脱烃、氮–氧化及脱氮

$$RNH—CH_3 + O \longrightarrow RNH_2 + HCHO \tag{5-65}$$

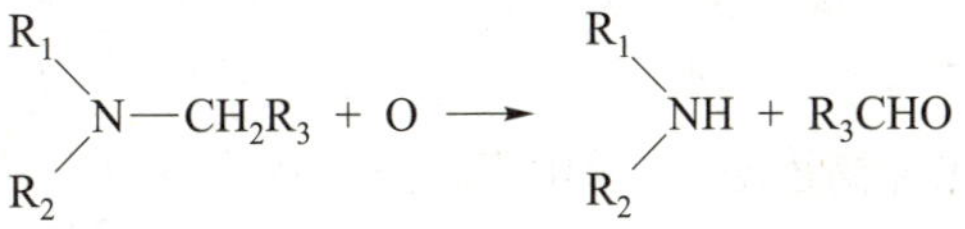

$$R_1 \backslash N—CH_2R_3 + O \longrightarrow R_1 \backslash NH + R_3CHO \tag{5-66}$$

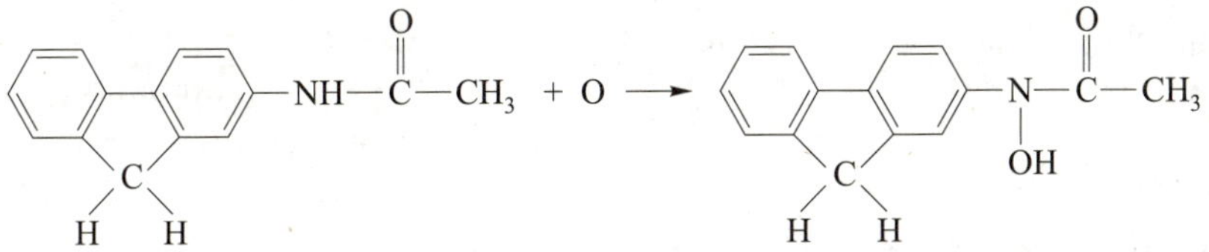

（5-67）

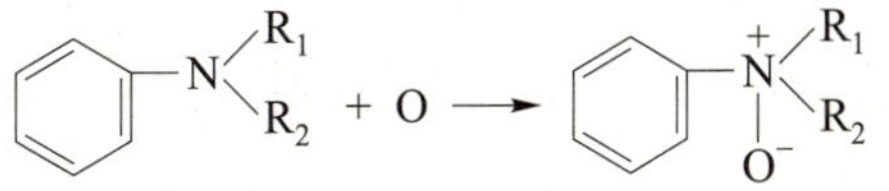

（5-68）

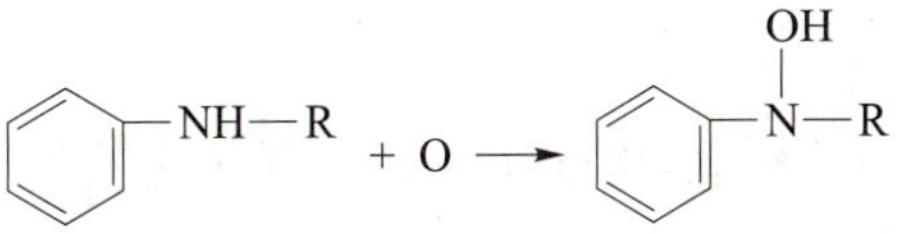

（5-69）

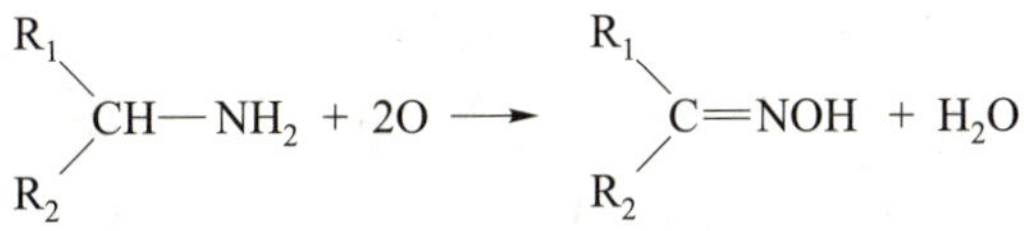

$$\begin{array}{c} R_1 \\ CH—NH_2 \\ R_2 \end{array} + 2O \longrightarrow \begin{array}{c} R_1 \\ C=NOH \\ R_2 \end{array} + H_2O \tag{5-70}$$

$$\begin{array}{c} R_1 \\ CH—NH_2 \\ R_2 \end{array} + O \longrightarrow \begin{array}{c} R_1 \\ C=O \\ R_2 \end{array} + NH_3 \tag{5-71}$$

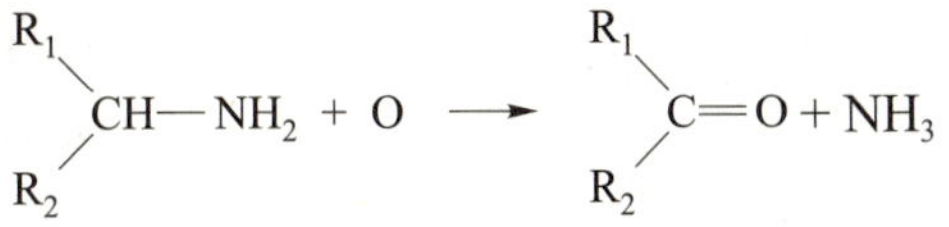

$$RCH_2NH_2 + O \longrightarrow RCHO + NH_3 \tag{5-72}$$

（2）脱氢酶脱氢氧化

脱氢酶是伴有氢原子或电子转移，以非分子氧化合物为受氢体的酶类。脱氢酶能使相应的底物脱氢氧化。例如：

醇氧化成醛

$$RCH_2OH \longrightarrow RCHO + 2H \tag{5-73}$$

醇氧化成酮

$$R_1CHOHR_2 \longrightarrow R_1COR_2 + 2H \tag{5-74}$$

醛氧化成羧酸

$$RCHO + H_2O \longrightarrow RCOOH + 2H \tag{5-75}$$

（3）氧化酶氧化

氧化酶是伴有氢原子或电子转移，以分子氧为直接受氢体的酶类。氧化酶使相应底物氧化。例如：

$$RCH_2NH_2 + H_2O \longrightarrow RCHO + NH_3 + 2H \tag{5-76}$$

2. 还原反应类型

（1）可逆脱氢酶加氢还原

可逆脱氢酶指起逆向作用的脱氢酶类，能使相应的底物加氢还原。例如：

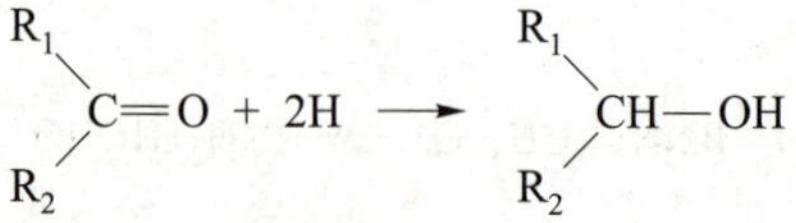

$$\begin{matrix} R_1 \\ \quad C=O + 2H \\ R_2 \end{matrix} \longrightarrow \begin{matrix} R_1 \\ \quad CH-OH \\ R_2 \end{matrix} \tag{5-77}$$

（2）硝基还原酶还原

硝基还原酶能使硝基化合物还原，生成相应的胺。例如：

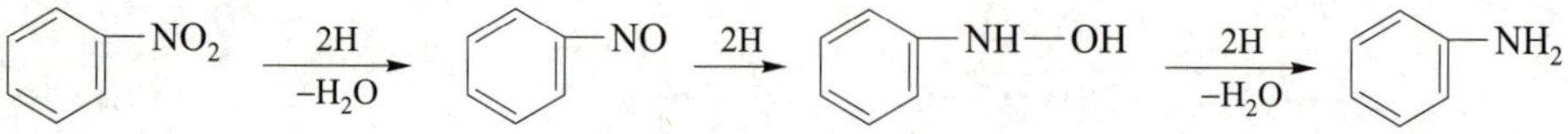

$$C_6H_5NO_2 \xrightarrow[-H_2O]{2H} C_6H_5NO \xrightarrow{2H} C_6H_5NH-OH \xrightarrow[-H_2O]{2H} C_6H_5NH_2 \tag{5-78}$$

（3）偶氮还原酶还原

偶氮还原酶能使偶氮化合物还原成相应的胺。例如：

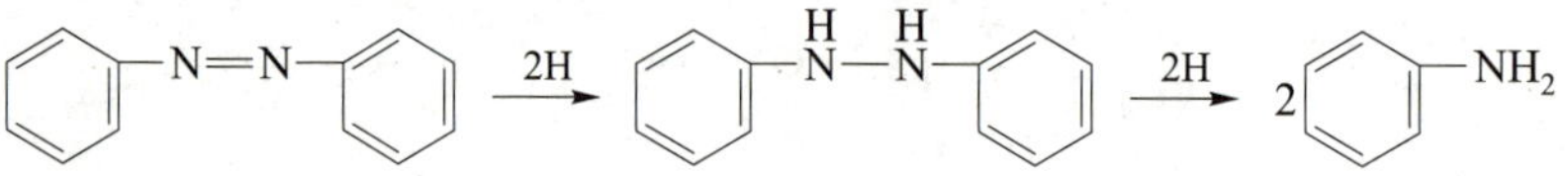

$$C_6H_5-N=N-C_6H_5 \xrightarrow{2H} C_6H_5-\underset{H}{N}-\underset{H}{N}-C_6H_5 \xrightarrow{2H} 2\,C_6H_5NH_2 \tag{5-79}$$

（4）还原脱氯酶还原

还原脱氯酶能使含氯化合物脱氯（用氢置换氯）或脱氯化氢而被还原。例如：

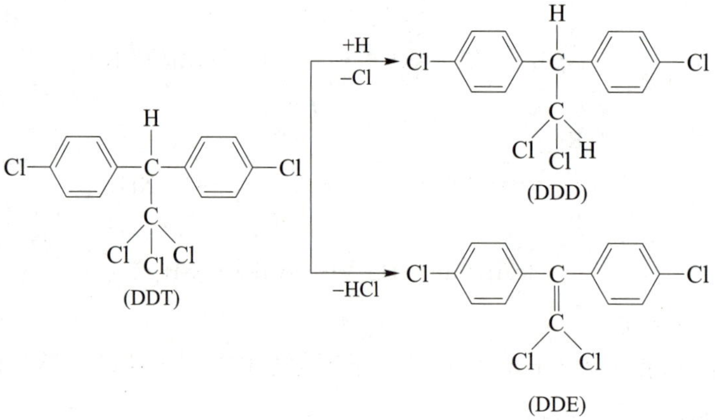

$$\tag{5-80}$$

3. 水解反应类型

（1）羧酸酯酶使脂肪族酯水解

$$RCOOR' + H_2O \longrightarrow RCOOH + R'OH \tag{5-81}$$

（2）芳香酯酶使芳香族酯水解

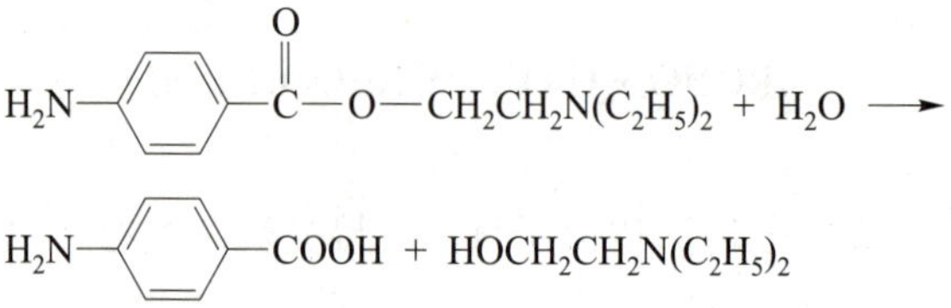

$$H_2N-C_6H_4-\underset{\parallel}{\overset{O}{C}}-O-CH_2CH_2N(C_2H_5)_2 + H_2O \longrightarrow$$
$$H_2N-C_6H_4-COOH + HOCH_2CH_2N(C_2H_5)_2 \tag{5-82}$$

（3）磷酸酯酶使磷酸酯水解

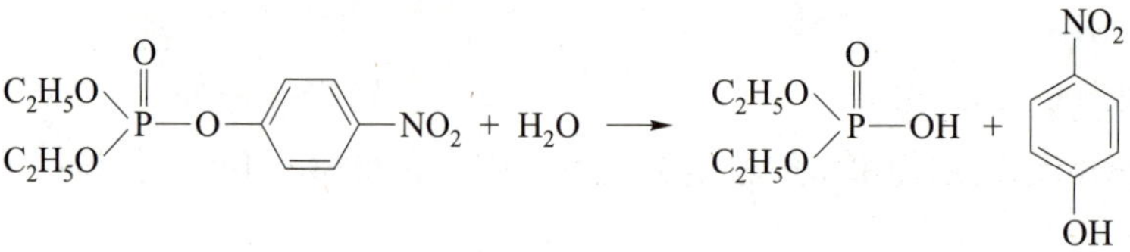

$$\begin{matrix} C_2H_5O \\ \qquad\quad P-O-C_6H_4-NO_2 + H_2O \\ C_2H_5O \end{matrix} \longrightarrow \begin{matrix} C_2H_5O \\ \qquad\quad P-OH \\ C_2H_5O \end{matrix} + HO-C_6H_4-NO_2 \tag{5-83}$$

（4）酰胺酶使酰胺水解

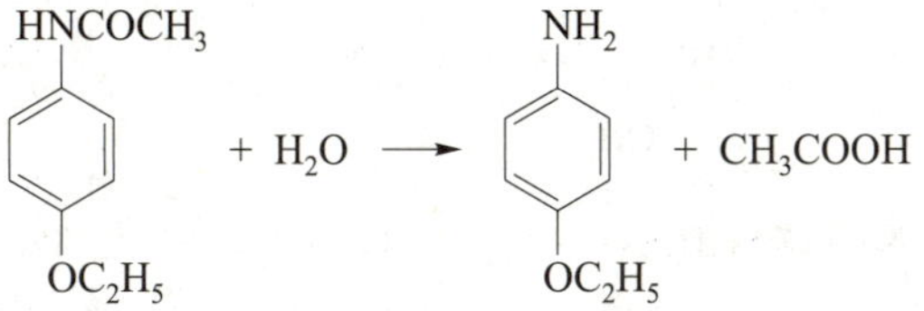

$$（5\text{-}84）$$

4. 若干重要结合反应类型

（1）葡萄糖醛酸结合

在葡萄糖醛酸基转移酶的作用下,生物体内尿嘧啶核苷二磷酸葡萄糖醛酸中,葡萄糖醛酸基可转移至含羟基的化合物上,形成 O-葡萄糖苷酸结合物。所涉及的羟基化合物有醇、酚、烯醇、羟酰胺、羟胺等。芳香族及脂肪酸中羧基上的羟基,也可与葡萄糖醛酸结合成 O-葡萄糖苷酸。例如:

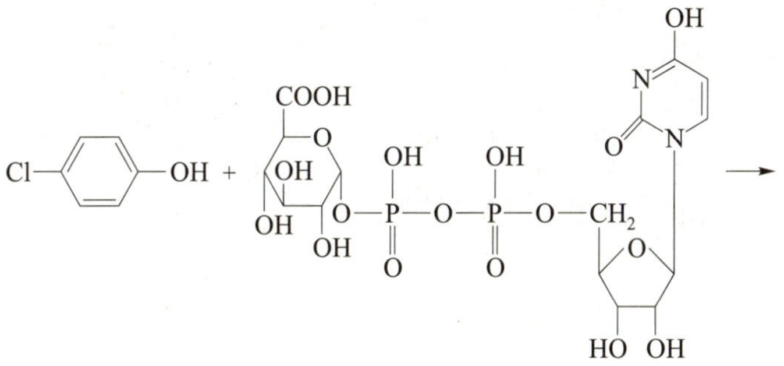

(尿嘧啶核苷二磷酸葡萄糖醛酸, UDPGA)

$$（5\text{-}85）$$

(对氯苯酚葡萄糖苷酸)　　　(尿嘧啶核苷二磷酸, UDP)

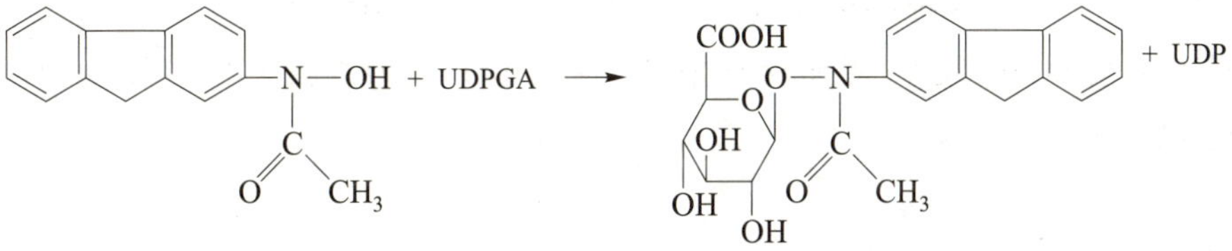

$$（5\text{-}86）$$

(N-羟基乙酰氨基芴)　　　(N-羟基乙酰氨基芴葡萄糖苷酸)

此外,伯胺、酰胺、磺胺等中的氮原子和大部分含巯基化合物中的硫原子,也都能与葡萄糖醛酸分别形成 N- 和 S-葡萄糖苷酸结合物,如下所示:

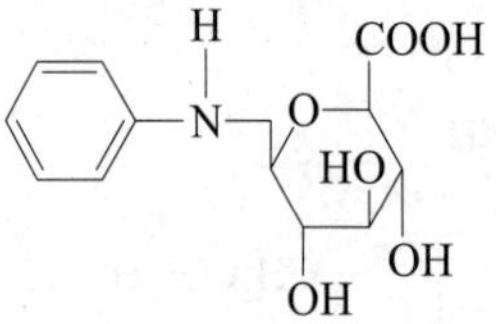

(苯胺葡萄糖苷酸) 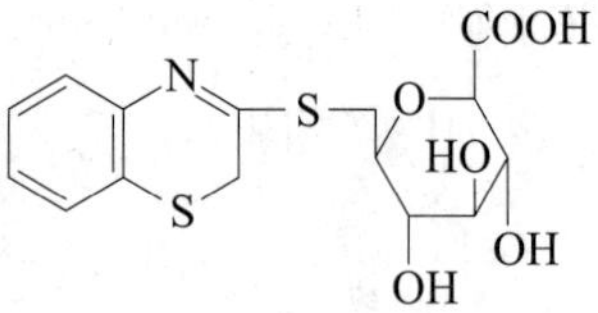　　　　　　　(2-巯基噻唑-S-葡萄糖苷酸)

该结合反应在生物中很常见,也很重要。因为葡萄糖醛酸具有羧基($pK_a = 3.2$)及多个羟基,所以结合物呈现高度的水溶性,而有利于自体内排出。葡萄糖苷酸结合物的生成,可避免许多有机毒物对 RNA、DNA 等生物大分子的损伤,而起到解毒作用。但也有少数结合物的毒性比原有机物更强。如与 2-巯基噻唑相比,其葡萄糖苷酸结合物的致癌性更强。

（2）硫酸结合

在硫酸基转移酶的催化下,可将 3′-磷酸-5′-磷硫酸腺苷中的硫酸基转移到酚或醇的羟基上,形成硫酸酯结合物。例如:

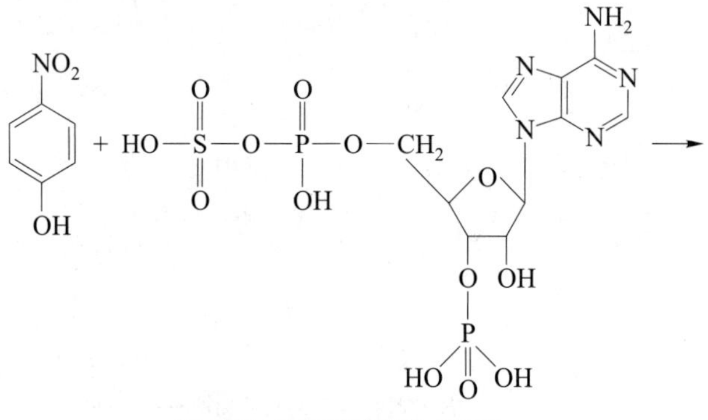

(3′-磷酸-5′-磷硫酸腺苷, PAPS)

$$(5-87)$$

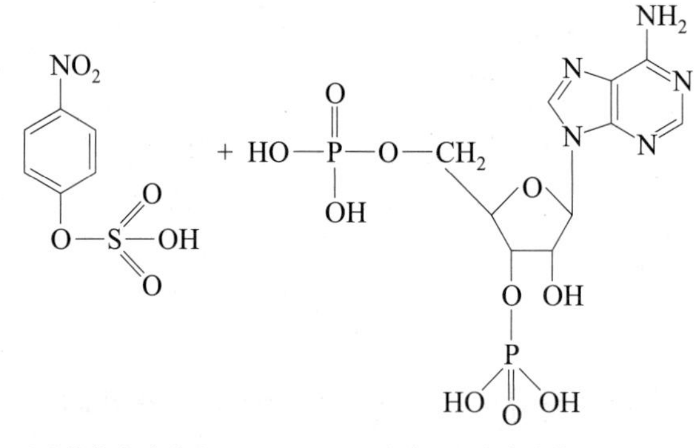

(对硝基苯基硫酸酯)　　　　　　(3′-磷酸-5′-磷酸腺苷, PAP)

此外,N-羟基芳香胺或 N-羟基芳香酰胺中的羟基,以及芳香胺中的氮原子,都可形成硫酸酯结合物。例如:

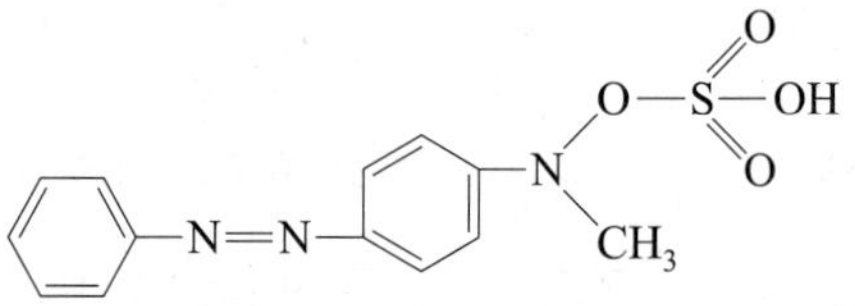

一般地,形成硫酸酯后的结合物极性增加,而容易排出体外,实际上起到解毒作用。但是有

些 N-羟基芳胺或 N-羟基芳酰胺与硫酸结合后毒性增加,如上举出的结合物可与核酸相结合而具有致癌性。

虽然有较多的有机物可与硫酸结合成酯,但是这一结合不如葡萄糖醛酸结合重要。因为有不少内源性化合物需要硫酸盐进行反应,体内硫酸盐库不能提供足量的硫酸盐与外来有机物相结合;体内葡萄糖醛酸丰富,有力地争夺可与硫酸结合的有机物(如酚)。此外,体内硫酸酯酶的活性较强,形成的硫酸酯结合物较易被酶解而脱去硫酸盐。

（3）谷胱甘肽结合

在相应转移酶催化下,谷胱甘肽中的半胱氨酸及乙酰辅酶 A 的乙酰基,将以 N-乙酰半胱氨酸基形式加到有机卤化物(氟除外)、环氧化合物、强酸酯、芳香烃、烯等亲电化合物的碳原子上,形成巯基尿酸结合物。这种结合反应分四步进行,如图 5-10 所示。此外,N-乙酰半胱氨酸基也可转至某些亲电化合物的氧原子或硫原子上,形成相应的巯基尿酸结合物。

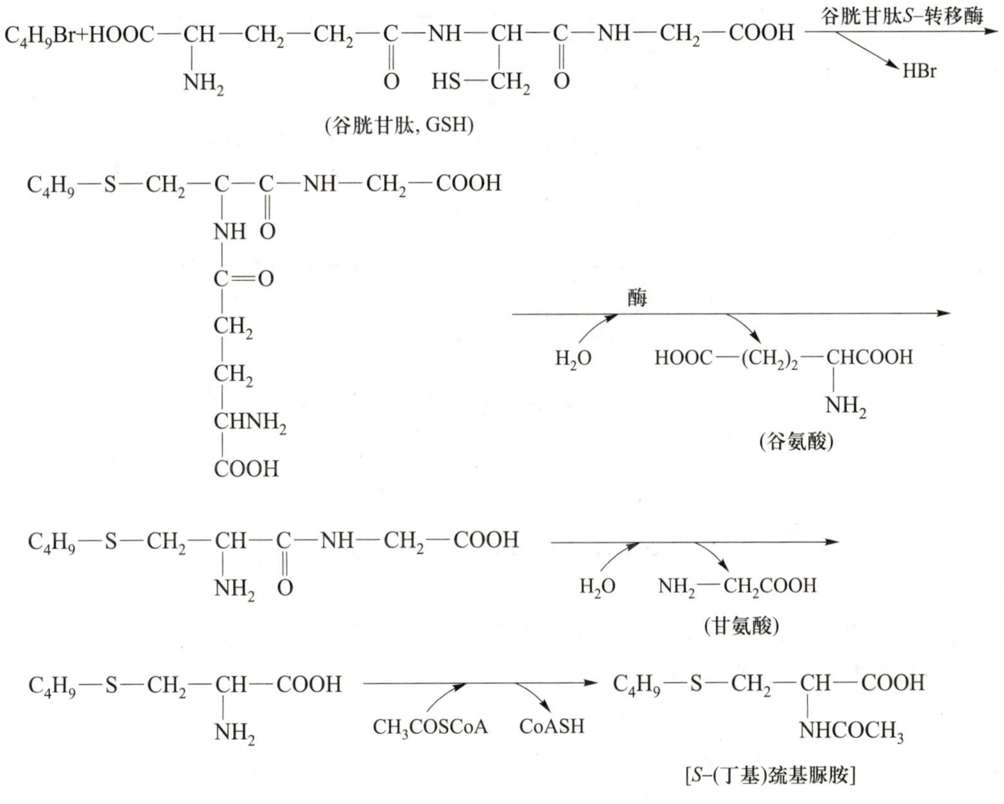

$$C_4H_9Br + HOOC-CH(NH_2)-CH_2-CH_2-C(O)-NH-CH(HS-CH_2)-C(O)-NH-CH_2-COOH \xrightarrow[\text{HBr}]{\text{谷胱甘肽}S-\text{转移酶}}$$

(谷胱甘肽, GSH)

$$C_4H_9-S-CH_2-CH(NH-C(=O)-CH_2-CH_2-CHNH_2-COOH)-C(O)-NH-CH_2-COOH$$

$$\xrightarrow[\text{H}_2\text{O}]{\text{酶}} HOOC-(CH_2)_2-CHCOOH(NH_2)$$

(谷氨酸)

$$C_4H_9-S-CH_2-CH(NH_2)-C(O)-NH-CH_2-COOH \xrightarrow[\text{H}_2\text{O}]{} NH_2-CH_2COOH$$

(甘氨酸)

$$C_4H_9-S-CH_2-CH(NH_2)-COOH \xrightarrow[\text{CH}_3\text{COSCoA} \quad \text{CoASH}]{} C_4H_9-S-CH_2-CH(NHCOCH_3)-COOH$$

[S-(丁基)巯基脲胺]

图 5-10 谷胱甘肽结合反应

亲电化合物若与细胞蛋白或核酸上亲核基团结合,则常可引起细胞坏死、肿瘤、血液功能紊乱和过敏现象。谷胱甘肽的结合,有力地解除了对机体有害亲电化合物的毒性。

六、有毒有机污染物的微生物降解

从物质生物转化反应类型,机体内酶的种类、分布和外界影响条件等方面考虑,可以对有毒有机污染物的生物降解途径做出一定的估计。然而,每种物质的生物转化途径一般都包含一系列连续反应,转化途径也往往多样且可交错,要做出确切判定,只能通过实验确定。下面介绍几种有毒有机污染物微生物降解的途径。

1. 烃类

烃类的微生物降解,在减少碳氢化合物环境污染方面起重要的作用。在环境中烃类微生物降解以有氧氧化条件占绝对优势,相应降解途径扼要叙述于下。

碳原子数大于 1 的正烷烃,其降解途径有三种:通过烷烃的末端氧化,或次末端氧化,或双端氧化,逐步生成醇、醛及脂肪酸,而后经 β-氧化进入 TCA 循环,最终降解成二氧化碳和水。其中,以烷烃末端氧化最为常见,降解过程如图 5-11 所示。至于甲烷降解途径,一般认为是

$$CH_4 \longrightarrow CH_3OH \longrightarrow HCHO \longrightarrow HCOOH \longrightarrow CO_2+H_2O$$

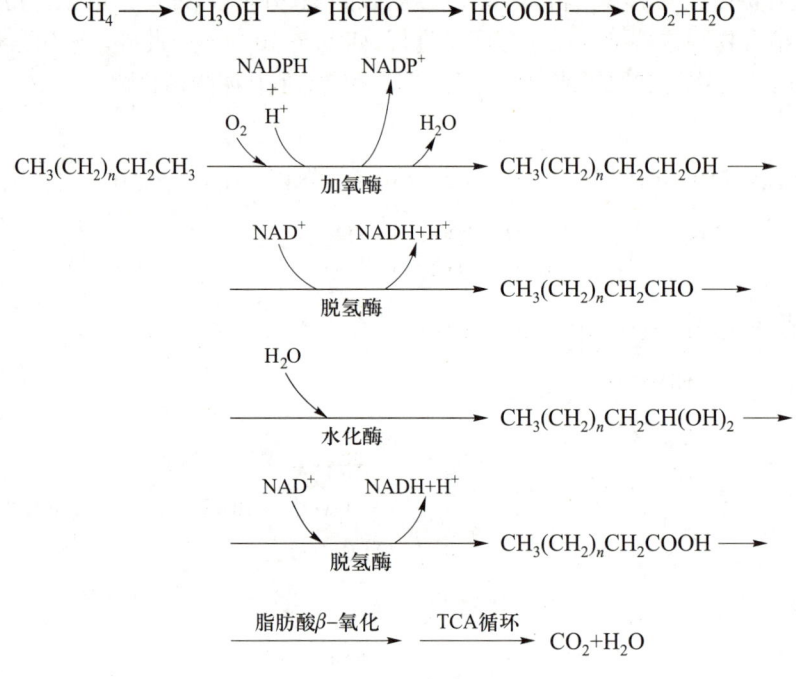

图 5-11　烷烃末端氧化降解过程

许多微生物都能降解碳原子数大于 1 的正烷烃。而能降解甲烷的是一群专一性微生物,如好氧型的甲基孢囊菌、甲基单胞菌、甲基球菌、甲基杆菌等。

烯烃的微生物降解途径主要是烯烃的饱和末端氧化,再经与正烷烃(碳原子数 >1)相同的途径成为不饱和脂肪酸;或者经烯烃的不饱和末端双键环氧化成为环氧化合物,再经开环所成的二醇至饱和脂肪酸。然后,脂肪酸通过 β-氧化进入 TCA 循环,降解成二氧化碳及水。以上过程如图 5-12 所示。

烯烃中的乙烯是一种主要的大气污染物。汽车尾气含有乙烯。地球上乙烯被大量散入空中,由于环境中某些微生物具有转化乙烯的能力,大气中乙烯浓度并未见明显增加。能降解烯烃的微生物有蜡小球菌、铜绿色板毛菌等。

苯的微生物降解途径如图 5-13 所示。

虽然苯及其衍生物的微生物降解过程各不相同,但是存在一定的共性:第一,降解前期,带侧链芳香烃往往先从侧链开始分解,并在单加氧酶作用下使苯环羟基化形成双醇中间产物,如图

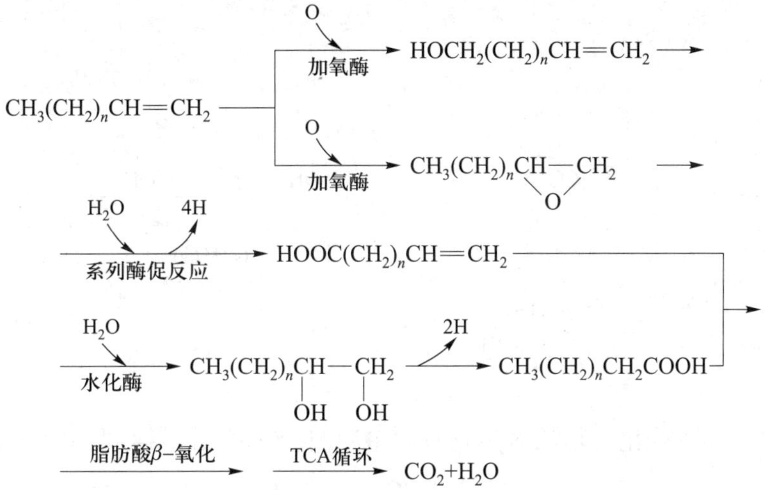

图 5-12　烯烃微生物降解途径

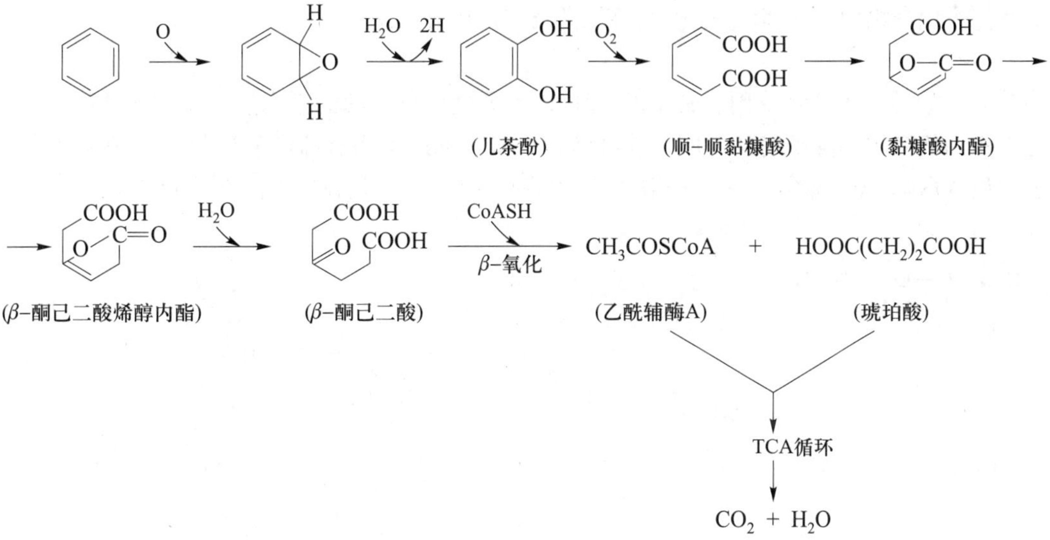

图 5-13　苯的微生物降解途径

5-13 中的儿茶酚。第二,形成的双酚化合物在高度专一性的双加氧酶(将两个氧原子加到底物的加氧酶)作用下,环的两个碳原子上各加一个氧原子,使环键在邻酚位或间酚位分裂,形成相应的有机酸,如儿茶酚邻酚位断裂成为顺-顺黏糠酸。第三,得到的有机酸逐步转化为乙酰辅酶 A、琥珀酸等,从而进入 TCA 循环,最后降解成二氧化碳和水。

　　苯系化合物能被假单胞菌、分枝杆菌、不动杆菌、节杆菌、芽孢杆菌、诺卡氏菌等氧化降解。

　　萘、菲、蒽等二环和三环芳香化合物,其微生物降解是先经过包括单加氧酶作用在内的若干步骤生成双酚化合物,再在双加氧酶作用下逐一开环形成侧链,而后按直链化合物方式转化,最终分解为二氧化碳和水。总过程中的前几步降解粗框架如下:

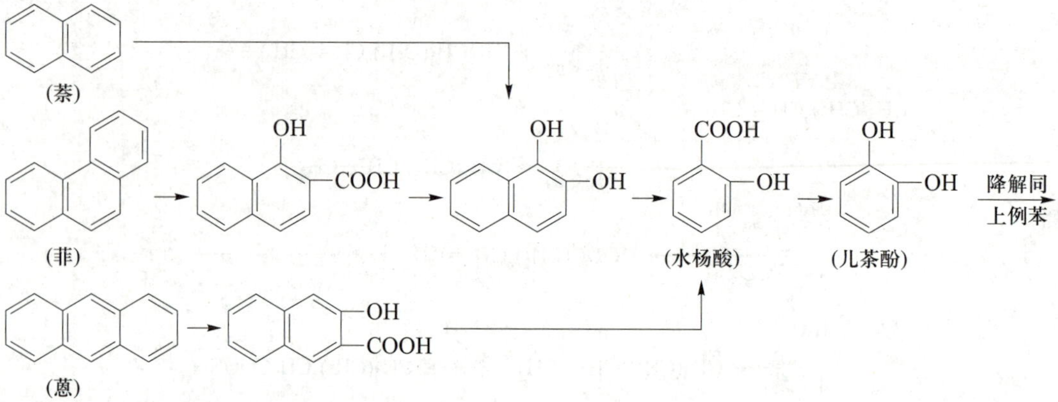

（萘）

（菲） （水杨酸） （儿茶酚） 降解同 上例苯

（蒽）

能分解二、三环芳香化合物的微生物有假单胞菌、产碱杆菌、棒状杆菌、气单胞菌、诺卡氏菌等。

总而言之，含有从一至数十个碳原子的烃类化合物，只要条件合适，均可被微生物代谢降解。其中，烯烃最易降解，烷烃次之，芳香烃较难，多环芳烃更难，脂环烃最为困难，已知极个别菌株能够利用脂环烃使之降解。在烷烃中，正构烷烃比异构烷烃容易降解，直链烷烃比支链烷烃容易降解。在芳香化合物中，苯的降解要比烷基苯类及多环化合物困难。

2. 农药

苯氧乙酸是一大类除草剂。其中的 2,4-D 乙酯微生物降解的基本途径如图 5-14 所示。其他此类农药的微生物降解与其类同。能降解这类农药的微生物有球形节杆菌、聚生孢噬纤维菌、绿色产色链霉菌、黑曲霉等。它们一般都能彻底或几乎彻底地降解苯氧乙酸类除草剂。

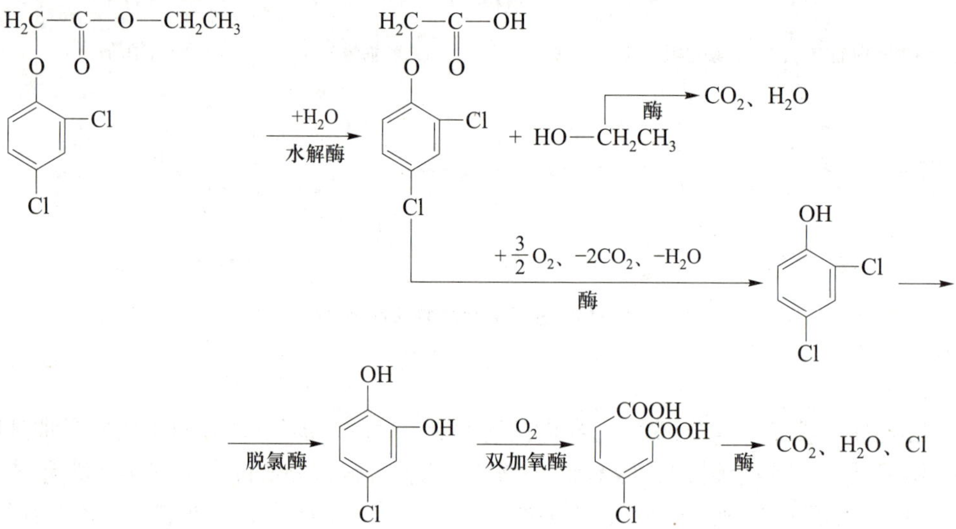

图 5-14 微生物降解 2,4-D 乙酯基本途径

图 5-15 是有机磷杀虫剂对硫磷可能的生物降解途径。所包括的酶促反应类型有：氧化（Ⅰ），表现为硫代磷酸酯的脱硫氧化，如对硫磷转化为对氧磷；水解（Ⅱ），即相应酯键断裂形成对硝基苯酚、乙基硫酮磷酸酯酸、乙基磷酸酯酸、磷酸及乙醇；还原（Ⅲ），包括硝基变为氨基，对硝基

苯酚变为对氨基苯酚。其中,微生物以酯酶水解方式的降解最为常见。另外,降解过程的中间产物——对氧磷的毒性反而比母体对硫磷大。

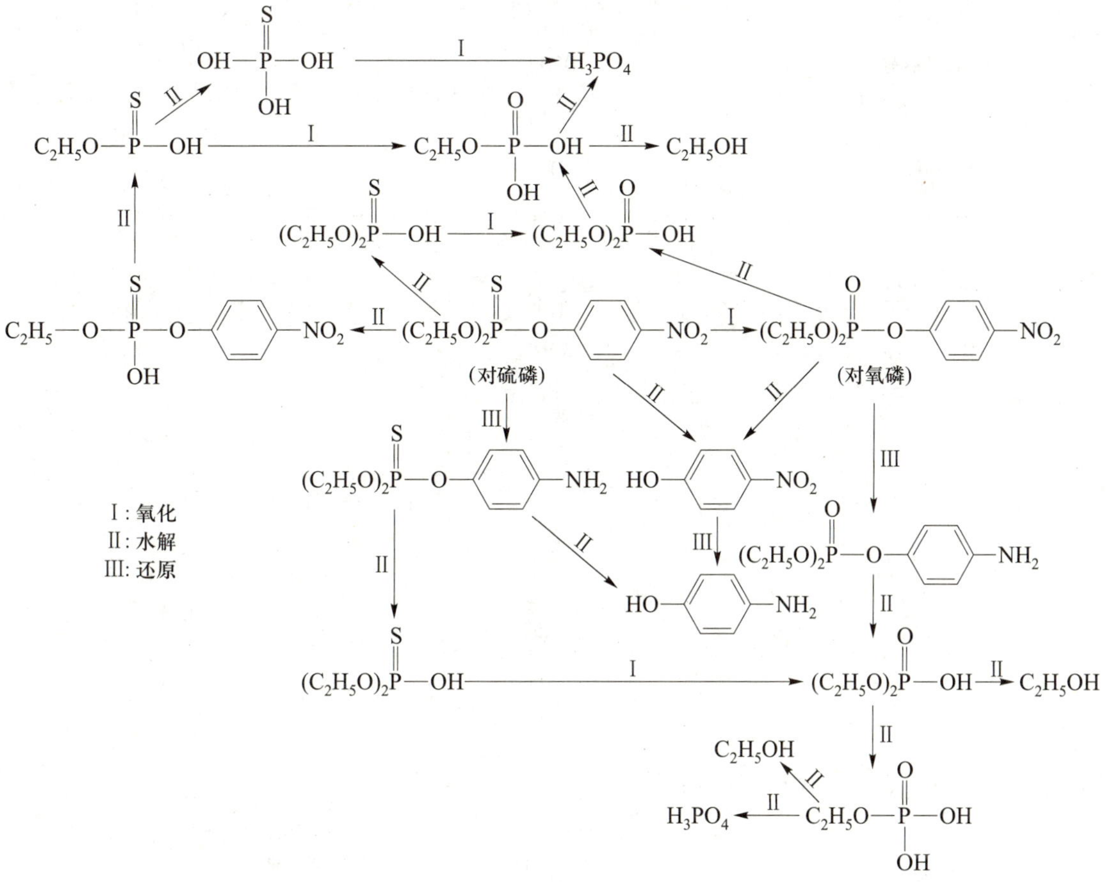

图 5-15 对硫磷可能的生物降解途径

图 5-16 是土壤中已知的各种微生物降解 DDT 过程的简要概括。DDT 由于分子中特定位置上的氯原子而难以降解。因此,在微生物还原脱氯酶作用下,脱氯和脱氯化氢成为 DDT 降解的主要途径。如图所示,DDT 转变为 DDE 及 DDD 是其最通常的降解产物。DDE 极其稳定。DDD 还可通过上面提及的途径,形成一系列脱氯型化合物,如 DDNS、DDNU 等。另外,又可由微生物氧化酶作用使 DDT 和 DDD 羟基化,分别形成三氯杀螨醇和 FW-152。至少已有 20 种 DDT 不完全降解产物被分离出来。DDT 在厌氧条件下降解较快。可降解 DDT 的微生物有互生毛霉、镰孢霉、木霉、产气荚膜梭菌等。一般来说,有机氯农药比有机氮和有机磷农药难降解得多。

七、氮和硫的微生物转化

1. 氮的微生物转化

氮是构成生物机体的必需元素。氮在环境中的主要形态有三种。第一种,空气中的分子氮。第二种,生物体内的蛋白质、核酸等有机氮化合物,以及生物残体形成的各种有机氮化合物。第

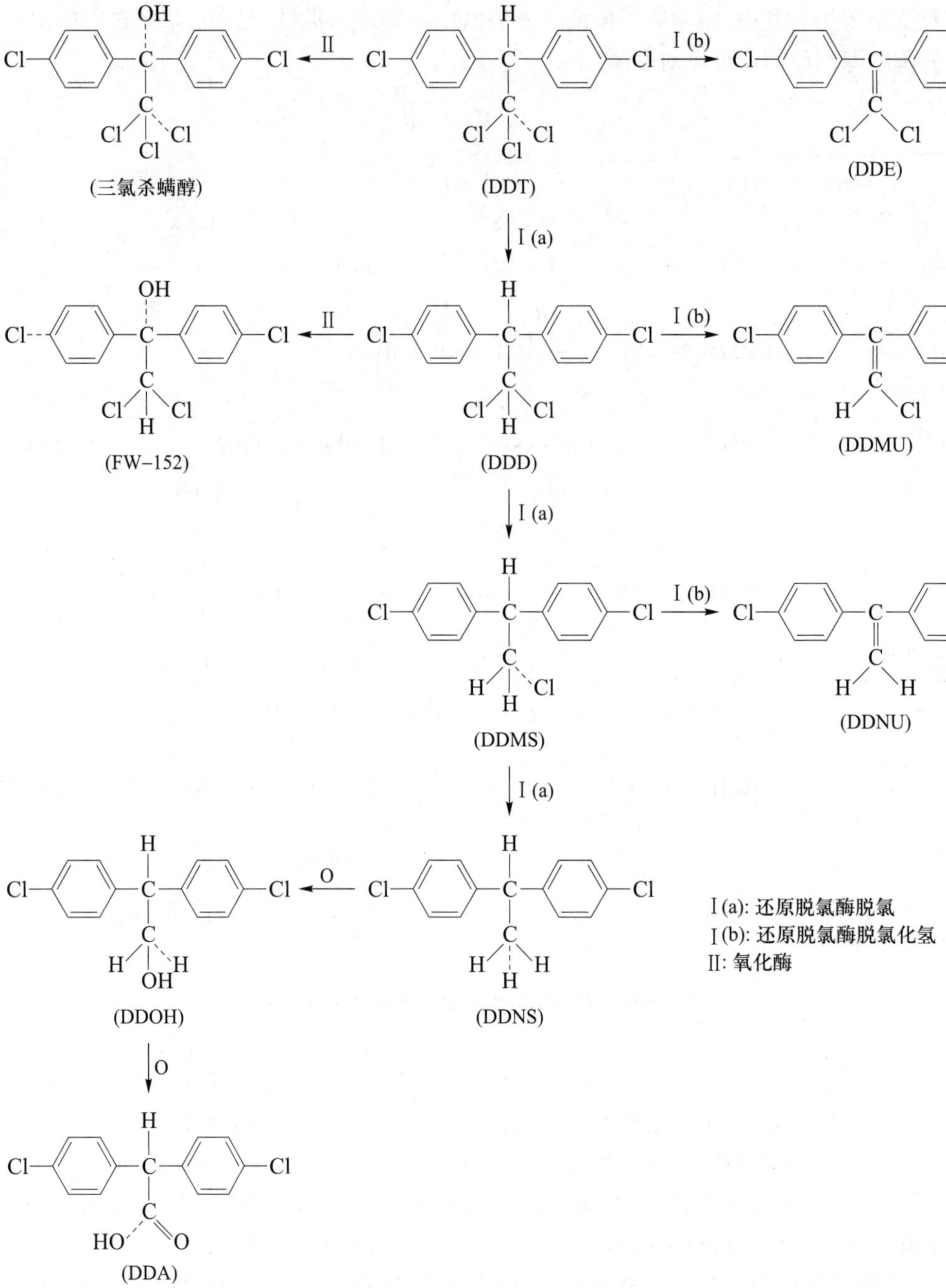

图 5-16　微生物降解 DDT 的简要图示

三种,铵盐、硝酸盐等无机氮化合物。这三种氮形态在自然界中通过生物作用,尤其是微生物作用不断地相互转化(图 5-17)。迄今为止,微生物携带的酶被发现可以介导 14 种氧化还原反应。其中,主要的转化是同化、氨化、硝化、反硝化和固氮。

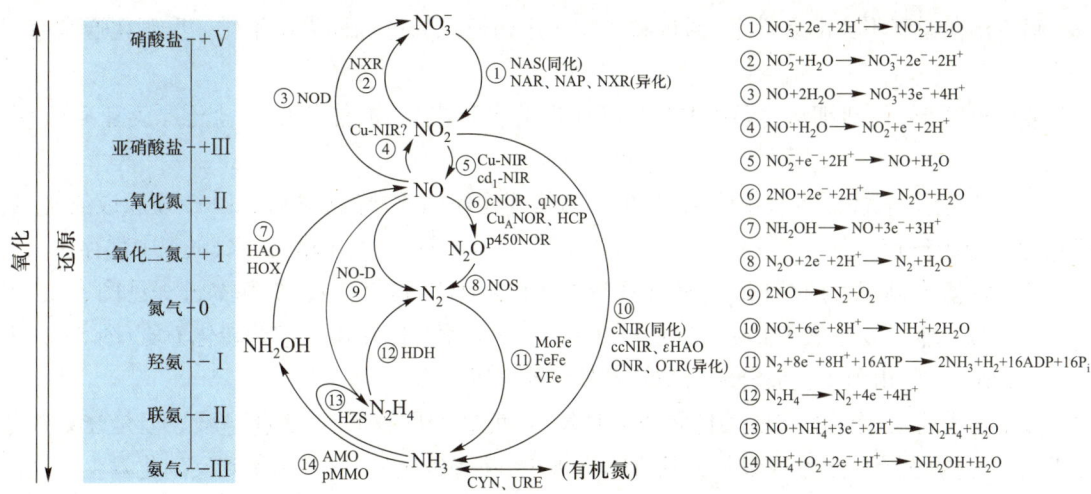

图 5-17 微生物酶介导的 14 个氮元素的氧化还原反应

(资料来源：Kuypers 等，2018)

这些氧化还原反应中主要包括 8 种不同氧化状态下的无机氮，限制酶的中间产物和它们的氧化还原状态没有显示。氨气与有机氮的相互转化不涉及氮元素氧化还原状态的改变。其中①、⑤、⑥、⑧、⑩、⑪表示还原反应，②、③、④、⑦、⑫、⑭表示氧化反应，⑨、⑬表示歧化反应和归中反应。执行各种反应的酶包括：同化硝酸盐还原酶（NAS、nasA 和 nirA）；膜结合酶（NAR，narGH）；周质异化硝酸盐还原酶（NAP，napA）；亚硝酸盐氧化还原酶（NXR，nxrAB）；一氧化氮氧化酶（NOD，hmp）；含血红素（cd₁-NIR，nirS）和含铜的亚硝酸盐还原酶（Cu-NIR，nirK）；依赖细胞色素（cNOR，cnorB）、依赖对苯二酚（qNOR，norZ）和含铜的依赖对苯二酚一氧化氮还原酶（CuₐNOR）；依赖 NADH 细胞色素 p450 的一氧化氮还原酶（p450NOR，p450nor）；黄铜-二铁一氧化氮还原酶（NORvw，norVW）；杂交簇蛋白（HCP，hcp）；羟胺氧化还原酶（HAO，hao）；羟胺氧化酶（HOX，hox）；氧化亚氮还原酶（NOS，nosZ）；一氧化氮歧化酶（NO-D，norZ）；同化亚硝酸盐还原酶（cNIR，nasB 和 nirB）；周质异化细胞色素 C 亚硝酸盐还原酶（ccNIR，nrfAH）；ε-羟胺氧化酶（εHAO，haoA）；八面体血红素亚硝酸盐还原酶（ONR）；八面体血红素连四硫酸盐还原酶（OTR）；钼-铁固氮酶（MoFe，nifHDK）、铁-铁固氮酶（FeFe，anfHGDK）和钒-铁固氮酶（VFe，vnfHGDK）；联氨脱氢酶（HDH，hdh）；联氨合成酶（HZS，hzsCBA）；氨单加氧酶（AMO，amoCAB）；微粒甲烷单加氧酶（pMMO，pmoCAB）；氰酸酯酶（CYN，cynS）；尿素酶（URE，ureABC）。

绿色植物和微生物吸收硝态氮和铵态氮，组成机体中蛋白质、核酸等含氮有机物的过程称为同化。反之，所有生物残体中的有机氮化合物，经微生物分解成氨态氮的过程则称为氨化。关于蛋白质的氨化已在本节"耗氧有机污染物的微生物降解"中提及。

氨在有氧条件下通过微生物作用，氧化成硝酸盐的过程称为硝化。硝化主要分两个阶段进行，即先经 NH_2OH 中间产物生成 NO（图 5-17 中⑦），再由 NO 生成硝酸盐（图 5-17 中③或④＋②）。参与反应的细菌分别从氧化氨至亚硝酸盐和氧化亚硝酸盐至硝酸盐过程中取得能量，均为以二氧化碳为碳源进行生活的化能自养型细菌。它们对环境条件呈现高度敏感性：严格要求高水平的氧；需要中性至微碱性条件，当 pH > 9.5 时硝化细菌受到抑制，而在 pH < 6.0 时亚硝化细菌被抑制；最适宜温度为 30 ℃，低于 5 ℃或高于 40 ℃时便不能活动；参与硝化的微生物虽为自养型细菌，但在自然环境中必须在有机物存在条件下才能活动。

硝化在自然界和污水处理中很重要。如植物摄取氮的最为普遍形态是硝酸盐。水稻等植物可利用氨态氮，然而这一氮形态对其他植物是有毒的。当肥料以铵盐或氨形态施入土壤时，上述微生物将它们转变成一般植物可利用的硝态氮。

硝酸盐在通气不良的条件下,通过微生物作用而还原的过程称为反硝化。反硝化通常有三种情形。

第一种情形,包括细菌、真菌和放线菌在内的多种微生物,能将硝酸盐还原为亚硝酸(图 5-17 中①)。

第二种情形,兼性厌氧假单胞菌属、色杆菌属等能使硝酸盐经亚硝酸和 NO 还原成氮气,其基本过程见图 5-17 中① + ⑤ + ⑥ + ⑧。这些微生物分布较广,在土壤、污水、厩肥中都存在。

第三种情形,梭状芽孢杆菌等常将硝酸盐还原成亚硝酸盐和氨,其基本过程见图 5-17 中① + ⑩。第二种情形还原产生的氮气也可在钼-铁固氮酶等的作用下继续转化为氨(图 5-17 中⑪)。所形成的氨,由菌体进而合成自身的氨基酸等含氮物质。

微生物进行反硝化的重要条件是厌氧环境,环境氧分压越低,反硝化越强。但是在某些通气情况下,例如在疏松土壤或曝气的活性污泥池中,除有硝化外,也可以见到反硝化发生。这两种作用常连在一起发生,很可能是环境中的氧气分布不均匀所致。反硝化要求的其他条件是:有丰富的有机物作为碳源和能源;硝酸盐作为氮源;pH 一般是中性至微碱性;温度多为 25 ℃左右。

反硝化过程中所形成的 N_2、N_2O 等气态无机氮的情况是造成土壤氮素损失、土肥力下降的重要原因之一。但在污水处理工程中却常增设反硝化装置使气态无机氮逸出,以防止出水硝酸盐含量高而在排入水体后引起水体富营养化。

通过微生物的作用把分子氮转化为氨的过程称为固氮。此时,氨不释放到环境中,而是继续在机体内进行转化,合成氨基酸,组成自身蛋白质等。固氮必须在固氮酶催化下进行,其总反应可表示为

$$3\{CH_2O\} + 2N_2 + 3H_2O + 4H^+ \longrightarrow 3CO_2 + 4NH_4^+ \tag{5-88}$$

环境中进行固氮作用的微生物以好氧根瘤菌最为重要。它与豆科植物共生,丰富了土壤的氮素营养。除根瘤菌等这类共生固氮微生物外,还有一类自生固氮微生物。例如,厌气的梭状芽孢杆菌,是土壤某些厌氧区中主要的固氮者;光合型固氮微生物中的蓝细菌,在光照厌氧条件下能进行旺盛的固氮作用,是水稻土及水体中的重要固氮者。

微生物的固氮作用,为农业生产提供了丰富的氮素营养,在维持全球氮良性循环方面具有独特的生态学意义。但是合成无机氮肥的大量使用,在促进农业迅速发展的同时,由于施入土壤的氮肥有 1/3 以上的氮素未被植物利用而进入生物圈,这就严重干扰了氮的自然循环,给环境带来不利影响。例如,过量的无机氮经地表或地下水进入水体,造成不少水体富营养化和硝酸盐污染;地表高水平硝酸盐经反硝化产生的过剩一氧化二氮,使一些环境科学家担心其上升至同温层,可能会引起大气臭氧层的耗损。

2. 硫的微生物转化

硫是生命必需的元素。硫在环境中有单质硫、无机硫化合物和有机硫化合物三种存在形态。这些硫形态可在微生物及其他生物作用下进行相互转化。

环境中的含硫有机物有含硫的氨基酸、磺氨酸等。许多微生物都能降解含硫有机物,其降解产物在好氧条件下是硫酸,在厌氧条件下是硫化氢。下面为微生物降解半胱氨酸的反应:

$$HS-CH_2-\underset{\underset{NH_2}{|}}{CH}-COOH \xrightarrow[\text{细菌（好氧条件）}]{4O, H^+, H_2O} CH_3-\underset{\underset{O}{\|}}{C}-COOH + H_2SO_4 + NH_4^+ \quad (5-89)$$

$$HS-CH_2-\underset{\underset{NH_2}{|}}{CH}-COOH \xrightarrow[\text{细菌（厌氧条件）}]{H_2O} CH_3-\underset{\underset{O}{\|}}{C}-COOH + H_2S + NH_3 \quad (5-90)$$

在含硫有机物降解不彻底时,可形成硫醇(如硫甲醇)而被菌体暂时积累再转化为硫化氢。

硫化氢、单质硫等在微生物作用下进行氧化,最后生成硫酸的过程称为硫化。硫化可增加土壤中植物硫素营养,消除环境中的硫化氢危害,生成的硫酸可以促进土中矿物质的溶解。在硫化作用中以硫杆菌和硫磺菌最为重要。

硫杆菌广泛分布于土壤、天然水及矿山排水中,它们绝大多数是好氧菌,有的能氧化硫化氢至硫,有的能氧化硫至硫酸,总反应式为

$$2H_2S + O_2 \longrightarrow 2H_2O + 2S \quad (5-91)$$

$$2S + 3O_2 + 2H_2O \longrightarrow 2H_2SO_4 \quad (5-92)$$

但是它们均可氧化硫代硫酸盐至硫酸,总反应式为

$$Na_2S_2O_3 + 2O_2 + H_2O \longrightarrow Na_2SO_4 + H_2SO_4 \quad (5-93)$$

丝状硫磺细菌广泛分布在深湖表面、污水池塘和矿泉水中,在生活污水和含硫工业废水生物处理过程中也会出现。它们是好氧或微量好氧菌,都能氧化硫化氢至单质硫,最后形成硫酸。

硫酸盐、亚硫酸盐等,在微生物作用下进行还原,最后生成硫化氢的过程称为反硫化。其中,以脱硫弧菌最为重要。此菌适于生长在缺氧的水体和土壤淹水及污泥中,利用硫酸根作为氧化有机物的受氢体,显示反硫化作用,其总式可以表示为

$$\underset{\text{（葡萄糖）}}{C_6H_{12}O_6} + 3H_2SO_4 \longrightarrow 6CO_2 + 6H_2O + 3H_2S \quad (5-94)$$

$$2\underset{\text{（乳酸）}}{CH_3CH(OH)COOH} + H_2SO_4 \longrightarrow 2CH_3COOH + H_2S + 2H_2O + 2CO_2 \quad (5-95)$$

因为海水中硫酸盐浓度较高,所以由硫酸盐经细菌作用还原为硫化氢是海水中硫化氢的主要来源。严重时,会在一些沿海地区引起硫化氢污染问题。而在淡水中硫酸盐浓度低,反硫化不占重要地位,水中硫化氢主要来源于体系内含硫有机物的厌氧降解。

八、微量元素的微生物转化

有机体内存在多种微量元素,它们有些是生命过程必需的元素,有些是有毒元素,会对有机体发生损害。微生物在很多元素的形态和价态转化中发挥重要作用,例如,重金属元素汞与高毒性的类重金属元素砷的甲基化多由微生物驱动,此部分内容将在第六章中作详细介绍。除此之外,环境中硒和铁等必需元素也在微生物作用下发生转化反应。

1. 硒

硒是人体及许多生物必需的一个微量元素,但是所需硒的最适宜浓度范围却很窄,摄入机体的硒稍有不足或略微过量,都会产生毒害作用。在有毒的硒化合物中,以亚硒酸及其盐和酯的毒性最大。

　　环境中除有亚硒酸盐外,硒还以硒酸盐、单质硒及有机硒化合物等形态存在。微生物参与硒的转化有以下几种情况:

　　第一种情况,有机硒化合物转化为无机硒化合物。例如,土壤中植物残体释放的硒代蛋氨酸[$CH_3SeCH_2CH_2CH(NH_2)COOH$]及硒-甲硒半胱氨酸[$CH_3SeCH_2CH(NH_2)COOH$],均可被某些微生物转变为硒酸盐或亚硒酸盐。

　　第二种情况,硒化合物甲基化,最重要的产物是二甲基硒和三甲基硒离子。例如,土壤及湖底淤泥中的亚硒酸、硒酸盐、硒代蛋氨酸、硒-甲硒半胱氨酸等无机及有机硒化合物,能被一些微生物转变成稳定、高挥发性的二甲基硒[$(CH_3)_2Se$],随即释放至大气。

　　第三种情况,还原成单质硒。例如,土壤中一些微生物能使硒酸盐还原为单质硒,使菌体呈现硒的鲜红色。

　　第四种情况,单质硒的氧化。例如,光合紫硫细菌能将单质硒氧化成硒酸盐。

2. 铁

　　环境中铁以无机铁化合物和有机铁化合物两类形态存在。无机铁化合物主要有溶解性二价亚铁和难溶性三价铁。二价铁、三价铁与含铁有机物之间的相互转化,与微生物的活动有关。

　　铁细菌能把二价铁氧化为三价铁,如式(5-96)所示,从中获得该菌代谢所需的能量。铁细菌中有的碳源不是有机物而是二氧化碳,也就是说,铁细菌是自养菌,如氧化亚铁硫杆菌。

$$4Fe^{2+} + 4H^+ + O_2 \longrightarrow 4Fe^{3+} + 2H_2O + 能量 \qquad (5-96)$$

　　上面的反应产生的能量较小,据估算铁细菌用之合成 1 g 细胞碳的同时,约有 430 g 氢氧化铁伴随产生。氢氧化铁以水溶胶态分泌于细胞体外,形成凝胶而沉积。因此,当铁细菌生活在铁管中时,常因管内有酸性水而将溶解的二价铁氧化转化为三价铁并沉积于管壁上,以致阻塞水管造成损失。

　　铁细菌作用带来的另一个环境问题是酸性矿水的形成。在此形成过程中,煤矿及一些无机矿床内所含黄铁矿,暴露于空气后发生化学氧化:

$$2FeS_2 + 2H_2O + 7O_2 \longrightarrow 4H^+ + 4SO_4^{2-} + 2Fe^{2+} \qquad (5-97)$$

使采矿地排出水(矿水)变酸性,一般 pH 为 2.5~4.5。在此 pH 范围,发生下列化学氧化反应:

$$4Fe^{2+} + O_2 + 4H^+ \longrightarrow 4Fe^{3+} + 2H_2O \qquad (5-98)$$

此反应可被耐酸铁细菌催化而大大加快。铁细菌包括在 pH<3.5 时起作用的氧化亚铁硫杆菌,在 pH 为 3.5~4.5 时起作用的各种生金菌等。生成的铁离子进一步氧化黄铁矿:

$$FeS_2 + 14Fe^{3+} + 8H_2O \longrightarrow 15Fe^{2+} + 2SO_4^{2-} + 16H^+ \qquad (5-99)$$

式(5-98)与式(5-99)联合构成一个由铁细菌发挥重要作用的溶解黄铁矿的循环过程,生成大量硫酸,加剧了矿水的酸化,有时能使 pH 下降至 0.5。

　　此外,在环境中通过微生物代谢产生的酸类,可使难溶性三价铁化合物溶解,或通过微生物分解有机质降低环境氧化还原电位,使三价铁化合物还原成亚铁化合物而溶解。这些反应容易在通气不良的条件下发生。有机铁化合物也可被一些微生物分解,将无机态铁释放出来。

九、污染物的生物转化速率

　　至此,已介绍了几类具有代表性的污染物的微生物转化反应和降解途径,这是一个重要的方面。另一个重要方面是微生物对污染物的反应速率。显然,后者与体外的酶促反应速率有密切关系。同时,由于微生物体内含有多种酶,其酶促反应在不同程度上相互影响,并与微生物的生理活动有联系,而使微生物对污染物的反应速率与体外酶促反应速率又有很大差别。

1. 酶促反应的速率

（1）米氏方程

污染物在环境中的生物转化,绝大多数都是酶促反应。酶促反应机理,一般认为是底物（S）与酶（E）形成复合物（ES）,再分离出产物（P）,即如下式所示：

$$E + S \underset{k_2}{\overset{k_1}{\rightleftharpoons}} ES \overset{k_3}{\longrightarrow} E + P$$

式中：k_1、k_2、k_3——相应单元反应速率常数。

令 $[E]_0$ 为酶的总浓度；$[S]$ 为底物浓度；$[ES]$ 为底物-酶复合物浓度。则 ES 形成与分解的速率微分方程依次为

$$\frac{d[ES]}{dt} = k_1\{[E]_0 - [ES]\} \cdot [S] \tag{5-100}$$

$$-\frac{d[ES]}{dt} = k_2[ES] + k_3[ES] \tag{5-101}$$

假定酶促反应体系处于动态平衡,则

$$k_1\{[E]_0 - [ES]\} \cdot [S] = k_2[ES] + k_3[ES]$$

令 $K_M = (k_2 + k_3)/k_1$,将上式整理成

$$[ES] = \frac{[E]_0[S]}{K_M + [S]} \tag{5-102}$$

产物 P 的生成速率,即酶促反应的速率（v）为

$$v = k_3[ES] \tag{5-103}$$

将式（5-102）代入式（5-103）,得

$$v = k_3\frac{[E]_0[S]}{K_M + [S]} \tag{5-104}$$

当底物浓度很高时,所有的酶转变成 ES 复合物,也就是说,在 $[ES] = [E]_0$ 时酶促反应达到最大速率（v_{max}）,即

$$v_{max} = k_3[ES] = k_3[E]_0$$

而式（5-104）可改写成

$$v = \frac{v_{max}[S]}{K_M + [S]} \tag{5-105}$$

式（5-105）或式（5-104）就是底物酶促反应速率方程,常称为米氏方程。方程中 K_M 称为米氏常数。米氏方程可以表明,在已知 K_M 及 v_{max} 的条件下,酶促反应速率与底物浓度之间的定量关系。

从米氏方程可知,当 $[S] \ll K_M$ 时,方程右端分母中 $[S]$ 值与 K_M 值相比可以忽略不计,于是

$v \approx v_{\max} [S]/K_M$，酶促反应速率与底物浓度呈线性比例关系，显示动力学一级反应特征。这是米氏方程曲线（图5-18）的第一阶段情形。当 $[S] \gg K_M$ 时，$v = v_{\max}$，酶促反应速率接近最大速率，并与底物浓度无关，相对于底物 S 来说，呈现动力学零级反应特征。这是该曲线的第三阶段情形。而在 $[S]$ 与 K_M 数值相差不多时，v 由米氏方程原形式表达，酶促反应速率随底物浓度而变动于零级和一级反应之间，反映出该曲线的第二阶段情形。

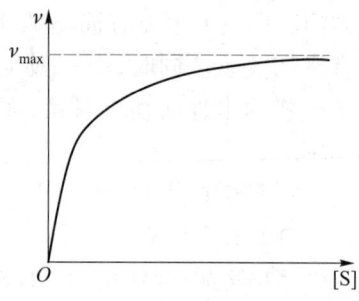

图 5-18　酶浓度一定时酶促反应
速率与底物浓度的关系

K_M 及 $v_{\max}$ 值通过实验-作图法求得。例如，可将米氏方程两边取倒数，改写成式（5-106）。把实验得到的 $[S]$ 和 v，以 $1/v$ 为纵坐标、$1/[S]$ 为横坐标作图，如图5-19所示，由其斜率 $K_M/v_{\max}$ 及截距 $1/v_{\max}$ 算出 K_M 及 $v_{\max}$ 值。

$$\frac{1}{v} = \frac{K_M}{v_{\max}} \cdot \frac{1}{[S]} + \frac{1}{v_{\max}} \qquad (5-106)$$

从米氏方程可知，当酶促反应速率 $v = \frac{1}{2} v_{\max}$ 时，$K_M = [S]$，即 K_M 值是在酶促反应速率达到最大反应速率一半时的底物浓度，其单位与底物浓度的单位相同；K_M 值越大，达到最大反应速率一半所需要的底物浓度越大，说明酶对底物的亲和力越小，反之，K_M 值越小，说明酶与底物的亲和力越大。这就依次显示出 K_M 值的物理意义和酶学意义。

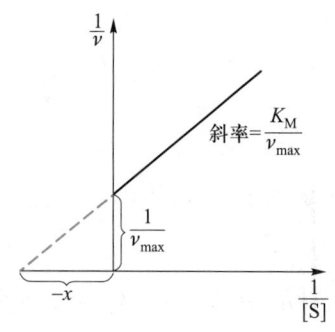

图 5-19　式（5-106）图示

K_M 值是酶反应的一个特征常数。不同的酶，K_M 值不同。如果一种酶有几种底物，那么对每一种底物各有相应的 K_M 值。另外，K_M 值还随 pH、温度、离子强度等反应条件而变化。大多数酶的 K_M 为 $10^{-6} \sim 10^{-1}$ mol/L。由此可知，米氏方程正是通过 K_M 部分地描述了酶促反应性质、反应条件对酶促反应速率的影响。

（2）影响酶促反应速率的因素

pH 对酶促反应的速率有显著影响。从图5-20看出，酶促反应速率与 pH 的关系一般表现为近于钟形的曲线关系，在一定 pH 下酶反应具有最大的速率，高于或低于此 pH，反应速率便明显下降。这是因为在 pH 改变不很剧烈时，酶虽不变性，但酶和底物分子结合的有关基团解离状态会发生改变，使酶的活性随着酶促反应速率由最大值而明显降低。酶促反应速率最大时的 pH 称为酶的最适 pH。各种酶的最适 pH 一般为 5~8。最适 pH 有时因底物种类、浓度和缓冲液成分的不同而改变。因此，酶的最适 pH 并不是一个常数，只是在一定条件下才有意义。另外，酶在试管反应中的最适 pH 与它所在正常细胞的生理 pH 也并不一定相同。

温度对酶促反应速率的影响很大。如图5-21所示，随着温度上升，酶促反应速率显著增加，直至最高点，之后由于酶的热致变性速率也随之增大，而使酶促反应速率显著减小。酶促反应速率达到最高点时的温度，称为酶的最适温度。在最适温度前每提高 10 ℃，对于许多酶促反应来说，速率增加 1~2 倍。各种酶的最适温度常为 35~50 ℃。一般地，当温度达到 70~80 ℃时，酶会变性损坏，失去催化作用。对于同种酶来说，其最适温度也会因酶作用时间增长而向温度降低方向移动。因此，仅在酶促反应时间规定之下，才有特定的最适温度。应当指出，酶在干燥状态下

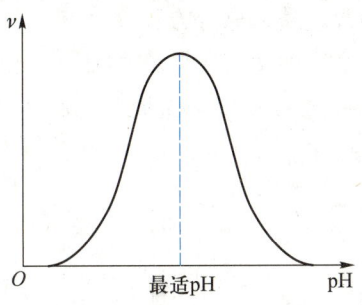

图 5-20 pH 对大部分酶促反应速率的影响

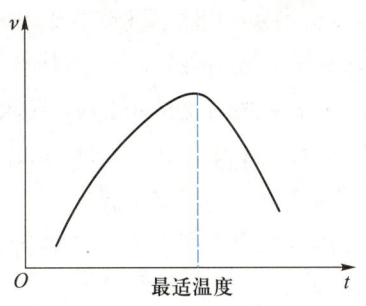

图 5-21 温度对酶促反应速率的影响

对温度的耐受力比在潮湿状态下高。这对指导酶的保藏具有重要意义。

污染物的酶促反应速率,还常与抑制剂的存在有密切关系。抑制剂就是能减小或消除酶活性,而使酶的反应速率变慢或停止的物质。其中,一部分以比较牢固的共价键与酶结合,不能用渗析、超滤等物理方法来恢复酶活性的抑制剂,称为不可逆抑制剂。它所起的作用称为不可逆抑制作用。如杀虫剂对硫磷抑制胆碱酯酶,其作用如下:

另一部分与酶的结合处于可逆平衡状态,可用渗析法除去而恢复酶活性的物质,称为可逆抑制剂。其所起的作用称为可逆抑制作用。在可逆抑制作用中以竞争性抑制和非竞争性抑制最为重要。

2. 微生物反应的速率

（1）微生物反应速率方程

微生物对污染物的转化速率,往往可用幂函数速率方程或二级反应速率方程来表述。幂函数速率方程的一般微分形式为

$$-\frac{\mathrm{d}c}{\mathrm{d}t} = kc^n \tag{5-107}$$

式中:c——污染物浓度;

k——微生物反应速率常数;

n——反应级数。

通常,$0<n\leqslant1$,当 $n=1$ 时,式(5-107)即为一级反应速率微分方程。

例如,在好氧微生物作用下,耗氧有机污染物在水中的生物耗氧总反应为

$$10C_aH_bO_c + (5a + 2.5b - 5c)O_2 + aNH_3 \longrightarrow aC_5H_7NO_2 + 5aCO_2 - (2a - 5b)H_2O \quad (5-108)$$

式中: $C_aH_bO_c$ ——作为微生物碳源和能源的耗氧有机物的分子通式;

$C_5H_7NO_2$ ——生物细胞粗略组成。

这一反应的速率常用一级反应速率微分方程描述:

$$-\frac{dc}{dt} = k\rho \quad (5-109)$$

积分得

$$\rho = \rho_0 e^{-kt} \quad (5-110)$$

式中: ρ —— t 瞬时耗氧有机物在水中的质量浓度;

ρ_0 ——耗氧有机物在水中的起始质量浓度;

k ——耗氧有机物的微生物反应速率常数。

又如 James J. 等人通过实验,提出水体沉积物中汞生物甲基化的幂函数速率方程为

$$NSMR = \gamma(\beta \cdot \rho_T)^n \quad (5-111)$$

式中:NSMR——沉积物中汞的净甲基化速率,即沉积物活性测量值 VSS 为 1 g 时,1 d 合成甲基汞及二甲基汞所相当的汞量,μg/d;

γ ——沉积物中呈甲基化作用的微生物的活性系数;

ρ_T ——沉积物中的无机汞总质量浓度,mg/L;

β ——总汞中汞离子的有效系数;

n ——微生物甲基化反应级数(通常沉积物在好氧条件下为 0.28,在厌氧条件下为 0.15)。

大多数有机污染物和某些无机污染物在水中的微生物转化速率,都遵守二级反应动力学规律,其微分方程为

$$-\frac{d[S]}{dt} = k_b[B][S] \quad (5-112)$$

式中:$[S]$ ——水中污染物的浓度;

$[B]$ ——水中微生物的浓度;

k_b ——二级反应速率常数。

若水中微生物浓度在一定时间内比较稳定,可以其数量平均值作为 $[B]$,则 $k_b[B]=k_1$,k_1 称为准一级反应速率常数,于是式(5-112)变成准一级反应速率微分方程:

$$-\frac{d[S]}{dt} = k_1[S] \quad (5-113)$$

例如,有人通过模拟试验,发现 EDTA 在美国伊利湖水中的微生物降解速率符合准一级反应过程,速率方程为

$$[S] = [S]_0 e^{-k_1 t} \quad (5-114)$$

式中:$[S]$ ——该湖水中 EDTA 的浓度;

$[S]_0$ ——该湖水中 EDTA 的起始浓度。

k_1 的测算值为 0.973×10^{-4} h^{-1}，从而算得伊利湖水中 EDTA 微生物降解半衰期为 295 d，与美国其他几个湖中 EDTA 相应半衰期范围 335~526 d 相比，或接近，或较短。

又如可用式（5-112）描述河段水中氨氮的硝化速率：

$$\frac{d[Y]}{dt} = -\frac{d[S]}{dt} = k_b[B][S] \tag{5-115}$$

式中：　　t——河段水横断面沿程时间；

$[Y]$——河段水横断面中被硝化的氨氮浓度；

$[S]$——河段水横断面中的氨氮浓度；

$[B]$——河段水横断面中起硝化作用的微生物浓度；

k_b——相应的二级反应速率常数。

假定河段起始横断面的氨氮和微生物浓度分别为 $[S]_0$ 和 $[B]_0$，则可认为

$$[S] = [S]_0 - [Y] \tag{5-116}$$

$$[B] = k[Y] + [B]_0 \tag{5-117}$$

式中：k——有关的速率常数。

通常，$k[Y] \gg [B]_0$，则式（5-117）简化成

$$[B] = k[Y] \tag{5-118}$$

将式（5-116）、式（5-118）代入式（5-115），得

$$\frac{d[Y]}{dt} = k_b k[Y]([S]_0 - [Y])$$

积分求解，得

$$\ln\frac{[Y]}{[S]_0 - [Y]} = [S]_0 k_b k t - [S]_0 k_b k t_{1/2} \tag{5-119}$$

这里，$t_{1/2}$ 是 $[Y] = \frac{1}{2}[S]_0$ 时的河段水横断面沿程时间。在具体河段中，$[S]_0$、k_b、k 及 $t_{1/2}$ 均可视为常数。令 $a = [S]_0 k_b k$，$b = [S]_0 k_b k t_{1/2}$，则式（5-119）可改写成

$$\ln\frac{[Y]}{[S]_0 - [Y]} = at - b \tag{5-120}$$

此式为稳态且扩散可以忽略不计的河段中氨氮硝化的计算公式。式中参数 a、b 值可用两点法确定。

（2）影响微生物反应速率的因素

环境中污染物的微生物转化速率，取决于物质的结构特征和微生物本身的特性，同时也与环境条件有关。对于有机污染物微生物降解速率来说，有机物化学结构的影响呈现如下若干定性规律。

链长规律：指脂肪酸、脂族碳氢化合物和烷基苯等有机物，在一定范围内碳链越长，降解也越快的现象，以及有机聚合物降解速率随分子的增大呈现减小趋势的现象。

链分支规律：指烷基苯磺酸盐、烷基化合物（$R_n CH_{4-n}$）等有机物中，烷基支链越多，分支程度越大，降解也越慢的现象。

取代规律:指取代基的种类、位置及数量对有机物降解速率的影响规律。对于芳香族化合物来说,羟基、羧基、氨基等取代基的存在会加快其降解,而硝基、磺酸基、氯基等取代基的存在则使其降解变慢;一氯苯降解快于二氯苯,二氯苯降解快于三氯苯,随取代基增加,降解速率下降;苯酚的一氯取代物中,邻、对位的降解比间位的快,取代基位置不同,对降解速率产生的影响不尽相同。

不同微生物的体内含有不同的酶。这些酶具有不同的催化活性,从而造成微生物对各种有机污染物的不同降解速率。另外,某些有机污染物虽然不能作为微生物的唯一碳源与能源而被分解,但在有另外的化合物存在提供碳源或能源时,或者在经结构相似物质对微生物诱导驯化,使其机体内产生诱导酶后,该有机物也能被降解,这种现象称为微生物的共代谢。例如,直肠梭菌需有蛋白胨类物质存在提供能源时,才能降解丙体六六六(林丹);邻苯二甲酸酯类是增塑剂的主要品种,不被生物降解,已在环境中广泛扩散,对人体有害。研究发现,个别菌株预先用邻苯二酸诱导驯化后,即能降解邻苯二甲酸双乙酯。实践表明,微生物的共代谢在促进难降解有机物转化中起特别重要的作用。

环境条件影响微生物的生长、代谢等生理活动,对微生物降解有机污染物的速率也有很大的影响。环境条件包括温度、pH、营养物质、溶解氧、共存物质等。

各种微生物有其适宜生长的温度范围。若温度超过这一范围,则微生物生长不利,乃至死亡,于是有机物的降解速率便急剧下降,直至为零。而若温度在此范围内适当升高,增加了反应活化能,则能加速有机物降解。此时,温度改变对降解速率常数的影响,可用阿伦尼乌斯(Arrhenius)关系式来表示,即

$$K_T = K_{T_1}\theta^{(T-T_1)} \tag{5-121}$$

式中:K_T、K_{T_1}——温度为T、T_1时微生物对有机物的降解速率常数;

θ——温度系数,温度系数通过实验测定,一般有机耗氧反应的温度系数为1.047。

不同的微生物有其合适生长的pH范围,通常为5~9。显然,pH超过这一范围,有机污染物降解速率一般将会减小。鉴于微生物生长的合适pH条件不一定就是微生物的作用酶催化有机底物降解的恰当条件,在目前缺少有关的预测方法条件下,可通过试验在微生物生长合适的pH范围内进行最佳选定。例如,在BOD测定中反应介质pH经选定须保持在7.0~8.0。

厌氧、好氧及兼性厌氧微生物,对溶解氧的需求是不同的。我们知道,当pH一定时可用所测得的体系氧化还原电位(E_h)求得相应的溶解氧浓度(DO)。采用E_h值表示DO值的方法,能够克服一般氧电极无法检测较低DO值的困难。各种微生物生长所需的E_h值不一样。一般地,好氧微生物在E_h值为+0.1 V以上均可生长,以+0.3~+0.4 V时为宜。厌氧微生物只能在E_h值小于+0.1 V时生长。兼性厌氧微生物则都能生长。如前所述,好氧微生物降解有机物的途径不同于厌氧微生物。另外,前者降解速率显著大于后者。

环境中与有机污染物共存的其他物质,往往会在不同程度上影响微生物对该有机物的降解速率。例如,据报道,几种重金属离子对河水BOD反应速率常数有显著影响(表5-2)。

表5-2 含1.0 mg/L不同重金属离子的BOD反应速率常数

重金属离子	(原河水)	Pb^{2+}	Cr^{6+}	Cd^{2+}	Cu^{2+}	Hg^{2+}
BOD反应速率常数/d^{-1}	0.314	0.252	0.242	0.158	0.137	0.012

第四节 污染物的毒性

一、毒物

　　大多数环境污染物都是毒物。毒物是进入生物机体后能使体液和组织发生生物化学的变化,干扰或破坏机体的正常生理功能,并引起暂时性或持久性的病理损害,甚至危及生命的物质。这一定义受到多种因素的限制。如进入机体的物质数量、生物种类、生物暴露于毒物的方式等。限制因素的改变,有可能使毒物成为非毒物,反之亦然。因此毒物与非毒物之间并不存在绝对的界限。例如,钙是人及生物必需的一种营养元素,但是它在人体血清中的最适营养质量浓度范围为 90~95 mg/L。如果高于这一范围,就会引起生理病理的反应,当血清中钙浓度高于 105 mg/L 时,就会发生钙过多症,主要症状是肾功能失常。而若低于这一范围,则又将发生钙缺乏症,引起肌肉的痉挛、局部麻痹等。其他人体及生物必需的营养元素也有这种相似情形,只不过各具有最适的营养质量浓度范围。

　　毒物的种类按作用于机体的主要部位,可分为作用于神经系统、造血系统、心血管系统、呼吸系统、肝、肾、眼、皮肤的毒物等。根据作用性质,毒物可分为刺激性、腐蚀性、窒息性、致突变、致癌、致畸、致敏的毒物等。此外,还有其他的毒物分类方法。

二、毒物的毒性

　　不同毒物或同一毒物在不同条件下的毒性,常有显著的差异。影响毒物毒性的因素很多,而且很复杂。概括来说,有毒物的化学结构及理化性质(如毒物的分子立体构型、分子大小、官能团、溶解度、电离度、脂溶性等);毒物所处的基体因素(如基体的组成、性质等);机体暴露于毒物的状况(如毒物剂量,浓度,机体暴露的持续时间、频率、总时间,机体暴露的部位及途径等);生物因素(如生物种属差异、年龄、体重、性别、遗传及免疫情况、营养及健康状况等);生物所处的环境(如温度、湿度、气压、季节及昼夜节律的变化、光照、噪声等)。其中,关键因素之一是毒物的剂量(浓度)。这是因为毒物毒性在很大程度上取决于毒物进入机体的数量,而后者又与毒物剂量(浓度)紧密相关。

　　毒理学把毒物剂量(浓度)与引起个体生物学的变化,如脑电、心电、血象、免疫功能、酶活性等的变化称为效应;把引起群体的变化,如肿瘤或其他损害的发生率、死亡率等变化称为反应。研究表明,毒物剂量(浓度)与反(效)应变化之间存在一定的关系,称为剂量-反(效)应关系。大多数的剂量-反(效)应关系曲线呈 S 形(图 5-22),即在剂量开始增加时,反(效)应变化不明显,随着剂量的继续增加,反(效)应变化趋于明显,到一定程度后,变化又不明显。

　　毒物剂量(浓度)影响毒物毒作用的快慢。根据剂量(浓度)大小所引起毒作用快慢的不同,将毒作用分为急性、慢性和亚急(或亚慢)性三种。高剂量(浓度)毒物在短时间内进入机体致毒为急性毒作用。低剂量(浓度)毒物长期

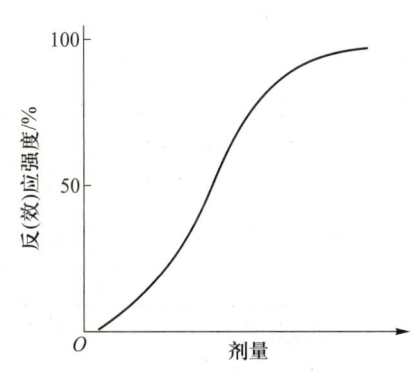

图 5-22　剂量-反(效)应曲线

逐渐进入机体,积累到一定程度后而致毒为慢性毒作用。由甲基汞引起的水俣病和由镉引起的痛痛病便是环境污染物慢性毒作用的两个典型例子。情况介于上述两者之间的为亚急(或亚慢)性毒作用。

急性毒作用一般以半数有效剂量(ED_{50})或半数有效浓度(EC_{50})来表示。ED_{50}和EC_{50}分别是毒物引起一群受试生物的半数产生同一毒作用所需的毒物剂量和毒物浓度。显然,ED_{50}或EC_{50}数值越小,受试物质的毒性越高,反之,则毒性越低。半数有效剂量或半数有效浓度,若以死亡率作为毒作用的观察指标,则称为半数致死剂量(LD_{50})或半数致死浓度(LC_{50})。

物质的急性毒性根据半数致死剂量,一般分为 4 或 5 级。表 5-3 是 1978 年我国工业企业设计卫生标准科研协作会议提出的分级建议。半数致死剂量是由急性毒性试验得到的一套剂量和死亡率的数据,把其中的剂量换算成对数剂量,把死亡率经查表换成概率单位表示,而使 S 形剂量与反应(死亡)曲线直线化,然后用直线内插方法求出。

表 5-3　化学物质急性毒性分级

毒性分级	小鼠一次经口 LD_{50} 量 / $[mg \cdot (kg 小鼠)^{-1}]$	小鼠吸入染毒 2 h LD_{50} 量 / $[mg \cdot (kg 小鼠)^{-1}]$	兔经皮 LD_{50} 量 / $[mg \cdot (kg 兔)^{-1}]$
剧毒	≤10	≤50	≤10
高毒	11~100	51~500	11~50
中等毒	101~1 000	501~5 000	51~500
低毒	1 001~10 000	5 001~50 000	501~5 000
微毒	>10 000	>50 000	>5 000

慢性毒作用以阈剂量(浓度)或最高允许剂量(浓度)来表示。阈剂量(浓度)指长期暴露在毒物下,会引起机体受损害的最低剂量(浓度)。最高允许剂量(浓度)指长期暴露在毒物下,不引起机体受损害的最高剂量(浓度)。显然,阈剂量(浓度)或最高允许剂量(浓度)越小,受试物质的慢性毒性越高,反之,慢性毒性越低。这两个参数由慢性毒性试验确定,或由亚急性毒性试验做出初步估计。

三、毒作用的过程

自机体暴露于某一毒物至其出现毒性,一般要经过以下三个过程。

过程 1,毒物被机体吸收进入体液后,经分布、代谢转化,并有某一程度的排泄。其间,毒物或被解毒,即转化为无毒或低毒代谢物(非活性代谢产物)而陆续排出体外;或被增毒,即转化为更毒的代谢物(活性代谢产物)而至其靶器官中的受体;或不被转化,直接以原形毒物而至其靶器官中的受体。靶器官是毒物首先在机体中达到毒作用临界浓度的器官。受体是靶器官中相应毒物分子的专一性作用部位。受体成分几乎都是蛋白质类分子,通常是酶,非酶的受体有鸦片类型受体(或称为神经受体)等。显然,这一过程对毒物毒作用具有重要影响。

过程 2,毒物或活性代谢产物与其受体进行原发反应,使受体改性,随后引起生物化学效应。例如,酶活性受到抑制、细胞膜破裂、干扰蛋白质合成、破坏脂肪和糖的代谢、抑制呼吸等。

过程 3,接着引起一系列病理、生理的继发反应,出现在整体条件下可观察到的毒作用的生理和(或)行为的反应,即致毒症状。对于人和动物来说,致毒症状包括有机体体温增高或降低,脉搏加快、减慢或不规则,呼吸速率增加或减小,血压升高或降低,中枢神经系统出现幻觉、痉挛、昏迷、动作机能不协调、瘫痪等症状,以及呼吸系统、血液系统、循环系统、消化系统和泌尿系统等方面的症状。对于植物来说,致毒症状包括叶片失绿黄化,枯焦脱落,生长发育受到阻碍等症状。

四、毒作用的生物化学机制

从毒作用过程可知,毒物及其代谢活性产物与机体靶器官中受体之间的生物化学反应及机制,是毒作用的启动过程,在毒理学和毒理化学中占有重要地位。毒作用的生化反应及机制的内容相当多,下面作简要介绍。

1. 酶活性的抑制

酶在构成机体生命基础的生化过程中起重要的作用。毒物进入机体后,一方面在酶催化下进行代谢转化;另一方面也可干扰酶的正常作用,包括酶的活性、数量等,从而有可能导致机体的损害。在干扰酶的作用中最常见的是对酶活性的抑制,包括以下几个方面。

其一是有些有机物与酶的共价结合。这种结合往往是通过酶活性内羟基来进行的。一个典型例子是有机磷酸酯和氨基甲酸酯对乙酰胆碱酯酶的结合:

$$(C_3H_7O)_2P{-}F \ + \ HO{-}E \ \longrightarrow \ HF + (C_3H_7O)_2P{-}OE \qquad (5\text{-}122)$$

（二异丙基磷酰氟） （乙酰胆碱酯酶） （磷酰化的乙酰胆碱酯酶，无活性）

$$ \qquad + \ HO{-}E \ \longrightarrow \qquad + \qquad \qquad (5\text{-}123)$$

[N-甲基(α-萘氧基)甲酰胺] （乙酰胆碱酯酶） （氨基甲酸酯乙酰胆碱酯酶，无活性）

这一结合对乙酰胆碱酯酶活性造成不可逆的抑制,再也不能执行原有催化乙酰胆碱水解的功能,见式(5-124)。乙酰胆碱是一种神经传递物质,在神经冲动的传递中起重要作用。在正常的神经冲动中,不可缺少的步骤之一是神经冲动休止。这就需要通过式(5-124)水解乙酰胆碱。因此,有机磷酸酯和氨基甲酸酯对乙酰胆碱酯酶抑制所造成的乙酰胆碱积累,将使神经过分刺激,而引起机体痉挛、瘫痪等一系列神经中毒病症,甚至死亡。

$$(CH_3)_3\overset{+}{N}CH_2CH_2O{-}CCH_3 + H_2O \xrightarrow{\text{乙酰胆碱酯酶}} (CH_3)_3\overset{+}{N}CH_2CH_2OH + CH_3COOH \quad (5\text{-}124)$$

（乙酰胆碱） （胆碱）

其二是有些重金属离子与含巯基的酶强烈结合。涉及的重金属离子有 Pb^{2+}、Hg^{2+}、Cd^{2+}、Ag^+等。此酶巯基常在酶的活性中心之外,帮助维持酶分子的构象,对于酶活性来说也是很重要的。因此,重金属离子与含巯基的酶进行可逆非竞争性的结合[式(5-125)]会使酶失去活性。

$$Hg^{2+} + E{\Big\langle}{}^{SH}_{SH} \ \rightleftharpoons \ E{\Big\langle}{}^{S}_{S}{\Big\rangle}Hg \ + \ 2H^+ \qquad (5\text{-}125)$$

这些重金属离子也能抑制巯基在酶活性中心之内的酶,可能也是通过重金属离子与巯基结合来实现的。

其三是某些金属取代金属酶中的不同金属。金属酶是金属离子为辅酶或为辅酶一个成分的酶类。一个有关的例子是 Cd（Ⅱ）可以取代锌酶中的 Zn（Ⅱ）这是由于两者性质和离子半径都很相近。碱性磷酸酶、醇脱氢酶和碳酸酐酶等一些锌酶被 Cd^{2+} 取代后，活性便受到抑制。

2. 致突变作用

致突变作用指生物细胞内 DNA 改变，引起遗传特性突变的作用。这一突变可以传至后代。具有致突变作用的污染物称为致突变物。致突变作用分为基因突变和染色体突变两类。

基因突变指 DNA 中碱基对的排列顺序发生改变。它包含碱基对的转换、颠换、插入和缺失四种类型（图 5-23）。

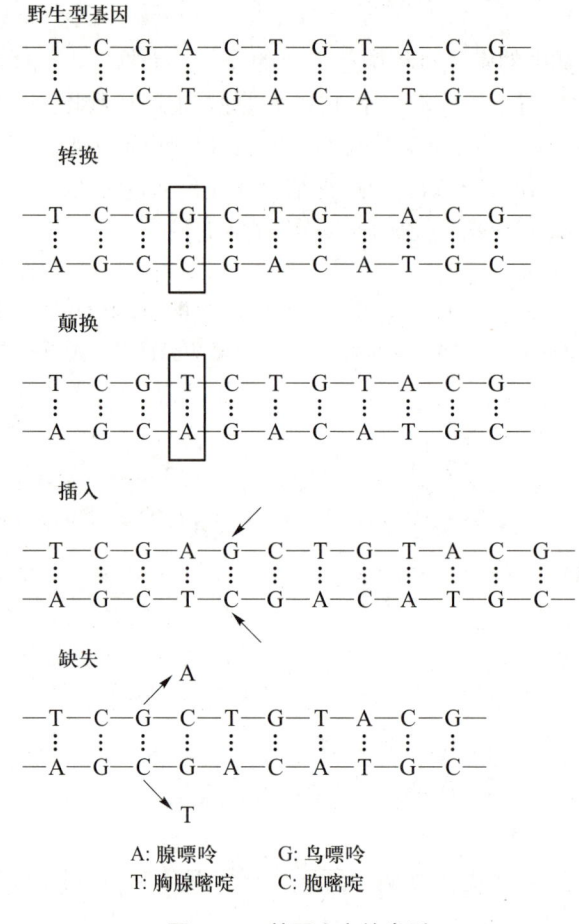

图 5-23 基因突变的类型

转换是同型碱基之间的置换，即一个嘌呤碱被另一个嘌呤碱取代，一个嘧啶碱被另一个嘧啶碱取代。例如，亚硝酸可使带氨基的碱基 A、G 或 C 脱氨而变成带酮基的碱基：

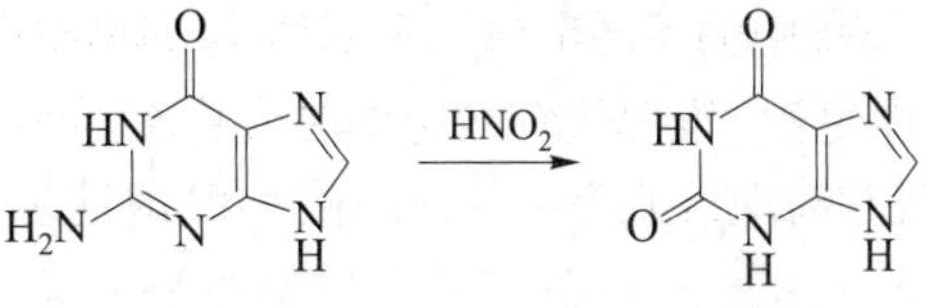

(鸟嘌呤) (黄嘌呤)

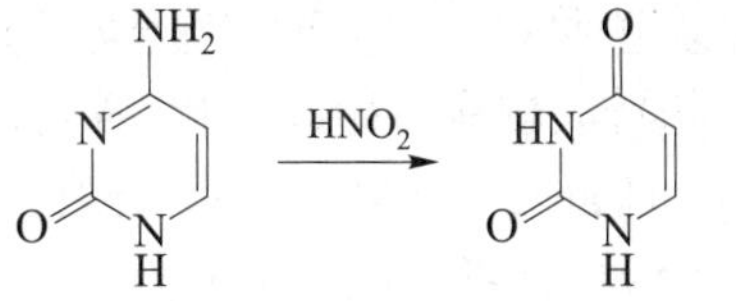

(胞嘧啶) (尿嘧啶)

于是可以引起一种如下的碱基对转换：

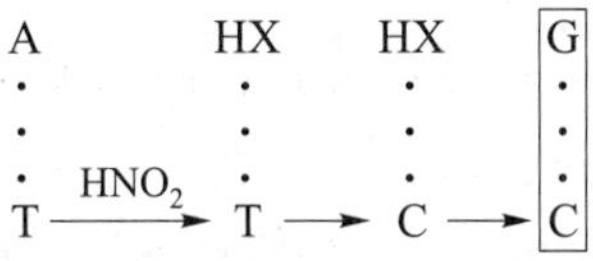

$$
\begin{array}{ccccc}
A & & HX & HX & \boxed{G} \\
\vdots & \xrightarrow{HNO_2} & \vdots & \vdots & \boxed{\vdots} \\
T & & T & C & \boxed{C}
\end{array}
$$

其中 A、G、T、C 意义同图 5-23，HX 为次黄嘌呤。即在 DNA 复制时 A 被 HX 取代，而后因为 HX 较易与 C 配对及 C 更易与 G 配对，所以进一步复制时就出现图 5-23 中转换部分所示的 G⋯C 对。

颠换是异型碱基之间的置换，就是嘌呤碱基被嘧啶碱基取代，反之亦然。颠换和转换统称为碱型置换，所致突变称为碱型置换突变。

插入和缺失分别是 DNA 碱基对顺序中增加和减少一对碱基或几对碱基，使遗传读码格式发生改变，自该突变点之后的一系列遗传密码都发生错误。这两种突变统称为移码突变。例如，吖啶类染料处理细胞时，很容易发生移码突变。

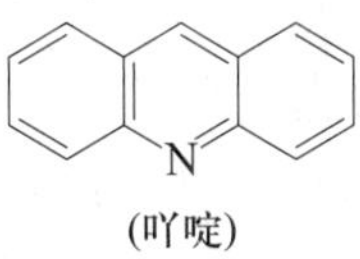

(吖啶)

细胞内染色体是一种复杂的核蛋白结构，主要成分是 DNA。在染色体上排列着很多基因。若其改变只限于基因范围，则就是上述的基因突变。而若涉及整个染色体，呈现染色体结构或数目的改变，则称为染色体畸变。

染色体畸变属于细胞水平的变化，这种改变可用普通光学显微镜直接观察。基因突变属于分子水平的变化，不能用上述方法直接观察，要用其他方法来鉴定。一个常用的鉴定基因突变的试验，是鼠伤寒沙门氏菌-哺乳动物肝微粒体酶试验（Ames 试验）。

突变本来是人类及生物界的一种自然现象，是生物进化的基础，但对于大多数机体个体往往有害。例如，人和哺乳动物的性细胞如果发生突变，就会影响妊娠过程，导致不孕和胚胎早期死亡等；体细胞的突变，可能是形成癌症的基础。因此，致突变作用是毒理学和毒理化学中的一个很重要的课题。

常见的具有致突变作用的环境污染物有：亚硝胺类、苯并[a]芘、甲醛、苯、砷、铅、烷基汞化合物、甲基对硫磷、敌敌畏、百草枯、黄曲霉毒素 B_1 等。

3. 致癌作用

致癌是体细胞不受控制地生长。能在动物和人体中引起致癌的物质称为致癌物。致癌物根据性质可分为化学(性)致癌物、物理性致癌物(如 X 射线、放射性核素氡)和生物性致癌物(如某些致癌病毒)。据估计,80%~85% 的人类癌症与化学致癌物有关,在化学致癌物中又以合成化学物质为主。因此,化学品与人类癌症的关系密切,受到多门学科和公众的极大关注。

化学致癌物的分类方法很多。按照对人和动物致癌作用的不同,可分为确证致癌物、可疑致癌物和潜在致癌物。确证致癌物是经人群流行病调查和动物实验均已确定有致癌作用的化学物质。可疑致癌物是已确定对实验动物有致癌作用,而对人致癌性证据尚不充分的化学物质。潜在致癌物是对实验动物致癌,但无任何资料表明对人有致癌作用的化学物质。到 1978 年为止,确定为动物致癌的化学物质达到 3 000 种,以后每年都有数以百计的新致癌物被发现。目前,确认为对人类有致癌作用的化学物质有 20 多种,如苯并[a]芘、二甲基亚硝胺、2-萘胺、砷及其化合物、石棉等。

化学致癌物根据作用机理,可分为遗传毒性致癌物和非遗传毒性致癌物。遗传毒性致癌物细分为:(i)直接致癌物,即能直接与 DNA 反应引起 DNA 基因突变的致癌物,如双氯甲醚;(ii)间接致癌物,又称为前致癌物,它们不能直接与 DNA 反应,而需要机体代谢活化转变,经过近致癌物至终致癌物后,才能与 DNA 反应导致遗传密码修改,如苯并[a]芘、二甲基亚硝胺等。大多数目前已知的致癌物都是间接致癌物。

非遗传毒性致癌物不与 DNA 反应,而是通过其他机制,影响或呈现致癌作用的物质。包括:(i)促癌物,可使已经癌变细胞不断增殖而形成瘤块,如巴豆油中的巴豆醇二酯、雌性激素己烯雌酚等,免疫抑制剂硝基咪唑硫嘌呤等;(ii)助致癌物,可加速细胞癌变和已癌变细胞增殖成瘤块,如二氧化硫、乙醇、儿茶酚、十二烷等,促癌物巴豆醇二酯同时也是助致癌物;(iii)固体致癌物,如石棉、塑料、玻璃等可诱发机体间质的肿瘤。

此外,还有其他种类致癌物。例如,铬、镍、砷等若干重金属的单质及其无机化合物对动物是致癌的,有的对人也是致癌的。根据临床病例及流行病学研究结果,无论是服用大量砷进行治疗,还是职业上的接触者,砷化合物都可引起皮肤癌。

化学致癌物的致癌机制非常复杂,目前仍在研讨之中。关于遗传毒性致癌物的致癌机制,一般认为有两个阶段。第一是引发阶段,即致癌物与 DNA 反应,引起基因突变,导致遗传密码改变。大部分环境致癌物都是间接致癌物,需通过机体代谢活化,经近致癌物至终致癌物,由后者来引发。如果细胞中原有修复机制对 DNA 损伤不能修复或修而不复,那么正常细胞便转变成突变细胞。第二是促长阶段,主要是突变细胞改变了遗传信息的表达,增殖成为肿瘤,其中恶性肿瘤还会向机体其他部位扩展。

在引发阶段中直接致癌物或间接致癌物的终致癌物,都是亲电性质的活泼物质,能通过烷基化、芳基化等作用与 DNA 碱基中富电的氮(或氧)原子,以共价键相结合而引起 DNA 基因突变。这是引发阶段的始发机制。例如,可以认为二甲基亚硝胺通过混合功能氧化酶催化氧化成活性中间产物 N-亚硝基-N-羟甲基甲胺,再经几步化学转化失去甲醛,最后产生活泼的亲电甲基碳正离子 CH_3^+,而与 DNA 碱基中富电的氮(或氧)原子相结合,使之烷基化,导致 DNA 基因突变,见式(5-126)。关于苯并[a]芘致癌的始发机制,可认为主要是经混合功能氧化酶催化氧化成相应的 7,8-环氧化物,再由水化酶作用形成相应的 7,8-二氢二醇,而后酶促氧化成 7,8-二氢二醇-9,10-环氧化合物,经开环形成相应芳基碳正离子,与 DNA 碱基中的氮(或氧)相结合,使之芳基化,导致 DNA 基因突变,见式(5-127)。

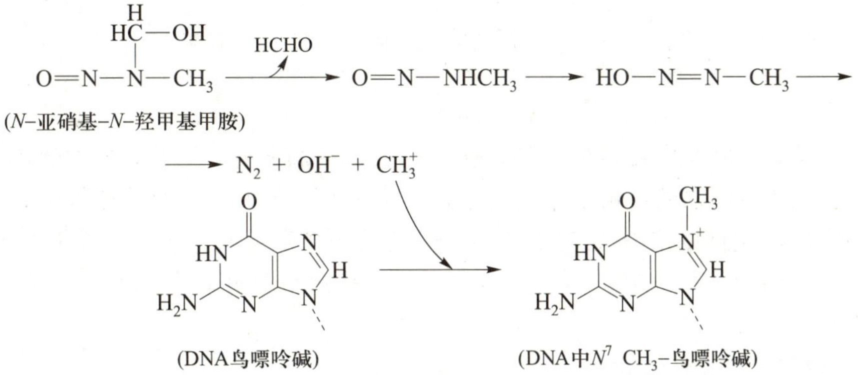

$$ \text{(N-亚硝基-N-羟甲基甲胺)} \quad \xrightarrow{\text{HCHO}} \quad \text{(5-126)} $$

(DNA 鸟嘌呤碱)

(DNA中 N^7 CH$_3$-鸟嘌呤碱)

(间接致癌物)

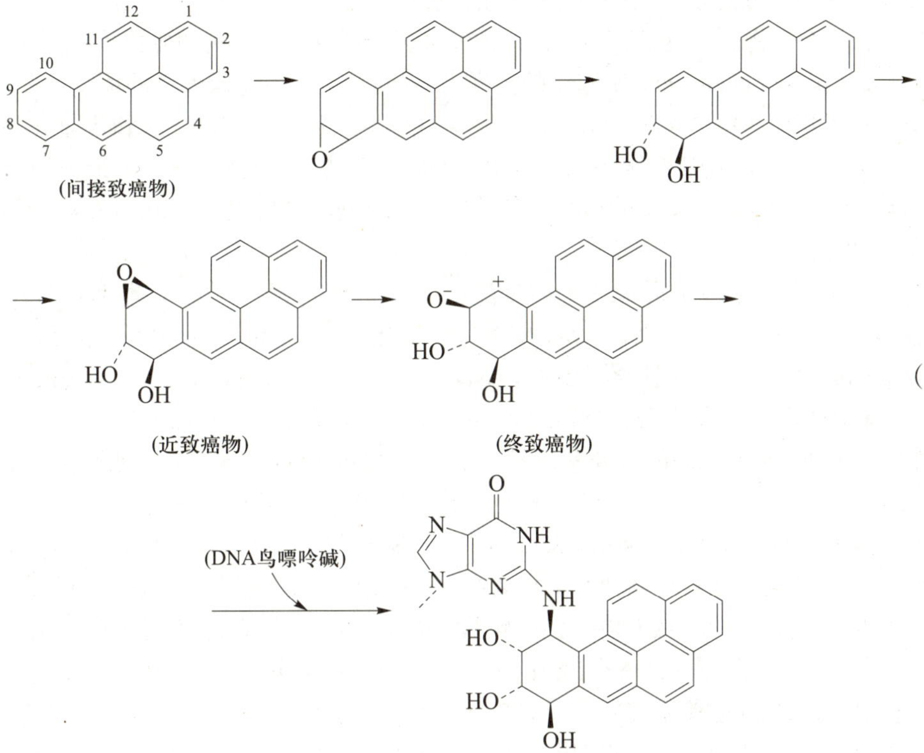

(5-127)

(近致癌物)

(终致癌物)

(DNA鸟嘌呤碱)

4. 致畸作用

人或动物在胚胎发育过程中由于各种原因所形成的形态结构异常,称为先天性畸形或畸胎。遗传因素、物理因素(如电离辐射)、化学因素、生物因素(如某些病毒)、母体营养缺乏或内分泌障碍等都可引起先天性畸形,并称为致畸作用。

具有致畸作用的污染物称为致畸物。截至 20 世纪 80 年代初期,已知对人的致畸物约有 25 种,对动物的致畸物约有 800 种。其中,声名最为狼藉的人类致畸物是"反应停"。它曾于 20 世纪 60 年代初在欧洲及日本被用作妊娠早期安眠镇静药物,结果导致约 10 000 名产儿四肢不完全或四肢严重短小。另外,甲基汞对人的致畸作用也是大家熟知的。

（反应停）

不同的致畸物对胚胎发育各个时期的效应,往往具有特异性。因此它们的致畸机制也不完全相同。一般认为致畸物的致畸生化机制可能有以下几种:致畸物干扰生殖细胞遗传物质的合成,从而改变核酸在细胞复制中的功能;致畸物引起染色体数目缺少或过多;致畸物抑制酶的活性;致畸物使胎儿失去必需的物质(如维生素),从而干扰向胎儿的能量供给或改变胎盘细胞膜的通透性。

5. 污染物的内分泌干扰作用

动物及人体的内分泌系统主要由雌性卵巢、雄性睾丸、脑垂体、甲状腺和肾上腺组成。该系统有效控制着整个生物过程,包括大脑发育、神经系统、生殖系统、代谢和血糖浓度。内分泌干扰物(endocrine disruptor chemicals,EDCs)的定义为:可通过干扰生物或人类的那些为保持自身平衡和调节发育过程而在体内产生的天然激素的合成、分泌、运输、结合、反应和代谢等,从而对生物或人类的生殖、神经和免疫系统等功能产生影响的外源性化学物质。EDCs 或模拟天然激素,或调节激素与受体合成过程中酶的活性,使人体固有激素水平的稳态被打破,最终导致内分泌紊乱和代谢性的疾病发生。

根据生物学效应的不同,环境中的内分泌干扰物可分为以下几类:① 雌激素作用干扰物:包括多氯联苯(polychlorinated biphenyl,PCBs)、双酚化合物(biphenols,BPs)、邻苯二甲酸酯类(phthalate esters,PAEs)、二苯烷烃类(diphenylkanes)、烷基酚(alkylphenol,APs)、有机氯杀虫剂、除草剂、真菌雌激素、植物雌激素(phytoestrogens,PEs)及某些重金属(如铅、镍、汞等);② 睾酮作用干扰物:包括利谷隆(Linuron)、邻苯二甲酸酯(phthalate esters,PAEs)、氟他胺(flutamide)、苯乙烯(styrene)、二硫化碳(carbonsulfide)、林丹(lindane)和铅(lead)等;③ 甲状腺素作用干扰物:包括二硫代氨基甲酸酯类(dithiocarbamate,DCs)和多卤代芳烃(polyhalogenocarbons,PHAHs);④ 内源性激素代谢酶及激素转运功能干扰物:有研究表明卤代芳烃和多溴联苯能够影响大鼠血清中甲状腺素(T3、T4)水平,同时降低促甲状腺素对 T3、T4 的调节;⑤ 其他内分泌干扰物:可卡因、铅、二硫化碳等可以干扰儿茶酚胺的作用,升高哺乳动物尤其是人血清中肾上腺皮质激素的水平,此外植物雌激素还能刺激催乳素合成与分泌等。

目前的研究发现,内分泌干扰物对于动物和人体的毒性作用机制主要可归结为以下四类。

① 受体介导反应。内分泌干扰物能够通过模拟或拮抗内源性激素来介入内源性激素的介导反应,从而影响生物体的内分泌系统。这类内分泌干扰物又称为“外源性激素”。当外源性激素与受体结合后发挥拟激素作用时,会增大内源性激素的作用,表现为激动效应。例如,烷基酚、己烯雌酚等与雌激素受体结合后发挥拟雌激素作用;当外源性激素竞争性结合受体时,会对抗内源性激素的作用,表现为拮抗效应,例如,某些有机氯农药与雄激素受体竞争性结合,从而抑制雄激素活性。

② 非受体介导反应。除了受体介导反应模式外,内分泌干扰物还能通过诱导或抑制生物合成或代谢酶的活性来改变机体内激素水平,或干扰内源性激素的贮备、释放、转运和清除,改变内源性激素在体内的生物利用度,进而引起内分泌功能紊乱。例如,染料木黄酮被认为可通过影响

21-羟基化酶来抑制肾上腺皮质细胞糖皮质激素的合成并刺激肾上腺源的雄激素(如二氢表雄甾酮)合成。利血平及安非他命可影响儿茶酚胺类激素的贮备。作为钙离子螯合剂的重金属可影响钙离子在激素释放过程中的作用。

③ 活性氧(ROS)氧化损伤。ROS 的生理和病理作用体现在既可以通过免疫、增殖、基因转录、蛋白活性等调节许多细胞内分子信号通路的活性,也可以与细胞膜、DNA、蛋白质等发生氧化还原反应,从而导致病理病变的发生。氧化应激环境可以促进炎症发生并可能进一步导致各类疾病的发生。

④ 影响内分泌系统与其他系统的调控作用。生物体内的内分泌系统、神经系统及免疫系统是各自独立而又相互联系的体系,三者通过细胞因子、激素及其他信号分子构成相互联系彼此作用的网络,从而维持机体正常机能的调节。一方面,在生物体内内分泌系统的紊乱会使其他系统(神经系统、免疫系统等)受到伤害,从而引发致癌性、免疫毒性、神经毒性等;另一方面,当神经系统、免疫系统受到外界化合物影响后,又会导致内分泌系统异常。

五、毒物的联合作用

在实际环境中往往同时存在多种污染物,它们对机体同时产生的毒性,有别于其中任一种污染物对机体产生的毒性。两种或两种以上的毒物,同时作用于机体所产生的综合毒性称为毒物的联合作用。毒物的联合作用通常分为四类。

1. 协同作用

协同作用指联合作用的毒性大于其中各毒物成分单独作用毒性的总和。也就是说,其中某一种毒物成分能促进机体对其他毒物成分的吸收加强、降解受阻、排泄迟缓、蓄积增多或产生高毒代谢物等,使混合物毒性增加。如四氯化碳与乙醇,臭氧与硫酸气溶胶等。若以死亡率作为毒性的观察指标,两种毒物单独作用的死亡率分别为 M_1 和 M_2,则其协同作用的死亡率为 $M > M_1 + M_2$。

2. 相加作用

相加作用指联合作用的毒性等于其中各毒物成分单独作用毒性的总和,即其中各毒物成分之间均可按比例取代另一种毒物成分,而混合物毒性均无改变。当各毒物成分的化学结构相近、性质相似、对机体作用的部位及机理相同时,其联合的结果往往呈现毒性相加作用。如丙烯腈与乙腈,稻瘟净与乐果等。若以死亡率作为毒性指标,两种毒物单独作用的死亡率分别为 M_1 和 M_2,则其相加作用的死亡率为 $M = M_1 + M_2$。

3. 独立作用

独立作用指各毒物对机体的侵入途径、作用部位、作用机理等均不相同,因而在其联合作用中各毒物生物学效应彼此无关、互不影响。即独立作用的毒性低于相加作用,但高于其中单一毒物的毒性,如苯巴比妥与二甲苯。若以死亡率作为毒性指标,两种毒物单独作用的死亡率分别为 M_1 和 M_2,则其独立作用的死亡率 $M = M_1 + M_2(1 - M_1)$。

4. 拮抗作用

拮抗作用指联合作用的毒性小于其中各毒物成分单独作用毒性的总和。也就是说,其中某一种毒物成分能促进机体对其他毒物成分的降解加速、排泄加快、吸收减少或产生低毒代谢物等,使混合物毒性降低,如二氯乙烷与乙醇,亚硝酸与氰化物,硒与汞,硒与镉等。若用死亡率作为毒性指标,两种毒物单独作用的死亡率分别为 M_1 和 M_2,则其拮抗作用的死亡率为 $M < M_1 + M_2$。

有数种方法可以确定毒物联合作用的类型。其中,等效应图法是以半数致死剂量(浓度)作为等效应计量,绘图判定联合作用类型的方法。如图 5-24 所示,a 点是单个乙毒物的 LD_{50},c 点和 b 点是该 LD_{50} 可信限剂量;e 点是单个甲毒物的 LD_{50},f 点和 g 点是该 LD_{50} 可信限剂量。它们的相应连线把图分为 I~IV 的四个区。将实验得到的这两种毒物联合 LD_{50} 中的各自百分含量,分别利用 a 点(即 100% 的乙毒物)和 e 点(即 100% 的甲毒物)的关系,换算成相应的剂量,标在纵、横坐标轴上,并垂直于轴延伸相交于一点。此点(如图中的 p 点)若落在 II 区内,则这两种毒

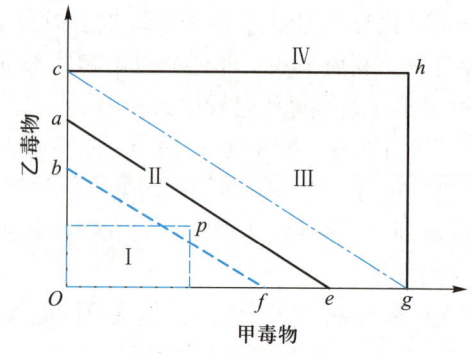

图 5-24　确定毒物联合作用类型等效应图
(I、II、III、IV 分别为协同、相加、独立、拮抗作用区)

物的联合作用类型为相加作用;而若落在 I、III 或 IV 区内,则联合作用类型顺次为协同作用、独立作用或拮抗作用。

第五节　有机物的定量结构与活性关系

一、概述

应用统计模型方法或模式识别方法,描述有机物的活性和结构关系,称为定量结构与活性关系或定量构效关系(QSAR)。这里,结构和活性都是广义的概念。结构包括化合物的分子、官能团、分子碎片等在结构方面的各种特征,且以有关的结构参数或物理化学参数表示。活性指化合物的生物活性,如毒性和药效性,还可指化合物的理化性质,如水溶性、挥发性、分配、吸附、水解、光解、生物降解等。

模型方法是 QSAR 研究中的主要方法,根据 QSAR 研究,建立符合统计验证要求的模型,可以预测未知物的生物活性与理化性质,有利于化学品安全评价和筛选,可提供污染物风险评价所需的相应基础知识,有助于探讨化合物对生物作用的机理及其在环境中的迁移转化规律,并为安全、高效新化学品的设计和污染物的防治技术及其风险消减技术,提供理论指导。

早在 19 世纪,当人们对化合物的结构有了初步了解后,就有人开始设法建立化合物的生物活性和结构的关系。Hansch-Fujita 与 Free-Wilson 在 20 世纪 60 年代先后为有机物 QSAR 做出了重要的贡献。他们采用统计方法并借助计算机技术建立的结构与活性关系表达式,标志 QSAR 时代的开始,在这之后有许多新方法相继提出,目前沿着从描述性向推理性、从宏观向微观和从二维向多维的 QSAR 的方向正在迅速进展之中。

二、Hansch 分析法

1. Hansch 分析法含义

Hansch 等认为一系列具有同一骨架、不同取代基的有机类似化合物,其生物活性取决于分子(整体)或取代基的疏水性及取代基的电性和立体效应。

化合物随着其疏水性增加,越来越容易通过生物膜,活性增大。但当疏水性过大时,化合物在生物体液中的传输受到妨碍,不容易到达生物受体作用部位,活性反而减小。

取代基的电性效应,包括诱导与共轭效应,会引起分子中电子密度的特定分布。若此分布与受体作用部位电子密度分布相适应,则有利于分子与受体作用部位间的结合,使化合物的活性增加。否则,会导致化合物活性减小。

取代基的立体效应表现在体积大的取代基不利于与受体作用部位的适当匹配,从而降低化合物活性。然而有时又可以迫使分子采取与受体作用部位结合所需的构象异构体,而使化合物活性提高。

反映上面理化性质的有关参数,可与化合物生物活性建立多元回归相关方程(Hansch 方程),即为在 QSAR 研究中的 Hansch 分析法。

2. Hansch 分析法常用参数

(1) 疏水性参数

有机物的疏水性参数,指化合物在生物体内脂相与水相间的脂-水分配系数(P)的对数($\lg P$),具体采用相应化合物在正辛醇-水体系中的分配系数的对数表示,其值由实验测得。

此外,还有化合物取代基的疏水性参数(π),其定义为基团(X)取代骨架中的氢原子(H)后所引起的母体化合物 $\lg P$ 的变化值,即

$$\pi = \lg P_X - \lg P_H \qquad (5-128)$$

可见,取代基疏水性大于氢原子时,π 为正值;否则,π 为负值。

当同一骨架上有数个(i 个)取代基时,各取代基疏水性参数之和的定义为

$$\sum \pi = \lg P_i - \lg P_H \qquad (5-129)$$

取代基疏水性参数反映出分子结构中特殊部位疏水性对生物活性的影响,故可作为疏水性的一种独立参数,与活性相关联。另外,通过式(5-128)和式(5-129)可从 π 值计算同一骨架的各种化合物的疏水性参数,而可免做实验逐一测定。

(2) 电性参数

芳香族化合物的取代基电性参数为 Hammet 参数(σ),通过实验从下式得到:

$$\sigma = \lg K_X - \lg K_H \qquad (5-130)$$

式中:K_H——苯甲酸酸性解离常数;

K_X——苯甲酸在环上氢被基团 X 取代后的酸性解离常数。

吸电子取代基(如硝基)会增大苯甲酸酸性解离常数,故 σ 为正值。供电子取代基(如甲基)会减小该酸性解离常数,故 σ 为负值。取代基的 σ 值还与其在芳香环上的位置和数目有关。

脂肪族化合物的取代基电性参数采用 Talf 电性参数(σ^*),通过实验可从下式得到:

$$\sigma^* = \frac{1}{2.48}\left[\lg\left(\frac{k}{k_0}\right)_B - \lg\left(\frac{k}{k_0}\right)_A\right] \qquad (5-131)$$

式中:$\left(\dfrac{k}{k_0}\right)_B$——碱催化(B)下,乙酸乙酯在酰基被基团取代后的水解速率常数(k)与原酯水解速率常数(k_0)之比;

$\left(\dfrac{k}{k_0}\right)_A$——酸催化(A)下的上述之比。

该式表明,吸电子取代基的 σ^* 为正值,供电子取代基的 σ^* 为负值。

（3）立体参数

化合物取代基的立体参数采用 Talf 立体参数（E_s）,通过实验可由下式求得:

$$E_s = \lg \left(\frac{k}{k_0} \right)_A \qquad (5\text{-}132)$$

式中:$\left(\dfrac{k}{k_0} \right)_A$——酸催化下取代乙酸甲酯水解速率常数（$k$）与原酯水解速率常数（$k_0$）之比。

立体参数还可用摩尔折射度（R）来表示,其值由下式得到:

$$R = \frac{n^2 - 1}{n^2 + 1} \cdot \frac{M}{\rho} \qquad (5\text{-}133)$$

式中:n、M 和 ρ——取代基的折射率、摩尔质量和密度。

需要指出,为了试探和改善 QSAR,在 Hansch 方程中还可采用其他相应参数进行替代。此外,在方程中有时还伴随使用指示变量（I）作为参数,以表示化合物分子的特定结构部分的存在与否对化合物生物活性的影响。若存在,则可指定 $I = 1$,I 的系数可为正或负,从而表达出该结构部分的存在增加或降低了多少生物活性。若不存在该结构部分,则指定 $I = 0$,显示对活性值没有影响。

3. Hansch 分析法的应用

Hansch 分析法曾在 QSAR 研究中获得了广泛的应用,目前仍是一个常用的方法。在生物体外与体内,经典的 Hansch 方程分别为

$$\lg \frac{1}{c} = a(\lg P) + b\sigma + cE_s + d \qquad (5\text{-}134)$$

$$\lg \frac{1}{c} = -a(\lg P)^2 + b(\lg P) + c\sigma + dE_s + e \qquad (5\text{-}135)$$

式中:$\lg \dfrac{1}{c}$——化合物产生特定的生物活性浓度的负对数。

如式（5-135）所示,化合物在体内的活性与疏水性之间为抛物线形关系,当疏水性不大时,（$\lg P$）项对活性的影响大于（$\lg P$）^{2} 项,但当疏水性过大时,（$\lg P$）^{2} 项的影响大于（$\lg P$）项。式（5-134）和式（5-135）的右边各项并不都是必需的,可以根据具体情况进行取舍或改用其他有关的参数。

Craig 总结了 102 个 β-氨基-α-羟乙基菲衍生物（图 5-25）的抗疟活性规律,建立了下面的方程:

$$\lg \frac{1}{c} = 0.31\pi_{X+Y} + 0.78\sigma_{X+Y} + 0.13\sum\pi - 0.015\left(\sum\pi\right)^2 + 2.35 \qquad (5\text{-}136)$$

（$n = 102$,方程相关系数 $r = 0.908$,标准偏差 $S = 0.263$）

式中:π_{X+Y}——取代基 X、Y 的疏水参数 π 之和;

$\quad\sigma_{X+Y}$——取代基 X、Y 的电性参数 σ 之和;

$\quad\sum\pi$——取代基 X、Y、R、R′ 的疏水参数 π 之和。

从该式可以看出，σ_{X+Y} 的系数数值最大，它对活性具有重要的影响，且系数符号为正，故 σ_{X+Y} 越正，即取代基 X、Y 的吸电性越强，对活性提高越有利；X、Y 的疏水性的适宜增大，有利于活性提高；但是取代基 R 和 R′ 对活性大小的影响甚微，无论 R 和 R′ 变化多大，如从丁基到辛基，从含杂原子基团到不饱和基团，对活性大小都无关紧要。所得结果为如何进行结构改造及设计新的抗疟活性更高的此类衍生物，指明了方向。

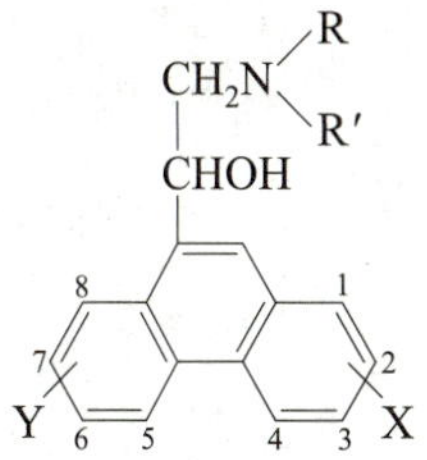

图 5-25 β-氨基-α-羟乙基菲衍生物结构

Hansch 分析法要求被研究的化合物应该具有相同的活性中心与作用机制，只适用于类似化合物的 QSAR 研究，并且参数通常需要实验测定，而使该法的应用范围受到限制。

三、分子连接性指数法

1. 分子连接性指数法含义

从分子结构图的某一矩阵，经过各种特定计算转化成数值，称为分子拓扑指数。此类指数包含分子结构信息，用作结构参数，与化合物活性建立相关模型，即为 QSAR 研究中的拓扑指数方法。其中，应用较多的是分子连接性指数法。该法指数有简单分子连接性指数和价分子连接性指数两种，它们都是从分子结构图形的邻接矩阵通过计算而得到的。

2. 分子连接性指数法的应用

分子连接性指数，尤其是价分子连接性指数，可与化合物的微生物毒性、生物的吸收、降解及积累、水溶解度、分配系数、土壤吸附系数等建立相关性良好的回归方程，已在环境毒理学、环境化学等研究领域获得广泛的应用。

分子连接性指数不需要做任何实验，仅靠计算就可以得到，有利于 QSAR 研究的进行。然而，分子连接性指数的物理意义还不甚明确，不能区分有机物的几何、对映和构象的异构体，限制了它在 QSAR 研究中的应用范围。

四、量化参数在 QSAR 研究中的应用

1. 量化参数简介

量子化学认为分子轨道能量是整个分子最基本的结构因素，通过对化合物结构进行量子化学计算，主要采用半经验的算法及适用于小分子的非经验的从头算法，可以获得有关分子的电子结构的诸多信息。这些信息作为结构参数（量化参数），能够充分表达有机物的生物活性和性质，且其物理意义明确，有利于探讨在构效关系中的作用机理，因而在 QSAR 研究中获得了广泛的应用。

目前，应用于 QSAR 研究中的量化参数主要是涉及原子电荷、分子轨道能量、前线轨道电子密度、超离域度、极化率、极性和能量等方面的各种量化参数。

2. 量化参数在 QSAR 研究中的应用举例

杜娟等应用量化参数，研究了具有抗艾滋病毒 HIV 活性的黄酮类化合物的结构与毒性的定量关系，为研发安全的该类药物提供了重要的参考。研究中选取 33 种有关的黄酮类衍生物，其母体结构包括 4 类（图 5-26）。化合物毒性数据采用半数细胞中毒浓度的对数（$\lg c_{50}$）表示，其值取自有关文献（Tuppurainen K, 1994）。

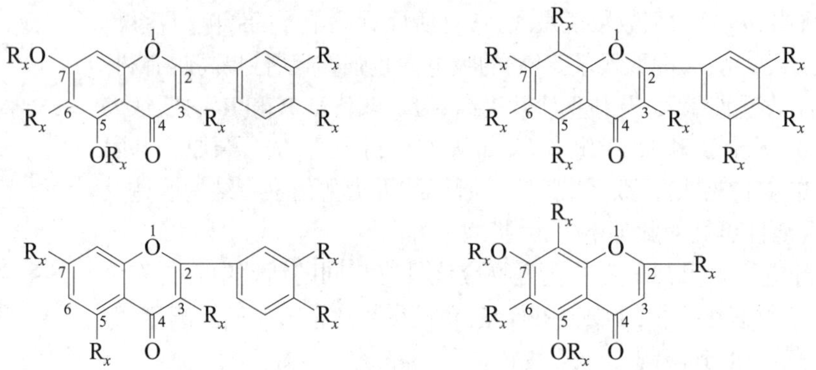

图 5-26　黄酮类化合物的母体结构
（R_x 表示不同取代位置上的相应基团）

使用量子化学从头算法计算 14 种量化参数,研究发现,其中 5 种量化参数与黄酮类药物毒性存在显著的相关关系,由偏最小二乘法（PLS）回归分析,得到最佳主成分数为 2 时的 QSAR 方程:

$$\lg c_{50} = 14.880\,2E_{\text{LUMO}} - 2.028\,0\eta + 0.065\,6\alpha + 0.025\,6\mu - 0.515\,4Q_7 \qquad (5\text{-}137)$$

式中:E_{LUMO}——化合物分子的最低未占据分子轨道能量,表示分子接受电子的能力或受到亲核(性)反应物攻击的敏感程度,其值越小,分子的这种能力越强或敏感程度越高(与之含义相反的参数 E_{HOMO} 是化合物分子的最高占据分子轨道能量,其值越大,表示分子给出电子的能力或受到亲电(性)反应物攻击的敏感程度越高);

　　　　η——分子硬度,$\eta = (E_{\text{LUMO}} - E_{\text{HOMO}})/2$,表示分子的稳定性,$\eta$ 值越大,分子稳定性越好,亦即分子反应活性越差;

　　　　α,μ——分子的极化率、偶极矩;

　　　　Q_7——图 5-26 中 7 号碳原子上的净电荷,原子净电荷由其总电荷减去属于该原子的共价电荷得到,它表示分子通过该原子与反应物对应部位之间静电相互作用所呈现的反应活性。

方程非交叉验证的相关性系数平方 r^2 为 0.94,标准偏差 S 为 $-0.010\,0\sim0.479\,3$,方差比 F 为 42.86,表明方程具有强的估计能力;方程交叉验证的相关系数 q 为 0.84,剩余平方和（PRESS）为 1.718 7,显示方程稳定性好,综合说明方程具有较好的预测能力。

从方程看出,E_{LUMO}、η 和 Q_7 是影响抗艾滋病毒 HIV 活性的黄酮类化合物毒性的主要因素,但是影响程度依次明显降低。E_{LUMO} 项系数为正值,表明 E_{LUMO} 值增加,会减小化合物毒性;η 和 Q_7 项系数为负值,表明 η 和 Q_7 值降低,会减小化合物毒性。

事实表明,溶剂化效应对溶质在溶液中的理化和生化过程起关键的作用。Wilson 和 Famini 等在线性溶剂化能相关（LSER）理论及模型的基础上,提出完全应用量化参数表达溶液中有机物活性的理论线性溶剂化能相关（TLSER）模型:

$$P = aV_{\text{mc}} + b\pi_1 + c\varepsilon_\beta + dq^- + e\varepsilon_\alpha + fq^+ + P_0 \qquad (5\text{-}138)$$

式中:P——化合物生物活性或理化性质;

　　　　V_{mc}——化合物分子摩尔体积的 1%,表示分子溶剂化时进入溶剂中所需空穴大小;

π_1——化合物极化率,表示溶质分子的电子转移能力,$\pi_1 = \alpha/V_{mc}$;

ε_β, q^-——氢键碱性,表示溶质分子作为氢原子的受体形成氢键的能力,包括共价碱性(ε_β)和静电碱性(q^-),$\varepsilon_\beta = 0.01\ [E_{LUMO(H_2O)} - E_{HOMO}]$,$E_{HOMO}$是溶质分子最高占据分子轨道能,$E_{LUMO(H_2O)}$是水分子最低未占据分子轨道能,$q^-$是溶质分子中原子最负净电荷。

ε_α, q^+——氢键酸性,表示溶质分子作为氢原子的供体形成氢键的能力,包括共价酸性(ε_α)和静电酸性(q^+),$\varepsilon_\alpha = 0.01\ [E_{LUMO} - E_{LUMO(H_2O)}]$,$E_{LUMO}$是溶质分子最低未占据分子轨道能,$E_{LUMO(H_2O)}$是水分子最高占据分子轨道能,$q^+$是溶质分子中氢原子最正净电荷。

P_0——常数项。

TLSER 模型已成功地应用于有机物生物活性与理化性质的拟合与预测。例如,Wilson 和 Famini 应用量子化学半经验算法,计算部分烷烃、醇类和取代芳烃类有机污染物与模型有关的量化参数,将其与上述化合物对发光菌(photobacterium phosphoreum)、金鱼、虹鳟、蛙及蝌蚪的毒性,按照 TLSER 模型进行回归分析,结果列于表 5-4。

表 5-4　TLSER 对毒性的拟合结果

$$P = aV_{mc} + b\pi_1 + c\varepsilon_\beta + dq^- + e\varepsilon_\alpha + fq^+ + P_0$$

毒性参数	受试生物	P_0	a	b	c	d	e	f	n	r	S	F
EC_{50}	发光菌	11.7	−3.11	−49.3	n/s	3.72	n/s	−4.28	41	0.970	0.41	141
LC_{50}	金鱼	7.63	−2.63	−49.4	n/s	4.18	n/s	−1.90	31	0.975	0.24	124
LC_{50}	虹鳟	22.2	−1.78	−97.9	−39.6	n/s	n/s	n/s	28	0.992	0.21	477
MBC	蛙	5.68	−2.58	−11.5	n/s	n/s	n/s	n/s	21	0.976	0.24	171
C	蝌蚪	7.46	−2.16	−42.0	−25.2	4.11	n/s	n/s	41	0.970	0.29	141

注:n/s 表示不存在。

从表 5-4 可看出,对于五种生物而言,TLSER 方程均有满意的验证统计量,表明方程对毒性的拟合能力强。化合物极化率是各方程中不可缺少的、影响毒性最为重要的因素,其系数符号为负,极化率的增加将会增大化合物毒性,这反映出极化率较大的有机分子,尽管倾向于溶解水中而不利于在细胞膜上的分配,但还不能抵消由于增强了与膜上极性部位间的相互作用而使毒性增大的效应。分子体积也是各方程中必有的、对毒性具有显著影响的因素。其余与氢键碱性或酸性有关的参数,随着不同的受试生物,除在一个方程中全部缺项外,还有部分项对毒性有显著影响。

应当指出,量化参数还不是完全通用的,并且依赖化合物的结构或其参与过程的性质,因而可能有严重的缺陷。最需注意的一个情况是,量化参数由于在计算时受到假定的物理状态等条件的制约,而在理论上不能表征熵和温度的效应。当这些效应在给定性质或过程中具有主要作用时,量化参数描述的状况将与现实不符,任何因此得到的构效相关关系只能认为是偶然的。总体来说,只要对量化参数的使用进行严格分析,从被研究的化合物活性做出判断,并针对存在的问题,对参数进行研究扩展,量子化学方法便可以在 QSAR 的研究中得到更为广泛的应用。

五、比较分子力场分析方法

1. 方法简介

经典的定量结构与生物活性关系,其结构参数都是基于有机分子二维结构得到的,因此为二维构效关系(2D-QSAR)。然而,有机物和生物受体的相互作用是在三维空间实现的,并对分子的构象有严格的要求。因此,需要研究使用有机分子三维结构图像,提取表征结构特点的参数,建立更加合理的结构与活性的相关模型(3D-QSAR),以便更准确、全面地表达化合物与受体间的相互作用,深入探讨化合物的活性和分子结构的相互关系,合理设计新的化合物并预测其活性强度。随着计算机化学和分子图形学的发展,3D-QSAR 研究取得了很大的进展,已成为达到上述研究目标的有力工具。迄今为止,已有多种方法被提出,其中应用较多的是比较分子力场分析方法(C$_o$MFA)方法(Gramer 等,1988)。

C$_o$MFA 方法的依据为:具有生物活性的化合物与生物受体之间,在分子水平上的相互作用主要是可逆性的非共价作用力,如范德瓦耳斯相互作用、静电相互作用、氢键相互作用和疏水相互作用。一系列化合物作用于同一受体,上述化合物分子与受体间的各种相互作用应该具有一定的相似性,且可用分子的势场来描述。于是在不了解受体结构的情况下,研究这些化合物分子周围势场的分布,并与化合物生物活性联系起来,既可推测受体的某些性质,又可根据所建立的模型设计新的化合物,预测其生物活性强度。

在 C$_o$MFA 中化合物分子周围的势场,分别由描述范德瓦耳斯相互作用和静电相互作用的立体势场和静电场两部分组成。场能(值)分布是按一定的要求,计算合适的探针原子或基团在空间网格各格点上移动时,与化合物分子中各原子有关作用之和而得到的。

其中,立体势场能的计算采用 Lennard-Jones 势能函数:

$$E_{vdw} = \sum_{i=1}^{n} \left(A_i r_{ij}^{-1} - C_i r_{ij}^{-6} \right) \tag{5-139}$$

式中:E_{vdw}——化合物分子的立体势场能;

$\quad$ r_{ij}——分子中原子 i 与位于网格格点 j 上的探针之间的距离;

$\quad$ A_i、C_i——取决于相应原子范德瓦耳斯半径的常数;

$\quad$ n——分子中的原子个数。

静电势场能的计算采用库仑(Coulomb)势能函数:

$$E_c = \sum_{i=1}^{n} \frac{q_i q_j}{D r_{ij}} \tag{5-140}$$

式中:E_c——化合物分子的静电势场能;

$\quad$ q_i——分子中原子 i 的电荷;

$\quad$ q_j——探针的电荷;

$\quad$ D——介电常数;

$\quad$ r_{ij}——分子中原子 i 与位于网格点 j 上的探针之间的距离;

$\quad$ n——分子中原子的个数。

C$_o$MFA 方法由下面几部分组成:

① 构建各个被研究的化合物分子的三维结构,计算其优势(活性)构象;按照合理的叠合原

则,把它们的优势构象叠合在一个设定的能容纳所有分子的空间网格内(图 5-27 中网格示意)。

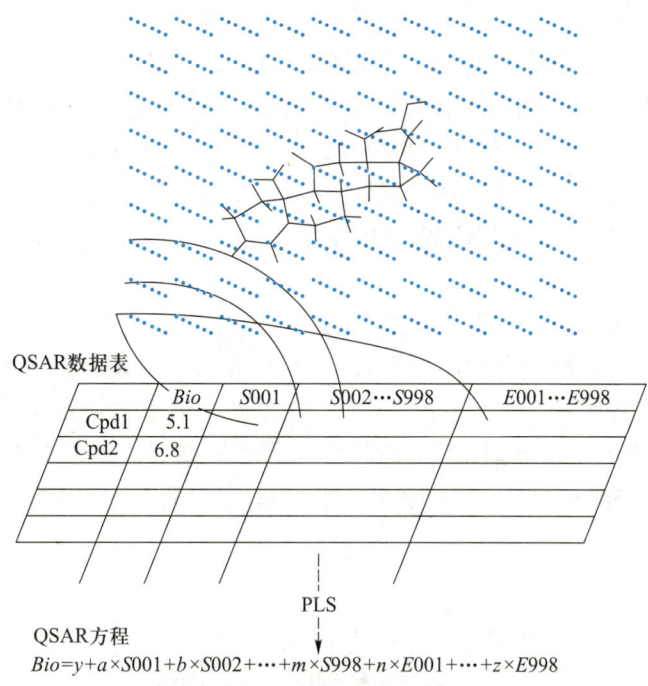

QSAR方程
$Bio=y+a×S001+b×S002+···+m×S998+n×E001+···+z×E998$

图 5-27　C_oMFA 计算基本步骤图示

② 选择合适的探针,经常采用 sp^3 杂化的一价碳正离子,在网格点上逐一移动,分别计算与各分子之间的范德瓦耳斯作用力和库仑作用力,确定分子周围立体势场能和静电势场能的空间分布。由此得到与网格内各分子相应的上千至数千个场能值,连同各化合物的生物活性测量值,构成 C_oMFA 方法的 QSAR 数据表(图 5-27 中数据表)。

③ 应用偏最小二乘法(PLS)进行结构与活性关系的回归分析,以克服大量势场参数带来的共线性问题,确定最佳主成分数和建立 3D-QSAR 模型(图 5-27 中的方程)。进行统计学验证,评价模型质量。

④ 将所得模型中的立体势场能和静电势场能的系数,分别用等高图显示出来,解释分子结构因素对生物活性的影响,并对未知化合物的活性进行预测,以及推测生物受体的某些性质。

2. 方法应用实例

谷妍等应用 C_oMFA 方法分别研究了 112 种含氟农药的抗小麦赤霉病活性和对小麦生长的毒性,为研究设计新的更高效、安全的含氟农药提供了有益的参考。

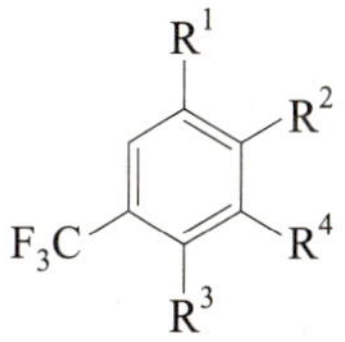

所有含氟农药母体结构示于图 5-28,其中 R^1、R^2、R^3 和 R^4 表示不同的供电基团和吸电基团(至少包含一个硝基)。含氟农药的活性和毒性以抑制率的测量值表示。

采用标准键长、键角构建所有化合物分子的初始三维结构;通过计算,在

图 5-28　含氟农药母体结构

对能量进行优化后选择各分子最低能量构象为其可能的优势构象,并确定后者中各原子净电荷。选取 78 种化合物作为训练集建立 C_oMFA 模型,余下 34 种化合物为测试集,检验所建模型对化合物的活性与毒性的预测能力。

将训练集所有分子的优势构象,在共有的特征点组合上,即在共有的对受体结合、活性及在空间的相对位置所需的重要官能团上叠合起来,置于一个设定的三维网格内,结果如图 5-29 所示。选用 sp^3 杂化的一价碳正离子作为探针,沿该网格点移动,计算各分子周围立体势场和静电势场的能值分布,连同对应的活性与毒性测量数据,分别进行偏最小二乘法回归分析,建立有关活性与毒性的两个 C_oMFA 模型,评价模型质量,用等高图显示模型的结果(图 5-30 和图 5-31)。

从偏最小二乘法回归分析的结果来看,活性与毒性模型通过交叉验证,其最佳主成分数均为 8,相关性系数平方 (q^2) 分别为 0.652 和 0.611(>0.4),标准偏差 (S) 分别为 2.091 和 0.411 5,表明两个模型都具有显著的稳定性;在该主成分数时两个模型非交叉验证的相关性系数平方 (r^2) 分别是 0.982 和 0.977,标准偏差 (S) 对活性与毒性极差的比值分别为 3.6% 和 2.9%,方差比 $F(8,69)$ 分别为 463.6 和 362.9,置信度都大于 99%,表明两个模型均有良好的估计能力。在

图 5-29　含氟农药的叠合图

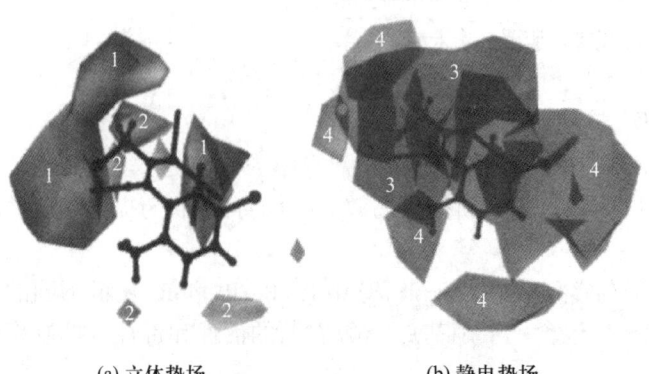

(a) 立体势场　　　　　　　　(b) 静电势场

图 5-30　活性的 C_oMFA 等高图

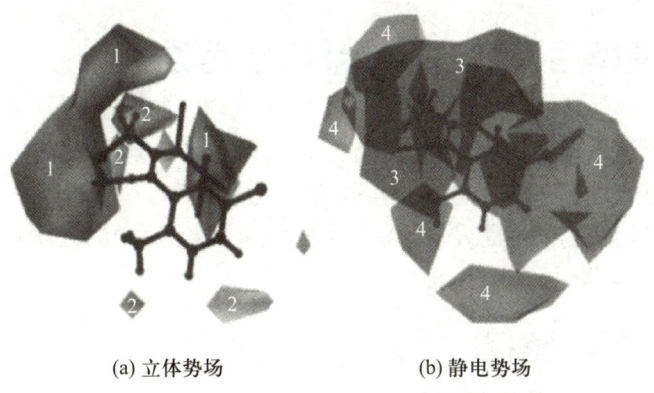

(a) 立体势场　　　　　　　(b) 静电势场

图 5-31　毒性的 C_oMFA 等高图

活性模型中立体势场贡献占 60.4%,静电势场贡献占 39.6%;在毒性模型中立体势场贡献占 59.2%,静电势场贡献占 40.8%,对于活性和毒性而言,含氟农药的立体势场是更为重要的影响因素。

图 5-30 和图 5-31 分别是活性与毒性模型的立体势场与静电势场分布的等高图。在立体势场分布中,区域 1 显示有利于立体效应的区域,即在该区域,若有体积大的取代基,则会增加含氟农药的活性和毒性数值。区域 2 显示不利于立体效应的区域,若在该区域有较大的取代基,则会降低含氟农药的活性和毒性。在静电势场分布中,区域 3 表明带正电荷取代基的存在,会有利于含氟农药活性和毒性的提高。区域 4 表明带负电荷取代基的存在,会有利于含氟农药活性和毒性的提高。

与测试集 34 种化合物的活性与毒性测量值相比较,两个模型预测的标准偏差与极差之比分别是 10.4% 和 6.4%,都具有良好的预测能力。

C_oMFA 方法存在一些局限性,主要是没有彻底解决化合物分子的优势(活性)构象及其叠合的选择问题,而在这方面的任何细小的误差,都将对结果产生重要的影响;也没有考虑在分子与受体的结合过程中,受体结合区域与分子间存在一个诱导适应、增强两者亲和的过程,因此该法很难模拟生物体内受体与分子的结合过程,而只能用于一般体外生物活性的研究。

六、机器学习在化学品效应预测中的应用

目前,得益于人工智能(AI)技术蓬勃发展和实验数据的累积,基于大数据的机器学习建模与预测,已经在化学品的活性预测方面展现出良好的应用前景。在化学品引发的多终点毒性预测方面,基于机器学习的 AI 技术研究发展迅速。基于已有的离体高通量测试大数据,采用机器学习的预测或分类算法,已成功实现成千上万种化学品的雄激素受体、雌激素受体、芳构化酶活性及其他生物活性的可靠预测。美国国家环境保护局发起的化学品内分泌干扰"联合建模计划",采用决策树、决策森林等机器学习方法,对 5 万多种化学分子结构进行了雄激素活性的准确预测。基于机器学习算法,利用预测化学品过氧化物酶体增殖物激活受体(PPAR γ)活性的计算毒理学模型,可实现《中国现有化学物质名录》中 4 万多种化学品的 PPAR γ 活性的高通量筛查。科学家构建的饮用水消毒酚类副产物与甲状腺素转运蛋白结合效力的预测模型、纳米金属氧化物肺部炎症预测的机器学习模型等,都展现出 90% 以上的高度准确率。

第六节　典型污染物的人体暴露与代谢

环境中的污染物可以通过饮食摄入、呼吸、皮肤接触等各种途径暴露于人体。典型污染物如苯系物、铅、汞等的职业暴露一直是公共卫生研究领域的重要课题。近年来,随着具有内分泌干扰等毒理学效应的新污染物的不断发现,这些污染物在普通人群中的人体暴露、体内转化及积累和排出,也成为环境化学关注的热点问题。

一、典型污染物的暴露途径

污染物暴露途径描述了污染物从排放点到受影响人体的过程,一般可分为直接呼吸吸入和间接摄入途径。间接摄入途径包括饮食摄入、呼吸摄入和皮肤接触(土壤或水体)摄入等。以多环芳烃(PAHs)的暴露为例,其途径也可分为职业暴露和非职业(普通人群)暴露途径,其中,职业暴露主要考虑直接呼吸摄入,非职业暴露的主要途径通常是饮食和皮肤接触。一般来说,侵入人体的PAHs往往是较复杂的混合物,如烟草烟雾(二手烟)和焦炉逸散物(烟尘),它们分别代表普通人群和职业人群的暴露方式。

对于新污染物——全氟化合物(PFASs)而言,其主要暴露途径可大致分为饮食摄入、呼吸摄入和皮肤接触摄入。鱼类和其他海洋生物的食用,是人体中PFASs的主要来源。在饮用水中,水溶性更强的全氟羧酸(PFCAs)化合物可被广泛检出。直接吸入含有PFASs的气体或者颗粒物会导致呼吸摄入。PFASs在室内空气颗粒物中被广泛检出,室内空气PFASs浓度高于室外空气。PFASs是冲锋衣等面料的重要涂层材料,直接接触含有PFASs的衣物布料等产品会导致PFASs的皮肤接触摄入。

再如,呼吸暴露被认为是重金属铅的职业暴露(如喷漆操作)的最重要途径。而在普通人群中,膳食暴露是铅暴露的主要来源。铅的暴露途径也与年龄有关。对于幼儿和青少年来说,灰尘和土壤颗粒的铅通过呼吸和皮肤接触被摄入体内,往往是其铅暴露的主要来源。

二、典型污染物的体内代谢

污染物在被摄入体内后发生代谢行为,包括吸收、转化、分布和排出,对其所带来的健康风险具有重要意义。在被吸收后,一些有机物会在酶促反应等机制下发生转化,形成更为亲水的代谢物。例如,PAHs除少量积累在脂肪等组织外,多数可在细胞色素p450类单加氧酶作用下被氧化为环氧化物;之后,环氧化物可能经重排成为酚类化合物,再进一步通过第二相反应生成葡糖苷酸和硫酸盐结合物;也可能在环氧化物水解酶作用下被水解为二氢二醇类物质,再进一步氧化为环氧二醇,可与DNA和蛋白质作用变为高分子加合物或者再氧化最终成为多醇物质;还可能直接与谷胱甘肽结合,再进一步代谢为硫醚氨酸。这些代谢物可进一步扩散至尿液并被排出体外。

动物研究表明,PFCs经口进入人体后,首先分散在细胞外基质。由于分子具有疏油性,PFASs优先与蛋白质如白蛋白相结合,以较高浓度存在于血液和肝脏中。离子型PFASs代谢缓慢,只能主要通过尿液缓慢排泄。PFASs的半衰期与化合物种类和性质相关,通常消除速率随碳链变短而增大。与其他动物相比,人类体内PFCs的消除速率更慢。全氟辛酸(PFOA)、全氟辛烷磺酸(PFOS)和全氟己烷磺酸(PFHxS)在人体血液中的半衰期分别为3.5a、4.8a和7.3a。相比于短链同系物，人类血清对长链 PFASs 有更高的生物积累性。

通过饮食摄入的铅在肠胃中的吸收受到生理因素（如禁食、营养钙、铁状况、怀孕）和颗粒的物化特征（如大小、溶解度、铅形态）的影响。成人对铅的稳定同位素摄入的研究表明，铅的平均吸收率为 15%~20%。成人对所摄入的可溶性铅的吸收率似乎比儿童更高，并且可能受铁摄入状况的影响。低铁摄入和铁不足的个体其血铅含量升高。饮食中钙的摄入与儿童体内铅含量具有负相关性，表明缺钙儿童会比钙充足的儿童吸收更多的铅。通过呼吸暴露摄入可吸入含铅颗粒中，铅的沉积和吸收受颗粒大小和溶解度的影响。大于 5 μm 的颗粒会沉积在气管和支气管内层流体，然后被黏膜纤毛转运到咽喉最后吞下，同时胃肠道的铅也可能被吸收。更小的颗粒会沉积在肺的肺泡部分而且会被几乎完全吸收。被吸收的铅首先会在血细胞中被检出。骨骼是铅积累的重要组织。铅的排出主要通过被动扩散到尿液和粪便中而实现，血液中铅的半衰期会因为暴露水平、性别和年龄而有所不同，对于普通成年男性，血铅的半衰期大约是 30 d。

三、典型污染物的暴露评估

通过内暴露评估和外暴露评估两种方式，可对污染物的人体暴露量进行评估。其中，内暴露评估指通过监测人体组织及排泄物样本，如血液、肌肉、脂肪、尿液、唾液、粪便、毛发中的污染物标志物浓度，计算其体内负荷或日暴露剂量；而外暴露评估则指通过对饮食、呼吸等暴露途径的贡献分析，评估各途径下某污染物的暴露剂量。

一项对 PFASs 人体暴露的研究发现，PFOS 是在我国人体血液样本及水产品中最主要的 PFASs，平均浓度分别为 2.5 ng/mL 和 0.92 ng/g。PFOS 和 PFOA 通过水产品食用的日均单位体重摄入量评估值（EDI）分别为 0.10~2.51 ng/kg 和 0.13 ng/kg。PFOA 是饮用水中的主要 PFASs，浓度为 0.10~1.92 ng/L。PFOA 通过饮用水摄入的 EDI 范围为 0.010~0.159 ng/kg。滑雪用品中含有高剂量的 PFASs。雪橇打蜡工人血清中的 PFOA 浓度中位数值达 50 ng/mL，工人的工作时间和 PFCAs 暴露之间存在正相关的显著性关联，表明这些工人存在职业暴露。

血铅和头发中的铅常被用于铅的内暴露评估，但与血液相比，由于存在潜在的外部污染，头发中的铅含量并不能作为体内摄入铅的有效指标。饮食摄入是普通人群铅暴露的主要途径。一项对上海市居民饮食中铅含量的调查发现，普通市民和高端消费人群平均每周铅的饮食暴露量分别可达 0.006 2 mg/kg 和 0.012 3 mg/kg，占暂定每周可耐受摄入量（PTWI）的 25% 和 49%。

思考题与习题

1. 污染物通过生物膜的主要方式有几种，分别是什么？
2. 生物富集是什么，它是如何发生的？
3. 什么是生物放大，它与生物富集有何不同？
4. 生物放大的结果有哪些潜在的环境影响？
5. 如何确定一种物质是否会在生物体中积累？
6. 生物转化所需的酶一般有哪些类型？若干重要辅酶具有哪些功能？
7. 生物转化的主要反应类型有哪些？人体中反应场所在哪里？

8. 什么是硝化、反硝化、固氮？各有什么环境意义？

9. 污染物的生物转化具有哪些性质？

10. 举例说明某类污染物的生物转化过程中涉及的微生物及相关的途径。

11. 请简述毒物的定义，举例说明哪些常见的环境污染物属于毒物，并比较 Toxin、Poison、Toxicant、Xenobiotics 在概念上有何异同。

12. 毒物毒性的影响因素有哪些？

13. 毒物有哪些主要的分类方式？请至少列举两种。

14. 简述剂量-反（效）应关系曲线的特点，并解释其在毒理学研究中的意义。

15. 分析内分泌干扰物对生物体激素平衡的影响及其可能导致的健康问题。

16. 毒物联合作用的类型有哪些？在研究中可能遇到哪些挑战？

17. 在设计长期致癌实验时，应如何选择实验动物和确定剂量分组？

18. 在实验水中某鱼体从水中吸收有机污染物 A 的速率常数为 $18.76\ h^{-1}$，鱼体消除 A 的速率常数为 $2.38 \times 10^{-2}\ h^{-1}$；设 A 在鱼体内起始浓度为零，在水中的浓度可视作不变。计算 A 在该鱼体内的浓缩系数及其浓度达到稳态浓度 95% 时所需的时间。（788.2，5.24 d）

19. 在通常天然水中微生物降解丙氨酸的过程如下，在其括号内填写有关的化学式和生物转化途径名称，并说明这一转化过程将对水质带来什么影响。

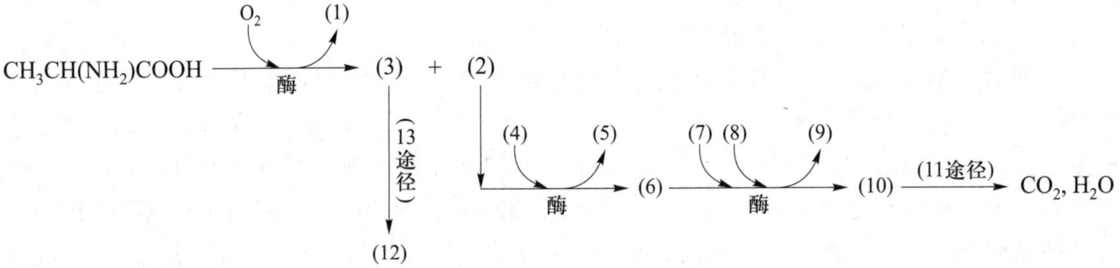

20. 比较下列各对化合物中微生物降解的快慢，指出所依据的定性判别规律。

(1)

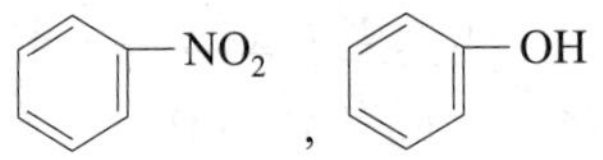

(2) $CH_3—(CH_2)_5—CH_3$，$CH_3CH_2CH_3$

(3)

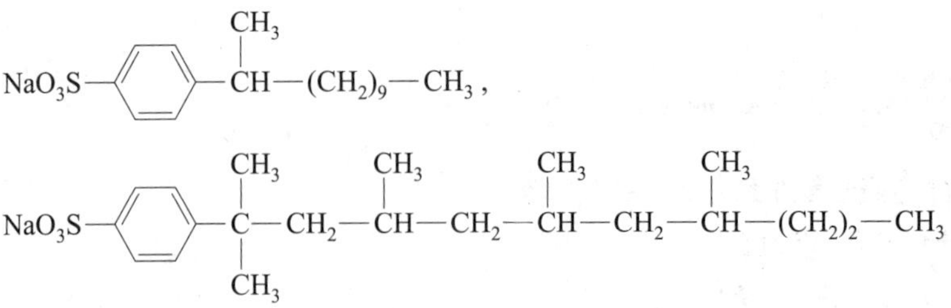

21. 在下列微生物降解烷基叔胺过程的括号内,填写有关的酶名、化学式或转化途径名称。

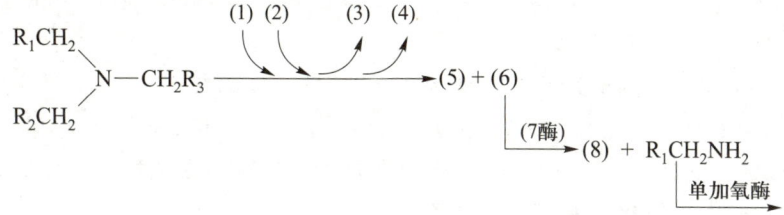

22. 已知氨氮硝化数学模式适用于某一河段,试从下表中该河段的有关数据,写出这一模式的具体形式。

河段设置的断面	流经时间 /h	氨氮质量浓度 /(mg·L^{-1})	被硝化的氨氮质量浓度 /(mg·L^{-1})
Ⅰ	0	2.86	0
Ⅱ	2.37	2.04	0.63
Ⅲ	8.77	0.15	2.65

$$\left[Y = \frac{2.86\exp(0.594t - 2.674)}{1 + \exp(0.594t - 2.674)} \right]$$

23. 用查阅到的新资料,说明毒物的联合作用。

24. 试说明化学物质致突变、致癌和抑制酶活性的生物化学作用机理。

25. 解释下列名词概念:

① 被动扩散;② 主动转运;③ 肠肝循环;④ 血脑屏障;⑤ 半数有效剂量(浓度);⑥ 阈剂量(浓度);⑦ 助致癌物;⑧ 促癌物;⑨ 酶的可逆和不可逆抑制剂。

26. 在水体底泥中有下图所示反应发生,填写图中和有关光分解反应中所缺的化学式或辅酶简式。图中的转化对汞的毒性有何影响?

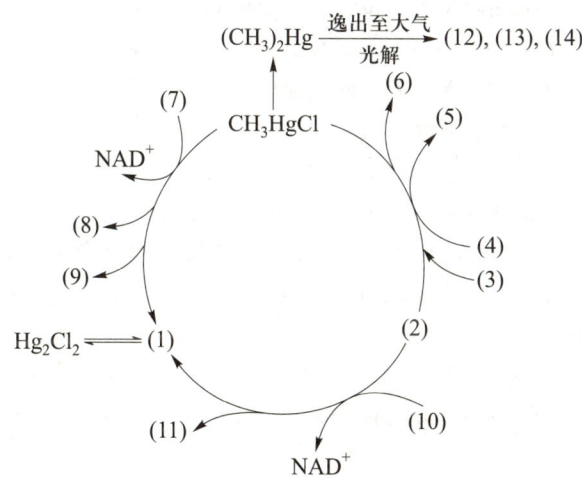

27. 试简要说明氯乙烯致癌的生化机制和在一定程度上防御致癌的解毒转化途径。（提示：$\underset{O}{H_2C\!-\!CHCl}$ 在氯乙烯致癌机制中起重要作用。）

28. 描述 QSAR 研究中常用的 Hansch 分析法中疏水性参数、电性参数、立体参数的定义。

29. QSAR 的具体应用计算：现有一个化合物，其对数疏水性参数（$\lg P$）为 3.2，电性参数（σ）为 0.45，立体参数（E_s）为 1.0。已知方程参数 $a = 0.75, b = -1.2, c = 0.5, d = 0.3$，计算该化合物的生物活性浓度。

30. 机器学习在化学品效应预测中的应用存在哪些优势？

31. 描述多环芳烃（PAHs）在非职业人群中的主要暴露途径，并解释为什么这些途径可能成为主要的暴露方式。

32. 比较和对比 PAHs 和 PFASs 在人体中的代谢过程。讨论这些差异如何影响这些污染物在体内的积累和排泄。

主要参考文献

［1］戴树桂. 环境化学［M］. 2 版. 北京：高等教育出版社，2006.

［2］Manahan S E. 环境化学［M］. 9 版. 孙红文，等，译. 北京：高等教育出版社，2013.

［3］江桂斌，郑明辉，冯玉杰，等. 环境化学前沿［M］. 3 版. 北京：科学出版社，2022.

［4］陈景文，全燮. 环境化学［M］. 大连理工大学出版社，2009.

［5］孟紫强. 环境毒理学［M］. 3 版. 北京：高等教育出版社，2018.

［6］段昌群. 环境生物学［M］. 3 版. 北京：高等教育出版社，2023.

［7］郭新彪. 环境健康学基础［M］. 北京：高等教育出版社，2011.

［8］郑平. 环境微生物学教程［M］. 北京：高等教育出版社，2010.

［9］杨志峰，刘静玲，等. 环境科学概论［M］. 2 版. 北京：高等教育出版社，2018.

［10］周炳升，杨丽华，刘春生，等. 持久性有机污染物的内分泌干扰效应［M］. 北京：科学出版社，2018.

［11］陈景文，王中钰，傅志强，等. 环境计算化学与毒理学［M］. 北京：科学出版社，2018.

［12］尹大强，刘树森，桑楠，等. 持久性有机污染物的生态毒理学［M］. 北京：科学出版社，2018.

［13］Robert V T. Bioaccumalation Model of Organic Chemical Distribution in Aquatic Food Chains.Environ［J］. Sci. Technol.，1989，23：699－707.

［14］Bodek I. Environmental Inoganic Chemistry［M］. New York：Pergamon Press Inc.，1988.

［15］Tyagi O D. Environmental Chemistry［M］. Delhi：Anmol Publications，1990.

［16］Manahan S E.Toxicological Chemistry［M］. 2nd Ed. Boca Raton：Lewis Press，1992.

［17］王连生. 有机污染化学［M］. 北京：高等教育出版社，2004.

［18］徐文方. 新药设计与开发［M］. 北京：科学出版社，2001.

［19］Murray W J. Molecular Connectivity Ⅲ. Relationship to Partition Coefficients［J］. J.Pharm.Sci.，1975，64：1978－1981.

［20］Liao Y Y. Toxicity QSAR of Substituted Benzene to Yeast Saccharomyces Cerevisiae［J］. Bull.Environ.Contam.，1996，56（4）：460.

［21］杜娟. 量化参数在抗 HIV 黄酮类化合物毒性的构效关系中的应用［J］. 华西药物杂志，2005，20（2）：95－98.

［22］Wilson L.Using Theoretical Descriptors in Quantitative Structure-activity Relationship：Some Toxicological Indices［J］. J.Med.Chem.，1991，34：1668－1674.

［23］谷妍. 含氟农药的比较分子力场分析研究［J］. 化学学报，2000，58（12）：1540－1545.

［24］Mansouri K. CoMPARA：Collaborative Modeling Project for Androgen Receptor Activity［J］. Environ. Health Persp.，2020，128：027002.

［25］Kuypers M M M. The Microbial Nitrogen-cycling Network［J］. Nat. Rev. Microbiol.，2018，16：263－276.

本章中英文关键词对照

中文	英文	中文	英文
被动扩散	passive diffusion	辛醇–水两相分配系数	octanol-water partition coefficients
蛋白质	protein	α–氨基酸	α-amino acid
分布	distribution	酶	enzyme
磷脂双分子层	lipid bilayer	酶促反应	enzymatic reaction
膜孔滤过	membrane filtration	微生物降解	micro-biological degradation
排泄	excretion	单成分酶	monoenzyme
生物膜	biofilm	辅酶	coenzyme
生物转化	biotransformation	合成酶	synthetase
吸收	absorption	裂解酶	lyase
脂肪	fat	双成分酶	two-component enzyme
主动转运	active transport	水解酶	hydrolase
被动易化扩散	passive facilitated diffusion	异构酶	isomerase
胞吞	endocytosis	转移酶	transferase
胞饮	pinocytosis	丙酮酸	pyruvate
被动易化扩散	passive facilitated diffusion	氢传递	hydrogen transfer
胎盘屏障	placental barrier	电子受体	electron acceptor
血脑屏障	blood-brain barrier	生物氧化	biological oxidation
胺	amine	甲烷	methane
肠肝循环	enterohepatic circulation	糖类	carbohydrates
磺酸	sulfonic acid	脱氢酶	dehydrogenase
磺酰胺	sulfamide	单糖	monosaccharide
季铵	quaternary ammonium	多糖	polysaccharide
尿酸	uric acid	二糖	disaccharides
生物富集	bioconcentration	三羧酸循环（TAC）	tricarboxylic acid cycle
生物蓄积	bioaccumulation	糖酵解	glycolysis
羧酸	carboxylic acid	甘油	glycerol
蓄积	accumulation	脂肪酸	fatty acid
有机碱	organic base	酸性发酵	acid fermentation
有机酸	organic acid	乙酰辅酶 A	acetyl coenzyme A
重金属	heavy metal	甲烷发酵	methane fermentation
生物放大	biological amplification	肽键	peptide bond
食物链	food chain	产甲烷菌	methanogens
辛醇–空气分配系数	octanol-air partition ratio	细胞色素 p450 酶	cytochrome p450

中文	英文	中文	英文
醇	alcohol	解离常数	dissociation constant
醛	aldehyde	致癌作用	carcinogenic effects
水解反应	hydrolysis reaction	促癌物	cancer promoting substances
谷胱甘肽	glutathione	助致癌物	procarcinogens
烃类	hydrocarbons	分子轨道能量	molecular orbital energy
双加氧酶	dioxygenase	分子拓扑指数	molecular topological index
蒽	anthracene	构效关系	structure-activity relationship
菲	phenanthrene	内分泌干扰物	endocrine disruptor
萘	naphthalene	前线轨道电子密度	frontier orbital electron density
农药	pesticide	致畸作用	teratogenicity
化能自养型细菌	chemoautotrophic bacteria	极化率	polarizability
氧化还原反应	redox reaction	相加作用	additive action
好氧根瘤菌	aerobic rhizobium	协同作用	synergistic effect
水体富营养化	eutrophication	定量构效关系	quantitative structure-activity relationship
梭状芽孢杆菌	clostridium difficile		
脱硫弧菌	*Vibrio desulphuricans*	独立作用	independent action
一级动力学	first-order kinetics	拮抗作用	antagonistic effect
不可逆抑制剂	irreversible inhibitor	三维结构图像	three-dimensional structure image
米氏方程	Michaelis-Menten equation	Hansch 分析法	Hansch analysis method
酶促反应速率	enzymatic reaction rate	共线性	colinearity
乙酰胆碱	acetyl choline	静电势场	electrostatic potential field
电离度	ionization degree	立体势场	solid potential field
毒物	toxicant	优势构象	preferential conformation
毒性	toxicity	分子连接性指数法	molecular connectivity index method
官能团	functional group		
溶解度	solubility	高通量筛查	high-throughput screening
遗传毒性致癌物	genotoxic carcinogen	暴露评估	exposure assessment
脂溶性	liposolubility	日暴露剂量	daily exposure dose
阈剂量	threshold dose	体内负荷	internal load
外源性激素	exogenous hormone	量化参数	quantization parameter
基因突变	genetic mutations	比较分子力场分析	comparative molecular force field analysis methods
染色体突变	chromosomal mutations		
致突变作用	mutagenic effect	暴露途径	exposure pathways
苯并[a]芘	benzo[a]pyrene	多环芳烃	polycyclic aromatic hydrocarbons
共轭效应	conjugative effect	机器学习	machine learning

续表

中文	英文	中文	英文
全氟化合物	perfluorochemical	二硫化碳	carbon disulfide
全氟羧酸	perfluorocarboxylic acid	氟他胺	flutamide
日均单位体重摄入量评估值	estimated daily intake	甲状腺素	thyroxine
		邻苯二甲酸酯	phthalate ester
多氯联苯	polychlorinated biphenyl	林丹	lindane
多溴联苯	polybrominated biphenyl	肾上腺皮质激素	cortin
儿茶酚胺	catecholamine	双酚化合物	bisphenol compound
二苯烷烃类	diphenylkanes	植物雌激素	phytoestrogen
二硫代氨基甲酸酯类	dithiocarbamate	二级动力学	second-order kinetics

第六章
典型污染物在环境各圈层中的转归与效应

 内容提要及重点要求

环境中的化学污染物种类繁多。随着人类社会发展与科技进步,人类对环境问题的关注经历了从局部环境问题向区域环境问题与全球环境问题的拓展;而环境化学学科关注的污染物种类也不断随之发展。从研究的角度来看,有些污染物以往关注较多(如有机氯农药和重金属),有些污染物则是当下研究的热点(如新污染物)。本章中的"典型"污染物主要包括毒性强、危害大、影响范围广的部分重金属(汞、砷、镉、铬等)与有机污染物(POPs、PAHs、有机磷化合物和抗生素耐药基因等)。本章主要介绍了典型污染物在各圈层中的转归与效应。要求了解这些典型污染物的来源、用途和基本性质,掌握它们在环境中的基本转化、归趋规律与效应。

第一节 污染物在多介质多界面环境中的传输

地球环境是一个由大气、水体、土壤、岩石和生物等圈层组成的多介质体系,建立描述污染物在多介质环境中的迁移、转化和归趋规律,弄清化学污染物在这些介质中的浓度、持久性、反应活性及分配的倾向,是研究污染物转归与效应的重要内容。

污染物在多介质环境中的过程研究主要包括以下几个方向:

① 水/气界面的物质传输:主要研究污染物从水中的挥发、大气复氧,以及污染物在水体表面微层的富集行为。

② 土壤/大气界面的物质传输:主要研究污染物从土壤的挥发和干、湿沉降污染物由大气向土壤的传输两部分。

③ 水/沉积物界面的物质传输:在多介质环境问题研究中,水/沉积物界面是比水/气界面更为复杂的界面,它是水体中水相与沉积物相之间的转换区,是底栖生物栖息的地带。水/沉积物界面的物质传输,不仅涉及污染物的传输,而且涉及水和沉积物本身的传输。因此,污染物在该区域的积累和传输,在很大程度上影响该污染物的物理、化学和生物行为。概括来说,水/沉积物界面的化学物质传输是通过沉降、扩散、弥散、吸附、解吸、化学反应和底栖生物的作用等过程完成的。

污染物进入环境系统后,经过一系列的迁移转化,最后在各个环境介质单元之间达到动态的平衡,此时各环境介质单元可近似看作不同的"相"。为了研究污染物在各"相"的分配平衡,借用物理化学中"逸度"的概念来简化环境过程的模拟。

在多介质环境中,逸度可以定义为物质从某一相逸出的倾向,化学物质的浓度 c 和逸度 f 之

间的联系是通过参数 Z（称为逸度容量）来实现的。其表达式是

$$c = fZ$$

当化学物质在两个相邻的环境介质间处于平衡状态时，它们的逸度应相等，即有 $f_1 = f_2$，这时有如下的关系式成立：

$$\frac{c_1}{c_2} = \frac{fZ_1}{fZ_2} = \frac{Z_1}{Z_2}$$

式中：c_1、c_2——化学物质在介质 1 和介质 2 中的浓度，mol/m^3；

Z_1、Z_2——介质 1 和介质 2 的逸度容量。

上式表示在平衡体系中相邻两个介质间的浓度与逸度成正比。因为逸度是以热力学原理为基础的，所以对于多介质环境，逸度容量 Z 可以通过物质的物理、化学性质和环境的某些参数来计算。

第二节 重金属元素

重金属是具有潜在危害的重要污染物。重金属污染的威胁在于它不能被微生物分解。相反，生物体可以富集重金属，并且能将某些重金属转化为毒性更强的金属–有机物。自从 20 世纪 50 年代在日本出现水俣病和痛痛病，并且查明这是由于汞污染和镉污染所引起的"公害病"以后，重金属的环境污染问题受到人们极大的关注。

重金属元素在环境污染领域中的概念与范围并不是很严格。一般指对生物有显著毒性的元素，如汞、镉、铅、铬、锌、铜、钴、镍、锡、钡、锑等，从毒性这一角度通常把砷、铍、锂、硒、硼、铝等也包括在内。目前，最受关注的是汞、砷、铜、铅、铬等。

一、汞

1. 环境中汞的来源、分布与迁移

汞在自然界的含量不高，但分布很广。地球岩石圈内汞的含量约为 0.03 μg/g，在森林土壤中为 0.029~0.10 μg/g，在耕作土壤中为 0.03~0.07 μg/g，在黏质土壤中为 0.030~0.034 μg/g。水体中汞的含量更低，例如，河水中的汞含量约为 1.0 μg/L，海水中约为 0.3 μg/L，雨水中约为 0.2 μg/L，某些泉水中可达 80 μg/L 以上。大气中汞的本底值为（0.5~5）$\times 10^{-3}$ μg/m^3。

19 世纪以来，随着工业的发展，汞的用途越来越广，生产量急剧增加，从而使大量汞由于人类活动而进入环境。据统计，目前全世界每年开采应用的汞量在 1×10^4 t 以上，其中绝大部分最终以三废的形式进入环境。据计算，在氯碱工业中每生产 1 t 氯，要排放 100~200 g 汞；生产 1 t 乙醛，需用 100~300 g 汞，以损耗 5% 计，年产 10×10^4 t 乙醛就会有 500~1 500 kg 汞排入环境。

与其他金属相比，汞的重要特点是它能以零价形态存在于大气、土壤和天然水中，这是因为汞具有很高的电离势，其转化为离子的趋势小于其他金属。由表 6-1 可以看出，汞化合物特别容易挥发。无论是可溶或不可溶的汞化合物，都会部分挥发到大气中，其挥发程度与化合物的形态及在水中的溶解度、表面吸附、大气的相对湿度（RH）等因素密切相关。通常，有机汞的挥发性大于无机汞，有机汞中又以甲基汞和苯基汞的挥发性最高。无机汞中碘化汞的挥发性最高，硫化汞的挥发性最低。

表 6-1　汞化合物的挥发性

化合物	条件	大气中汞的质量浓度/($\mu g \cdot m^{-3}$)
硫化物	干空气中,RH≤1%	0.1
硫化物	湿空气中,RH 接近饱和	5.0
氧化物	干空气中,RH<1%	2.0
碘化物	干空气中	150
氟化物	RH<1%	8
氟化物	RH = 70%	20
氯化甲基汞(液体)	0.06% 的 0.1 mol/L 磷酸盐缓冲液,pH = 5	900
双氰胺甲基汞(液体)	0.04% 的 0.1 mol/L 磷酸盐缓冲液,pH = 5	140
乙酸苯基汞(固体)	在 RH<10% 的干空气中	22
乙酸苯基汞(固体)	在 RH = 30% 的空气中	140
硝酸苯基汞(固体)	在 RH<1% 的干空气中	4
硝酸苯基汞(固体)	在 RH = 30% 的空气中	27
半胱氨酸汞络合物(固体)	湿空气中,RH 饱和	13
	干空气中,RH<1%	2

　　在湿空气中汞的挥发性比在干空气中大得多。由于汞化合物的高挥发性,它可以通过土壤和植物的蒸腾作用而被释放到大气中。事实上,空气中的汞就是由汞化合物挥发导致的。空气中的大部分汞为颗粒物吸附态。气相汞的最后归趋是土壤和海底沉积物。在天然水体中,汞主要与悬浮微粒相结合,最后沉降进入水底沉积物。

　　在土壤中,因为假单胞细菌属的某种菌种可以将 Hg(Ⅱ)还原为 Hg(0),所以这一过程被认为是汞从土壤中挥发的基础。

　　有机汞化合物曾作为一种杀真菌剂而获得广泛应用,这类化合物包括芳基汞(如二硫代二甲氨基甲酸苯基汞,在造纸工业中用作杀黏菌剂和纸张霉菌抑制剂)和烷基汞制剂(如氯化乙基汞 C_2H_5HgCl,用作种子杀真菌剂等)。

(二硫代二甲氨基甲酸苯基汞)

　　无机汞化合物在生物体内一般容易排出。但当汞与生物体内的高分子结合,形成稳定的有机汞络合物后则很难排出体外。由表 6-2 中所列出的甲基汞和汞的某些络合物的稳定常数可以看出,半胱氨酸和白蛋白与甲基汞和汞的络合物均非常稳定。

表 6-2　甲基汞和汞的某些络合物的稳定常数

配体	pK	
	CH_3Hg^+	Hg^{2+}
—OH	9.5	10.3
组氨酸	8.8	10
半胱氨酸	15.7	14
白蛋白	22.0	13

如果存在亲和力更强或者浓度很高的配体,重金属难溶盐就会发生溶解,这是一个普遍规律。例如,根据溶度积计算,在 $Hg(OH)_2$ 与 HgS 溶液中 Hg 的质量浓度不超过 0.039 mg/L,但当环境中 Cl^- 浓度为 0.001 mol/L 时,$Hg(OH)_2$ 和 HgS 的溶解度可以分别增加 44 倍和 408 倍;当 Cl^- 浓度为 1 mol/L 时,它们的溶解度分别增加 10^5 和 10^7 倍。这是因为高浓度的 Cl^- 与 Hg^{2+} 发生强络合作用。因此,河流中悬浮物和沉积物中的汞进入海洋后会发生解吸,使河口沉积物中汞含量显著减少。

汞在环境中的迁移、转化与环境(特别是水环境)的电位和 pH 有关。从图 6-1 可以看出,液态汞和某些无机汞化合物[Hg^{2+}、$Hg(OH)_2$ 等],在较宽的 pH 和电位范围内是稳定的。

在地壳中常常有熔岩热水存在,由于硅酸盐的水解,加上环境中缺少氧分子(即环境电位很低),就有可能发生如下反应:

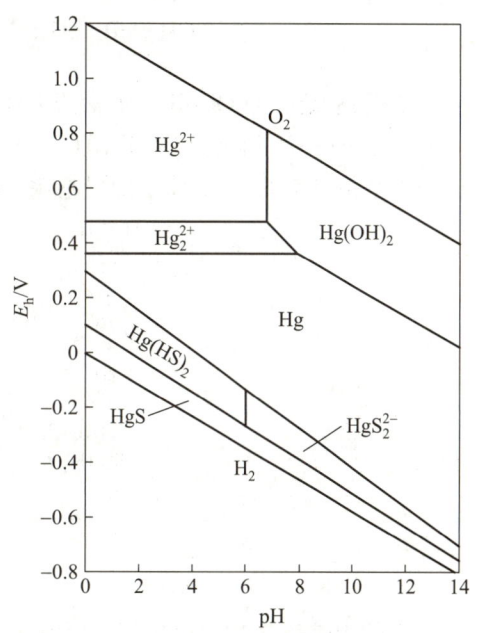

图 6-1 各种形态汞在水中的稳定范围

$$HS^- + OH^- \longrightarrow S^{2-} + H_2O$$

$$Hg^{2+} + S^{2-} \longrightarrow HgS$$

$$HgS + S^{2-} \longrightarrow HgS_2^{2-}$$

这将使沉积物上的汞慢慢溶解进入水体,该过程的效率主要取决于 S^{2-} 的浓度。由于自然水体中 pHS 常比 pH 高几个数量级,因此实际上 pH 是 HgS 溶解度的最敏感因素。当 pH 变小和温度降低时,朱砂(即 HgS)沉淀就可能出现。

植物能直接通过根系吸收汞。但在很多情况下,汞化合物在土壤中先转化为金属汞或甲基汞后才可被植物吸收。植物吸收和积累汞与汞的形态有关,其顺序是:氧化甲基汞 > 氯化乙基汞 > 乙酸苯汞 > 氯化汞 > 氧化汞 > 硫化汞。从这个顺序可见,挥发性高、溶解度大的汞化合物容易被植物吸收。汞在植物各部分的分布顺序是根 > 茎、叶 > 种子。汞被植物吸收后,常与根中的蛋白质反应并累积于根中,从而阻碍了汞向地上部分的运输。

2. 水俣病和汞的甲基化

1953 年在日本熊本县水俣湾附近的渔村,发现一种中枢神经性疾患的公害病,称为水俣病。经过 10 年研究,于 1963 年从水俣湾的鱼、贝体内分离出 CH_3HgCl 结晶,并用纯 CH_3HgCl 结晶体进行动物暴露实验,实验动物出现了与水俣病完全一致的症状。1968 年日本政府确认水俣病是由水俣湾附近的化工厂在生产乙醛时排放的汞和甲基汞废水造成的。这是世界历史上首次出现的重大重金属污染事件。

甲基钴氨素是金属甲基化过程中甲基基团的重要生物来源。当含汞废水排入水体后,无机汞被颗粒物吸着沉入水底,通过微生物体内的甲基钴氨酸转移酶进行汞的甲基化转变。此时汞以氧化态出现,故甲基钴氨素为二价汞离子提供的甲基基团只能是甲基负离子 CH_3^-,其反应如下(其详细机理见第五章第四节):

$$CH_3CoB_{12} + Hg^{2+} + H_2O \longrightarrow H_2OCoB_{12}^+ + CH_3Hg^+$$
$$\text{(水合钴氨素)}$$

水合钴氨素($H_2OCoB_{12}^+$)被辅酶 $FADH_2$ 还原,使其中钴由三价降为一价,然后辅酶甲基四氢叶酸($THFA-CH_3$)再将正离子 CH_3^+ 转移给钴,并从钴原子上取得两个电子,以 CH_3^- 与钴结合,完成了甲基钴氨素的再生,使汞的甲基化能够继续进行。其循环反应过程如下:

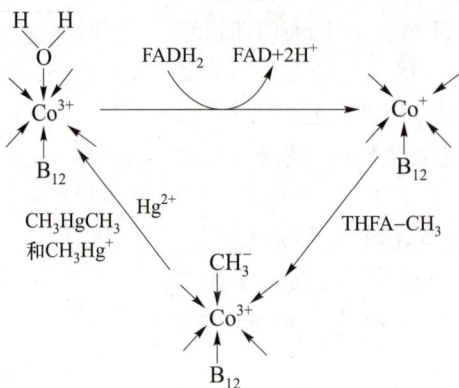

汞的甲基化产物主要包括一甲基汞和二甲基汞。用甲基钴氨素进行非生物模拟实验证明,一甲基汞的形成速率比二甲基汞的形成速率大 6 000 倍。但是在 H_2S 存在的条件下,不饱和的一甲基汞则容易转化为二甲基汞,其反应为

$$2CH_3HgCl + H_2S \longrightarrow (CH_3Hg)_2S + 2HCl$$

$$(CH_3Hg)_2S \longrightarrow (CH_3)_2Hg + HgS$$

这一过程可使不饱和的甲基金属完全甲基化。例如,能使 $(CH_3)_3Pb^+$ 转化为 $(CH_3)_4Pb$。一甲基汞可因氯化物浓度和 pH 不同而形成氯化甲基汞或氢氧化甲基汞:

$$CH_3Hg^+ + Cl^- \rightleftharpoons CH_3HgCl$$

$$CH_3HgCl + H_2O \rightleftharpoons CH_3HgOH + Cl^- + H^+$$

在中性和酸性条件下,氯化甲基汞是主要形态。在 pH = 8,氯离子质量浓度低于 400 mg/L 时,氢氧化甲基汞占优势;在 pH = 8,氯离子质量浓度为 18 000 mg/L 的条件下(即正常海水中),CH_3HgCl 约占 98%,CH_3HgOH 占 2%,CH_3Hg^+ 可以忽略不计。

在烷基汞中,只有甲基汞、乙基汞和丙基汞三种烷基汞为水俣病的致病性物质。它们存在的形态主要是烷基汞氯化物,其次是烷基汞溴化物和碘化物,一般以 CH_3HgX 表示。有趣的是,具有 4 个碳原子以上的烷基汞并不是水俣病的致病物质,也没有发现它们具有直接毒性。

汞的甲基化既可在厌氧条件下发生,也可在好氧条件下发生。在厌氧条件下,汞主要转化为二甲基汞。二甲基汞难溶于水,有挥发性,易散逸到大气中。但二甲基汞容易被光解为甲烷、乙烷和汞,故大气中二甲基汞存在量很少。在好氧条件下,汞主要转化为一甲基汞。在弱酸性水体(pH 为 4~5)中,二甲基汞也可以转化为一甲基汞。一甲基汞为水溶性物质,易被生物吸收而进入食物链。

3. 甲基汞脱甲基化与汞离子还原
湖底沉积物中甲基汞可被某些细菌降解而转化为甲烷和汞,也可将 Hg^{2+} 还原为金属汞。

$$CH_3Hg^+ + 2H \longrightarrow Hg + CH_4 + H^+$$

$$HgCl_2 + 2H \longrightarrow Hg + 2HCl$$

这些细菌经鉴定为假单胞菌属。日本分离得到的 K62 假单胞菌是典型的抗汞菌。我国原吉林医学院(现为北华大学)等单位从松花江底泥中也分离出三株可使甲基汞脱甲基化的细菌,其清除氯化甲基汞的效率较高,对 1 mg/L 和 5 mg/L 的 CH_3HgCl 的清除率为 100%。汞在环境中的循环如图 6-2 和图 6-3 所示。

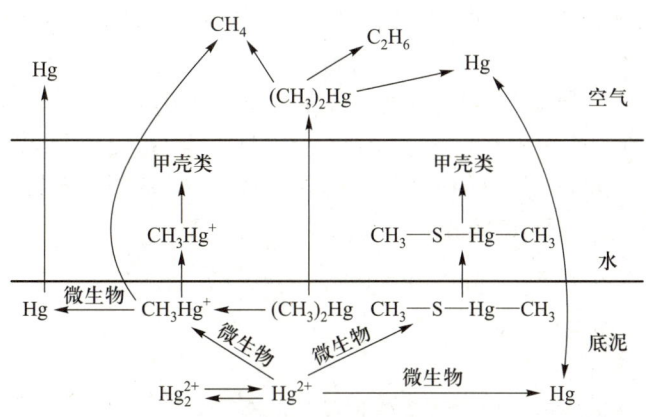

图 6-2　汞的生物循环

(资料来源:马文漪等,1998)

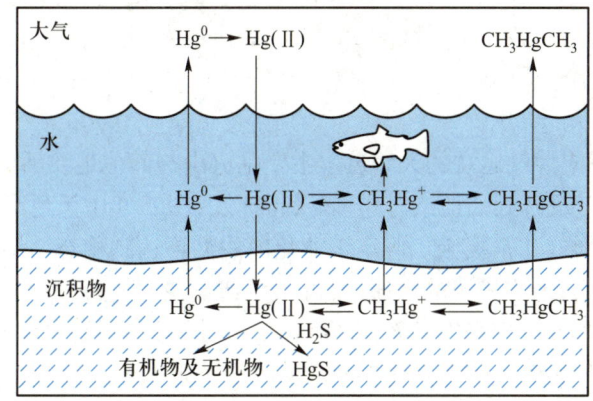

图 6-3　淡水湖泊中的汞循环

(资料来源:Winfrey 等,1990)

4. 汞的生物效应

甲基汞能与许多有机配体基团结合,如 —COOH、—NH$_2$、—SH、$-\overset{|}{\underset{|}{C}}-S-\overset{|}{\underset{|}{C}}-$、—OH 等。

例如,$\underset{\underset{NH_2}{|}}{CH_3SCH_2CH_2CHCOOH}$ 在蛋氨酸分子结构中有三个潜在的键联点:硫醚基、氨基和羧基。当 pH<2 时,CH_3Hg^+ 会键合在蛋氨酸分子的硫醚基上;当 pH>2 时,CH_3Hg^+ 会键合在羧基上;当 pH>8 时,CH_3Hg^+ 会键合在氨基上。CH_3Hg^+ 除能被束缚到碱基上外,还能直接键合到核糖上去。

因此甲基汞非常容易与蛋白质、氨基酸类物质起作用。

由于烷基汞具有高脂溶性，且它在生物体内分解速率缓慢（其分解半衰期约为 70 d），因此烷基汞比可溶性无机汞化合物的毒性大 10~100 倍。

水生生物富集烷基汞比富集非烷基汞的能力大很多。一般鱼类对氯化甲基汞的浓缩系数是 3 000，甲壳类则为 100~100 000。在日本水俣湾的鱼肉中，汞的含量可达 2.1~8.7 μg/g。

消除汞最活跃的人体部位是肾、肝、毛发等，一个健康的人，每天从尿中可排出 10~20 μg/g 的汞。

根据对日本水俣病的研究，中毒者发病时发汞含量为 200~1 000 μg/g，最低值为 50 μg/g；血汞为 0.2~2.0 μg/mL；红细胞中为 0.4 μg/g。因此，可以把发汞 50 μg/g、血汞 0.2 μg/mL、红细胞中汞 0.4 μg/g 看成是对甲基汞最敏感的人中毒的阈值。Binke（1987 年）曾以此为根据研究了人体每天最大摄汞量，并确立了下列关系式：

$$y = 1.4x + 0.003$$

式中：y——红细胞中汞的含量，μg/g；

x——汞的摄入量，mg/d。

日本的小岛后来又提出一个以发汞为依据的经验公式：

$$y' = 150x + 1.66$$

式中：y'——发汞含量，μg/g。

将前面的阈值代入这两个式子中，可以算出 x 均为 0.3 mg/d。因此可以把 0.3 mg/d 作为人体摄入甲基汞中毒的阈值。若安全系数为 10，则 0.03 mg/(人·d) 或 0.5 μg/(d·kg 体重) 可以认为是人体对甲基汞的最大耐受量。

5. 汞的全球循环

汞从地球深层储库向大气运动的天然过程主要是火山与其他地质活动。汞的天然生物地球化学循环包括大气迁移、沉降到陆地或海洋，以及再挥发（图 6-4 中黑色箭头与文字表示）。最终的汇是深海沉积物，其形成非常缓慢。假定工业化前汞循环达到稳态。用大气-海洋-陆地系统中汞的总量除以工业化前地质来源的汞通量，可以得到汞在大气-海洋-陆地系统总体寿命。由图 6-4 中数据计算，进入深海沉积物之前，汞在大气-海洋-陆地系统总体寿命大约是 3 000a。

人类活动包括煤炭燃烧、采矿和其他工业活动改变了汞循环，使得汞从远程的沉积物储库进入大气（图 6-4）。这些汞会在大气-海洋-陆地系统中循环数百年甚至数千年，对环境与人类带来影响。人类活动引起的汞循环与天然过程重叠起来，在图中以黑灰交织的箭头表示。确定各个储库间汞的通量具有不确定性，已经报道的一些数据差异有的在 3 倍以上。建立工业化前或者当代汞循环所需要的一个重要信息是当代与工业化前大气汞沉降的比值。这个比值告诉我们当代大气中的汞有多少来自工业化前。前人对未受污染的偏远湖泊沉积物柱芯采样分析后估算得到这个比值一般为 2~3。

二、镉

1. 痛痛病事件

在重金属污染造成的严重事件中，除水俣病之外，就属痛痛病了。痛痛病 1955 年首次发现于日本富山县神通川流域，是积累性镉中毒造成的。患者初发病时，腰、背、手、脚、膝关节感到疼

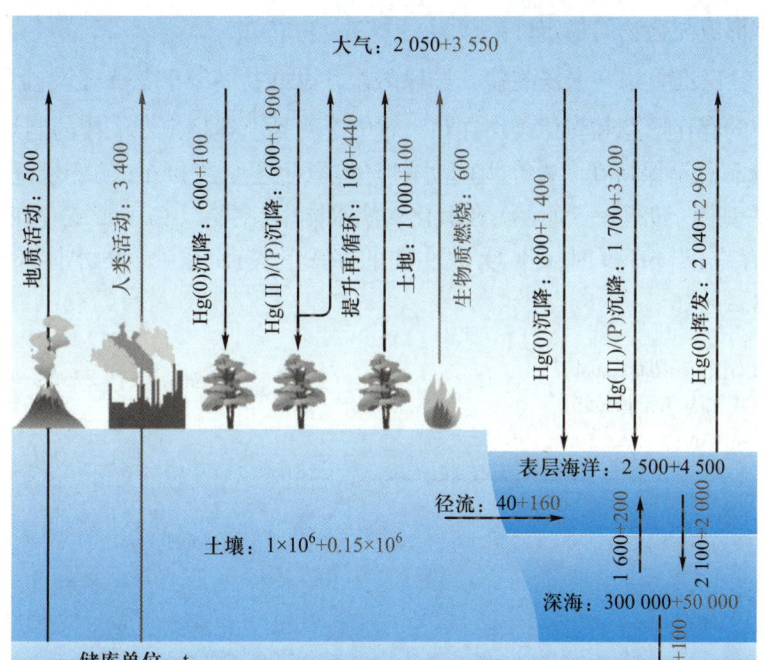

图 6-4 Hg 的全球循环储库及通量

（资料来源：Selin，2009）

痛，以后逐渐加重，上下楼梯时全身疼痛，行动困难，持续几年后，出现骨萎缩、骨弯曲、骨软化等症状，进而发生自然骨折，甚至咳嗽都能引起多发性骨折，直至最后死亡。经过调查，神通川上游锌矿冶炼排出的含镉废水污染了神通川河水，用河水灌溉农田，又使镉进入稻田被水稻吸收，致使当地居民因长期饮用被镉污染的河水和食用被镉污染的稻米而引起慢性镉中毒。此病潜伏期一般为 2~8 a，长者可达 10~30 a。直到这一事件发生之后，镉污染问题才引起人们普遍的关注。

2. 镉的环境分布和污染来源

地壳中镉的丰度仅为 20 ng/g，通常与锌共生，最早发现镉元素就是在 $ZnCO_3$ 矿中。在 Zn-Pb-Cu 矿中镉浓度最高，因此炼锌过程是环境中镉的主要来源。在冶炼 Pb 和 Cu 时也会排放出镉。

镉的工业用途很广，主要用于电镀、增塑剂、颜料生产、Ni-Cd 电池生产等。电镀厂在更换镀液时，常将含镉量高达 2 200 mg/L 的废镀液排入周围水体中。另外，在磷肥、污泥和矿物燃料中也含有少量镉。

3. 镉污染的特点

镉在环境中易形成各种配合物或螯合物，Cd^{2+} 与各种无机配体组成的配合物的稳定性顺序大致为

$$HS^->CN^->P_3O_{10}^{5-}>P_2O_7^{4-}>CO_3^{2-}>OH^->PO_4^{3-}>NH_3>SO_4^{2-}>I^->Br^->Cl^->F^-$$

与有机配体形成螯合物的稳定性顺序大致为

$$硫基乙胺 > 乙二胺 > 氨基乙酸 > 乙二酸$$

与含氧配体形成配合物的稳定性顺序为

氨三乙酸盐 > 水杨酸盐 > 柠檬酸盐 > 酞酸盐 > 草酸盐 > 乙酸盐

镉在环境中的存在形态和转化规律在很大程度上受到上述稳定性顺序的制约。

镉污染的价态总是保持在 +2 价,随着水体环境氧化还原性和 pH 的变化,受影响的只是与 $Cd(Ⅱ)$ 相结合的基团(如图 6-5 所示):在氧化性淡水体中,主要以 Cd^{2+} 形式存在;在海水中主要以 $CdCl_x^{2-x}$ 形态存在;当 pH>9 时,$CdCO_3$ 是主要的存在形式;而在厌氧的水体环境中,大多都转化为难溶的 CdS。

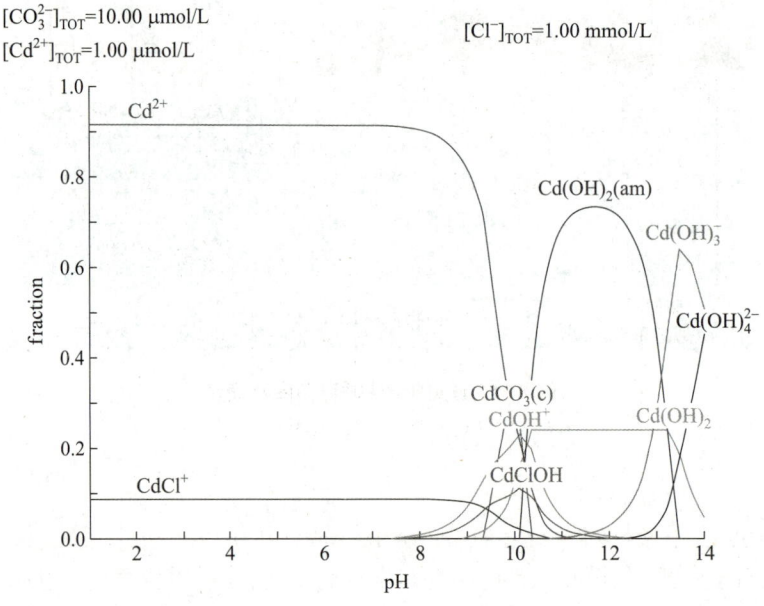

图 6-5 Cd(Ⅱ)形态分布图

水体底泥对镉同样存在较强的吸附作用,浓缩系数可达 500~50 000,因此水中的镉大部分沉积在底泥中。但镉的这种吸附作用不如汞,而且镉化合物的溶解度比相应的汞化合物大,因此镉在水中的迁移比汞容易,在沿岸浅水区域,镉的滞留时间一般为 3 周左右,而汞则长达 17 周。

镉是土壤中迁移性特别强的元素,通常通过植物的根吸收进入植物体内。决定镉迁移进入植物的因素主要是镉浓度水平、pH 和腐殖质水平,它们决定了镉在土壤溶液中的浓度水平从而决定了其生物有效性。镉一般在土壤表层 0~15 cm 处积累。在土壤中,镉主要以 $CdCO_3$、$Cd_3(PO_4)_2$ 和 $Cd(OH)_2$ 的形态存在,其中以 $CdCO_3$ 为主,尤其在碱性土壤中。大多数土壤对镉的吸附率为 80%~95%。不同土壤吸附顺序为:腐殖质土 > 重壤质土 > 壤质土 > 砂质冲积土。因此镉的吸附与土壤中胶体的性质有关。

4. 镉的毒害性

镉和汞一样,是人体不需要的元素。许多植物如水稻、小麦等对镉的富集能力很强,使镉及其化合物能通过食物链进入人体。另外,饮用镉含量高的水,也是导致镉中毒的一个重要途径。其实,在有镉污染的地区,粮食、蔬菜、鱼体内都检测出了较高浓度的镉,这些都是致病因素。镉的生物半衰期长,从体内排出的速率十分缓慢,容易在体内的肾脏、肝脏等部位积聚,对人体的肾脏、肝脏、骨骼、血液系统等都有较大的损害作用,还能破坏人体的新陈代谢功能。成年人如果每天平均摄入 0.3 mg 镉,经过二三十年的积累就会发病,而一旦发病便无法挽救。

在我国山西省的一个偏远山村,连续 18 年全村妇女没有一个生男婴,婴儿降世全部都是女婴,令村民忧心忡忡。外面也盛传其为"女儿村"。经过长期调查,终于揭开了只生女不生男之谜。原来,当地的饮用水中镉含量非常高,高镉水不仅使男子精子减少,活动能力低,而且对 Y 染色体具有很严重的损害作用,因而该村的妇女生育率低,且受孕后也只生女婴。

镉对骨质的破坏作用在于它阻碍了钙(Ca)的吸收,导致骨质松软。Cd^{2+} 半径为 0.097 nm,Ca^{2+} 半径为 0.099 nm,两者非常接近,很容易发生置换反应,骨骼中钙的位置被镉占据,就会造成骨质变软,痛痛病就是由此引起的。此外,Cd^{2+} 与 Zn^{2+} 和 Cu^{2+} 的外层电子结构相似,半径也相近,因此在生物体内也存在铜和锌被镉置换取代的现象。铜和锌均为人体必需元素,由于受到镉污染而造成人体缺铜和缺锌,都会破坏正常的新陈代谢功能。

镉对肾脏的损害作用主要是由于其蓄积在肾表皮中使输尿管排出蛋白尿。当肾表皮含镉量达到 200 mg/kg 时,就会出现肾管机能失调。在镉中毒致死的人体解剖结果中发现肾脏含大量的镉,甚至骨灰中的含镉量高达 2%。

有研究表明,硒(Se)对镉的毒性有一定的拮抗作用。这可能与硒是硫族元素,镉与硒能较稳定地结合在一起,使镉失去活性有关。

镉与锌同属,地球化学性质很相似。在天然水体中,镉与锌都以二价的阳离子形式存在,不过,镉形成共价键的趋势比锌大,较容易形成稳定络合物。

镉在金属电镀工业中有广泛的应用,水中镉的污染物主要来源于工业废水和采矿废物。

镉是剧毒性金属,急性镉中毒会给人体造成严重的损害,体征表现为高血压、肾损伤、睾丸组织和红细胞破坏等。

锌在生物菌中具有重要作用,由于镉与锌的化学性质相似,一旦镉摄入体内后,生物酶中的锌可能被镉置换出来,从而使酶的空间结构和酶的催化活性受到破坏,最终诱发各种疾病。鉴于此,镉已被公认为最危险的水污染物之一。

在被工业设施包围的港湾、河口地区,天然水体的底泥经常可以发现有镉和锌的污染物存在。据有关调查报告资料,在一些受镉工业废水污染的港湾底泥中,镉的含量达 130 μg/g,即使在港口外海湾沉积物中,镉的含量也有 1.9 μg/g。另外还发现,水中镉的浓度分布呈现随水的深度增加而下降的规律,在含氧的表层水中,含有较高浓度的可溶性离子 $CdCl^+$。在缺氧的底层水域中,镉的含量明显减少,这是因为厌氧微生物利用 SO_4^{2-} 作硫源,把其还原成负二价的硫:

$$2\{CH_2O\} + SO_4^{2-} + H^+ \longrightarrow 2CO_2 + HS^- + 2H_2O$$

继而与镉作用生成难溶的硫化镉沉淀:

$$CdCl^+ + HS^- \longrightarrow CdS(s) + H^+ + Cl^-$$

冬天,强劲的风力把河口和海湾的水充分搅混,含氧的海湾水把河口底泥中的镉解吸出来,溶解的镉随波逐流被带入海洋。

三、铬

与前面几种金属不同的是,三价铬是人体必需的微量元素。它参与正常的糖代谢和胆固醇代谢的过程,促进胰岛素的功能,人体缺铬会导致血糖升高,产生糖尿,还会引起动脉粥样硬化症。

1. 铬的来源与分布

铬在环境中的分布是微量级的。大气中约为 1 ng/m³,天然水中为 1~40 µg/L,海水中的正常含量为 0.05 µg/L,但在海洋生物体内铬的含量达 50~500 µg/kg,说明生物体对铬有较强的富集作用。

电镀、皮革、染料和金属酸洗等工业均是环境中铬的污染来源。对我国某电镀厂周围环境的监测结果发现,该电镀厂下游方向的地下水、土壤和农作物都受到不同程度的六价铬的污染,且离厂区越近,污染越严重。电镀厂附近居民的血、尿、发中的六价铬水平均超过了正常水平。另外,重铬酸钾和浓硫酸配制成的溶液曾被广泛用作实验室的洗液,自从六价铬的毒性被确认后,这种洗液现在已经被禁用。铬的生物半衰期相对比较短,容易从排泄系统排出体外,因而与前面几类金属相比,铬污染的危害性相对小一些。

铬铁矿的加工过程中产生的废渣和废料在场地上堆积形成的大型堆场,称为铬渣山。这些废渣的主要化学成分包括铁、镁、铝、铬、硅等元素,而其组成含量受原料、工艺和操作条件等因素的影响而变化。中国的铬渣山存量庞大,历史上堆积的铬渣量已超过 600 万 t。铬渣山的治理和处理,根据铬渣的主要组分不同,可以采取多种解决措施。对于含钙焙烧渣,可以进行资源化利用,用于发电、钢铁生产及制造建筑材料、陶瓷、玻璃等产品;而对于无钙焙烧渣,主要用于回收金属铁、镁、铝、铬等,也可用于制作含铬铸铁、熔融玻璃体等产品;液相氧化浸出渣则主要用于回收金属铁,并可直接用作炼铁原料。综合利用不同的处理方法,可以有效地减少铬渣对环境的污染,并实现资源的再利用,为铬冶炼产业的可持续发展提供支持。

2. 铬的迁移与转化

进入自然水体中的 Cr^{3+},在低 pH 条件下易被腐殖质吸附形成稳定的配合物,当 pH>4 时,Cr^{3+} 开始沉淀(如图 6-6 所示)。pH 接近中性时 Cr^{3+} 可沉淀完全。天然水体的 pH 为 6.5~8.5,在这种条件下,大部分的 Cr^{3+} 都进入底泥中。在强碱性介质中,遇到氧化性物质,Cr(Ⅲ) 会向 Cr(Ⅵ) 转化;而在酸性条件下,Cr(Ⅵ) 可以被水体中的 Fe^{2+}、硫化物和其他还原性物质还原为 Cr(Ⅲ)。在天然水体环境中经常发生 Cr(Ⅲ) 和 Cr(Ⅵ) 之间的这种相互转化。

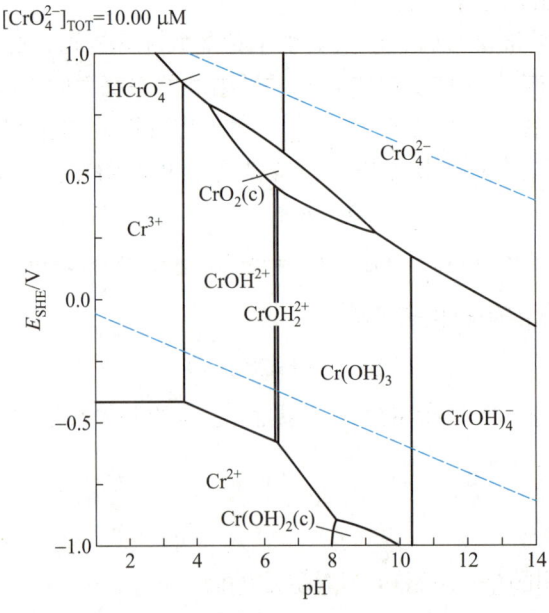

图 6-6　Cr(Ⅵ)/Cr(Ⅲ)系统分布图

3. 铬的毒性与生物效应

六价铬又对人体有严重的毒害作用,吸入可引起急性支气管炎和哮喘;入口则可刺激和腐蚀消化道,引起恶心、呕吐、胃烧灼痛、腹泻、便血、肾脏损害,严重时会导致休克昏迷。另外,长时间地与高浓度六价铬接触,还会损害皮肤,引起皮炎和湿疹,甚至产生溃疡(称为铬疮)。六价铬对黏膜的刺激和伤害也很严重,空气中质量浓度为 0.15~0.3 mg/m³ 时可导致鼻中铬穿孔。六价铬的致癌作用也已被确认。另外,三价铬的摄入也不应过量,否则同样会对人体产生有害作用。

铬的生物半衰期相对比较短,容易从排泄系统排出体外,因而与前面几类金属相比,铬污染的危害性相对小一些。

四、砷

有毒元素在环境化学中的重要性很少有人怀疑,然而研究者普遍关注的只是汞、铅和镉。对于过渡金属锰、镍、钴、镉和铜等,由于它们在代谢和酶催化过程中的作用,它们的环境化学行为一直在研究过程中。但是从环境和毒理学的观点看,砷、硒、铍和钒将会变得日趋重要。

1. 砷在环境中的来源与分布

（1）天然来源

砷是一个广泛存在并具有准金属特性的元素。它多以无机砷形态分布于许多矿物中,主要含砷矿物有砷黄铁矿（FeAsS）、雄黄矿（As_4S_4）与雌黄矿（As_2S_3）。地壳中砷的含量为 1.5~2 mg/kg,比其他元素的含量高 20 倍。土壤中砷的本底值为 0.2~40 mg/kg,而受污染的土壤中砷含量则高达 550 mg/kg。

在某些煤中也含有较高浓度的砷。例如,美国煤的平均砷含量为 1~10 mg/kg;捷克斯洛伐克的一些煤中砷含量可高达 1 500 mg/kg。

空气中砷的自然本底值为每立方米几纳克。其中甲基胂含量约占总砷量的 20%。

地面水中砷的含量很低,如德国境内河水中砷含量的平均值为 0.003 mg/L,湖水中为 0.004 mg/L。地面水中三价砷与五价砷的含量比为 0.06~6.7。

海水砷含量为 0.001~0.008 mg/L,其中主要为砷酸根离子,但亚砷酸根离子含量仍占总砷量的 1/3。

某些地下水水源的砷含量极高（224~280 mg/L）,且 50% 为三价砷。温泉活动地区的水源（如新西兰温泉水）的砷含量高达 8.5 mg/L,温泉孔内,水中 90% 以上为三价砷。日本地热水中砷含量为 1.8~6.4 mg/L。

在未经含砷农药处理过的土地上生长的植物,其砷含量变动范围为 0.01~5 mg/kg(干重)。但在砷污染的土壤中生长的植物可含相当高水平的砷,尤其是根部。海藻与海草的砷含量相当高,为 10~100 mg/kg(干重),其浓缩倍数为 1 500~5 000 倍。

（2）人为来源

环境中砷污染主要来自以砷化物为主要成分的农药,如砷酸铅、乙酰亚砷酸铜、亚砷酸钠、砷酸钙和有机砷酸盐。大量甲胂酸和二甲次胂酸用作具有选择性的除莠剂。二甲次胂酸还在越南作为落叶剂用于军事目的(即所谓蓝色剂)。它还可以在林业上用作杀虫剂。

铬砷合剂、砷酸钠与砷酸锌用作木材防腐剂,防止霉菌与昆虫的破坏。

某些苯胂酸化合物,如对氨基苯基胂酸,作为饲料添加剂用于喂养家禽和猪,也用于治疗小鸡的某些疾病。

此外,砷还可用于冶金工业和半导体工业,如砷化镓与砷化铜。因此,工厂和矿山含砷废水、废渣的排放,以及矿物燃料燃烧等也是造成砷污染的重要来源。

2. 砷在环境中的迁移与转化

在天然水体中,砷的存在形态为 $H_2AsO_4^-$、$HAsO_4^{2-}$、H_3AsO_3 和 $H_2AsO_3^-$。在天然水的表层中,由于溶解氧浓度高,pE 高,pH 为 4~9,砷主要以五价的 $H_2AsO_4^-$ 和 $HAsO_4^{2-}$ 形态存在。在 pH>12.5 的碱性水环境中,砷主要以 AsO_4^{3-} 形态存在。在 pE<0.2、pH>4 的水环境中,砷则主要以三价的 H_3AsO_3 和 $H_2AsO_3^-$ 形态存在。以上这些形态的砷都是水溶性的,它们容易随水发生迁移。

在土壤中,砷主要与铁、铝水合氧化物以胶体结合的形态存在,水溶态含量极少。据报道,美国土壤中水溶态砷只占总砷的 5%~10%,日本土壤中水溶态砷仅占总砷的 5%。土壤中砷的迁移实验研究也发现,以 AsO_4^{3-} 和 AsO_3^{3-} 形态存在的砷容易被带正电荷的土壤胶体吸附。像 PO_4^{3-} 一样,AsO_4^{3-} 和 AsO_3^{3-} 也容易与 Fe^{3+}、Al^{3+}、Ca^{2+} 生成难溶化合物。因此土壤固定砷的能力与土壤中游离氧化铁的含量有关,随着氧化铁含量增加,砷的吸附量增加。$Fe(OH)_3$ 对砷的吸附能力约为 $Al(OH)_3$ 的两倍。

土壤的氧化还原电位(E_h)和 pH 对土壤中砷的溶解度有很大的影响。土壤的 E_h 降低,pH 升高,砷的溶解度增大。这是由于 E_h 降低,AsO_4^{3-} 逐渐被还原为 AsO_3^{3-},溶解度增大。同时 pH 升高,土壤胶体所带的正电荷减少,对砷的吸附能力降低,因此浸水土壤中可溶态砷含量比旱地土壤中高。植物比较容易吸收 AsO_3^{3-},在浸水土壤中生长的作物的砷含量也较高。

砷的生物甲基化反应和生物还原反应是它在环境中转化的一个重要过程。因为它们能产生一些可在空气和水中运动并相当稳定的有机金属化合物。但生物甲基化所产生的砷化合物易被氧化和细菌脱甲基化,结果又使它们回到无机砷化合物的形式。砷在环境中的转化模式如下:

$$
\begin{array}{ccc}
HAsO_4^{2-} & AsH_3 & CH_3AsH_2 \\
{\scriptstyle -H^+} \updownarrow {\scriptstyle +H^+} & \uparrow \text{还原} & \uparrow \text{还原} \\
H_2AsO_4^- \underset{+O_2}{\overset{\text{生物还原}}{\rightleftharpoons}} HAsO_2 \underset{\text{细菌}}{\overset{+CH_3^+}{\rightleftharpoons}} CH_3AsO(OH)_2 \underset{\text{细菌}}{\overset{+CH_3^+}{\rightleftharpoons}} \\
{\scriptstyle -H^+} \updownarrow {\scriptstyle +H^+} & {\scriptstyle +H^+} \updownarrow {\scriptstyle -H^+} & {\scriptstyle +H^+} \updownarrow {\scriptstyle -H^+} \\
H_3AsO_4 & AsO_2^- &
\end{array}
$$

$$
\begin{array}{ccc}
(CH_3)_2AsH & & (CH_3)_3As \\
\uparrow \text{还原} & \overset{+CH_3^+}{\longrightarrow} & \text{生物还原} \updownarrow {\scriptstyle +\frac{1}{2}O_2} \\
(CH_3)_2AsO(OH) & & (CH_3)_3AsO \\
{\scriptstyle +H^+} \updownarrow {\scriptstyle -H^+} & & \\
(CH_3)_2As-O^- & & \\
\end{array}
$$

砷与产甲烷菌作用或与甲基钴氨素及 L-甲硫氨酸甲基-d_3 反应均可使砷甲基化。在厌氧菌作用下主要产生二甲基胂,而好氧的甲基化反应则产生三甲基胂。Challenger 与 McBride 等认为砷酸盐甲基化的机制如下:

$$AsO_4^{3-} \xrightarrow[-O]{2e^-} AsO_3^{3-} \xrightarrow{CH_3^+} CH_3AsO_3^{2-} \xrightarrow[-O]{2e^-}$$

$$CH_3AsO_2^{2-} \xrightarrow[]{CH_3^+} (CH_3)_2AsO_2^- \xrightarrow[-O]{2e^-} (CH_3)_2AsO^- \xrightarrow{CH_3^+}$$

$$(CH_3)_3AsO \xrightarrow[-O]{2e^-} (CH_3)_3As$$

该机制指出,As(V)必须在甲基化前还原成 As(Ⅲ)。

在水溶液中二甲基胂和三甲基胂可以氧化为相应的甲胂酸。这些化合物与其他较大分子的有机砷化合物,如含砷甜菜碱和含砷胆碱,都极不容易化学降解。

甲胂酸为二元酸,其 pK_{a_1} 为 4.1,pK_{a_2} 为 8.7,它能与碱金属形成可溶性盐类。二甲次胂酸为一元弱酸,其 pK_a 为 6.2,也能形成溶解度相当大的碱金属盐。一些烷基胂酸能还原成相应的胂。它们与硫化氢及一些巯基链烷反应生成含硫的衍生物,如 $(CH_3)_2AsSSH$。因此,二甲次胂酸的还原反应及其与巯基间的继发反应很可能是它参与生物活性的关键所在。

3. 砷的毒性与生物效应

三价无机砷毒性高于五价砷。也有证据表明,溶解砷比不溶性砷毒性高。可能是因为前者较易吸收。据报道,摄入 As_2O_3 剂量为 70~180 mg 时,可致人死亡。

无机砷可抑制酶的活性,三价无机砷还可与蛋白质的巯基反应。三价无机砷对线粒体呼吸作用有明显的抑制作用,已经证明,亚砷酸盐可减弱线粒体氧化磷酸化反应,或使之不能偶联。这一现象与线粒体三磷酸腺苷酶(ATP 酶)的激活有关,它本身又往往是线粒体膜扭曲变形的一个因素。

长期接触无机砷会对人和动物体内的许多器官产生影响,如造成肝功能异常等。体内与体外两方面的研究都表明,无机砷影响人的染色体。在服药接触砷(主要是三价无机砷)的人群中发现染色体畸变率增加。可靠的流行病学证据表明,在含砷杀虫剂的生产工业中,呼吸系统的癌症主要与接触无机砷有关。还有一些研究指出,无机砷影响 DNA 的修复机制。

第三节 有机污染物

近年来,有毒有机化合物的环境污染及其对人体健康和生态系统的危害越来越被人们关注。例如,持久性有机污染物能在全球大范围传输、在动植物组织器官和人体中富集且可能具有"三致"(致癌、致畸、致突变)效应;内分泌干扰物能干扰动物和人体内分泌系统,引起"雌性化"现象。随着新的化学品被不断研发和使用,新污染物也已经引起各国政府、学术界、工业界和公众的广泛关注,成为一个新的全球性环境问题,大多数新污染物也均属于有机污染物。

一、持久性有机污染物

持久性有机污染物(POPs)指通过各种环境介质(大气、水、生物体等)能够长距离迁移并长期存在于环境,具有长期残留性、生物蓄积性、半挥发性和高毒性,对人类健康和环境具有严重危害的天然或人工合成的有机污染物。近年来,POPs 对人体和环境带来的危害已成为世界各国关注的环境焦点。2001 年 5 月 23 日,在瑞典首都斯德哥尔摩 127 个国家的环境部长或高级官员代表各自政府签署《关于持久性有机污染物的斯德哥尔摩公约》(简称《斯德哥尔摩公约》),从而正式启动了人类向持久性有机污染物宣战的进程。

1. 特性与化合物清单

根据 POPs 的定义,国际上公认 POPs 具有下列 4 个重要的特性:

① 能在环境中持久地存在;

② 能蓄积在食物链中对有较高营养等级的生物造成影响;

③ 能够经过长距离迁移到达偏远的极地地区;

④ 在相应环境浓度下会对接触该物质的生物造成有害或有毒效应。

POPs 一般都具有毒性,包括致癌性、生殖毒性、神经毒性、内分泌干扰特性等,它严重危害生物体,并且由于其持久性,这种危害一般都会持续一段时间。更为严重的是,一方面,POPs 具有很强的亲脂憎水性,能够在生物器官的脂肪组织内产生生物积累,沿着食物链逐级放大,从而使在大气、水、土壤中低浓度存在的污染物经过食物链的放大作用,而对处于最高营养级的人类的健康造成严重的负面影响;另一方面,POPs 具有半挥发性,能够在大气环境中长距离迁移并通过所谓的"全球蒸馏效应"(global distillation)和"蚱蜢跳效应"(grasshopping effect)沉积到地球的偏远极地地区,从而导致全球范围的污染传播。

符合上述定义的 POPs 物质有数千种之多,它们通常是具有某些特殊化学结构的同系物或异构体。联合国环境规划署(UNEP)国际公约中首批控制的 12 种 POPs 是艾氏剂、狄氏剂、异狄氏剂、DDT、氯丹、六氯苯、灭蚁灵、毒杀芬、七氯、多氯联苯(PCBs)、二噁英和苯并呋喃(PCDD/Fs)。其中前 9 种属于有机氯农药,多氯联苯是精细化工产品,后 2 种是化学产品的衍生物杂质和含氯废物焚烧所产生的次生污染物。1998 年 6 月,在丹麦奥胡斯召开的泛欧环境部长会议上,美国、加拿大和欧洲 32 个国家正式签署了《关于长距离越境空气污染物公约》,提出了 16 种(类)加以控制的 POPs,除了 UNEP 提出的 12 种物质之外,还有六溴联苯、林丹(即 99.5% 的丙体六六六制剂)、多环芳烃和五氯酚。

POPs 清单并不是固定不变的。截至 2023 年 5 月,《斯德哥尔摩公约》确定的 POPs 如表 6-3 所示。

表 6-3 《斯德哥尔摩公约》包括的新 POPs(截至 2023 年 5 月)

化学物质	公约附录
艾氏剂 aldrin 🔵	A
氯丹 chlordane 🔵	A
十氯酮 chlordecone 🔵	A
十溴二苯醚(商业混合物,商用十溴二苯醚)decabromodiphenyl ether(commercial mixture, c-decaBDE)🔺	A
敌可燃[双(六氯环戊二烯)环辛烷]dechlorane Plus 🔺	A
三氯杀螨醇 dicofol 🔵	A
狄氏剂 dieldrin 🔵	A
异狄氏剂 endrin 🔵	A
七氯 heptachlor 🔵	A
六溴联苯 hexabromobiphenyl 🔺	A
六溴环十二烷 hexabromocyclododecane(HBCDD)🔺	A
六溴二苯醚和七溴二苯醚 hexabromodiphenyl ether and heptabromodiphenyl ether 🔺	A

续表

化学物质	公约附录
六氯苯 hexachlorobenzene（HCB）●▲■	A 与 C
六氯丁二烯 hexachlorobutadiene ▲	A
α-六氯环己烷 alpha hexachlorocyclohexane ●	A
β-六氯环己烷 beta hexachlorocyclohexane ●	A
林丹（γ-六氯环己烷）lindane ●	A
甲氧氯 methoxychlor ●	A
灭蚁灵（全氯五环癸烷）mirex ●	A
五氯苯 pentachlorobenzene ●▲■	A 与 C
五氯酚及其盐类和酯类 pentachlorophenol and its salts and esters ●	A
多氯联苯 polychlorinated biphenyls（PCBs）▲■	A 与 C
多氯萘 polychlorinated naphthalenes ▲■	A 与 C
全氟辛酸,其盐类和相关化合物 perfluorooctanoic acid（PFOA）,its salts and PFOA-related compounds ▲	A
全氟己烷磺酸,其盐类和相关化合物 perfluorohexane sulfonic acid（PFHxS）,its salts and PFHxS-related compounds ▲	A
短链氯化石蜡 short-chain chlorinated paraffins（SCCPs）▲	A
技术级硫丹及其同分异构体 technical endosulfan and its related isomers ●	A
四溴二苯醚与五溴二苯醚 tetrabromodiphenyl ether and pentabromodiphenyl ether ▲	A
毒杀芬（八氯莰烯）toxaphene ●	A
UV-328 紫外吸收剂 UV-328［2-（3,5-二叔戊基-2-羟基苯基)苯并三唑］▲	A
DDT 滴滴涕（二苯三氯乙烷)●	B
全氟辛烷磺酸,其盐类和全氟辛烷磺酰氟 perfluorooctane sulfonic acid（PFOS）,its salts and perfluorooctane sulfonyl fluoride（PFOSF）●▲	B
六氯丁二烯 hexachlorobutadiene（HCBD）■	C
多氯二苯并对二噁英 polychlorinated dibenzo-p-dioxins（PCDD）■	C
多氯二苯并呋喃 polychlorinated dibenzofurans（PCDF）■	C

注:●农药;▲工业化学品;■副产物。

2. 环境中的 POPs

自然环境和生物体都不同程度地受到了 POPs 污染。POPs 最初通过大气或者水体而进入整个生态环境中,并且在低纬度地区和极地地区的大气、水体、土壤中都能检测到 POPs。

（1）大气/颗粒物中的 POPs

在大气中 POPs 或者以气体的形式存在,或者吸附在悬浮颗粒物上,发生扩散和迁移,导致 POPs 的全球性污染。在德国,每天从空气中沉积落地的颗粒物中的二噁英含量为 5~36 pg TEQ/m³（TEQ 为总毒性当量）。农村和城市空气中 PCDD/Fs 的污染状况不同,大气和 PCDD/Fs 的长距离迁移可导致农村 PCDD/Fs 浓度的增加。

汽油和柴油引擎汽车的尾气颗粒物中都存在 PCDD/Fs。在希腊北部,每天沉积落地的大气颗粒中 PCDD/Fs 和 PCBs 的平均值分别为 0.52 pg TEQ/m^3 和 0.59 pg TEQ/m^3。在城市地区颗粒物的 PCBs 达到 242 pg TEQ/m^3，而半农业地区的 PCBs 为 74 pg TEQ/m^3。这些 PCDD/Fs 成分主要由火灾和汽车尾气带入大气。

（2）水体/沉积物中的 POPs

水和沉积物是 POPs 聚集的主要场所之一，城市污水、水库、江河和湖海都存在 POPs。POPs 在水和沉积物中通过食物链发生生物积累并逐级放大。检测分析水体中 POPs 的成分、来源和存在形态是防治其污染的关键。研究表明，城市污水的来源不同，成分也存在差异。在德国，城市污水中都存在 PCDD/Fs，城市的街道流出物中的 PCDD/Fs 含量为 1~11 pg TEQ/L，屋檐水中小于 17 pg TEQ/L，生活污水中达到 14 pg TEQ/L。

POPs 具有强亲脂性，在下水道或者污水处理中，POPs 会转移到城市污泥。英国 14 个污水处理厂的嗜温厌氧消化污泥中都存在 PCDD/Fs 和 PCBs。污泥中二噁英主要为七氯和八氯二噁英，表明 PCDD/Fs 的污染与工业的带入有关。

当前，世界绝大多数的江湖水体都不同程度地受到 POPs 的污染。在威尼斯湖表面沉积物中，二噁英和呋喃的含量分别为 16~13 642 ng/kg 和 49~12 561 ng/kg，对环境造成了威胁。我国东海岸三个出海口闽江、九龙江和珠江的沉积物中也都存在较高浓度的 POPs，其中 DDT 的浓度可能已影响深海生物。

（3）土壤中的 POPs

土壤是植物和一些生物的营养来源，土壤中的 POPs 无疑会导致 POPs 在食物链上发生传递和迁移。在世界各国土壤中都发现了 POPs。莱比锡地区废弃工厂旁的农地土壤中存在 HCHs、DDX、PCBs 和 HCB 等物质。在西班牙土壤中同样存在 PCDD/Fs，且在工业地区的二噁英含量大于控制地区。

（4）生物体中 POPs

POPs 通过食物链得到积累和富集，使得目前无论是海洋生物还是陆地物种，无论是低等的浮游生物或动物，还是人类自身，都遭受到 POPs 的污染和威胁。日本北海道的黑尾鸥体内存在 PCDD/Fs、PCBs、DDTs、HCHs 和 HCB 等多种 POPs。北极的一些动物种群体内多氯联苯等 POPs 的浓度很高。北极熊、北极狐、绿灰色鸥体内的多氯联苯的浓度超过最低可见负面影响水平，其生殖系统受到了影响。水体生物也都不同程度地受到 POPs 的污染。例如，欧洲 Ladoga 湖中鱼的脂肪内 HCB 和总 PCBs 的含量分别为 0.07~0.15 mg/kg 和 0.65~1.0 mg/kg。海豹体内的 PCBs 和 DDT 浓度比它食用的鱼高 12~29 倍，在食物链上都得到了生物富积和放大。南极的海洋食物链中最重要的生物种类中的 POPs，含量达到中度污染水平。北极的高级肉食动物海豹、鲸类和北极熊体内也有相当大的 POPs 浓度。北极人主要以海生哺乳动物为食，从而受到 POPs 的威胁。而母乳中存在 POPs 可能会威胁婴儿的健康。在西班牙的有害物焚烧炉附近地区，母乳中的 PCDD/Fs 含量为 162~498 pg TEQ/L，平均值达 310.8 pg TEQ/L。在韩国母乳中也存在 PCDD/Fs 和 PCBs。按照母乳的相应含量计算，母亲体内 PCDD/Fs 和 PCBs 总负荷达 268~622 ng TEQ，一周岁幼儿每天估计摄入量为 85 pg TEQ/kg。

3. POPs 的全球迁移

长距离大气迁移的特性是 POPs 在全球范围内循环的根本原因。POPs 全球迁移过程如图 6-7 所示，其中包括"全球蒸馏效应"与"蚱蜢跳效应"两种科学假说。"全球蒸馏效应"是 POPs 根据其迁移性大小而发生的不同距离的迁移，挥发性越强，迁移越远。"蚱蜢跳效应"则概

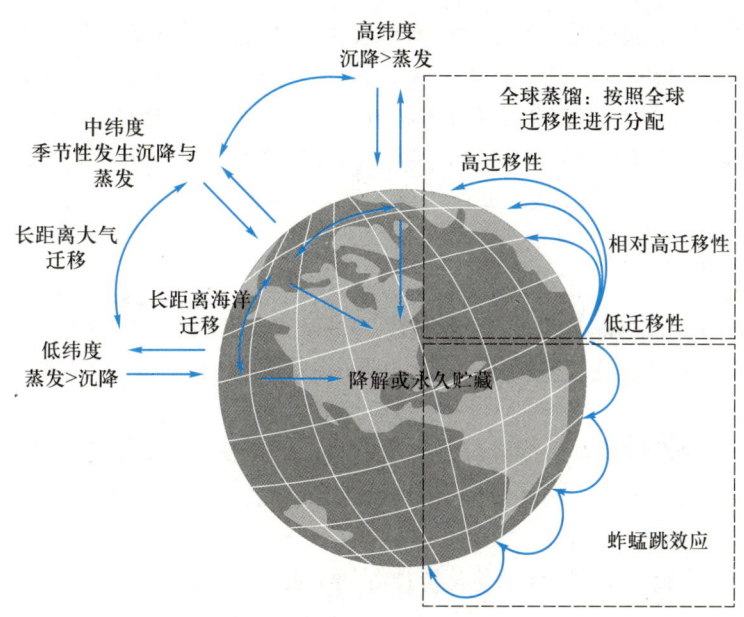

图 6-7 POPs 全球迁移过程示意图

(资料来源:清华大学 POPs 研究中心所,2005)

括了 POPs 多次"挥发—迁移—沉降"并最终沉降到高纬度和高海拔等高寒地区的过程。

研究表明,以下几个方面的因素也会影响 POPs 的全球迁移过程:① "大气稀释",能将 POPs 从释放源带到从未使用过 POPs 的清洁地区;② 物理去除过程,通过物理作用将 POPs 从一相转移到另一相,如部分 POPs 通过吸附从水相转移到土壤和底泥中,这部分 POPs 通常不参与全球迁移;③ 化学反应,POPs 在大气中会发生部分光解,同时可与大气中通过光化学反应产生的·OH 等强氧化剂反应,去除速率更快。这类化学反应会大大缩短 POPs 的半衰期;④ 在水、土壤、食物链中也能发生一定程度的生物降解、光解等反应,这部分 POPs 也不能参与全球循环;⑤ 对空气/土界面交换过程的一些限制因素。这些因素的共同作用能够缓解 POPs 在两极的沉降趋势。现有的监测数据也表明,尽管存在"全球蒸馏效应"与"蚱蜢跳效应",但是许多 POPs 在极地地区的残留量正在逐年减小,但减小速率比其他地区小,这可能也与近年来全球范围内对 POPs 生产和使用的限制有关。

土壤是分布最为广泛的地表介质之一。土壤有机质吸附降低了 POPs 的再挥发能力。气-土界面交换是气-地交换的重要过程。气-土交换(air-soil exchange)主要包括以下几个过程:干沉降(包括颗粒态干沉降和气态沉降)、湿沉降(包括降雨沉降和降雪沉降)和从土壤向大气的挥发。其中,干、湿沉降的方向都指向土壤,而气态 POPs 从土壤中的挥发是指向大气的唯一途径。土壤并不是 POPs 永久的汇,高温季节 POPs 从土壤的再挥发使土壤成为排放污染物的"二次源"。近几十年来,在世界各国相继禁止 POPs 的使用和排放,一次源的影响逐渐微弱的背景下,土壤再挥发可能成为新的源。多介质逸度模型也表明,气态化合物的扩散交换是气-土交换中的关键过程,它影响 POPs 在区域和全球尺度上的传输迁移、重新分布和归趋。

用逸度比率评价全球不同地区大气和土壤中 PCBs 的气-土平衡状态发现:① 对于土-气分配系数 K_{SA} 大于 10 的地区,如极地地区和北半球高纬度森林覆盖的地区,土壤一般为 POPs 的汇,这是由于这些地区的温度低或者土壤中有机质含量高,被土壤吸附而固定下来的污染物被有效地截留住,因此交换方向为沉降;② 对于 K_{SA} 小于 7 的地区,土壤是 POPs 季节性的源,如中低纬地区。在这些地区,由于温度较高或者土壤有机质含量较低,交换方向多为挥发。土壤作为二次源的强度增强,污染物更易在大气和土壤之间发生交换迁移,即更可能发生"蚱蜢跳效应"(图 6-7)。

二、有机卤代物

有机卤代物包括卤代烃、多氯联苯、多氯代二噁英、有机氯农药等,这里主要介绍卤代烃、多氯联苯、多氯代二苯并二噁英和多氯代二苯并呋喃、溴代阻燃剂、全氟和多氟烷基化合物。

1. 卤代烃

大量卤代烃通过天然或人为途径释放到大气中。因为天然卤代烃的年排放量基本固定不变,所以人为排放是当今大气中卤代烃含量不断增加的原因。

（1）卤代烃的种类及分布

对流层大气中存在的卤代烃含量及其寿命等列于表 6-4。

表 6-4　卤代烃在对流层中的含量及其寿命

名称	体积分数统计/10^{-12}	大气中的寿命/a
CH_3Cl	784	1.3
CCl_2F_2（CFC-12）	528	100
CCl_3F（CFC-11）	247	45
CCl_4	86	26
CH_3CCl_3	2.4	5
$CHClF_2$（HCFC-22）	332	12
CH_2Cl_2	366	0.38
$CHCl_3$	165	0.41
$CCl_2 = CCl_2$	12	0.2
CCl_3CF_3（CFC-113）	74	93
$CClF_2CClF_2$（CFC-114）	16	300
CF_2ClBr（H-1211）	3.4	16
CF_3CH_2F（HFC-134a）	112	14
CH_3CClF_2（HCFC-142b）	27	17.9
CH_3CCl_2F（HCFC-141b）	43	9.3
CH_3Br	12	0.7
CH_2Br_2	0.8	0.3

注:表内卤代烃体积分数为 2018 年春季泰山的数据;大气中的寿命为 2000 年的水平。

表中前 6 种卤代烃占大气中卤代烃总量的 88%,其他卤代烃占 12%。由表中各卤代烃在大气中的寿命可以大体看出其对大气污染的贡献。如 CH_2Cl_2、$CHCl_3$ 和 $CCl_2 = CCl_2$ 在大气中的寿命非常短,它们在对流层几乎全部被分解,其分解产物可被降雨消除。而被卤素完全取代的卤代烃,如 CFC-113(即 CCl_3CF_3)、CFC-114(即 $CClF_2CClF_2$)虽然只占对流层中卤代烃总量的 3%,但是因为它们具有相当长的寿命,所以它们对平流层氯的积累贡献不容忽视。

（2）主要卤代烃的来源

近年来,大气中卤代烃的含量不断增加,除少数天然来源外,主要来源于其被大量合成用于工业制品等过程。现简述如下:

氯甲烷(CH_3Cl):天然来源主要来自海洋。人为来源主要来自城市汽车排放的废气和聚氯乙烯塑料、农作物等废物的燃烧。

CFC-11(CCl_3F）和 CFC-12(CCl_2F_2):除火山喷发释放少量之外,主要来源于人为排放。由于它们被广泛用作制冷剂、飞机推动剂、塑料发泡剂等,它们已在大气对流层中大量积累。例如,美国化工学会根据 CCl_3F 和 CCl_2F_2 总产量计算出它们的年排放量分别为 2.7×10^5 t 和 3.9×10^5 t。它们在对流层不能被分解,当它们进入平流层后将对平流层的臭氧层产生破坏作用。

四氯化碳(CCl_4):主要来源于人为排放。它被广泛用作工业溶剂、灭火剂、干洗剂,也是氟利昂的主要原料。

甲基氯仿(CH_3CCl_3):甲基氯仿没有天然来源。它最初被用作工业去油剂和干洗剂,1950 年以来,排放到大气中的量逐年增加,现在每年的排放量是 CFC-11 和 CFC-12 的两倍多,平均每年增长 16%。

CFC-22(CHF_2Cl):它也是人工合成的卤代烃,是一种主要的工业氟利昂产品,主要用作制冷剂和发泡剂。

（3）卤代烃在大气中的转化

下面分别介绍卤代烃在对流层及平流层中的转化。

① 对流层中的转化。含氢卤代烃与·OH 的反应是它们在对流层中消除的主要途径。

卤代烃消除途径的起始反应是脱氢。如氯仿与·OH 的反应为

$$CHCl_3 + \cdot OH \longrightarrow H_2O + \cdot CCl_3$$

·CCl_3 再与氧气反应生成碳酰氯(光气)和 ClO·:

$$\cdot CCl_3 + O_2 \longrightarrow COCl_2 + ClO\cdot$$

光气在被雨水冲刷或清除之前,将一直完整地保留着,如果冲刷或清除速率很慢,大部分的光气就向上扩散,在平流层下部发生光解;如果冲刷或清除速率很快,光气对平流层的影响就小。

ClO·可氧化其他分子并产生氯原子。在对流层中,NO 和 H_2O 可能是参与反应的物质:

$$ClO\cdot + NO \longrightarrow Cl\cdot + NO_2$$

$$3ClO\cdot + H_2O \longrightarrow 3Cl\cdot + 2HO\cdot + O_2$$

多数氯原子迅速与甲烷作用:

$$Cl\cdot + CH_4 \longrightarrow HCl + \cdot CH_3$$

氯代乙烯与·OH 反应将打开双键,让氧加成进去。如全氯乙烯可转化成三氯乙酰氯:

$$C_2Cl_4 + [O] \longrightarrow CCl_3COCl$$

上述产物的水解速率和冲刷清除速率还在研究之中。

② 平流层中的转化。进入平流层的卤代烃污染物,都受到高能光子的攻击而被破坏。例如,四氯化碳分子吸收光子后脱去一个氯原子。

$$CCl_4 + h\nu \longrightarrow \cdot CCl_3 + Cl \cdot$$

$\cdot CCl_3$ 与对流层中氯仿的情况相同,被氧化成光气。随后产生的 $Cl \cdot$ 不直接生成 HCl,而是参与破坏臭氧的链式反应:

$$Cl \cdot + O_3 \longrightarrow ClO \cdot + O_2$$

O_3 吸收高能光子发生光解反应,生成 O_2 和 $O \cdot$,$O \cdot$ 再与 $ClO \cdot$ 反应,将其又转化为 $Cl \cdot$:

$$O_3 + h\nu \longrightarrow O_2 + O \cdot$$

$$O \cdot + ClO \cdot \longrightarrow Cl \cdot + O_2$$

在上述链式反应中除去了两个臭氧分子后,又再次提供了除去另外两个臭氧分子的氯原子。这种循环将继续下去,直到氯原子与甲烷或某些其他的含氢类化合物反应,全部变成氯化氢为止:

$$Cl \cdot + CH_4 \longrightarrow HCl + \cdot CH_3$$

HCl 可与 $\cdot OH$ 反应重新生成 $Cl \cdot$:

$$\cdot OH + HCl \longrightarrow H_2O + Cl \cdot$$

这个氯原子是游离的,可以再次参与使臭氧破坏的链式反应,在氯原子扩散出平流层之前,它在链式反应中进出的活动将发生 10 次以上。一个氯原子进入链反应能破坏数以千计的臭氧分子,直至氯化氢到达对流层,并在降雨时被清除。

2. 多氯联苯

（1）多氯联苯（PCBs）的结构与性质

PCBs 是一组由多个氯原子取代联苯分子中氢原子而形成的氯代芳烃类化合物。PCBs 理化性质稳定,用途广泛,已成为全球性环境污染物,引起人们的关注。

联苯和 PCBs 的结构式如下:

联苯　　　　　　　　　　　PCBs

$(1 \leqslant m+n \leqslant 10)$

按联苯分子中的氢原子被氯取代的位置和数目不同,从理论上计算,一氯化物应有 3 个异构体,二氯化物应有 12 个异构体,三氯化物应有 21 个异构体等。PCBs 的全部异构体有 210 个。目前已鉴定出 102 个。

PCBs 在各国的商品名各异,美国的为 Aroclor,法国的为 Phenochlor,德国的为 Clophcn,日本的为 Kcnechlor,苏联的为 Sovol 等。在美国还使用号码数字命名,用开头两个数字代表多氯联苯分子类,如 12 代表氯代联苯,用后两个数字代表氯的百分含量,如 Aroclor1242 表示一种含氯为 42% 的氯代联苯。

PCBs 的纯化合物为晶体,混合物则为油状液体,一般工业产品均为混合物。低氯代物呈液态,流动性好,随着氯原子数增加,黏稠度也相应增大,而呈糖浆或树脂状。PCBs 的物理化学性质高度稳定,耐酸、耐碱、耐腐蚀和抗氧化,对金属无腐蚀、耐热和绝缘性能好。加热到 1 000~1 400 ℃才完全分解。除一氯代物、二氯代物外,均为不可燃物质。PCBs 难溶于水,如 PCBs1254 在水中的溶解度为 53 μg/L。纯 PCBs 的溶解度在很大程度上取决于分子中取代的氯原子数,随氯原子数的增加,溶解度降低,如表 6-5 所示。

表 6-5 不同 PCBs 在水中的溶解度(25 ℃)

PCBs	溶解度/(μg·L^{-1})	PCBs	溶解度/(μg·L^{-1})
2,4′-二氯联苯	773	2,4,5,2′,5′-五氯联苯	11.7
2,5,2′-三氯联苯	307	2,4,5,2′,4′,5′-六氯联苯	1.3
2,5,2′,5′-四氯联苯	38.5		

常温下 PCBs 的蒸气压很小,属于难挥发物质。但 PCBs 的蒸气压受温度的影响很大,例如,在 150 ℃时,PCBs1254 的蒸气压为 50 Pa。研究证明,PCBs1254 在 26 ℃时,每天每平方厘米挥发损失量为 2×10^{-6} g,但其挥发损失量与时间无明显的相关性;在 60 ℃时,它每天每平方厘米的挥发损失量为 8.6×10^{-5} g,其挥发损失量与时间呈线性相关,即随时间延长而增大,如图 6-8 所示。PCBs 的蒸气压还与其分子中氯的含量有关,氯含量越高,蒸气压越小,其挥发损失量越小,如图 6-9 所示。

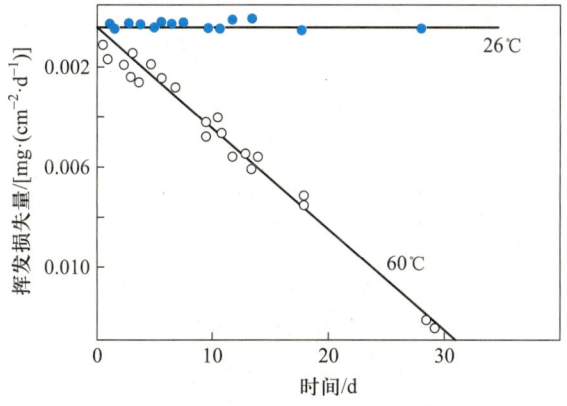

图 6-8 PCBs1254 挥发损失量与时间的关系

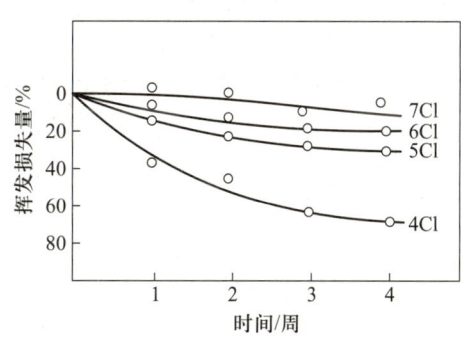

图 6-9 不同 PCBs 挥发损失量与时间的关系

(2)PCBs 的来源与分布

PCBs 被广泛用于工业和商业等方面已有 40 多年的历史。它可作为变压器和电容器内的绝缘流体;在热传导系统和水力系统中作介质;在配制润滑油、切削油、农药、油漆、油墨、复写纸、胶黏剂、封闭剂等中作添加剂;在塑料中作增塑剂。

由于 PCBs 挥发性和水中溶解度较小,其在大气和水中的含量较少。例如,美国大气中 PCBs 质量浓度通常为 1~10 ng/m³;PCBs 在水中最大残留量很少超过 2 ng/L。近期报道的数据表明,在地下水中发现 PCBs 的概率与地表水中相当。此外,由于 PCBs 易被颗粒物吸附,在废水流入河口附近的沉积物中,PCBs 含量可高达 2 000~5 000 μg/kg。

水生植物通常可从水中快速吸收 PCBs,其富集系数为 $1 \times 10^4 \sim 1 \times 10^5$。通过食物链的传递,鱼体中 PCBs 的含量为 1~7 mg/kg(湿重)。在某些国家的人乳中也检出一定量的 PCBs,如表 6-6 所示。

表 6-6　某些国家的人乳中 PCBs 含量

国家	美国	英国	德国	瑞典	日本
PCBs 含量/(mg·L^{-1})	0.03	0.06	0.013	0.016	0.08

（3）PCBs 在环境中的迁移与转化

PCBs 主要在使用和处理过程中,通过挥发进入大气,然后经干、湿沉降转入湖泊和海洋。转入水体的 PCBs 极易被颗粒物吸附,沉入沉积物,使 PCBs 大量存在于沉积物中。虽然近年来 PCBs 的使用量大大减少,但沉积物中的 PCBs 仍然是今后若干年内食物链污染的主要来源。

PCBs 由于化学惰性而成为环境中的持久性污染物。它在环境中的主要转化途径是光化学分解和生物转化。

① 光化学分解。Safe 等人研究了 PCBs 在波长 280~320 nm 的紫外光下的光化学分解及其机理,认为由于紫外光的激发使碳氯键断裂,而产生芳基自由基和氯自由基,自由基从介质中取得质子,或者发生二聚反应。他们还观察到 2,2′,6,6′ 邻位上碳氯键断裂会优先发生。这是由于联苯分子的共轭平面几何结构,在受光激发后,氯原子的空间效应破坏了联苯的平面结构,使其激态分子变得不稳定,邻位碳氯键断裂后,恢复了联苯分子的共轭平面结构,故邻位碳氯键优先断裂。

PCBs 的光化学分解过程及主要产物以 2,2′-,4,4′-,6,6′-六氯联苯为例说明如下:

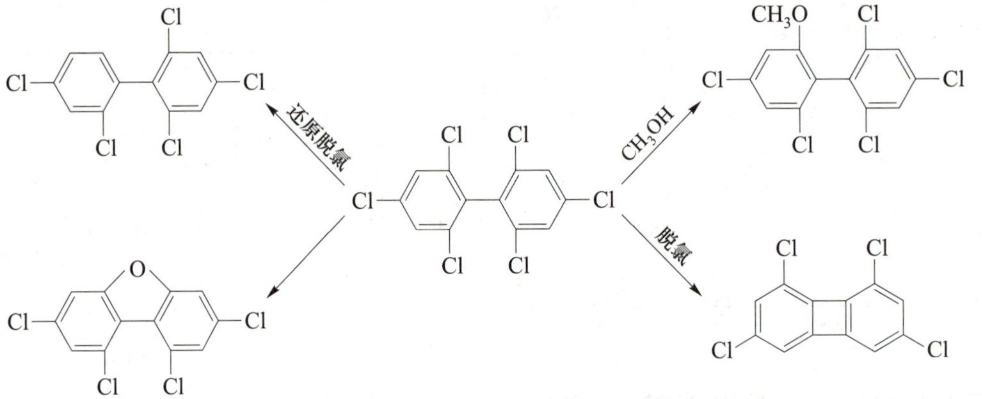

PCBs 的光化学分解反应与溶剂有关,PCBs 用甲醇作溶剂进行光化学分解时,除生成脱氯产物外,还有氯原子被甲氧基取代的产物生成,而用环己烷作溶剂时,只有脱氯的产物。此外,PCBs 光化学分解时,还发现有氯化氧芴和脱氯偶联产物生成。

② 生物转化。经研究表明,PCBs 的细菌降解顺序为联苯 > PCBs1221 > PCBs1016 > PCBs1254。从此可以看出从单氯到四氯代联苯均可被微生物降解。高取代的 PCBs 不易被生物降解。有研究认为,PCBs 的生物降解性能主要取决于化合物中碳氢键的数量。相应的未氯化碳原子数越多,也就是含氯原子数量越少,越容易被生物降解。

另外,研究发现,从活性污泥中分离出来的假单胞菌属 7509 降解 PCBs1221 的速率比单纯用污水降解快 10 倍。而且该菌种即使在 4 ℃时也可氧化降解 PCBs1221,氮、磷营养物的存在不影响微生物的降解。

PCBs 除了可以在动物体内积累外,还可以通过代谢作用发生转化。其转化速率随分子中氯原子的增多而降低。含四个氯以下的低氯代 PCBs 几乎都可被代谢为相应的单酚,其中一部分可进一步形成二酚。例如:

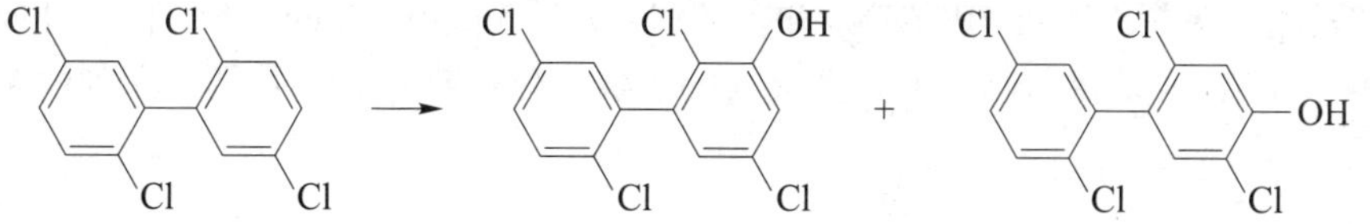

（主）　　　　　　　　　（次）

含五氯或六氯 PCBs 同样可被氧化为单酚,但速率相当慢。含七个氯以上的高氯 PCBs 则几乎不被代谢转化。

此外,在 PCBs 代谢物中还发现了除酚以外的多种物质。例如,2,5,2′,5′-四氯联苯在兔子尿中的代谢物,除单酚以外,还有反式 3,4-二氢二酚,它可能是由环氧化物经过水解而来的。其可能的反应过程如下:

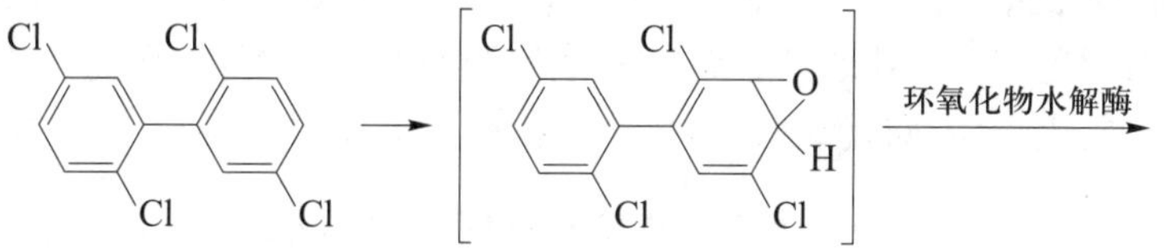

2,5,2′,5′-四氯联苯　　　　　3,4-环氧化物

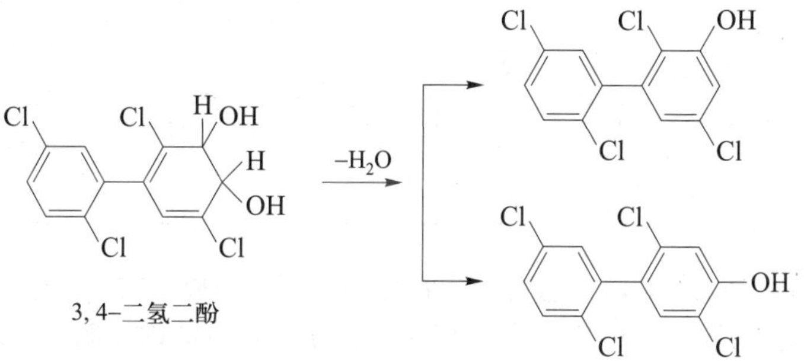

3,4-二氢二酚

（4）PCBs 的毒性与效应

水中 PCBs 质量浓度为 10~100 μg/L 时,会抑制水生植物的生长;水中 PCBs 质量浓度为 0.1~1.0 μg/L 时,会引起光合作用减少。而较低浓度的 PCBs 就可改变物种的群落结构和自然海藻的总体组成。不同 PCBs 对不同物种的毒性不同,如 PCBs1242 对淡水藻类显示出特别的毒性。

大多数鱼类在其生长的各个阶段对 PCBs 都很敏感。黑头鲦鱼与 PCBs1260 接触 30 d,其半致死量为 3.3 μg/L;而与 PCBs1248 接触 30 d,其半致死量为 4.7 μg/L。尽管在 PCBs 质量浓度为 3 μg/L 时黑头鲦鱼仍可繁殖,但其第二代鱼只要接触低浓度 PCBs（0.4 μg/L）便会死亡。

鸟类吸收 PCBs 后可引起肾、肝的扩大和损坏,内部出血,脾脏衰弱等。PCBs 还可使水中的家禽的蛋壳厚度变薄。

PCBs 对哺乳动物的肝脏可诱导出一系列症状,如腺瘤及癌症的发展。PCBs 进入人体后,可引起皮肤溃疡、痤疮、囊肿及肝损伤、白细胞增加等症,而且除可以致癌外,还可以通过母体转移给胎儿致畸。因此当母体受到亲脂性毒物 PCBs 污染时,其婴儿比母体遭受的危害更大。

由于 PCBs 在环境中很难降解,污染控制与治理也很困难。目前唯一的处理方法是焚烧,但由于 PCBs 中常含有杂质——多氯代二苯并二噁英,是目前公认的强致癌物质,而焚烧 PCBs 可以产生多氯代二苯并二噁英,因此焚烧处理亦并非良策。

3. 多氯代二苯并二噁英和多氯代二苯并呋喃

（1）多氯代二苯并二噁英（PCDDs）和多氯代二苯并呋喃（PCDFs）的结构与性质

PCDDs 和 PCDFs 是目前已知的毒性最大的有机氯化合物。它们是两个系列的多氯化物,其结构式如下:

PCDDs　　　　　　PCDFs

由于氯原子可以占据环上 8 个不同的位置,从而可以形成 75 种 PCDDs 异构体和 135 种 PCDFs 异构体。PCDDs 和 PCDFs 的毒性强烈地依赖于氯原子在苯环上取代的位置和数量。不同异构体的毒性相差很大,其中 2,3,7,8-四氯二苯并二噁英(即 2,3,7,8-TCDD)是目前已知的有机物中毒性最强的化合物。其他具有高生物活性和强烈毒性的异构体是 2,3,7,8 位置被取代的含 4~7 个氯原子的化合物,如表 6-7 所示。

表 6-7　强毒性 PCDDs 和 PCDFs 的异构体

PCDDs	PCDFs	PCDDs	PCDFs
2,3,7,8-TCDD	2,3,7,8-TCDF	1,2,3,4,7,8-P_6CDD	1,2,3,4,7,8-P_6CDF
1,2,3,7,8-P_5CDD	1,2,3,7,8-P_5CDF		2,3,4,6,7,8-P_6CDF
	2,3,4,7,8-P_5CDF	1,2,3,4,6,7,8-P_7CDD	1,2,3,4,6,7,8-P_7CDF
1,2,3,7,8,9-P_6CDD	1,2,3,7,8,9-P_6CDF		1,2,3,4,7,8,9-P_7CDF
1,2,3,6,7,8-P_6CDD	1,2,3,6,7,8-P_6CDF		

由于 PCDDs 和 PCDFs 具有相对稳定的芳香环,并且其在环境中的稳定性、亲脂性、热稳定性,以及对酸、碱、氧化剂和还原剂的抵抗能力随分子中卤素含量的增加而加大,使它们在环境中可以广泛存在。

（2）PCDDs 和 PCDFs 的来源与分布

PCDDs 和 PCDFs 主要在某些物质的生产、冶炼、燃烧及使用和处理过程中进入环境。

① 垃圾焚烧。城市生活垃圾焚烧炉是 PCDDs 和 PCDFs 的主要排放源之一,据估计,大气中约 95% 的 PCDDs 和 PCDFs 来自城市生活垃圾的不完全燃烧。垃圾焚烧是当前我国主流的一种城市生活垃圾无害化处理方式,为控制有害物质的排放,我国于 2014 年修订了《生活垃圾焚烧污染控制标准》(GB 18485—2014),PCDDs 和 PCDFs 的排放浓度限值被进一步降低至 0.1ng TEQ/Nm^3。

② 苯氧酸除草剂。2,4,5-三氯苯氧乙酸(2,4,5-T)和 2,4-二氯苯氧乙酸(2,4-D)是主要用于森林的苯氧酸除草剂。其中含有 0.02~5 μg/g 的 2,3,7,8-TCDD 异构体。因此随着它的使用,PCDDs 进入环境。在越南战争中,常用 2,4,5-T 作落叶剂的地方,曾出现过大量的死胎、胎盘肿瘤和畸形。

③ 氯酚。PCDDs 和 PCDFs 是氯酚生产中的副产物。20 世纪 30 年代以来,氯酚被广泛用作杀菌剂、木材防腐剂,在亚洲、非洲和南美洲还用于血吸虫的防治。血吸虫病在我国十多个省、自治区、直辖市存在,我国年产近万吨五氯酚钠。其中 PCDDs 和 PCDFs 的含量为 200~2 000 mg/kg,即使以 1 000 mg/kg 计算,每年进入环境的 PCDDs 和 PCDFs 的含量可达 10^6 g。由于它们强烈吸附于底泥中,PCDDs 和 PCDFs 对土壤、水体底泥及在生物中的污染应引起重视。最近分析测定国产五氯酚钠中 PCDDs 和 PCDFs 的结果表明,2,3,7,8-TCDD 含量为 0.05 μg/g。

④ PCBs 产品。1970 年在欧洲的 PCBs 产品中首次检测出 PCDFs,并发现 PCBs 的毒性与 PCDFs 的含量有关。进一步研究发现,PCDFs 的浓度和异构体的比例随 PCBs 的类型与来源而有所不同。其中 2,3,7,8-TCDF 是主要异构体。

⑤ 化学废物。在生产苯氧酸除草剂、氯酚、PCBs 的化学废渣中 PCDDs 和 PCDFs 含量更高。Hagenrain 等在分析氯酚钠废渣时发现 PCDDs 和 PCDFs 含量以百分数计。我国包志成、丁香兰等在分析五氯酚钠废渣时发现 PCDDs 和 PCDFs 的含量占残渣总量的 40%,毒性最大的 2,3,7,8-TCDD 含量高达 400 μg/g。

⑥ 其他。近几年发现造纸废水中含有 2,3,7,8-TCDD,其质量浓度在每升微克级以下甚至每升纳克级,而在污泥中较高。

此外,工业化学废物和废汽车处理、钢铁冶炼及木材燃烧都会产生少量 PCDDs 和 PCDFs。

PCDDs 和 PCDFs 在环境中的分布通常与特殊的工业排放和大量杀虫剂、除草剂的使用有密切关系。如 1976 年在意大利塞文斯工业区大气降沉中测得 TCDD 含量为 0.06~2.1 ng/g。在美国密歇根州某化工厂的大气降沉中 TCDD 的含量为 1~4 ng/g。在塞文斯莱某化工厂附近土壤中 TCDD 的含量为 1~120 μg/kg。在三氯苯酚厂附近土壤中 TCDD 的含量高达 559 μg/kg。而该地区城市和农村土壤中的 TCDD 含量则低得多,分别为 0.03 μg/kg 和 0.005 μg/kg。在北美安大略湖和伊利湖中 PCDDs 的质量浓度一般低于 1 pg/L,而在工业区水域中则可发现相当高浓度的 PCDDs,如美国纳拉甘西特湾工业区水域悬浮颗粒物中的 2,4,8-三氯二苯并呋喃平均质量浓度为 0.25 ng/L。由于 PCDDs 和 PCDFs 在水中的溶解度很小,如 2,3,7,8-TCDD 在水中的溶解度为 0.2 μg/L,因此大气颗粒物、土壤和沉积物是它们存在的主要的汇。

（3）PCDDs 和 PCDFs 在环境中的迁移

地表径流及生物体富集是水体中 PCDDs 和 PCDFs 的重要迁移方式。在越南南部,由于 2,4,5-T 的大量使用,胡志明市内陆河鱼中 TCDD 平均含量为 70~810 ng/kg(湿重)。在沿海的无脊椎动物和鱼中的含量分别为 420 ng/kg(湿重)和 180 ng/kg(湿重),鱼对 TCDD 的生物浓缩系数为 5 400~33 500。

（4）PCDDs 和 PCDFs 在环境中的转化

光化学分解是 PCDDs 和 PCDFs 在环境中转化的主要途径。其产物为氯化程度较低的同系物。

TCDD 的光化学分解与环境条件有很大的关系。TCDD 光化学分解除必须有紫外光外,一般还应有质子供体和光传导层存在。例如,在水体悬浮物中或干(湿)泥土中,2,3,7,8-TCDD 的光化学分解由于缺乏质子供体可以忽略不计。但是,在乙醇溶液中,无论是以实验光源还是以自然光照射,TCDD 都可很快分解。

PCDDs 是高度抗微生物降解的物质,仅有 5% 的微生物菌种能够分解 TCDD,其微生物降解半衰期为 230~320 d,而且与细菌有关。苯氧酸除草剂的微生物降解过程,见第五章第三节。

TCDD 在动物体内的代谢很慢,其半衰期为 13~30 d。Guenthner 等认为在动物体内它被

P₁-450(P-488)酶体系分解代谢为 TCDD 的芳香烃氧化物,并很快与蛋白质结合,使其毒性变得更加剧烈。

Poiger 等发现大鼠可以使低于六个氯的 PCDFs 发生代谢转化,主要发生氧化、脱氯和重排反应。而对六氯代和七氯代 PCDFs 则不发生反应。

TCDD 在人体中的代谢与动物中不同。1968 年发生的日本米糠油事件使上千人受到影响,米糠油中有 40 多种三氯代至六氯代 PCDFs,18 个月后,分析患者的脂肪样品,PCDFs 的大多数异构体已在采样期间消化和排泄,但留下的却是有毒的 2,3,7,8-TCDD,而且它排泄非常慢,11 a 后仍可检测到。

（5）PCDDs 和 PCDFs 的毒性及生物效应

2,3,7,8-TCDD 是已知的毒性最大的几种环境污染物之一。0.1 ng/L 2,3,7,8-TCDD 即可抑制蛋的发育。当鳄鱼暴露在含 2,3,7,8-TCDD 为 2.3 mg/kg 的饵料中 71 d 后,平均死亡率高达 88%。PCDDs 的同系物和衍生物对鱼类的毒性比 2,3,7,8-TCDD 小得多。

TCDD 对哺乳动物也具有毒性,表现出急性、慢性和次慢性效应。在急性发作期间,肝是主要受害器官。据 Dewse 研究,TCDD 的诱导作用比 3-甲基胆蒽对芳烃羟化酶（AHH）的诱导作用还要强 3×10^4 倍。AHH 所产生的化学中间体对寄生有机体具有强烈致癌作用。

4. 溴代阻燃剂

（1）来源与分布

阻燃剂是一类添加到如衣物、塑料制品等产品中用来防止或减小火焰蔓延的化学物质。目前有氯系、溴系、磷系及无机系四大系列,超过 175 种不同种类的阻燃剂。溴代阻燃剂（brominated flame retardants,BFRs）由于其较低的成本和较好的阻燃效果,主要应用于一些广泛使用的发泡剂、纺织品、电器、家具、汽车等产品。使用量大的几类溴代阻燃剂商品主要是多溴联苯（PBBs）、多溴联苯醚（PBDEs）、四溴双酚 A（TBBPA）与六溴环十二烷（HBCD）,其分子结构如图 6-10 所示。这些化合物都有多种同系物或异构体。PBDEs 是当前环境化学关注的主要 BFRs 类型的污染物,其同系物有 209 个,单溴代联苯醚到十溴代联苯醚的各种 PBDEs 异构体数目分别是 3 个、12 个、24 个、42 个、46 个、42 个、24 个、12 个、3 个和 1 个。但是商品中主要的 PBDEs 只是分别含有 4~10 个溴原子的 PBDEs 化合物。环境中检出的 PBDEs 的同系物主要包括 2,2′,4,4′-四溴联苯醚（BDE47）、2,2′,4,4′,5-五溴联苯醚（BDE99）、2,2′,4,4′,6-五溴联

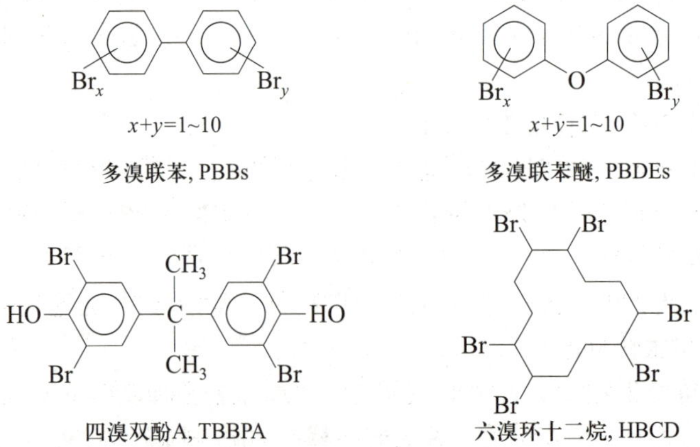

多溴联苯, PBBs

多溴联苯醚, PBDEs

四溴双酚A, TBBPA

六溴环十二烷, HBCD

图 6-10　四种溴代阻燃剂的结构

苯醚（BDE100）、2,2′,4,4′,5,5′-六溴联苯醚（BDE153）、2,2′,4,4′,5,6′-六溴联苯醚（BDE154）、2,2′3,3′,4,4′,5,6,6′-九溴联苯醚（BDE207）与十溴联苯醚（BDE209）。

BFRs 基本没有天然来源，主要来自各类含有 BFRs 的产品生产、使用与废物处置等。目前，在世界各个地区的几乎所有环境介质中都发现了 BFRs 的存在，包括地表水、水体沉积物、污泥、土壤、大气。由于 BFRs 具有较高的辛醇-水分配系数，在环境介质中的 BFRs（尤其是高溴代的 PBDEs）容易进入生物体内并在生物体内富集。BFRs 具有生物放大效应，随着营养级的提高，BFRs 的浓度也逐渐增大。在多种生物体包括植物、陆生或水生哺乳动物、鱼类、鸟类等也都发现了 BFRs 的存在，并且在人体的血液和母乳中也发现了 BFRs 的存在（如图 6-11 所示）。

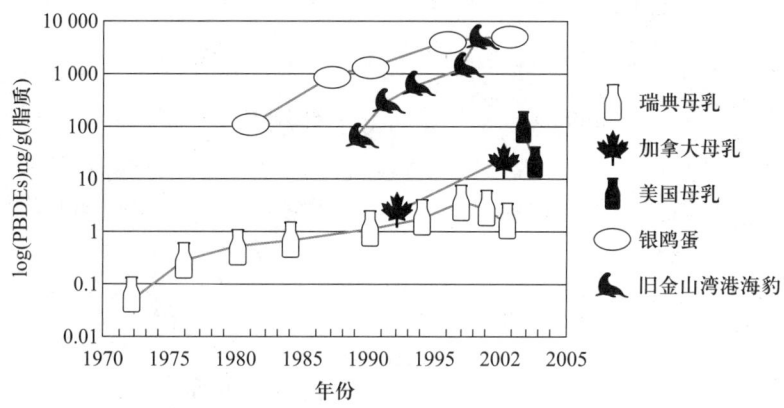

图 6-11　不同年份 PBDEs 在母乳、鸟蛋与海豹体内的浓度变化

（资料来源：Flame Retardants：Alarming Increases in Humans and the Environment. Health Care Without Harm，2006）

（2）迁移与转化

对 BFRs 迁移转化的研究还很不充分。PBDEs 等 BFRs 由于不能永久性结合到聚合物材料中，它们以挥发物或颗粒物结合形式（灰尘）释放，或者极少数可能通过水渗出进入环境介质。气相中的 PBDEs 被吸附到大气颗粒物或灰尘，沉降后回到地表水、土壤、沉积物或者被生物体吸收累积。这些迁移的潜在结果是室内空气污染、大气污染、水土污染或生物累积（如图 6-12 所示）。

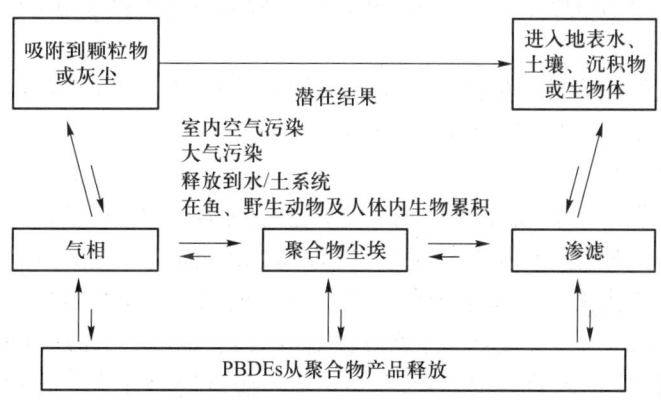

图 6-12　PBDEs 环境迁移途径示意图

（资料来源：USGS，BFRs in the environment，2004）

此外在一些人类活动较少的偏远地区如北极等地区的生物和大气颗粒物中也发现了 BFRs 的存在，这说明了 BFRs 作为 POPs 的远距离传输特性。

低溴代 PBDEs、OH-PBDEs 及 MeO-PBDEs 在生物体内也被检出，它们既可能从环境中吸收，也可能通过生物转化而形成。通过分析 PBDEs 代谢产物的分布与来源，可以推测 PBDEs 的生物代谢途径（如图 6-13 所示）。

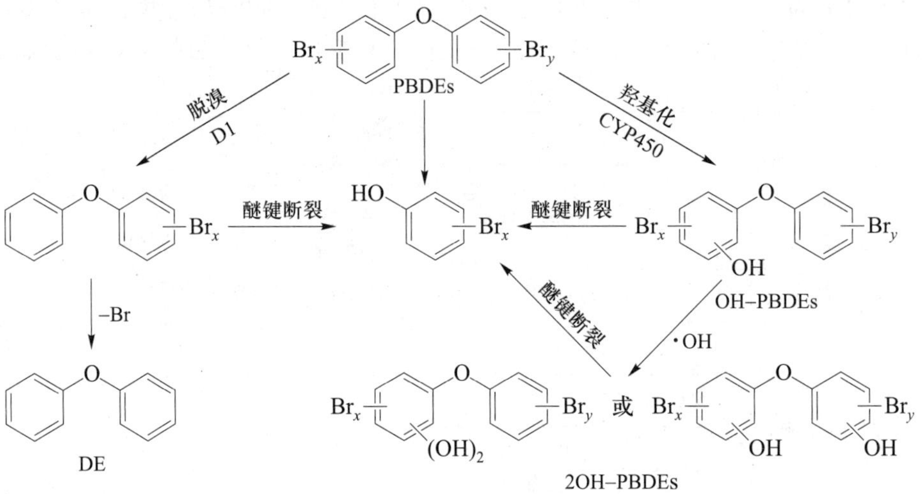

图 6-13　PBDEs 的生物代谢途径

（资料来源：Li J 等，2013）

PBDEs 的非生物转化主要是光降解。在二甲苯溶液中 BDE209 在太阳光照射下很容易分解产生多种低溴代 PBDEs、多溴代二苯并呋喃（PBDFs）（1~6 个溴原子的取代物）、多溴代苯等产物。例如，BDE209 先光解脱溴产生低溴代产物，再发生次级反应产生 PBDFs。BDE153、BDE154 与 BDE183 则对紫外光比较稳定，而 BDE47、BDE99 与 BDE100 相对更稳定。它们比 BDE209 具有更强的持久性。但是在水中发生光解时，低溴代 PBDEs 并不是主要产物。水溶液中 BDE209 的光致羟基化过程更容易发生，产生的 OH-PBDEs 产物对紫外光吸收更强而更快地进一步发生光解。

此外，PBDEs 的降解途径还包括热解（如垃圾焚烧或火灾）。图 6-14 给出了 PBDEs 热解产生 PBDFs 和多溴代二苯并二噁英（PBDDs）的可能途径。

（3）环境与健康效应

BFRs 的生态环境效应与机制尚不十分清楚。通过对 BFRs 的毒理学研究发现虽然它们的急性毒性很低，但是长期接触 HBCD 会对人的甲状腺系统、神经系统和生殖系统产生损伤，也存在致癌的风险。一项大规模人群调查研究表明，人类产前和儿童期的 PDBEs 暴露与儿童神经行为发育受损有关，特别是与学龄儿童的注意力、精细动作协调和认知等方面的关联最强。该研究集中于五溴联苯醚相关的 PBDEs 混合物，该类化学物在 2005 年之前广泛应用于家具的聚氨酯泡沫垫和婴儿产品中。这些 BFRs 在产品的使用过程中被释放进入室内环境，儿童可能通过手—口接触途径存在不同程度的暴露。而四溴代 PBDEs 的生物代谢产物与甲状腺激素结构比较相

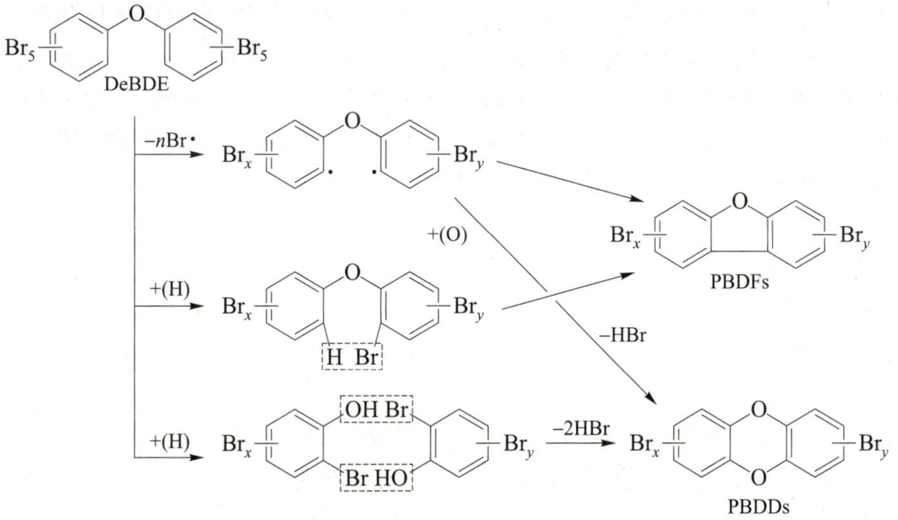

图 6-14 PBDEs 热解产生 PBDFs 与 PBDDs 的可能途径

（资料来源：Bienek 等，1989）

似，这可能也是其干扰甲状腺系统功能的原因。

5. 全氟和多氟烷基化合物

（1）来源与分布

全氟和多氟烷基化合物（per-and polyfluoroalkyl substances，PFASs）是一类具有重要应用价值的含氟有机物，具有疏油、疏水特性，因此广泛应用于纺织、造纸、包装、农药、地毯、皮革、地板打磨、洗发香波和灭火泡沫等工业和民用领域。目前环境中存在的 PFASs 主要有全氟烷基羧酸类（PFASAs）、全氟烷基磺酸类（PFSAs）、全氟烷基磺酰胺类（FOSAs）、氟调聚醇（FTOHs）、全氟磷酸（膦酸）及其酯等，其中全氟辛烷磺酰胺（PFOSA）及其盐全氟辛烷磺酸（PFOS）和全氟辛酸（PFOA）是环境中存在的最典型的两种全氟化合物，也是多种 PFASs 在环境中转化的最终产物。当 PFOS 被外界发现时，常常是以经过降解的 PFOS 形态存在的。在美国化学文摘登记目录中，有 96 种不同氟化有机物可在环境中通过降解释放出 PFOS，这些物质称为 PFOS 有关物质。PFOA 与 PFOS 的结构如图 6-15 所示。

PFOS 具有远距离环境传输的能力，污染范围十分广泛。有关资料表明，在世界范围内被调查的地下水、地表水和海水，甚至连人迹罕至的北极地区，生态环境样品、野生动物和人体内无一例外地存在 PFOS 的污染踪迹。例如，有研究报道香港沿海、珠江三角洲、南海及韩国海域海水中 PFOS 浓度分别为 0.09~3.1 ng/L、0.02~12 ng/L、0.04~730 ng/L。有人在 16 个大西洋水样中检测到 PFOS 浓度为 21~70 ng/L，而东京海峡表层水中 PFOS 浓度则为 13~25 ng/L。PFOS 在人体中的浓度备受关注。Kannan 等调查了来自美国、哥伦比亚、巴西、比利时、意大利、波兰、印度、马来西亚、韩国等 9 个国家 473 份人血、血清及

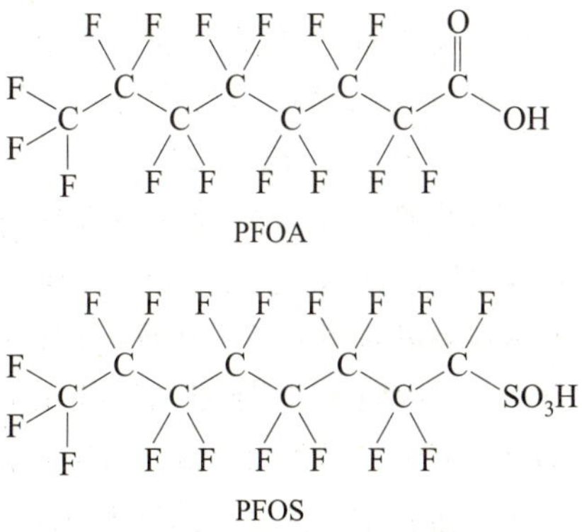

图 6-15 PFOA 与 PFOS 的结构式

血浆中的 PFOS、PFHxS、PFOA、POSF 的含量。在这几种检测物中,PFOS 是主要的污染物。他们发现美国与波兰人血中 PFOS 含量最高(>30 ng/mL);韩国、比利时、马来西亚、巴西、意大利和哥伦比亚人血中 PFOS 含量中等(3~29 ng/mL),印度人血中 PFOS 含量最低(<3 ng/mL),并且只有 50% 的血清能检出。这说明不同国家的人群接触 PFOS 的程度不同。长时间使用含有 PFOS 或 PFOS 前体的产品,可能是人们接触 PFOS 的一个途径。

（2）迁移与转化

PFOS 本身不会大量挥发(饱和蒸气压仅约为 3×10^{-4} Pa),但是具有表面活性,可以吸着在颗粒物中在大气中迁移。另外其具有微弱的水溶解度(约为 500 mg/L),因此干、湿沉降都可能是其从大气迁移回地面的途径。而地表水中 PFOS 可能来自降雨、地表径流等面源污染的迁移。

Meyer 等对加拿大多伦多市某高地溪流城市水域内雪融化过程中全氟羧酸和全氟磺酸的迁移动态和归趋进行了研究,结果在较高城市化的区域发现最高浓度的全氟化合物,这与工业源、交通源和居民生活源等全氟化合物来源有关;在雪融化期间,全氟化合物的河流通量有所增加,但雪中存在的全氟化合物的量仅占增加量的 1/5,其余的增加主要是由于雪融化期间较高的河水流速引起的全氟化合物的相应移动。这种全氟化合物的随水流动行为与全氟烷基的链长密切相关,相对干净的雪水在较高的河水流速下的稀释效应造成了河水中短链的全氟化合物浓度的降低,这在一定程度上抑制了在雪融化初期的河水中短链全氟化合物的浓度峰值的出现;而颗粒结合态的长链全氟化合物则存在一个在雪融化初期的浓度峰值,其原因是雪融化初期造成的高河水流速促进了全氟化合物污染的颗粒的移动;全氟化合物进入地表层和更深地下蓄水层的能力随着全氟化合物溶解度的增加而增加,随着全氟烷基链长的增加而降低。

PFASs 中的 C—F 共价键具有极高的键能,使得 PFASs 普遍具有难以光解、水解和被生物降解的特性。PFOS 的间接光解半衰期估计超过 3.7 a,水解半衰期估计在 41 a 以上。PFOS 与 PFOA 在人体内的半衰期分别为 5.4 a 与 3.8 a。垃圾或污水处理厂污泥的焚烧可能是 PFASs 转化的一个重要途径。

（3）环境与健康效应

实验研究表明,PFOS 可以在生物体内聚积。已有诸多证据表明,水生食物链生物对 PFOS 有较强的累积作用。鱼类对 PFOS 的 BCF 为 500~12 000 倍。美国大湖地区底栖非脊椎动物体内 PFOS 的 BCF 约为 1 000,而貂或者秃鹰与其所捕食的动物之间的 BCF 为 10~20。PFOA 在湖水中被检出,但是其生物放大能力较 PFOS 弱。

PFOS 在生物不同组织器官累积能力有所不同。表 6-8 显示,哥伦比亚北部海湾塘鹅体内不同组织器官中 PFOS 浓度高低顺序是脾 > 肝 > 肺 > 肾≈脑 > 心脏 > 肌肉;而 PFOSA 浓度水平要相对低得多,并且不是所有样品都被检出。

水中的 PFOS 通过水生生物的积累作用和食物链向包括人类在内的高位生物转移。在北极熊肝脏里测量到的 PFOS 的浓度超过了所有其他已知的各种有机卤素的浓度。2006 年格陵兰岛东部极地地区北极熊肝脏内 PFOS 浓度高达 2 800 mg/kg(湿重),而 2000 年前不到 1 000 mg/kg(湿重)。

表 6-8　哥伦比亚北部海湾塘鹅体内不同组织器官中 PFOS（PFOSA 及其盐 PFOS）浓度

单位:ng/g(湿重)

组织器官	PFOS	PFOSA	PFOSA 样品检出比例
脾	59.8(6.2~131.5)	<1	1/5
肝	36.65(4.02~55.73)	<1	0/5
肺	7.5(2.9~11.3)	1.1(1~1.5)	3/5
肾	4.3(1.2~17.3)	1.6(1~2.7)	3/5
脑	3.5(1.3~11.4)	1.3(1.0~1.8)	5/5
心脏	2.1(1.7~6.9)	<1	1/5
肌肉	0.8(0.7~2.7)	1.1(1~2.2)	1/5

资料来源:Olivero-Verbel J 等,2006。

与许多持久性有机污染物的通常情况相反,PFOS 在脂肪组织中不会累积起来。这是因为 PFOS 既具有疏水性,又具有疏脂性。相反,PFOS 依附于血液和肝脏中的蛋白质。据美国、欧洲、日本及我国研究机构的研究结果表明:PFOS 及其衍生物通过呼吸道吸入和饮用水、食物的摄入等途径,进入人体和生物体,很难被生物体排出,最终富集于人体、生物体中的血、肝、肾、脑中。有研究发现,PFOS 具有遗传毒性、生殖毒性、神经毒性、发育毒性和内分泌干扰作用等多种毒性。

三、多环芳烃

多环芳烃是一大类广泛存在于环境中的有机污染物,也是最早被发现和研究的化学致癌物。1930 年 Kennaway 提纯了二苯并[a,h]蒽,并确定了它的致癌性。1933 年 Cook 等从煤焦油中分离了多种多环芳烃,其中包括致癌性很强的苯并[a]芘。1950 年 Waller 从伦敦市大气中分离出了苯并[a]芘。后来又陆续分离、鉴定出多种致癌的多环芳烃。

1. 多环芳烃的结构与性质

多环芳烃即 PAHs 指两个以上苯环连在一起的化合物。两个以上的苯环连在一起可以有两种方式:一种是非稠环型,即苯环与苯环之间各由一个碳原子相连,如联苯、联三苯等;另一种是稠环型,即两个碳原子为两个苯环所共有,如萘、蒽等。

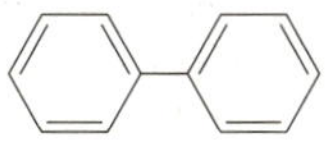

联苯 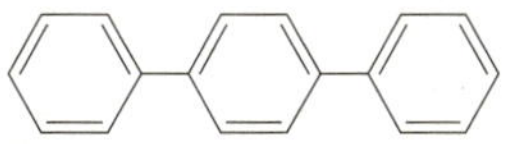　　联三苯

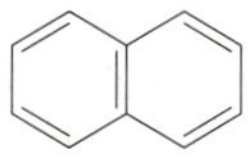

萘 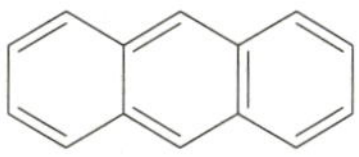　　蒽

本小节介绍的多环芳烃都是含有三个苯环以上的稠环型化合物,确切的名称应称为稠环芳烃或稠环烃。由于国内很多文献都把它们称为多环芳烃,因而也沿用这个名称。常见多环芳烃母体如下:

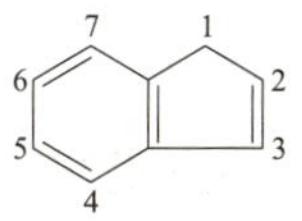

茚(indene) 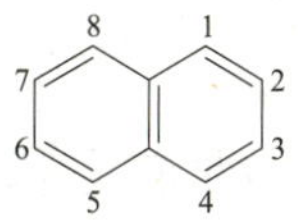　　萘(naphthalene)

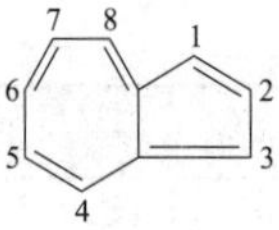

薁(azulene)

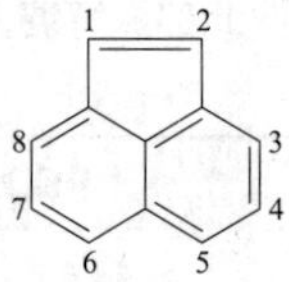

苊(acenaphehylene)

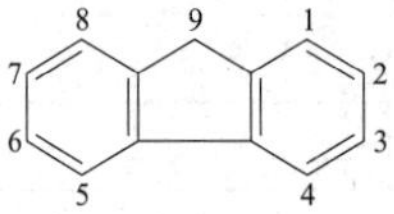

芴(fluorene)

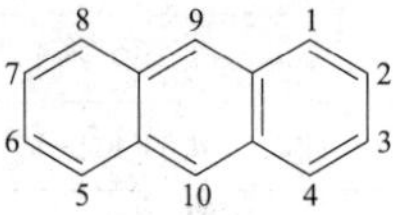

蒽(anthracene)

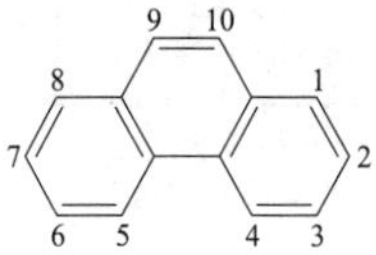

菲(phenanthrene)

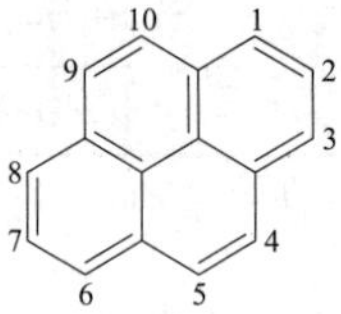

芘(pyrene)

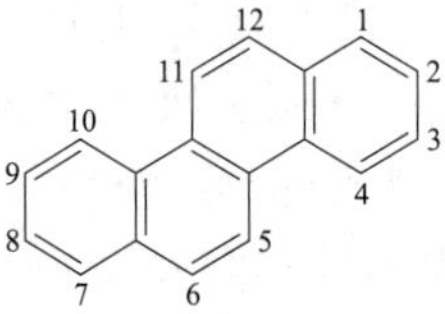

䓛(chrysene)

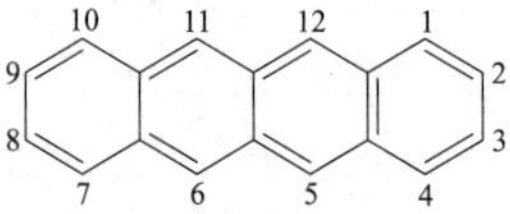

并四苯(naphthacene)

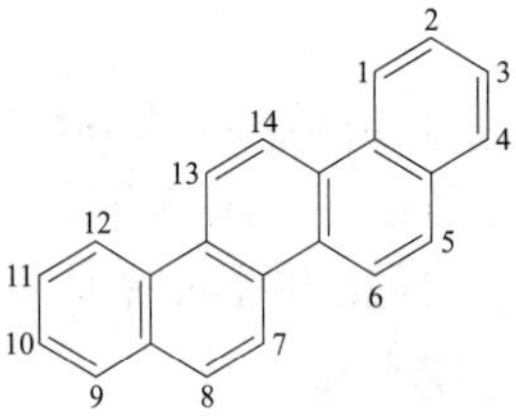

苉(picene)

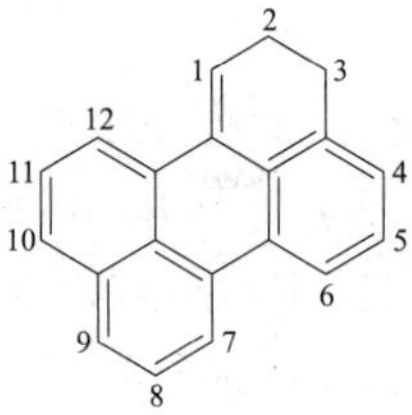

苝(perylene)

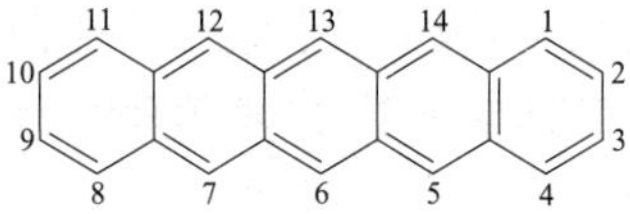

并五苯(pentacene)

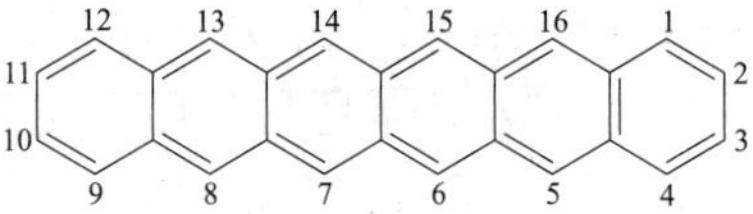

并六苯(hexacene)

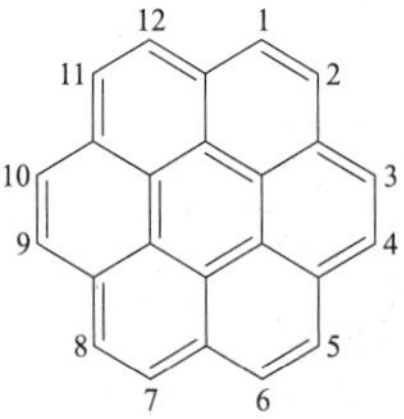

蔻(coronene)

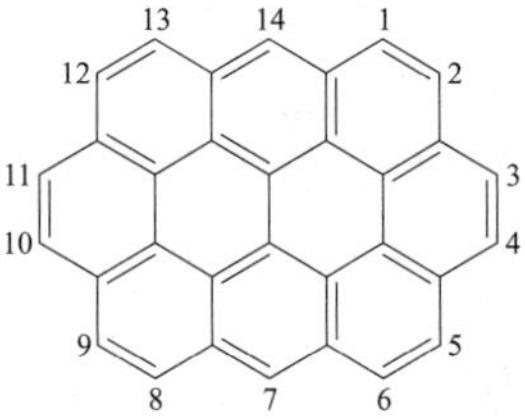

卵苯(ovalene)

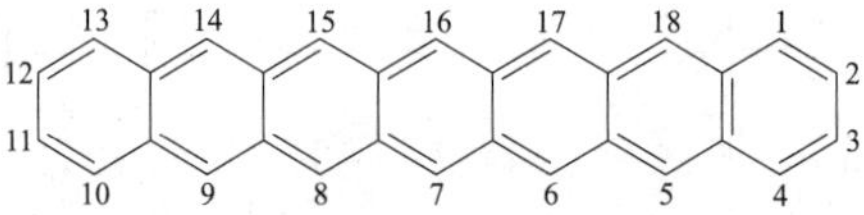

并七苯(heptacene)

多环芳烃的基本单位虽然是苯环,但其化学性质与苯并不完全相同。按其性质可分为下列几种:

（1）具有稠合多苯结构的化合物

如三亚苯、二苯并[e,i]芘、四苯并[a,c,h,j]蒽等，具有与苯相似的化学性质。这说明 π 电子在这些多环芳烃中的分布是与苯类似的。而芘的性质则与萘相似，这可从图 6-16 和图 6-17 看出。

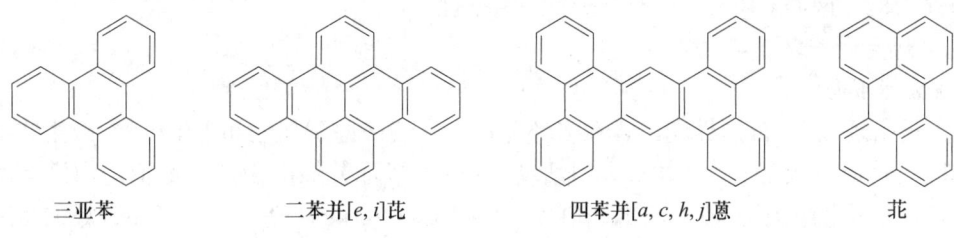

| 三亚苯 | 二苯并[e, i]芘 | 四苯并[a, c, h, j]蒽 | 芘 |

图 6-16　稠合多苯结构化合物

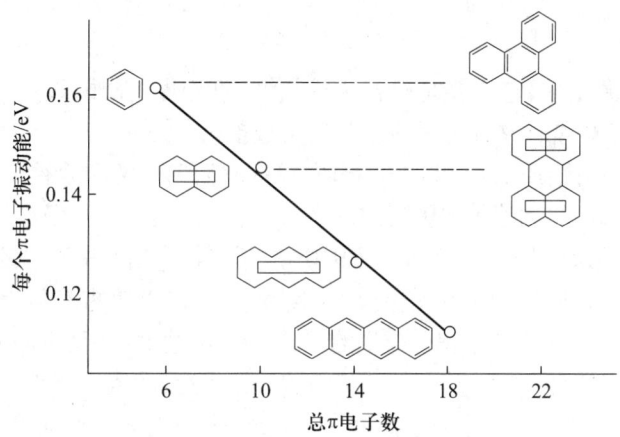

图 6-17　多环芳烃的每个 π 电子振动能与总 π 电子数相关性

（2）呈直线排列的多环芳烃

如蒽、并四苯、并五苯，它们具有较活泼的化学性质，且反应活性随着环的增加而增强。这是由于总 π 电子数增加，每个 π 电子的振动能降低（图 6-17），反应活性增强。并七苯的化学性质非常活泼，几乎得不到纯品。上述化合物的化学反应常常在蒽中间的苯环相对的碳位（简称中蒽位）上发生。

（3）成角状排列的多环芳烃

如菲、苯并[a]蒽等，它们的反应活性总的来看要比相应的成直线排列的同分异构体小，它们在发生加合反应时，往往在相当于菲的中间苯环的双键部位，即菲的 9,10 位键（简称中菲键）上进行，如图 6-18 所示。

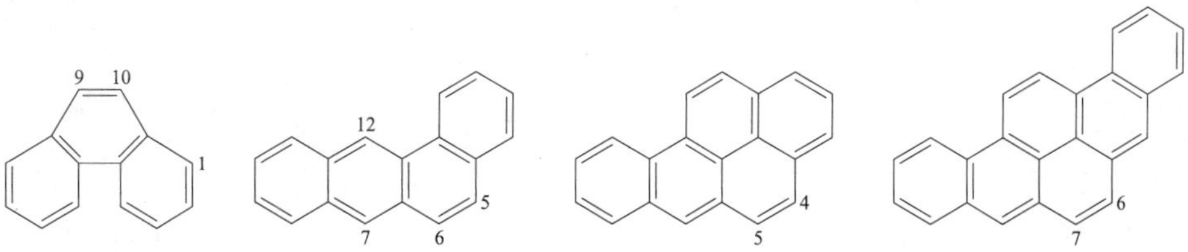

| 菲 | 苯并[a]蒽 | 苯并[a]芘 | 二苯并[a, i]芘 |

图 6-18　角状多环芳烃

含有四个以上苯环的角状多环芳烃,除有较活泼的中菲键外,还往往存在与直线多环芳烃类似的活泼对位——中蒽位,如苯并[a]蒽的7,12位(图6-18)。

一些更复杂的稠环烃,如苯并[a]芘、二苯并[a,i]芘等也具有活泼的中菲键,但没有活泼的对位(图6-18)。这类多环芳烃中有不少具有致癌性。

2. 多环芳烃的来源与分布

（1）天然来源

在人类出现以前,自然界就已存在多环芳烃。它们来源于陆地和水生植物、微生物的生物合成,森林、草原的天然火灾,以及火山活动,构成了多环芳烃的天然本底值。由细菌活动和植物腐烂所形成的土壤多环芳烃本底值为100~1 000 μg/kg。地下水中多环芳烃的本底值为0.001~0.01 μg/L。淡水湖泊中多环芳烃的本底值为0.01~0.025 μg/L。大气中苯并[a]芘的本底值为0.1~0.5 ng/m³。

（2）人为来源

多环芳烃的污染源很多,它主要是由各种矿物燃料(如煤、石油、天然气等)、木材、纸及其他含碳氢化合物的不完全燃烧或在还原气氛下热解形成的。

在20世纪五六十年代,Badger和Lang等研究证明,简单烃类和芳香烃在高温热解过程中可以形成大量的PAHs,如乙炔和萘等热解形成多环芳烃。

Badger根据实验结果,提出了在热解过程中形成苯并[a]芘的机理,如图6-19所示。

上述机理是用放射性同位素示踪实验获得的结果并从热力学的角度考察推断出来的。机理表明简单烃类(包括甲烷)在热解过程中产生的苯并[a]芘是由一系列不同链长的自由基形成的:在燃烧热解过程中形成的自由基与苯并[a]芘的结构越相近,产生的苯并[a]芘就越多。自由基的寿命越长,苯并[a]芘的生成率也就越高。另外发现,燃烧正丁基苯时,中间体Ⅱ、Ⅲ、Ⅳ的浓度增大,苯并[a]芘的生成率也越高。

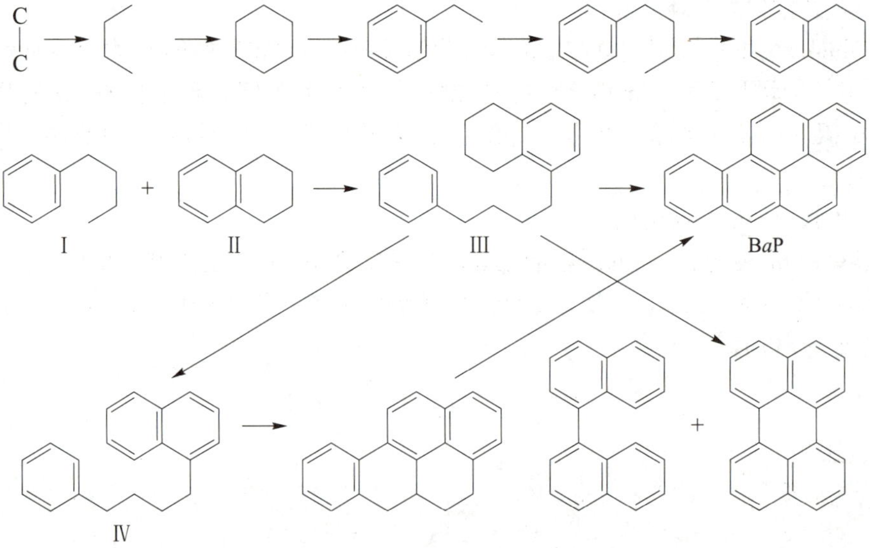

图6-19 苯并[a]芘(BaP)形成机理

实验证明,燃烧或热解温度是影响多环芳烃生成率的重要因素。由图 6-20 可以看出,在 600~900 ℃燃烧正丁基苯可生成苯并[a]芘和苯并[a]蒽,其中 700~800 ℃生成率最高。

乏氧是生成多环芳烃的必要条件。但乏氧并不是完全缺氧,有人在纯氮中进行焦化(800 ℃),结果所得的产物几乎全是联苯。而在少氧的条件下进行焦化,则生成的产物是酚和一系列多环芳烃的混合物。

表 6-9 为部分国家每年排放至大气中 16 种多环芳烃的苯并[a]芘等效量的估计量,这种以苯并[a]芘为代表说明多环芳烃的污染来源和污染量的数据,虽然不一定准确,但可以看出它的污染来源广泛,总量也是相当大的。应该特别指出的是家用炉灶排放的烟气中多环芳烃成分更多,污染更为严重,如表 6-10 所示。此外,烟草焦油中亦含有相当数量的多环芳烃,一些国家和组织,对肺癌产生的两个可能因素——吸烟和大气污染进行了调查研究,初步认为吸烟比大气污染对肺癌的增长具有更加直接的关系。用 GC/MS 分析烟草焦油中的多环芳烃有 150 多种,其中致癌性的多环芳烃有 10 多种,如苯并[a]芘、苯并[b]荧蒽、二苯并[a,h]蒽、苯并[j]荧蒽、苯并[a]蒽等,如表 6-11 所示。

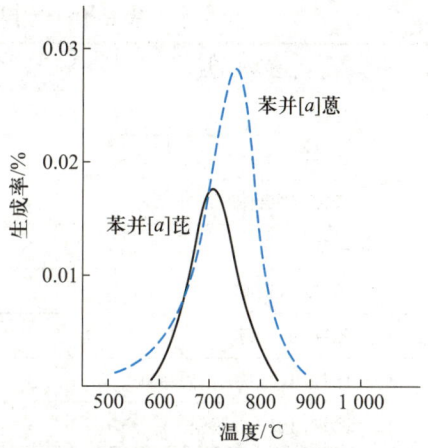

图 6-20 燃烧正丁基苯生成苯并[a]芘和苯并[a]蒽的生成率与温度的关系

表 6-9 部分国家每年排放至大气中的 16 种多环芳烃的苯并[a]芘等效量的估计量

来源	国家					
	中国		巴西		美国	
	排放量/ (Gg·a^{-1})	相对 贡献/%	排放量/ (Gg·a^{-1})	相对 贡献/%	排放量/ (Gg·a^{-1})	相对 贡献/%
生物质燃烧	1.57	55.90	0.04	14.60	0.04	19.10
煤炭燃烧	0.63	22.40	—	—	0.02	8.50
焦炭生产	0.50	17.90	—	—	—	—
交通石油	—	—	—	—	0.03	15.60
森林/草原火灾	—	—	0.22	75.60	—	—
野火	—	—	—	—	0.01	7.00
露天秸秆焚烧	—	—	—	—	—	—
垃圾焚烧	—	—	—	—	0.05	23.70
铝电解	—	—	0.01	5.00	0.02	11.50
消费品的生产	—	—	—	—	—	5.80
其他	0.11	3.80	0.01	4.80	0.02	8.80
合计	2.81	100.00	0.29	100.00	0.20	100.00

注:表内数据为 2004 年的排放水平。

表 6-10　家用炉灶与工业锅炉排放的烟气中 PAHs 的比较　　　　单位:μg/m³

多环芳烃	家用炉灶	工业锅炉
吖啶	111	3.30
苯并[f]喹啉	57	96
苯并[h]喹啉	38	200
菲啶	32	200
苯并[a]吖啶	26	7.7
苯并[c]吖啶	15	18
茚并[1,2,3-i,j]异喹啉	17	—
茚并[1,2-b]喹啉	24	0.17
二苯并[a,h]吖啶	17	0.12
二苯并[a,j]吖啶	2	0.15
蒽	780	250
菲	1 800	910
苯并[a]蒽	1 300	—
䓛	720	—
荧蒽	2 900	—
芘	2 200	1 400
苯并[a]芘	1 000	1 200
苯并[e]芘	500	1 200
苊	120	100
苯并[g,h,i]苝	760	740
蒽嵌蒽	190	45
晕苯	30	—
总计	12 639	6 370.44

表 6-11　烟草焦油中致癌性的多环芳烃

多环芳烃	含量/[μg·(100 支)⁻¹]	多环芳烃	含量/[μg·(100 支)⁻¹]
苯并[a]蒽	0.3~0.6	苯并[b]荧蒽	0.3
䓛	4.0~6.0	苯并[j]荧蒽	0.6
1,2,3-甲基䓛及 6-甲基䓛	2.0	茚并[1,2,3-c,d]芘	0.4
5-甲基䓛	0.06	二苯并[a,i]芘	痕量
二苯并[a,h]蒽	0.4	二苯并[a,l]芘	痕量
苯并[a]芘	3.0~4.0	二苯并[c,g]咔唑	约0.07
2-甲基荧蒽	0.2	二苯并[a,h]吖啶	0.01
3-甲基荧蒽	0.2	二苯并[a,j]吖啶	0.27~1.0
苯并[c]菲	痕量		

此外,据研究,食品经过炸、炒、烘烤、熏等加工之后也会生成多环芳烃。例如,北欧冰岛人胃癌发生率很高,与居民爱吃烟熏食品有一定的关系,当地烟熏食品中苯并[a]芘的含量,有的每千克高达数十微克,如表 6-12 所示。

表 6-12 烟熏食品中苯并[a]芘含量

食品	苯并[a]芘含量/($\mu g \cdot kg^{-1}$)	食品	苯并[a]芘含量/($\mu g \cdot kg^{-1}$)
香肠、腊肠	1.0~10.5	烤牛肉	3.3~11.1
熏鱼	1.7~7.5	油煎肉饼	7.9
烤羊肉	1~20	直接在火上烤肉排	50.4
烤禽鸟	26~99	烤焦的鱼皮	5.3~760

3. 多环芳烃在环境中的迁移、转化

由于多环芳烃主要来源于各种矿物燃料及其他有机物的不完全燃烧和热解过程。这些高温过程(包括天然的燃烧、火山喷发)形成的多环芳烃大多随着烟尘、废气排放到大气中。释放到大气中的多环芳烃,总是和各种类型的固体颗粒物及气溶胶结合在一起。因此,大气中多环芳烃的分布,滞留时间,迁移,转化,进行干、湿沉降等都受其粒径大小、大气物理和气象条件的支配。在较低层的大气中直径小于 1 μm 的粒子可以滞留几天到几周,而直径为 1~10 μm 的粒子则最多只能滞留几天,大气中多环芳烃通过干、湿沉降进入土壤和水体及沉积物中,并进入生物圈,如图 6-21 所示。

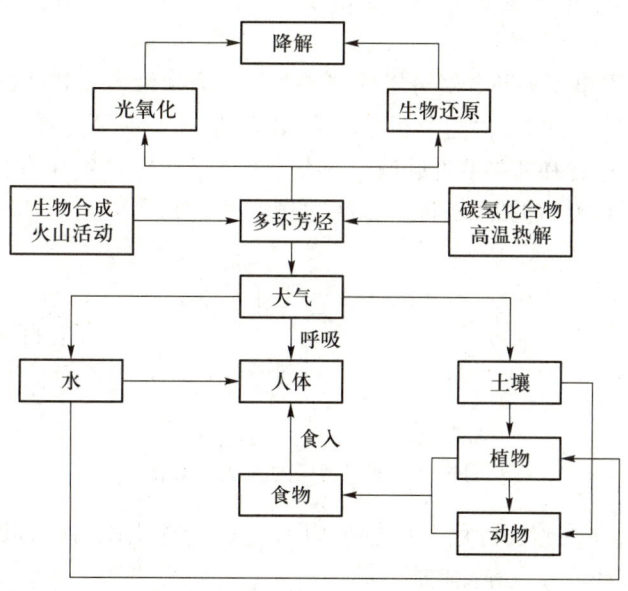

图 6-21 多环芳烃在环境中的迁移、转化

多环芳烃在紫外光(300 nm)照射下很易光解和氧化,如苯并[a]芘在光和氧的作用下,可在大气中形成 6,12-醌苯并芘、1,6-醌苯并芘和 3,6-醌苯并芘,即

苯并[a]芘   6,12-醌苯并芘   1,6-醌苯并芘   3,6-醌苯并芘

多环芳烃也可以被微生物降解,例如苯并[a]芘被微生物氧化可以生成7,8-二羟基-7,8-二氢苯并[a]芘及9,10-二羟基-9,10-二氢苯并[a]芘。多环芳烃在沉积物中的消除途径主要靠微生物降解。微生物的生长速率与多环芳烃的溶解度密切相关。

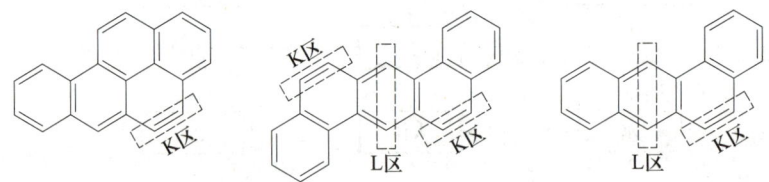

4. 多环芳烃的结构与致癌性

近几十年来,为了弄清多环芳烃与其致癌性之间的关系,科学工作者进行了大量的研究,并提出了不少理论,其中影响较大的有"K区理论""湾区理论"和"双区理论",现分述如下。

（1）K区理论

人们在研究中发现,凡是多环芳烃分子中具有致癌活性的,大多含有菲环结构,其显著特征是相当于菲环9,10位的区域有明显的双键性,即具有较大的电子密度。因此,认为多环芳烃的致癌性与这个区域的电子密度大小有关。多环芳烃中相当于菲环9,10位的区域称为K区,K是德文Krebs(肿瘤)的缩写。

1955年Pullman提出用多环芳烃分子的定域能值作为衡量多环芳烃致癌性大小的标准,并计算了37种多环芳烃的定域能,经过分析提出了"K区理论"。其要点如下:

① 多环芳烃分子中存在两类活性区域。一类是相当于菲环的9,10位的区域,称为K区;另一类是相当于蒽环的9,10位的区域,称为L区,如图6-22所示。

图6-22 多环芳烃的K区和L区

② 多环芳烃的K区在致癌过程中起主要作用,而L区则起副作用(即脱毒作用)。K区越活泼,L区越不活泼的多环芳烃致癌性越强。

③ 多环芳烃分子的K区复合定域能(邻位定域能[①] + 碳定域能[②])小于或等于13.58β(β为共振积分单位,kJ/mol)者,有致癌性。

---

① 指π体系中一对π电子定域在邻位后π体系的能量损失。

② 将一对电子定域在某一碳原子上所需的能量。

④ 若多环芳烃分子中同时存在K区和L区,则L区的复合定域能(对位定域能[①]+碳定域能)必须大于或等于23.68β,多环芳烃才具有致癌性。

⑤ 推测多环芳烃的致癌机理,可能是由于多环芳烃分子K区具有较大的电子密度,DNA可与之发生亲电加成反应,从而影响了细胞的生化过程,导致癌症发生。

K区理论虽然能够解释一些多环芳烃分子的致癌性,但由于它只考虑多环芳烃本身的电子结构,而缺乏多环芳烃在生物体内实际代谢过程的充分资料,因而具有较大的局限性。

(2)湾区理论

1969年Grover和Sims等在实验中发现,多环芳烃不经过代谢活化,在试管中并不能与DNA以共价键结合。这说明多环芳烃本身不是直接致癌物,它可能是在生物(或人)体内经过肝微粒体酶系的代谢作用才变成某种具有致癌活性的物质。后来,Booth、Borgen、Sims和Wood等经实验证明,苯并[a]蒽、苯并[a]芘在生物体内的代谢过程中,生成的二氢二醇环氧化物才是具有致癌活性的最终致癌物。

Jerina等在立足于多环芳烃在生物体内代谢实验的基础上,提出了"湾区理论",他们把多环芳烃分子结构中的不同位置划分为湾区、A区、B区和K区,如图6-23所示。

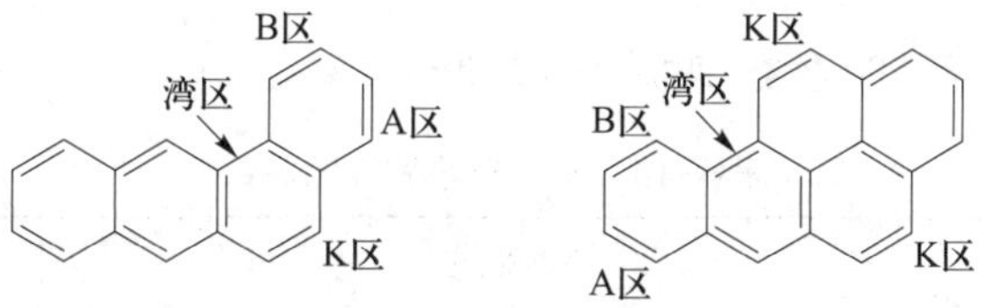

图6-23 多环芳烃的湾区、A区、B区和K区

A区是最先被氧化的区域;B区是最终被氧化的区域;K区的位置与"K区理论"中的K区相同。湾区理论要点如下:

① 多环芳烃分子中存在湾区,是其具有致癌性的主要原因。

② 在湾区的角环(B区)容易形成环氧化物,它能自发地转变成湾区碳正离子。

③ 湾区碳正离子是多环芳烃的"最终致癌形式",其稳定性可用微扰分子轨道(PMO)法计算其离域能的大小来定量估计。离域能越大,碳正离子越稳定,其致癌性越强。

④ B区碳上的π电荷密度大小也是衡量多环芳烃的致癌性强弱的条件,B区碳上的电荷密度越小,多环芳烃的致癌性越强。

⑤ "湾区理论"认为多环芳烃的致癌机理是:湾区碳正离子具有很强的亲电性,它可以与生物大分子DNA的负电中心结合,生成共价化合物,导致基因突变,形成癌症。"湾区理论"是建立在多环芳烃在生物体内代谢实验基础上的,它解释了除苯并[a]蒽和苯并[a]芘之外,多数多环芳烃如二苯并[a]蒽、䓛、3-甲基胆蒽等的致癌性,证明了湾区环氧化物在致癌过程中起了重要作用。但是,"湾区理论"没有提出多环芳烃致癌活性的定量判据,因而缺乏预测能力。

(3)双区理论

戴乾圜等在总结"K区理论""湾区理论"的基础上,用PMO法计算了49种多环芳烃的K

---

① 指π体系中一对π电子被定域在处于对位的两个碳原子上时,该π体系的能量损失。

区碳原子和湾区碳原子的离域能及分子中各个碳原子的 Dewar 指数，并以多环芳烃在生物体内的代谢实验资料为依据，对计算数据进行数学处理，提出了"双区理论"。其要点是：

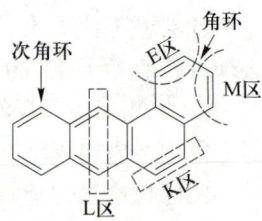

图 6-24 多环芳烃的区域划分图

① 多环芳烃分子具有致癌性的必要和充分条件是在其分子内存在两个亲电活性区域，并把多环芳烃分子分为 M 区、E 区、L 区、K 区和角环、次角环，如图 6-24 所示。图中 M 区为首先发生代谢活化的位置（代谢活化区）；E 区为发生亲电反应的理论位置（亲电活化区）；L 区为脱毒区；K 区为双重性区域，在某些情况下可以起亲电活性区的作用，也可起脱毒区的作用；M 区和 E 区所在的环称为角环；次角环为如图 6-24 中标出的环。

② 多环芳烃致癌活性的定量计算公式为

$$\lg K = \underset{\text{（活化项）}}{4.751 \Delta E_1 \Delta E_2^3} - \underset{\text{（脱毒项）}}{0.051\,2n\Delta E_2^{-3}}$$

式中： K——结构与致癌性的关系指数；

        ΔE_1 和 ΔE_2——分别为多环芳烃两个活性中心相应的碳正离子的离域能；

        n——脱毒区总数；

4.751 和 0.051 2——关系式的系数。

③ 确定了 K 值与致癌性的关系，如表 6-13 所示。

表 6-13　K 值与致癌性的关系

K 值	致癌性	说明
$K<6$	-	不致癌
$6<K<15$	+	微弱致癌
$15<K<45$	++	致癌
$45<K<75$	+++	显著致癌
$K>75$	++++	强力致癌

④ 提出了多环芳烃致癌机理的假说：多环芳烃分子中的两个亲电中心与 DNA 互补碱基之间的两个亲核中心进行横向交联，引起移码型突变，导致癌症发生，两个亲电中心的最优致癌距离为 280~300 pm。而这正好与 DNA 双螺旋结构的互补碱基之间两个亲核中心的实测距离（280~292 pm）接近。

戴乾圜等用上述公式先计算了 49 种多环芳烃，结果与实验的符合率高达 98%。后来又对已有完整致癌实验数据的 150 种多环芳烃进行了计算，结果与实验的符合率也高达 95%。说明"双区理论"较合理地考虑了多环芳烃分子中各关键区域的作用，所提出的理论模型更加接近实际。目前"双区理论"已成功地推广应用于取代的多环芳烃、偶氮苯体系、芳胺和亚硝胺类化合物中，受到了国内外的重视。

"双区理论"也存在不足之处。按"双区理论"的定量公式计算的多环芳烃中有 4 种与实验不符，其偏差有一级至二级。例如，苯并[c]菲的 $K=5.55$，应无致癌性（-），而实际上有较强的致癌性（++）；三苯并[a,e,h]芘的 $K=61.17$，应有显著的致癌性（+++），而实际上只有较强的致癌性（++）；三苯并[a,c,j]四苯的 $K=17.32$，应有较强致癌性（++），而实际上只有弱致癌性（+）；

三苯并[a,c,j]蒽的 $K=8.09$,应有弱致癌性(+),而实际上没有致癌性(−)。

四、新污染物

新污染物(new pollutants)泛指任何合成或天然的化学品或者微生物,它们过去在环境中没有被普遍地检测到,但是能潜在地进入环境并对生态或人类健康带来已知的或者值得怀疑的不利影响,有时候又被称为新关注的污染物(contaminants of emerging concern,CEC)。一些情况下,某些新污染物的释放有可能已经存在了很长时间,但是可能没有被认识到,直到新的检测方法开发出来以后才被检测到。还有一些情况是,新化学物质的合成或者已有的化学物质改变了使用或者处置方法而产生了新污染物。从环境问题演化及环境科学家追踪研究这些问题的历史来看,20世纪初及以前关注热点是重金属,20世纪60年代是农药(如DDT),现在则是诸如内分泌干扰物、药物与个人护理品、溴代阻燃剂、纳米颗粒、细胞毒素、抗生素抗性基因等。对新污染物的研究将随着新化学品的生产使用与科学技术发展而保持动态发展趋势。目前研究的新污染物中大多数是有机污染物,它们又统称为新有机污染物(emerging organic contaminants,EOCs)。

一份来自美国的报道指出,美国南加州海岸城市污水处理厂排水中检出多种EOCs(如表6-14所示),有的污染物每年的排放量达1~5 t,这些污染物排放直接导致了海水污染。

表 6-14　美国南加州海岸城市污水处理厂排水及海水中部分EOCs的中值浓度及海水中的检出率

化学品	EOCs 分类	污水/($\mu g \cdot L^{-1}$)	海水/($\mu g \cdot L^{-1}$)	海水检出率/%
阿替洛尔	β-阻滞剂	2.20	0.000 4	90
吉非罗齐	胆固醇调节剂	3.25	0.000 9	90
萘普生	镇痛剂	2.30	0.000 7	75
磺胺甲恶唑	抗生素	0.92	0.000 5	70
甲氧苄氨嘧啶	抗生素	0.62	0.000 7	60
安宁	抗抑郁剂	0.35	—	50
双氯灭痛	镇痛剂	0.13	—	40
丁羟甲苯	工业化学品	0.29	—	40
三氯生	抗菌剂	0.79	—	40
壬基酚	工业化学品	1.42	—	35
布洛芬	镇痛剂	1.45	—	30
卡马西平	抗癫痫药物	0.27	—	25
阿托伐他汀	胆固醇调节剂	0.11	—	15
二苯基甲酮	工业化学品	0.42	—	15
雌酮	激素	0.04	—	10
辛基酚	工业化学品	0.69	—	10
磷酸三(1-氯-乙丙基)酯 TCPP	工业化学品	1.10	—	10

资料来源:Bay 等,2011。

1. 内分泌干扰物

（1）来源与分布

内分泌干扰物（endocrine disruptors，EDs）被定义为干扰那些维持自身平衡、生殖、发育和行为的体内激素的合成、分泌、传输、键合、作用或清除的外源性物质，这些物质能够模拟、强化或抑制激素作用，在某些情况下，可能引发组织或器官增生和肿瘤。简单地讲，内分泌干扰物是扰乱激素平衡而且能够对人或动物及其后代产生有害影响的物质。内分泌干扰物也称为内分泌干扰化学品（endocrine-disrupting chemicals，EDCs）、环境激素（environmental hormones）或激素活性物质（hormonally active agents，HAAs）。

环境污染物中许多物质具有雌激素活性，目前世界范围内对有关数据的统计尚无确定的结果，保守估计超过 200 种。表 6-15 列举了一些被怀疑具有内分泌干扰作用的化合物，其中既包括原本就"臭名昭著"的污染物如二噁英、PCBs、PAHs、DDT 等，也包括一些原来不甚关注和了解的化学品如雌激素（如图 6-25 所示）、双酚 A（BPA）、烷基酚与酞酸酯（如图 6-26 所示）等新污染物。这四类内分泌干扰物与人们的日常生活密切相关。

雌二醇与雌酮是高等动物分泌的天然雌激素，17α-乙炔基雌二醇（EE2）和己烯雌酚（DES）是药用的合成雌激素。历史上 DES 曾作为人用药物，但有很大的副作用而被禁用，但是至今仍被用在畜禽与水产养殖业中。

双酚 A 是生产聚碳酸酯和环氧树脂的重要原料。由双酚 A 制造的最终产品包括聚碳酸酯塑料制品、附着剂、保护涂层、汽车透镜、建材、光学透镜、热纸、纸涂层及电子器件的包覆材料等。受普通大众关注的可能含有双酚 A 的产品是饮料瓶、婴幼儿奶瓶、食品包装等。

烷基酚（壬基酚 NP 和辛基酚 OP 等）是合成烷基酚聚氧乙烯醚（APEOs）的原料。APEOs 是一种非离子表面活性剂，它的使用始于 20 世纪 40 年代，到 1980 年以后迅速增长，应用非常广泛，全球生产与使用量可观。APEOs 产品中有 80% 为壬基酚聚氧乙烯醚（NPEO），剩余 20% 主要为辛基酚聚氧乙烯醚等。NP 或 OP 既是 APEOs 的原料，又是其主要的降解（如生物降解）产物。因此，环境中的烷基酚类污染物主要是 NP 和 OP。

酞酸酯（邻苯二甲酸的酯类，phthalic acid esters，或 phthalates，PAEs）是广泛使用的塑料增塑剂，其含量有时可达高聚物本身的 50%。2001 年欧洲增塑剂使用量达 95.8 万 t，其中酞酸酯就占了 92%，而以酞酸二（2-乙基己基）酯（DEHP）为主。由于塑料制品在工农业生产和日常生活中的广泛使用，其产量不断增加，随使用时间的推移，从塑料中释放到环境中，造成对空气、水和土壤的污染。美国国家环境保护局（USEPA）将 6 种 PAEs 列为优先控制的有毒污染物，分别为酞酸二（2-乙基己基）酯（DEHP）、酞酸丁基苄基酯（BBP）、酞酸二正丁酯（DBP）、酞酸二正辛酯（DOP）、酞酸二乙酯（DEP）和酞酸二甲酯（DMP）。目前 PAEs 已成为全球普遍存在的环境污染物。

除表 6-15 列出的部分有机污染物外，前面章节中介绍的 POPs（如溴代阻燃剂、全氟辛烷磺酸及其盐等）也是 EDs。需要特别指出的是目前所有的 POPs 都被证实或者怀疑具有内分泌干扰效应。此外，重金属汞、镉和铅的不同形态污染物也具有一定的内分泌干扰效应。

表 6-15　内分泌干扰物和疑似内分泌干扰物的工业用途

No.	化合物	用途	No.	化合物	用途
1	二噁英与呋喃	—	35	三苯基锡	涂料、防腐剂
2	PCBs	热介质、非碳纸、电气产品	36	氟乐灵	除莠剂
3	多溴联苯（PBB）	阻燃剂	37	烷基酚（C5—C9）（NP、OP）	表面活性剂原料和分解产物
4	六氯苯（HCB）	杀菌剂，有机合成原料	38	BPA	树脂原料
5	五氯苯酚（PCP）	防腐剂、除草剂、杀菌剂	39	DEHP	塑料增塑剂
6	2,4,5-三氯苯氧乙酸	除草剂	40	酞酸丁苄酯	塑料增塑剂
7	2,4-二氯苯氧乙酸	除草剂	41	酞酸二丁酯	塑料增塑剂
8	氨基三唑	除草剂、分散染料，树脂硬化剂	42	二环己基酞酸酯	塑料增塑剂
9	阿特拉津	除草剂	43	酞酸二乙酯	塑料增塑剂
10	甲草胺	除草剂	44	苯并［a］芘	—
11	西玛津	除草剂	45	二氯酚	染料中间体
12	六氯环己烷	杀虫剂	46	二乙基己基己二酸	塑料增塑剂
13	乙基对硫磷	杀虫剂	47	二苯甲酮	药物/香料原料
14	西维因	杀虫剂	48	4-硝基甲苯	2,4-硝基甲苯中间产物
15	氯丹	杀虫剂	49	八氯苯乙烯	有机氯副产物
16	氧化氯丹	氯丹代谢物	50	涕灭威	杀虫剂
17	反式-九氯	杀虫剂	51	苯菌灵（苯来特）	杀菌剂
18	1,2-二溴-3-氯丙烷	杀虫剂	52	开蓬（十氯酮）	杀虫剂
19	DDT	杀虫剂	53	代森锌锰	杀菌剂
20	DDE 和 DDD	杀虫剂	54	代森锰	杀菌剂
21	开乐散	杀螨剂	55	代森联	杀菌剂
22	艾氏剂	杀虫剂	56	嗪草酮	除草剂
23	异狄氏剂	杀虫剂	57	氯氰菊酯	杀虫剂
24	狄氏剂	杀虫剂	58	顺式氰戊菊酯	杀虫剂
25	硫丹	杀虫剂	59	氰戊菊酯	杀虫剂
26	七氯	杀虫剂	60	氯菊酯	杀虫剂
27	七氯环氧化物	七氯代谢物	61	烯菌酮	杀菌剂
28	马拉息昂	杀虫剂	62	代森锌	杀菌剂
29	灭多威	杀虫剂	63	福美锌	杀菌剂
30	甲氧氯	杀虫剂	64	酞酸二戊基酯	塑料增塑剂
31	灭蚁灵	杀虫剂	65	酞酸二己基酯	塑料增塑剂
32	除草醚	除草剂	66	酞酸二丙酯	塑料增塑剂
33	毒杀芬	杀虫剂	67	苯乙烯	化工原料
34	三丁基锡	涂料、防腐剂	68	n-丁基苯	液晶制造

资料来源：邓南圣等，2004。

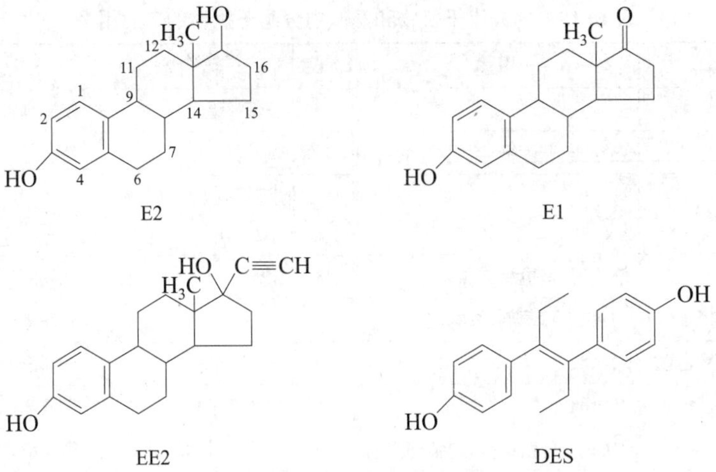

图 6-25　四种主要雌激素的分子结构
E2:雌二醇;E1:雌酮;EE2:17α-乙炔基雌二醇;DES:己烯雌酚

（2）迁移与转化

内分泌干扰物种类繁多,性质、来源、迁移转化等方面的差异较大。下面仅简单举一些例子。

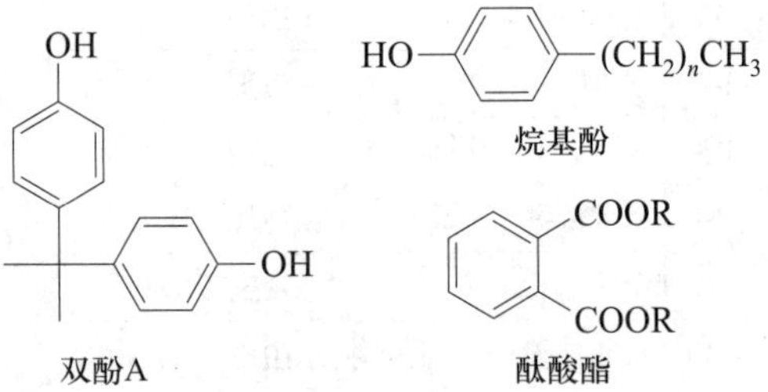

图 6-26　双酚 A、烷基酚与酞酸酯结构

① 生物降解。对内分泌干扰物在生物体内的代谢和微生物降解的研究较多。1997 年,Vader 等利用硝化活性污泥对合成雌激素 EE2 进行了降解,经过 6 d 的处理 EE2 可以被完全降解,从而消除其雌激素活性。1999 年,Ternes 等报道了城市污水处理厂的活性污泥对多种雌激素及其代谢物的好氧处理。生物降解使得 1 mg/L E2 在 3 h 内就减少了 95%,同时雌酮的生成浓度达到了天然雌激素 E2 初始浓度的 95%,1 μg/L 的 E2 降解更快。1 mg/L E1 经过 24 h 可以降解 50%,但是没有检测到产物。对于 1 μg/L EE2,24 h 才降解 20%,说明合成雌激素 EE2 相当稳定。对于天然雌激素 E2 和 E1 而言,E1 相对稳定得多,因此,城市污水处理厂污水中检测出的雌激素主要是 E1。2000 年,Tanaka 等研究了模拟的底泥对五种内分泌干扰物的酶降解过程,EE2、NP 和 OP 在真菌漆酶有氧条件发生酚氧化,双酚 A 在担子菌类漆酶的作用下降解,而 DBP 在柱状假丝酵母菌脂肪酶作用下发生水解。

关于双酚 A 生物降解的报道很多,基本上认为不论在天然水中还是在废水中,双酚 A 易于生物降解。Tsutsumi 等研究了木质素降解菌-担子菌的锰过氧化物酶和漆酶对双酚 A 的降解,以及对其雌激素活性去除的作用。对于 0.22 mmol/L 双酚 A,经锰过氧化物酶处理 1 h 可被完全去除,但双酚 A 雌激素活性尚存 40%,处理 12 h,雌激素活性可被完全去除;漆酶作用不如锰过氧化物酶。Tsutsumi 等用同样的微生物酶对壬基酚进行降解,以及对其雌激素活性去除的作用进行了研究。对于 0.23 mmol/L NP,锰过氧化物酶处理 1 h 可被完全去除,NP 处理 3 h,雌激素活性残留 60%。处理 12 h,雌激素活性可被完全去除。1998 年,Tanghe 和 Verstraete 研究了实验室规模的活性污泥单元处理 NP,在 28 ℃下 8.33 mg/L NP 可被完全去除,但是需要相当长时间(>10 d),这种生物处理方法受温度影响很大。

目前对于二烷基酞酸酯的生物降解有较多研究,普遍认为它们在天然水(海水或淡水)、沉积物、废水及污泥等环境介质中生物降解的速率相当慢,半衰期为数天至数月。

② 自然光解。大气中少量的双酚 A 可以通过直接或间接光解(与羟基自由基反应)发生光氧化;其气相中光氧化半衰期仅为 0.74~7.4 h,而在水中光氧化的半衰期为 66 h~160 d,光降解副产物可能是苯酚、4-异丙基苯酚及双酚 A 的半醌式衍生物。1994 年,Ahel 等测定了天然水中壬基酚光降解的动力学,在浅层表水中其光解半衰期为 10~15 h,这表明光解是其去除的重要途径之一。

气相中酞酸酯的光解被认为是其重要的去除过程,而水相中它们的光解效率很低,对其去除的总效率贡献不大。不同的酞酸酯在天然水中光解作用的半衰期为数月到 1a。研究发现烷基酞酸酯分子的烷基链越长,其在气相中的光解效率就越高,对于水相中的光解可能也有相似的规律。1980 年,Gledhill 等报道 1 mg/L 的丁基苯基酞酸酯水溶液暴露在阳光下 28 d 才减少了 5%,其半衰期远在 100 d 以上。DEP 和 DBP 在水中光氧化的半衰期为 2.4~12a,而 DEHP 的光氧化半衰期仅为 0.12~1.5a。酞酸酯的光解产生不同的光化产物,其中最重要的产物包括相应的醇和烯烃、酞酸和烷基苯甲酸。

(3)环境与健康效应

美国与英国的研究表明,在污染区域,雄性鳟鱼、比目鱼和鲤鱼体内合成了卵黄蛋白原。这与烷基酚及天然或合成雌激素污染有关。在雄性鱼的性腺中发现了卵巢组织。在加拿大一些造纸厂排污口下游,发现雄性鱼性器官退化,雌性鱼雄性化。在这些造纸废水中检测到植物雌激素谷甾醇和豆甾醇。

在有机锡污染严重的海岸,雌性海洋腹足动物均表现出雄性化特征。佛罗里达州 Apopka 湖严重的农药污染(三氯杀螨醇、DDT、DDE、DDD),使得美洲鳄数量明显减少,雌性美洲鳄卵巢变化,雄性动物睾丸和阴茎失常。富含异黄酮类物质的苜蓿使得绵羊的卵巢与子宫生殖紊乱和损伤。瑞士的水獭已经绝迹,其中的具体原因就是它们捕食的鱼被 PCBs 污染,以及与此相关的生殖问题。

天然雌激素和合成雌激素在很低浓度就能产生内分泌干扰作用。孕妇使用的己烯雌酚可导致胎儿畸形、男性后代生殖器管道畸形和女性后代阴道癌症发病率高等影响。在过去几十年,一些不同地区男性精液密度和质量下降,睾丸癌发病率有增加趋势,这种下降是有区域性的。此外,睾丸和尿道相关病例也有增加。研究者把这些生殖系统疾病与内分泌干扰物对胎儿的影响作用联系起来,但这种因果关系尚未被证实。但是可以肯定的是雌激素药物的使用导致女性乳腺癌和子宫内膜癌发病率增高。

双酚 A 具有弱到中等毒性(藻类的 EC_{50} 为 1 000 μg/L),在水生生物体内富集能力较低(BCF 为 5~68)。双酚 A 可以在受热情况下从塑料中溶出,而且存在于食品中。双酚 A 具有雌激素效应,活性约为 E2 的 2‰。

早在 1978 年 Muller 和 Kim 就报道了烷基酚类化合物可以阻止雌二醇与雌激素受体结合,并能够将已经结合的雌激素取代下来。1991 年,Soto 等发现壬基酚可以诱导人的雌激素敏感型乳腺癌细胞 MCF-7 增生。后来,Jobling 等利用虹鳟鱼体外生物实验证实了 4-OP 和 4-NP 具有雌激素活性。Sonnenschein 和 Soto 指出烷基酚的结构-活性关系的几点规律:① 烷基链必须含有 3 个以上 C 原子;② 只有对位的异构体具有雌激素活性;③ 多烷基取代的苯酚,如丁基甲基苯酚不具有雌激素活性,是有效的抗氧化剂;④ 烷基闭合成为萘酚,也没有雌激素活性。

不同酞酸酯对不同生物的 BCF 差异较大,如 DBP 和 DEHP 的 BCF 分别为 100~3 000 和

300~3 000。酞酸酯的急性毒性不高,小鼠口服 LD_{50} 值为 800~1 600 mg/kg,对 Ames 试验呈阴性反应。酞酸酯对人的毒性问题还存在一定的争议,但是动物实验已证实有些种类的酞酸酯有致癌、致畸、致突变作用。在大剂量的情况下,还可能具有致畸胎作用和抗生育力作用。

2. 药物与个人护理品

（1）来源与分布

除了激素类药物引起的污染问题外,近年来人们也开始关注人类使用的其他药物和个人护理品（pharmaceuticals and personal care products,PPCPs）的污染问题。PPCPs 主要包括人类用药和兽药（包括处方药与非处方药及生物制剂）、诊断剂、保健品、化妆品、麝香类物质、遮光剂、消毒剂,还包括在药物及护理品生产和加工过程中使用的添加剂和惰性成分（如赋形剂、防腐剂等）。PPCPs 进入环境的主要途径如图 6-27 所示,人体或动物用药是其主要来源。以抗生素为例,半个多世纪以来,抗生素被广泛用于疾病预防和治疗或者作为动物生长的促进剂,而 90% 以上的抗生素由于不能在人或动物体内完全代谢而最终以原形排放进入环境。已有几十种这类物质在环境样品中被检测到（如表 6-16 所列）。

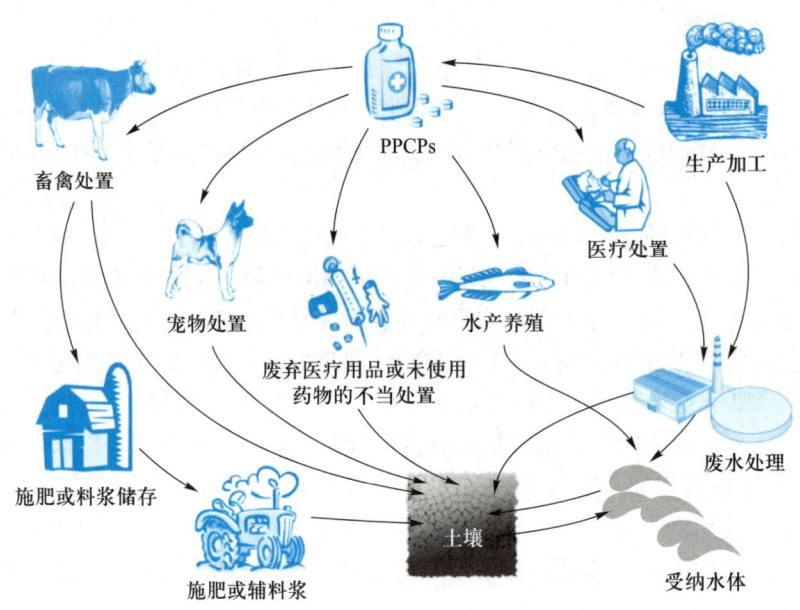

图 6-27 PPCPs 进入环境的主要途径

（资料来源:Boxall,2004）

表 6-16 部分报道的环境中 PPCPs 的检出情况

药物	环境样品	浓度水平
55 种药物和 9 种代谢物	德国污水处理厂（WWTPs）	最高的浓度为碘化造影剂 15 mg/L、碘异酞醇 11 mg/L
31 种药物和 5 种代谢物	德国 40 条河流	小河比大河浓度要高;苯扎贝特 0.35 mg/L 和卡马西平 0.25 mg/L 具有最高的中值;靠近河岸的地表水药物浓度达 24 μg/L
9 种药物	饮用水	0.001~0.070 μg/L,其中氯贝丁酯最高

续表

药物	环境样品	浓度水平
大环内酯物和磺胺药物抗生素	湖水和污水处理厂排水	甲氧苄氨吡啶在污水处理厂和湖水中的浓度为 0.04 mg/L 和 0.01 mg/L;在 WWTPs 二级排水中大环内酯物抗生素浓度为 0.06 mg/L
四环素、内酰胺、大环内酯物和氟喹诺酮抗生素药物	地表水和家禽及猪饲养场周围的地下水	大环内酯物和磺胺药物的浓度为 0.05~0.1 mg/L;四环素浓度为 0.5 mg/L;地下水大多数的浓度低于 1.0 mg/L
5 种药物	希腊 2 个污水处理厂排水	环氟拉嗪浓度为 200~340 ng/L;酮基布洛芬浓度为 270~820 ng/L、甲芬那酸浓度为 80~220 ng/L、水杨酸浓度为 640~2 000 ng/L
3 种安替比林止痛剂:安替比林、异丙安替比林和氨基比林	克罗地亚萨格勒布垃圾附近的垃圾沥出物和地表水	垃圾沥出物中异丙安替比林浓度为 3.7~60 mg/L;氨基比林浓度为 0.06~15.9 mg/L;安替比林浓度为 0.04~8.3 mg/L;垃圾场内的地下水中异丙安替比林浓度为 5~50 mg/L;氨基比林浓度为 2~36 mg/L;垃圾场附近的异丙安替比林浓度为 0.5~2.5 mg/L;而氨基比林低于检出限,安替比林浓度 <0.2 mg/L
三氯生	地表水	7 个 WWTPs 的排水,46~210 ng/L;湖水未检出
磺胺、内酰胺抗生素、氨基糖苷类和奇霉素	丹麦环境土壤和牲畜	在土壤中浓度为 100~1 100 mg/kg,在牲畜体内为 300~2 800 mg/kg
美托洛尔、卡马西平(痛可宁)和红霉素浓度	荷兰和比利时饮用水源水和污水处理厂排水、地表水	美托洛尔、卡马西平(痛可宁)和红霉素浓度从低于检出限到 0.53 mg/L、0.87 mg/L、0.90 mg/L。其中卡马西平在地表水和污水处理厂中占主要地位。磺胺甲基异唑和氯贝丁酯经常能被发现,而异环磷酰胺和非诺贝特没有被发现
消炎药、油脂、神经药物,抗癫痫药物和类交感神经药物和 5 种代谢物	德国 STP 中排水和河流	大多数酸性药物在河流中无处不在,浓度在 ng/L 级,最大浓度为 3.1 ng/L,平均浓度为 0.35 ng/L

资料来源:邓南圣等,2004。

PPCPs 是按照化学品使用领域来定义的,而 EDs 则是按照化学品毒性效应类型来定义的。PPCPs 与 EDCs 清单中存在一些共同的污染物,EDs 中也存在很多 POPs。尽管 PPCPs 不如 POPs 那么难以降解,但由于人类日常生活无法离开这些化合物,它们不断被生产、使用与排放,因此在环境中的存在也呈现"持久"状态。

（2）迁移与转化

PPCPs 在污水处理厂中会被降解去除一部分。研究表明现有污水处理厂采用的二级污水处理工艺可以不同程度地去除这些药物。据报道,苏黎世的污水处理厂的初级和二级排水中的卷曲霉素的浓度情况,初级和二级排水分别占了 40%~50% 和 50%~70%,初级排水经过 2 周后卷曲霉素浓度为 250~370 ng/L,二级排水卷曲霉素浓度为 70~80 ng/L,抗生素被消减了 70%~80%。

图 6-28 显示了进入环境中的 PPCPs 迁移转化的主要途径。大多数 PPCPs 从陆地区域迁移到水生区域,在水中或土壤表面发生光化学转化（主要是紫外光引发的直接与间接反应）、物理化学转化、降解（尤其是生物降解）,并最终矿化。土壤表面或者水中有一部分特定的 PPCPs（如麻醉剂、芳香剂等）会挥发到大气,甚至吸附在可吸入颗粒物中（如添加药物的饲料粉尘）。有的 PPCPs 在土壤或者水中被植物、动物吸收。

（3）环境效应

虽然作为药物来说,人们对 PPCPs 可能导致的人体健康问题（如药物的不良反应或副作用）比较清楚,但是目前人们对 PPCPs 的环境影响的认识还很有限,尚缺乏大多数 PPCPs 水生毒性

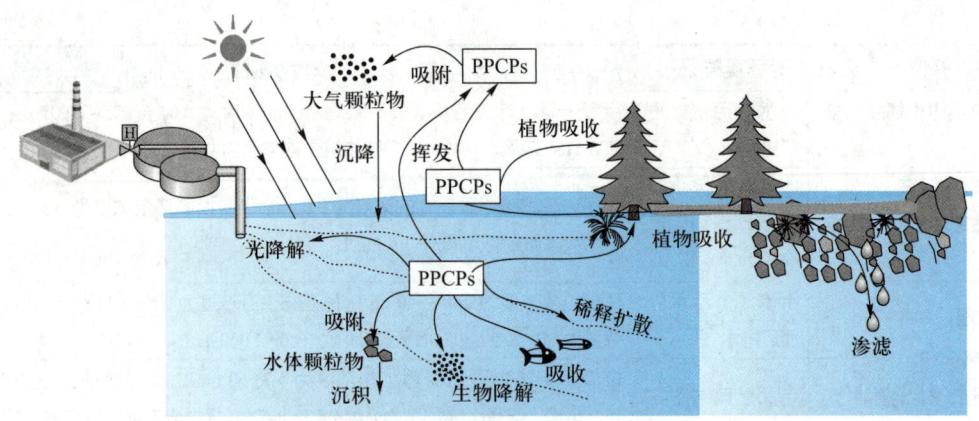

图 6-28　PPCPs 主要迁移转化途径示意图

方面的基础数据。近些年来,研究人员观察到了生物对 PPCPs 暴露的响应,如组织学变化、行为效应、生化响应与基因响应。这些响应通常没有被包括在当前化学物质的风险评价框架内。图 6-29 给出了几种 PPCPs 对鱼的各种毒性的效应浓度,说明在低于常规测试(如急性毒性试验与对生殖生长影响的慢性毒性试验)几个数量级的浓度水平情况下,生化、细胞、生理与行为毒性响应就可能发生。这些响应对生物种群生存和生态系统功能的重要性还不清楚。

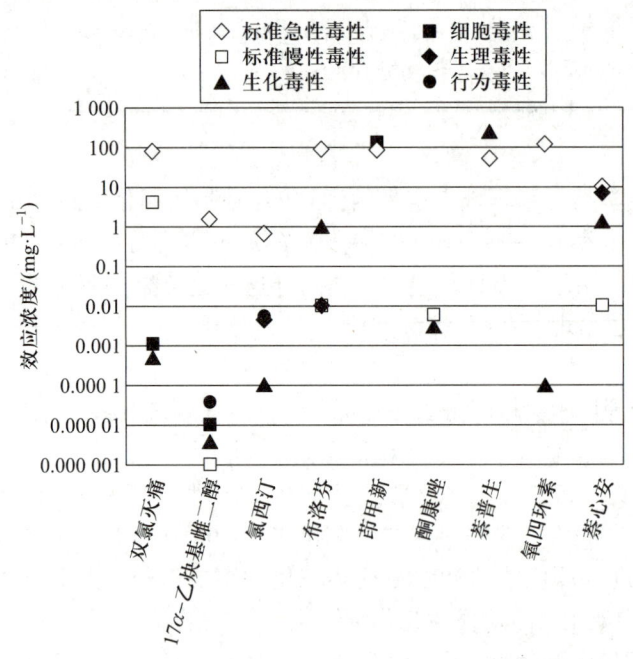

图 6-29　几种 PPCPs 对鱼的各种毒性的效应浓度

(资料来源:Alistair 等,2012)

目前环境中的 PPCPs 对野生动物的影响尚不清楚,它们的代谢途径和潜在的受体与人类不同。而且实验室毒性实验受试的 PPCPs 浓度水平都远远高于大多数 PPCPs 在水环境中被检出的浓度水平。人们尚不能确定在实际环境暴露的浓度水平下,上述的毒性响应是否会发生。但是由于人类使用的 PPCPs 通过污水处理厂不断排入环境,要考虑生物体长时间同时暴露于多种 PPCPs 的环境中,对其长期低剂量暴露进行整体风险评价很有必要。

最近十多年来,研究人员在生态和健康危害方面最关注的 PPCPs 是抗生素和固醇类激素两大类物质。前者主要引起微生物的选择压力和抗药病原菌的选择性存活,后者则主要通过干扰内分泌系统最后影响生物的发育和繁殖。

3. 有机磷酸酯

（1）来源与分布

有机磷酸酯类物质（organophosphate esters, OPEs）除作为农药使用外,近年来作为溴代阻燃剂的替代品被广泛地应用于各工业领域,并常常作为阻燃剂和增塑剂被直接添加到纺织染料、家具、电子产品、涂料、聚氯乙烯塑料（PVC）、聚氨酯泡沫体等材料当中。OPEs 主要可分为烷基型、氯代烷基型、芳基型和寡聚体 OPEs 等,其结构如图 6-30 所示。OPEs 的相对分子质量一般为 180~430,沸点为 200~500 ℃,其 $\lg K_{ow}$、$\lg K_{oc}$、$\lg K_{oa}$ 等参数均随相对分子质量呈现较大差异。2016 年 OPEs 的全球产量约为 400 000 t,与溴代阻燃剂持平。我国 OPEs 的年产量为 200 000 t（2013 年）,并呈现每年 15% 的增长态势。由于 OPEs 添加剂并非通过化学键与材料进行键合,这使得其很容易从各种材料的生产、使用、处置和回收过程中通过挥发、淋溶和磨损等方式释放到环境介质当中。

OPEs 已经在灰尘、大气、室内空气及颗粒物、水、沉积物、土壤和生物组织等多种样品中被检出。OPEs 普遍存在于住宅、办公室、学校建筑、酒店、商店、日托中心、医院、监狱和车辆等环境灰尘中,浓度范围为 0.02~15 100 mg/g。中国、美国、瑞典、德国、巴基斯坦、科威特和埃及等国的室内灰尘中 OPEs 的浓度和成分均有不同,反映了各国对 OPEs 的使用和限用模式存在差异。电子垃圾回收中心是 OPEs 重要的释放点源。我国废物回收区域的土壤中 OPEs 的总浓度为 38~1 250 ng/g（干重）。对于非点源区域,长距离的大气运输（LRAT）及土气交换则是 OPEs 土壤污染的主要来源。污水处理厂的排放和湿沉降是地表水环境 OPEs 污染的来源。美国、德国、奥地利、意大利、西班牙、日本和韩国等国的河水中 OPEs 浓度为 76.0~2 230 ng/L。我国珠江三角洲河口的 OPEs 浓度在干、湿季节分别为 2 040~3 120 ng/L 和 1 080~2 500 ng/L。除环境检出外,OPEs 也被报道存在于生物样本之中。在中国、美国、加拿大、挪威、瑞典等多国人群尿液和人体母乳样本中均有 OPEs 双酯代谢产物的检出。OPEs 已经广泛分布于全球范围的环境介质、生物及人体当中。

（2）迁移与转化

添加 OPEs 作为阻燃剂和增塑剂的各类材料成为 OPEs 向环境释放的主要媒介。OPEs 可以通过从材料中挥发及损耗释放、污水排放、LRAT 和大气沉降等途径向各类环境介质迁移。有研究证实,OPEs 从建材和电子产品中迁移到空气中的速率为 339 $\mu g/(m^2 \cdot h)$。当磷酸三（2-氯异丙基）酯（TCIPP）在 PVC 墙纸中的含量为 1%~20% 时,其向空气中的释放速率为 262~2 167 $mg/(m^2 \cdot h)$,并且随着温度增加呈对数增长趋势。欧盟的风险评估显示,有大约 40% 的 TCIPP 会从产品中释放到空气中,其在欧洲区域的总排放速率为 89.6 kg/d。可见,OPEs 有巨大的潜力从日常生活用品和各类材料向空气中释放。OPEs 进入环境后可以被灰尘等颗粒物吸附并通过 LRAT 传输到全球各个地区,目前,在南极和北极的大气和海水样本中均已发现 OPEs 的存在。此外,OPEs 还可随着干、湿沉降进入陆地和水环境系统当中。数据显示,每年有（710±580）kg 的 OPEs 通过干沉降进入德国北海,而每年沉降到地中海和黑海的 OPEs 可能分别达到 13~260 t 和 50~170 t。与海洋类似,土壤和淡水环境中的 OPEs 也来源于大气运输和干、湿沉降。

水环境中的 OPEs 主要发生间接光降解和生物降解。研究表明,非氯代的 OPEs 在湖水中

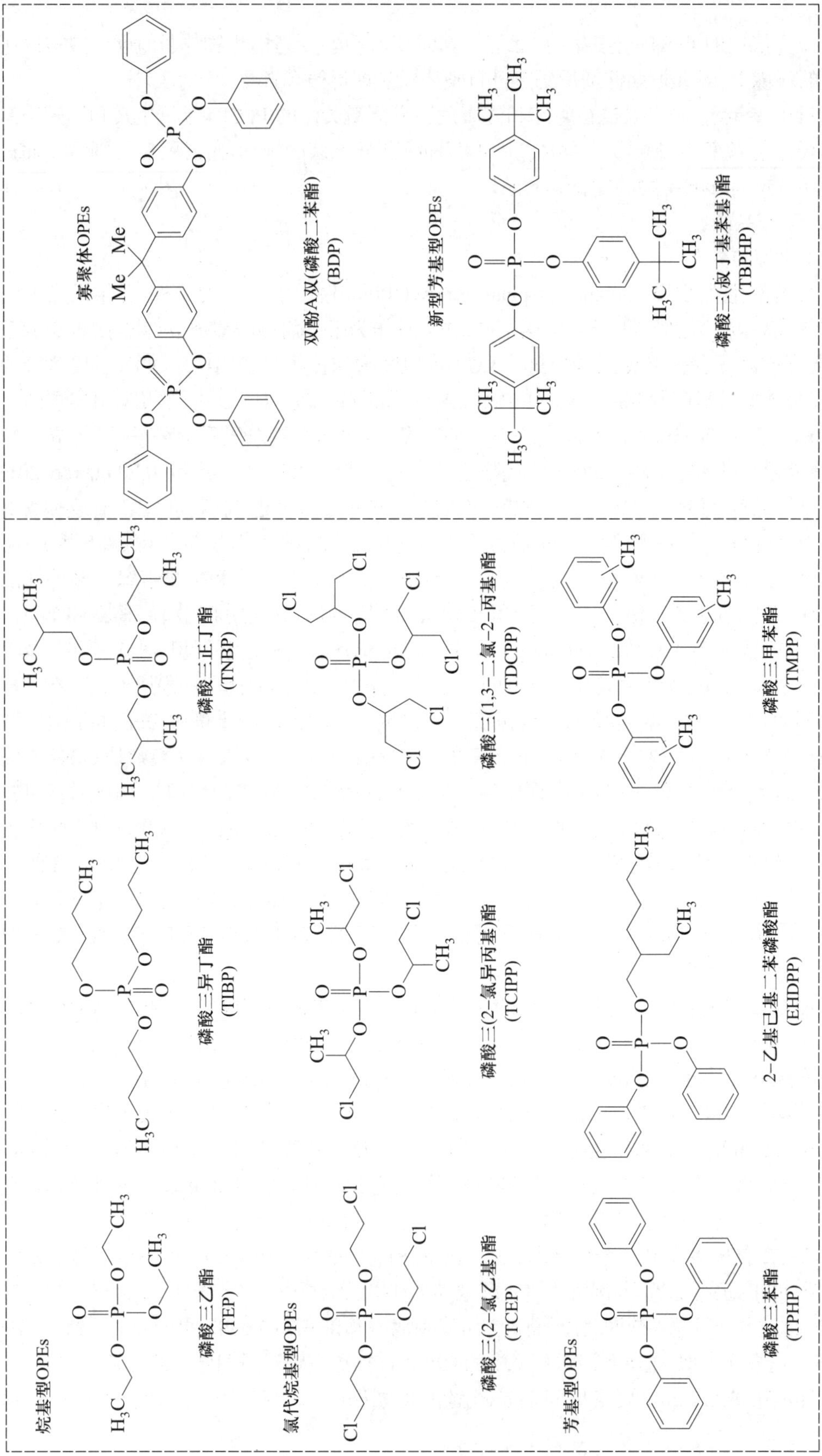

图 6-30 OPEs 结构示意图

光照 15 d 能够完全降解,而氯代 OPEs 在水中稳定性较高。另外,有研究显示在 H_2O_2 存在的条件下,OPEs 能够被迅速降解,说明活性氧自由基在 OPEs 光降解过程中起到了重要作用。各类 OPEs 被证明有碱催化水解的能力,在中性(pH = 7)条件下烷基型及氯代烷基型 OPEs 均在 35 d 的培养后无明显降解,而芳基型 OPEs 则能够发生显著的浓度变化,半衰期从 15 d 到 30 d 不等。所有 OPEs 的半衰期随着 pH 的升高而显著缩短,在碱性条件下,OPEs 更容易水解。降解速率为芳基型 > 氯代烷基型 > 烷基型 OPEs,水解的终产物为对应有机磷酸双酯化合物。

OPEs 还可在大气颗粒物上发生异相光降解。OPEs 在大气环境中的寿命很短(<0.1 d),但大气中低挥发性的 OPEs,如磷酸三苯酯(TPHP)、磷酸三甲苯酯(TMPP)和磷酸三(2-氯乙基)酯(TCEP)等,会与颗粒物结合,颗粒物上 OPEs 的大气寿命(4~13.4 d)显著长于气态 OPEs,这使得 OPEs 在大气环境中具有长距离迁移性和一定的持久性。羟基自由基介导的异相光反应是 OPEs 在大气环境中降解和转化的主要过程。反应最终能产生羟基化 OPEs 和有机磷酸双酯等多种产物。

此外,植物根部也能少量吸收 OPEs,并且产生多种相 I(脱烷基、氧化脱氯、羟基化、甲氧基化)和相 II [谷胱甘肽(GSH)结合、葡糖苷酸结合]代谢产物。

(3)环境与健康效应

OPEs 可以被生物吸收并发生生物富集。OPEs 在鱼体的累积与鱼体的大小无关,这说明 OPEs 在鱼体内的初级生物放大作用是通过组织吸收而不是通过食物链传递实现的。人体能够通过饮食、呼吸和灰尘摄入等途径暴露 OPEs。

已有文献报道了部分 OPEs 具有致癌性、神经毒性、接触过敏性、生殖系统危害性并且与激素的异常分泌有关。例如,TPHP 具有内分泌干扰和生殖毒性,其是雌激素受体的抑制剂同时还与精子浓度下降存在相关性。磷酸三正丁酯(TNBP)的检出与哮喘(asthma)和过敏性鼻炎(allergic rhinitis)的发病率也存在显著关联。此外,TNBP 和磷酸三(2-丁氧乙基)酯(TBOEP)被报道与新屋综合征(sick house syndrome)有明显关联。氯代烷基型 OPEs 被认为是一类潜在致癌物,动物实验中,在经过 TCEP 和 TCIPP 暴露的肾、肝脏和甲状腺,以及磷酸三(1,3-二氯-2-丙基)酯(TDCPP)暴露的大脑和睾丸中均观测到了肿瘤细胞的增生。此外,TDCPP 与甲状腺激素(thyroid hormone)水平的降低有关。过敏性皮肤炎(atopic dermatitis)的流行与 TCIPP 和 TDCPP 在地面灰尘中的检出存在显著相关性。TDCPP 的神经毒性、抑制 DNA 合成效应、减少细胞数量和改变神经分化效应均与其暴露浓度成正比。TNBP、TBOEP、TDCPP、TPHP 和 TMPP 显示出孕烷 X 受体竞争活性。OPEs 对甲状腺内分泌系统也有影响,体外毒理实验表明 TDCPP 会影响甲状腺荷尔蒙核受体的活性,从而干扰甲状腺内分泌系统。

OPEs 的环境污染多数来自化学品的直接环境排放。但近年来,有机亚磷酸酯抗氧化剂(OPAs,一种在塑料中广泛使用的化学品)的环境转化也被发现对 OPEs 污染具有贡献。OPAs 抗氧化剂的全球消费量预计超过 70 万 t,这些 OPAs 被添加到塑料等高分子材料中,并在其废弃后随之进入环境。例如,农用地膜的农田残留,会导致农膜中的 OPAs 污染农田,并通过氧化反应加剧 OPEs 污染。在大气中,OPAs 也会通过光氧化反应形成新型 OPEs 污染物。

4. 表面活性剂

表面活性剂是分子中同时具有亲水性基团和疏水性基团的物质。它能显著改变液体的表面张力或两相间界面的张力,具有良好的乳化或破乳、润湿、渗透或反润湿、分散或凝聚、起泡、稳泡和增加溶解力等作用。

（1）表面活性剂的分类

表面活性剂的疏水基团主要是含碳氢键的直链烷基、支链烷基、烷基苯基及烷基萘基等,其性能差别较小,其亲水基团部分差别较大。表面活性剂按亲水基团结构和类型可分为四种:阴离子表面活性剂、阳离子表面活性剂、两性表面活性剂和非离子表面活性剂。

① 阴离子表面活性剂。溶于水时,与憎水基相连的亲水基是阴离子,其类型如下:

羧酸盐　　如肥皂 RCOONa;

磺酸盐　　如烷基苯磺酸钠 R—⟨苯环⟩—SO$_3$Na;

硫酸酯盐　　如硫酸月桂酯钠 C$_{12}$H$_{25}$OSO$_3$Na;

磷酸酯盐　　如烷基磷酸钠 RO—P(=O)(ONa)(ONa) 。

② 阳离子表面活性剂。溶于水时,与憎水基相连的亲水基是阳离子,主要类型是有机胺的衍生物,常用的是季铵盐,如溴化十六烷基三甲基铵:

$$C_{16}H_{33}\text{—}\overset{CH_3}{\underset{CH_3}{N^+}}\text{—}CH_3Br^-$$

阳离子表面活性剂有一个与众不同的特点,即它的水溶液具有很强的杀菌能力,因此常用作消毒灭菌剂。

③ 两性表面活性剂。指由阴、阳两种离子组成的表面活性剂,其分子结构和氨基酸相似,在分子内部易形成内盐。典型化合物如 $R\overset{+}{N}H_2CH_2CH_2COO^-$、$R\overset{+}{N}H(CH_3)_2CH_2COO^-$ 等,它们在水溶液中的性质随溶液 pH 不同而改变。

④ 非离子表面活性剂。其亲水基团为醚基和羟基,主要类型如下:

脂肪醇聚氧乙烯醚　　如 R—O—(C$_2$H$_4$O)$_n$—H;

脂肪酸聚氧乙烯酯　　如 RCOO—(C$_2$H$_4$O)$_n$—H;

烷基苯酚聚氧乙烯醚　　如 R—⟨苯环⟩—O—(C$_2$H$_4$O)$_n$—H;

聚氧乙烯烷基胺　　如 R,R—N(C$_2$H$_4$O)$_n$—H;

聚氧乙烯烷基酰胺　　如 RCONH—(C$_2$H$_4$O)$_n$—H;

多醇表面活性剂　　如 C$_{11}$H$_{23}$COOCH$_2$—CHCH$_2$OCH$_2$CHCH$_2$OH，其中各 CH 下方连 OH、OH 。

（2）表面活性剂的结构和性质

表面活性剂的性质依赖于化学结构,即表面活性剂分子中亲水基团的性质及在分子中的相对位置,分子中亲油基团(即疏水基团)的性质等对其化学性质也有明显影响。

① 表面活性剂的亲水性。表面活性剂的亲油、亲水平衡比值称为亲水性(HLB 值),可表示如下:

$$HLB = \frac{\text{亲水基的亲水性}}{\text{疏水基的疏水性}}$$

测定 HLB 值的实验不仅时间长,而且很麻烦。Davies 将 HLB 值作为结构因子的总和来处理。把表面活性剂结构分解为一些基团,根据每一个基团对 HLB 值的贡献,按照下面公式,即可求出该分子的 HLB 值:

$$\text{HLB} = 7 + \sum \text{亲水基团 HLB 值} - \sum \text{疏水基团 HLB 值}$$

常见基团的 HLB 值列于表 6-17。一般表面活性剂的疏水基团为碳氢链,从表 6-17 中可查出疏水基团的 HLB 值为 0.475,则 $\sum$ 疏水基团 HLB 值 $= 0.475 \times m$,其中 m 为碳原子数。

表 6-17　常见基团的 HLB 值

亲水基团的 HLB 值		疏水基团的 HLB 值	
—SO₄Na	38.7	$\left.\begin{array}{l}\text{—CH—}\\ \text{—CH}_2\text{—}\\ \text{—CH}_3\\ \text{=CH—}\end{array}\right\}$	0.475
—COOK	21.1		
—COONa	19.1		
—SO₃Na	11		
—N(叔胺)	9.4	—(C₃H₆O)—(氧丙烯基)	0.15
酯(失水山梨醇环)	6.8		
酯(自由)	2.4	$\left.\begin{array}{l}\text{—CF}_2\text{—}\\ \text{—CF}_3\end{array}\right\}$	0.870
—COOH	2.1		
—OH(自由)	1.9		
—O—	1.3		
—OH(失水山梨醇环)	0.5		
—(C₂H₄O)—	0.33		

② 表面活性剂亲水基团的相对位置对其性质的影响。一般情况下,亲水基团在分子中间比在末端的润湿性能强。例如,
$$\begin{array}{ccc} \text{C}_4\text{H}_9\text{CHCH}_2\text{OCOCH}_2\text{CHCOOCH}_2\text{CHC}_4\text{H}_9 \\ \quad | \qquad\qquad\quad | \qquad\qquad | \\ \text{C}_2\text{H}_5 \qquad\qquad \text{SO}_3\text{Na} \quad \text{C}_2\text{H}_5 \end{array}$$
是有名的渗透剂,亲水基团在分子末端的比在中间的去污能力好。例如,$\begin{array}{c}\text{C}_{16}\text{H}_{33}\text{OCOCH}_2\text{CHCOOH}\\ \qquad\qquad\quad |\\ \qquad\qquad\text{SO}_3\text{Na}\end{array}$ 的去污能力较强。

③ 表面活性剂分子大小对其性质的影响。表面活性剂分子的大小对其性质的影响比较显著:同一品种的表面活性剂,随疏水基团中碳原子数目的增加,其溶解度有规律地减少;而降低水的表面张力的能力有明显的增长。一般规律是:表面活性剂分子较小的,其润湿性、渗透作用比较好;分子较大的,其洗涤作用、分散作用等较为优良。例如,在烷基硫酸钠类表面活性剂中,洗涤性能的顺序是 $\text{C}_{16}\text{H}_{33}\text{SO}_4\text{Na} > \text{C}_{14}\text{H}_{29}\text{SO}_4\text{Na} > \text{C}_{12}\text{H}_{25}\text{SO}_4\text{Na}$;但在润湿性能方面则相反。不同品种的表面活性剂中大致以相对分子质量较大的洗涤能力较好。

④ 表面活性剂疏水基团对其性质的影响。如果表面活性剂的种类相同,分子大小相同,那么一般有支链结构的表面活性剂有较好的润湿、渗透性能。具有不同疏水性基团的表面活性剂分子其亲脂能力也有差别,大致顺序为:脂肪族烷烃≥环烷烃 > 脂肪族烯烃 > 脂肪族芳香烃 > 芳香烃 > 带弱亲水基团的烃基。

疏水基中带弱亲水基团的表面活性剂,起泡能力弱。利用该特点可降低工业生产中由于泡沫而带来的工艺上的难度。

（3）表面活性剂的来源、迁移与转化

由于表面活性剂具有显著改变液体和固体表面的各种性质的能力,而被广泛用于纤维、造纸、塑料、日用化工、医药、金属加工、选矿、石油、煤炭等各行各业,仅合成洗涤剂一项,年产量已超过 130×10^4 t。它主要通过各种废水进入水体,是造成水污染的最普遍、最大量的污染物之一。由于它含有很强的亲水基团,不仅本身亲水,也使其他不溶于水的物质分散于水体,并可长期分散于水中,而随水流迁移。只有当它与水体悬浮物结合凝聚时才沉入水底。

（4）表面活性剂的降解

表面活性剂进入水体后,主要靠微生物降解来消除。但是表面活性剂的结构对生物降解有很大影响。

① 阴离子表面活性剂。Swisher 研究了疏水基结构不同的烷基苯磺酸钠(即 ABS)的降解性,结果如图 6-31 所示。

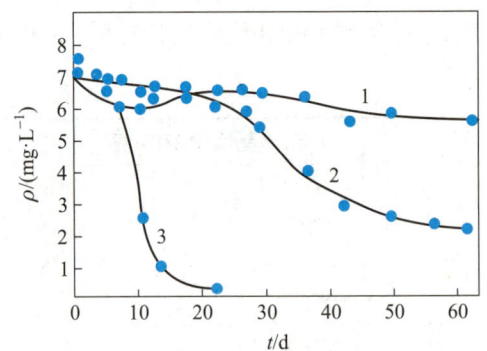

图 6-31 三种 ABS 的降解性（河水）

1. $(CH_3)_3C(CH_2)_7C_6H_4SO_3Na$;

2. $(CH_3)_2CH(CH_2CH)_3C_6H_4SO_3Na$;
   $\quad\quad\quad\quad\quad\quad |$
   $\quad\quad\quad\quad\quad\quad CH_3$

3. $CH_3(CH_2)_{11}C_6H_4SO_3Na$

由图可见,其微生物降解顺序为:直链烷烃 > 端基有支链取代的烷烃 > 三甲基的烷烃。对于直链烷基苯磺酸钠（LAS）,链长为 C_6~C_{12} 的烷基的比烷基链短的降解速率快。苯基在末端,而磺酸基位置在对位的 ABS 降解速率较快,即使有甲基侧链存在也是如此。

② 非离子表面活性剂。由于非离子表面活性剂的种类繁多,Bars 等将其分为很硬、硬、软、很软四类。带有支链和直链的烷基酚乙氧基化合物属于很硬和硬两类,而仲醇乙氧基化合物和伯醇乙氧基化合物则属于软和很软两类。生物降解实验表明:直链伯、仲醇乙氧基化合物在活性污泥中的微生物作用下能有效地进行代谢。

③ 阳离子和两性表面活性剂。由于阳离子表面活性剂具有杀菌能力,在研究这类表面活性剂的微生物降解时必须注意负荷量和微生物的驯化。

Fenger 等根据德国法定的活性污泥法,研究了氯化十四烷基二甲基苄基铵（TDBA）的降解性与负荷量、溶解氧的浓度、温度的影响,并比较了驯化与未驯化的情况。结果表明驯化后的平均降解率为 73%,TDBA 对未驯化污泥中的微生物的生长抑制作用很大,降解率很低。而对驯化的污泥中的微生物的生长抑制作用较小,说明驯化的作用是很明显的。其降解中间产物为苯甲酸、醋酸、十四烷基二甲基胺,未检出伯胺和仲胺。除季铵类表面活性剂对微生物降解有明显影响外,其他胺类表面活性剂未发现有明显影响。

表面活性剂的生物降解机理主要是烷基链上的甲基氧化（ω-氧化）、β-氧化、芳香族化合物的氧化降解和脱磺化。

（i）甲基氧化。表面活性剂的甲基氧化,主要是疏水基团末端的甲基氧化为羧基的过程:

$$RCH_2CH_2CH_3 \longrightarrow RCH_2CH_2CH_2OH \longrightarrow RCH_2CH_2CHO \longrightarrow RCH_2CH_2C\overset{\displaystyle O}{\underset{\displaystyle OH}{}}$$

（ii）β-氧化。表面活性剂的β-氧化是其分子中的羧酸在辅酶 A（HSCoA）作用下被氧化，使末端第二个碳键断裂的过程：

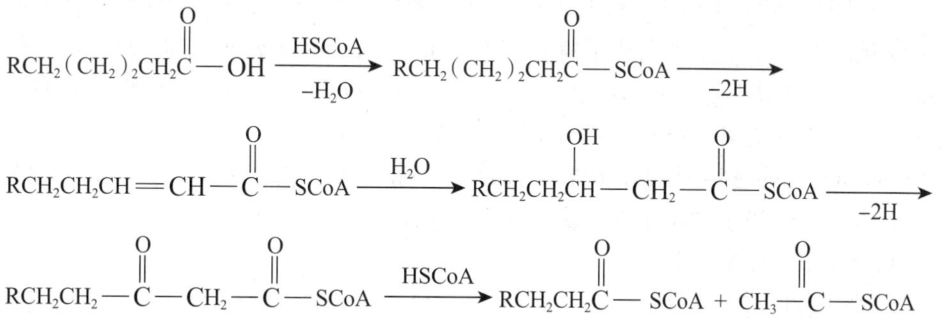

（iii）芳香族化合物的氧化降解。此过程一般是苯酚、水杨酸等化合物的开环反应。其机理可以认为是首先生成儿茶酚，然后在两个羟基中开裂，经过二羧酸，最后降解消失：

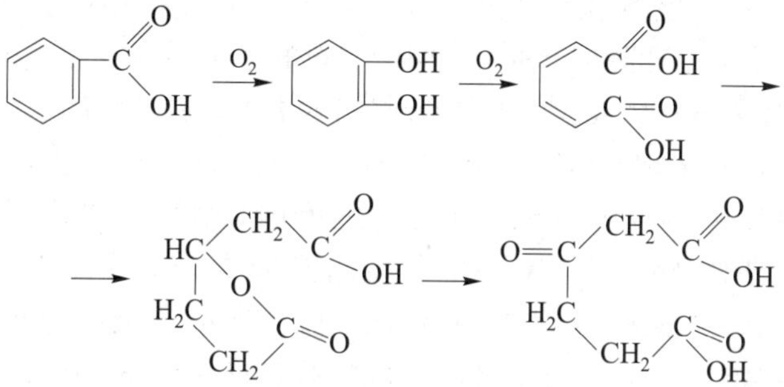

（iv）脱磺化。无论是 ABS 还是 LAS，都可在烷基链氧化过程中伴随脱磺酸基的反应过程，即

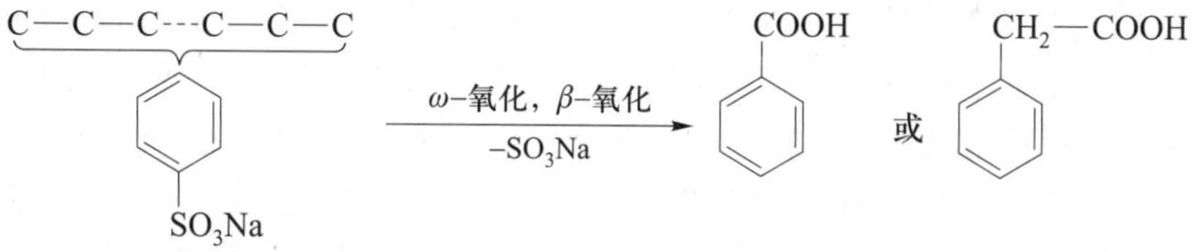

（5）表面活性剂对环境的污染与效应

表面活性剂是洗涤剂的主要原料，特别是早期使用最多的 ABS，由于它在水环境中难降解，造成地表水的严重污染。

首先，它使水的感官状况受到影响，例如，1963 年发生在美国俄亥俄河上曾覆盖厚达 0.6 m 的泡沫，就是洗涤剂污染的结果。有研究报道，当水体中洗涤剂质量浓度为 0.7~1 mg/L 时，就可能出现持久性泡沫。洗涤剂污染了水源后，用一般方法不易清除。因此在水源受洗涤剂严重污染的地方，自来水中也出现大量泡沫。

其次，由于洗涤剂中含有大量的聚磷酸盐作为增净剂，因此使废水中含有大量的磷，这是造成水体富营养化的重要原因。据估计，工业发达国家天然水体中总磷含量的 16%~35% 来自合成洗涤剂。

再次，表面活性剂可以促进水体中石油和多氯联苯等不溶性有机物的乳化、分散，增加废水处理的困难。

最后,由于阳离子表面活性剂具有一定的杀菌能力,在浓度高时,可能破坏水体微生物的群落。根据实验结果,氯化烷基二甲基苄基铵对鼷鼠一次经口的致死量为 340 mg,而人经 24 h 后和 7 d 后的致死量分别为 640 mg 和 550 mg。两年的慢性中毒实验结果表明,即使饮料中仅有 0.063% 的氯化烷基二甲基苄基铵也能抑制发育;当其含量为 0.5% 时,会出现食欲不振,并且有死亡事例发生。但只限于最初的 10 周以内,10 周以后未再出现。共同病理现象是下痢、腹部浮肿、消化道有褐色黏性物、盲肠充盈、胃出血性坏死等。

洗涤剂对油性物质有很强的溶解能力,能使鱼的味觉器官遭到破坏,使鱼类丧失避开毒物和觅食的能力。据报道,当水中洗涤剂的质量浓度超过 10 mg/L 时,鱼类就难以生存。

5. 纳米颗粒物和环境微塑料

（1）纳米颗粒物

环境中的纳米颗粒物按其来源可以分为天然产生的纳米颗粒物,包括纳米级的矿物(生物和非生物产生的)、火山喷发和森林大火产生的黑炭等;次生纳米颗粒物,即人类活动产生的、意外排放的纳米颗粒物,如采矿、燃煤和发动机排放等;以及人工纳米颗粒物,如纳米银、纳米二氧化钛、碳纳米管、纳米药物等。工业生产和人工纳米材料的使用,使次生纳米颗粒物和人工纳米颗粒物的环境水平迅速增加。在大气、水、土等介质中,各类纳米颗粒物广泛存在。

纳米颗粒物的独特性表现在与尺寸相关的非凡特性,即它们的化学特性(溶解度、活性)、力学特征(弹性、硬度)、电子(电导率和氧化还原电位)和磁性特征均可能随其尺寸而变化显著。在水、土环境中,纳米颗粒物首先倾向于发生团聚,降低总表面积、界面自由能和环境中的反应活性。在水体和土壤溶液中纳米颗粒物形成的胶体体系,稳定性受 pH 和离子强度的影响较大,这在土壤环境化学一章中已经介绍。金属纳米颗粒会在环境中发生溶解。由于表面能较大,纳米颗粒物表面易于吸附环境中的各类共存物质,这对其团聚和转化过程均可产生重要影响。

由于尺寸微小,纳米颗粒物可以穿透生物体内的一些重要屏障。例如,大气中 200 nm 以下的磁性纳米颗粒物可通过嗅神经或三叉神经穿透血脑屏障直接进入大脑,引起神经毒性效应。含亚铁离子的纳米颗粒物还会引发体内的芬顿反应,产生活性氧物质,损伤细胞膜、蛋白质和 DNA。黑炭气溶胶已被认定为 2B 类致癌物,并能穿透胎盘屏障并引发胎儿发育毒性。水体中的纳米银和纳米金属氧化物颗粒等在藻类、鱼类体内的富集风险和氧化胁迫效应已被广泛报道,水体中的腐殖质和生物大分子能与纳米颗粒物结合形成生态冠,这总体上可降低纳米颗粒物的毒性。纳米颗粒物表面吸附有毒物质的再释放,即特洛伊木马效应,也是纳米颗粒物的重要毒性效应机制之一。

（2）环境微塑料

过去一百年间塑料工业的发展极大地便利了人类的生产和生活。随着塑料制品用量的持续增长,废弃塑料带来的环境污染问题日益严重。其中,粒径 <5 mm 的细微塑料颗粒或碎片被定义为微塑料(含 <1 μm 的纳米塑料),广泛分布在环境介质中且难以降解。这类新污染物或是源于商品中细小塑料颗粒的直接释放(原生微塑料),或是由塑料制品或废物在环境中风化而成(次生微塑料)。

原生微纳塑料主要来自个人护理品、药物、工业原材料,以及化学纤维的释放。合成橡胶等人造大分子材料的细颗粒也被认为属于广义的微纳塑料,轮胎和刹车片磨损是此类颗粒物环境污染的主要来源。次生微纳塑料主要是大块塑料产品或废物在物理破碎或化学、生物降解作用下生成的。阳光辐射、氧化和微生物作用都可导致塑料大分子的化学键断裂,从而使大块塑料的结构被破坏。微塑料形成的塑料除与环境条件有关外,自身聚合物类型也对其有决定意义。生物可降解塑料如聚乳酸等,在环境中分解形成微塑料的效率更高,但其进一步分解矿化的效率也高于非生物可降解塑料。聚合物类型的多样性和形成过程的复杂性,使得微米和纳米级别的塑料(统称为微纳塑料)的环境污染特征具有高度的多样化。

毫米和微米级的微塑料被生物摄入后很难发生生物吸收,但微塑料可能造成胃肠道堵塞,使摄食意愿下降,摄食行为迟缓,并产生应激反应,甚至死亡。此外,在环境中或生物体内,微塑料都可能为微生物提供特殊的生态位(即塑料际,plastisphere),从而影响环境微生物或肠道微生物的群落结构。粒径更小的纳米塑料能够穿透细胞膜,干扰线粒体功能甚至导致细胞凋亡。

环境中的微、纳塑料不可避免地会在物理、化学和生物作用下发生老化,进而破碎或降解,形成粒径更小、数量更多、表面活性更高、迁移性更强的老化塑料颗粒。老化塑料颗粒的环境化学行为与环境健康风险与原始塑料颗粒具有极大差别。

第四节　非金属无机氟化物

虽然非金属无机污染物的毒性、健康风险与环境影响通常不如上述重金属与有机污染物显著,但也存在一些重要的非金属无机污染物,如氮与磷营养盐、硫化物、氟化物等。氮、磷、硫是生源要素,其无机污染物与全球环境问题(如气候变化、酸雨、雾霾、水资源危机等)密切相关,在大气环境化学、水环境化学各章中已有详细介绍。本节仅对氟化物作简要介绍。

一、来源与分布

无机氟化合物首要的天然来源是含氟矿物,如萤石(CaF_2)、冰晶石(Na_3AlF_6)、磷灰石[$Ca_5(PO_4)_3F$]、氟盐石(NaF)、黄玉[$Al_2(SiO_4)F_2$]、黑云母或角闪石等。含有上述闪石、云母的花岗岩在风化与成土作用过程中向土壤与地下水输入氟化物。其他天然来源包括地热水、火山喷发、海洋气溶胶。

氟化物人为来源主要包括煤炭燃烧、各种矿物(如铁、铝、铜、镍、磷矿)采掘与冶炼的废气与废水、磷肥生产与使用、玻璃、砖与陶瓷、黏合剂等生产等。已有的数据表明,磷矿加工与利用及炼铝是环境中氟最主要的工业来源。因此,高浓度氟主要出现在萤石等矿区土壤或碱性地下水中,或受到特殊工业污染的区域。

表6-18给出了一些国家和地区地下水氟化物浓度水平,说明氟污染具有明显的地域差异,印度、巴基斯坦、中国的地下水氟污染较受关注,但不同国家和地区地下水氟化物浓度差异也较大。

表6-18　一些国家和地区地下水氟化物浓度水平

国家和地区	氟化物浓度/($mg \cdot L^{-1}$)
加纳	0.11~4.6、0.5~7.02
巴基斯坦	1.08~1.38、0.38~1.15、2.47~21.1、ND~8.46、0.41~0.99、1.13~7.85

续表

国家和地区	氟化物浓度/(mg·L^{-1})
加拿大	0.05~10.9
印度	0.1~8.8、0.6~2.5、0.56~5.8、0.38~4.0、0.4~4.8、0.4~20.6、0.1~2.5、0.2~32.5、0.1~40、0.33~7.8、1~7.4、0.2~5.75、1.5~4.0、0.2~6.4、0.1~10.1、0.1~14、1~3.24、0.5~4.0、0.2~2.1、0.1~17.5、0.6~2.5、0.48~6.7、0~10
斯里兰卡	0.02~5.30、0.09~5.9
曼尼托巴	0~15.1
喀麦隆	0.19~15.2
也门	1.08~10
埃塞俄比亚	0~204
伊朗	0.7~6.6、0.46~5.96
韩国	0~40.8、0.04~2.15
中国	0~3.3、0~21.5、0.4~3.32、0.4~2.4
土耳其	0.51~33.0
德国	0.01~8.8
墨西哥	0~3.7、0~7.59

资料来源:Meththika Vithanage 等,2015。

二、迁移与转化

天然或人为排放的无机氟化物进入大气后,可以气态或者颗粒态形式存在。气态氟化物包括 HF、SiF$_4$、H$_2$SiF$_6$、SF$_6$;颗粒态氟化物包括 CaF$_2$、AlF$_3$、NaAlF$_6$、Na$_2$SiF$_6$、PbF$_2$、Ca$_5$(PO$_4$)$_3$F 等。大气氟化物以气态氟化物为主,其中尤以 HF 为多。气态 SiF$_4$ 可能发生水解转化成 HF;气态 HF 可与 H$_2$O 结合,形成氢氟酸的气溶胶颗粒。气态氟化物也能够被大气颗粒物吸附而变得稳定。除了 SF$_6$ 外,气态氟化物可能长期停留在大气中并可能迁移进入平流层,大气中其他的气态或颗粒态氟化物可能通过干、湿沉降返回到地表环境。湿沉降对气态氟化物的清除是有效的,有研究指出大气中气态氟化物的滞留时间为 14 h,而气溶胶中的氟化物滞留时间则为 12 d。因此,气溶胶中的氟化物可由于风力或大气湍流而发生远距离传输。

高氟地下水通常出现在世界的干旱地区,其原因主要是来自黑云母与角闪石氢氧根位置的氟离子由于土壤与地下水的蒸发蒸腾损失而发生的浓缩作用。蒸发导致地下水中 Ca^{2+} 形成 CaCO$_3$ 沉淀,而降低了溶解态 Ca^{2+} 浓度。这使得受 CaF$_2$ 溶度积 K_{sp} 控制的 F$^-$ 浓度升高。极端酸性或者碱性条件下,无机氟化物会从含氟矿物浸出到地表水中。氟化物在地表水中的迁移转化受水的 pH、硬度及离子交换材料(如黏土矿、腐殖酸)存在的影响。低 pH、低硬度及离子交换材料可能增强氟化物从含氟矿物中的溶解过程。溶解态氟化物也可能在气—水界面形成气溶胶或挥发到大气中,而未溶解的氟化物发生沉积。

水中自由氟离子常常与 Fe、Al 等金属的离子发生配位反应,使得地表水中氟以配位离子形态存在。在中性 pH 的稀溶液中,溶解态氟主要是自由氟离子。pH 降低到 5.5 以下,氟离子分布系数降低,变成未离解的 HF。但是如果在 pH 为 1~5 的水中存在足够高浓度的 Al 离子(如

50 μmol/L），Al-F 配合物（AlF^{2+}、AlF_2^+、AlF_3、AlF_2^-）就会形成。氟离子通过取代黏土矿表面羟基而吸附到黏土矿表面。氟离子的吸附在低 pH 条件下（pH<4.0）会明显增强，在 pH>6.5 时减弱。

溶解态氟化物能在水生生物或者陆生生物体内累积。氟化物更容易累积到脊椎动物的骨骼与牙齿、无脊椎动物的外骨骼、植物细胞壁中。例如，氟化物在牙釉质与骨骼中存在显著的累积效应，浓度可高达 10^6ng/g 水平。

氟离子对不同生物物种的毒性剂量有所差异。对鱼类的 96 h LC_{50} 一般为 100~300 mg/L。对于普通人群而言，氟的主要暴露途径是食物与饮用水。由此产生的主要问题是地方性氟中毒，其基本病征是氟斑牙和氟骨症。

第五节　生物性污染物

引起水体、大气、土壤和生物体污染的有害生物，均可称为生物性污染物。在环境化学中，生物性污染物主要针对病原微生物（细菌、真菌、病毒）及其关联污染物如抗生素抗性基因等。本节仅对这些污染物作简要介绍。

一、病原微生物

病原微生物指可以侵犯动植物或人体，引起感染甚至传染病的微生物，主要包括病原细菌、病原真菌和病毒。我国国家卫生健康委员会 2023 年发布的《人间传染的病原微生物目录》中，包含了细菌 191 种、真菌 151 种，病毒 169 种。

细菌通过释放内毒素或外毒素侵袭生物体。内毒素通常在细菌死亡裂解时释放，例如，革兰氏阴性菌可释放类脂 A 内毒素，引起人的机体发热、白细胞数量的改变、内毒素血症和休克、弥散性血管内凝血等症状。外毒素是由活致病菌产生的蛋白性物质，又称为分泌性毒素，毒性强烈且具有组织器官特异性。根据外毒素作用靶细胞的不同，外毒素可分为神经毒素、细胞毒素和肠毒素。

真菌也可通过真菌毒素产生健康危害。致癌物黄曲霉毒素就是黄曲霉和寄生曲霉等真菌产生的双呋喃环类毒素。毒蘑菇的致幻作用，也是由真菌所含的裸盖菇素等麦角酸二乙基酰胺致幻剂类似物引起的。除释放毒素外，真菌在宿主体内的寄生也会对一些组织产生直接损害。

病毒是结构简单的非细胞生命形态，它由一个核酸长链和蛋白质外壳构成。由于自身缺少代谢机构制和酶系统，病毒无法离开宿主细胞独立完成生命活动。入宿主细胞后，病毒利用细胞中的物质和能量完成生命活动。同时，病毒感染可能造成宿主的特异组织器官直接损伤，或通过机体免疫系统引起间接不良效应。例如，肆虐全球的新型冠状病毒 SARS-CoV-2，既能够引发肺炎，也能够引起免疫反应，从而导致其他组织器官损伤。

二、抗生素抗性基因

抗生素抗性基因（antibiotic resistance genes，ARGs）是重要的新污染物，也是典型的生物性污染物。环境中 ARGs 是随着抗生素耐药微生物（抗性菌株）的出现而出现的。ARGs 的来源和传播途径与环境中抗生素的来源及迁移途径具有相似性。医用抗生素首先在人体内诱导出抗生素抗性菌株,它们携带的 ARGs 随粪便排出体外,进入医疗废水,形成抗生素抗性基因库。养殖动物肠道中的抗性菌株随粪便排泄后,经雨水冲刷和地表径流等多种途径进入土壤、河流、湖泊或渗入地下水中。这些肠道菌中的 ARGs 通常位于质粒、转座子等可动遗传因子上,能够通过基因交换水平扩散到环境土著微生物中。环境土著微生物获得了 ARGs,由于适应性强,大量繁殖成为抗性基因的储存库。养殖动物性食用产品中的 ARGs 极有可能随食物链进入人体。医疗业或动物养殖场来源的 ARGs 进入污水处理系统,随污泥再生经堆肥后作为动物饲料重新又返回到农田土壤生态系统,经雨水淋溶后 ARGs 极有可能在地表水和地下水等不同环境介质中进行迁移。除此之外,抗性基因极有可能在土壤微生物与农作物之间进行基因水平扩散,将 ARGs 从土著微生物转移到植物体内,抗性基因是否会从植物性食用产品随食物链迁移到人体内,还尚不清楚。

水平转移可能是 ARGs 在环境微生物中广泛传播的一个主要原因。对从环境中分离得到的抗万古霉素肠球菌中相关抗性基因的分析发现,在被测试的 21 株耐药菌株中,有 13 株菌株可以将它的抗性基因转移到 BM4105 工程菌株中。DNA 结合是肠道抗性基因水平转移的主要方式。ARGs 与抗生素耐药微生物有密切关系。即使环境中的抗生素污染可以消除,已经形成的耐药微生物及其 ARGs 仍然会在环境中持续存在。

思考题与习题

1. 为什么 Hg^{2+} 和 CH_3Hg^+ 在人体内能长期滞留? 举例说明它们可形成哪些化合物。

2. 简述水体中汞甲基化的途径、影响因素及有关反应式。

3. 为什么水体 pH 较低时,鱼体内积累的甲基汞含量较高?

4. 镉在土壤中的迁移能力取决于哪些因素?

5. 简述土壤中铬的主要存在形态、迁移与转化规律。

6. 砷在环境中存在的主要化学形态有哪些? 其主要转化途径有哪些?

7. 砷致毒的生物化学机制有哪些?

8. 举例说明重金属的毒性与价态的关系。

9. 简述有机配体对重金属迁移的影响。

10. 举例说明阻碍重金属在土壤中归趋的主要因素。

11. 持久性有机污染物(POPs)的特性有哪些?

12. 阐述持久性有机污染物(POPs)在全球范围内循环的原因及迁移过程。

13. 简述大气中卤代烃的源和汇。

14. 为什么减少卤代烃的使用和排放,可以达到保护臭氧层的目的?

15. 简述多氯联苯(PCBs)在环境中的主要分布、迁移与转化规律。

16. PCDDs 是一类具有什么化学结构的化合物? 并说明其主要污染来源。

17. 离子型全氟化合物是如何进入空气中的?

18. 根据多环芳烃形成的基本原理,分析讨论多环芳烃产生与污染的来源有哪些。

19. 增加多环芳烃中苯环的数量会如何影响其性质?

20. 土壤结构对多环芳烃降解的影响机制是什么?

21. 什么是内分泌干扰物？如何判别？内分泌干扰物进入环境后的迁移转化途径有哪些？

22. 举例说明有机磷酸酯在环境中的主要迁移转化途径。

23. 表面活性剂有哪些类型？它对环境和人体健康有何危害？

24. 依据表面活性剂的来源和结构性质，简述表面活性剂长期分散于水中随水流迁移的原因。

25. 简述纳米颗粒物区别于其他有机污染物的独特性。

26. 环境微塑料的来源是什么？它们对生物健康的影响机制有哪些？

27. 总结有机污染物在水环境中迁移、转化存在哪些重要过程。

28. 阐述干旱地区无机氟化物的浓度分布及形成原因。

29. 生物性污染物的特点是什么？常见的生物性污染有哪些？

30. 抗生素抗性基因对人体健康的危害是什么？

主要参考文献

［1］戴树桂. 环境化学［M］. 2 版. 北京：高等教育出版社，2006.

［2］Schwarzenbach R P，Gschwend P M，Imboden D M. Environmental Organic Chemistry［M］. Third Edition.New York：John Wiley & Sons Inc，2016.

［3］Manahan S E. 环境化学［M］. 9 版. 孙红文，等，译. 高等教育出版社，2013.

［4］江桂斌，郑明辉，冯玉杰，等. 环境化学前沿［M］. 3 版. 北京：科学出版社，2022.

［5］王亚韡，曾力希，杨瑞强，等. 新型有机污染物的环境行为［M］. 北京：科学出版社，2018.

［6］赫茨英格. 环境化学手册［M］. 夏堃堡，吕瑞兰，译. 北京：中国环境科学出版社，1987（1）；1988（6）.

［7］联合国环境规划署. 环境卫生基准（1）［M］. 北京：中国环境科学出版社，1990.

［8］Gomez-Caminero A，Howe P，Hughes M，et al. Arsenic and Arsenic Compound，Environmental Health Criteria 224. Arsenic and Arsenic Compounds. 2nd ed.World Health Organization，2001：1－66.

［9］郑平. 环境微生物学教程［M］. 北京：高等教育出版社，2010.

［10］Winfrey M R，Rudd J W M. Environmental Factors Affecting the Formation of Methylmercury in Low pH Lakes［J］. Environmental Toxicology and Chemistry，1990，9（7）：853－869.

［11］Selin N E. Global Biogeochemical Cycling of Mercury：A Review［J］. Annual Review of Environment and Resources，2009，34：43－63.

［12］赵峰，陈天舒，董灿，等. 泰山大气卤代烃的长期变化趋势与来源［J］. 环境科学，2022，43（02）：723－734.

［13］Retardants F. Alarming Increases in Humans and the Environment［J］. Health Care Without Harm，2006.

［14］USGS. Brominated Flame Retardants in the Environment. 2004.

［15］李建华，沈梦楠，程杰，等. 多溴二苯醚的生物代谢机制研究进展［J］. 中国科学：化学，2013，43（03）：305－314.

［16］刘国瑞，郑明辉，孙轶斐，等. 工业过程中持久性有机污染物排放特征［M］. 北京：科学出版社，2018.

［17］Olivero-Verbel J，Tao L，Johnson-Restrepo B，et al. Perfluorooctanesulfonate and Related Fluorochemicals in Biological Samples from the North Coast of Colombia［J］. Environmental Pollution，2006，142（2）：367－372.

［18］Zhang Y，Tao S. Global Atmospheric Emission Inventory of Polycyclic Aromatic Hydrocarbons（PAHs）for 2004［J］. Atmospheric Environment，2009，43（4）：812－819.

［19］Bay S M，Vidal-Dorsch D，Schlenk D，et al. Sources and Effects of Endocrine Disruptors and Other Contaminants of Emerging Concern in the Southern California Bight Coastal Ecosystem［R］. Technical Report，2011.

[20] 邓南圣,吴峰. 环境中的内分泌干扰物 [M]. 北京:化学工业出版社,2004.

[21] Boxall A B A. The Environmental Side Effects of Medication:How Are Human and Veterinary Medicines in Soils and Water Bodies Affecting Human and Environmental Health? [J]. EMBO Reports,2004,5(12):1110−1116.

[22] Boxall A B A,Rudd M A,Brooks B W,et al. Pharmaceuticals and Personal Care Products in the Environment:What Are the Big Questions? [J]. Environmental Health Perspectives,2012,120(9):1221−1229.

[23] Vithanage M,Bhattacharya P. Fluoride in the Environment:Sources,Distribution and Defluoridation [J]. Environmental Chemistry Letters,2015,13:131−147.

[24] Amini M,Mueller K I M,Abbaspour K C,et al. Statistical Modeling of Global Geogenic Fluoride Contamination in Groundwaters [J]. Environmental Science & Technology,2008,42(10):3662−3668.

本章中英文关键词对照

中文	英文	中文	英文
表面微层	surface microlayer	环境分布	environmental distribution
传输	transport	络合物	complex
典型污染物	typical pollutant	痛痛病	itai-itai disease
动态平衡	dynamic equilibrium	污染来源	pollution source
多介质	multi-medium	生物有效性	bioavailability
多界面	multi-interface	转化	transformation
有机污染物	organic pollutant	生物半衰期	biological half-life
重金属	heavy metal	胆固醇代谢	cholesterol metabolism
汞	mercury	铬	chromium
挥发性	volatility	铬渣山	chromium slag mountain
无机汞	inorganic mercury	砷	arsenic
有机汞	organic mercury	糖代谢	glycometabolism
电位	potential	氧化还原电位	redox potential
甲基化	methylation	溶解氧	dissolved oxygen
水俣病	Minamata disease	毒性	toxicity
氯化烷基汞	alkyl mercury chloride	呼吸作用	respiration
生物效应	biological effect	三磷酸腺苷酶	adenosine triphosphatase
汞循环	mercury cycle	线粒体	mitochondrion
全球循环	global cycle	持久性有机污染物（POPs）	persistent organic pollutants
阈值	threshold	神经毒性	neurovirulence
螯合物	chelate	生物蓄积性	bioaccumulation
镉	cadmium	生殖毒性	reproduction toxicity

续表

中文	英文	中文	英文
斯德哥尔摩公约	Stockholm Convention	长链全氟化合物	long-chain perfluoroalkyl substance
致癌性	carcinogenicity		
营养来源	nutrient source	π 电子	π electron
全球蒸馏效应	global distillation effect	共价键	covalent bond
蚱蜢跳效应	grasshopping effect	全氟磺酸	perfluorosulfonic acid
全球迁移	global migration	全氟羧酸	perfluorocarboxylic acid
多氯联苯	polychlorinated biphenyl	食物链	food chain
链式反应	chain reaction	疏脂性	lipophobicity
卤代烃	halohydrocarbon	疏水性	hydrophobicity
有机卤代物	organic halide	多环芳烃（PAHs）	polyaromatic hydrocarbons
蒸气压	vapour pressure	蒽	anthracene
芳基自由基	aryl radical	萘	naphthalene
富集系数	enrichment factor	天然本底值	natural background value
生物转化	biotransformation	菲	phenanthrene
半数致死量	median lethal dose	干沉降	dry deposition
多氯代二苯并二噁英	polychlorinated dibenzo-*p*-dioxins	气溶胶	aerosol
多氯代二苯并呋喃	polychlorinated dibenzofuran	湿沉降	wet deposition
光化学分解	photochemical decomposition	K 区理论	K-region theory
悬浮颗粒物	suspended particulate	双区理论	di-region theory
苯氧酸除草剂	phenoxy acid herbicide	湾区理论	bay-region theory
氯酚	chlorophenol	微生物降解	micro-biological degradation
辛醇–水分配系数	octanol-water partition coefficient	细胞毒素	cytotoxin
溴代阻燃剂	brominated flame retardant	键合	binding
热解	pyrolysis	扰乱激素平衡	disruption of hormone balance
甲状腺激素	thyroid hormones	环境激素	environmental hormones
聚氨酯泡沫	polyurethane foam	激素活性物质	hormonally active agents
环境效应	environmental effect	聚碳酸酯塑料	polycarbonate plastic
健康效应	health effect	天然雌激素	natural estrogen
全血	whole blood	新污染物	new pollutant
血浆	plasma	优先控制	priority control
血清	serum	内分泌干扰物（EDs）	endocrine disruptors
短链全氟化合物	short-chain perfluoroalkyl substance	雌激素	oestrogen
多氟烷基化合物	polyfluoroalkyl substance	邻苯二甲酸酯	phthalic ester
全氟烷基化合物	perfluoroalkyl substance	生物降解	biodegradation

续表

中文	英文	中文	英文
外源性物质	exogenous substance	纳米污染物	nano-pollutant
烷基酚	alkylphenol	初级微塑料	primary microplastic
光降解效率	photodegradation efficiency	次级微塑料	secondary microplastic
过氧化物酶	peroxidase	生物可降解塑料	biodegradable plastic
烷基链	alkyl chain	生物屏障	biological barrier
自然光解	light degradation	微塑料	microplastic
药物和个人护理品	pharmaceuticals and personal care products	无机氟化物	inorganic fluoride
		应激反应	stress reaction
行为效应	behavioral effect	饮用水标准	drinking water standard
固醇类激素	steroid hormones	内毒素	endotoxin
抗生素	antibiotic	外毒素	exotoxin
有机磷酸酯	organophosphate ester	病原微生物	pathogenic microorganism
体外毒理实验	in vitro toxicology test	双酚 A	bisphenol A
增塑剂	plasticizer	络合反应	complexation reaction
阻燃剂	flame retardant	生物性污染物	contaminants of biological origin
多醇表面活性剂	polyol surfactant	基因水平扩散	horizontal gene diffusion
表面活性剂	surfactant	抗生素抗性基因（ARGs）	antibiotic resistance genes
亲水基团	hydrophilic group	毒性剂量	toxic dose
生物吸收	biological uptake	甲状腺激素	thyroid hormone
疏水基团	hydrophobic group	孕烷 X 受体	pregnane X receptor
非离子表面活性剂	nonionic surfactant	甲状腺内分泌系统	thyroid endocrine system
芳香族化合物	aromatic compound	核受体	nuclear receptor

第七章
受污染环境的修复

内容提要及重点要求

　　本章主要介绍了目前几种常见修复技术及其化学原理，即微生物修复、植物修复、化学氧化、热脱附、固化/稳定化、电动力学修复、可渗透反应格栅，以及表面活性剂等技术的基本概念及原理、子技术类型及污染物得以去除的化学原理、环境影响因素、各技术的优缺点及适用范围等。要求掌握主要修复技术的基本原理、修复过程中污染物的降解和消除过程及影响因素，还要了解各技术适用的污染物及介质。

　　修复指采取人为或自然过程，使环境介质中的污染物去除或无害化，使受污染场址恢复原有功能的技术。它是当今环境科学的热点领域，也是最具有挑战性的研究方向之一，与环境化学研究领域互有交叉，可以作为环境化学的一个重要分支。修复的介质可以包括土壤及地下水、地表淡水及近海岸。修复的对象是污染物，包括无机污染物和有机污染物，污染物的化学性质是选择修复技术的重要依据。对于重金属，修复的手段为清除、稀释、固定化及转化为低毒的形态，如将高毒的六价铬转化为低毒的三价铬。而对于有机污染物，修复的首选手段应该是使其彻底矿化为水和二氧化碳，或者转化为低毒的中间产物，还包括清除（如吸附及挥发到另外一个介质）及固定化（固定在介质内部）。

第一节　微生物修复技术

一、概述

　　微生物修复技术指通过微生物的作用清除土壤和水体中的污染物，或是使污染物无害化的过程。它包括自然和人为控制条件下的污染物降解或无害化过程。在自然衰减中，利用土著微生物的降解能力，但需要有以下环境条件：① 有充分和稳定的地下水流；② 有微生物可利用的营养物；③ 有缓冲 pH 的能力；④ 有使代谢能够进行的电子受体。如果缺少一项条件，就会影响微生物修复的速率和程度。特别是对于外来化合物，如果污染新近发生，那么很少会有土著微生物能降解它们，因此需要加入有降解能力的外源微生物。人为修复工程一般采用有降解能力的外源微生物，用工程化手段来加速生物修复的进程，这种在受控条件下进行的生物修复又称为强化生物修复或工程化的生物修复。工程化的生物修复一般采用下列手段来加强修复的速率：① 生物刺激技术，满足土著微生物生长所必需的环境条件，如提供电子受体、供体、氧气及营养物质等；② 生物强化技术，需要不断地向污染环境投入外源微生物、酶、其他生长基质或氮、磷无机盐。而对于一些污染物，微生物虽然可以降解它们，但却不能利用该污染物作为碳源合成自身生长需要的有机质，因此需要另外的生长基质维持自身的生长，称为共代谢，例如，处理五氯酚需加入其他基质维持微生物的生长。

从修复实施的场址，可以将微生物修复分为原位生物修复和异位生物修复。前者在污染的原地点进行，不挖出或抽取需要修复的土壤及地下水，采用一定的工程措施，利用生物通气、生物冲淋等方式进行。异位生物修复需要挖掘土壤或抽取地下水，将污染物移动到邻近地点或反应器内进行，例如，可以通气土壤堆、泥浆反应器等形式处理。很显然这种处理方式更好控制，获得更高的去除效率，但投资成本较大。例如，反应器型生物修复技术使微生物和污染物充分接触，并确保充足的氧气和营养物质供应。

海洋污染的生物修复主要治理用于游船海难事故造成的原油泄漏，对污染的海面和海滩进行生物修复。可用三种方法处理石油污染：投加表面活性剂，增加石油与海水中微生物接触的表面积；投加高效降解石油的微生物菌剂，增加微生物种群数量；投加氮、磷等营养盐，促进海洋中土著降解菌的繁衍。其中第三种方法简便实用，可使用缓释氮磷制剂、亲油性制剂，但需要控制氮磷比和投入量，避免投入后引起二次污染。

可用于生物修复的微生物主要有细菌和真菌。细菌包括好氧细菌、厌氧细菌及兼氧细菌。细菌可以在污染条件下，不断适应环境，产生降解能力，如通过特定酶的诱导和抑制产生基因突变及通过质粒转移获得利用特定污染物的能力。真菌可分成三大类，即软腐菌、褐色菌和白腐菌。真菌对一些大分子化合物表现出很强的降解能力，它们都以降解木质素而著称。如白腐菌降解污染物的特点是：① 在一定底物浓度诱导下合成所需的降解酶，能降解低浓度污染物；② 对有机物的降解大多属于酶促转化，降解遵循米氏动力学方程；③ 具有竞争优势，能利用质膜上的氧化还原系统，产生自由基，氧化其他微生物的蛋白质，调节所处环境达低 pH，抑制其他微生物的生长；④ 降解过程在胞外进行，酶系统存在于细胞外，有毒污染物不必先进入细胞再代谢，避免对细胞的毒害；⑤ 降解底物较广，特别对杂酚油、氯代芳烃化合物等持久性有机污染物也能完全矿化；⑥ 能在固体或液体基质中生长，能利用不溶于水的基质。

二、影响微生物修复效率的因素

1. 营养物质

微生物分解有机污染物一般利用有机污染物的碳源，但是微生物将有机污染物转化为其自身增长的生物质，还需要其他营养元素。在土壤中，尤其是在地下水中，氮、磷往往是限制微生物活动的重要因素。为了达到有机污染物的完全降解，适当添加营养物质常常比接种特殊的微生物更为重要。为达到良好的效果，必须在添加营养盐之前确定营养盐的形式、合适的浓度及适当的比例。目前已经使用的营养盐类型很多，如铵盐、正磷酸盐或聚磷酸盐、酿造酵母废液和尿素等。一些微量营养素也需要考虑，例如，在对土壤中多氯联苯生物修复的研究中，发现作为亲核试剂的维生素 B_{12} 可提高多氯联苯所有位置上的脱氯反应效率。

2. 电子受体

污染物氧化分解的最终电子受体的种类和浓度也极大地影响污染物降解的速率和程度。在环境中，微生物氧化还原反应的最终电子受体分为三大类，包括溶解氧、有机物分解的中间产物和无机酸根（如硝酸根、硫酸根和碳酸根等），第一种为有氧氧化过程，而后两种为无氧氧化过程。

为了增加土壤中的溶解氧,可以采用一些工程化的方法,例如,将压缩空气送入土壤,添加过氧化物及其他产氧剂等。厌氧环境中,甲烷、硝酸根、硫酸根和铁离子等都可以作为有机物降解的电子受体。应用硝酸盐作为厌氧生物修复的电子受体时,还应注意地下水中对硝酸盐浓度的限制。

当所加 H_2O_2 的量适当时,土壤样品中烃类污染物的生物降解速率较加入前增加 3 倍。这是因为 H_2O_2 不仅能直接降解部分有机污染物,还能为生物降解提供所需的电子受体。土壤中溶解氧的情况不仅影响污染物的降解速率,也决定一些污染物的最终降解产物,如某些氯代脂肪族的化合物在厌氧降解时,产生有毒的降解产物,但在好氧条件下这种情况就很少见。

3. 污染物的性质和赋存状态

对于微生物修复技术,污染物的可降解性是关键,这取决于污染物的化学结构。对于系列污染物,如多环芳烃,其微生物降解性随着分子的增大而增大(图 7-1)。污染物对生物的毒性及其降解中间产物的毒性,也是决定微生物修复技术是否适用的关键。另外,污染物的其他性质也很重要。如污染物的挥发性,由于在微生物修复工程中,往往对环境介质进行充气,以保证微生物活动有足够的氧,如果一种污染物的挥发性太强,往往挥发部分就大于降解部分,造成污染物从土壤迁移到大气中,而并非降解。另外,微生物往往只能利用土壤溶液溶解态的污染物,如果一种污染物的溶解度很低,又有很强的吸附力,紧密结合在土壤颗粒的腐殖质或黏土颗粒中,生物可利用性极低,就会导致微生物修复技术的失败。土壤环境中污染物由于与土壤颗粒相互作用,生物有效性下降,称为锁定。锁定造成了修复的不完全,总有一部分持久性残留不能消除,是微生物修复技术面临的最大挑战。

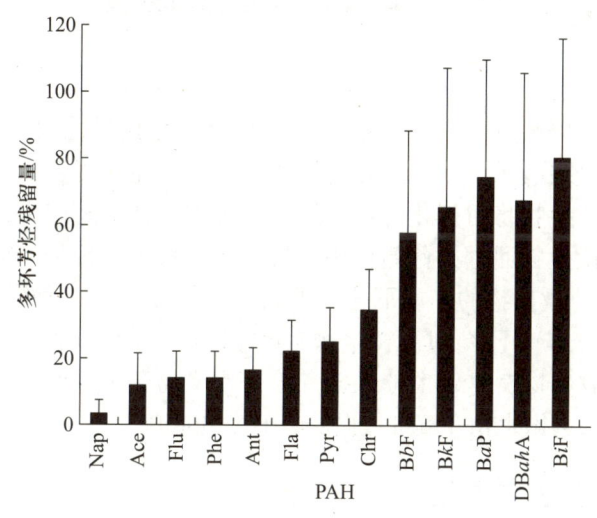

图 7-1 生物修复中多环芳烃的残留

Nap—萘;Ace—二氢苊;Flu—芴;Phe—菲;Ant—蒽;Fla—荧蒽;Pyr—芘;
Chr—䓛;BbF—苯并[b]荧蒽;BkF—苯并[k]荧蒽;BaP—苯并[a]芘;
DBahA—二苯并[a,h]蒽;BiF—苯并[i]荧蒽

4. 环境条件

影响修复效率的环境因素主要包括土壤颗粒的性质(有机质及黏土含量等)及介质条件(酸碱度、温度、湿度、空隙率等)。有机质含量及结构决定污染物的吸附特性,从而决定其微生物降

解的生物可利用性,进入有机质致密的刚性结构中的污染物很难再返回到土壤颗粒表面或土壤溶液中,被微生物利用,这种现象称为不可逆吸附。最近的研究表明,在特定条件下,如有机质含量很低时,黏土的含量对不可逆吸附及生物可利用性下降也有重要影响(图 7-2)。土壤 pH 是影响微生物活性的重要因素,一般微生物最适宜的 pH 应为 6.5~8.5;温度是决定生物修复过程快慢的一个重要因素,但在实际现场处理中,温度不可控,应从季节性变化方面选择适宜的修复时间;生物降解必须在一定的湿度条件下进行,湿度过大或过小都会影响生物降解的进程,与酸碱度和温度相比较,湿度具有较大的可调性。

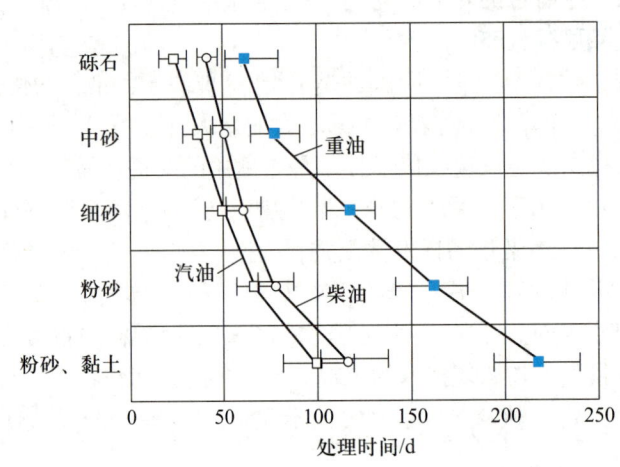

图 7-2　不同土壤中石油的生物修复效率

5. 微生物的协同作用

在自然界,多数生物降解过程需要两种或更多种微生物的协同作用才能完成。微生物之间的这种协同作用主要体现在:① 一种或多种微生物为其他微生物提供 B 族维生素、氨基酸及其他生长因素。② 一种微生物将目标化合物分解成一种或几种中间产物,另一种微生物继续分解中间产物。③ 一种微生物通过共代谢作用对目标化合物进行转化,形成中间产物不能被其进一步降解,只有在其他微生物的作用下才能得到彻底分解。④ 一种微生物分解目标化合物形成有毒中间产物,使分解率下降,其他微生物则可能以这种有毒中间产物作为碳源加以利用。⑤ 一些微生物还可释放生物表面活性剂,促进结合态污染物解析,提高微生物修复效率。⑥ 不同微生物之间相互作用,为微生物降解过程提供电子传递通道。

三、强化生物修复的主要类型

1. 原位强化修复技术

原位强化修复技术包括生物强化法、生物通气法、生物注射法、生物冲淋法及土地耕作法等。

生物强化法指在生物处理体系中投加具有特定功能的微生物来改善原有处理体系的处理效果,如对难降解有机物的去除等。投加的微生物可以来源于原来的处理体系,经过驯化、富集、筛选、培养达到一定数量后投加,也可以是原来不存在的外源微生物。在生物强化技术的实际应用中这两种方法都被采用,这取决于原有处理体系中的微生物组成及所处的环境。

应用生物强化技术的前提是获得高效作用于目标降解物的菌种。对于那些自然界中固有的化合物,一般都能够找到相应的降解菌种。但对于人类工业生产中合成的一些生物异源物质,它们的结构不易被自然界中固有微生物的降解酶系识别,需要用目标降解物来驯化、诱导产生相应降解酶系,筛选得到高效菌种。

基因工程的发展为人类快速获取一些高效菌种提供了新方法。生物学家发现微生物对污染物的降解性与其所带的质粒有关。利用降解性质粒的相容性,把能够降解不同有害物的质粒组合到一个菌种中,组建一个多质粒的新菌种,这样能使一种微生物降解多种污染物或完成降解过程的多个环节,或使不带降解性的菌带上质粒获得降解性。另外可采用质粒分子育种,即在选择压力的条件下,在恒化器内混合培养,使微生物发生质粒相互作用和传递,缩短了自然进化所需的时间,以达到加速培养新菌种的目的。降解性质粒 DNA 体外重组,是在体外对生物大分子 DNA 进行剪切加工,将不同来源的 DNA 重新连接,转移到受体细胞中,通过复制表达,使细胞获得新的遗传性状。原生质体融合技术,同样会使细胞获得多个不同亲本的性状。

一项生物强化技术要想获得成功,必须同时考虑多种影响因素。首先,用于驯化培养所要投加的微生物的底物浓度往往比实际处理构筑物中的浓度高许多,投加微生物之后是否能够降解低浓度的底物是必须考虑的问题。其次,投加后的微生物面临的是一个复杂的生态环境,既有微生物种群之间的竞争,也有被原生动物捕食的可能。因此,若想达到良好的生物强化效果,则投加的微生物必须在处理构筑物中保持一定的代谢活力,维持一定的数量。目前已有不少受到难降解有机物污染的土壤生物修复工作成功的报道,例如,有报道表明在受到除草剂阿特拉津污染的土壤中投加假单胞菌(*Pseudomonas* sp. ADP)进行生物强化,可使 90%~100% 的阿特拉津完全矿化,而依靠土壤本身的微生物降解作用,虽然能够降解一部分阿特拉津,但其矿化率只有 1%。

生物通气法用于修复受挥发性有机物污染的含水层上部通气层土壤。这种处理系统要求污染土壤具有多孔结构以利于微生物的快速生长。另外,污染物应具有一定的挥发性,亨利常数大于 $1.013\,25\ \text{Pa}\cdot\text{m}^3\cdot\text{mol}^{-1}$ 时才适于通过真空抽提加以去除。生物通气法的主要制约因素是影响氧气和营养物质迁移的土壤结构,不适的土壤结构会使氧气和营养物质在到达污染区之前被消耗。

生物注射法又称为空气注射法,这种方法适用于处理受挥发性有机物污染的地下水及上部土壤。处理设施采用类似生物通气法的系统,但这里的空气经过加压后被注射到污染地下水的下部,气流加速地下水和土壤有机物的挥发和降解。

生物冲淋法将含氧气和营养物质的水补充到亚表层,促进土壤和地下水中的污染物的生物降解。生物冲淋法大多在各种石油烃类污染的治理中使用,改进后也能用于处理氯代脂肪烃溶剂,如加入甲烷和氧气促进甲烷营养菌降解三氯乙烯和少量的氯乙烯。

土地耕作法就是对污染土壤进行耕犁处理。在处理过程中施加肥料、灌溉、施加石灰,从而尽可能为微生物代谢污染物提供良好环境,使其有充足的营养、水分和适宜的 pH,保证生物降解在土壤的各个层面上都能发生。这种方法的优点是简易经济,但污染物有可能从处理地转移。一般污染土壤的渗滤性较差,土层较浅,污染物又较易降解的情况可以采用这种方法。

2. 异位生物修复技术

异位生物修复技术主要包括堆肥法、生物反应器处理和厌氧处理。

堆肥法是处理固体废物的传统技术,用于受石油、洗涤剂、多氯烃、农药等污染土壤的修复处理,取得了很好的处理效果。堆肥过程中,将受污染土壤与水(达到至少 35% 含水量)、营养物质、泥炭、稻草和动物肥料混合后,使用机械或压气系统充氧,同时加石灰以调节 pH。经过一段时间的发酵处理,大部分污染物被降解,标志堆肥完成。经处理消除污染的土壤可返回原地或用于农业生产。堆肥法包括风道式堆肥处理、好气静态堆肥处理和机械堆肥处理。

生物反应器处理是把污染物移到反应器中完成微生物的代谢过程。这是一种很有价值和潜力的处理技术,适用于处理地表土及水体的污染。生物反应器包括土壤泥浆生物反应器和预制床反应器。对污染土壤的修复而言,土壤泥浆生物反应器能起重要作用。把污染土壤移到反应器中,土壤在反应器中与水相混合成泥浆,在运转过程中添加必要的营养物质,鼓入空气,使微生物和底物充分接触,完成代谢过程,而后在快速过滤池中脱水。除作为一种实用的处理工艺技术外,土壤泥浆生物反应器还可以作为研究生物降解速率及影响因素的生物修复模型使用。这种反应器又可分为连续运转型和间歇运转型,现在主要有连续搅拌反应器和循序间歇反应器两类。预制床是一种用于土壤修复的特制生物床反应器,包括供水及营养物质喷淋系统、土壤底部的防渗漏层、渗滤液收集系统及供气系统等。美国超级基金污染土壤生物修复计划中就使用了许多这类反应器。处理对象主要是多环芳烃、石油烃(即苯、甲苯、乙苯、二甲苯)等。

美国东南部的一家木材厂使用反应器处理杂酚油污染土壤,安装了四个半间歇式生物泥浆反应器,并接种细菌,每周可处理 100 t 受污染土壤,使菲和蒽混合物的含量从 300 000 mg/kg 降低到 65 mg/kg,苯并[a]芘从 1 100 mg/kg 降低到检测线以下(3 mg/kg),五氯酚的含量从 13 000 mg/kg 降低到 40 mg/kg。

厌氧处理对某些具有高氧化状态的污染物的降解,如三硝基甲苯、多氯取代化合物(PCBs 等)等,比耗氧处理更为有效。例如,在厌氧环境下通过添加电子受体,处理地下水中的四氯化碳取得良好效果。但总的来说,在生物修复中好氧方法的使用要比厌氧方法广泛得多。主要原因是,严格的厌氧条件难以达到,厌氧过程中会产生一些毒性更大、更难降解的中间代谢产物。此外,厌氧发酵的终产物 H_2S 和 CH_4 也存在毒性和风险。

四、生物修复的优缺点

生物修复与传统或现代的物理、化学修复方法相比,有许多优点:① 生物修复可以原位进行,这样减少了运输费用和人类直接接触污染物的机会,而且可使对污染位点的干扰或破坏达到最小,在难以移动的地方(如建筑物下、公路下)进行;② 生物修复使有机物分解为二氧化碳和水,可以永久性地消除污染物和长期的隐患,无二次污染,不会使污染转移;③ 生物修复可与其他处理技术结合使用,处理复合污染;④ 费用低,只是传统物理、化学修复费用的 30%~50%。

生物修复技术也具有局限性,表现在以下几个方面:① 高浓度污染场地,完全丧失微生物生存的条件。② 不是所有的污染物都适用于生物修复。有些化学品不易或根本不能被生物降解,如多卤代化合物和重金属。污染物的不溶解性及其在土壤中与腐殖质和黏粒结合,形成锁定态,使生物修复更难以进行。③ 有些化学品经微生物降解后,其产物的毒性和移动性比母体化合物反而增加。例如,三氯乙烯(TCE)在厌氧条件下可以进行一系列的还原脱卤作用,产物之一的氯乙烯(VC)是致癌物。④ 生物修复是一种科技含量较高的处理方法,它的运作必须符合污染地的特殊条件。因此,最初用在修复地点进行生物可处理性研究和处理方案可行性评价的费用要高于常规技术(如空气吹脱)的相应费用,一些低渗透性土壤往往不适合生物修复。

第二节 植物修复技术

一、概述

植物修复技术直接利用各种活体植物,通过提取、降解和固定等过程清除环境中的污染物,或消减污染物的毒性,可以用于受污染地下水、沉积物和土壤的原位处理。植物也有助于防止风、雨和地下水把污染物从污染点扩散到其他区域。植物修复在低到中度污染的现场效果最好。植物的根从土壤、水流或地下水吸收水分和营养,根能伸展到多深,就能清除多深的污染。常用于土壤修复的植物,如印度芥菜根深 0.3 m,禾本植物根深 0.6 m,苜蓿根深 1.2~1.8 m,杨树根深 4.5 m。

植物修复去除污染物的方式有如下四种:

（1）植物提取

植物直接吸收污染物并在体内蓄积,植物收获后再进行处理。收获后可以进行热处理、微生物处理和化学处理。

（2）植物降解

植物本身及其相关微生物和各种酶系将有机污染物降解为小分子的 CO_2 和 H_2O,或转化为无毒性的中间产物。

（3）植物稳定

植物在与土壤的共同作用下,将污染物固定并降低其生物有效性,以减少其对生物与环境的危害。

（4）植物挥发

植物挥发是与植物吸收相连的,它利用植物的吸取、积累、挥发而减少土壤挥发性污染物。图 7-3 显示了植物修复的几种作用过程。

作为一项高效、低廉、非破坏性的土壤净化方法,植物修复技术可替代传统的处理方法。除了成本较低以外,植物修复还有以下几方面的优点:① 对环境基本上没有破坏;② 不需要废物处置场所;③ 具有很高的公众接受性;④ 避免了挖掘和运输;⑤ 具有同时处理多种不同类型有害废物的能力。

植被对污染土壤还有其他益处,如植物修复可以提高土壤的有机碳含量;植被深入土壤的根系可以对土壤起固定化的作用;植物的蒸腾作用可以蒸发相当一部分的水分,这种水分的向上运动可以阻碍污染物通过淋溶作用而向下迁移;植物对环境友好并具有审美功能,等等。

植物修复也有它的缺点,植物修复受气

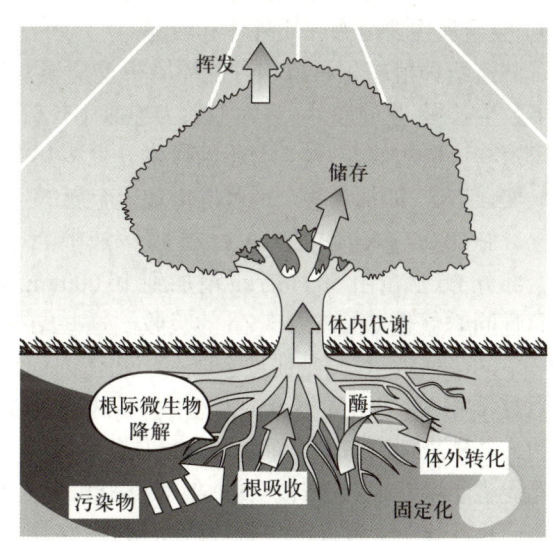

图 7-3 污染土壤的植物修复示意图

候、地质条件、温度、海拔、土壤类型等条件的限制,还受污染状况和污染类型的制约,主要存在以下几个问题:① 植被的形成受环境毒性的限制;② 吸收到植物叶中的污染物会随着落叶而再次释放到环境中去;③ 污染物可能会积累在作为燃料的木材中;④ 根系作用会提高某些污染物的溶解度,从而导致更严重的环境危害或使得污染物更易于迁移;⑤ 可能会进入食物链而对生态系统和人类健康产生负面影响;⑥ 比别的技术花费更长的时间。

二、植物修复重金属污染的过程和机理

1. 植物修复重金属污染的主要作用过程

根据其作用过程和机理,重金属污染土壤的植物修复技术可分为三种类型。

（1）植物提取

植物提取是利用重金属超积累植物从土壤中吸取一种或几种重金属,并将其转移、储存到地上部分,随后收割地上部分并集中处理,连续种植,即可使土壤中重金属含量降低到可接受的水平。超积累植物指对重金属的吸收量超过一般植物 100 倍的植物,超积累植物积累的 Cr、Co、Ni、Cu、Pb 含量一般在 110 mg/kg(干重)以上,积累的 Mn、Zn 含量一般在 10 mg/kg(干重)以上。目前已经发现 400 余种超积累植物,广泛分布于植物界的 45 个科,但绝大多数属于 Ni 的超积累植物（318 种）,最早发现的超积累植物是在意大利找到的一种叫布氏香芥的植物。目前对 Cu、As、Zn、Cd 的超积累植物都有报道,例如,遏蓝菜地上部分 Zn 和 Cd 含量可分别达到 33 600 mg/kg 和 1 140 mg/kg(干重),植物尚未表现中毒症状。在我国,陈同斌报道了对 As 的超富集植物——蜈蚣草,植物中 As 含量竟可以达到 1%~2%;杨肖娥报道了对 Zn 有超积累能力的东南景天,可以耐受 240 mg/L 的 Zn,植物地上部分 Zn 的含量高达 4 500 mg/kg,这些都是非常成功的例子。

超积累植物从根际吸收重金属,并将其转移和积累到地上部分,这个过程中包括许多环节和调控位点:① 跨根细胞质膜运输;② 根皮层细胞中横向运输;③ 从根系的中柱薄壁细胞装载到木质部导管;④ 木质部中长途运输;⑤ 从木质部卸载到叶细胞(跨叶细胞膜运输);⑥ 跨叶细胞的液泡膜运输。在组织水平上,重金属主要分布在表皮细胞、亚表皮细胞和表皮毛中;在细胞水平上,重金属主要分布在质外体和液泡。

连续种植超积累植物可使环境中重金属降低到目标值。但是,目前已知的超积累植物绝大多数生长慢、生物量小,且大多数为连座生长,很难进行机械操作。为了克服以上局限性,提高连续植物提取的效益,科学家不断探索开发积累能力强、生物量大、生长速率快的超积累植物,并采取加强措施,如加入螯合剂可以增加重金属的生物有效性,提高植物提取的效率。

施加 0.2 g/kg 的 EDTA 后,土壤溶液中 Pb 含量由 4 mg/L 增加到 4 000 mg/L,玉米和豌豆地上部分 Pb 含量由 500 mg/kg 增加到 10 000 mg/kg;加入 EDTA 不仅促进印度芥菜对 Pb 的吸收,而且同时促进 Cd、Cu、Ni、Zn 的吸收。这些结果表明,螯合剂主要起两个作用,一是增加土壤溶液中的金属含量,二是促进金属在植物体内运输。植物的金属积累效率与螯合剂和金属的亲和力直接相关,如不同螯合剂对土壤 Pb 的解吸效率为 EDTA>HEDTA>DTPA>EGTA>EDDHA;Pb 的最佳螯合剂为 EDTA,而 Cd 的最佳螯合剂为 EGTA。螯合剂的效果与植物品种有关,如 EDTA 能促进印度芥菜对 Zn 的吸收,但对燕麦和大麦无效果。

由于金属–螯合剂复合物为水溶性,在田间应用时,易发生淋溶作用,可能带来新的安全、健康和环境问题。研究还发现,施加螯合剂常遏制植物生长,使生物量减少,甚至造成植物死

亡。因此螯合剂的施用时间很重要，为了减少螯合剂诱导的金属迁移，避免植物长期生长在高活度金属条件下，最适合螯合剂辅助的植物提取的策略是在植物的生物量达到最大时施加一定的螯合剂，经过短暂的金属积累后再收获植物，这也是螯合剂辅助的植物提取与连续植物提取的区别所在。

富集了重金属的植物的后处理是植物修复技术必须面对的环节。对于灰分中含重金属10%~40%的植物，采用金属冶炼回收的方法是一条有效途径，既有一定的经济效益，又使污染物得到妥善处理，避免产生二次污染。

（2）植物稳定

植物稳定是利用耐重金属植物的根际的一些分泌物，增加土壤中有毒金属的稳定性，从而减少金属向植物的迁移，以及被淋溶到地下水或通过空气扩散进一步污染环境的可能性。其中包括沉淀、螯合、氧化还原等多种过程，在植物稳定中植物主要有两种功能：

① 保护污染土壤不受侵蚀，减少土壤渗漏，防止金属污染物的淋溶。重金属污染土壤由于污染物的毒害作用常缺乏植被，荒芜的土壤更容易遭受侵蚀和淋溶，使污染物向周围环境扩散，稳定污染物的最简单的方法是种植耐金属胁迫植物、复垦污染土壤。

② 通过金属在根部积累与沉淀及根表吸收来加强土壤中污染物的固定，如通过释放磷酸根，使 Pb 沉淀在植物的根部，减轻 Pb 的危害。此外，植物还可以通过改变根际环境（pH 和 E_h 值）来改变污染物的形态，在这个过程中根际微生物（细菌和真菌）也可能发挥作用，通过 X 射线衍射吸收光谱研究发现，印度芥菜的根能使有毒的生物可利用的六价铬还原为低毒的、生物不可利用的三价铬。植物稳定技术并没有清除土壤中的重金属，只是暂时将其固定，并没有彻底解决环境中的重金属污染问题，如果环境条件发生变化，那么重金属的生物有效性可能又会发生改变。

（3）植物挥发

植物挥发是利用植物的吸收、积累和挥发而减少土壤中一些挥发性污染物，即植物将污染物吸收到体内后将其转化为气态物质，释放到大气中，目前这方面研究最多的是类金属元素汞和非金属元素硒。

汞（Hg）在环境中以多种状态存在，包括单质汞、离子汞（Hg_2Cl_2、HgO、$HgCl_2$ 等）和有机汞化合物［$Hg(CH_3)_2$、$Hg(C_2H_5)_2$ 等］。其中以甲基汞对环境危害最大，且易被植物吸收，一些耐汞毒的细菌体内含有一种 Hg 的还原酶，催化甲基汞和离子汞转化为毒性小得多、可挥发的单质汞。因而可运用分子生物学技术将细菌的汞还原酶基因转导到植物中，再利用转基因植物处理汞污染的土壤。

很多植物能吸收污染土壤中的硒，并将其转化为可挥发态二甲基二硒和二甲基硒。研究表明，硒的生物化学特性在许多方面与硫类似，硒酸根以一种与硫类似的方式被植物吸收，在植物体内，六价硫通过 ATP 硫化酶的作用还原为二价硫化物，研究发现印度芥菜体内硒的还原作用也是由该酶催化的，而且该酶是硒酸盐同化为有机态硒的主要速率限制酶。

植物挥发通过植物及其根际微生物的作用，将环境中挥发性污染物直接挥发到大气中，不需收获和处理含污染物的植物体，不失为一种有潜力的植物修复技术，但这种方法将污染物转移到大气中，对人类和动物具有一定风险。

2. 植物耐受重金属毒害的机制

无论是超积累植物，还是植物稳定及植物挥发中的植物，对重金属的毒害都具有忍耐机制，通称为耐性植物。耐性植物分为基因型和生态型两类。植物耐金属毒害的机制复杂多样，包括细胞壁钝化、跨膜运输减少、主动外排、区域化分布、螯合、合成逆境蛋白、产生乙烯等。其中最主要、最普遍的机制是通过诱导金属配体的合成，形成金属配体复合物，并在器官、细胞和亚细胞水平呈区域化分布。植物体内存在多种金属配体，主要包括有机酸（草酸、组氨酸、苹果酸、柠檬酸等）、氨基酸、植物螯合肽（PCs，是植物体内一类重要的非蛋白形态的富半胱氨酸的寡肽）和植物金属硫蛋白（MTs）。金属配体与金属离子配位结合后，细胞内的金属即以非活性态存在，或形成金属配位复合体转运到液泡中，降低原生质体中游离态金属的浓度，它们参与植物对金属的吸收、运输、积累和解毒过程。在重金属的超积累植物拟南芥、小麦和酵母体内编码催化 PCs 的生物合成的酶的基因已被鉴定和克隆，可通过修饰或过量表达催化 PCs 的合成酶，提高植物耐金属能力和金属积累量。有机酸参与植物的生理活动，但是在胁迫环境下，有机酸的分泌显著增加。不同的超积累植物对不同的重金属胁迫产生的螯合物不同，如对镍的超积累植物研究表明，镍在植物体内大多以与柠檬酸和苹果酸的复合物形式存在；而铝的超积累植物起作用的有机酸则是草酸。

三、植物修复有机污染物的过程和机理

最早考虑使用植物来修复有机物污染土壤是由于人们观察到一种现象，有机污染物在有植被土壤中的消失速率快于周围无植被的土壤，由此引发了人们对这种现象进行深入的研究。植物去除有机污染物的机理主要有：直接吸收有机污染物，经体内代谢，积累在植物组织内，或挥发释放；根系产生一些分泌物和酶，促进有机污染物在体外发生生化转化；根系的作用增强土壤中微生物的降解活性，有利于有机污染物的矿化。

1. 直接吸收

植物根直接吸收有机污染物的过程取决于植物的吸收效率、蒸腾率及有机污染物在土壤溶液中的浓度。蒸腾作用是一个关键的变量，它决定植物修复中有机污染物的吸收速率，它又与植物种类、叶片面积、营养成分、土壤水分、风力条件、相对湿度等有关。另外，有机污染物的理化性质是控制吸收的重要因素，如辛醇-水分配系数（$\lg K_{ow}$）、酸度常数、浓度等。最可能被植物吸收的有机污染物是中等疏水化合物（如 BTEX、卤代烷烃、芳香族化合物、农药等），即 $\lg K_{ow}$ 为 0.5~3。对于 $\lg K_{ow} > 3$ 的疏水有机物（如 TCDD、PCBs、酞酸酯类、PAHs），它们由于强烈地吸附在根表面而很难迁移到植株内；水溶性很好的化合物（$\lg K_{ow} < 0.5$）不能充分吸附在根上导致不能很好地穿透植物的膜。大部分污染物，如酚类、胺类、苯甲酸酯、大多数除草剂、清洗剂在水中呈离解状态，这些物质的吸收在很大程度上取决于土壤溶液的 pH。细胞质的 pH 通常为 7~7.5，液泡和木质部的 pH 都在 5.5 左右，细胞膜两端的电位差为 −80~120 mV，因此弱酸物质在酸性土壤中易被吸收，而弱碱物质在碱性土壤中易被吸收。

有机污染物一旦被吸收，植物就可以通过木质化作用在植物新的组织结构中贮藏它们及其中间代谢产物，或者通过挥发、代谢和矿化作用将它们转化为水和二氧化碳。一般而言，它们会部分或完全被降解，转化为低毒（尤其是对植物低毒）的中间产物，再结合在植物组织中，如植物液泡中或与非溶解性细胞结构（如木质素）中。部分小分子污染物可随植物的蒸腾（呼吸）作用排出植物体。

外来物质被植物吸收到体内后，通常代谢过程经历以下三个阶段：转化、结合和隔离，在这些阶段的参与酶与哺乳动物肝脏的酶具有很多共性，因此植物被当作"绿色肝脏"。在植物体内的解毒过程中，外来物质通过转运作用经过细胞膜到达植物体内，在其中细胞色素 p450

酶和谷胱甘肽硫转移酶对外来物质的转化、结合过程起重要的作用,最后将外来物质转化为细胞壁物质或者被隔离开。例如,玉米、高粱、甘蔗、宿根等对阿特拉津的抗性较强,在这些作物中含有一种谷胱甘肽硫转移酶,可以促进阿特拉津与谷胱甘肽生成可溶于水的结合体,使阿特拉津失去活性,不至于伤害这些作物。研究表明,在高粱叶片中,7 h 内可以有 62% 被吸收的阿特拉津转化为溶于水的化合物,即 S–(4–乙氨基–6–异丙氨基–2–均三氮苯)谷胱甘肽和 γ–L–谷酰基–S–(4–乙酰基–6–异丙氨基–2–均三氮苯)–L–半胱氨酸。不同的有机污染物被植物吸收后,母体化合物及其代谢产物在植物的根和地上部分的分布往往不同。六氯苯和八氯联苯–ρ–二噁英(OCDD)能被根或叶吸收,但不能在根和叶之间转移。相反的是,根和叶吸收除草剂氯苯和三氯乙酸后可以在两部分之间互相转移。参与植物代谢外来物质的酶主要包括:细胞色素 p450 酶、过氧化物酶、加氧酶、谷胱甘肽硫转移酶、羧酸酯酶、O–糖苷转移酶、N–糖苷转移酶、O–丙二酸单酰转移酶和 N–丙二酸单酰转移酶等。而能直接降解有机污染物的酶类主要为:脱卤酶、硝基还原酶、过氧化物酶、漆酶和腈水解酶等。

通过遗传工程可以增加植物本身的降解能力,把细菌中的降解除草剂基因转移到植物中产生抗除草剂的植物。使用的基因还可以是非微生物来源,如哺乳动物的肝和抗药的昆虫。对于一些在植物体内较难降解的污染物,如 PCBs,将动物或微生物体内能降解这些污染物的基因转入植物体内可能是一种好办法。这种基因工程的手段不仅能提高植物降解有机污染物的能力,还可以使植物修复具有一定的选择性和专一性。

2. 植物分泌物的降解作用

植物的根系可向土壤环境释放大量分泌物,其数量占植物年光合作用的 10%~20%。植物产生的各种天然有机物或酶类,可以促进有机污染物在植物体外发生生物降解。表 7–1 列出了植物根系的主要分泌物。

表 7–1　植物根系的主要分泌物

分泌物	举例
糖	葡萄糖、果糖、蔗糖、麦芽糖、半乳糖、木糖、低聚糖
氨基酸	甘氨酸、谷氨酸、天门冬氨酸、丝氨酸、丙氨酸、赖氨酸、精氨酸、苏氨酸、同丝氨酸
芳香族化合物	苯酚、1–香芹酮、p–甲基异丙基苯、柠檬烯、异戊二烯
有机酸	乙酸、丙酸、柠檬酸、丁酸、戊酸、苹果酸
挥发性化合物	乙醇、甲醇、甲醛、丙酮、乙醛、丙醛、甲基硫醚、丙基硫醚、烯丙基硫醚
维生素	维生素 B_1、维生素 H、烟酸、维生素 B_2、维生素 B_6、泛酸
酶	磷酸酶、脱氢酶、过氧化物酶、脱卤酶、硝基还原酶、漆酶、腈水解酶

研究表明,在这些根系分泌物中,酶对污染物的降解起关键作用。植物释放到环境中的酶类,如脱卤酶、磷酸酶、硝基还原酶、漆酶、脱氢酶、腈水解酶和过氧化物酶等,可以降解 TNT、TCE、PAHs 和 PCBs 等细菌难以降解的有机污染物。植物产生的硝基还原酶和漆酶在野外实验中分别显示出对军火废物(TNT,二硝基一氨基甲苯和一硝基二氨基甲苯)和三氨基甲苯的显著降解能力。另外,还有人研究了腈水解酶降解 4–氯苯腈及脱卤酶代谢六氯乙烷和 TCE 的能力。脱氯酶可降解含氯溶剂,生成氯离子、二氧化碳和水。

另外,植物还可分泌共代谢的底物,使难降解污染物发生共代谢作用,人们研究筛选可以分泌苯酚类物质的植物来处理 PCBs 污染的土壤,因为苯酚类物质可以支持和促进 PCBs 降解菌的生长和繁殖。已有研究筛选出 17 种可以分泌苯酚类物质的多年生植物,可以支持 PCBs 降解菌的生长。

3. 增强根际微生物降解

直接围绕在植物根周围的土壤环境,一般称作根际。植物根系分泌的一些物质及酶进入土壤,不但可以降解有机污染物,还可以向生活在根际的微生物提供营养和能量,支持根际微生物的生长和活性,使根际环境的微生物数量明显高于非根际土壤,生物降解作用增强。植物根系的土壤中微生物数量和活性比无根系土壤中微生物数量和活性可增加 5~10 倍,有的高达 100 倍。已经有研究表明植物根系能加速许多农药、三氯乙烯和石油烃的降解。同时植物根系的腐解作用向土壤中补充有机碳,可提高有机污染物在根区的降解速率。此外,根系的穿插作用还能疏松土壤,为根际土壤创造了有利于微生物生长的供氧条件、水分状况和温度,使根区的代谢活动得以顺利进行。反过来,根际环境中微生物的作用也可促进植物的生长,从而加速对降解产物的吸收。这一共存体系的共同作用,将在很大程度上提高污染土壤的修复速率。

根区微生物群落的组成与根的类型、植物种类、植物年龄、土壤类型及其他一些因素,如植物根暴露于外源化合物的历史有关。一般情况下,根区土壤中占支配地位的微生物群落是革兰氏阴性细菌。根区 CO_2 浓度要高于非根区,且根区土壤的 pH 与非根区土壤相比,也会变化 1~2 个单位。O_2 浓度、渗透压、氧化还原电位、水分含量等参数会因为植物的存在而有所不同,这些参数又会因为植物种类的不同而有差异。

在根区,植物和微生物之间关系复杂,并且演化成为互惠互利的关系。植物通过根系分泌一些物质如糖类、氨基酸等,并脱落根的表皮细胞来维持庞大的微生物群落。植物通过根部沉积作用的量相当大,保护根尖避免摩擦损伤的根冠以每天 10 000 个细胞的速率脱落。另外,根细胞分泌黏液,这是一种凝胶状物质,在植物生长过程中,为根穿透土壤起润滑剂的作用。这种黏液和其他细胞分泌物一起,构成根分泌物。溶解态分泌物包括脂肪烃、芳香族化合物、氨基酸和糖类等物质。根冠细胞和分泌物是根区微生物生长的重要营养源。值得注意的是,虽然植物根分泌物进入土壤后对微生物群落产生重要影响,但主要还是植物的根表面为微生物提供增殖的场所。为微生物增殖提供大的表面积是植物须根,而不是主根系统。

一旦微生物种群在根区形成以后,它们可以由根分泌物和腐烂的植物组织提供营养;同时,微生物的存在也会诱导某些有机营养盐的释放和产生。在没有细菌和真菌存在的情况下,植物分泌物的量会减少,结果导致不能提供足够的有机基质来维持微生物生长。豆科植物和固氮菌之间的相互作用会引起微生物生物量、植物生长及根分泌量的增加,可能是因为固氮菌的存在导致土壤氮的生物可利用性增强。这也可能会引起根区土壤中有机物的微生物降解的增强。

有研究表明,植物根区的菌根具有独特的酶系统和代谢途径,可以降解不能被细菌单独降解的有机污染物。有研究栽种了一种对除草剂有耐受性的植物 Kochia sp.,调查了三种农药阿特拉津、氟乐灵等在根区的降解,并与未栽种植物的土壤比较。实验前根区土壤中微生物数量高于非根区。实验后,两种土壤中微生物数量都有升高,但根区中微生物数量仍高于非根区,并且根区中农药降解明显增强。涕灭威在三种作物根区土壤中的降解实验结果表明,根区微生物数量都有不同程度的升高,涕灭威的降解明显快于非根区。研究者发现增强的降解作用主要是由根区促进降解造成的,植物吸收只占其中的很小一部分。郑师章和乐毅全研究了凤眼莲对酚的降解,发现无菌凤眼莲在 10 h 之后使酚只降解了 1.9%,有假单胞菌时,酚也只降解了 37.9%,但是凤眼莲–假单胞菌复合体系却能降解 97.5% 的酚。这表明凤眼莲的根系不能降解酚,是根系分泌物促进了假单胞菌等酚降解菌的生长,加速了酚的去除。

第三节 化学氧化技术

一、概述

化学氧化修复技术利用氧化剂的氧化性能,使污染物氧化分解,转变成无毒或毒性较小的物质,从而消除土壤和水体环境中的污染。氧化剂能使污染物转化或分解成毒性、迁移性或环境有效性较低的形态。常用于修复的化学氧化剂包括高锰酸钾、臭氧、过硫酸盐、过氧化氢和芬顿试剂等,它们已在修复工程中被广泛应用。几种氧化剂的氧化还原电位列于表 7-2 中。

表 7-2 几种氧化剂的氧化还原电位

氧化剂	氧化还原电位(氢标)/V	相对氯气氧化能力
氟	3.06	2.25
羟基自由基	2.80	2.05
硫酸根自由基	2.50	1.84
原子氧	2.42	1.78
臭氧	2.07	1.52
过氧化氢	0.87	0.64
氧气	0.40	0.29

在使用以上这些化学氧化技术的时候,其反应机理不完全相同,有的是氧化剂直接氧化有机污染物(如高锰酸钾氧化法),而有的是在反应过程中产生强氧化性的物质(如芬顿试剂氧化),其中优势更明显、更显示出良好应用前景的是高级氧化技术(advanced oxidation process,AOPs)。所谓高级氧化技术,是相对于常规氧化技术而言的,指在体系中能产生具有高度反应活性的自由基[如羟基自由基($\cdot$OH)、硫酸根自由基($SO_4^-\cdot$)],充分利用自由基的活性,快速彻底地氧化有机污染物的处理技术。传统的 AOPs 主要指的是基于 $\cdot$OH 的技术,后来由于技术的发展,将以 SO_4^- 为主要活性分子氧化降解有机物的技术也归为 AOPs。$\cdot$OH 具有如下重要性质:①$\cdot$OH 是一种很强的氧化剂,其氧化还原电位为 2.80 V,在已知的氧化剂中仅次于氟。②$\cdot$OH 的能量为 502 kJ/mol。而构成有机物的主要化学键的能量分别为 C —C,347 kJ/mol;C —H,414 kJ/mol;C —N,305 kJ/mol;C —O,351 kJ/mol;O —H,464 kJ/mol;N —H,389 kJ/mol。因此从理论上讲,$\cdot$OH 可以彻底氧化(矿化)所有的有机污染物。③具有较高的电负性或电子亲和能(569.3 kJ),容易进攻高电子云密度点,同时,$\cdot$OH 的进攻具有一定的选择性。④$\cdot$OH 还具有加成作用,当有碳碳双键存在时,除非被进攻的分子具有高度活泼的碳氢键,否则,将在碳碳双键处发生加成反应。⑤由于它是一种物理–化学处理过程,很容易加以控制,以满足处理需要,甚至可以降解 10^{-9} 数量级的污染物。⑥既可作为单独处理,又可与其他处理过程相匹配,如作为生化处理前的预处

理,可降低处理成本。它以一种近似扩散的速率[$K_{\cdot OH} > 10^9\ mol/(L \cdot s)$]与污染物反应,反应彻底,不产生副产物。

$SO_4^- \cdot$ 是一种亲电子试剂,具有与 $\cdot OH$ 相近的氧化还原电位(2.50 V)、很高化学反应活性,与 $\cdot OH$ 一样可以氧化难降解的有机污染物,但是两者在氧化速率和氧化机理上有所不同。如 $SO_4^- \cdot$ 有更长的半衰期(30~40 μs, $\cdot OH$ 半衰期为 20 ns),可以长距离转移到目标污染物并彻底氧化降解污染物。基于 $SO_4^- \cdot$ 的 AOPs 可以在较宽的 pH 范围(2~10)的水相体系中有效地进行,大大提高了其应用范围。因此基于 $SO_4^- \cdot$ 的 AOPs 被越来越多的研究者认为是一种最有前途替代芬顿过程(只产生 $\cdot OH$)的方法。总而言之,无论是基于 $\cdot OH$ 还是基于 $SO_4^- \cdot$ 的高级氧化技术,均为解决以前传统化学和生物氧化法难以处理的污染问题开辟了一条新途径。

近年来,原位化学氧化技术受到青睐,原位化学氧化技术(ISCO)指在处理污染场地时不须开挖、运输受污染的土壤和地下水,在原来的位置就可进行的氧化处理操作技术。它是一种简单易行的污染处理方式,由于不需要挖掘或抽取污染的土壤和地下水,操作相对比较简单,但通常需要由不同深度的垂直灌注井和加压平流的喷射点构成氧化剂的传输系统,把氧化剂迅速地运送到地下,实现均匀分散。

二、过氧化氢及芬顿氧化技术

1. 性质简介

过氧化氢的分子式为 H_2O_2,它是一种弱酸性的无色透明液体,它的许多物理性质和水相似,可与水以任意比例混合,过氧化氢的水溶液也叫作双氧水。当过氧化氢的质量分数达 86% 时,要进行适当的安全处理,防止爆炸。在处理污染物时,一般使用的是质量分数为 35% 的过氧化氢。过氧化氢分子中氧的价态是–1,它可以转化成–2 价,表现出氧化性,还可以转化成 0 价态,表现出还原性,因此过氧化氢具有氧化还原性。过氧化氢的氧化还原性在不同的酸碱性条件下会有所不同。使用过氧化氢溶液作为氧化剂,由于其分解产物为水和二氧化碳,不产生二次污染,因此它也是一种绿色氧化剂。过氧化氢不论在酸性或碱性溶液中都是强氧化剂。只有遇到如高锰酸根等更强的氧化剂时,它才起还原作用。在酸性溶液中用过氧化氢进行的氧化反应,往往很慢;而在碱性溶液中氧化反应是快速的。过氧化氢在水溶液中的氧化还原性由下列电位决定:

$$H_2O_2 + 2H^+ + 2e^- \longrightarrow 2H_2O \qquad E = 1.77\ V \qquad (7\text{--}1)$$

$$O_2 + 2H^+ + 2e^- \longrightarrow H_2O_2 \qquad E = 0.68\ V \qquad (7\text{--}2)$$

$$HO_2^- + H_2O + 2e^- \longrightarrow 3OH^- \qquad E = 0.87\ V \qquad (7\text{--}3)$$

芬顿试剂指在天然或人为添加亚铁离子(Fe^{2+})时,与过氧化氢发生作用,能够产生高反应活性的 $\cdot OH$ 的试剂,芬顿氧化技术则是基于芬顿试剂的修复工艺。芬顿氧化修复技术具有以下特点:① 芬顿试剂反应中能产生大量的 $\cdot OH$,具有很强的氧化能力,与污染物反应时具有快速、无选择性的特点;② 芬顿氧化是一种物理–化学处理过程,很容易加以控制,以满足处理需要,对操作设备要求不是太高;③ 它既可作为单独处理单元,又可与其他处理过程相匹配,如作为生化处理的前处理;④ 由于典型的芬顿氧化反应需要在酸性条件下(pH=3)才能顺利进行,这样会对环境带来一定的危害;⑤ 实际处理污染土壤时,由于芬顿反应是放热反应,会产生大量的热,操作时要注意安全;⑥ 芬顿氧化对生物难降解的污染物具有极强的氧化能力,而对一些生物易降解的小分子反而不具备优势。

在实际修复环境中,由于普通芬顿法存在一定的缺陷,如需要 pH 为酸性,才有高的氧化效率;过氧化氢利用率低;药剂费用高;产生·OH 过程难以控制;反应后期产生较多 Fe^{3+} 和铁泥等,导致反应速率变慢;不能充分矿化有机物。针对上述问题,往往会借助其他的化学试剂对作为催化剂的 Fe^{2+} 进行改性,如添加螯合剂乙二胺四乙酸、乙二胺二琥珀酸和还原剂柠檬酸、没食子酸、羟胺等物质,这些工艺一般称为改性芬顿技术;此外,溶液中微量存在的杂质,如金属离子(Fe^{3+}、Cu^{2+})、非金属、金属氧化物等都能催化过氧化氢的均相和非均相分解,产生大量的活性·OH。过氧化氢还可以在其他催化剂或介质(如 Fe^0、紫外光、电、超声、微波等)的作用下,产生氧化性极强的·OH,而利用这些额外添加的催化剂或介质所进行的均相和非均相芬顿反应一般称为类芬顿技术。无论是改性芬顿技术还是类芬顿技术,其关键技术还是基于 Fe^{2+} 催化分解过氧化氢的反应过程。

2. 反应路径及影响因素

芬顿反应体系中,过氧化氢产生·OH 的路径可由图 7-4 表示:

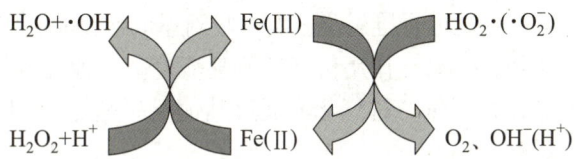

图 7-4 芬顿反应体系中过氧化氢产生·OH 的路径

总方程式为

$$Fe^{2+} + H_2O_2 \xrightarrow{H^+} Fe^{3+} + O_2 + \cdot OH \tag{7-4}$$

在水溶液中的主要反应路径是生成具有高度氧化性和反应活性的·OH;但在过氧化氢过量的情况下,还可生成 $HO_2 \cdot (\cdot O_2^-)$ 等自由基;另外过氧化氢还可自行分解或直接发生氧化作用,哪种路径占主导取决于环境条件。

芬顿反应生成的·OH 能快速地降解多种有机化合物。

$$RH + \cdot OH \longrightarrow H_2O + R\cdot \tag{7-5}$$

$$R\cdot + Fe^{3+} \longrightarrow Fe^{2+} + 产物 \tag{7-6}$$

这种氧化反应速率极快,遵循二级动力学,在酸性 pH 条件下效率最高,在中性至强碱性条件下效率较低。

芬顿试剂反应需在酸性条件下才能进行,因此对环境条件的要求比较苛刻。下面是影响芬顿反应的主要条件。

① pH 的影响。芬顿试剂是在酸性条件下发生作用的,在中性和碱性的环境中,Fe^{2+} 不能催化 H_2O_2 产生·OH,因为 Fe^{2+} 在溶液中的存在形式受制于溶液的 pH。按照经典的芬顿试剂反应理论,pH 升高不仅抑制了·OH 的产生,而且使溶液中的 Fe^{2+} 以氢氧化物的形式沉淀而失去催化能力。当 pH 低于 3 时,溶液中的 H^+ 浓度过高,Fe^{3+} 不能被顺利地还原为 Fe^{2+},催化反应受阻。

② 过氧化氢浓度的影响。随着过氧化氢用量的增加,COD 的去除首先增大,而后出现减小。这种现象被理解为在过氧化氢的浓度较低时,过氧化氢的浓度增加,产生的·OH 量增加;当过氧化氢的浓度过高时,过量的过氧化氢不但不能通过分解产生更多的自由基,反而在反应一开始就

把 Fe^{2+} 迅速氧化为 Fe^{3+},并且过量的过氧化氢自身会分解。

③ 催化剂(Fe^{2+})浓度的影响。Fe^{2+} 是催化产生自由基的必要条件,在无 Fe^{2+} 条件下,过氧化氢难以分解产生自由基,当 Fe^{2+} 的浓度过低时,自由基的产生量和产生速率都很小,降解过程受到抑制;当 Fe^{2+} 过量时,它还原过氧化氢且自身氧化为 Fe^{3+},消耗药剂的同时增加出水色度。因此,当 Fe^{2+} 浓度过高时,随着 Fe^{2+} 的浓度增加,COD 去除率不再增大反而有减小的趋势。

④ 反应温度的影响。对于一般的化学反应,随反应温度的升高,反应物分子平均动能增大,反应速率加快;对于一个复杂的反应体系,温度升高不仅加速主反应的进行,同时也加速副反应和相关逆反应的进行,其量化研究非常困难。反应温度对 COD 降解率的影响由实验结果可知,当温度低于 80 ℃时,温度对降解 COD 有正效应;当温度超过 80 ℃以后,则不利于 COD 的降解。针对芬顿试剂反应体系,适当的温度激活了自由基,而温度过高就会使过氧化氢分解为 O_2 和 H_2O。

土壤是包含多种成分的非均相多介质体系,在土壤修复中,芬顿反应的影响因素将更复杂。很多成分会通过影响过氧化氢的分解路径、·OH 的产生效率及污染物的结合状态而影响被吸附污染物的芬顿氧化效率。一般认为,·OH 只与水相中自由态的污染物反应。但是有研究表明在某些条件下,高剂量的过氧化氢也可直接氧化土壤中吸附态的污染物,芬顿氧化反应的速率远远大于化学物质从土壤上脱附的速率,其作用机理还不甚清楚。一种推测是·OH 可直接与吸附态污染物反应;另外一种可能是大剂量的过氧化氢通过其他反应途径,产生自由基 $HO_2\cdot$($\cdot O_2^-$),促进污染物的脱附。

土壤中的腐殖质会从以下几个途径造成正负两方面的影响,哪种过程占主导还没有定论。

① 土壤有机质影响污染物的吸附。如果只有溶液中的有机污染物能被自由基氧化,那么脱附速率将成为整个反应的速控步。

② 腐殖质可能影响过氧化氢的分解路径。有研究报道,当土壤腐殖质含量较低时,过氧化氢虽然分解很慢,但·OH 是主要产物,因此有利于污染物降解。腐殖质含量高时,过氧化氢虽然分解快,但产生·OH 的比例低,有机物去除效率相对降低。

③ 腐殖质含有大量的醌类等电子传递体系,可促进 Fe(Ⅲ)向 Fe(Ⅱ)的转化,加快自由基生成,促进氧化反应。

④ 土壤腐殖质会消耗部分氧化剂,与污染物竞争,降低其去除效率。反过来,通过氧化反应,腐殖质的结构可能部分被破坏或发生官能团的变化,释放吸附在其中的污染物,促进物质的分解。

随着人们对芬顿氧化反应的研究逐渐深入,这项新兴的环境修复技术正越来越广泛地应用于土壤有机污染的治理。例如,二噁英的同分异构体 2,3,7,8-四氯联苯对二噁英(TCDD)被认为是对人体最具毒性的化合物,且几乎不可生物降解。若将芬顿氧化作为生物降解的前处理,应用于 TCDD 污染土壤的修复,则可使 99% 的 TCDD 转化为生物可利用的中间产物。不在土壤中加入溶解态铁时,四种抗生物降解的化合物也可以被氧化,据此研究者提出自然界存在的某些铁矿物,如针铁矿、赤铁矿和磁铁矿等也对芬顿反应有催化能力,即引发所谓的类芬顿氧化反应。因为天然土壤中通常存在质量分数为 0.5%~5% 的各种铁矿物,所以由土壤天然成分催化的类芬顿氧化技术在土壤修复中的应用更有意义。

三、过硫酸盐氧化法

1. 性质介绍

基于 $SO_4^-\cdot$ 的过硫酸盐氧化技术是近期发展又被广泛应用的一种高级氧化技术。过硫酸盐是一类无色或白色的结晶颗粒,可溶于水,无臭,是具有较好稳定性的酸性氧化剂。作为氧化剂,可以将过硫酸盐看作过氧化氢的衍生物,通过—SO_3基团将过氧化氢中的两个 H 原子取代而生成过硫酸盐,因此其在结构上都包含 O—O 键,但 H_2O_2 和过硫酸盐 O—O 键的键能分别为213.3 kJ/mol 和 140 kJ/mol。过硫酸盐可以直接与某些有机污染物发生反应,但仅依靠过硫酸盐本身的氧化能力远达不到污染物降解的要求,应用范围有限。过硫酸盐需通过活化产生强氧化性自由基才能降解绝大多数污染物。

过硫酸盐一经活化,O—O 键断裂将在体系中产生氧化还原电位更高的 $SO_4^-\cdot$ 和·OH。$SO_4^-\cdot$ 具有较高的氧化还原电位,强于臭氧,但略低于氟,几乎与·OH 有同等的氧化能力,因此$SO_4^-\cdot$ 在理想的条件下可以氧化绝大多数的有机物。而且 $SO_4^-\cdot$ 在溶液中的适用范围较为广泛,在pH=2~8 的条件下,$SO_4^-\cdot$ 能在水中较稳定地存在,而在 pH>8 的碱性环境下,一部分 $SO_4^-\cdot$ 开始与水中的 OH^- 反应生成·OH,此时溶液内部 $SO_4^-\cdot$ 与·OH 共同存在,在 pH>10 的强碱性条件下,大部分的 $SO_4^-\cdot$ 将与 OH^- 反应生成·OH。

总的来说,$SO_4^-\cdot$ 具有如下特点:① $SO_4^-\cdot$ 及可生成 $SO_4^-\cdot$ 的多种过硫酸盐(如过一硫酸盐、过二硫酸盐),均具有极强的氧化性,在一般环境下,都可以使普通生化法难降解处理的高分子长链有机物分解,作用效果较为显著。② 过硫酸盐更易溶于水,产生的 $SO_4^-\cdot$ 快速与有机物接触并发生氧化降解,混溶性良好,降解速率更高。③ 过硫酸盐的性质稳定,与同样是氧化剂的过氧化氢相比,过硫酸盐更易于存储,不易变质,能长时间保持性状。④ $SO_4^-\cdot$ 可适应的 pH 范围较广(pH=2~10),增加其可处理废水的范围,不论酸性、碱性废水,都对 $SO_4^-\cdot$ 的反应活性影响不大。⑤ $SO_4^-\cdot$ 能在水溶液中存在较长的时间,一般情况下其半衰期可达到 4 μs 左右,较长的半衰期增加了其与污染物接触反应的机会,提高了过硫酸盐的利用率。

2. 氧化催化机理

为了充分利用它们对污染物的氧化能力,过硫酸盐需要活化生成 $SO_4^-\cdot$ 等活性物种,其活化方式主要包括热活化、碱活化、微波活化、电活化、超声波活化,以及各种均相和异相活化剂等一种或多种相结合的方式。其产生机理过程如下式所示,

$$S_2O_8^{2-} \xrightarrow{\text{活化}} SO_4^-\cdot + SO_4^{2-} \tag{7-7}$$

活化过硫酸盐高级氧化技术一直被默认是基于 $SO_4^-\cdot$ 的,但体系中的主要活性物种不仅有$SO_4^-\cdot$,还包括·OH、超氧自由基等其他活性物种,这取决于具体的活化方式及 pH 等环境条件(如下式)。

$$SO_4^-\cdot + H_2O \longrightarrow HSO_4^- + \cdot OH \tag{7-8}$$

$$SO_4^-\cdot + OH^- \longrightarrow SO_4^{-} + \cdot OH \tag{7-9}$$

$SO_4^-\cdot$ 的标准氧化还原电位(2.5~3.1 V)与·OH 相近(2.80 V)。在中性和酸性条件下,$SO_4^-\cdot$ 的氧化还原电位比·OH 还要高,多数有机污染物可被 $SO_4^-\cdot$ 完全降解。$SO_4^-\cdot$ 的存在寿命(4×10^{-5} s)比·OH 长(2×10^{-8} s),稳定性更高,更有利于传质,增大了其与污染物接触反应的机会。此外,过硫酸盐的阴离子比过氧化氢更稳定,可以在环境介质中传递更长的距离,故在原位修复的氧化剂选择上,基于过硫酸盐($SO_4^-\cdot$)的氧化过程可优于基于过氧化氢(·OH)的氧化过程。$SO_4^-\cdot$ 对有机物的氧化降解具有选择性,而·OH 对有机物一般不具有选择性:$SO_4^-\cdot$ 与下列物质的反应优先级为:非芳香碳碳双键有机物 > 含芳环上的 π 电子物质 > 含 α-H 物质 > 含非

α–H 物质,$SO_4^-\cdot$ 与 π 电子的作用能力更强,而与 α–H 的作用能力低于 $\cdot OH$。根据 $SO_4^-\cdot$ 的选择性和 $\cdot OH$ 的无选择性,二者可结合为具有更大氧化能力的体系,可以有效提高对有机物的处理效率。

两种活性自由基与有机物的作用机理也不完全相同。在 $SO_4^-\cdot$ 和 $\cdot OH$ 与有机物作用机理的研究中逐步形成了电子转移、夺氢反应及自由基加成三种基本观点。例如,与芳香族化合物反应主要是通过电子转移方式进行,而与醇、醚、脂类化合物的反应主要是夺氢反应,与烯烃类化合物的反应主要是加成的反应方式。此外,利用电子–芬顿法证明了通过对卤素原子进行取代的第四种 $\cdot OH$ 攻击模式。但 $\cdot OH$ 更倾向于通过与碳碳双键加成或夺氢反应来实现氧化,而 $SO_4^-\cdot$ 更倾向于通过电子转移形成有机自由基来实现氧化过程。羟基自由基和硫酸根自由基降解脂肪烃类和芳香烃类有机污染物的基本过程如图 7–5 所示。

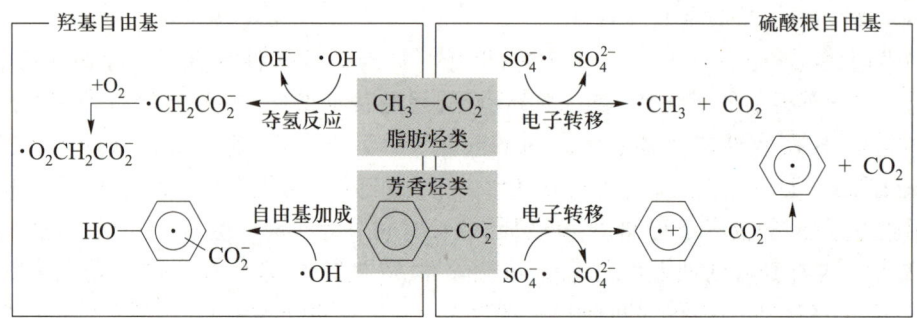

图 7–5　羟基自由基和硫酸根自由基降解脂肪烃类和芳香烃类有机污染物的基本过程

3. 过硫酸盐活化方式

过硫酸盐的活化方式主要有热活化、光活化、碱活化和过渡金属离子活化等。

（1）热活化

过硫酸盐中的 O—O 键能为 140 kJ/mol,在高温（>50 ℃）热辐射下会发生断裂产生 $SO_4^-\cdot$,其活化机理如下式所示。

$$S_2O_8^{2-} \xrightarrow{\text{加热}} 2SO_4^-\cdot \tag{7–10}$$

在控制温度范围内,污染物的反应速率随温度的升高而增大。然而,能耗问题限制了其在修复工程中的大规模应用,尤其是在土壤修复系统中。一般现场采用的活化温度为 40~60 ℃,以避免加热成本过高。适当提高反应温度可以大大降低氧化剂用量。除温度之外,pH 及土壤中含有的 Cl^-、HCO_3^-、NO_3^- 和溶解性有机物等都会影响热活化过硫酸盐降解污染物的效果。例如,在添加腐殖酸的体系中,对硝基苯酚的降解率呈现下降趋势,就是溶解性有机物部分消耗和降解氧化剂导致的。当利用热活化过硫酸盐降解双酚 A,反应温度由 40 ℃升至 70 ℃时,双酚 A 降解率显著提高,且 pH 为 3~6.5 时双酚 A 的降解效果明显优于 pH 为 9~11 时的效果。值得注意的是,大量实验结果表明,与其他过硫酸盐活化技术相比,热活化技术对土壤中污染物的降解率相对较低。

（2）光活化

除了热这种能量以外,光也能给予过硫酸盐一定的能量,激发其产生高活性自由基。波长小于 270 nm 的紫外光照射能破坏过硫酸盐中的 O—O 键,使其发生断裂。

$$S_2O_8^{2-} + UV \longrightarrow 2SO_4^-\cdot \qquad (7-11)$$

太阳光中 UV 约占 5%，足够活化过硫酸盐产生一系列自由基。基于太阳能催化过硫酸盐的高级氧化技术处理饮用水与微污染水已日趋成熟，经济、安全、无二次污染，特别适用于安装有紫外消毒系统的污水处理厂。光活化技术中自由基的生产速率除了与光照强度有关外，pH 也会有所影响。在酸性、中性和碱性条件下，UV 活化过硫酸盐降解丁基羟基茴香醚机理不同，降解效果也存在差异，其中在中性条件下经 254 nm 光照射 1 h 后能观察到 80%~100% 的矿化度，效果最佳，酸性或碱性条件均能通过影响丁基羟基茴香醚降解机理而影响其降解效率。光活化方法比较适用于处理色度低、透光率高的污水，污染土壤和地下水由于光照深度限制难以达到预期的处理效果。

（3）碱活化

高 pH（>11）也会活化过硫酸盐生成强氧化性自由基，其反应机理如下式所示。

$$2S_2O_8^{2-} + 2H_2O(OH^-) \longrightarrow 4SO_4^{2-} + \cdot O_2^- + 4H^+ \qquad (7-12)$$

$$S_2O_8^{2-} + H_2O(OH^-) \longrightarrow 2SO_4^{2-} + HO_2\cdot + H^+ \qquad (7-13)$$

$$SO_4^-\cdot + OH^- \longrightarrow SO_4^{2-} + \cdot OH \qquad (7-14)$$

碱活化的反应机理概括为：碱活化过程中产生 $SO_4^-\cdot$、$\cdot OH$ 和微量还原剂，当 pH>12 时，$\cdot OH$ 是主要的活性氧物种。碱活化体系加入的碱性物质一般为 KOH 或 NaOH，KOH 容易与过硫酸盐反应形成水溶性较低的 $K_2S_2O_8$，会降低活性物种在污染区域的传递效率，故常选用 NaOH 作为碱性催化剂。一般来讲，随着碱性物质浓度增大，污染物的降解速率也会随之增大。当用碱活化过二硫酸盐处理受污染土壤样品时，发现此种方法具有很好的降解效果，可在 72 h 内降解 55%~65% 的 PAHs，并且随着土壤系统初始 pH 的升高，降解效率明显提高。碱活化与其他活化方法联用，可显著提高污染物的降解效果。例如，当碱活化（pH>11）与热活化（40 ℃）结合时，土壤中的 γ-HCH 可在 3 d 内完全降解，而单独热活化则需要 14 d。由于碱活化需要在强碱条件（pH>11）下进行，除了要考虑对操作条件的高要求，以及强碱性物质腐蚀设备以外，还要考虑对污染场地本身的有机质和酸碱度的影响。

（4）过渡金属离子活化

过渡金属离子如 Ag^+、Cu^{2+}、Fe^{2+}、Zn^{2+}、Co^{2+} 和 Mn^{2+} 可以有效地活化过硫酸盐，通过电子转移便可产生 $SO_4^-\cdot$。

$$S_2O_8^{2-} + Me^{n+} \longrightarrow Me^{(n+1)+} + SO_4^-\cdot + SO_4^{2-} \qquad (7-15)$$

$$SO_4^-\cdot + Me^{n+} \longrightarrow Me^{(n+1)+} + SO_4^{2-} \qquad (7-16)$$

此种技术在常温下即可快速进行，无须额外的能量输入，因此在实际工程应用方面具有很大的优势。其中，Fe^{2+} 由于其成本低、环境友好等优点，是目前应用最广泛的过硫酸盐活化剂，被广泛应用于各种有机污染土壤的修复。但是当作为活化剂的 Fe^{2+} 过量时，会与 $SO_4^-\cdot$ 发生反应，降低活性自由基的利用率。为提高 Fe^{2+} 的利用率和 $SO_4^-\cdot$ 对污染物的氧化效率，常添加螯合剂（如乙二胺四乙酸盐、柠檬酸钠、草酸和草酸钠等）避免过量 Fe^{2+} 争夺 $SO_4^-\cdot$，同时提高 Fe^{2+} 的溶解度和活化性能，避免 Fe^{2+} 在中性或碱性条件下形成沉淀。

（5）其他活化方法

过硫酸盐的活化方式多种多样，单一的活化方式还可以细分为超声波活化、电活化、微波活化、γ 射线活化、醌类等有机物活化等方式。除了单一活化方式,各种联用的活化方式也逐渐发展起来。一般而言,联用活化的效果要比单一活化方式好,例如,紫外光/过硫酸盐/Fe^{2+} 的效果比紫外光/过硫酸盐对污染物的去除效果更好。

四、臭氧氧化技术

1. 性质简介

臭氧在常温常压下是一种不稳定、具有特殊刺激性气味的浅蓝色气体,臭氧具有极强的氧化性能,在酸性介质中氧化还原电位为 2.07 V,在碱性介质中为 1.27 V,其氧化能力仅次于氟,高于氯和高锰酸钾。基于臭氧的强氧化性,且在水中可短时间内自行分解,没有二次污染,因此是理想的绿色氧化药剂。臭氧的水溶解度比氧气大 12 倍,使之很容易溶解在土壤溶液中,在土壤体系中得到传输,这样就有利于与污染物充分接触,有利于反应的进行;臭氧可以现场生产,这样就避免了运输和储存过程所遇到的问题;另外,臭氧分解产生氧气,从而可以提高土壤中氧气的浓度。

臭氧氧化能力很强,但也并非完美无缺。其中臭氧应用于污染处理还存在一些问题,如臭氧的发生成本高,而利用率偏低,使臭氧处理的费用高;臭氧与有机物的反应选择性较强,在低剂量和短时间内臭氧不可能完全矿化污染物,且分解生成的中间产物会阻止臭氧的进一步氧化。其他的一些问题还包括:① 由于臭氧在常温下呈气态,较难应用。② 由于经济方面等因素,臭氧投加量不可能很大,将大分子有机物全部无机化,这会导致臭氧不可能将部分中间产物完全氧化,如甘油、乙醇、乙酸等。同时,臭氧不能有效地去除氨氮,对水中有机氯化物无氧化效果。③ 臭氧氧化会产生饱和醛类、环氧化合物、次溴酸(当水中含有较多的溴离子时)等副产物,对生物有不良影响。用臭氧处理土壤中的多环芳烃类物质萘、菲、芘的混合物,土壤中污染物含量为 700~2 400 mg/kg,去除率为 40%~86%。反应后土壤中的溶解性有机碳(DOC)含量增加。毒性实验表明,产物毒性在反应的前 30 min 内有所增加。因此,在臭氧修复中争议较大的是产物的毒性问题,这将影响臭氧修复的应用及与生物修复的结合。因此提高臭氧利用率和氧化能力就成为臭氧高级氧化技术的研究热点。

2. 臭氧氧化有机污染物的机理

（1）臭氧分子的直接氧化反应

臭氧的分子结构呈三角形,中心氧原子与其他两个氧原子间的距离相等,在分子中有一个离域 π 键,臭氧分子的特殊结构使得它可以作为偶极试剂、亲电试剂和亲核试剂。在直接氧化过程中,臭氧分子直接加成到反应物分子上,形成过渡型中间产物,然后再转化成最终产物,臭氧与烯烃类物质的反应就属于此类型。臭氧能与许多有机物或官能团发生反应:如 C=C、C≡C、芳香族化合物、碳环化合物、=N—N=S、C≡N、C—Si、—OH、—SH、—NH₂、—CHO、—N=N 等。臭氧与有机物的反应是选择性的,而且不能将有机物彻底分解为 CO_2 和 H_2O,臭氧化产物常常为羧酸类有机物,主要是一元酸、二元酸类有机小分子。臭氧与芳香烃类化合物发生反应,生成不稳定的中间产物,这些不稳定的中间产物很快地分解形成儿茶酚、苯酚和羧酸衍生物。苯酚能被臭氧进一步氧化为有机酸和醛。

臭氧与有机物的直接反应机理可以分为三类:

① 打开双键发生加成反应。臭氧具有一种偶极结构,因此可以与有机物的不饱和键发生1,3-偶极环加成反应,形成臭氧化的中间产物,并进一步分解形成醛、酮等羰基化合物和水。例如:

$$R_1R_2C=CR_3R_4 + O_3 \longrightarrow R_1COOR_2 + R_3R_4C=O \qquad (7-17)$$

式中 R 基团可以是烃基或氢。

② 亲电反应。亲电反应发生在分子中电子云密度高的点。对于芳香族化合物,当取代基为给电子基团($-OH$、$-NH_2$ 等)时,它与邻位或对位碳具有高的电子云密度,臭氧化反应发生在这些位置上;当取代基为吸电子基团($-COOH$、$-NO_2$ 等)时,臭氧化反应比较弱,反应发生在这类取代基的间位碳原子上,进一步与臭氧反应则形成醌,打开芳环,形成带有羰基的脂肪族化合物。

③ 亲核反应。亲核反应只发生在带有吸电子基团的碳原子上。分子臭氧的反应具有极强的选择性,仅限于与不饱和芳香族或脂肪族化合物或某些特殊基团发生反应。

(2)自由基的反应

臭氧在碱性环境等因素作用下,产生活泼的自由基,主要是羟基自由基($\cdot OH$),与污染物反应。臭氧在催化条件下易于分解形成$\cdot OH$,土壤中天然存在的金属氧化物 $\alpha-Fe_2O_3$、MnO_2 和 Al_2O_3 通常可以作为这种催化反应的活性位点。因此,臭氧气体能直接或通过在土壤中形成$\cdot OH$迅速氧化土壤中的许多有害污染物,使它们变得易于生物降解或者变成亲水性的无害化合物。进一步的研究发现,臭氧的氧化作用可以增大土壤中的小分子酸的比例和有机质的亲水性,并通过改变土壤颗粒的结构,促进有机污染物从土壤的脱附,从而提高有机物被生物降解的可能性。然而,臭氧的作用也会由于以下因素而受到限制,如土壤有机质的竞争反应、土壤湿度、渗透性和pH 等。要提高臭氧的氧化速率和效率,必须采取其他措施促进臭氧的分解而产生活泼的羟基自由基。

第四节 热脱附技术

一、概述

热脱附技术指在真空条件下或通入载气时,通过直接或间接热交换,将土壤加热到足够的温度,使土壤中的有机污染物转化为气相从土壤表面或孔隙中挥发或分离出来,进入气体处理系统的过程。

热脱附是将污染物从一相转化为另一相的物理分离过程,在修复过程中并不出现对有机污染物的破坏作用。通过控制热脱附系统的温度和污染土壤停留时间有选择地使污染物得以挥发,并不发生氧化、分解等化学反应。热脱附技术具有修复周期短、成本低、污染物处理范围宽、设备可移动、修复后土壤可再利用等优点,特别适合石油(包括汽油、柴油、润滑油等)、氯化溶剂、挥发性有机物、半挥发性有机物污染土壤的修复。作为一种非燃烧技术,这种非氧化燃烧的处理方式可以显著减少二噁英生成。

热脱附技术对有机污染物处理具有良好的处理效果,有关热脱附修复有机物污染土壤早在20 世纪 80 年代就已展开研究。尤其是近年来越来越引起广大学者的重视和兴趣,并开展了大量的研究。国外热脱附技术种类齐全,已经成为污染土壤修复领域的重要技术选择。根据美国国家环境保护局(USEPA)发布的《场地清理处理技术:年度状态报告(第 12 版)》,热脱附技术已被成功用于下列污染物相关的污染场地修复项目中:多环芳烃、其他非卤代的半挥发性有机物、苯系物、其他非卤代挥发性有机物、有机农药和除草剂、其他卤代的半挥发性有机物、卤代挥发性有机物、多氯联苯。可以清楚地看到,热脱附技术的主要适用范围是半挥发性和挥发性的有机污染物,包括多环芳烃、有机农药、多氯联苯等。

二、热脱附技术分类

不同热脱附技术原理相同,设备的处理单元主要包括两个:第一个单元为加热单元,用来对待处理污染物进行加热,使其中的有机污染物挥发成气态后分离;第二个单元为气态污染物处理单元,含有污染物的气体经过该单元的处理后须达到法定标准,然后才能排放至大气,其相互之间的差别仅在于污染物加热方式及烟气处理系统设计。热脱附技术经过数十年的发展,形成了系统的工作方案,根据是否需要挖掘土壤、物料加热方式、物料加热温度、催化剂的引入,热脱附技术大致分为以下几种:

① 低温热脱附和高温热脱附。按照加热温度,热脱附技术可分为低温热脱附(90~320 ℃)及高温热脱附(320~560 ℃);前者应用于沸点较低的挥发性有机污染物,如汽油、苯;后者应用于沸点较高的半挥发性有机污染物,如二噁英、多氯联苯等。

② 原位热脱附和异位热脱附。按是否需要挖掘和运输土壤,热脱附技术可分为原位热脱附和异位热脱附。针对这两种方法经过多年研究,已经形成大量成熟的处理技术。原位热脱附主要包括热径式\热墙式、热井式。其基本思想是在不挖掘土壤情况下,向土壤中加入热介质,同时收集挥发性气体并加以处置。而异位热脱附则与渗透性反应墙技术结合,能够有效限制污染土壤的扩散,同时自身不会成为新的环境污染源。

③ 直接加热热脱附和间接加热热脱附。按照热量提供方式,热脱附技术可分为直接加热热脱附和间接加热热脱附。直接加热热脱附热源与污染土壤直接接触,传热效率高,但有大量烟气需要处理;间接加热热脱附热源与污染土壤不直接接触,需要处理的尾气量较小,缺点是系统总的热效率相对较低。

④ 催化协同热脱附。近年来,催化剂协同辅助污染物脱附的研究较多,主要用到的催化剂包括纳米铁粉、氧化剂等。催化剂的存在可以降低反应温度和能量消耗,使有机污染物可以在温和条件下较快速地发生降解。

随着对热脱附技术研究和应用的不断深入,人们发现传统热脱附技术能耗较高,并且土壤颗粒内部的有机污染物热脱附效率较低。造成这些不足的原因是传统热脱附技术均通过热风直接和目标污染土壤接触,热量从外到内的传递方式造成土壤内部的污染物不易脱附。近年来,关于热脱附的研究主要集中在微波热脱附和远红外线热脱附等新型加热技术的开发。微波热脱附不同于一般的常规加热方式,微波辐射能穿透土壤、加热水和有机污染物,使其变成蒸汽从土壤中排出,其能量以电磁波的形式传递。此法适用于清除挥发和半挥发性成分,并且对高吸波性的极性化合物特别有效。而且从微波修复污染土壤的机理来看,现存的土壤污染物都能够经微波加热而得以去除,如何发挥微波的最大功效并将其用于有机污染土壤的治理和修复是未来研究的重点。新兴的远红外线热脱附技术是从土壤颗粒内部向外加热,直接结果就是颗粒内部的污染物容易脱附,故而提升整体的热脱附效率,同时能够降低能耗。

三、热脱附效率影响因素

热脱附技术对污染物的修复效率受多种因素的影响,主要包括以下三个方面:① 设备操作参数;② 土壤特性;③ 污染物特性。

1. 设备操作参数对热脱附效率的影响

热脱附的设备操作参数主要包括温度和停留时间,根据污染物特性和土壤性质的不同,所需的温度和停留时间也是不同的。

热脱附技术修复污染土壤的较佳处理温度主要受污染物特性、土壤性质及热脱附设备等的影响。而污染物的不同是导致其温度差异的较重要因素,修复不同污染物污染土壤所需的温度差别较大。就石油来说,处理汽油的操作温度为 121~178 ℃,处理煤油的操作温度为 150~320 ℃,处理柴油的操作温度为 320~427 ℃。

待处理物质在异位热脱附设备中的停留时间与土壤运送的速率及设备的物理结构等有关。一般来说,直接加热型热脱附设备的总土壤停留时间通常少于 10 min,非直接加热型设备的处理时间则需 30~90 min。

2. 土壤特性对热脱附效率的影响

土壤的特性,主要包括粒径分布、土壤可塑性、含水率、渗透性、腐殖酸含量等,主要影响热脱附设备的运行效率,从而影响污染物的脱附效率。

水在处理过程中的蒸发也需要消耗热量,而土壤含水量是热脱附过程中主要的能量吸收源,因此过多的水分含量会提高修复成本。另外,水蒸气在尾气处理过程中也要与尾气和解吸下来的污染物一同进入处理设备进行处理,过大的水量会导致产废率较低。但是热脱附的蒸汽对于某些化合物的去除而言是一个很重要的作用,热脱附处理污染土壤的含水量一般要求为 5%~30%。

从土壤粒径上来看,细粒径的土壤采用热脱附技术时,土壤易随气流吹出滚筒,造成尾气处理系统超负荷运转,系统压力增大,降低整个系统的性能。从热传递角度来看,沙质土壤不易聚集成大的颗粒,与传热介质接触表面积大,因而适宜采用热脱附技术。因此热脱附设备一般需先将土壤过筛。细粒土壤一般不利于提高热脱附效率。

土壤渗透性影响气态化的污染物导出土壤介质的过程,黏土含量高或结构紧实的土壤,渗透性比较低,不宜采用热脱附技术修复污染土壤。在渗透性较差的土层中,通常含水量较高,甚至达到水饱和状态,从而使相当一部分的有机物滞留于水层保护的土层中,不能受到周围流动气流的直接影响。因此,在采用热脱附法对挥发性和半挥发性污染土壤进行修复时,通常都是针对水不饱和土壤进行的。

3. 污染物特性对热脱附效率的影响

土壤中污染物的特性,如污染物浓度、蒸气压、水相溶解度、辛醇/水分配系数(K_{ow})、沸点范围等,这些因素也会对热脱附效率产生影响,主要是通过影响污染物由土壤内部脱附至土壤表面的速率。

污染物的浓度高低对热脱附的效率影响较大,主要影响热脱附的作用时间。一般来说,浓度高则停留时间相对较长。有机物的 K_{ow} 一般用来作为指示有机物吸附在土壤中的趋势的大小,有机物的 K_{ow} 越大说明越容易吸附在土壤上,而越不容易发生脱附。反之,则说明越容易从土壤中脱附出来。

目前欧美国家已将土壤热脱附技术工程化,广泛应用于场地高污染土壤的异位或原位修复。在英国,热处理工厂被用于处理石油烃污染的土壤。美国对移动式热处理工厂的地点有一些要求:要有 1~2 hm² 的土地安置处理厂和相关设备、存放待处理的土壤和处理残余物及其他支持设施

(如分析实验室),交通方便,水、电和必要的燃油有保证。在美国的密歇根州,曾采用热脱附技术处理一个面积为 47 hm² 的挥发性有机物污染的土壤,土壤中挥发性有机污染物主要包括二氯甲烷、氯仿、1,2-二氯乙烷和 1,1,1-三氯乙烷,土壤质地从细砂土到粗砂土。修复过程持续了一年半,大约 18 000 kg 的挥发性有机物被提取出来。但是诸如相关设备价格昂贵、脱附时间过长、处理成本过高等问题尚未得到很好解决,极大限制了热脱附技术在有机污染土壤修复中的应用。

第五节　固化/稳定化技术

一、概述

固化/稳定化技术是污染土壤与黏结剂或稳定剂混合,使污染物实现物理封存或发生化学反应生成固体沉淀物(如形成氢氧化物或硫化物沉淀等),从而防止或者降低污染土壤释放有害化学物质过程的一种修复技术,通常用于重金属和放射性物质污染土壤的无害化处理。固化/稳定化实际上分为固化和稳定化两种技术。

固化技术指将污染物封入稳定晶格材料中,或在其表面覆盖渗透性低的惰性材料,机械地将污染物固封在结构完整的固态产物中,切断污染土壤与外界环境的联系,从而达到控制污染物迁移的目的。固化技术包裹污染物以形成一个固化体,通过废物和水泥、炉灰、石灰及飞灰等固化剂之间的机械过程或者化学反应来实现。

稳定化是从改变污染物的有效性出发,通过氧化、还原、吸附、脱附、溶解、沉淀、络合等作用,改变污染物存在形态,从而降低其溶解性、迁移性和生物有效性,实现污染物无害化或者降低其环境风险。在稳定化的过程中,废物的物理性质可能改变或者不变。

一般情况下,固化技术和稳定化技术在处理污染土壤时是结合使用的,可以用于处理大量的无机污染物,也可适用于部分有机污染物。与其他技术相比,固化/稳定化技术突破了将污染物从土壤中分离出来的传统思想,转而将其固定在土壤介质中或改变其生物有效性,以降低其迁移性和生物毒性,其处理后所形成的固化物还可被建筑行业(路基、建筑材料)采用,是一种经济有效的污染土壤修复技术,目前已从现场测试阶段进入商用阶段,USEPA 已把它确定为一种"最佳的示范性实用处理技术"(简称 BDAT),是污染场地常用修复方法之一。按处置位置的不同,可以将固化/稳定化技术分为原位和异位修复技术。

二、常用体系

固化/稳定化修复技术采用的固化剂(通常也称为黏结剂),由一种或几种胶凝材料组成,也可以含有添加剂,因此黏结剂可以理解为胶凝材料和添加剂的组合体。常用的胶凝材料可以分为:无机胶凝材料,如水泥、石灰、粉煤灰等;有机胶凝材料,如沥青、聚乙烯等热塑性有机材料和脲甲醛、聚酯等热固性有机材料;化学稳定药剂,如硫酸亚铁、磷酸盐、氢氧化钠等。

1. 水泥固化/稳定化

水泥是由石灰石和黏土在水泥窑中高温加热而成的,其主要成分为硅酸三钙和硅酸二钙。水泥是一种无机胶凝材料,其硅酸盐阴离子以孤立的四面体形式存在,水化时逐渐连接成二聚物及多聚物-水化硅酸钙固体凝胶,最终形成坚硬的水泥固化体,并将废物中有毒有害组分固定在固化体中,达到无害化处理的目的。同时其强碱性环境有利于重金属转化为溶解度较低的氢氧化物或者碳酸盐,从而对固化体中重金属的浸出性有一定的抑制作用。其类型一般可以分为普通硅酸盐水泥、火山灰质硅酸盐水泥、矿渣硅酸盐水泥、矾土水泥及沸石水泥等,可根据污染土壤的具体性质对其进行有效选择。

水泥固化有独特的优势:固化体的组织比较紧实,耐压性能好;材料易得、成本低;技术成熟,操作处理比较简单;可以处理多种污染物,处理过程所需时间较短,在国外已有大量的工程应用。但水泥固化也有一定的局限性,水泥的加入通常会使固化体的体积增加,一般可达 1.5~2 倍,导致填埋处理占用更多宝贵的土地,增加填埋费用;且水泥固化稳定化污染土壤,仅仅是一种暂时的稳定过程,属于浓度控制,而不是总量控制,我国很多地区酸雨较为严重,硅酸盐水泥的不抗酸性使经水泥固化的重金属,在酸性环境中存在重新浸出的潜在危险;另外国内目前还缺乏工程实践经验,因而有必要加强该技术的研究,为实际工作提供基础数据。

2. 石灰固化/稳定化

石灰是一种非水硬性胶凝材料,其中的 Ca 能够和土壤中的硅酸盐形成水化硅酸盐,将污染物吸附在波索米反应(水化反应)产生的胶体结晶中,起到固定/稳定污染物的作用,以降低其溶解性和迁移性。与水泥相似,以石灰为基料的固化/稳定化系统也能够提供较高的 pH,但是石灰的强碱性并不利于 Al 等两性元素的固化/稳定化。另外,该系统的固化产品具有多孔性,容易造成污染物的浸出,且抗压强度和抗浸泡性能不佳,因此较少单独使用。

石灰可以激活火山灰类物质中的活性成分以产生黏结性物质,对污染物进行物理和化学稳定,因此石灰通常与火山灰类物质共用。石灰/火山灰固化技术指以石灰、水泥窑灰及熔矿炉渣等具有波索米反应的物质为固化基材而进行的固化/稳定化修复方法。火山灰质材料属于硅酸盐或硅铝酸盐体系,当其活性被激发时,具有类似水泥的胶凝特性,包括天然火山灰质材料和人工火山灰质材料。根据波索米反应,在有水的情况下,细火山灰粉末能在常温下与碱金属和碱土金属的氢氧化物发生凝结反应。

3. 有机材料固化/稳定化技术

有机材料固化/稳定化技术包括热固性有机材料包容技术和热塑性有机材料包容技术。其中热固性有机材料包容技术利用热固性有机单体,如脲醛与粉碎后的废物充分混合,并在助絮剂和催化剂作用下受热通过交链聚合反应形成海绵状的聚合体,在每个废物颗粒周围形成一层不透水的保护膜而达到固化和稳定化目的。固化/稳定化处理效果与废物粒度、含水量和聚合反应条件有关;热塑性有机材料包容技术则利用热塑性材料,如沥青、石蜡、聚乙烯等在高温条件下熔融并与废物充分混合,冷却成型后将废物完全包容。热塑性材料具有化学惰性,不溶于水,有一定的可塑性和弹性,对废物具有典型的包容效果。热塑性有机材料包容技术适用于低放射性残液(渣)、焚烧灰分、电镀污泥和砷渣等的处理。

4. 化学药剂固化/稳定化技术

化学药剂固化/稳定化技术指向土壤中加入药剂,通过化学药剂和土壤所发生的化学反应,改变污染物在土壤中的存在形态,使其转变成低毒性、低溶解性和低迁移性的物质。药剂稳定法所使用药剂一般分为有机和无机两大类,根据污染土壤中所含重金属种类,最常用的无机稳定药剂有:硫化物(硫化钠、硫代硫化钠)、氢氧化钠、硫酸盐及磷酸盐等。有机稳定药剂一般采用螯合型高分子物质,如乙二胺四乙酸二钠盐,它可以与污染土壤中的重金属离子进行配位反应从而形成不溶于水的高分子络合物,进而使重金属得到稳定。还有一种应用较多的有机稳定药剂硫脲,其稳定机理和硫化钠及硫代硫化钠基本相同,主要是利用污染土壤中的重金属与其所生成的硫化物的沉淀性能来对其实现有效固化/稳定化,但当达到相同稳定效果时,其用量为硫化钠最佳用量的 1/2。

近年来,我国重金属污染土壤固化/稳定化工程数量呈快速增长趋势,并已成为主导技术。由于技术和费用问题,水泥类和火山灰类无机材料在污染土壤修复中的应用最为广泛。表 7-3 中列举了我国典型污染土壤和底泥固化/稳定化项目。从表可知,固化/稳定化的土壤和底泥采用了填埋处置、原地阻隔和用作路基材料等资源化再利用。

表 7-3　我国典型污染土壤和底泥固化/稳定化项目

项目	目标污染物	处置和再利用技术
天津某水库重金属污染底泥治理	底泥:汞、砷、铜、镉	根据底泥污染程度,采用稳定化材料,经稳定化后用作建设用土、填埋或造陶粒
湖南株洲某重金属污染治理工程	底泥:汞、砷、铜、镉、锌	底泥脱水后经水泥基固化后填埋
河北某砷污染修复工程	土壤:砷	采用稳定化技术和阻隔技术结合,经原位稳定化后填埋
河北某铬盐厂土壤污染修复工程	土壤:六价铬	采用亚铁盐还原后原地填埋
上海某灯泡厂场地	土壤:重金属	稳定化处理后的土壤作为路基材料加以利用
沈阳某冶炼厂污染场地治理	土壤:铜、锌、铅、镉、汞、砷	固化后重度污染土壤安全填埋,中度污染土壤稳定化后原地 HDPE 膜封存,轻度污染土壤吸附稳定层覆盖阻隔

三、影响因素

影响污染土壤固化/稳定化的效果的因素很多,主要包括土壤理化性质(pH、水分、物质组成、氧化还原电位)、材料和添加剂的品种与用量、混合程度及养护条件等。

1. 土壤理化性质

（1）土壤 pH

土壤 pH 与土壤中污染物的赋存形态、吸附解吸、迁移转化及生物有效性密切相关,是影响污染土壤固化/稳定化修复效果的一个重要因素。以水泥或石灰为基料的系统在凝结及硬化阶段都需要碱性环境(pH>10),高碱度环境能加强水泥水化反应进程,促使较多水化产物(水化硅酸钙及水合硫铝酸钙等)的产生。氢氧化物是固化体中重金属的重要存在形态,它们的溶解度受介质 pH 的影响,即在碱性的某个 pH 条件下具有最小的溶解度,当 pH 升高或者降低时形成带电荷的氢氧化物配合物,其溶解度就增大。在 pH 较低时,铅以溶解形式 $[Pb^{2+}$、$Pb(OH)^+$ 或 $Pb(OH)_3^-]$ 出现,但随着系统 pH 的升高,铅同样会以氢氧化物沉淀形式出现,或以更难溶的 PbO 形式出现,这表明介质的碱性特征也有利于重金属的沉淀反应,对重金属固化的长期稳定性起十分重要的作用。为了保证碱性环境,固化前需要添加相应的碱性物质(如石灰、粉煤灰等),而土壤 pH 特征将关系到碱性物质的用量。

（2）土壤水分

土壤水分也是影响土壤中污染物固化/稳定化的因素。为保证固化剂/稳定剂与污染物充分反应,通常需要向土壤中加入适量的水,但过量的水会妨碍固化过程,水化反应后剩余水分会逐渐蒸发造成固化体毛细孔道增多,增加固化体的渗透性及污染物的迁移性,不利于污染物的稳定,且固化体密度和强度会有所降低。

（3）土壤物质组成

物理组成影响:在固化/稳定化处理重金属危险废物时,其固化效果和固化体的微观结构密切相关,尤其是固化体的孔径尺寸分布和孔结构,直接影响固化体的强度和抗渗透性。

化学组成影响:与其他污染介质相似,土壤中的 Mn、Zn、Cu 和 Pb 的可溶性盐类会延长水泥的凝固时间并大大降低其物理强度。六价铬能够与水泥中的 Ca^{2+} 发生反应形成 $CaCrO_4$,从而抑制水泥的水化过程。硫酸盐可以与水泥反应生成"水泥杆菌",这种晶体较强的体积膨胀会使混凝土受到破坏和硬化,影响固化体中晶体结构的形成;由于极性的差异,有机污染物不易与无机固化剂发生反应,因此在无机材料固化体中的稳定性不高,通常需要添加有机改性石灰和黏土等物质来屏蔽这些影响。

（4）土壤氧化还原电位

氧化还原电位会影响污染物的沥出性,而且在不同的氧化还原条件下,不同污染物的可溶性不同,这就加大了固化难度。

2. 材料和添加剂的品种与用量

针对不同的污染物需要选择不同的材料,对 As 而言,石灰比水泥更加有效。添加剂是实现污染物稳定化的重要保证,根据作用不同分为金属稳定剂、有机污染物吸附剂和过程辅助剂 3 类。金属稳定剂可以通过物理吸附、控制介质的 pH 和氧化还原电位、与污染物形成沉淀或络合物等方式实现重金属的稳定化,常用的金属稳定剂包括可溶性碳酸盐、硅酸盐、磷酸盐、硫化物、氧化还原剂、络合剂、黏土矿物及火山灰类物质;有机吸附剂主要通过物理吸附作用限制污染物的迁移,屏蔽它们对材料水化的不利影响,如活性炭、有机改性石灰石和黏土、表面活性剂;促凝剂、减水剂和膨松剂等过程辅助剂可以改善材料的水化和凝硬过程,优化固化体的物理特性。氧化剂和还原剂多用于处理变价金属。材料和添加剂的用量也会产生不同的固化/稳定化效果。材料掺量越多,水化硅酸钙及钙矾石等硅酸盐矿物对重金属的稳定起重要作用的水化产物越多,固化体则越密实,从而使重金属浸出浓度越低。固化剂常具有较强碱性,会强烈影响固化体的pH,因此加入量太大会对重金属的稳定效果产生负面影响。

3. 混合程度

混合是固化/稳定化过程中至关重要的步骤,目的是保证固化剂和污染物之间的紧密接触,有时要借助相应的仪器设备。在大多数情况下,混合程度是用肉眼判断的,因此固定效果在一定程度上受主观经验的影响。

4. 养护条件

固化体一般在相对湿度 95% 以上、（20±2）℃的条件下养护 28 d。混合处理后的两周时间是硬化和结构形成的重要阶段,该阶段的养护条件直接关系到固化体的结构孔隙和密实程度,影响污染物的浸出效应,因此对固化/稳定化效果至关重要。随着温度升高,水泥的水化反应加速。养护温度对水泥固化体硝酸铅的浸出效应具有显著的影响。较低的养护温度不利于污染物的固化/稳定化,表现为污染物的浸出效应明显升高,水泥在发生水化反应时会产生热量,影响固化系统的温度,在大批现场处理时,这一特征必须要引起足够的重视。在养护初期,冻融交替会对固化系统产生很大的影响,应该尽量避免。水化反应也具有动力学特征,甚至能够持续很多年。随着水化反应的进行,固化体强度和其他性能也呈现时间依赖性,因此较长的养护时间是十分必要的。

固化/稳定化技术在应用中有输送、灌浆、搅拌等多个环节,需要使用泥浆搅拌器、传送管、钻孔机等机器设备,同时修复材料和污染土壤的混合程度会导致修复效果存在很大的差异。在使用固化/稳定化技术进行污染土壤修复之前,必须要加强工程技术和设备的研究,使技术能够适用我国特有的自然条件(如地质、气候及土壤条件等)和资源特点。在引进和研发新的技术和设备时,要根据我国土壤污染特点进行适应性分析,加强对修复材料和设备的有效性、安全性、经济性的研究。

第六节 电动力学修复

一、基本原理

利用电动力学原理对受污染土壤进行修复的方法称为电动力学修复技术。电动力学修复是将电极插入受污染的地下水及土壤区域,施加直流电,形成直流电场。由于土壤颗粒表面的双电层,孔隙水中带有电荷的离子或颗粒在电场作用下通过电迁移、电渗析流或电泳的方式沿电场方向定向迁移,这些统称为电动效应。这样,污染物离开土壤向两极迁移,最终富集在电极区得到集中处理或分离。

电迁移指带电离子在土壤溶液中朝带相反电荷电极方向的运动。在直流电场中,正离子向阴极迁移,负离子向阳极迁移。电迁移速率取决于土壤–水体系的导电情况。离子在溶液中的迁移系数 u 可用下式表达:

$$u = \frac{ZDL}{RT} \tag{7-18}$$

式中:Z——离子的电荷数;

　　D——扩散系数;

　　T——热力学温度;

　　L——阿伏伽德罗常数;

　　R——摩尔气体常数。

由于离子在土壤中的迁移比在水中的更加复杂,在实际土壤中电迁移速率应为

$$u^* = \frac{u}{\tau} \tag{7-19}$$

式中:τ——经验常数。

电渗析流指土壤微孔中的带电液体(与土壤颗粒表面电荷相反)在电场作用下,相对于带电土壤颗粒表层的移动。通常,土壤表面带负电荷,并与孔隙水中的阳离子形成双电层,在电场的作用下,土壤孔隙水中的阳离子向阴极方向流动,产生一种驱动力,在它们的带动下,孔隙水向阴极方向流动。对绝大多数土壤来说,电渗析流都能提供均一的孔隙水流,因为边界层离子的运动为孔隙水流提供了动力,孔隙的大小不太重要。电渗析流的速率不像水力流那样受孔隙大小的制约,因而电极之间的整个土壤大体上有相同的处理效果。

电渗析流与外加电压梯度成正比。在电压梯度为 1 V/cm 时,电渗析流量可高达 10^{-4} cm³/(cm²·s),电渗析流可用以下方程描述:

$$q_V = K_e \times I_e \times A \tag{7-20}$$

式中:q_V——体积流量;

$\quad K_e$——电渗析流导率系数;

$\quad I_e$——电流梯度;

$\quad A$——截面积。

系数 K_e 一般为 $1 \times 10^{-9} \sim 10 \times 10^{-9}$ m³/(V·s)。

电泳指土壤中带电胶体粒子的迁移运动。土壤中的胶体颗粒包括细小土壤颗粒、腐殖质和微生物细胞等。其运动方向和大小取决于电场和毛细孔隙的直径等因素。在密实型土壤中,电泳表现出的作用并不显著。只有往溶液中加入表面活性剂或者在泥浆处理中运用该技术,电泳才起到明显作用。图 7-6 为电动力学修复原理示意图。

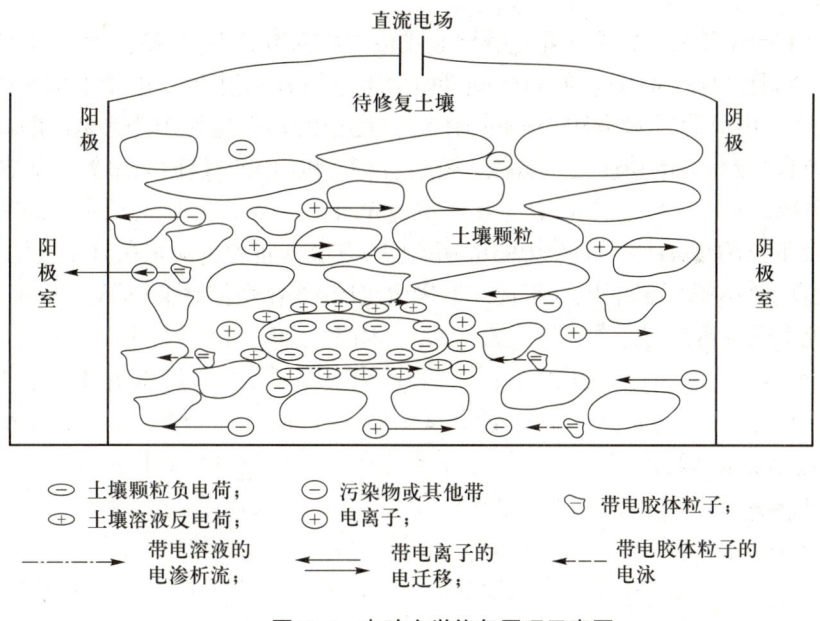

图 7-6　电动力学修复原理示意图

电动力学修复可以用于抽提地下水和土壤中的重金属离子,也可对土壤中的有机物进行去除。重金属离子等带电污染物可主要通过电迁移作用去除,而有机污染物的去除主要依赖土壤间隙水分的电渗析流。此外,污染物还可吸附于胶体颗粒上,随其电泳而得到迁移。电动效应的产生受土壤透水性影响小,因此电动力学修复技术特别适合于处理低渗透性密质土壤,并与其他修复技术进行互补。电动力学修复技术不破坏现场的生态环境,安装和操作容易,修复成本低。

二、影响修复效率的因素

影响土壤电动力学修复效率的因素很多,包括电压和电流大小、土壤类型、污染物性质、洗脱液组成和性质、电极材料和结构等。

以电动力学修复技术处理污染土壤的过程中,水分子在电极表面发生电解。阳极电解产生氢离子和氧气,阴极电解产生氢气、氢氧根离子。

阳极:$\qquad\qquad\qquad 2H_2O - 4e^- \longrightarrow O_2 + 4H^+ \qquad\qquad\qquad$ (7-21)

阴极:$\qquad\qquad\qquad 2H_2O + 2e^- \longrightarrow H_2 + 2OH^- \qquad\qquad\qquad$ (7-22)

电解反应导致阳极附近的 pH 呈酸性,而阴极附近呈碱性。在电场作用下,H^+ 向阴极迁移,OH^- 向阳极迁移,酸性迁移带与碱性迁移带在土壤某处相遇且中和,产生 pH 突变,并从该点将整个操作区间划为酸性和碱性区域。其中 H^+ 因为半径小,其迁移速率是 OH^- 的 1.8 倍,所以突变点总是靠近阴极。

酸性迁移带有利于吸附态的重金属阳离子释放到水相,增加了重金属的移动性,有利于重金属的去除。但是,当 pH 变得太低时,不利于电渗析流。过多 H^+ 聚集在土壤颗粒表面会降低电渗析流的速率,这是因为 H^+ 直径小,对水流的"拉动"作用很小;另外,pH 进一步降低,会引起土壤孔隙表面的 Zeta 电位极性的改变(由负变为正),电渗析流出现从阴极到阳极的逆流现象。这些都不利于依靠电渗析流去除污染物,如有机污染物。

而碱性迁移带的形成,使某些重金属易形成难溶物而沉积下来,从而限制污染物的去除效率。因此,控制阴极区的 pH 或者使阴极产生的 OH^- 不进入土壤成为电动力学修复重金属污染土壤的一个重要环节。为了控制阴极区的 pH,一种措施是采用弱酸对阴极室溶液 pH 进行调控,或者利用纯净水不断更新阴极池中的碱溶液,或者将两极的水交换循环。另一种措施是采用钢材料的牺牲电极。使用这种电极时,铁会比水更优先氧化从而减少 H^+ 的产生。同时采用这两种措施可以使阳极附近的 pH 维持在中性的范围从而产生持续的电渗析流。

除了利用化学试剂来控制外,在土柱与阴极池之间使用阳离子交换膜也可以抑制阴极区 pH 的升高。阳离子交换膜仅允许重金属阳离子通过,而阻止 OH^- 向土壤中移动。同样,当需要控制土壤酸度时,也可在阳极室与土壤之间使用阴离子交换膜,避免 H^+ 进入土壤。这种情况出现在某些阴离子的修复过程中,如 NO_3^-、CrO_4^- 及 AsO_4^{3-} 等,或者利用电渗修复有机污染物污染。

重金属离子对土壤的 pH 最敏感,因为重金属离子在土壤中被赋予不同的形态,如水溶态、可交换态、碳酸盐结合态、金属氧化物结合态、有机物结合态及残留态等,还有以沉淀形式存在的重金属。只有以水溶态和可交换态存在的重金属较易被电动力学修复,修复效率可达到 90%,而以有机物结合态和残留态存在的重金属较难被去除,去除率约为 30%。一般情况下,酸性增加将加速其他形态存在的重金属向溶解态转化,从而提高重金属的修复效率。例如,Cu、Pb、Zn 在石灰性土壤和非石灰性土壤中的电动力学修复,由于石灰性土壤中重金属的沉淀和强的 pH 缓冲特性,重金属的修复效率将会降低;采用 0.1 mol/L 的盐酸来饱和 Pb、Cd 污染土壤,然后对其进行修复可有效去除土壤中的重金属。同样,提高土壤溶液的盐度,盐分离子作为竞争离子将重金属离子从土壤颗粒中置换出来,也会提高溶解态重金属的含量,从而提高重金属离子的修复效率。另外,还可通过加入络合剂及表面活性剂等提高重金属的流动性,通过比较使用乙酸、盐酸–乙酸和 EDTA 控制阴极液条件来研究土壤中 Pb 的电动力学修复过程,发现 3 种体系都能明显提高修复效率,超过 65% 的 Pb 被去除。在电动力学修复去除黄棕壤中 Cr 的研究中发现,加入 EDTA、柠檬酸和乳酸可明显改变电动过程中电渗析流的大小和 Cr 在土壤中的分配,但 EDTA 和乳酸对总 Cr 的去除率影响不大;柠檬酸由于具有强的络合 Cr(Ⅲ)的能力而显著增加土壤中总 Cr 的去除。

用电渗析流原理处理有机污染物更有优势,因为许多有机污染物在电场下的迁移几乎不受 pH 的影响,如 TCE 等。有机污染物即使在更高的 pH 下也不会沉积于土壤颗粒中。采用这种技术处理有机污染物所需要的唯一的限制条件就是阳极附近必须保持一定的含水量以使电渗析流持续不断地流向阴极。用电渗析流原理处理有机污染物的好处就是加在土壤两端的电压直接对土壤有加热作用,土壤温度升高不仅增加了挥发性有机物的移动,而且降低了空隙水的黏度从而增加电渗析流的速率。仅仅从土壤加热这一角度来说,电动力学修复比其他热提取或热处理系统更有效,费用更低。

土壤类型对修复效率的影响是任何土壤修复技术不可回避的问题。土壤类型对电动力学修复效率的影响非常复杂。电动力学修复可适用于从层状黏土到粉砂土的多种土壤类型,纯粹砂质土壤的电动力学修复效率很低。例如,有报道表明,Cr、Hg 和 Pb 等重金属在黏质土中的去除率高达 85%~95%;而在多孔、高渗透性的土壤中重金属的去除率低于 65%。土壤类型不同还表现在其对 pH 的缓冲能力不同,具有较低的酸碱缓冲能力的高岭土由于较容易获得介质的酸性,对重金属有较高的去除率。而蛭石和蒙脱石通常具有强的酸碱缓冲能力,因此需要较多的酸、碱和增强试剂来增加重金属的脱附。土壤颗粒有机质含量较高,可提高土壤的离子交换性能和酸碱缓冲能力,使重金属去除率降低。另外,较高的含水量、高饱和度、低活性表面将提供最合适的污染物传递的条件,有利于电动力学修复效率的提高。

污染物本身的性质也会影响电动力学修复的效率,例如,土壤中的 Cr 通常以六价和三价的形式存在。六价 Cr 在自然条件下以阴离子形式存在,具有较高的移动性,在电动力学修复中较容易从土壤溶液中去除,略碱性条件有利于六价 Cr 的去除;而三价 Cr 在微酸性条件下以阳离子形式存在,具有较强的吸附能力,在中性及碱性条件下,三价 Cr 容易生成沉淀,很难去除。因此保持土壤环境的氧化性质将有利于 Cr 的去除,为了提高总 Cr 的去除效率,可人为地加入一些氧化剂如次氯酸钠和过氧化氢。

电动力学迁移的污染物可以是极性的和非极性的。极性物质会向极性相反的电极运动;非极性物质则会随电渗析流而移动,施加表面活性剂可以增强非极性有机物的迁移。余鹏等的研究表明,在施加 Tween 80 后,在 25 mA 的电流作用下,72 h 内菲的去除率达到了 90%。

三、联用技术

电动力学修复只是将土壤中的污染物从土壤迁移到电极溶液,要将污染物彻底去除,可与其他修复技术联用。如化学技术(离子交换树脂、化学沉淀等)、生物修复、植物修复等方法结合起来,在很大程度上提高了污染修复效率。电动力学修复可以为微生物提供营养,提高土壤微生物的降解活性;也可以将污染物迁移至植物根部,提高植物修复效率等。

电动力学修复技术与离子交换技术联用,可使土壤中重金属离子彻底去除。重金属在电场的作用下,进入电极室,然后将富含重金属的电极室溶液抽提到地面进入离子交换系统,发生离子交换后的溶液可再次通入地下循环利用。据报道,当离子交换器的入口污染物含量为 10~500 mg/kg 时,流出液的污染物含量可低于 1 mg/kg。该技术的不足在于需要专用的离子交换设备,成本较高。

单纯的生物修复周期可长达若干年,传统方法多用泵将营养物质注入地下以提高微生物的活性和数量,但该方法成本较高,且不适用于密实性土壤。利用电动力学修复技术可以有效地辅助微生物及营养物质在土壤中的输送和扩散,并且有高度定向性,因此可显著节约营养物质的用量以降低成本。电动力学强化生物修复技术一般有两种应用模式，一种是在土壤中设立生物降解区以去除清洗液中的污染物，另一种是利用电场向土壤中扩散营养物质和降解性微生物。目前后一种方式应用较为广泛，并已有场地试验报道。据美国 Geokinetics 公司报道，采用电扩散营养物质的方法促进土壤中 As 和多环芳烃等多种污染物的生物修复，3 个月后大部分污染物的去除率均达 98% 以上。这足以显示出电场对生物修复过程的强大促进作用。采用电动力学方法为微生物输送营养物质氨氮的研究结果显示，在高岭土中，当氨氮离子质量浓度为 100 mg/L 时，其迁移速率大约为每天 10 cm。

美国 Isotron 公司开发了用于去除土壤中无机污染物的复合电极，其特点是利用表面包覆有特殊高分子材料的电极捕捉迁移至电极区的污染物离子。为防止电极反应影响污染物富集能力，包覆电极所用的高分子材料中预先浸滞酸碱缓冲试剂。此外，高分子包覆层中还可以加入离子交换树脂对污染物进行原位固定。该技术利用复合电极成功地结合了污染物的清洗和富集过程，目前已经实现了商业化。

孙红文课题组将电动力学与可渗透反应格栅技术结合，成功将铬渣污染土壤中的 CrO_4^{2-} 迁移至阳极附近，在阳极前加上废铁屑构成反应格栅，零价铁（Fe^0）与 CrO_4^{2-} 反应生成 $Fe_xCr_{1-x}(OH)_3$ 共沉淀，被截留在格栅中，去除率高达 90%。

第七节　地下水修复的可渗透反应格栅技术

一、概述

可渗透反应格栅技术（PRB）是以活性填料组成的构筑物，垂直立于地下水水流的方向，污水流经过反应格栅，通过物理的、化学的及生物的反应，使污染物得以有效去除的地下水净化的技术（图 7-7）。PRB 是一项原位使用的技术，比起传统的泵提处理技术，可省去泵提、挖掘及异地处理的费用；不阻断水流，对环境的影响小；维护容易；在功能丧失后可直接取出处理，因而在经济上和工程应用上均显示出优势。用于 PRB 吸附去除的活性填料包括硅酸盐及铝硅酸盐矿物、沸石、煤飞灰、活性炭、黏土、橡胶屑及聚乙烯高分子材料等。PRB 生物方法主要提供细菌活

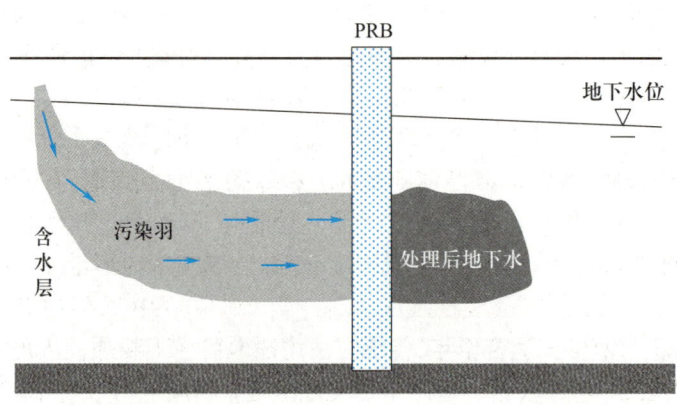

图 7-7　修复地下水的可渗透反应格栅技术

动的有机碳,活性填料包括堆肥材料、泥炭、活性污泥、锯木屑等,用于硝酸盐和硫酸盐的去除。零价铁是 PRB 技术广泛采用的活性填料,产生复杂的化学过程,并伴随物理吸附。

二、Fe-PRB

以零价铁为反应活性填料依靠化学过程去除污染物的 PRB 占整个技术的 70%,它可以用于可还原有机污染物、可还原无机阴离子,如硫酸根、硝酸根及重金属的去除。它的反应机理非常复杂,包括还原降解、还原沉淀(沉积)、吸附、共沉淀、表面络合等化学过程。在很多场合,即使只处理一种污染物,也是多种过程同时起作用。零价铁去除地下水中污染物的主要机理如下。

1. 零价铁去除地下水中有机污染物

零价铁技术最先应用于可还原有机污染物的去除,如氯取代碳氢化合物、硝基取代化合物、偶氮染料等。例如,在三氯乙烯(TCE)的去除过程中发生了连续的脱氯作用(图 7-8)。体系中起反应的还原剂,除了零价铁之外,还包括零价铁与水分子作用产生的二价铁和氢气。对于硝基化合物及偶氮染料,最终的产物是所对应的芳香胺。而芳香胺需经过好氧生物降解进一步去除。

主要反应方程式如下:

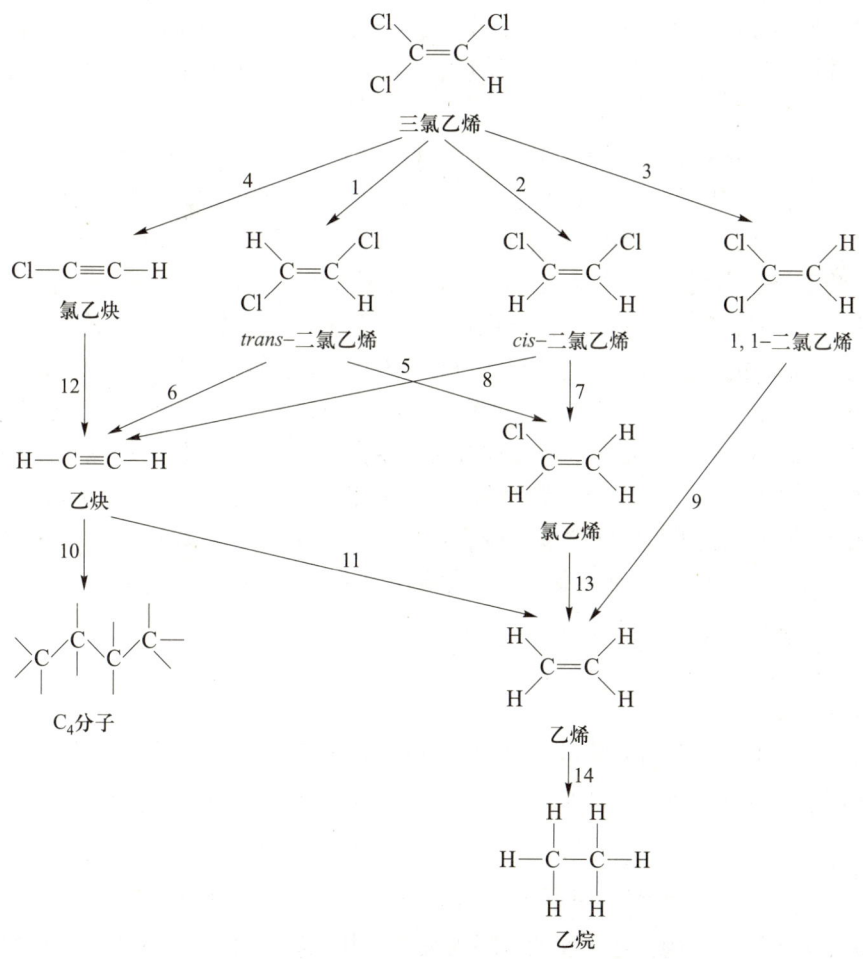

图 7-8　三氯乙烯在 Fe-PRB 中的降解路径

$$C_2HCl_3 + Fe^0 + H_2O \longrightarrow C_2H_2Cl_2 + Cl^- + OH^- + Fe^{2+} \tag{7-23}$$

$$C_2H_2Cl_2 + Fe^0 + H_2O \longrightarrow C_2H_3Cl + Cl^- + OH^- + Fe^{2+} \tag{7-24}$$

$$C_2H_3Cl + Fe^0 + H_2O \longrightarrow C_2H_4 + Cl^- + OH^- + Fe^{2+} \tag{7-25}$$

早在 1994 年，Gillham 和 O'Hannesin 就将金属铁屑作为活性渗滤墙的填充物成功应用于地下水的原位修复中，此后更多研究将零价铁（ZVI）应用于环境修复，取得较好效果。同时，大量基于 ZVI、nZVI 等的脱氯（卤）技术研究广泛开展。有学者报道，比表面积仅为普通 ZVI 的 35 倍的 nZVI 对三氯乙烯降解的反应活性是 ZVI 颗粒的 10~1 000 倍。更重要的是，nZVI 或 mZVI 颗粒尺寸比含水层的孔隙小，在污染土壤/地下水系统中具备更高的传质能力和修复效率，可大大降低修复成本。

更多研究发现，不管是 nZVI 还是普通铁粉，其表面附上一种金属作催化剂后，脱氯速率显著提高，尤其是纳米双金属，表面反应活性很强，反应速率比普通铁粉高 1~2 个数量级。近些年，一些研究表明，在 ZVI 表面负载另一种过渡金属（如 Pd、Ni、Ag、Cu 等）形成的双金属结构材料可以显著提升对卤代烃的降解活性。这种增效机制可能是由于负载后形成了原电池结构，过渡金属作为阴极促进了铁的腐蚀，从而更迅速地给出电子用于目标污染物的还原性脱卤。另外一些金属，尤其是 Pd、Ni 等，具有利用铁腐蚀产生的 H_2 对卤代有机污染物进行加氢脱卤的催化作用。但这些双金属材料不仅价格昂贵，而且存在环境风险，限制了其在 PRB 等原位化学还原修复工程中的应用。

另外，有学者将 nZVI 或其多金属负载在炭材料上形成炭铁材料，利用二者形成的新物化性能或机械性能，有效改善了目标污染物与活性纳米粒子之间的相容性。生物炭具有较大的表面积和多孔结构，丰富的表面官能团，来源丰富，廉价易得，是一种理想的地下水修复负载材料，更是一种理想的土壤改良剂，无环境应用生态风险。有研究发现，生物炭负载 nZVI 还原降解三氯乙烯的效率可达 99%，有效抑制了 nZVI 颗粒团聚。近期研究发现，S-nZVI 降解三氯乙烯的活性是未硫化的 nZVI 的 40 多倍，同时发现此过程中析氢反应活性明显下降。这表明 S-nZVI 在降解目标污染物和析氢反应之间具有良好的靶向性。然而 S-nZVI 强化三氯乙烯脱氯还原效果和选择性的机理尚未明确，目前学术界大致有几种观点：① FeS 是一种良好半导体或金属导体，可以促进铁核电子转移至吸附在颗粒表面的目标污染物；② FeS 比铁氧化物（nZVI 表面钝化层）更具有疏水性，从而有利于目标污染物吸附；③ S-nZVI 降解三氯乙烯过程中，质子得到电子产生活性中间体，即原子氢（H*），而材料表面硫化物可抑制 H* 的结合，从而抑制氢气的生成，进而促进了 H* 还原降解目标污染物。

2. 零价铁去除地下水中无机污染物

（1）对重金属的去除

Fe-PRB 技术用于重金属去除最成熟的是对 Cr、U 和 Tc 的去除，有较多实际应用的工程案例，去除原理为还原沉淀，以 Cr 为例，生成的三价 Cr，形成氢氧化铬沉淀，以及与铁离子形成氢氧化物共沉淀。

$$Fe^0 + CrO_4^{2-} + H_2O \longrightarrow Fe_xCr_{1-x}(OH)_3(x \leqslant 1) + OH^- \tag{7-26}$$

零价铁作用于重金属的其他主要的机理为吸附和共沉淀，零价铁在水中放置过程中，逐渐发生腐蚀反应，生成多种形式的铁的（氢）氧化物沉淀，这些新生的沉淀具有高度反应活性，并具有巨大表面积,可以吸附截留水中的重金属离子。在铁的沉淀中,绿锈最具吸附反应活性,它的分子式为 $Fe_6(OH)_{12}SO_4 \cdot nH_2O$ 及 $Fe_6(OH)_{12}CO_3 \cdot nH_2O$。在绿锈中,$Fe(II)$ 和 $Fe(III)$ 混合(氢)氧化物的阳离子形成片层结构,阴离子在内部,主要有 Cl^-、CO_3^{2-}、SO_4^{2-}。其他沉淀还包括针铁矿、赤铁矿、纤铁矿等。例如,零价铁用于 As 的去除,在好氧条件下形成双齿配位化合物,而在厌氧条件下,形成 FeAsS 沉淀,因此 SO_4^{2-} 有利于该反应的进行。

从热力学角度出发,零价铁对重金属的去除还应包括还原沉积途径,如铜离子可与零价铁发生如下反应:

$$Cu^{2+} + Fe^0 \longrightarrow Fe^{2+} + Cu^0 \tag{7-27}$$

过去,这种技术曾用于低含量矿物的提取,在环境修复中,还没有深入研究。凡是氧化还原电位比 Fe^{2+}/Fe 大的金属,原则上都可以通过此途径去除。从下面的氧化还原电位来看(表 7-4),去除的趋势为:$Hg \gg Cu > Ni > Cd$。

表 7-4　几种重金属的氧化还原电位

氧化还原对	电位/V
Fe^{2+}/Fe	−0.440
Cu^{2+}/Cu	0.337
Cd^{2+}/Cd	−0.403
Ni^{2+}/Ni	−0.250
Hg^{2+}/Hg	0.789

(2)对无机阴离子的去除

零价铁可以通过与硝酸根和硫酸根的还原反应去除。对于硝酸根,此反应速率不是很快,而且产物的 80% 为铵离子,不是人们所期待的氮气。因此零价铁用于硝酸盐的去除并不受到重视。

$$NO_2^- + 3Fe^0 + 8H^+ \longrightarrow 3Fe^{2+} + NH_4^+ + 2H_2O \tag{7-28}$$

$$NO_3^- + 4Fe^0 + 10H^+ \longrightarrow 4Fe^{2+} + NH_4^+ + 3H_2O \tag{7-29}$$

$$SO_4^- + 4Fe^0 + 8H^+ \longrightarrow 4Fe^{2+} + S^{2-} + 4H_2O \tag{7-30}$$

硫酸根在零价铁的作用下生成负二价硫离子,此时,如果有其他重金属存在,就可生成金属硫化物沉淀,即能得到去除。因为金属硫化物的溶度积很小,所以能高效去除重金属。铁离子还可参与形成复合沉淀。这种情景对酸性矿水的修复非常合适,酸性矿水中含有大量的硫酸根和很多重金属,重金属可被高效去除,而硫酸根由于起始量太大,去除率只有 20%。

3. 水化学及铁表面性质变化

铁的腐蚀反应消耗氢离子,地下水流经 Fe-PRB 后会导致 pH 升高,在地下水中还含有钙离子等,会同时生成碳酸钙沉淀,对 pH 升高起有效的滞缓作用(图 7-9)。另外,由于大量沉淀的生成,特别是在进水口附近,格栅容易堵塞,降低格栅的寿命。对于那些需要通过铁还原作用去除的污染物,由于大量的铁氧化物沉淀包覆在铁表面,降低了反应活性。尽管在处理污染物的过程中有负面影响有待改进,但铁格栅显现出其强大的优势,而且在实际工程中,铁格栅寿命已经超过了 10a。

$$Fe^0 + 2H^+ \longrightarrow Fe^{2+} + H_2 \tag{7-31}$$

$$Ca^{2+} + HCO_3^- \longrightarrow CaCO_3(s) + H^+ \tag{7-32}$$

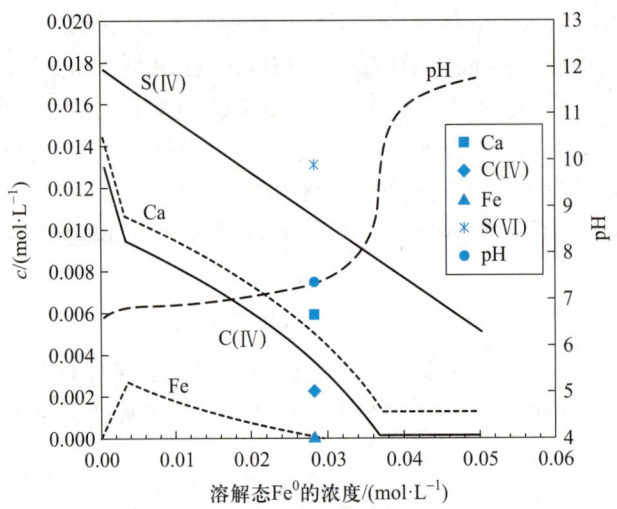

图 7-9　经过 Fe-PRB 后水化学条件的变化模拟曲线

第八节　表面活性剂及共溶剂淋洗技术

一、基本原理

化学清洗法:利用水力压头推动清洗液通过污染土壤而将污染物从土壤中清洗出去,然后对含污染物的清洗液进行处理。清洗液可能含有某种络合剂、表面活性剂及共溶剂,或者就是清水。

土壤中的重金属或有机污染物往往以吸附态存在,而大多数修复技术对溶解态污染物最有效,因此吸附影响了其修复效率。另外,在地下含水层中,一些有机污染物还以非水相液体(NAPLs)形式存在,NAPLs 容易进入非均质的地下含水层不容易治理的边角地区或吸附在土壤颗粒表面,很难去除。这些"有效性"降低的问题成为修复技术领域的最大挑战之一。为了增加污染物的溶解和移动性,化学清洗技术受到高度重视。

该技术利用表面活性剂/共溶剂的增溶和增流作用。表面活性剂分子的特点是具有两性基团:亲水基团和亲油基团,它能显著降低接触界面的表面张力,增加污染物特别是憎水性有机污染物在水相的溶解性。表面活性剂按亲水性离子类型分为阴离子表面活性剂、阳离子表面活性剂、非离子表面活性剂及两性离子表面活性剂。

当表面活性剂浓度很小时,表面活性剂单体将憎水基靠拢而分散在溶液相,当到达一定浓度时,表面活性剂单体急剧聚集,形成球状、棒状或层状的"胶束",该浓度称为临界胶束浓度(CMC)。

胶束是由水溶性基团包裹憎水性基团核心构成的集合体,如图 7-10 所示,当胶束溶液达到热力学稳定时可以形成微乳

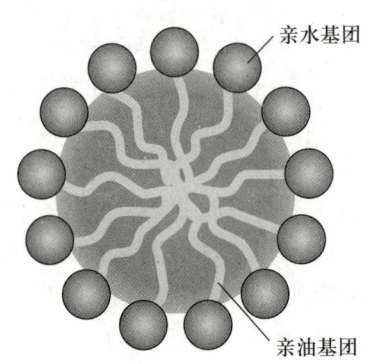

图 7-10　胶束结构示意图

溶液。

　　根据"相似相溶"原理,憎水性有机物有进入与它极性相同胶束内部的趋势,因此表面活性剂浓度达到或超过 CMC 时,污染物分配进入胶束核心,大量胶束的形成,增加了污染物的溶解性,同时 NAPLs 从含水层介质上大量解吸,溶解于表面活性剂胶束内,表面活性剂对 NAPLs 溶解性增加的程度可以由胶束–水分配系数和摩尔增溶比(MSR)来表示。

　　共溶剂指甲醇等有机溶剂,在水相加入适当的有机溶剂可大大提高有机物在水相的溶解度,修复过程中使用的共溶剂大多是环境可接受的水溶性醇类。共溶剂与表面活性剂共同使用时,由于共溶剂分子比表面活性剂胶束分子小得多,能有效地帮助溶剂溶解的憎水污染物由土壤颗粒相向水相迁移。另外,助溶剂本身也能溶解于胶束核心,形成一个溶剂–活性剂大胶束,增大了核心的有效体积,提高了有机污染物的分配能力,因为有机污染物更倾向于溶解进入含有机助溶剂的大胶束。

　　近年来也有人研究表面活性剂的溶解性增强机制和物理迁移性增强机制对处理回收 NAPLs 的相对贡献率的大小,不可否认的是,无论溶解性增强机制还是物理迁移性增强机制起主导作用,或者两者作用相当,添加表面活性剂修复技术都被认可为很有潜力的、行之有效的 NAPLs 环境修复技术。化学清洗法费用较低,操作人员不直接接触污染物,但仅适用于砂壤等渗透系数大的土壤,且引入的清洗剂易造成二次污染。

二、影响因素

　　首先是表面活性剂的浓度,因为表面活性剂作为一种有机物,其本身也是可以吸附在土壤颗粒表面的,这种吸附作用不仅降低了液相表面活性剂的浓度,对土壤颗粒表面也起一种修饰作用,可增加有机污染物的吸附,所以当土壤颗粒上的表面活性剂的作用大于溶液态表面活性剂的作用时,不但不会发生溶解促进作用,反而会发生吸附促进作用。因为在土壤颗粒表层水体中,物质的浓度往往是水相主体浓度的几十或上百倍,所以在表面活性剂浓度较低时,容易发生吸附促进作用。因此,在工程设计时,应该计算发生吸附的表面活性剂的量。另外,在修复完成时,必须冲洗残留的表面活性剂,解吸附着在固相的表面活性剂,尤其是有毒的表面活性剂,它们本身就是对地下水的严重威胁。除了考虑表面活性剂对矿物表面的吸附,分配到 NAPLs 的表面活性剂也必须考虑。

　　表面活性剂的降解,主要是生物降解,生物降解之所以受到关注,原因颇多,在表面活性剂淋洗过程中,生物降解是不需要的,因为会降低去除 NAPLs 的活性表面活性剂的量,但是,表面活性剂淋洗结束,很有必要估测残余的表面活性剂的量,保证不再留存于地下环境。如果计划采用生物方法降解产生的废液,那么可生物降解性也是一个重要的考虑因素。

　　表面活性剂种类繁多、性质各异,用于修复的表面活性剂有特殊的要求,筛选时必须考虑的因素包括表面活性剂去除污染物的效率、表面活性剂及其降解产物的毒性、可生物降解性、能否回收、经济成本等。用于工程实践时还要针对修复点特定的水文地质条件,地下含水层的异质性、可渗透性等综合挑选合适的表面活性剂。近年来,国内外用于有机污染物修复的表面活性剂种类列于表 7–5 中。

表 7-5　国内外用于有机污染物修复的表面活性剂种类

种类	名称	所清除的污染物
非离子表面活性剂	十二烷基聚氧乙烯醚	十二烷、癸烷、苯、甲苯、氯苯、二氯苯、三氯乙烯、多环芳烃
	辛烷基聚氧乙烯醚	多环芳烃
	壬烷基聚氧乙烯醚	多环芳烃
	辛基苯基聚氧乙烯醚	三氯乙烯、四氯乙烯、三氯苯、DDT、多氯联苯
	壬基苯基聚氧乙烯醚	三氯乙烯、四氯乙烯、二氯苯、四氯苯、多环芳烃
	聚氧乙烯脱水山梨醇单油酸酯	烷烃
	聚氧乙烯油酸酯	十二烷、甲苯、三甲苯、菲
阴离子表面活性剂	十二烷基硫酸钠 十二烷基苯磺酸钠 十二烷基双苯磺酸钠	
其他	皂苷 石油磷酸盐 环糊精 乙烯吡咯烷酮/苯乙烯	萘、六氯苯 DDT、三氯乙烯、多环芳烃 多环芳烃 多环芳烃

　　一般来说,非离子表面活性剂比阴离子表面活性剂淋洗效率更高,可能原因一是阴离子表面活性剂的 CMC 较高,同等浓度下不容易形成胶束,二是阴离子表面活性剂组分在含水层介质的沉积,沉积在介质表层的表面活性剂会增加土壤的有机碳含量,增加了土壤的憎水性。阳离子表面活性剂容易吸附在介质表层,因此用得不多。总体而言,需要可生物降解、低毒高效、地下水温时可溶、吸附能力低、土壤扩散性低、CMC 低、表面张力低的表面活性剂。

思考题与习题

1. 微生物修复所需的环境条件是什么?

2. 列举几种强化微生物原位修复技术。

3. 计算微生物矿化 1 mg/kg 甲苯所需补充电子受体——氧气的剂量。

4. 请列举几种强化微生物异位修复技术。

5. 植物修复重金属的主要过程是什么?

6. 写出植物耐受重金属危害的机理。

7. 描述植物修复有机污染物的根区效应。

8. 哪些有机污染物适合用植物修复技术?

9. 写出常用于修复的化学氧化剂及反应原理。

10. 简述高级氧化技术及其优势。

11. 说明臭氧与有机污染物反应的主要机理。

12. 写出过硫酸盐的主要活化方式及反应原理。

13. 腐殖质怎样影响芬顿氧化效率？

14. 哪些有机污染物适合用热脱附修复技术？

15. 写出固定/稳定化技术的定义及其常用体系。

16. 写出电动力学修复的三个主要原理。

17. 列出几种电动力学联用技术。

18. 写出络合剂在重金属修复应用中的几种场景。

19. 写出 Fe–PRB 去除重金属的主要机理。

20. Fe–PRB 可以去除哪些有机污染物？

21. 写出表面活性剂促进污染物移动的主要机理。

主要参考文献

［1］沈德中.污染环境的生物修复［M］.北京:化学工业出版社,2002.

［2］孙红文,李阳.有机污染土壤修复新技术与土壤–污染物不可逆作用过程［M］.环境化学进展.北京:化学工业出版社,2005,4.

［3］陈怀满,朱永官,董元华,等.环境土壤学［M］.北京:科学出版社,2019.

［4］龙新宪,杨肖娥,叶正钱.超积累植物的金属配位体及其在植物修复中的应用［J］.植物生理学通讯,2003,39:71–77.

［5］Petigara B R,Blough N V,Mignerey A C.Mechanisms of Hydrogen Peroxide Decomposition in Soils ［J］. Environ Sci Technol,2002,36（4）:639–645.

［6］Lee J,Gunten U,Kim J H. Persulfate-Based Advanced Oxidation:Critical Assessment of Opportunities and Roadblocks［J］. Environ Sci Technol,2020,54:3064–3081.

［7］高永,傅小飞,纪国林.环境污染控制工程［M］.北京:化学工业出版社,2022.

［8］李剑睿,徐应明,林大松,等.农田重金属污染原位钝化修复研究进展［J］.生态环境学报,2014,23:721–728.

［9］宋云,李培中,郝润琴.我国土壤固化/稳定化技术应用现状及建议［J］.环境保护,2015,43:28–33.

［10］Virkutyte J. Electrokinetic Soil Remediation-critical Overview ［J］. Sci Total Environ,2002,289:97–121.

［11］余鹏,刘铮.土壤电修复技术研究进展［J］.化工进展.2004,23（1）:28–31.

［12］Mulligan C N,Yong R N,Gibbs B F. Remediation Technologies for Metal-contaminated Soils and Groundwater:An Evaluation ［J］. Eng Geol,2001,60:193–207.

［13］赵勇胜.地下水污染场地的控制与修复［M］.北京:科学出版社,2015.

［14］Thakur A K,Vithanage M,Das D B,et al. A Review on Design,Material Selection,Mechanism,and Modelling of Permeable Reactive Barrier for Community-scale Groundwater Treatment ［J］. Environ Technol Inno,2020,19:100917.

［15］Benner S G,Blowes D W,Gould W D,et al. Geochemistry of a Permeable Reactive Barrier for Metals and Acid Mine Drainage ［J］. Environ Sci Technol,1999,33:2793.

本章中英文关键词对照

中文	英文	中文	英文
自然衰减	natural attenuation	超积累植物	hyperaccumulator
土著微生物	indigenous microorganism	转化	transformation
外源微生物	exogenous microorganism	结合	conjugation
生物刺激	biostimulation	隔离	compartmentation
生物强化	bioaugmentation	根际	rhizosphere
共代谢	co-metabolism	化学氧化	chemical oxidation
原位生物修复	in-situ bioremediation	高锰酸钾	potassium hypermanganate
异位生物修复	ex-situ bioremediation	臭氧	ozone
锁定	sequestration	过硫酸盐	persulfate
持久性残留	persistent residue	过氧化氢	hydrogen peroxide
不可逆吸附	irreversible sorption	高级氧化技术	advanced oxidation process
生物异源物质	xenobiotics	羟基自由基	hydroxyl radical
基因工程	gene engineering	过硫酸根自由基	persulfate anion radical
阿特拉津	atrazine	氧化剂	oxidizing agent
生物通气法	bioventing	原位化学氧化技术	in-situ chemical oxidation
通气层	vadose zone	亚铁离子	ferrous ion
生物注射法	biosparging	柠檬酸	citric acid
生物冲淋法	bioflooding	没食子酸	gallic acid
土地耕作法	land farming	羟胺	hydroxylamine
堆肥法	composting	螯合剂	chelating agent
生物反应器	bioreactor	金属氧化物	metallic oxide
土壤泥浆生物反应器	soil slurry bioreactor	均相芬顿反应	homogeneous Fenton reaction
预制床反应器	prepared bed reactor	非均相芬顿反应	heterogeneous Fenton reaction
苯	benzene	类芬顿技术	Fenton-like technique
甲苯	toluene	还原性自由基	reductive free radicals
乙苯	ethylbenzene	氧化反应	oxidation reaction
二甲苯	xylenes	电子传递	electron transfer
植物修复	phytoremediation	针铁矿	goethite
植物提取	phytoextraction	赤铁矿	hematite
植物降解	phytodegradation	磁铁矿	magnetite
植物稳定	phytostabilization	过一硫酸盐	peroxymonosulfate
植物挥发	phytovolatilization	过二硫酸盐	peroxysulphate

续表

中文	英文	中文	英文
催化机理	catalytic mechanism	黏结剂	binder
热活化	thermal activation	稳定剂	stabilizer
碱活化	alkaline activation	固体沉淀	solid precipitate
微波活化	microwave activation	无害化处理	non-hazardous treatment
电活化	electrical activation	惰性材料	inert material
超声波活化	ultrasonic wave activation	吸附	adsorption
超氧自由基	superoxide radical	脱附	desorption
标准氧化还原电位	standard oxidation-reduction potential	溶解	dissolution
		沉淀	precipitation
自由基加成	radical addition	络合	complexation
臭氧氧化技术	ozonation technology	最佳的示范性实用处理技术	best demonstrated available treatment technology
溶解性有机碳	dissolved organic carbon		
亲电试剂	electrophilic reagent	水泥	cement
亲核试剂	nucleophilic reagent	石灰	lime
热脱附技术	thermal desorption	有机材料	organic material
气相	gaseous phase	硅酸三钙	tricalcium silicate
物理分离	physical separation	硅酸二钙	dicalcium silicate
半挥发性有机污染物	semi-volatile organic pollutants	电动力学修复	electrokinetic remediation
挥发性有机污染物	volatile organic pollutants	电迁移	electromigration
低温热脱附	low temperature thermal desorption	电渗析	electrodialysis
高温热脱附	high temperature thermal desorption	电泳	electrophoresis
		电动效应	electrokinesis
异位热脱附	ex-situ thermal desorption	阳极	anode
原位热脱附	in-situ thermal desorption	阴极	cathode
直接加热热脱附	direct heated thermal desorption	水溶态	water-soluble
间接加热热脱附	indirect heated thermal desorption	可交换态	exchangeable
热脱附效率	thermal desorption efficiency	碳酸盐结合态	carbonate bounded
粒径分布	particle size distribution	金属氧化物结合态	manganese oxides bounded
土壤可塑性	soil plasticity	有机物结合态及残留态	organic matter bound and residual
土壤含水率	soil moisture content		
土壤渗透性	soil permeability	可渗透反应格栅技术	permeable reactive barrier
蒸气压	vapour pressure	三氯乙烯	trichloroethylene
辛醇–水分配系数	octanol-water partition coefficient	零价铁	zero-valent iron
固化/稳定化	solidification/stabilization	纳米零价铁	nano zero-valent iron
原子氢	atomic hydrogen	绿锈	green rust

续表

中文	英文	中文	英文
滞缓作用	hysteresis damping	增流	mobilization
化学清洗	chemical cleaning	临界胶束浓度	critical micelle concent-ration
表面活性剂	surfactant	共溶剂	co-solvent
共溶剂淋洗	co-solvent leaching	非离子表面活性剂	nonionic surfactant
非水相液体	non-aqueous phase liquids	阴离子表面活性剂	anionic surfactant
增溶	solubilization		

第八章
环境污染物的净化技术

🔬 内容提要及重点要求

本章主要介绍环境污染物的几类常见的净化技术，包括混凝、沉淀、膜分离、吸附、离子交换、氧化、还原等物理化学技术，活性污泥法、生物膜法等生物净化技术，以及绿色低碳技术。其中吸附、离子交换、氧化、还原、生物膜等净化方法既用于水污染物净化，也用于大气污染物的净化。

要求掌握常用物理化学、生物净化技术的基本概念、基本原理、应用范围和技术参数，并了解环境化学领域的绿色化学原理、发展历程，以及绿色低碳技术发展需求、原理与应用，明确环境化学对污染物治理净化技术提出的新要求和新目标。

第一节 物理化学技术

一、混凝法

"混凝"指水中的胶体及微小悬浮物的聚集过程，主要包含凝聚和絮凝两个过程。"凝聚"指水中胶体失去稳定性的过程，而"絮凝"指失去稳定性的"脱稳"胶体相互聚集的过程。

混凝法，是常用的去除水中胶体及悬浮颗粒污染物的方法。明矾是较早而又广泛应用于净水的无机混凝剂，公元 1597 年明代王士性所著的《广志绎》中已有明矾净水的记载。这种向浑浊的水中加入一些混凝剂并施以搅拌，使稳定存在于水中的胶体及微小悬浮颗粒与混凝剂作用，最终与水分离，实现水的净化的过程，就是混凝法。

混凝法的净化效果主要取决于三方面：水中胶体粒子(包括微小悬浮物)的性质、混凝剂水解物种以及胶体粒子(微小悬浮物)与混凝剂之间的相互作用。

1. 水中胶体稳定性

胶体稳定性指胶体粒子在水中长期保持分散悬浮状态的特性。胶体稳定性包括动力学稳定性和聚集稳定性两种。

动力学稳定性指颗粒布朗运动对抗重力影响的能力。颗粒越大，布朗运动越微弱；而胶体粒子或微小悬浮颗粒很小，布朗运动剧烈，本身质量小而所受重力作用小，布朗运动足以抵抗重力影响，故而能长期悬浮于水中，动力学稳定。

聚集稳定性指胶体粒子之间不能相互聚集的特性。胶体粒子很小，比表面积和表面能大，在布朗运动作用下,有自发聚集倾向,但粒子表面同性电荷的斥力作用或水化膜的阻碍使这种自发聚集不能发生,这就是胶体粒子的聚集稳定性。如果胶体粒子的表面电荷或水化膜被消除,就会失去聚集稳定性,小颗粒便可相互聚集成大颗粒,动力学稳定性也随之被破坏,沉淀就会发生。

由于布朗运动一般都较微弱,胶体稳定性关键在于聚集稳定性。对于疏水胶体而言,聚集稳定性主要由胶体表面电荷相斥引起,取决于胶体颗粒表面的动电位即 ζ 电位(也称为滑动面上的电位)。ζ 电位越高,同性电荷斥力越大。疏水胶体在水中就越稳定分散。对于典型亲水胶体(如有机胶体或蛋白分子物质)而言,水化作用是胶体聚集稳定性的主要原因。亲水胶体粒子表面极性基团对水分子的强烈吸附,使粒子周围包裹一层较厚的水化膜阻碍胶粒相互靠近,导致范德瓦耳斯力不能发挥作用。

从疏水胶体的双电层结构中能够看到其滑动面(图 8-1),疏水胶体滑动面上的电位即为 ζ 电位,胶体运动中表现出来的是 ζ 电位而非 φ 电位(胶体总电位)。天然水中的胶体杂质通常是负电荷胶体,如黏土、细菌、病毒、藻类、腐殖质等。黏土胶体的 ζ 电位一般为 $-15\sim-40$ mV;细菌的 ζ 电位一般为 $-30\sim-70$ mV;藻类的 ζ 电位一般为 $-10\sim-15$ mV。ζ 电位可采用传统电泳法、激光多普勒电泳法等测定。

疏水胶体的稳定性,也可通过 DLVO 经典理论来阐释。DLVO 理论是由 Derjaguin、Landau、Verwey 和 Overbeek 四位科学家各自从胶粒之间相互作用能的角度,阐明胶粒相互作用的理论。该理论认为,当两个胶粒相互接近以致双电层发生重叠时[图 8-2(a)],便产生静电斥力。静电斥力与两胶粒表面间距 x 有关,用排斥势能 E_R 表示,则 E_R 随 x 增大而按指数关系减小,见图 8-2(b)。然而,相互接近的两胶粒之间除了静电斥力外,还存在范德瓦耳斯力。此力同样与胶粒间距有关,用吸引势能 E_A 表示。球形颗粒的 E_A 与 x 成反比。将排斥势能 E_R 和吸引势能 E_A 相加即为总势能 E。相互接近的两胶粒能否凝聚,取决于总势能 E。

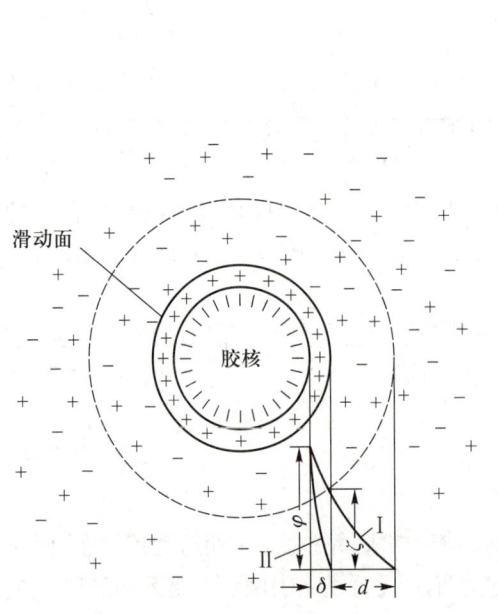

图 8-1　胶体双电层结构示意图

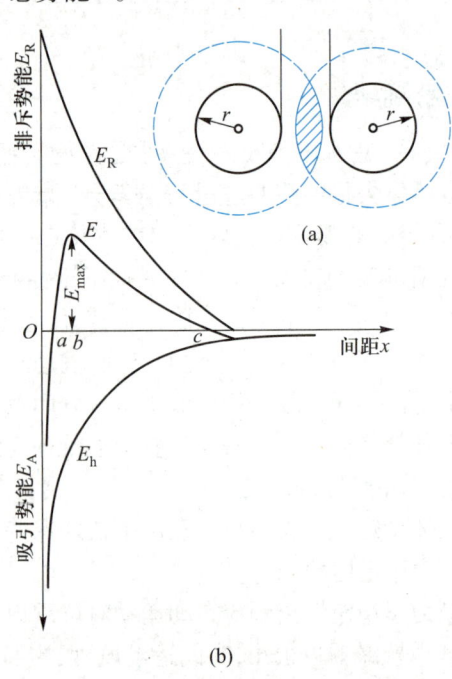

图 8-2　相互作用势能与间距的关系

(a)双电层重叠;(b)势能变化曲线

由图 8-2 可知,当 $Oa<x<Oc$ 时,排斥势能占优势;$x=Ob$ 时,排斥势能最大,为排斥能峰,用 E_{max} 表示。当 $x<Oa$ 或 $x>Oc$ 时,吸引势能均占优势。当 $x>Oc$ 时虽然两胶粒表现出相互吸引趋势,但总吸引势能太弱,两胶粒仍无法靠近。只有当 $x<Oa$ 时,吸引势能随间距急剧增大,凝聚才会发生。要使两胶粒表面间距小于 Oa,布朗运动的动能首先要能克服排斥能峰 E_{max} 才行。然而,胶粒布朗运动的动能远小于 E_{max},两胶粒之间距离无法靠近到 Oa 以内,故胶体处于分散稳定状态。

用 DLVO 理论阐述典型疏水胶体的稳定性及相互凝聚机理,与舒尔策-哈代(Schulze Hardy)规则是一致的,并可进行定量计算。对于亲水胶体而言,虽也存在双电层结构,但 ζ 电位对胶体稳定性的影响远小于水化膜的影响。故亲水胶体的稳定性无法用 DLVO 理论予以描述。

2. 混凝机理

混凝剂在水中会发生水解反应,其水解产物主要分为 4 类,以硫酸铝混凝剂为例,其水解产物包括:未水解的水合铝离子、单核羟基配合物、多核羟基配合物或聚合物、氢氧化铝沉淀物。由于在不同 pH 和不同混凝剂投量的条件下,混凝剂水解的产物种类组成各不相同,其发挥主要作用的机理也不同。

一般而言,混凝剂对水中胶体粒子的混凝作用机理主要有 3 种:电性中和、吸附架桥和网捕或卷扫作用。这 3 种作用究竟以何者为主,取决于混凝剂种类和投加量、水中胶体粒子性质、含量及水的 pH 等。这 3 种机理有时会同时起作用,有时仅其中 1~2 种机理起作用。

(1)电性中和

电性中和机理包括压缩双电层和吸附电性中和 2 种机理。

其中,压缩双电层机理主要由混凝剂的正电荷离子(即上述未水解的水合正电荷离子)发挥作用。即对于水中负电荷胶粒而言,通过向水中投加高价正电荷组成的(Al^{3+}、Fe^{3+} 等正电荷离子)混凝剂,使滑动面向胶核方向移动,即压缩双电层厚度,从而使胶体滑动面上的 ζ 电位降低,见图 8-3(a)。$\zeta=0$ 时称为等电状态,此时排斥势能消失。实际上,只要将 ζ 电位降至一定程度(如 $\zeta=\zeta_k$)使排斥能峰 $E_{max}=0$〔见图 8-3(b)的虚线所示〕,胶粒便发生聚集作用,这时的 ζ 电位称为临界电位。

根据舒尔策-哈代规则,高价电解质压缩胶体双电层的效果远比低价电解质有效。对于负电荷胶体而言,为使胶体失去稳定性——"脱稳"所需不同价数的正离子浓度之比为 $[M^+]$:$[M^{2+}]$:$[M^{3+}]=1:\left(\dfrac{1}{2}\right)^6:\left(\dfrac{1}{3}\right)^6$。这种脱稳方式称为压缩双电层作用。在水处理中,以铝盐为例,只有当水的 pH<3 时,$[Al(H_2O_6)]^{3+}$ 才起压缩扩散双电层作用。

但压缩双电层作用不能解释混凝剂投加量过多时混凝效果恶化的现象。因为按这种理论,至多达到 $\zeta=0$ 状态〔见图 8-3(b)中曲线Ⅲ〕,而不可能使胶体电荷符号改变。这就引出了第二类电性中和机理即吸附电性中和。即当水中铝盐混凝剂投加量过多时,特别是水的 pH>3、处于偏酸性和中性左右时,水中便出现聚合离子及多核羟基配合物。这些物质往往会吸附在胶核表面,降低 ζ 电位,实现胶体脱稳,即吸附电性中和机理。

相对分子质量越大,吸附作用越强,如 $[Al_{13}(OH)_{32}]^{7+}$ 与胶核表面的吸附强度大于 $[Al_3(OH)_4]^{5+}$ 或 $[Al_2(OH)_2]^{4+}$ 与胶核表面的吸附强度。混凝剂投加量适中时,通过胶核表面直接吸附带相反电荷的聚合离子或高分子物质(对应高分子混凝剂),ζ 电位可达到临界电位 ζ_k,见图 8-3(c)中曲线Ⅱ。混凝剂投加量过多时,由于直接吸附了过多的正电荷聚合离子,胶粒电荷变号,转变成带正电荷的胶粒而重新稳定,见图 8-3（c）的曲线Ⅲ,进而导致混凝效果恶化。在实际水处理中,电性中和作用机理一般以"吸附–电性中和"作用为主。

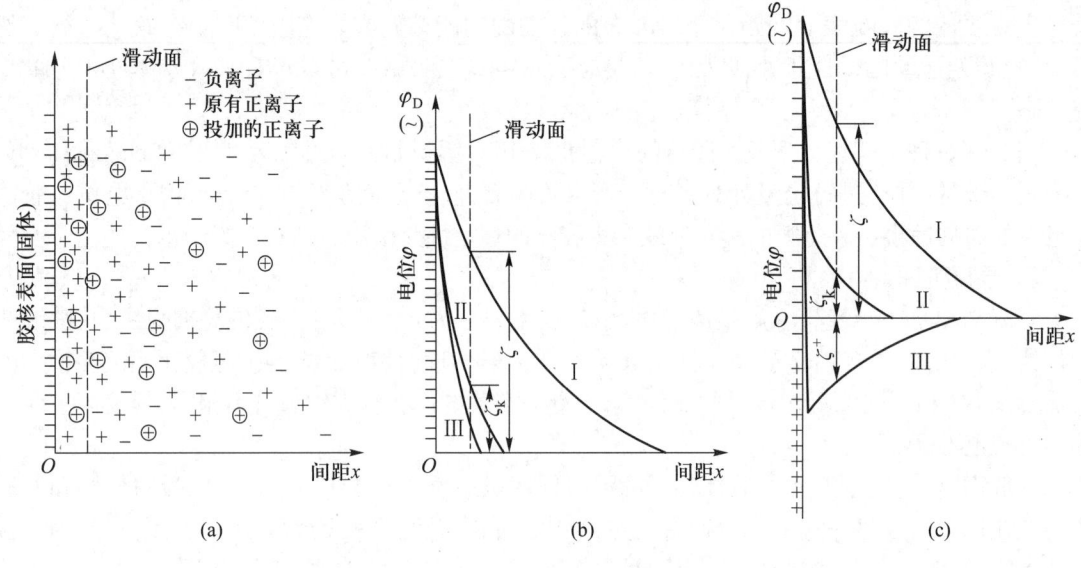

图 8-3　压缩双电层和电性中和机理

（2）吸附架桥

吸附架桥指高分子混凝剂通过高分子链吸附水中悬浮胶粒、颗粒,使胶体脱稳、聚集的过程。当高分子链的一端吸附了某一胶粒后,另一端又吸附另一胶粒,会形成"胶粒–高分子–胶粒"的絮凝体,如图 8-4 所示。高分子物质在这里起胶粒与胶粒之间相互结合的桥梁作用,故称为吸附架桥作用。不仅带异性电荷的高分子物质与胶粒具有强烈吸附架桥作用,不带电甚至带有与胶粒同性电荷的高分子物质与胶粒也有吸附作用。当高分子物质投加量过多时,将产生"胶体保护"作用,如图 8-5 所示。胶体保护可理解为:当全部胶粒的吸附面均被高分子覆盖以后,两胶粒接近时,就受到高分子的阻碍而不能聚集。这种阻碍来源于高分子之间的相互排斥(图 8-5)。排斥力可能来源于"胶粒–胶粒"之间高分子受到压缩变形(像弹簧被压缩一样)而具有排斥势能,也可能来源于高分子之间的电性斥力(对于带电高分子而言)或水化膜。因此,高分子物质投加量过少不足以将胶粒架桥连接起来,投加量过多又会产生胶体保护作用。最佳投加量应既能把胶粒快速絮凝起来,又可使絮凝起来的最大胶粒不易脱落。根据吸附原理,胶粒表面高分子覆盖率为 1/2 时絮凝效果最好。但在实际水处理中,胶粒表面覆盖率无法测定,故高分子混凝剂投加量通常由实验决定。

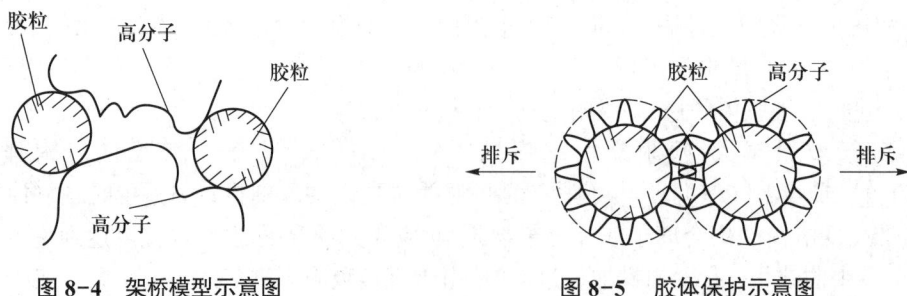

图 8-4　架桥模型示意图　　　　　　　图 8-5　胶体保护示意图

　　高分子混凝剂若为阳离子型聚合电解质,则它具有吸附电性中和和吸附架桥双重作用;若为非离子型(不带电荷)或阴离子型(带负电荷)高分子聚合电解质,则只能起粒间架桥作用。

　　(3)网捕或卷扫

　　当铝盐或铁盐混凝剂投加量很大而形成大量氢氧化物沉淀时,可以网捕、卷扫水中胶粒以致产生沉淀分离,称为网捕或卷扫作用。这种作用基本上是一种机械作用,所需混凝剂量与原水杂质含量成反比,即原水胶体杂质含量少时,所需混凝剂多,反之亦然。

　　以上就是混凝法的3种机理,具体在实际混凝工艺中以哪类机理为主,则与混凝剂种类、pH、混凝剂投加量等有关。

二、沉淀法

　　沉淀法,是利用悬浮颗粒与水的密度差,在重力作用下将重于水的悬浮颗粒从水中分离出去的一种水处理工艺。该工艺简单易行,在水处理中的应用极为广泛,一般适合去除粒径为20~100 μm 的颗粒,也是水处理中与混凝联用去除水中胶体、悬浮颗粒的常用工艺。

1. 物理沉淀原理与分类

　　根据悬浮颗粒的浓度和性质,沉淀可分为4种基本类型。各类沉淀发生的水质条件如图8-6所示。

　　(1)自由沉淀

　　对于低浓度的离散型颗粒,如砂砾等,其在水中的沉淀过程不受相互间的干扰,且颗粒形状、尺寸、密度和质量等在沉淀过程中均不发生改变。这种现象时常发生在废水处理工艺中的沉砂池和初沉池的前期。

　　(2)絮凝沉淀

　　当原水中的悬浮颗粒浓度不高,但具有絮凝性(如投加混凝剂后形成的矾花活性污泥等)时,在沉降过程中,絮凝体相互碰撞凝聚,使颗粒尺寸变大,因此其质量、沉速均将会随沉淀深度的增加而增大,沉淀的轨迹呈曲线。

　　(3)拥挤沉淀

　　当原水中的悬浮颗粒浓度较高时,在沉降过程中,每个颗粒都要受到周围其他颗粒的干扰。拥挤沉淀的特点

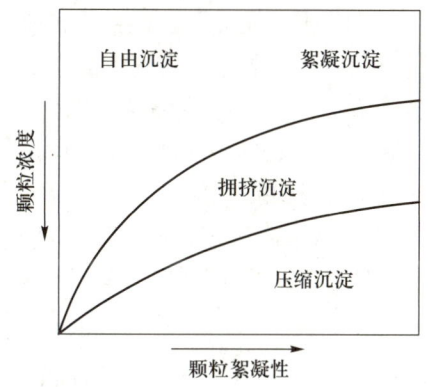

图 8-6　4种类型沉淀与颗粒浓度和
絮凝性的关系

是:在水的沉淀过程中,在清水与浑水之间会形成明显的交界面,并逐渐向下移动,因此又称为分层沉淀。发生这种沉淀现象的颗粒可以是混凝后的矾花,或是曝气池的活性污泥,或是高浊度水中的泥沙。

　　(4)压缩沉淀

　　当悬浮颗粒浓度很高时,颗粒相互接触,相互支撑,在上层颗粒的重力作用下,下层颗粒间的水被挤出,污泥层被压缩。这种现象发生在沉淀池底部。

2. 化学沉淀

　　一般而言,沉淀池内污染物的去除不单只有物理沉淀作用,原水里投加絮凝剂时往往还伴随化学沉淀。化学沉淀法指向废水中投加某种化学物质,使其与废水中的一些离子发生反应,生成难溶的沉淀物而从水中析出,以达到降低水中溶解污染物的目的。根据使用的沉淀剂的不同,化

学沉淀法可分为下述几种,接下来介绍它们的原理,具体反应式见第三章。

（1）氢氧化物沉淀法

除碱金属和部分碱土金属外,其他金属的氢氧化物大都是难溶的。工业废水处理中常用的沉淀剂有石灰、碳酸钠、氢氧化钠、石灰石、白云石。氢氧化物的沉淀与 pH 有很大关系。① 金属离子浓度相同时,溶度积 K_{sp} 越小,开始析出氢氧化物沉淀的 pH 越低;② 对于同一金属离子,浓度越大,开始析出沉淀的 pH 越低。

（2）硫化物沉淀法

由于大多数金属硫化物的溶解度一般比其氢氧化物的溶解度要小很多,采用硫化物可使金属得到更完全的去除。常用的沉淀剂有 H_2S、Na_2S、$NaHS$、CaS、$(NH_4)_2S$ 等。金属离子 M^{2+} 的浓度和 pH 有关,随着 pH 的升高而降低。

（3）碳酸盐沉淀法

碱土金属（Ca、Mg 等）和重金属（Mn、Fe、Co、Ni、Cu、Zn、Ag、Cd、Pb、Hg、Bi 等）的碳酸盐都难溶于水,在废水处理中,可用来去除重金属离子。根据处理对象不同,分别有以下两种应用方式:① 投加难溶碳酸盐（如碳酸钙）,利用沉淀转化原理,使水中金属离子（如 Pb^{2+}、Cd^{2+}、Zn^{2+}、Ni^{2+} 等）生成溶解度更小的碳酸盐而沉淀析出;② 投加可溶性碳酸盐（如碳酸钠）,使水中金属离子生成难溶碳酸盐而沉淀析出,这种方式可去除水中的重金属离子和非碳酸盐硬度。

（4）铁氧体沉淀法

铁氧体一般指铁族元素和其他一种或多种金属元素的复合氧化物,它不溶于酸、碱、盐溶液,也不溶于水。铁氧体沉淀法的基本原理是向废水中投加铁盐,通过控制工艺条件,使废水中的重金属离子与铁盐生成稳定的铁氧体共沉淀物,经固液分离去除废水中的重金属离子。按形成过程和反应条件的不同,可分为中和法、氧化法、GT-铁氧体法及常温铁氧体法等。

（5）钡盐沉淀法

钡盐沉淀法主要用于处理含六价铬的废水,常用的沉淀剂有 $BaCO_3$、$BaCl_2$ 和 BaS 等。以 $BaCO_3$ 为例,它与废水中的铬酸根进行反应,生成难溶盐 $BaCrO_4$ 沉淀:

$$BaCO_3\downarrow + H_2CrO_4 \rightleftharpoons BaCrO_4\downarrow + CO_2\uparrow + H_2O \tag{8-1}$$

$$2BaCO_3\downarrow + K_2CrO_4 \rightleftharpoons 2BaCrO_4\downarrow + K_2CO_3 \tag{8-2}$$

需要注意,钡盐沉淀法处理含铬废水要准确控制 pH,pH 越低,$BaCrO_4$ 溶解度越大,对去除铬就越不利;而 pH 太高,CO_2 气体难以析出,也不利于除铬反应的进行。采用 $BaCO_3$ 作沉淀剂时,用硫酸或乙酸调节 pH 至 5,反应速率快,除铬效果好,药剂用量少。

（6）卤化物沉淀法

某些金属离子的卤化物如氯化物、氟化物的溶度积很小,如 AgCl 的 $K_{sp}=1.8\times10^{-40}$,CaF_2 的 $K_{sp}=2.7\times10^{-11}$,工业上往往利用此法回收废水中的银和去除废水中的氟离子。例如,可用氯化物回收氰化银镀槽废水中的银离子;投加石灰生成 CaF_2 沉淀去除氟离子。

三、膜分离法

膜分离指在某种推动力作用下,利用特定膜的透过性能,达到分离水中离子或分子及某些微粒的目的。膜分离的推动力可以是膜两侧的压力差、电位差或浓度差。这种分离方法可在室温、无相变的条件下进行,具有广泛的适用性。下面将重点介绍反渗透、超滤两类膜分离法。

1. 反渗透

用一种半透膜将淡水和盐水隔开,淡水中的水分子会自发地通过半透膜而渗流入盐水中,直到盐水侧的水位上升到一定高度为止,此即渗透现象。当渗透达到动态平衡时,半透膜两侧存在一定的水位差或压力差,此高度称为盐水的渗透压 π。例如,在盐水侧施加压力 p,当 $p=\pi$ 时,水分子在膜两侧通过的数目相等,达到平衡状态;当压力 $p>\pi$ 时,盐水中的水分子将流向淡水,使盐水浓度增加,实现反渗透过程。

反渗透(RO)是利用反渗透膜选择性地只允许溶剂(通常是水)透过而截留离子物质的性质,以膜两侧静压差为推动力,克服溶剂的渗透压,使溶剂通过反渗透膜而实现溶剂和溶质分离的膜过程。与其他传统分离工程相比,反渗透分离过程有其独特的优势:① 压力是反渗透分离过程的主动力,不经过能量密集交换的相变,能耗低;② 不需要大量的沉淀剂和吸附剂,运行成本低;③ 分离工程设计和操作简单,建设周期短;④ 净化效率高,环境友好。因此,RO 在生活和工业水处理中已有广泛应用,如海水和苦咸水淡化、医用和工业用水的生产、纯水和超纯水的制备、工业废水处理、食品加工浓缩、气体分离等。

2. 超滤

超滤用于截留水中胶体大小的颗粒,而允许水和低相对分子质量的溶质透过膜。它是一个动态过滤过程,即在超滤膜的表面既受到垂直于膜面的压力,使水分子得以透过膜面并与被截留物质分离,同时又产生一个与膜表面平行的切向力,以将截留在膜表面的物质冲开。因此,超滤运行的周期可以较长。超滤膜以压力差为推动力,其平均孔径介于反渗透膜与微孔滤膜之间。

超滤虽无脱盐性能,但对于去除水中的细菌、病毒、胶体、大分子等微粒相当有效。与反渗透相比,操作压力低,设备简单,因此超滤技术用于纯水终端处理是较为理想的处理方法。例如,在制取纯水的过程中,除通常采用离子交换法之外,再配以反渗透与超滤组成的处理系统,是当前纯水制备的方向。此外,超滤亦广泛应用于医药工业、食品工业及工业废水处理等各个领域。目前超滤膜的种类有醋酸纤维素膜、聚砜膜及聚酰胺膜等。

在污水处理中,超滤法目前主要用于分离有机的溶解物,如淀粉、蛋白质、树胶、油漆等。超滤法所需的压力比反渗透法要低,一般为 0.1~0.7 MPa。

四、吸附法

1. 吸附的概念与原理

在两相界面中,多孔性固体物质表面上某物质能够自发聚集的现象称为吸附。而吸附法则是利用多孔性的固体物质,使水中的一种或多种物质被吸附在固体表面而分离去除的方法。具有吸附能力的物质称为吸附剂,被吸附在吸附剂表面的物质称为吸附质。

按照吸附的作用机理,可将吸附分三大类,即物理吸附、化学吸附和交换吸附。在吸附过程中通常会伴随能量的变化,称为吸附热。物理吸附的作用力为分子间作用力(即范德瓦耳斯力),其吸附热比较低、吸附速度快、容易解吸且没有选择性(可以是单分子层或多分子层吸附);化学吸附的作用力为化学键力,其吸附热比较高,吸附速度根据化学键的类型不同而有较大的差别,且吸附具有一定的选择性(即一种吸附剂只能对某种或特定几种吸附质有吸附作用,一般为单分子吸附层);交换吸附的作用力为静电引力,是吸附质离子由于静电引力作用聚集在吸附剂表面的带电点上,并置换出原先固定在这些带电点上的其他离子的过程。水处理中大多吸附现象往往是上述三种吸附作用的综合结果。

吸附等温模型可以给出吸附强度、吸附是否线性、吸附剂最大吸附量等信息,常用的是线性模型、弗罗因德利希(Freundlich)模型、朗谬尔(Langmuir)模型,具体见第三章。

2. 环境净化处理中常用的吸附剂

吸附剂须满足下列要求:① 比表面积大;② 有良好的选择性吸附;③ 吸附容量大;④ 机械强度好;⑤ 热稳定性、化学稳定性强;⑥ 容易再生和再利用。目前在废水处理中常用的吸附剂有活性炭、沸石、吸附树脂等,为优化吸附效果,也开发出一些新型吸附剂。

（1）活性炭

活性炭是目前废水处理中普遍采用的吸附剂,它是一种非极性吸附剂,具有巨大的比表面积和特别发达的微孔。根据粒度大小可将活性炭分为颗粒活性炭(GAC)和粉末活性炭(PAC)。一般 GAC 直径大于 0.1 mm(即 140 目),PAC 直径小于 0.074 mm(即 200 目)。目前工业上大量采用的是 GAC,它具有良好的吸附性能和稳定的化学性质,可以耐强酸、强碱,能经受水浸、高温、高压作用,不易破碎,且操作简便。活性炭吸附以物理吸附为主,但由于表面氧化物的存在,也进行一些化学选择性吸附。因此,对活性炭改性可增强化学选择性吸附,改善处理效果。

（2）沸石分子筛

分子筛是一种人工合成的沸石,具有多孔骨架结构,内部微孔能筛分大小不一的分子,与天然沸石一样是水合铝硅酸盐的晶体。分子筛有许多孔径均匀的孔道与排列整齐的孔穴,这些孔穴增大了其比表面积。此外,分子筛还具有吸附选择性强、吸附能力强、在较高温度下仍具有较强吸附能力、再生性佳等优点。目前人工合成的沸石分子筛已超百种,可依据孔径大小、SiO_2 与 Al_2O_3 的分子比进行分类。

（3）新型吸附剂

除了上述几种吸附剂之外,还有很多新型吸附剂不断被研发。例如,金属有机骨架吸附剂、磁性吸附剂、纳米吸附剂等。这些吸附剂具有选择性强、吸附速度快、再生性佳等优点,可应用于催化反应、垃圾处理、气体分离、稀土提取等领域。但这些新型吸附剂的大规模应用需要进一步进行工程验证。

五、离子交换法

1. 离子交换原理

理论上,离子交换与上一章中描述的"吸附"大致相同。它的不同之处在于附着在固体上的物质是离子而不是分子。

离子交换指溶液中的离子物质 A^+ 与附着在固相(称为"离子交换剂",用 R 来表示)上的另一种同性离子物质 B^+ 进行交换的反应,是一种特殊的吸附过程,通常是可逆性化学吸附。该反应可以用下式来描述:

$$R \cdot A + B^+ \rightleftharpoons R \cdot B + A^+ \qquad (8-3)$$

2. 离子交换树脂

离子交换树脂是一类人工合成的有机高分子聚合物,由空间网状结构骨架(又称为母体)和附属在骨架上的许多活性基团两部分组成。活性基团由固定离子和活动离子组成,遇水电离可分成两部分:① 固定部分,仍与骨架牢固结合,不能自由移动,构成所谓固定离子;② 活动部分,能在一定空间内自由移动并与其周围溶液中的其他同性离子进行交换反应,称为可交换离子,它依靠静电引力与固定离子结合在一起,二者电性相反电荷相等。

以强酸性阳离子交换树脂为例,可写成 $R^-SO_3^-H^+$,其中 R 代表树脂母体即网状结构部分,SO_3^- 为活性基团的固定离子,H^+ 为活性基团的可交换离子。有时更简写成 R^-H^+,此时 R^- 表示树脂母体及牢固结合在其上面的固定离子。因此,离子交换的实质是不溶性的电解质(树脂)与溶液中的另一种电解质所进行的化学反应。这一化学反应可以是中和反应、中性盐分解反应或复分解反应。

$$R^-SO_3H + NaOH \longrightarrow R^-SO_3Na + H_2O \text{ (中和反应)} \tag{8-4}$$

$$R^-SO_3H + NaCl \Longleftrightarrow R^-SO_3Na + HCl \text{ (中性盐分解反应)} \tag{8-5}$$

$$2R^-SO_3Na + CaCl_2 \Longleftrightarrow (R^-SO_3)_2Ca + 2NaCl \text{ (复分解反应)} \tag{8-6}$$

离子交换树脂的种类繁多,按树脂的类型和孔结构的不同可分为:凝胶型、大孔型、多孔凝胶型、巨孔型(MR 型)和高巨孔型(超 MR 型)树脂等;按单体种类可分为:苯乙烯系、酚醛系和丙烯酸系等;按活性基团(亦称为交换基或官能团)性质可分为:含有酸性基团的阳离子交换树脂、含有碱性基团的阴离子交换树脂、含有胺羧基团等的螯合树脂、含有氧化还原基团的氧化还原树脂及两性树脂等。其中,阴、阳离子交换树脂按照活性基团电离的强弱程度,又分为强酸性(离子性基团为—SO_3H)、弱酸性(离子性基团为—$COOH$)、强碱性(离子性基团为—NOH)和弱碱性(离子性基团为—NH_3OH、—NH_2OH、—$NHOH$)树脂。

3. 离子交换法在废水处理中的应用

离子交换法已应用于水处理中的软化、各种工业用途的脱盐以及危险废物中特定离子的去除。下面详细介绍水的软化和离子交换除盐系统。

(1)水的软化

软化指阳离子交换树脂上的钠离子被处理水中的 Ca^{2+}、Mg^{2+} 置换,从而降低水硬度的一种工艺。目前常用的有钠离子交换软化法、氢离子交换软化法和氢离子–钠离子交换脱碱软化法等。

① 钠离子交换软化法:钠离子交换是最常用的一种软化方法,该法可以去除水中的暂时硬度和永久硬度,其反应如下:

$$2RNa + Ca(HCO_3)_2 \Longleftrightarrow R_2Ca + 2NaHCO_3 \tag{8-7}$$

$$2RNa + CaSO_4 \Longleftrightarrow R_2Ca + Na_2SO_4 \tag{8-8}$$

$$2RNa + MgCl_2 \Longleftrightarrow R_2Mg + 2NaCl \tag{8-9}$$

该法的优点是处理过程中不产生酸性水,再生剂为食盐,设备和防腐设施简单。但交换后水中含盐量略有增加。

② 氢离子交换软化法:强酸性氢离子交换树脂的软化反应如下:

$$2RH + Ca(HCO_3)_2 \Longleftrightarrow R_2Ca + 2CO_2 + 2H_2O \tag{8-10}$$

$$2RH + Mg(HCO_3)_2 \Longleftrightarrow R_2Mg + 2CO_2 + 2H_2O \tag{8-11}$$

$$2RH + CaCl_2 \Longleftrightarrow R_2Ca + 2HCl \tag{8-12}$$

$$2RH + MgSO_4 \Longleftrightarrow R_2Mg + H_2SO_4 \tag{8-13}$$

原水中碳酸盐硬度(暂时硬度)在交换过程中形成碳酸,除软化外还能去除碱度。非碳酸盐硬度(永久硬度)在交换过程中,除软化外还生成相应的酸。因此,氢离子交换软化后的水实际上是稀酸溶液。由于氢离子交换软化法出水经常为酸性,一般总是和钠离子交换软化法联合使用,或与其他措施(如加碱中和)相结合。

③ 氢离子–钠离子交换脱碱软化法:同时应用氢离子和钠离子交换进行软化的方法,根据两者的连接情况,可分为氢离子–钠离子并联和氢离子–钠离子串联离子交换法。反应方程式如下:

$$2RNa + Ca(HCO_3)_2 \rightleftharpoons R_2Ca + 2NaHCO_3 \qquad (8-14)$$

$$2RNa + Mg(HCO_3)_2 \rightleftharpoons R_2Mg + 2NaHCO_3 \qquad (8-15)$$

$$2RNa + CaCl_2 \rightleftharpoons R_2Ca + 2NaCl \qquad (8-16)$$

$$2RNa + MgSO_4 \rightleftharpoons R_2Mg + Na_2SO_4 \qquad (8-17)$$

(2)离子交换除盐系统

离子交换除盐系统主要包括强碱性阴离子交换树脂和弱碱性阴离子交换树脂。

① 强碱性阴离子交换树脂:在水的除盐过程中,经氢离子交换的出水含有各种强酸性、弱酸性阴离子,这些离子的去除需依赖强碱性阴离子交换树脂,亦即除盐过程的第二步:

$$ROH + HCl \longrightarrow RCl + H_2O \qquad (8-18)$$

$$ROH + H_2SO_4 \longrightarrow RHSO_4 + H_2O \qquad (8-19)$$

$$2ROH + H_2SO_4 \longrightarrow R_2SO_4 + 2H_2O \qquad (8-20)$$

$$ROH + H_2CO_3 \longrightarrow RHCO_3 + H_2O \qquad (8-21)$$

$$ROH + H_2SiO_3 \longrightarrow RHSiO_3 + H_2O \qquad (8-22)$$

从反应式来看,阴离子交换出水应呈中性,但实际上却呈弱碱性,这是除盐过程中微量钠离子泄漏引起的。

② 弱碱性阴离子交换树脂:弱碱性阴离子交换树脂只能与强酸性阴离子起交换反应,而不能吸附弱酸性阴离子。树脂上的活性基团在水中的解离能力很低,若水的 pH 高,则水中 OH^- 会抑制交换反应的进行,因此弱碱性阴离子交换树脂对强酸性阴离子的交换反应,也只有在当这些强酸性阴离子为酸的形态时才能进行:

$$R\!-\!NH_3OH + HCl \longrightarrow R\!-\!NH_3Cl + H_2O \qquad (8-23)$$

$$2R\!-\!NH_3OH + H_2SO_4 \longrightarrow (R\!-\!NH_3)_2SO_4 + 2H_2O \qquad (8-24)$$

弱碱性阴离子交换树脂极易用碱再生。再生剂可用 NaOH,也可用 $NaHCO_3$、Na_2CO_3 或 NH_4OH。弱碱性阴离子交换树脂交换容量高于强碱性阴离子交换树脂。此外,弱碱性阴离子交换树脂抗有机物污染能力较强,若在强碱性阴离子交换树脂前设置弱碱性阴离子交换树脂,则既可减轻强碱性阴离子交换树脂的负荷,又能保护其不受有机物的污染。

六、化学氧化法

在化学反应中,通常将失去电子或有机物脱氢/加氧的过程称为氧化反应,环境中大多数有机物都可以被氧化降解,使剧毒的化合物变为微毒或无毒的化合物,使难以生物降解的有机物转化为可生物降解的有机物。几种常用的氧化法包括臭氧氧化法、芬顿氧化法、光催化法。臭氧氧化和芬顿氧化在第七章都有论述,其基本原理是一致的。在本章只论述光催化法。

光催化技术是一种新型绿色的污水处理技术,其起源可追溯到 20 世纪 70 年代。1972 年日本的 Fujishma 和 Honda 两位学者发现半导体 TiO_2 电极在紫外光照射下可以分解水并产氢。光催化技术具有能耗和原材料消耗低、工艺简单、不产生二次污染等优点,是一种很有前景的环境友好型水处理方法。

光降解反应通常指在光的作用下,大分子有机物逐渐分解为无机物并最终生成 H_2O、CO_2、离子等小分子稳定物质的过程。有机物光降解反应可以分为直接光降解和间接光降解,后者是处理环境中难降解有机物的主要方法之一。光降解反应包括无催化剂和有催化剂的光化学降解,后者即为光催化氧化。而光催化氧化又可分为均相、非均相两种类型。

(1)均相光催化氧化

均相光催化氧化主要以 Fe^{2+} 或 Fe^{3+} 及 H_2O_2 为介质,通过光芬顿(Photo-Fenton)反应产生·OH 使污染物得到降解。此类反应能直接利用可见光。均相光催化氧化技术有均相体系共有的优点,光催化效率高,氧化能力极强。但由于其成本较高,Fe^{2+} 作为催化剂反应后可能会留在溶液中形成二次污染,因此对其的研究目前仍局限于实验室中。

(2)非均相光催化氧化

非均相光催化氧化主要以 N 型半导体材料的能带理论为基础,利用光催化剂在光照的激发作用下,产生高活性的光生空穴(h^+)和光生电子(e^-),h^+ 和 e^- 进一步与水分子或溶解氧反应,形成·OH、$^1O_2$ 等活性氧物种(ROS),进而实现水中有机物的降解甚至矿化。常见的半导体材料主要有 TiO_2、ZnO 和 $g-C_3N_4$ 等。

光催化技术作为一种新型高效节能的现代污水处理技术在废水处理中具有诸多优势,可用于杀菌消毒、含油及石油废水的降解、重金属离子降解等。例如,生物炭负载 K 掺杂 $g-C_3N_4$ 复合材料表面具有大量亲水官能团,可以增强可见光的吸收,并抑制光生复合,在可见光照射下能够有效提高光催化效率。研究发现,纳米 TiO_2/Fe-ZSM-5、二维超薄 $g-C_3N_4$ 纳米片的高比表面积、可控电子结构等特点,均可以有效光催化去除炼油厂废水中的有机污染物。此外,光催化还可将有毒高价重金属离子沉积到催化剂表面,还原成毒性降低的低价离子或零价金属以去除重金属。

七、化学还原法

在土壤和地下水污染物修复中最常用的还原方法都与铁有关,其基本原理在第七章都有论述。本章只介绍废气中氮氧化物的还原(催化)去除。

大气中氮的氧化物种类很多,有氧化亚氮(N_2O)、一氧化氮(NO)、二氧化氮(NO_2)、三氧化二氮(N_2O_3)、四氧化二氮(N_2O_4)及五氧化二氮(N_2O_5)等,总称为氮氧化合物(NO_y),其中 NO 和 NO_2 合称为氮氧化物(NO_x)。NO_x 已被认定是引起大气污染的主要物种之一,会和空气中其他污染物发生光化学反应形成光化学烟雾污染,也会加剧酸雨、雾霾等环境污染问题。

脱除烟气中氮氧化物,称为烟气脱氮或烟气脱硝,按照作用原理不同分为选择性(非)催化还原、吸收和吸附法三类。其中选择性(非)催化还原具备脱硝高效性、高选择性等优势而占据脱硝技术的主流地位,属于干法烟气脱硝技术,具体包括选择性催化还原法和选择性非催化还原法。

(1)选择性催化还原法

选择性催化还原(selective catalytic reduction,SCR)法通常利用氨为还原剂,在催化剂存在下将氮氧化物选择性还原生成氮气和水。SCR 技术是目前工业上应用最广的一种脱硝治理技术,脱硝效率达 90% 以上。SCR 过程的化学反应机理比较复杂,其主反应过程除具备 NO_x 转化效率高的优势外,还具有反应"选择性"高和产物对环境无危害的特性,主反应可表示如下:

$$4NO + 4NH_3 + O_2 \longrightarrow 4N_2 + 6H_2O \quad\quad (8-25)$$

$$2NO_2 + 4NH_3 + O_2 \longrightarrow 3N_2 + 6H_2O \quad\quad (8-26)$$

其中反应（8–25）占主导优势，因为烟气中 NO_x 主要以 NO 的形式存在。在没有催化剂存在时，该反应只能在 980 ℃ 左右进行，在高活性催化剂作用下，该反应温度会降低到适宜应用的 290~430 ℃ 范围内。当反应条件改变时，会发生如下副反应：

$$4NH_3 + 3O_2 \longrightarrow 2N_2 + 6H_2O \quad\quad (8-27)$$

$$2NH_3 \longrightarrow N_2 + 3H_2 \quad\quad (8-28)$$

$$4NH_3 + 5O_2 \longrightarrow 4NO + 6H_2O \quad\quad (8-29)$$

副反应（8–27）~副反应（8–29）在 350 ℃ 以上才进行，450 ℃ 以上开始剧烈反应。

（2）选择性非催化还原法

SCR 的运行成本和脱硝效率受催化剂及其使用寿命和活性影响。选择性非催化还原（selective non-catalytic reduction, SNCR）不需要催化剂即可实现 NO_x 的选择性催化还原，同时 SNCR 技术建设周期短、投资少、脱硝效率中等，因而在一些应用场景能发挥一定的优势。例如，SNCR 比较适合于中小型电厂锅炉的改造，以及不需要快速高效脱硝的工业炉和城市垃圾焚烧炉。

SNCR 是在温度为 800~1 000 ℃ 的高温炉膛中喷入氨水或尿素等还原剂，其在高温下分解成 NH_3 进而选择性地把烟气中的 NO_x 还原为 N_2 和 H_2O。SNCR 反应式如下：

$$4NO + 4NH_3 + O_2 \longrightarrow 4N_2 + 6H_2O \quad\quad (8-30)$$

该反应主要发生在 950 ℃ 左右，当温度超过 1 093 ℃ 时，可发生竞争反应，NH_3 会被氧化成 NO，反而造成 NO_x 排放浓度增大。其反应为：

$$4NH_3 + 5O_2 \longrightarrow 4NO + 6H_2O \quad\quad (8-31)$$

同样，当温度低于 900 ℃ 时，NH_3 反应不完全，会造成"氨穿透"（也称为"氨逃逸"），产生新的污染问题。可见，温度过高或过低都不利于 SNCR 技术对污染物排放的控制，因而该技术对反应温度的控制至关重要。为缓解"氨逃逸"问题，目前多数用尿素替代 NH_3 作为还原剂，此时反应过程如下：

$$(NH_4)_2CO \longrightarrow 2NH_2 + CO + 2H_2 \quad\quad (8-32)$$

$$NH_2 + NO \longrightarrow N_2 + H_2O \quad\quad (8-33)$$

$$2CO + 2NO \longrightarrow N_2 + 2CO_2 \quad\quad (8-34)$$

第二节　生物处理技术

一、活性污泥法

活性污泥法工艺是环境净化污水处理中常用的生物处理技术，属于好氧生物过程。

1. 活性污泥法的基本概念及原理

活性污泥是活性污泥反应系统中的主体作用物质，在活性污泥上栖息着大量的具有强大生命力的微生物群体——活性污泥微生物,包含细菌、真菌、原生动物和后生动物等多种微生物群体,组成了一个特有的生态系统。

活性污泥法是在活性污泥微生物群体新陈代谢生理功能的作用下,微生物群体(主要是细菌)以污水中的有机物及其他营养物质为基质,进行代谢和繁殖,降低污水中有机物的含量,同时通过污泥絮体的生物絮凝和吸附作用,去除污水中呈悬浮或胶体状态的其他物质的水处理方法。

2. 活性污泥法的基本流程

活性污泥法处理流程包括曝气池、沉淀池、回流污泥及剩余污泥排除系统等基本组成部分,见图8-7。

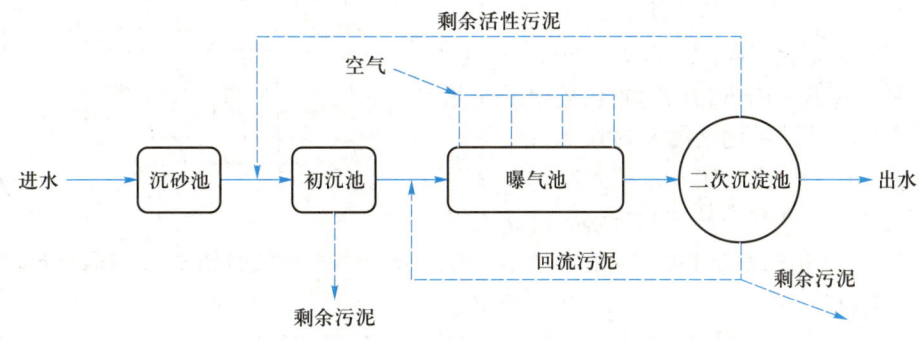

图8-7　活性污泥法基本流程

污水和回流的活性污泥一起进入曝气池形成混合液。曝气池是一个生物反应器,通过曝气设备充入空气,空气中的氧气溶入污水使活性污泥混合液发生好氧代谢反应。曝气设备使污水中的有机物、氧气与微生物能充分进行传质和反应。沉淀池中的污泥大部分回流至曝气池,称为回流污泥,回流污泥的目的是使曝气池内保持一定的悬浮固体浓度,也就是保持一定的微生物浓度。曝气池中的生化反应导致微生物的增殖,增殖的微生物通常从沉淀池底泥中排除,以维持活性污泥系统的稳定运行,从系统中排除的污泥称为剩余污泥。

从上述流程可以看出,要使活性污泥法形成一个实用的处理方法,污泥除了要有氧化和分解有机物的能力外,还要有良好的凝聚和沉淀性能,以使活性污泥能从混合液中分离出来,得到澄清的出水。

3. 活性污泥法降解污水中有机物的过程

活性污泥在曝气过程中,对有机物的降解(去除)过程可分为两个阶段:吸附阶段和稳定阶段。在吸附阶段,主要是污水中的有机物转移到活性污泥中,这是由于活性污泥具有较大的表面积,而表面上又含有多糖类的黏性物质。在稳定阶段,主要是转移到活性污泥中的有机物被微生物利用。吸附阶段很短,一般在15~45 min就可完成吸附过程,而稳定阶段较长。污水中处于悬浮状态和胶体状态的有机物浓度越高,吸附效果越明显。

二、生物膜法

生物膜法是与活性污泥法并列的一种污水好氧生物处理技术。这种处理法的实质是使与细菌和菌类相关的微生物、原生动物、后生动物一类的微型动物附着在滤料或某些载体上生长繁育,并在其上形成膜状生物污泥——生物膜。污水与生物膜接触,污水中的有机污染物作为营养物质,被生物膜上的微生物摄取,污水得到净化,微生物自身也得到繁衍增殖。

1. 生物膜法技术的基本原理

生物膜是高度亲水的物质,又是微生物高度密集的物质,在膜表面和一定深度的内部生长繁殖大量各种类型的微生物和微型动物,并形成有机污染物—细菌—原生动物(后生动物)的食物链。生物膜在其形成与成熟后,由于微生物不断增殖,生物膜的厚度不断增加,在增厚到一定程度后,在氧气不能透入的里侧深部转变为厌氧状态,形成厌氧性膜。这样,生物膜便由好氧和厌氧两层组成。好氧生物膜层厚度一般为 2 mm,有机物的降解主要在好氧层内进行。附着在生物滤池滤料上的生物膜的基本结构如图 8-8 所示。

在生物膜内、外,生物膜与水层之间进行多种物质的传递过程。空气中的氧气溶解于流动水层中,通过附着水层传递给生物膜,供微生物用于呼吸;污水中的有机污染物则由流动水层传递给附着

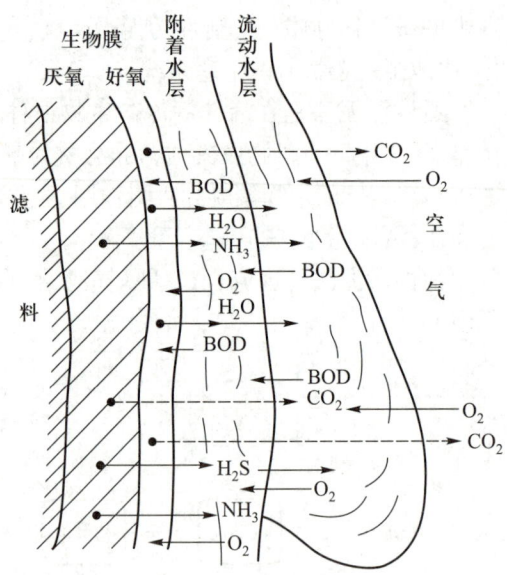

图 8-8 生物滤池上生物膜的基本结构

水层然后进入生物膜,并通过细菌的代谢活动而被降解,这样就使污水在其流动过程中逐步得到净化。微生物的代谢产物如 H_2O 等则通过附着水层进入流动水层,并随其排走,而 CO_2 及厌氧层分解产物如 H_2S、NH_3 及 CH_4 等代谢产物则溶解于水中或从水层逸出进入空气中。

当厌氧层逐渐加厚并达到一定程度后,其代谢产物也逐渐增多。这些产物向外侧逸出,必然要透过好氧层,使好氧层生态系统的稳定状态遭到破坏,从而失去了这两种膜层之间的平衡关系;气态代谢产物的不断逸出,减弱了生物膜在载体、填料上的固着力,处于这种状态的生物膜即为老化生物膜。老化生物膜净化功能较差且易于脱落。生物膜脱落后生成新的生物膜,新生生物膜需经过一段时间后才能充分发挥其净化功能。

2. 生物膜法的典型工艺

生物膜法的典型工艺主要有生物滤池(普通生物滤池、高负荷生物滤池、塔式生物滤池)、生物转盘、生物接触氧化设备、生物流化床、曝气生物滤池(BAF)及派生工艺、移动床生物膜反应器(MBBR)等。下面简单介绍几种常用的生物膜处理工艺。

(1)生物滤池

生物滤池是生物膜法处理污水的传统工艺,主要由滤床及池体、补水设备和排水系统等部分组成。而生物滤池处理系统由初沉池、生物滤池、二沉池组成。进入生物滤池的污水,必须通过预处理去除悬浮物、油脂等会堵塞滤料的物质,并使水质均化稳定。一般在生物滤池前设初沉池,但也可以根据污水水质而采取其他方式进行预处理,达到同样的效果。生物滤池后面的二沉池,用以截留滤池中脱落的生物膜,以保证出水水质。

(2)生物转盘

生物转盘由一系列平行的旋转圆盘、转动中心轴、动力及减速装置、氧化槽等组成。当圆盘浸没于污水中时,污水中的有机物被盘片上的生物膜吸附,当圆盘离开污水时,盘片表面形成薄薄一层水膜。水膜从空气中吸收氧气,同时生物膜分解被吸附的有机物。圆盘每转动一圈,即进行一次吸附—吸氧—氧化分解的过程。圆盘不断转动,污水得到净化,同时盘片上的生物膜不断

生长、增厚。老化的生物膜靠圆盘旋转时产生的剪切力脱落下来,生物膜得到更新。

与生物滤池相比,生物转盘有如下特点:① 不会发生堵塞现象,净化效果好;② 能耗低,管理方便;③ 占地面积较大;④ 有气味产生,对环境有一定影响。

三、厌氧生物处理技术

在污水处理方面,以前几乎都采用好氧生物处理。最近 20 多年来,新的厌氧处理工艺和构筑物不断地被开发出来,新工艺克服了传统工艺处理效率不高、水力停留时间长等缺点,使厌氧生物处理技术的理论和实践都有了很大进步,在处理高浓度工业有机污水和中低浓度污水方面取得了良好的效果和经济效益,为污水处理方法提供了一条高效低耗的工艺途径。

1. 厌氧生物处理的基本原理

1979 年,Bryant 根据对产甲烷菌和产氢产乙酸菌的研究结果,提出了三阶段理论,其过程如下:

第一阶段为水解发酵阶段。在该阶段,复杂的有机物在厌氧菌胞外酶的作用下,首先被分解成简单的有机物,如纤维素经水解转化成较简单的糖类;蛋白质转化成较简单的氨基酸;脂类转化成脂肪酸和甘油等。这些简单的有机物在产酸菌的作用下经厌氧发酵和氧化转化成乙酸、丙酸、丁酸等脂肪酸和醇类等。参与这个阶段的水解发酵菌主要是专性厌氧菌和兼性厌氧菌。

第二阶段为产氢产乙酸阶段。在该阶段,产氢产乙酸菌把除乙酸、甲烷、甲醇以外的第一阶段产生的中间产物,如丙酸、丁酸等脂肪酸和醇类转化成乙酸和 H_2,并产生 CO_2。

第三阶段为产甲烷阶段。在该阶段中,产甲烷菌把第一阶段和第二阶段产生的乙酸、H_2 和 CO_2 等转化为甲烷。

与好氧工艺相比,厌氧工艺具有以下优点:需要的能量和营养物质较少;生物污泥产量较低;容积负荷较高;产生甲烷,是一种潜在的能源;需要的反应器容积较小;排除了废气的空气污染。同时,厌氧工艺也存在一些潜在缺点:为培养必需的生物污泥总量,启动时间较长;需要补充碱度;为满足排放要求,需要用好氧处理工艺做进一步处理;不能生物除氮和除磷;对可能存在的有毒物质敏感;有可能会产生臭味和腐蚀气体。

2. 厌氧生物处理工艺

(1)厌氧接触法

对于悬浮固体较高的有机污水,可以采用厌氧接触法处理。污水先进入混合接触池与沉淀池回流的厌氧污泥相混合,然后经真空脱气器流入沉淀池。混合接触池中的污泥浓度要求很高,一般为 12 000~15 000 mg/L,因此,污泥回流量很大,一般是污水流量的 2~3 倍。

厌氧接触法实质上是厌氧活性污泥法,不需要曝气但需要脱气。厌氧接触法对悬浮固体高的有机污水(如肉类加工污水等)效果很好,悬浮颗粒成为微生物的载体,并且很容易在沉淀池中沉淀。

由于污泥回流,厌氧反应器内能够维持较高的污泥浓度,大大降低了水力停留时间,并使反应器具有一定的耐冲击负荷能力。但厌氧反应器排出的混合液污泥附着大量气泡,在沉淀池中易于上浮到水面而被出水带走。此外,进入沉淀池的污泥仍有产甲烷菌在活动,并产生沼气,使已沉淀的污泥上翻,固液分离效果不佳,回流污泥浓度因此降低,影响反应器内污泥浓度的提高。

(2)升流式厌氧污泥床反应器(UASB)

UASB 中的污水是自下而上通过厌氧污泥床反应器的。在反应器底部有一个高浓度(可达 60~80 g/L)、高活性的污泥层,大部分的有机物在这里被转化为 CH_4 和 CO_2。由于气态产物(消化气)的搅动和气泡黏附污泥,在污泥层之上形成一个污泥悬浮层。反应器的上部设有三相分离器,完成气、液、固三相的分离。被分离的消化气从上部导出,被分离的污泥则自动滑落到悬浮污泥层。出水则从澄清区流出。

UASB 上部的三相分离器也是一个重要的组成部分,它的主要功能是气液分离、固液分离和污泥回流,构造中需要注意的是水流上升不要干扰污泥回流,保持回流通畅,泥水分离效果好。

（3）厌氧流化床和颗粒污泥膨胀床

厌氧流化床床体内填充细小的固体颗粒填料,如石英砂、无烟煤、活性炭、陶粒和沸石等。污水从床底部流入,为使填料层膨胀,须将部分出水用循环泵回流,提高床内水流的上升流速。

厌氧流化床的优点是有机物容积负荷较高,可达 30 kgCOD/(m³·d)以上,水力停留时间短,耐冲击负荷能力强,运行稳定,载体不易堵塞。缺点是耗能较大。

厌氧颗粒污泥膨胀床则是将厌氧颗粒污泥直接接种运行的一种高效反应器。在运行特点上类似厌氧膨胀床,有机负荷比 UASB 反应器高,水力停留时间短,适宜处理中低浓度的溶解性废水,进水 COD 浓度可以低至 500 mg/L。

（4）厌氧氨氧化

厌氧氨氧化(anaerobic ammonia oxidation,anammox)是在厌氧或缺氧条件下,以氨为电子供体,亚硝酸盐为电子受体,产生氮气和硝酸的生物反应。厌氧氨氧化包括两个过程:一是分解(产能)代谢,即以氨为电子供体,亚硝酸盐为电子受体,两者以 1:1 的比例反应生成氮气,并把产生的能量以 ATP 的形式储存起来;二是合成代谢,即以亚硝酸盐为电子受体提供还原力,利用碳源(二氧化碳)及分解代谢产生的 ATP 合成细胞物质,并在这一过程中产生硝酸盐。厌氧氨氧化菌(anaerobic ammonia oxidation bacteria,AnAOB)是厌氧氨氧化的实施者。厌氧氨氧化的发生进程主要分为两大步:第一个过程是部分亚硝化,在这个过程中只有大约 55% 的氨氮需要转化为亚硝酸盐氮;第二个过程是厌氧氨氧化,氨氮在厌氧条件下,被亚硝酸盐氮作为电子受体,氧化成氮气。因此它也称为 PN/A 工艺。

$$NH_4^+ + NO_2^- \longrightarrow N_2 + 2H_2O, \quad \Delta G = -358 \text{ kJ/mol} \tag{8-35}$$

在这个过程中,大约 89% 的无机氮转化产生氮气,另外 11% 的无机氮转化为硝酸盐氮,与传统硝化反硝化工艺相比,厌氧氨氧化工艺有巨大的技术优势,其曝气能耗只有传统工艺的 55%~60%;该工艺几乎无须碳源,在为了去除硝酸盐产物而需要在厌氧氨氧化过程中投加碳源时,其投加量也比传统工艺中碳源投加量降低 90%;厌氧氨氧化工艺可以减少 45% 碱度消耗量。同时,厌氧氨氧化工艺的污泥产量也远低于传统脱氮工艺,这显著降低了剩余污泥的处理和处置成本。

第三节　绿色低碳技术

一、绿色低碳技术发展需求

全球变暖是当前及未来人类社会面临的主要环境挑战,减少温室气体排放是应对气候变化的重要举措。为应对气候变化、推动全球碳减排,2020 年 9 月 22 日,中国国家主席习近平在第 75 届联合国大会一般性辩论上宣示"中国二氧化碳排放力争于 2030 年前达到峰值,努力争取 2060 年前实现碳中和",提出了碳达峰和碳中和"双碳"目标。2021 年 9 月 22 日,《中共中

央 国务院关于完整准确全面贯彻新发展理念做好碳达峰碳中和工作的意见》发布,由此推动我国生产生活方式加速向绿色化转型。

绿色低碳技术是一种新兴的环境保护技术,它旨在减少碳排放,减少环境污染,并促进可持续发展。它涉及节能技术、再生能源技术、节水技术、污染控制技术等多个方面。

节能技术是绿色低碳技术的重要组成部分,它能够有效减少能源的消耗,减少碳排放,提高环境质量。例如,可以采用节能灯、节能空调、节能电器等节能技术,从而降低能源消耗,减少碳排放。

再生能源技术,旨在利用可再生能源,如太阳能、水能、风能等,来取代传统的化石燃料,以减少碳排放,促进可持续发展。

节水技术,旨在减少水的消耗,降低污染物的排放,促进可持续发展。例如,可以采用节水器、水节流系统等技术,从而节约水资源,减少污染物的排放。

污染控制技术,旨在减少污染物的排放,保护环境。例如,可以采用烟囱技术、脱硫技术、脱硝技术等技术,从而降低污染物的排放,提高环境质量。

2023 年是我国实现碳达峰、碳中和目标的关键之年,也是绿色低碳发展的重要契机。为此,国家出台了《2030 年前碳达峰行动方案》等相关政策。

然而,目前我国煤炭消费占比仍超过 50%,石油和天然气对外依存度分别达到 73% 和 43%,新能源电力并网和输送存在困难等,这些问题导致我国能源安全面临较大的风险,同时也制约低碳能源的发展和利用。因此,在保障能源安全的前提下,加快推进能源绿色低碳转型、开发绿色低碳技术、增加清洁能源供给、提高能源利用效率、优化能源消费结构、循环经济助力降碳、实现"双碳"目标等都迫在眉睫。

二、绿色低碳技术原理

2023 年 8 月 22 日,国家发展和改革委员会等部门对外发布《绿色低碳先进技术示范工程实施方案》,方案将绿色低碳先进技术按照源头减碳、过程降碳、末端固碳分为三大类。

源头减碳类提出非化石能源、化石能源清洁高效开发利用、先进电网和储能、绿氢减碳等 4 个重点方向,也称为"无碳技术",即大力开发以无碳排放为根本特征的清洁能源技术。主要包括风力发电、太阳能发电、水力发电、地热供暖与发电、生物质燃料、核能技术等,其最终理想是实现对化石能源的彻底取代。

过程降碳类提出工业、建筑、交通 3 个领域关键技术类别的同时,还提出减污降碳协同和低碳(近零碳)产业园区 2 个重点方向,即控制的"减碳技术",集中体现在节能减排技术方面。

末端固碳类提出全流程规模化碳捕集、利用与封存技术(carbon capture, utilization and storage, CCUS)、二氧化碳先进高效捕集、二氧化碳资源化利用及固碳 3 个重点方向,即"去碳技术",开发以降低大气中碳含量为根本目的的 CCUS 技术,最为理想的状况是实现碳的零排放。

三、绿色低碳技术的应用

1. 源头控制的"无碳技术"

前已述及,源头控制的无碳技术需大力开发清洁能源,以期实现对化石能源的彻底取代。在绿氢降碳方面,Cen 等人提出了太阳能与生物质能相结合的混合动力系统研究。H_2 是利用质子交换膜电解槽通过光伏热板产生电能的,将生成的 H_2 作为生物质燃气轮机装置燃烧后阶段的燃料,并与常规燃气轮机装置进行对比。引入 H_2 后 CO_2 排放量减少 22.7%,发电量增加 24.1%。

此外，Lozano 等报道了有机原料生产无碳生物能源的另一种新途径，以林业废物为原料，研究了水热液化、碳捕集与封存耦合技术在生物燃料生产中的应用。碳捕集是通过 Selexol ™技术实现的，其中来自出口水热液化的 CO_2 被捕集，多余的 H_2 被回收，以升级生物燃料的生产。结果表明，采用碳捕集技术的水热液化减少了 102%~113% 的温室气体排放。

2. 过程控制的"减碳技术"

目前，电力、钢铁、建筑等行业已成为中国高耗能和高排放的重点领域。据报道，排在 CO_2 排放量前 5 位的工业行业占工业 CO_2 排放的比重已超过 80%。因此，为实现"双碳"目标，这些行业应该作为发展和应用减排技术的重点领域。另外，在建筑行业，通过构建绿色建筑技术体系、推进可再生能源与资源建筑应用、集成创新建筑节能技术等可减少电能和燃料的使用。

钢铁行业是中国最大的能源消费行业和 CO_2 排放行业之一，占中国总能耗的 13%，占 CO_2 排放量的 15%。为减少能源消耗和 CO_2 排放，促进低碳增长，Zhang 等人对钢铁行业实现碳中和的 CO_2 减排路径进行了详细分析，提出可在材料效率、产业结构、能源效率、废料回收、低碳或零碳技术、建立碳交易体系等方面进一步努力，实现低碳转型。此外，还提出了全球低碳排放技术的三个路径，即氢冶金、氧高炉和非高炉炼铁、CCUS。

3. 末端控制的"去碳技术"

末端固碳特指捕集、封存和积极利用排放的碳元素，主要包括碳回收与储藏技术、二氧化碳聚合利用等技术。根据联合国政府间气候变化委员会的调查，该技术的应用能够将全球 CO_2 的排放量减少 20%~40%，将对气候变化产生积极影响。

CCUS 指包括从高排放源和空气中捕集 CO_2、从源到汇的 CO_2 运输、捕集的 CO_2 再利用或永久储存在内的一整套技术。中国作为四大碳排放国中最早承诺实现碳中和的国家，在国内 CCUS 部署方面取得了明显进展。根据《中国二氧化碳捕集利用与封存（CCUS）年度报告（2021年）》，中国正在运营或在建的 CCUS 示范项目约 40 个，捕集能力为 300 万 t/a。这些项目在捕集来源和存储利用类型上有所不同。其中，13 个碳捕集项目涉及电厂和水泥厂，总体捕集规模为 86 Mt（CO_2）/a；11 个为地质利用和封存项目，总体捕集规模为 180 Mt（CO_2）/a，其中 EOR 约为 154 Mt（CO_2）/a。

思考题与习题

1. 混凝的定义是什么，包含哪两个过程？

2. 什么是胶体稳定性？动力学稳定性和聚集稳定性分别指什么？

3. 什么是 ζ 电位，ζ 电位对混凝有什么影响？

4. 简述双电层结构。

5. 简述 DLVO 理论。

6. 简述混凝机理。

7. 简述物理性沉淀的原理及分类。

8. 简述拥挤沉淀的特点。

9. 简述化学沉淀原理及常见的化学沉淀类型。

10. 简述反渗透原理、优势及其适用范围。

11. 超滤膜的推动力是什么？简述超滤膜的动态过滤原理。

12. 什么是吸附? 按吸附作用机理吸附可以分为哪几种类型,每种类型的作用力分别是什么?

13. 什么是离子交换? 什么是离子交换软化法?

14. 简述离子交换软化法常用的软化体系及其软化过程。

15. 什么是选择性催化还原法? 简述选择性催化还原法在环境治理中的常用应用场景及效能。

16. 什么是"氨逃逸",在实际生产中一般如何避免"氨逃逸"?

17. 简述活性污泥法的概念并绘制基本流程。

18. 简述活性污泥法与生物膜法工艺的区别。

19. 列举常用的生物膜处理工艺。

20. 简述厌氧生物处理的三阶段理论。

21. 简述 UASB 工艺原理及构造中三相分离器的作用。

22. 什么是厌氧氨氧化技术?

23. 简述绿色低碳技术包括哪三大类型,并具体解释每种类型的具体内容。

24. 用 Fe 置换 Cd,若要从废水中去除 350 mg/L 的 Cd,则去除 4.50×10^6 L 废水中的 Cd 需消耗多少 Fe? 已知 Cd 的相对原子质量为 112.4,Fe 的相对原子质量为 55.8。

25. 将铅尾矿中提取的含铅量为 0.5% 的石灰,按每英亩土壤 10 t 的比例施用于土壤(密度为 2.0 g/cm³),施用深度为 20 cm。土壤中的铅增加了多少? (1 平方英里 =640 英亩,1 英里≈ 1 609 m)

26. 为了修复被甲苯污染的蓄水层,用水泵使地下水流过污染的区域,然后再将水泵回地表,待水中空气饱和或溶解硝酸盐之后,再送回地下。这一广泛应用的方法的目的是刺激那些通过提供充足氧化剂便可以降解某一给定的底物(如甲苯)的本土微生物。计算降解 1 kg 甲苯,至少需要为多少水提供充足的 O_2 或 NO_3。假定:① 甲苯在这一过程中是不移动的;② 它完全被氧化为 CO_2 和 H_2O;③ 水中分别含有 10 mg/L O_2 或 100 mg/L NO_3^-。

主要参考文献

[1] 严煦世,范瑾初. 给水工程 [M]. 4 版. 北京:中国建筑工业出版社,1999.

[2] 郭宇杰,修光利,李国亭. 工业废水处理工程 [M]. 上海:华东理工大学出版社,2016.

[3] 赵文玉,林华,许立巍. 工业水处理技术 [M]. 成都:电子科技大学出版社,2019.

[4] Daud S M,Zainon Noor Z,Ahmad Mutamim N S,et al. Microbial Electrochemical Systems and Membrane Bioreactor Technology for Wastewater Treatment [J]. Chemical Engineering & Technology,2023,46(8):1648−1663.

[5] Malik S,Kishore S,Dhasmana A,et al. A Perspective Review on Microbial Fuel Cells in Treatment and Product Recovery from Wastewater [J]. Water,2023,15(2):316.

[6] Zhang M,Ma Z,Song H. Carbon Supports on Preparing Iron-nitrogen Dual-doped Carbon(Fe−N/C)Electrocatalysts for Microbial Fuel Cells:Mini-review [J]. Chemosphere,2021,273:128570.

[7] Pawar A A,Karthic A,Lee S,et al. Microbial Electrolysis Cells for Electromethanogenesis:Materials,Configurations and Operations [J]. Environmental Engineering Research,2022,27(1):200484.

[8] Jatoi A S,Hashmi Z,Mazari S A,et al. A Comprehensive Review of Microbial Desalination Cells for Present and Future Challenges [J]. Desalination,2022,535:115808.

[9] Cen S,Li K,Liu Q,et al. Solar Energy-based Hydrogen Production and Post-firing in A Biomass Fueled Gas Turbine for Power Generation Enhancement and Carbon Dioxide Emission Reduction [J]. Energy Conversion and Management,2021,233:113941.

[10] Lozano E M,Pedersen T H,Rosendahl L A. Integration of Hydrothermal Liquefaction and Carbon Capture and Storage

for the Production of Advanced Liquid Biofuels with Negative CO₂ Emissions［J］. Applied Energy,2020,279:115753.

［11］Nandhini R,Sivaprakash B,Rajamohan N,et al. Carbon-free Hydrogen and Bioenergy Production through Integrated Carbon Capture and Storage Technology for Achieving Sustainable and Circular Economy-A Review［J］. Fuel,2023,342:126984.

［12］Zhang J,Shen J,Xu L,et al. The CO₂ Emission Reduction Path towards Carbon Neutrality in the Chinese Steel Industry: A Review［J］. Environmental Impact Assessment Review,2023,99:107017.

［13］Chen S,Liu J,Zhang Q,et al. A Critical Review on Deployment Planning and Risk Analysis of Carbon Capture,Utilization, and Storage（CCUS）toward Carbon Neutrality［J］. Renewable and Sustainable Energy Reviews,2022,167:112537.

［14］Daneshvar E,Wicker R J,Show P L,et al. Biologically-mediated Carbon Capture and Utilization by Microalgae towards Sustainable CO₂ Biofixation and Biomass Valorization-A Review［J］. Chemical Engineering Journal,2022,427:130884.

本章中英文关键词对照

中文	英文	中文	英文
混凝	coagulation	化学吸附	chemical adsorption
凝聚	condensation	交换吸附	exchange adsorption
絮凝	flocculation	吸附等温模型	adsorption isothermal model
胶体	colloid	吸附容量	adsorption capacity
电性中和	electrical neutralization	比表面积	specific surface area
吸附架桥	adsorption bridging	活性炭	activated carbon（AC）
网捕或卷扫	netting or sweeping	颗粒活性炭	granular activated carbon（GAC）
物理沉淀	physical precipitation	粉末活性炭	powdered activated carbon（PAC）
自由沉淀	free precipitation	沸石分子筛	zeolite molecular sieve
絮凝沉淀	flocculation precipitation	金属有机骨架	metal-organic frameworks（MOFs）
拥挤沉淀	crowded precipitation	磁性吸附剂	magnetic adsorbent
压缩沉淀	compression precipitation	纳米吸附剂	nano-adsorbent
化学沉淀	chemical precipitation	离子交换	ion exchange
氢氧化物沉淀法	hydroxide precipitation	离子交换树脂	ion-exchange resin
硫化物沉淀法	sulfide precipitation	水的软化	water softening
碳酸盐沉淀法	carbonate precipitation	脱盐	desalination
铁氧体沉淀法	ferrite precipitation	化学氧化	chemical oxidation
钡盐沉淀法	barium salt precipitation	臭氧氧化法	ozone oxidation（ozonation, ozonization）
卤化物沉淀法	halide precipitation		
膜分离（法）	membrane separation	芬顿反应法	Fenton process
反渗透	reverse osmosis（RO）	光催化法	photocatalysis
超滤	ultrafiltration（UF）	均相光催化氧化	homogeneous photocatalytic oxidation
吸附	adsorption	非均相光催化技术	non-homogeneous photocatalysis （heterogeneous photocatalysis）
吸附剂	adsorbent		
吸附质	adsorbate	活性氧物种	reactive oxygen species（ROS）
物理吸附	physical adsorption	溶解氧	dissolved oxygen（DO）

续表

中文	英文	中文	英文
化学还原	chemical reduction	厌氧接触法	anaerobic contact process
选择性催化还原	selective catalytic reduction（SCR）	污泥回流	sludge reflux
选择性非催化还原	selective non-catalytic reduction（SNCR）	升流式厌氧污泥床反应器	upflow anaerobic sludge bed reactor（UASB）
生物处理	biological treatment	厌氧流化床	anaerobic fluidized bed（AFB）
好氧生物处理技术	aerobic bio-treatment technology	厌氧颗粒污泥膨胀床	expanded granular sludge bed/blanket reactor（EGSB）
活性污泥法	activated sludge process		
生物膜法	biomembrane process（biofilm process）	厌氧氨氧化	anaerobic ammonia oxidation（anammox）
好氧层	aerobic layer	厌氧氨氧化菌	anaerobic ammonia oxidation bacteria（AnAOB）
厌氧层	anaerobic layer		
老化生物膜	aging biofilm	绿色低碳技术	green and low-carbon technology
新生生物膜	nascent biofilm	节能技术	energy-saving technology
生物滤池	biological filter	再生能源技术	renewable energy technology
生物转盘	rotating biological disk	可再生能源	renewable energy
厌氧生物处理技术	anaero-biological treatment technology	节水技术	water-saving technology
		污染控制技术	pollution control technology
产甲烷菌	methanogenus（methanogenic bacteria）	源头减碳	source carbon reduction
		过程降碳	process carbon reduction
产氢产乙酸菌	hydrogen and acetic acid producing bacteria	末端固碳	terminal carbon fixation
		无碳技术	carbon-free technology
三阶段理论	three-stage theory	减碳技术	carbon reduction technology
水解发酵阶段	hydrolysis-fermentation stage	去碳技术	decarbonization technology
产氢产乙酸阶段（酸化阶段）	hydrogen and acetic acid production stage	碳捕集、利用与封存	carbon capture, utilization and storage（CCUS）
产甲烷阶段	methanogenic stage		

郑重声明

高等教育出版社依法对本书享有专有出版权。任何未经许可的复制、销售行为均违反《中华人民共和国著作权法》，其行为人将承担相应的民事责任和行政责任；构成犯罪的，将被依法追究刑事责任。为了维护市场秩序，保护读者的合法权益，避免读者误用盗版书造成不良后果，我社将配合行政执法部门和司法机关对违法犯罪的单位和个人进行严厉打击。社会各界人士如发现上述侵权行为，希望及时举报，我社将奖励举报有功人员。

反盗版举报电话　（010）58581999　58582371

反盗版举报邮箱　dd@hep.com.cn

通信地址　北京市西城区德外大街 4 号　高等教育出版社知识产权与法律事务部

邮政编码　100120

读者意见反馈

为收集对教材的意见建议，进一步完善教材编写并做好服务工作，读者可将对本教材的意见建议通过如下渠道反馈至我社。

咨询电话　400-810-0598

反馈邮箱　hepsci@pub.hep.cn

通信地址　北京市朝阳区惠新东街 4 号富盛大厦 1 座
　　　　　高等教育出版社理科事业部

邮政编码　100029

防伪查询说明

用户购书后刮开封底防伪涂层，使用手机微信等软件扫描二维码，会跳转至防伪查询网页，获得所购图书详细信息。

防伪客服电话

（010）58582300

数字课程账号使用说明

一、注册 / 登录

访问 https://abooks.hep.com.cn，点击"注册 / 登录"，在注册页面可以通过邮箱或者短信验证码两种方式进行注册。已注册的用户直接输入用户名加密码或者手机号加验证码的方式登录。

二、课程绑定

登录之后，点击页面右上角的个人头像展开子菜单，进入"个人中心"，点击"绑定防伪码"按钮，输入图书封底防伪码（20 位密码，刮开涂层可见），完成课程绑定。

三、访问课程

在"个人中心"→"我的图书"中选择本书，开始学习。